제2판

MARKETING ACTUALLY

마케팅 액츄얼리

김문태

도서출판 청람

Preface

머리말

실제 마케팅은 우리 생활에서 쉽게 목격될 수 있다. 대기업이 그룹차원의 이미지 전략을 수립하는 것도, 중소기업이 제품판로를 찾지 못해 홈쇼핑을 이용하는 것도, 돼지국밥집이 여름시장을 공략하기 위해 밀면이라는 제품을 확충하는 것도, 한 개인이 성공을 위해 인생을 계획하고 적절한 전략을 수립하는 것도, 학생들이 취업이라는 목표를 위해 더욱 자신을 어필하기 위한 면접을 준비하는 것도, 사랑하는 사람에게 다가가기 위해 단순노출에 의한 호감형성을 통해 친숙도를 높인 다음 설득에 돌입하는 부분 등이 다 마케팅이라는 맥락에 포함되는 행위로 볼 수 있다는 것이다.

실제, 과거에서 현재까지 기업들에게 제품은 단순상품 → 서비스 → 체험으로 진화되어 왔으며 시기별로 단순상품에 서비스와 체험이 추가되어 기업의 마케팅을 차별화하는 수단으로 활용되어 왔다. 최근의 마케팅 서적들은 이러한 부분을 많은 비중을 할애해 다루고 있는데, 예를 들면 맛있는 음식을 판매하는 집에 친절한 서빙요원이 추가되어 더욱 좋은 음식점이 되고 독특한 인테리어와 전망 좋은 위치로 더 가치 있는 카페가 되기도 하는 것이다.

그리고 가장 최근에는 체험을 넘어 진정성이 중요한 가치로 등장하고 있다. 데이비드 루이스와 대런 브리저는 『The Soul of the New consumer Authenticity－What We Buy and Why in the New Economy』에서 선진 세계가 결핍에서 풍요로 풍요에서 진정성으로 전환되었다고 논의하였으며, 제임스 H 길모어와 조지프 파인 2세는 공동으로 저술한 『진정성의 힘』(세종서적)에서 기업의 진정성이 이제 중요한 차별화요소가 될 수 있다고 하고 있다.

우리는 현재 먹거리에 대한 고발 프로에 등장하는 많은 건강에 위해한 음식들, 짝퉁제품들, 그리고 과대포장하고 허위로 하는 광고 등 수많은 가짜가 넘쳐나고 있는 시대에 살고 있다. 결국, 오늘날의 소비자들은 기업이 판매하는 제품을 얼마나 진실하게 인식하는지에 근거해 구매를 결정하는 경향이 높아지고 있으며 앞으로 더 그러할 것이기에 기업들은 진정성을 하나의 새로운 품질로 인식하고 진정성을 강화하기 위해 노력해야 할 필요가 있는 시대가 되었다.

이러한 맥락에서 기업의 사회적 책임 및 공정한 경쟁 또한 매우 중요하다고 볼 수 있다. 부패인식지수를 예로 들어 이 점수가 1점 높아지면 1인당 GDP가 연평균 0.029퍼센트 상승하고 이 지수가 낮아지면 투자는 줄어들고 큰 재난이 일어날 확률은 높아진다고 한다. 우리나라가 선진국 문턱에서 주저 앉는 이유를 전문가들은 여기서 찾기도 한다. 소비자들도 이제 어떤 기업이 좋은 기업인지 잘 알아가고 있다. 물론 정치권에서도 실행되어야 하지만 기업의 깨끗한 경영은 국가발전, 나아가 해당 기업에 대한 소비자 인식에도 크게 영향을 미칠 수 있는 것이다.

본서는 이러한 마케팅 초점의 변화를 담아서 최대한 다양한 마케팅을 이야기하려고 노력하였지만 저자의 능력과 시간이 부족하여 미비한 점 또한 있으리라고 생각된다. 다음 판에서는 이러한 점을 수정하여 보완되고 발전된 교재를 발간할 것이라고 약속한다. 끝으로 본서를 허락해주시고 디자인 등에 수고를 해주신 도서출판 청람의 이수영 사장님 이하 직원들의 노고에 감사의 말씀을 드린다.

2019년 6월 저자

차례

Part 01 | 마케팅 개념의 이해

Chapter 01 마케팅 컨셉에 대한 이해

Chapter 02 고객만족과 관계마케팅

Contents

Contents

Chapter 11

유통관리

Chapter 12

촉진관리

Contents

01 Part

Marketing Actually
마케팅 액츄얼리

마케팅 개념의 이해

CHAPTER 01

마케팅 컨셉에 대한 이해

"이익이란 것은 구하지 않아야 저절로 이롭게 되는 것이요,
이익을 구하면 얻지도 못하고 오히려 해를 보게 된다." —맹자—

"상업의 도는 누구든지 분수에 맞는 이윤을 얻어서
세상을 살아가는 것이다. 이것이 상인(商人)의 도(道)이다." —미야모도 무사시의 『五輪書』 중에서—

시중에 판매되고 있는 다양한 마케팅 관련 서적들

| 이 장의 학습내용 |

제1절 마케팅 등장배경 및 마케팅 개념에 대한 이해
제2절 마케팅 기본요소
제3절 마케팅 컨셉의 진화와 확대
제4절 마케팅 믹스

제1절 마케팅 등장배경 및 마케팅 개념에 대한 이해

1. 마케팅의 등장배경

마케팅은 20세기에 들어오면서 또는 20세기를 전후해서 미국에서 등장된 것으로 인식되고 있으며 일반적으로 **수요와 공급의 불균형**으로 인하여 등장된 것으로 보고 있다. 자본주의 초기에 있어서는 생산이 수요에 미치지 못함으로써 시장의 주도권은 공급자(생산자)에게 있었기에 이를 **판매자 중심시장(seller's market)**이라고 지칭했었다. 이 단계에서는 **소비자는 하인(consumer is servant)**이라고 볼 수밖에 없는 존재였으며, 당시의 마케팅은 오늘날의 시점에서 보면 단순한 **판매(sales, selling)**에 지나지 않았다.

쉽게 이야기하면 수요가 많던 시대에는 마케팅이라는 것이 굳이 필요 없었지만 수요가 공급보다 부족한 오늘날에서는 여러 공급자들 중에서 자신의 기업의 제품을 선택하게 하게 만들기 위해 기업들이 소비자들에게 저자세를 취할 수밖에 없는 것이다. 아직도 수요가 충분한 시장은 존재하고 있다. 여름 성수기의 바닷가 호텔은 가격이 매우 높아 소비자들이 분통을 터트리기도 하며 손님이 30분 이상 기다려야 식사할 수 있는 인기 있는 식당은 친절하지 않은 경우를 우리는 종종 목격한다.

근대적 마케팅의 시발점은 19세기의 생산혁명으로 대표되는 산업혁명에서부터라고 할 수 있는데 이를 통하여 인류는 생산수단과 생산조직의 획기적인 발전으로 인한 대량생산체제로의 전환이 이루어졌으며, 이것은 마침내 자본주의적 제품생산체제의 기초를 이룩하는 결과로 이어졌다. 시장생산조직화에서는 대량소비체제가 전제가 되는데, 이 체제의 실현을 위해 상품시장이 끊임없이 확대될 수 있었던 것이다. 따라서 생산혁명에 대응하여 유통혁명의 문제에 직면하게 되는데, 그로 인하여 문제의 중심이 생산에서 판매로 변화하게 되었다. 시간이 점점 지날수록 생산이 수요를 초과하게 되었으며 자연히 시장의 주도권이 구매자(소비자)의 수중에 들어오게 되고 **소비자는 왕(consumer is king)**으로 인식되었으며 시장성격은 **구매자 중심시장(buyer's market)**으로 변모하게 되었다.

2. 마케팅의 개념 정의

마케팅은 그 영역이 광범위하고 복잡하여 개념규정을 명확히 정의하기 어렵고 또한 등장초기부터 실무적인 측면이 너무 강조되어 학문적으로 체계화하는 것이 늦어지게 되었기에 결국 마케팅의 개념은 다양하게 정의되고 시대에 따라 수정을 거듭하여 왔다. 우리가 일반적으로 언론을 통해서 접하게 되는 이런저런 마케팅은 셀 수 없이 다양한 명칭으로 설명되고 있다. [그림 1-1]에서 볼 수 있듯이 고령화에 따른 구매력 있는 노인인구의 성장에 따른 **실버마케팅**, 출산율 저하로 과거보다 더 소중하게 여겨지는 아이들을 위한 **키즈마케팅**, 그리고 인터넷 환경의 확산으로 인터넷이나 모바일을 더 중요한 커뮤니케이션 도구로 활용하는 **인터넷마케팅**, **SNS마케팅** 등 다양한 마케팅들이 있으나 이들은 어디까지나 지금부터 설명되는 마케팅의 적용분야 및 대상에 따른 명칭이라고 볼 수 있다.

그림 1-1 | 이런저런 마케팅

또한 마케팅은 그 이해의 관점에 따라 사회경제적 마케팅(거시마케팅)과 기업마케팅(미시마케팅)으로 나눌 수 있는데 이 관심은 상품이나 서비스가 생산자에서 소비자까지 유통되는 과정이나 현상을 사회경제적인 관점에서 인식하느냐 개별기업조직의 관점으로 인식하느냐 하는 것이다.

1985년에 이르러 AMA(American Marketing Association) 이사회에서는 마케팅에 대한 새로운 정의를 승인·확정하고 이것을 공표하였는데 이것은 1960년 확정되어 이때까지 계속 사용되어왔던 정의를 교체한 것으로 AMA 이사회에서는 다음과 같은 정의를 모든 마케팅 교과서에 반영하도록 촉구하였다.

> "마케팅은 개인 및 조직의 목적을 충족시키는 교환을 창출하기 위하여 아이디어, 상품 및 서비스의 고안, 가격결정, 판매촉진, 배급을 계획하고 실시하는 과정이다." (Marketing is the process of planning and executing the conception, pricing, promotion, and distribution of ideas, goods, and services to create exchanges that satisfy individuals and organizational objectives).

그리고 마케팅의 정의는 2004년과 2007년 두 번에 걸쳐 다음과 같이 수정·보완되었다.

> "마케팅은 조직적인 기능이며 조직과 이해관계자에게 혜택을 주는 방법으로 고객에게 가치를 창조하고 커뮤니케이션하고 전달하기 위한 일련의 과정이며 고객관계를 관리하는 조직의 기능이며 일련의 과정이다."(Marketing is an organizational function and a set of processes for creating, communication, and delivering value to customers and for managing customer relationships in ways that benefit the organization and its stakeholders; 2004년).

> "마케팅은 소비자, 고객, 파트너 그리고 사회를 위해 가치를 제공하기 위해 창조되고, 의사소통하고, 전달하고 교환하는 활동, 제도 그리고 프로세스이다."(Marketing is the activity, set of institutions, and processes for creating, communicating, delivering, and exchanging offerings that have value for customers, clients, partners, and society at large: 2007년).

이러한 마케팅의 정의들에서 첫 번째 주목해야 할 부분은 **마케팅의 주체(subject of marketing)**를 매우 확대시킨 것이다. 즉, 과거에 기업에 한정시켰던 것을 모든 개인 및 모든 조직으로 확대시킨 것으로 실제로 마케팅은 우리 생활 곳곳에서 찾을 수 있다. 한 개인이 성공을 위해 인생을 계획하고 적절한 전략을 수립하는 것도 학생들이 취업이라는 목표를 위해 좀 더 자신을 어필하기 위한 면접을 대비하기 위한 것도 다 마케팅이라고 볼 수 있다. 또한 과거에는 마케팅활동에 적극적이지 않았던 많은 비영리조직, 예를 들면 학교, 교회, 자선단체, 군대 등도 신입생을 유치하고, 기부금을 얻으며, 특공대 자원을 유치하기 위해 적극적인 마케팅활동을 펼치고 있는 것이 사실이다([Marketing Focus 1-1]: **대학교의 마케팅 참고**).

그림 **1-2** | **마케팅의 주체**

한국에서는 비영리 단체의 가장 든든한 지원자가 정부 혹은 지자체와 같은 공공영역이지만, 특히 미국처럼 비영리 분야가 GDP에서 차지하는 규모가 5.5%(2012년 기준, The Nonprofit Almanac 참조)에 이를 정도로 큰 비중을 차지하는 국가에서는 공공자금보다 기업, 개인이 속한 민간영역에서 주로 자금조달을 하는 경우가 더 일반적이다. 우리나라에서도 최근 **비영리조직** 이외에 정부가 사회적 목적 실현을 위해 **마을기업, 사회적 협동조합, 사회적기업** 등과 같이 다양한 조직에 대한 지원을 늘리면서 기존에 활동하던 조직들에게 집중되던 자원이 분산되고 있으며, 조직들의 외부 의존도를 낮추는 방향으로 정책적으로 유도하고 있는데, 이는 미국처럼 국내 비영리 생태계에도 더욱 치열한 경쟁원리가 도입되고 있기에 비영리기업들 또한 마케팅을 적극 활용하지 않을 수 없는 상황에 직면하고 있다.

이렇듯 영리적 활동뿐만 아니라 비영리적 활동 등의 모든 영역에서 존재하며 한편으로는 한 개인이 자신의 삶을 영위해나가는 데 있어서 삶의 철학으로도 작용할 수 있다고 생각된다.

MARKETING FOCUS 1-1

대학교의 마케팅

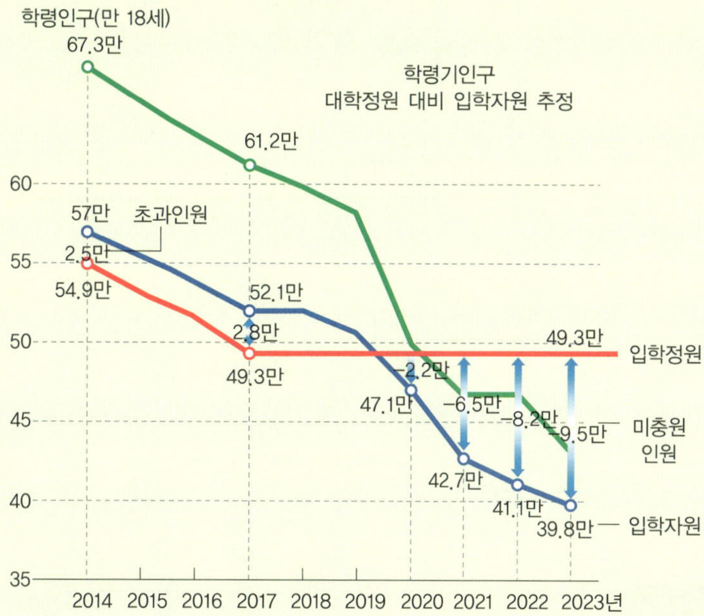

사진출처: https://pds.joins.com/news

최근 들어 대학들이 신입생 유치를 위해 다양한 마케팅 전략을 구사하고 있다. 요즘 대학입시철에 경쟁을 하는 것은 고3 학생들만이 아니다. 자녀를 좋은 학교에 보내고자 하는 부모님, 더 많은 학생들을 더 좋은 대학에 보내기 위한 고등학교의 경쟁 또한 치열한 가운데 신입생을 모집하는 대학들도 경쟁에 들어간다. 오늘날 우리나라의 대학은 저마다 학생유치에 치열한 경쟁을 벌이고 있다. 이른바 일류대학은 보다 우수한 학생의 확보를 위하여, 그리고 지방의 후발대학은 신입생의 정원 채우기와 재학생의 유지관리에 신경을 쓴다. 영리조직인 기업에서의 마케팅활동이 비영리조직의 하나인 대학에서도 그대로 적용되고 있는 모습이다. 사진에서 볼 수 있듯이 무엇보다도 2019년부터 대학입학정원에 비해 입학자원의 수가 적은 상황에서 많은 대학들은 학생들을 유치하기 위해 비상이 걸린 상황이다.

동문연예인을 활용한 고려대학교 광고

1998년 IMF체제 아래서 기업은 광고예산을 줄인 반면 우리나라 대학의 광고홍보비는 오히려 급증하는 추세를 보였다. 특히 대학입시철이 되면 대학광고가 신문이나 라디오매체에 범람하고 있다. 각 대학들 또한 우수한 학생을 유치하고, 학교 이미지를 높이기 위해 공격적인 홍보와 마케팅을 전개하는 대학브랜드 경쟁시대이기 때문이다.

보통 대학의 홍보활동은 수험생들을 대상으로 하는 입시에 대한 홍보와 학교의 이미지를 홍보하는 학교홍보로 구분한다. 먼저 입시홍보의 경우 학교소식지, 입시요강, 학교화보, 포스터, 다이어리, 캘린더 등을 제작하여 배포하는 등의 광고가 주를 이루고 있으며 학교홍보는 동문소식지와 홈페이지, 웹진, 광고 등과 SNS 등을 활용하게 된다. 또 각 대학들은 대학홍보를 전문으로 하는 대행사들을 통해 대학홍보를 위한 브로슈어나 화보, 소식지, 입학안내서 등의 인쇄홍보물 제작 외에 고교입시투어, 홍보도우미선발대회, 대학박람회와 같은 이벤트를 마련하기도 한다. 국내 대학들의 마케팅 사례와는 별도로 [표 1-1]은 몇몇 외국 대학들의 마케팅 사례에 대한 정리이다.

표 1-1 | 외국 대학들의 마케팅 사례

대학	마케팅(PR)방법	내용
THE UNIVERSITY OF CHICAGO 시카고대학교	• 졸업예정자가 아닌 만 16세 학생들을 공략함으로써 선발자 혜택의 원리를 고등교육에 적용 • 캠퍼스생활에 대해서 허물없고 정이 넘치는 엽서를 보냄 • 낭만적 대학생활을 보여주는 책자	• 처음 나타난 선구자적인 브랜드가 이상적인 것으로 인식되면 뒤따라 나온 상품은 이에 비해 그만큼 약점이 있는 것으로 여겨져서 그 결과 선발 브랜드는 상대적으로 탁월해보이고, 후발주자는 마케팅 경쟁에서 고전 • 이에 따라 해당 학생들에게 설득력 있는 홍보물을 보내면 그만큼 학생들의 진학 희망 학교리스트에서 우선순위를 차지할 수 있고 다른 학교가 이 자리를 뺏기는 어려웠음 • 감성적인 엽서+기존의 특징 없는 학교 홍보책자였던 '꿈과 선택(Dreams and Choices)'을 없애고 '지성의 삶(The Life of the Mind)'을 새로 만들어 미래의 지원자들에게 보냄 • 새 책자에서는 학생들이 책에 머리를 박고 있는 사진은 예전보다 줄였고, 춤추고 놀고 풋볼 게임을 하는 '재미있게' 시간을 보내는 사진은 더 늘렸음
HARVARD UNIVERSITY 하버드대학교	• 하버드의 아이덴티티 전략	• 하버드대학교는 브랜드 아이덴티티를 굉장히 엄격하게 통제하고 있다. 하버드대학교의 UI의 체계적이고 조직적인 모습은 기업의 브랜드 체계보다 본받을 점이 많음 • 기본적인 전통과 권위의 상징인 VE, RI, TAS의 책모양과 문장은 유지하되 각 대학의 특성에 맞추어 자유로운 변형을 허용 • 각각의 대학의 형태는 다르지만 모두 하버드의 단과대학이라는 이미지가 한번에 들어옴

도쿄대학교	• 합격결과를 학교게시판을 통해서만 알려줌 • 이를 학교 이벤트로 만듦	• 입시결과를 학교 내 게시판을 통해서만 알려주기에 많은 사람들이 학교 방문 • 운동부 등의 행사를 통해 합격한 학생들 축하 • 언론에 항상 보도되는 특이한 이슈
보스톤칼리지	• 소비자중심주의 • 학생등록관리자	• 학생등록관리자는 캠퍼스 안에서 이루어지는 모든 일에 참여하여 학자금 지원 방침을 정하는 일에서부터 캠퍼스 안에 어떤 건물을 세울 것인가 하는 일, 학생들이 친근하게 받아들일 수 있는 교육과정을 구성하는 일, 교내 식당의 메뉴를 개선하는 일, 심지어 학교 이름을 짓는 일에 이르기까지 모든 일에 참여한다. 학생이 계속 학교를 다닐 것인가 말 것인가를 결정하는 데 영향을 미치는 모든 요소가 학생등록관리자의 일임
BROWN 브라운대학교	• 자율학부 • 세일즈맨기업 활용	• 전공을 정하지 않고 자율학부로 모집 • 학부학생 모집은 세일즈맨 기업에 의존, 즉 사람들을 전국으로 보내 예비지원자들을 만나게 하였음 • 브라운대학교는 새로운 교육과정의 철학을 아직도 따르고 있으며, 나름대로 특이한 학교라는 틈새시장으로 자리잡았음

자료: 고경순, "대학의 마케팅 커뮤니케이션 전략: 통합적 접근방법," 광고연구, 제45호(1999), pp.105-124/강인범·김학찬·김용우, 고3잡자 - 톡톡 튀는 대학홍보 물결, 조선일보, 2003.11.09/이태명, 대학 '상아탑 시장으로,' 한국경제, 2002.09.24/송광섭, 대학도 홍보대행시대, 머니투데이, 2003.08.03/DMC리포트(www.dmcreport.co.kr)/이승훈, 브랜드 관점에서 본 대학의 마케팅전략, Brand Report, 2011.10, http://www.oricom.com/data/brand/

이 정의에서 두 번째로 주목해야 할 점은 **마케팅의 대상(object of marketing)**에 대한 것으로 상품 및 서비스에 한정되어 있던 것을 아이디어까지 포함시키고 있으며 결국 이것들을 고객이 요구하는 가치라고 표현하였다. 일반적으로 이러한 것들을 통칭하여 **제품(product)**이라고 할 수 있으며 이것은 인간에게 필요와 욕구를 충족시킬 수 있는 모든 것으로 광범하게 인식될 수 있다. 보통 제품이란 용어는 자동차나 냉장고와 같은 물적 대상물을 연상하게 되나 이러한 물적 대상을 유형재와 무형재로 구분하기 위하여 **상품(goods)** 및 **서비스(service)**라고 표현하고 있다. 실제, 물리적 제품은 그 중요성은 그것을 소유하는 데 있는 것이 아니라 인간에게 필요한 서비스를 실질적으로 전달하는 매체 또는 수단이라는 점이다. 가령, 우리가 TV를 구입하는 것은 TV제품 자체를 보기 위한 것이 아니라 그것이 우리 생활에 필요한 서비스를 제공받기 위한 것이다.

실제로 서비스 역시 물리적 제품뿐만 아니라 다른 수단에 의하여 제공될 수 있다. 즉, 콘서트에서 노래하는 방탄소년단(사람), 테니스 서클에 가입(조직체), 에버랜드에 놀러감(장소), 그리고 다른 생활방식을 택함(아이디어) 등 또한 일종의 제품이라 볼 수 있는 것이다. 따라서 제품이란 용어는 물리적 제품, 서비스 제품 그리고 필요나 욕구를 충족시킬 수 있는 다른 수단 등으로 포괄적으로 사용될 수 있다.

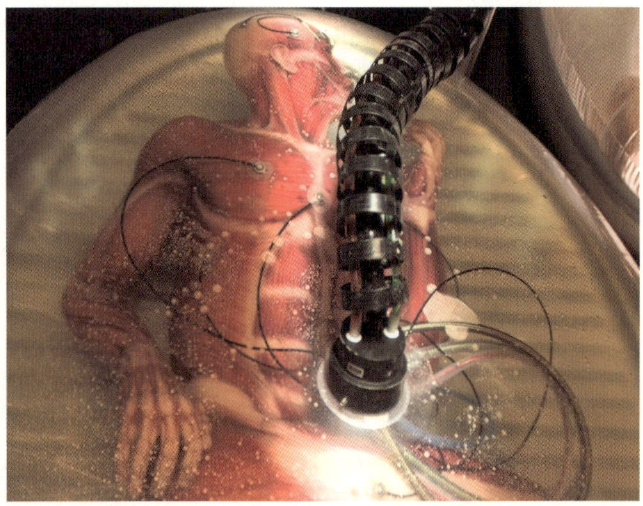

2005년은 온통 줄기세포 관련 뉴스로 말도 많고 탈도 많았었다.
사진은 〈아일랜드〉라는 영화의 한 장면으로 메릭 바이오테크사의 대표인 메릭 박사는 제품의 질을 높이기 위해 배양이 끝난 복제인간에게 조작된 기억을 주입시킨 후 활동성을 부여하는데 복제인간들은 자신들이 복제인간이라는 것을 모른 채 지구 전체가 오염되었다는 이유로 한 곳에서 생활하며 치유센터를 통해 관리된다. 고객의 요청이 있을 시 아일랜드행 추첨으로 위장하여 복제인간들의 장기를 추출하는 등 **복제인간을 제품(product)으로 이야기하고 있는 영화**이다. 미래에 과연 클론이 제품이 될 수 있을까?

제2절 마케팅 기본요소

마케팅을 구체적으로 공부하기 위해서는 마케팅에 기본이 되는 개념, 즉 **① 필요, 욕구 및 수요, ② 교환, ③ 시장** 등을 살펴볼 필요가 있다고 생각되는데 이들은 앞으로 마케팅을 좀 더 심도 있게 공부하기 위해 기본적으로 숙지해야 할 기본적 개념이다.

1. 필요, 욕구, 수요

1) 필요, 욕구, 수요의 개념정의

마케팅에서의 출발점은 바로 인간의 **필요(need)**와 **욕구(want)**에 대한 이해라고 볼 수 있다. 인간은 생존을 위하여 음식, 공기, 물, 의복 및 주거지를 필요로 하며, 그 외에도 인간은 오락, 교육 및 기타 서비스에 대한 강한 욕망(desire)을 가지고 있다.

필요, 욕구, 그리고 수요라는 용어에 대한 확실한 이해는 매우 중요하다고 볼 수 있는데, 먼저 인간의 필요는 어떤 기본적인 만족의 결핍을 느끼는 상태이며 예를 들어 먹을 것, 입을 것 등이 필요하다고 지각할 수 있을 것이다. 이에 대해 욕구는 보다 깊은 필요를 특별히 만족시키는 것에 대한 욕망이다. 어떤 사람의 기본적인 필요는 음식이지만 욕구는 맥도날드 빅맥이고, 필요는 의복이지만 욕구는 LG패션이다. 또한 필요는 존경인데 욕구는 벤츠 자동차가 되는 것이다.

마지막으로 **수요(demand)**는 특정 제품을 구입할 수 있는 능력과 의지에 의해서 뒷받침되는 욕구이다. 욕구는 구매력에 의하여 뒷받침되는 경우에 수요가 되는 것으로 많은 사람들이 벤츠 S클래스를 원하지만 실제로 이 차를 살 수 있는 사람은 한정되어 있다.

MARKETING FOCUS 1-2 수요에 따른 마케팅 방법

일반적으로 수요 공급의 법칙은 해당 마케팅 주체의 마케팅 성향을 매우 다르게 만드는 주된 이유가 될 수 있다. 뒤에서도 이야기되지만 수요가 많은 기업은 상당히 고자세에서 마케팅하는 경우가 많으며 수요가 없는 기업은 반대로 상당히 저자세에 있기 마련이다. 다음에서는 수요가 부족한 경우의 마케팅과 수요가 과한 경우의 마케팅 사례에 대하여 간단히 살펴보자.

▶ 수요 < 공급의 상태일 경우

- **전환적 마케팅(conversional marketing)**: 시장의 소비자들이 특정 제품을 싫어하는 경우, 예를 들면 치과치료, 정관수술, 예방주사 등은 부정적 수요상황에 놓여 있는 경우가 많은데 이때의 마케팅 활동은 소비자가 싫어하는 이유를 분석하여 해당 제품에 대한 소비자의 부정적인 태도를 변경시키는 것이다. 구체적인 예로 치과치료의 경우, 상당히 아플 것 같아서 또는 많이 기다려야 하는 것 등이 치과를 방문하기 싫은 이유라면 안 아프게 치료하는 의사라는 입소문을 내든지, 예약 및 대기표 등을 활용하는 것이 그 방법이 될 수 있다.
- **자극적 마케팅(stimulational marketing)**: 제품이나 서비스의 존재를 알지 못하거나 필요성을 느

끼지 못하기 때문에 수요부족현상이 나타날 경우가 있다. 예를 들어 현재 시장에는 사진에서 볼 수 있듯이 식기세척기, 농약세척기 등의 전자제품이 출시되어 있지만 TV, 냉장고, 세탁기 등에 비해 소비자의 필요성 인식이 낮고 인지도도 낮은 측면이 있는데 이러한 것을 극복할 수 있는 마케팅이 필요하다.

식기세척기와 농약세척기 등은 필수가전에 비해 상대적으로 소비자에게 인지도도 낮고 필요성 인식도 낮은 편이다.

- 개발적 마케팅(developmental marketing): 현재에는 제공되지 않는 제품과 서비스에 대한 욕구를 가지고 있거나, 제품에 대한 필요나 욕구는 가지고 있지만 자금이나 상황적 이유 때문에 수요가 잠재되어 있는 경우이다. 특히, 자금문제로 구매를 주저하는 경우는 가격할인, 할부, 외상거래, 예약거래 등의 방법을 이용하여 소비자의 구매가능성을 높이거나, 신제품을 개발함으로써 소비자의 수요를 충족시켜준다. 실제 명품관에서 팔리는 몇 백만원의 명품들을 홈쇼핑에서 36개월 무이자로 판매함으로써 해당 제품의 주 표적시장들과는 다른 고객들이 제품을 구입하게 할 수도 있다.

무이자 할부 등의 할부프로그램은 고객의 욕구를 수요화시킬 수 있다.

욕구는 있으나 자금의 문제로 주저되는 소비자를 무이자 몇 개월로 공략해온 TV홈쇼핑

- **동시적 마케팅(synchro marketing)**: 수요의 형태가 에어컨, 수영복과 같이 계절적이거나 극장, 식당과 같이 시간적 수요를 갖는 경우로서 성수기나 하루 중 피크타임 대에 몰리는 고객을 위해 예약을 통해 관리하거나 특정 시간대의 할인정책 등을 이용하여 수요를 균일화할 수 있다.

▶ 수요=공급의 상태

- **유지적 마케팅(maintenance marketing)**: 기본적으로 완전수요가 달성된 경우이다. 그러나 수요는 언제나 변화될 수 있으므로 항상 원하는 수준의 수요를 유지 또는 증가시키기 위하여 시장과 환경에 대한 주의와 제품 개선 등이 필요하다.

▶ 수요>공급을 초과할 경우

- **디마케팅(demarketing)**: 유행, 일시적 공급부족에 의해 제품과 서비스에 대한 수요가 공급을 초과하는 경우가 있는데 보통은 오래 지속되지 않는다. 이 경우 마케팅관리자는 초과수요의 원인을 찾아내어 이를 억제하는 통상적인 마케팅과는 반대의 방향으로 전략을 수행하는데, 가격인상이나 품질저하 등의 방법을 이용한다.
- **카운터마케팅(counter marketing)**: 마약, 담배, 술과 같이 소비자나 사회전체 혹은 기업 자체의 장기적 번영을 저해하는 불건전 수요가 있는데, 마케팅관리자는 가격인상, 구입기회의 박탈, 부정적인 의사소통의 방법을 이용하여 이를 억제할 수 있다.

카운터마케팅의 대표격인 공포소구 광고로 간접흡연의 심각성을 나타낸 (과거 말보로광고를 해체한 느낌) 암환자구호단체(Cancer Patient Aid Association)의 광고이다.

유럽연합(EU) 집행위원회가 담뱃갑에 부착토록 회원국들에 제의한 흡연위험 광고사진들 중 하나. 집행위는 이 사진을 공개하면서 EU 정부들이 담뱃갑에 "흡연은 목숨을 앗아간다", "흡연은 느리지만 고통스런 죽음으로 이끌 수 있다" 등과 같이 흔히 보는 경고문을 뒷받침해주는 사진들을 담뱃갑에 부착토록 자국 담배 제조업자들에게 요구하라고 제의했다.

자료: Kotler, P.(1973), "The Major Tasks of Marketing Management," *Journal of Marketing*, October, pp.42–49. Kotler, P. and S. J. Levy(1971), "Demarketing, Yes, Demarketing," *Harvard Business Review*, November–December, pp.74–80의 내용을 참고, 수정하여 작성

2) 욕구 대응시기별 마케팅

코틀러(Kotler)는 그의 저서 『Kotler on Marketing』에서 마케팅활동을 욕구 대응시기별로 세 가지 수준으로 구별할 필요가 있다고 했는데 이는 **반응형 마케팅**(responsive marketing)과 **예견형 마케팅**(anticipative marketing), 그리고 **욕구창조형 마케팅**(need-shaping marketing) 등이 그것이다.

그림 1-3 | 소비자 욕구 발생 전 및 후 마케팅

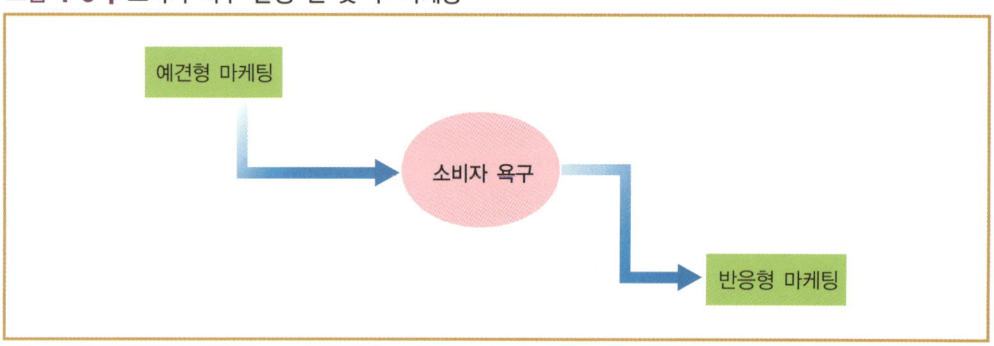

(1) 반응형 마케팅

이제까지 마케팅은 '고객의 욕구를 발견하고 충족시키는 일'이라고 정의되었다. 이것은 고객의 분명한 욕구가 존재하고, 기업들이 이미 그것을 분별하여 실행가능한 해결책을 마련했을 때 권장할 만한 훌륭한 마케팅 방식이다. 여성이 요리와 세탁에 드는 시간을 줄이고 싶어 한다는 것을 알았을 때 세탁기, 건조기, 식기세척기, 전자레인지가 발명되었으며, 낮은 키를 감추고 싶어 하는 사람들을 위해 키높이 구두가, 탈모를 방지하고 젊음을 되찾고 싶은 욕구를 충족시키기 위해 발모촉진제 및 정교한 가발이 만들어졌으며 이러한 고객의 욕구파악이 중요한 일임을 마케터들은 늘 강조해왔다.

욕구는 엄청 많은데도 완벽하게 충족할 수 없는 시장이 있는데 바로 대머리 해결을 위한 시장이다. 최근에는 탈모억제 및 유지에 효과가 있는 제품이 있지만 분명 온전한 머리스타일을 가지고자 하는 욕구의 만분의 일도 충족시키지 못하고 있다. 눈에 띄는 효과가 있는 모발약이 출시된다면 대박 터트리는 제품이 될 것은 분명한 사실이다.

(2) 예견형 마케팅

발생 중이거나 아직 숨어 있는 욕구를 알아내는 것 또한 뛰어난 성과이다. 많은 지역에서 수질이 점점 나빠지자 에비앙(Evian)과 페리어(Perrier) 등의 기업은 병에 담아 파는 생수시장이 성장할 것을 예견하였다. 현대 도시생활에서 스트레스가 증가하는 것을 인식한 여러 의약품회사들은 항 스트레스 약품을 만들기 시작했다. 예견형 마케팅은 반응형 마케팅보다 위험도가 높다. 기업의 시장 진입속도가 너무 빠르거나 또는 너무 늦어질 수 있으며 새로운 시장이 개발되리라던 생각이 완전히 잘못된 것으로 판명날 수도 있다.

(3) 욕구창조형 마케팅

아무것도 필요로 하지 않거나 생각조차 못했던 상품이나 서비스를 출시하는 것은 가장 대담한 수준의 마케팅이다. 1950년대에는 그 누구도 소니의 워크맨을 요구하지 않았을 것인데, 더 정확히 말하면 그러한 것이 기술적으로 가능한지조차 소비자들은 몰랐을 것이다. 우리들 중 누가 과연 20여 년 전에 집안의 상황을 들여다볼 수 있는 스마트폰, 해외에 방문하기 전에 집에서 자세하게 해당 여행국가의 맛집 정보를 알아볼 수 있는 구글지도, 집에서 스마트폰으로 은행계좌를 개설하는 카카오뱅크, 요리하는 로봇 등이 가능할 것이라고 생각했는가?

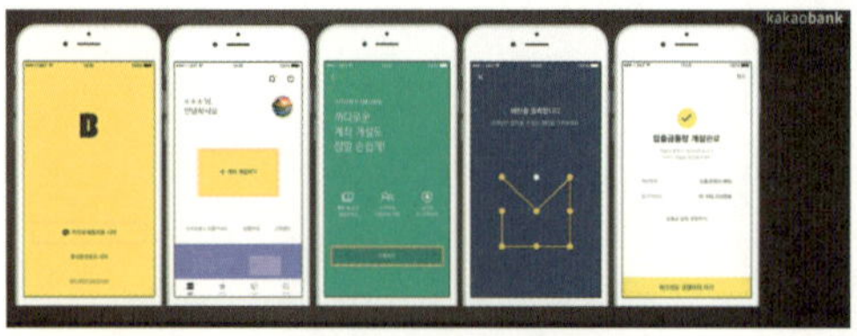

집에서 은행계좌 개설이 가능한 카카오뱅크

일류요리사 수준의 요리가 가능한 로봇요리사 몰리(Moley)

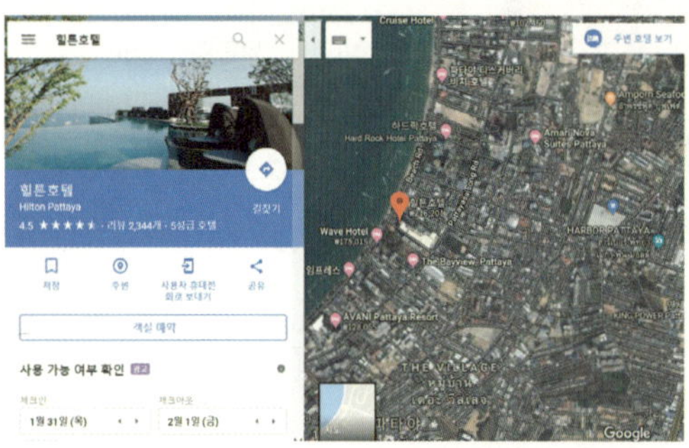

지도로 찾아보면 숙박, 레스토랑에 대한 정보를 쉽게 볼 수 있는 구글지도

고객에게 필요한 것이 무엇인지 묻는 기업은 훌륭한 기업이다. 그러나 코틀러(Kotler)는 더 훌륭한 선도 기업들은 고객 자신이 알아채기 전에 그들이 필요로 하는 것을 알고 있다고 주장한다. 고객의 욕구충족에만 신경을 쓰다보면 세세한 문제해결에만 급급할 뿐 창조적 과학발전에 따른 이노베이션을 달성할 수 없게 된다. 그 결과 후에 창출할 수 있는 시장인데도 즉각적인 시장기회가 존재하지 않는다는 이유로 기술의 연구개발이 무시될 염려가 있다는 것이다.

2. 교환, 거래 및 관계

경제적으로 볼 때 마케팅은 인간이 필요와 욕구를 **교환(exchange)**이라는 매개수단을 통하여 충족하고자 하는 경우에 등장한다고 볼 수 있다. 그리하여 교환은 마케팅이 성립되기 위한 기본적인 전제이다. 인간이 필요로 하는 제품을 획득하는 방법은 교환 이외에도 자급자족, 구걸, 강탈 등이 있으나 마케팅에서는 교환만이 그 대상이 된다. 교환이란 어떤 사람으로부터 바람직한 것을 얻고, 반대급부로 무엇인가를 제공하는 것으로 이러한 교환은 마케팅의 근거를 이루는 개념으로 다음의 5가지 조건이 충족되는 경우에 성립한다.

- 적어도 둘 이상의 당사자가 있어야 한다.
- 각자는 상대방에게 가치가 있는 무엇인가가 있어야 한다.
- 각자는 의사소통과 전달이 가능해야 한다.
- 각자는 상대방의 제의를 수락 또는 거절할 수 있어야 한다.
- 각자는 상대방과 거래하는 것이 적절하거나 바람직하다고 믿어야 한다.

이상의 조건이 존재하면 교환이 성립되는데, 교환 이후는 교환 이전보다는 양측이 더 좋아지거나 적어도 나빠지지는 않는 것이 일반적이다. 이러한 의미에서 교환은 어떤 성과라기보다는 가치를 창출하는 과정으로 보아야 할 것이다. 양측이 협상하여 합의로 향하게 되면 교환을 하게 된다고 하는데, 합의에 도달하게 되면 거래가 발생한다고도 한다. **거래(transaction)**는 교환의 기본단위로서 두 당사자 간의 가치의 교역(trade)으로 형성되어 있다. 거래는 **이전(transfer)**과는 다르다. 어떤 사람이 다른 사람에게 대가를 받지 않고 선물로서 제공한다면 그것은 거래가 아니고 증정인 것이다. 거래로 이루어지는 마케팅이 **거래마케팅(transaction marketing)**이고 이것은 보다 넓은 의미를 지닌 **관계마케팅(relationship marketing)**의 한 부분이다. 관계마케팅에 대해서는 제2장에서 자세하게 논의하기로 한다.

3. 시장

마케팅에 있어 거래를 통한 교환의 성립에 있어 필연적으로 등장하는 개념이 바로 **시장(market)**이라 할 수 있는데 이는 필요나 욕구를 충족하기 위하여 교환을 하는 특정의 필요나 욕구를 지니고 있는 모든 잠재적 고객으로 구성되어 있다. 시장은 제품의 현재적 및 잠재적 구매자들의 집합으로, 원래 시장이란 용어는 구매자와 판매자가 재화를 교환하기 위하여 모인 광장과 같은 장소를 의미하는데 경제학적으로 시장은 구체적 시장과 추상적 시장으로 대별되고 있다. 구체적 시장은 가시적인 시장으로 청과물시장, 어시장 등이 해당되고, 추상적 시장은 분가시적인 시장으로 국내시장, 국제시장, 도매시장, 소매시장 그리고 특정 구매층을 이야기하는 것으로 산업재시장, 노인시장, 어린이시장, 여성시장 등 또한 이에 해당한다고 볼 수 있다.

마케터는 판매자들이 산업을 구성하고 있고 구매자들이 시장을 구성하고 있다고 인식하고 있다. 산업과 시장 간의 관계가 [그림 1-4]에 제시되어 있는데, 판매자와 구매자는 커뮤니케이션, 제품/서비스, 화폐, 그리고 정보 등 4개의 흐름으로 연결되어 있다.

그림 1-4 | 마케팅시스템에 대한 설명

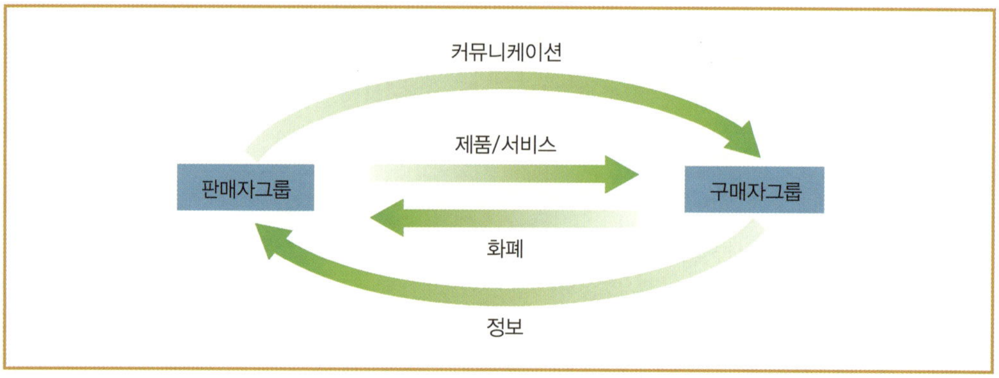

자료: Kotler, P.(2000), *Marketing Management*, The Millennium edition, p.13.

일반적으로 실무에서는 시장이란 용어는 여러 종류의 다양한 고객의 집단을 커버하기 위한 포괄적인 용어로 사용되고 있다. 예를 들면 필요시장(다이어트시장), 제품시장(구두시장), 인구통계적 시장(젊은이시장), 지역적 시장(미국시장) 등이다. 또한 선거인시장, 노동시장 및 기부자시장 등으로 비영리적 측면의 고객 집단화를 포함하여 그 개념을 확대하기도 한다.

그런데 현대경제에서는 많은 시장이 분업의 원리에 따라 전문적이고 복잡하게 구성되어 있다. [그림 1-5]는 오늘날의 시장의 기본적인 유형과 그들을 연결하는 흐름을 제시해주고 있다. 여기에서도 각 시장 간의 흐름은 교환을 기본적으로 하고 있음을 볼 수 있다.

그림 1-5 | 현대 교환경제의 흐름

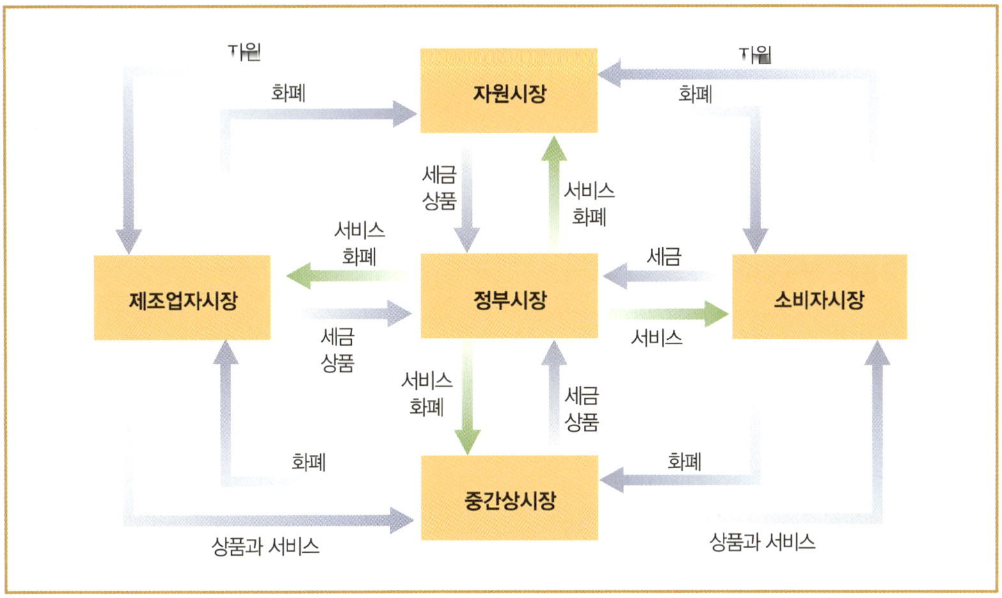

자료: Kotler, P.(2000), *Ibid*, p.13.

제3절 마케팅 컨셉의 진화와 확대

1. 마케팅 컨셉의 의의

마케팅 컨셉(marketing concept)은 영어로는 marketing philosophy, marketing thought 등으로 사용되며, 우리말로는 마케팅이념, 마케팅사고로 불리워지고 있다. 그런데 중요한 것은 이것은 마케팅의 개념 내지 정의의 의미와는 다르며 마케팅 컨셉은 기업경영의 철학 내지 마케팅 관리의 지도이념으로 볼 수 있다는 것이다.

현대 마케팅 컨셉은 그 핵심적인 사고가 1950년대부터 논의되어 오다가 1960년대에 들어와서 구체화된 것인데 현대마케팅의 본질을 구성하고 있다. 마케팅 컨셉은 학자들에 따라 다양하게 표현되고 있으나 그 본질은 동일하게 인식되고 있다. 매카시(McCarthy) 등은 마케팅을 "**이익을 획득하면서 고객을 만족시키는데 기업의 모든 노력을 경주하는 일**"이라고 했고, 코틀러(Kotler)는 "**고객의 변화하는 필요와 욕구를 파악하고 기업의 제품, 서비스 배급방법을 시장의 새로운 필요와 욕구에 적합시키는 일**"이라고 했다. 이러한 견해에 비추어볼 때 마케팅 컨셉은 전사적(통합적) 마케팅을 수단으로 하여 고객 내지 소비자 만족을 통한 기업이익을 달성하려는 이념 또는 철학으로 인식될 수 있다.

2. 마케팅 컨셉의 진화과정

기업에서 마케팅 컨셉의 만족할만한 효익을 실현하기 위해서는 그것이 철학 내지 이념이 실천되어야 하는데 이것은 다음과 같은 의미를 가진다. ① 기업에서의 마케팅활동이 충분하게 조정되고 훌륭하게 관리되어야 하고, ② 마케팅관리자가 기업의 계획에 중요한 역할을 해야 한다는 것이다. 이 두 가지가 현실적으로 실행된다는 것은 마케팅관리가 진전되기 시작하는 것이며 마케팅관리는 마케팅 컨셉이 실천되는 것을 말한다. 산업혁명 이래로 마케팅 컨셉은 다음과 같은 5단계로 진화·확대되어 왔으며, 1970년대 후에는 급속히 확대되었다.

그림 1-6 | 마케팅 컨셉의 변화과정

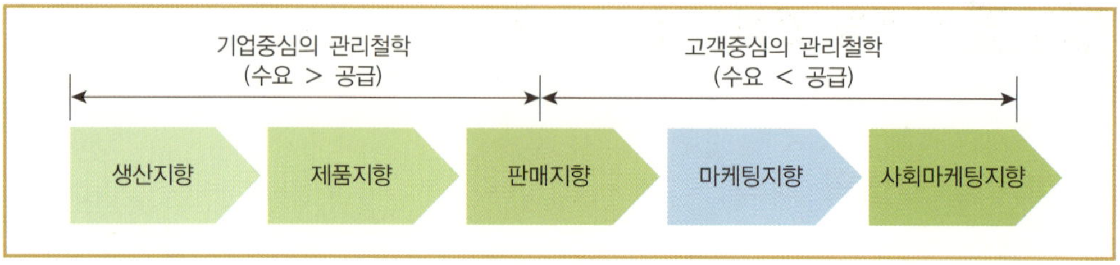

1) 기업중심의 관리철학

(1) 생산지향단계

생산지향단계(production orientation stage)는 전형적으로 기업이 생산지향적인 것을 말한다. 생산 및 기술부문의 관리자가 계획을 책임지고 있으며, 판매부문의 기능은 기업의 생산물을 단순히 판매하는 것에 지나지 않는다. 이 단계에서는 제품을 없어서 못 파는 시기, 즉 수요가 생산을 훨씬 초과하는 **판매자 중심시장(seller's market)**이었기에 과학적 관리법과 같은 생산성

향상 방법이 중요하지 제품을 사도록 하는 마케팅의 노력은 필요 없는 것으로 인식되었다.

(2) 제품지향단계

생산개념하의 기업은 생산성향상에 주력하고 이에 따라 공급이 증대된다. 또한 생산성에 주력하다 보니 제품의 차별화는 등한시된다. 결과적으로 경쟁이 치열해짐으로써 경쟁자보다 좀 더 양질의 제품으로 구매자를 유혹할 필요성이 생기며 기업의 초점은 제품 자체의 특징, 성능, 품질 등에 맞춰진다. 기술적으로 우수한 혁신적 제품을 만들고 이를 지속적으로 개선하는 데 주력하는 것이 **제품지향단계**(product orientation stage)의 특징이다.

생산지향시대에 인간을 무시한 컨베이어 벨트에서 스패너로 조으는 작업만 하던 분업의 폐해를 고발했던 찰리 채플린의 유명한 영화 〈모던 타임즈〉

그러나 품질에만 주력하는 것은 다음과 같은 점에서 문제가 있을 수 있다. 첫째, 품질은 여러 가지 의미를 가진다. 자동차 기업이 좋은 품질을 내세운다면 이것이 의미하는 바는 무엇인가? 자동차의 디자인이 좋다는 것인가? 자체가 튼튼하다는 것인가? 승차감이 좋다는 것인가? 내구성이 좋다는 것인가? 고객은 저마다 다른 사항에 관심을 둔다. 따라서 좀 더 명확한 정의를 하지 않고 좋은 품질을 내세우는 것은 의미가 없다.

둘째, 일반 소비자들은 제품을 보면서도 그 제품의 품질을 잘 파악하지 못하는 경우가 많다. 소비자들은 스마트폰을 구입할 때 대체로 디자인, 성능 등의 다양한 요소를 고려하게 되는데 갤럭시, 아이폰, LG 등 다양한 브랜드의 액정해상도, 디자인, 부속품의 품질 등의 우열을 명확하게 구분할 수 있는 것은 아니다. 결국 소비자들은 별 증거도 없이 품질의 이미지 정도만 갖게 된다.

셋째, 대부분의 기업은 대부분의 시장에서 질적으로 서로 경쟁기업을 따라잡고 있다. 이런 상황에서 품질은 더 이상 브랜드 선택의 결정요소가 되지 않는다.

넷째, 과거의 6시그마 품질을 내세우는 모토로라(Motorola) 같은 기업은 최고의 품질을 자랑하는 것으로 알려져 있었다. 개인용 이동통신의 여명기인 1980년대에 모토로라의 위상은 현재의 애플을 능가했다. 스마트폰이 이동통신의 주류가 되고 있는 현재 모토로라는 그 존재를 찾아보기 어렵다. 스마트폰으로 변화되는 환경에 부적응 및 재무적 요인도 영향을 미쳤겠지만 결국 기업이 품질노력을 한다고 해도 이것만이 충분조건은 아니라는 것을 의미하는 것이다.

대화면
스마트폰 비교

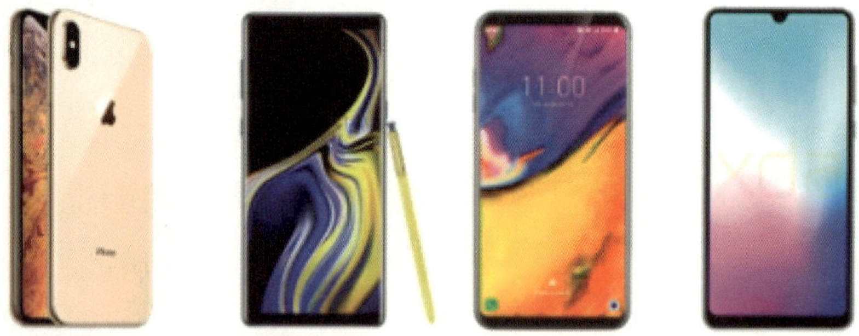

제조사	애플	삼성전자	LG전자	화웨이
제품명	아이폰 Xs 맥스	갤럭시노트 9	LG V40 씽큐	메이트 20 프로

스마트폰 브랜드 중에서 어떤 것을 선택하겠는지요? 품질이 결정적인 기준인지?
사진출처: 머니투데이, 2018.09.14.

모토로라의 인기모델이었던 레이저
모토로라의 '6시그마' 품질관리 목표는 1,000,000개의 생산제품 중 3~4개 미만의 불량품만을 허용(불량률 3.4ppm)하는 것으로 전 세계적으로 거의 달성한 것으로 평가되었다. 모토로라는 미국정부에서 제정한 말콤볼드리지 품질대상의 제1회 수상자(1988)이기도 하다(자료: 위키백과).
사진출처: http://www.econovill.com/news/photo/

(3) 판매지향단계

판매지향단계(sales orientation stage)에서의 주된 관심은 충분한 제품의 생산보다는 오히려 생산한 제품의 판매에 두게 된다. 제품은 판매되어야 하고 이는 실질적인 촉진노력을 요한다. 이 단계는 기업경영에서 판매와 판매관리자에게 권한과 책임이 주어지기 시작된 기간이라 볼 수 있다. 이 시기는 판매에 대한 나쁜 명성도 지녔던 시대이기도 하며, **강압적인 판매(hard sell)**의 시대로도 불리워지고 있다.

2) 고객지향적 관리철학

(1) 마케팅지향단계 – 마케팅 컨셉

코틀러(Kotler)는 과거의 마케팅 이념, 즉 **판매 컨셉(sales concept)**과 **현대적 마케팅 컨셉(modern marketing concept)**의 차이를 설명하면서([그림 1-7] 참고) "**마케팅은 판매가 아니다. 아직도 이 양자를 혼동하는 경우가 흔한데, 사실 판매란 마케팅과 정반대의 활동으로 마케팅은 생산한 것을 처분하는 교묘한 방안들을 찾아내는 기법이 아니라 고객의 진정한 가치를 창출하는 기술이다**"라고 하였다. 좀 더 쉽게 설명하면 판매의 개념에서는 기업은 제품을 생산하고 나서 그 뒤에 고객에게 제품을 사도록 설득한다. 이것은 기업이 소비자 수요를 기업의 공급에 맞추려고 하는 것이다. 마케팅개념하에서는 기업은 고객의 욕구를 파악하고 나서 그 욕구를 충족시키고 이익을 창출할 수 있는 제품을 개발하는데 이것은 기업이 자기의 공급을 소비자수요에 맞추는 것이다.

마케팅과 판매가 같은 개념이라는 인식은 소비자 및 기업이 하는 가장 흔한 착각 중의 하나이다. **피터 드러커(Peter Drucker)**는 마케팅은 판매를 훨씬 뛰어넘은 것이라는 것을 강조하면서 "**마케팅의 목적은 판매를 불필요하게 하는 것**"이라고 보았다. 그의 말이 강조하는 것은 소비자들이 좋아할만한 것을 만들게 되면 소비자들이 스스로 찾게 되고 구전이 빠르게 확산되며 결국 판매는 거의 필요 없게 된다는 것이다.

마케팅지향단계(marketing orientation stage)는 기업이 고객지향과 기업이익의 두 가지 목표를 지향하는 조정된 마케팅관리의 컨셉을 지니게 되는 기간이다. 관심의 초점은 판매보다는

그림 1-7 | 판매와 마케팅 개념의 차이

마케팅에 집중되게 되고, 이 영역은 관리자를 마케팅관리자 또는 마케팅담당부사장이라고 불리워지게 된다. 이 단계의 가장 중요한 특징은 마케팅 컨셉을 성공적으로 실천하는 열쇠가 바로 최고경영자의 호의적인 태도에 달려 있다는 것이다. 즉 최고경영자만이 성공적인 마케팅 프로그램에 필요한 분위기와 리더십을 제공해줄 수 있는 것이다. 이것은 마케팅 컨셉은 기업의 CEO가 마케팅부서를 반드시 거쳐야 한다는 것이 아니라 마케팅지향적이 되어야 한다는 것을 뜻한다. 결국 마케팅지향단계에서는 중요한 3대 요소가 바로 앞에서 설명된 **① 고객지향성, ② 적정이윤, ③ 전사적(통합적) 마케팅**인 것이다. 그런데 1970년대 이후 사회마케팅이 등장하면서 환경문제, 기업의 새로운 사회적 책임 등이 부가되면서 사회적 지향성이 여기에 추가되어 지금은 마케팅 컨셉에서 중요한 4대 요소가 그 내용에 포함되어 있다([그림 1-8] 참조).

그림 1-8 | 현대마케팅 컨셉의 주요 요소

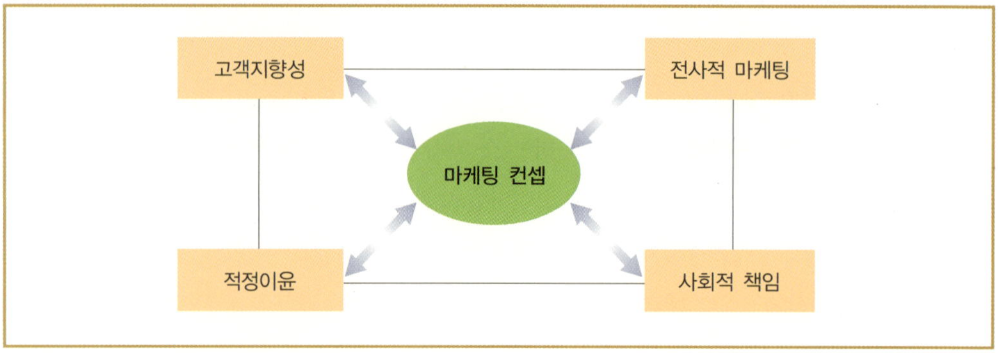

① 고객지향성

피터 드러커(Peter Drucker)는 이미 40여 년 전에 고객중심적 사고가 기업의 성공에 중요하다는 점을 역설했다. 그는 기업의 목적을 "**고객을 창출하는 것이다. 따라서 기업에는 오직 두 가지 기능만이 있을 뿐이다. 즉 마케팅과 이노베이션이다. 성과를 내는 것은 마케팅과 이노베이션이고 그 밖의 다른 모든 것은 코스트가 될 뿐이다**"라고 규정한 바 있다.

소비자 통찰에서 중요한 개념 중의 하나가 바로 'I' 개념이 아닌 'You' 개념이다. 즉, 마케팅 관점에서 보기 이전에 소비자의 입장에서 생각해보라는 것이다. 코카콜라에서는 한 달에 일주일 정도는 중역은 물론 사무직원들까지 코카콜라 운반차량에 타고 직접 물건을 나른다고 한다. 이를 통해 딜러 및 소비자와 접촉해보면서 경기상황, 경쟁제품의 공략, 소비자들의 반응 등을 직접 통찰하는 것이다.

일반 항공사들이 "하루에 비행기 20대 띄운다"라는 표현으로 일할 때 스웨덴 SAS항공사는 "하루에 20차례 승객을 모십니다"라고 고객의 입장에서 일을 하고 있으며, 인터넷 기업 쿠팡은 로켓배송을 통해 주문한 다음 날 소셜커머스와 계약한 택배사가 아니라 자사 직원인 '쿠팡맨'이 직접 배달해주는 서비스를 제공하였는데 빠르고 친절한 쿠팡맨의 서비스에 소비자들의 만족도가 높아지며 거래액을 높여나가고 있다.

빠른 배송으로 고객만족도를 높이고 있는 쿠팡

MARKETING FOCUS 1-3

MOT(Moments Of Truth, 진실(眞實)의 순간(瞬間))

진실의 순간(Moments Of Truth)이라는 말은 스페인의 투우(鬪牛)에서 유래된 말로 스페인어로는 'Momento De La Verdad'라고 한다. 이는 투우사가 소의 급소를 찌르는 순간을 말하는데 경영에서는 고객의 접점(接點), 즉 고객과 접(接)하는 모든 순간들을 의미한다. 고객과의 상담뿐만 아니라 고객으로부터 전화를 받는 순간, 고객을 응대하는 순간, 고객이 원하는 상품을 받아보는 순간, 대금청구서를 받아보는 순간 등등 모든 고객과 접촉하는 순간들을 고객의 접점 또는 MOT라고 한다.

과거에 SAS항공의 얀 칼슨(Jan Carlzon)은 그의 저서 『Moment of Truth』에서 모든 임직원으로 하여금 고객에 초점을 맞추게 한 방법에 대해 설명했다. 그는 회의 때마다 "SAS가 한 해에 500여 만명의 고객과 접촉하게 되는데 이들 고객은 한 번의 여행과정에서 보통 5명 정도의 SAS 직원과 접촉하게 된다는 점을 강조하였다. 이는 곧 2,500만 회의 '진실의 순간'에 직면하게 되는 셈이 된다. 즉 개인적인 접촉이건, 전화접촉이건, 메일을 통한 접촉이건 간에 고객들에게 긍정적인 브랜드 체험을 안겨 줄 수 있는 수많은 순간들을 맞는 셈이다.

1970년대 말 석유파동으로 인해 세계 항공업계는 큰 시련을 맞았는데 17년간 연속해서 흑자를 기록하였던 스칸디나비아항공(SAS)에서도 1979년과 1980년 사이의 2년 동안에 3,000만 달러의 적자가 누적되었다. 스칸디나비아항공(Scandinavian Airlines: SAS)은 스웨덴, 덴마크, 노르웨이 3개국의 민간과 정부가 공동으로 소유하고 있는 항공사로 이러한 위기 가운데 39세의 얀 칼슨이 이 항공사의 사장으로 취임하였다.

고객이 직원들과 접하는 처음 약 15초 동안의 짧은 순간이 회사의 이미지, 나아가 사업의 성공을 좌우한다고 강조한 칼슨 사장은 이러한 마케팅 컨셉을 실행 1년 만에 적자를 흑자로 바꾸었다. 뿐만 아니라 스칸디나비아항공은 1983년도 '최우수항공사'로, 1986년에는 '고객서비스 최우수항공사'로 선정되었다. 스칸디나비아항공이 단숨에 위기를 극복하고 최우수항공사로 도약한 비결은 무엇일까? 칼슨은 MOT의 개념을 소개하기 위해 불결한 트레이(접시 또는 쟁반)를 자주 예로 들곤 한다. 만약 승객들이 기내에서 제공되는 자신의 음식 트레이가 지저분하다는 것을 발견하게 되면 그들은 그 순간에 자신이 탑승하고 있는 비행기가 불결하다고 느끼게 된다고 말한다. 이처럼 MOT는 서비스제공자가 고객들에게 서비스의 질(質)을 보여줄 수 있는 극히 짧은 시간이지만 고객의 인상을 좌우하는 극히 중요한 순간이다.

최근의 디지털 마케팅 시대에도 MOT의 중요성은 높다고 볼 수 있다. 정보통신기술의 발달로 고객과 기업 간의 접점이 인터넷, 스마트폰 등으로 다양해짐에 따라 거의 실시간으로 고객반응 분석 및 대응이 가능해진 시점에 사이트를 방문한 최초 7초간의 순간을 MOT로 보고 웹사이트의 명료성을 높이는 것을 우선할 필요가 있다는 것을 학자들은 강조하고 있다. 무분별한 팝업창이나 빽빽한 상품의 나열, 인내심을 갖고 지켜봐야 하는 현란한 플래시 동영상과 같은 요소는 없는지 살펴보고, 웹사이트의 구조와 디자인을 개선하는 데 먼저 투자해야 한다는 것이다.

그림 1-9 | 웹사이트에서 진실의 순간

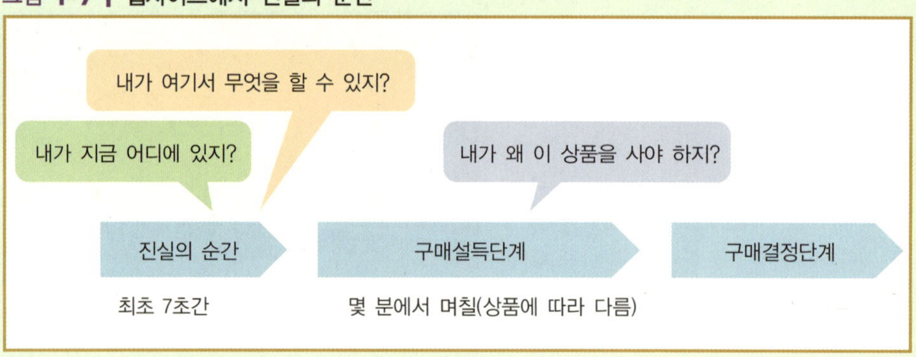

자료: http://blog.naver.com/kookim
동아비즈니스리뷰(http://dbr.donga.com/article/view/1202) 등의 내용을 수정하여 작성

② 적정이윤

기업은 **계속적인 기업(going concern)**으로 살아남는 것 자체가 목적이 되기에 이윤추구는 필수적이라고 할 수 있다. 다시 말해서 기업이 장기적으로 존속·발전하고 기업가치를 극대화시키고 나아가서 사회봉사를 하기 위해서는 이윤을 추구하지 않을 수 없는 것이다. 마케팅 컨셉에서 이윤은 고객의 행복을 통한 기업의 이윤추구, 즉 **적정이윤**으로 실제 기업의 이윤극대화와 고객만족은 같이 극대화될 수 있는 것이 아니다.

③ 전사적 마케팅

휴렛 패커드의 데이비드 패커드(David Packard)는 "마케팅은 그 역할과 기능이 너무 중요해 마케팅부서에만 맡길 수 없다"고 하였으며 필리페 네어트(Philippe Naert) 교수도 "아무리 유능한 인물을 배치했다 하더라도 마케팅부나 팀의 구성을 졸속으로 했을 경우에는 참된 마케팅 문화를 형성하기는 어려울 것이다. 마케팅활동은 최고경영층에서 시작되는 셈이다. 최고경영층이 고객중심의 마인드를 가져야 할 필요성을 제대로 인식하지 못하고 있다면 타부서가 어떻게 마케팅 아이디어를 수용하고 또 실행할 수 있겠는가?"라고 **전사적 마케팅(total marketing)**의 중요성을 역설했다.

과거 마케팅담당자들은 고객을 위한 장기적인 가치를 창출하고 기업의 성공역량을 높이려는 노력은 하지 않고 단기적인 판매촉진, 인적판매, 밀어내기식 매출과 같은 수단을 통해 시장점유율이나 매출액을 향상시키기 위해 안간힘을 써왔다. 그러나 세계적인 마케팅 전문가 쿠마(Kumar)는 급변하는 기업환경에서 기업 전체가 고객에 초점을 맞추는 마케팅이 필요함을 역설하였다. 그는 기업 내부의 모든 구성원들이 부서와 무관하게 마케팅 기능을 수행해야 함을 강조하였다. 회계부서는 고객이 이해하기 쉬운 송장양식을 개발함으로써 마케팅 역할을 담당할 수 있으며 재무부서는 조금 더 편리한 지불 방법을 개발함으로써 마케팅 역할을 수행할 수 있다. 그리고 인사부서는 항공 승무원을 선발할 때 경험이 많은 승무원을 선발함으로써 마케팅 역할을 담당할 수 있으며, 물류관리부서는 공급망을 조정하기 위해 주요 기업고객들에게 연락을 취함으로써 마케팅 역할을 담당할 수 있는 것이다.

이러한 전사적 마케팅이 효과를 거두기 위해서는 **내부 고객(internal customer)** 만족이 무엇보다 중요한 선결과제라고 볼 수 있다. 사진에서 볼 수 있듯이 세계적인 기업의 CEO들은 내부고객만족에 대한 중요성을 강조하고 있으며 기업이 성장하기 위한 핵심적인 요소로 생각하고 있다.

글로벌 기업 리더의 조직문화 발언

"오늘과 내일의 성공을 이끄는 스타벅스 브랜드의 힘과 가치는 모두 여러분(직원) 덕분이다."
– 하워드 슐츠 스타벅스 회장 –

"우리 모두는 동료들이다. 오늘의 캐셔가 내일의 매니저이며, 오늘의 매니저가 내일의 임원이다."
– 더 그 맥밀런 월마트 최고경영자 –

"회사는 직원들에게 가족과 같은 존재가 되어야 한다. CEO가 직원들을 가족처럼 대한다면 생산성은 더욱 높아질 것이다."
– 래리 페이지 알파벳 최고경영자 –

"넷플릭스는 직원들이 자유와 일에 대한 책임감을 갖기를 원한다. CEO의 임무는 비전을 제시하는 것이다. 그리고 최소한의 결정만 해야 한다."
– 리드 헤이스팅스 넷플릭스 최고경영자 –

사진출처: 조선비즈, [Focus: 글로벌 기업들, 수평 문화 호칭 개발] 파트너·구글러… 직원 호칭 보면 기업문화가 보인다, 2017.12.8.

미국에서 한 은행을 대상으로 조사한 결과 내부고객만족과 고객충성도는 높은 상관관계를 가지는 것으로 밝혀졌으며, 미국 남동부에서 영업하는 레스토랑 체인점 칙필라(Chick-Fil-A)의 경영진은 고객만족도 면에서 체인 전체 평균을 상회하는 레스토랑의 78%에서 팀 구성원(종업원) 만족도가 평균보다 높게 나타났다. 결국 지속적인 경쟁우위를 차지하기 위해서는 기업들이 내부고객에 대한 만족을 통해 상당부분의 영업이익을 얻어낼 수 있을 것이다.

실제 스타벅스에서는 직원을 '**종업원(employee)**' 대신 '**파트너(partner, 동업자)**'라고 부른다. 이 회사에서는 그 누구도 명령하거나 자신의 지시를 강요할 수 없다. 최고경영자(CEO)나 직원 모두가 파트너 관계로 수평적인 조직문화를 갖고 있기 때문이다. 월마트는 직원을 동료(associate)라고 부르며 끈끈한 공동체 의식을 강조한다. 월마트에서는 트럭 운전사나 캐셔(계산원)도 매장 관리자로 승진하는 사례를 심심치 않게 볼 수 있다. 고(故) 샘 월튼 창업자는 생전 '직원 제일주의'를 실천해 월마트를 세계 최대 유통기업으로 키웠다. 월마트는 매장이 수익목표를 달성하면 시간급 직원에게도 이익을 분배하고, 인종이나 성차별 없이 '개방된 조직구조'를 구축했다. 성과가 부진한 직원을 질책하기보다는 오히려 격려한다. 2003년 미국 경제전문지 포천은 월마트를 세계에서 가장 존경받는 기업으로 선정했는데, 여기에는 '직원이 행복하면 고객도 행복하다'는 월튼의 경영철학이 한몫을 했다.

구글 직원들은 사내에서나 외부 사람들을 만날 때 스스로를 구글러라고 칭한다. 신입사원은 누글러(noogler · new+googler)라고 부른다. 세계 최고의 기업인 구글에 다니는 자부심을 나타낸다. 회사에 출근하면 유기농 원료로 만든 간식을 먹을 수 있고, 사내 미용실에서 공짜로 머리를 자르고 세탁소에서 무료로 드라이클리닝도 해준다. 정원에서 승마 · 골프 · 테니스도 즐길 수 있다. 최고의 복지를 제공해 구글러가 오로지 세상을 바꿀 아이디어를 내는 일에만 집중할 수 있게 하는 것이 구글의 전략이자 조직문화인 것이다.

구글의 자유롭고 창의적인 근무환경은 이미 많은 사람들에게 알려져 있을 정도로 유명하다.

다양한 방법으로 직원들을 존중하여 디즈니랜드에 헌신하는 직원들을 통해 디즈니랜드는 방문객들에게 긍정적인 이미지를 얻고 있다.

(2) 사회적 책임 및 인간지향단계

미국에서 1970년대와 1980년대 이후 미국의 사회 · 경제적 여건이 사회지향적으로 특징지워짐에 따라 마케팅의 컨셉 역시 **사회적 책임 및 인간지향단계(social responsibility and human orientation stage)**로 이행하게 된다. 이 단계에서는 마케팅관리자는 그들이 성공하고 생존하기 위해서는 사회적으로 책임성 있는 측면에서 행동하고 의사결정해야 한다는 것이 강조되고 있다. 소비자들의 건강에 대한 고려, 환경문제의 고조, 자원문제 및 법적 규제 문제 등의 외부의 사회적 압력 등이 기업의 마케팅 프로그램에 크게 영향을 주게 되는 것이다.

이 단계는 **생존의 단계(survival stage)**로 불리워지고 있으며 마케터는 원재료든 에너지자원이든 깨끗한 공기와 물이든 그리고 질적으로 좋은 생활이든 이들을 공급하는 것이 상당히 중요한 과제가 되어야 한다. 또한 이 단계는 광범위한 인간지향단계로 인식되고 있다. 이것은 인간자원의 관리에 대한 관심이 고조된 것을 뜻하며, 사회가 물질주의에서 인간주의로 제품의 소비에서 서비스의 소비로, 물질에서 인간으로의 그 강조점이 변화된 것을 뜻하는 것이다.

최근에는 비싼 금액을 지불하고서라도 유기농 식재료를 구입하고자 하는 소비자들의 비중이 늘어나고 있다.

그리하여 이 단계에 마케팅관리는 단지 물질적인 생활수준보다는 보다 나은 질적인 생활을 창조하고 배달하는 데 관심을 두어야 하는 것이다.

특히, 이 단계에서는 고객을 넓게 보는 것(public의 개념으로 확대)이 중요하게 되는데, 특히 특정 국가에 진출하는 기업은 해당 국가정부와의 관계를 잘 구축하는 것이 매우 중요하다고 볼 수 있다. 표적시장을 공략하는 것뿐만 아니라 정부나 파트너에게 효익을 제공하는 것 또한 매우 중요하다. 예를 들어, 나이키(Nike)는 과거에는 문화적으로나 소비자를 대하는 태도 면에서 올바른 관점을 가지지 못한 기업이었다. 나이키는 그들의 노사관행에 대한 사람들의 불만을 과소평가했고, 급기야 분노한 많은 소비자들로 하여금 나이키 브랜드에 등을 돌리게 하는 결과를 초래했다. 1999년 월스트리트 저널이 시민들을 대상으로 실시한 기업평판에 관한 여론조사에서 나이키는 '해외의 어린 노동력을 착취하고 도시지역의 가난한 젊은이들에게 값비싼 신발을 파는 기업'이라는 좋지 않은 이미지로 인해 낮은 점수를 받았다. 나이키는 대학 캠퍼스를 비롯한 여러 지역에서 자사 브랜드에 대한 보이콧이 단시일 내에 끝나지 않으리란 사실을 깨달았고, 마침내 지금껏 그들이 취해오던 오만한 태도를 버리고 노사관행에 새로운 변화를 가져오기 위해 노력했다. 이와 비슷한 맥락에서 최근에는 **공정무역(公正貿易, fair trade)**이 크게 관심의 대상이 되고 있는데 이는 다양한 상품의 생산에 관련하여 여러 지역에서 사회와 환경 표준뿐만 아니라 공정한 가격을 지불하도록 촉진하기 위하여 국제무역의 시장모델에 기초를 두고 조직된 사회운동이다. 이 운동은 개발도상국에서 선진국으로의 수출품에 특히 초점을 두고 있는데 이것들은 거의 대부분 수공예품, 커피, 코코아, 차, 바나나, 꿀, 코튼, 와인, 과일 등이다.

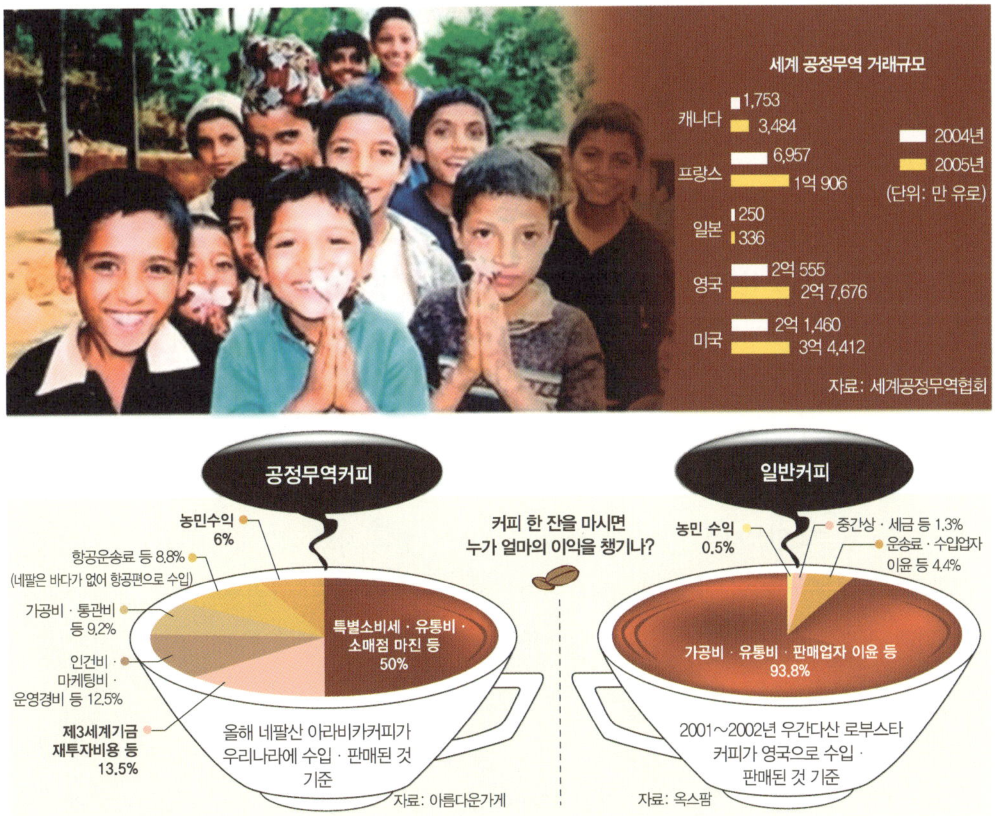

공정무역커피란 커피 생산국에서 아동의 노동력을 착취하는 것에 반대하며 질 낮은 로부스타(Robusta)종의 재배를 지양하고 생태계 보전을 고려한 유기농 커피를 말한다.
사진출처: 서울특별시 홈페이지(http://economy.seoul.go.kr/archives/12712)

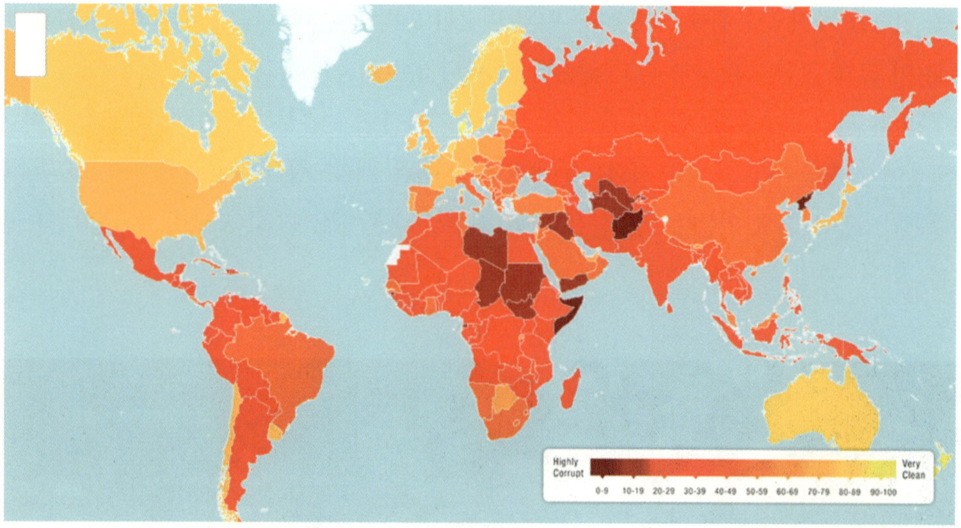

세계부패지수지도(https://namu.wiki)

기업들의 청렴성 또한 중요한 사회적 마케팅의 중요한 축이 될 수 있다. 깨끗하고 공정한 인재선발 및 협력업체에 대한 공정한 대우, 정경유착하지 않는 기업의 경영시스템 등은 기업에 대한 소비자 인식에 매우 긍정적인 영향을 미칠 수 있다. 사진에서 세계부패지수가 나타나 있는데 한국은 2015년 기준 세계 37위에 머물러 경제협력개발기구(OECD) 34개국 중에서는 27위로 거의 꼴찌에 가까운 수준이다.

한국이 낮은 **부패인식지수**를 받은 이유에 관계자는 "한국 사회에는 하위계층에서 일어나는 작은 규모의 부패는 거의 없는 데 반해 정치인이나 기업인 같은 고위층이 개인적인 이득을 얻기 위해 권력을 이용하고 있다"라고 대답했다. 정치와 유착된 기업인들의 부패가 심한 편이고 이러한 부분은 대중들에게도 크게 각인되어 있다.

부패인식지수가 1점 높아지면 1인당 GDP가 연평균 0.029퍼센트 상승하고 이 지수가 낮아지면 투자는 줄어들고 큰 재난이 일어날 확률은 높아진다고 한다. 우리나라가 선진국 문턱에서 주저 않는 이유를 전문가들은 여기서 찾기도 한다. 물론 정치권에서도 실행되어야 하지만 기업의 깨끗한 경영은 국가발전, 나아가 해당 기업에 대한 소비자 인식에도 크게 영향을 미칠 수 있는 것이다.

MARKETING FOCUS 1-4

사회마케팅 사례

사회마케팅은 또한 세계적인 힘을 가지고 있다. 이런 프로그램들은 카리브해에서 태국까지 AIDS를 줄이기 위해 저가의 수백만 피임용구들을 시장에 내어놓았다. 사회마케터들은 아프리카, 라틴아메리카와 아시아에서 설사로 인한 탈수, 내성이 길러진 병과 영양실조로 인한 수백만 명의 죽음을 막았다. 사회마케팅은 사회변화 목적을 달성하기 위해 마케팅의 4P를 활용한다. 가장 좋은 예로는 일련의 제품, 포장, 가격 그리고 프로모션을 믹스한 전체적인 마케팅 프로그램의 개발로 카리브해 국가들에서는 매춘부(sex wokers)들이 콘돔을 이용하도록 함으로써 HIV감염에서 그들 자신과 고객들을 보호하도록 권장하는 캠페인이었다.

또한 이러한 사회마케팅의 일환으로 제시할 수 있는 것이 공익연계마케팅이다. 1983년의 어느 날이었다. 미국 신용카드업체 아메리칸익스프레스(아멕스)의 마케팅담당자 제리 웰시는 뉴욕 맨해튼 사무실에서 무심히 창 밖을 내다보고 있었다. 그때 문득 뉴욕항 입구의 리버티 섬에 우뚝 선 자유의 여신상이 눈에 들어왔다.

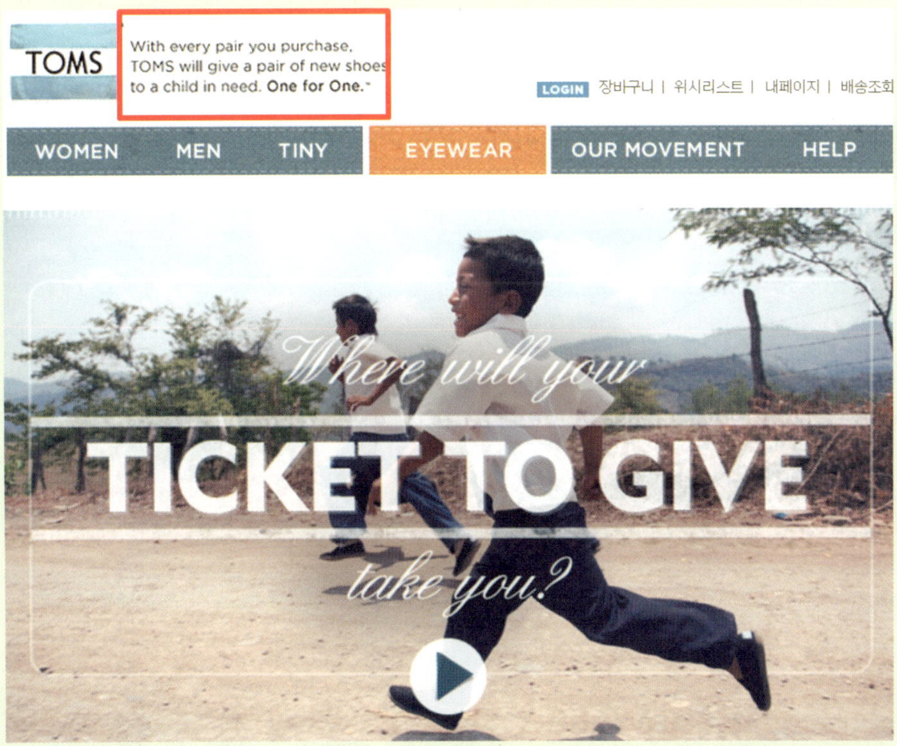

탐스슈즈의 창업자인 블레이크 마이코스키는 "기부에 의존하지 않고도 아이들에게 지속적으로 신발을 줄 수 있는 방법이 없을까." 생각 끝에 미국에서 신발 한 켤레를 팔 때마다 한 켤레를 기부하는, 내일을 위한 신발(Shoes for Tomorrow)이라는 뜻을 가진 신발회사 탐스슈즈(TOMS Shoes)를 차렸다. 일대일(one for one). 이 단순한 비즈니스 모델은 의미 있는 소비에 목말랐던 소비자들을 열광케 하며 세계로 퍼졌다.

위안부 문제해결과 브랜드 판매를 연결시킨 희움
(http://www.joinheeum.com)

그 순간 한 가지 아이디어가 웰시의 뇌리를 때렸다. 설립한 지 100년이 다 된 자유의 여신상 보수공사를 활용해 마케팅캠페인을 펼치면 어떨까 하는 생각이었다. 기존고객이 카드를 사용할 때마다 1센트씩, 신규고객이 가입할 때마다 1달러씩 기부해 자유의 여신상 보수공사 재원을 마련한다는 구상이었다. 얼마 뒤 웰시의 아이디어는 **'내셔널 아트 마케팅 프로젝트(National Arts Marketing Project)'**라는 이름으로 세상에 선을 보였다.

고객들의 반응은 예상보다 훨씬 뜨거웠다. 미국의 상징과도 같은 자유의 여신상을 복구하는 데 동참하려는 사람들이 장사진을 친 것이다. 프로젝트는 큰 성과를 얻었다. 캠페인 기간 동안 카드 사용은 27%나 증가했고, 170만 달러에 이르는 복구공사 기금도 모아졌다. 이 프로젝트는 세계 최초의 **공익연계 마케팅(cause-related marketing)** 사례라는 기록을 남겼다.

탐스의 설립자 블레이크 마이코스키는 아르헨티나를 여행하다가 맨발로 다니는 수많은 아이들을 보고 그 아이들을 돕고자 2006년 조그만 신발 회사를 만들었다. 그리고 신발 한 켤레를 팔 때마다 아르헨티나 등의 빈곤국 아이들에게 한 켤레를 나눠주는 일 대 일 기부 운동을 전개하였다. 처음 탐스의 기부 목표량은 200켤레에 불과했다. 하지만 신발 한 켤레를 구입함으로써 아이들에게 새 신발을 선물할 수 있다는 사실은 큰 반향을 불러일으켰다. 탐스 신발은 창립 6개월 만에 1만 켤레가 판매되었고, 창립 8년이 된 2013년에는 1,000만 켤레의 신발을 선물할 수 있었다.

희움(http://www.joinheeum.com)은 일본군 위안부 문제해결을 위해 설립된 '(사)정신대 할머니와 함께하는 시민모임'의 윤리적 소비 브랜드이다. 일본군 위안부였던 김순악, 심달연은 심리치료의 일환으로 압화작품들을 남겼다. 희움의 제품은 모두 할머니들의 압화작품을 디자인의 모티브로 하여, 전문 디자이너들의 재능기부하에 기획, 그래픽 디자인, 생산이 이루어지고 있다. 수익금은 전액 일본군 '위안부' 문제해결과 관련 역사관 운영

시계 색상에 따라 다른 단체에 기부하는 원페이스워치
(https://1face.com)

기금으로 사용된다.
한편 기발하고 재미난 방식의 기부도 있다. 재미(fun)와 기부(donation)를 합친 퍼네이션(funation)이라는 새로운 용어까지 등장했다. 기부시계로 유명한 원페이스워치(https://1face.com)는 시계를 사면 그 수익금이 자동으로 자선단체에 기부된다. 재미 있는 것은 사진에서 자세히 볼 수 있듯이 시계 색깔에 따라 기부 대상이 달라진다는 점이다. 덕분에 시계 색깔을 고르는 것이 소비자에게 특별한 의미를 준다. 에이즈 환자를 위해서는 빨간 시계를, 유방암 환자를 위해서는 분홍 시계를 굶주린 아이들을 위해서는 흰색 시계를 사면 된다. 시계의 색깔은 총 아홉 개로 각 자선단체의 공헌을 나타내는 색상으로 디자인 되어 있다.

자료: KBS 명견만리 제작팀 지음(2016), 명견만리, 인플루엔셜, p.31/위키백과(희움으로 검색)/ http://danmee.chosun.com/20130510 등에서 참고하여 정리

제4절 마케팅 믹스

많은 활동들이 마케팅 믹스를 구성하지만 학자들은 그 모든 나무들 사이로 숲을 쉽게 볼 수 있도록 하는 분류법을 찾아내려고 애써왔다. 1960년대 초 제롬 매카시(Jerome McCarthy) 교수는 **제품(product), 가격(price), 유통(place), 촉진(promotion)**의 4P로 구성되는 마케팅 믹스를 제안했다. 각각의 P는 뒤에서 설명될 여러 가지 활동들을 포함한다([그림 1-10] 참조). 최근에는 그보다 더욱 정교하고 다양하게 변형된 내용들이 제시되고 있다.

4P 개념틀은 마케터들에게 상품과 그 특성을 결정하고, 가격을 설정하며, 상품의 유통방법을 결정하고, 상품의 촉진방법을 선택하도록 요구한다. 몇몇 비평가들은 4P가 어떤 중요한 활동들을 생략하거나 과소평가하고 있다고 생각한다. 예를 들면 제품에서 서비스 및 포장의 중요성을 부각시키지 못한 점이나 **인적판매(personal selling), 정치적 요소(politics), 공중여론(public opinion)**들을 포함시켜 7P로 해야 한다는 점 등을 지적하고 있으며 서비스 분야에서는 물리적 증거(physical evidence), 사람(person), 프로세스(process) 등을 포함시켜 7P로 해야 한다는 주장도 있다. 그러나 핵심이슈는 4P냐 7P냐 혹은 10P냐가 아니라 어떤 개념틀(framework)이 마케팅전략을 설계하는 데 가장 유용한가 하는 것이다. 경제학자들이 이른바 수요와 공급이라는 두 가지 중요 개념을 분석틀로 사용하는 것과 마찬가지로, 마케터는 4P를 그들의 마케팅 계획을 가이드하는 서류정리 캐비닛과 같은 도구로 간주한다.

그림 **1-10** | 4P의 개념틀

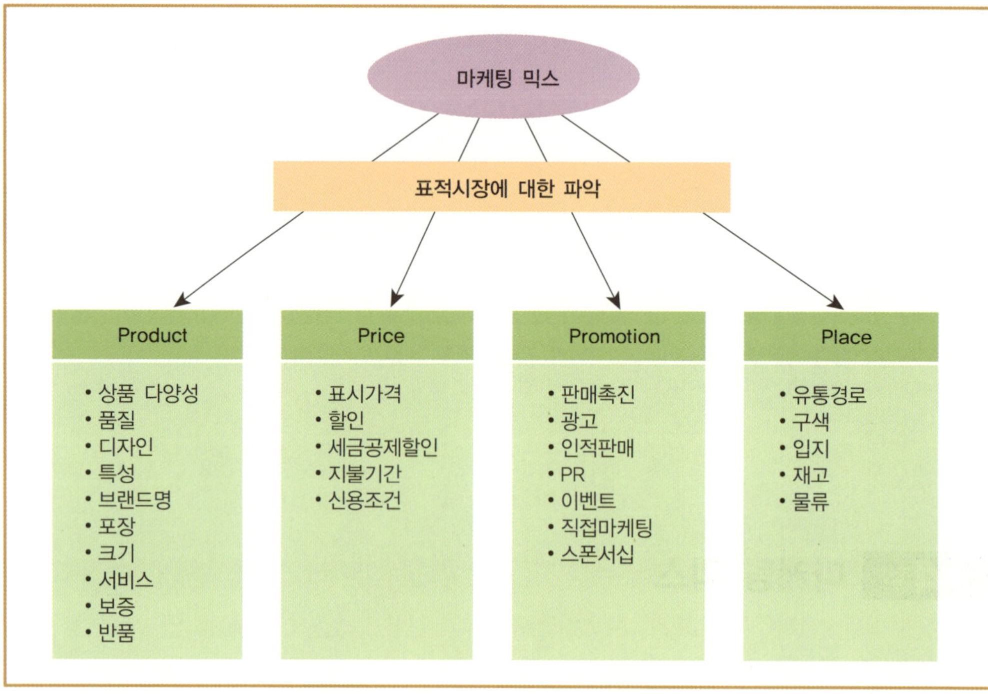

자료: 김정구 옮김(2000), 미래형 마케팅, 서울: 세종연구원. p.170/Kotler, P.(1999), *Kotler on Mareting*, New York: Simon & Schuster Inc.에서 수정하여 구성

이밖에 매우 타당한 비판이 또 하나 있는데 이는 4P 개념이 구매자 관점이 아니라 시장의 판매자 관점을 내포하고 있다는 것이다. 하나의 물건을 고려하는 구매자는 그것을 판매자의 관점으로 보지 않을 수도 있다. 각각의 4P는 구매자의 관점에서 볼 때 4C로 묘사하는 것이 더 타당할 수 있다는 것이다.

그림 **1-11** | 4C

4P		4C
제품(Product)	▶	고객가치(Customer value)
가격(Price)	▶	고객측의 비용(Cost to the Customer)
유통(Place)	▶	편리성(Convenience)
촉진(Promotion)	▶	커뮤니케이션(Communication)

따라서 마케터는 상품을 판매한다고 생각하는 반면, 고객은 가치 또는 문제해결책을 구매한다고 생각한다. 그리고 고객은 가격뿐 아니라 그 외의 것에도 관심이 있다. 즉, 그들은 상품을 획득하고 사용하며 처분하는 총비용에 관심이 있다. 고객은 가능하면 편리하게 이용할 수 있는 상품과 서비스를 원한다. 결국 고객이 원하는 것은 촉진이 아니라 쌍방향의 커뮤니케이션이다. 마케터는 먼저 고객의 4C를 잘 생각한 다음, 그 근거 위에서 4P를 구축해야 한다는 것이다.

최근 코틀러 등은 『마켓 4.0』이라는 저서에서 고객참여 트렌드를 강조하여 **공동창조**(cooperation), **통화**(currency), **공동체활성화**(communal activation), **대화**(conversation)로 변화를 주장하였다.

첫째, 디지털 경제에서 공동창조는 신제품 개발 전략에서 매우 중요할 수 있으며 상품 및 서비스의 고객화를 가능하게 함으로써 가치제안의 성공확률을 높여줄 수 있다.

둘째, 통화는 가격책정의 표준화에서 역동적인 가격책정으로 진화를 강조한다. 이는 시장의 수요나 생산시설 가동률에 따라 가격을 유연화하는 것을 말하는 것으로 호텔이나 항공과 같은 서비스산업에서는 이미 많이 쓰이고 있으며 다른 제품군으로 확대되고 있다.

셋째, 공동체활성화는 디지털 시대의 변화된 채널을 의미한다. 공유경제에서 대세로 떠오른 유통방식은 P2P(person), 즉 개인 간의 유통이다. 에어비앤비, 우버 등과 같은 기업은 기존산업을 혁신시키고 있다.

에어비앤비는 2008년 8월 시작된 세계 최대의 숙박공유 서비스이다. 자신의 방이나 집, 별장 등 사람이 지낼 수 있는 모든 공간을 임대할 수 있다. 2013년 기준 192개국 3만 4,800여 개 장소에 대한 숙박을 중개하고 있으며, 2초당 한 건씩 예약이 이루어지고 있다(자료: 위키백과).

우버는 스마트폰을 기반으로 한 미국의 승차공유서비스이다. 실질적인 우버서비스의 시작은 2010년부터이다. 이 기업은 고용되거나 공유된 차량의 운전기사와 승객을 모바일 앱을 통해 중개하는 서비스를 제공한다(자료: 위키백과).

마지막으로 대화라는 개념이다. 전통적인 판촉은 청중인 고객에게 기업이 일방적으로 메시지를 전달하는 것이었다. 최근에는 소셜미디어의 확산으로 고객이 기업의 메시지에 반응하고 다른 고객들과 적극적으로 대화하면서 기업의 이야기를 퍼나르고 있다.

| 생각해볼 문제 |

01 본인이 생각하는 마케팅 개념에 대해서 설명해보세요.
02 대학교의 마케팅활동이 실효를 거두기 위한 조건에는 어떤 것이 있을지 설명해보세요.
03 마케팅과 판매와의 개념 차이에 대해 설명해보세요.
04 욕구창조형 마케팅과 반응형 마케팅의 차이를 예를 들어 설명해보세요.
05 마케팅 컨셉의 구성요소 등들을 예를 들어 설명해보세요.

| 참고문헌 및 더 읽을거리 |

[국내문헌]

김상욱·전광호 편역(2006), CEO에서 사원까지 마케팅에 집중하라, 김영사.

김용호 외 7인 공저(2003), 현대 마케팅, 무역경영사.

김정구 옮김(2000), 미래형 마케팅: Kotler on Marketing, 서울: 세종연구원.

마이네트(1995), 마케팅 신조류, 경문사.

이종호(1995), 사회마케팅, 부산대학교출판부.

장흥섭·구동모 옮김(1997), 그린마케팅, 삼영사.

조서환·추성엽(2004), 한국형 마케팅, 21세기북스.

조선비즈, [Focus: 글로벌 기업들, 수평 문화 호칭 개발] 파트너·구글러 … 직원 호칭 보면 기업 문화가 보인다, 2017.12.8.

이진원 옮김(2017), 필립 코틀러의 마켓 4.0, 더퀘스트.

홍수원 옮김(2003), 필립 코틀러의 마케팅 A to Z, 세종연구원.

Impact Business Review, http://ibr.kr/

KBS 명견만리 제작팀 지음(2016), 명견만리, 인플루엔셜.

[국외문헌]

Bartels, R.(1965), "Marketing Technology, Task, and Relationships," *Journal of Marketing*, Vol.29(1), pp.45–48.

Berkowitz, E. N., R. A. Kerin, S. W. Hartley and W. Rudelius(2000), *Marketing*, 6th edition, McGraw–Hill.

Churchill, J. R., G. A. and J. P. Peter(2003), *Marketing: Creating Value for Customer*, 2th edition, McGraw–Hill.

Czinkota, M. R. et. al.(2000), *Marketing Best Practice*, Dryden.

Etzel, M. J., B. J. Walker(2004), *Marketing*, 13th edition, McGraw–Hill.

Grewal, D. and M. Levy(2012), *Marketing*, 3th edition, McGraw–Hill.

Guilinan, J. P., G, W. Paul and T. J. Madden(1997), *Marketing Management: Strategies and Programs*, McGraw–Hill.

Harrell, G. D. and G. L. Frazier(1999), *Marketing: Connecting with Customers*, Prentice-Hall.

Huang, Y. T., S. Rundle-Thiele and Y. H. Chen(2019), "Extending Understanding of the Internal Marketing Practice and Employee Satisfaction Relationship: A Budget Chinese Airline Empirical Examination," *Journal of Vacation Marketing*, 25(1), pp. 88-98.

Lamb, C. W., J. H. Hair and C. McDnniel(2002), *Marketing*, Free-Press Company.

Kotler, P.(2000), *Marketing Management*, The Millennium edition, Prentice-Hall.

Kotler, P.(1986), "Megamarketing," *Harvard Business Review*, March-April, pp.117-124.

CHAPTER 02

고객만족과 관계마케팅

"전체 고객의 20%가 전체 매출액의 80%, 그리고 전체 이익의 80%를 얻게 한다."

-80/20의 법칙-

"규칙 1: 고객이 항상 옳다!
규칙 2: 고객이 틀리면 규칙 1을 읽어라!"

-스튜 레너즈 2세(Stew Leonard Junior)-

"우리의 고객이 그렇게 만족하는 한 가지 이유는 우리가 만족하지 않는다는 것이다."

-Honda advertising copy-

놀부의 고객감동 행동강령

| 이 장의 학습내용 |

제1절 마케팅 패러다임의 변화
제2절 고객만족경영
제3절 고객가치평가
제4절 관계마케팅

제1절 마케팅 패러다임의 변화

1. 고객지향의 중요성

현재 우리는 고객이 왕인 고객중심의 경제체제 속에 살고 있다. 이는 제1장에서 자세히 설명되었듯이 공급이 수요를 월등히 초과하는데서 빚어진 현상이라고 볼 수 있으며 그 때문에 공급이 부족한 것은 물품이 아닌 고객이라고 볼 수 있다.

1975년에 이미 하버드 경영대학의 레비트(Levitt) 교수는 『**마케팅 근시안(Marketing Myopia)**』이라는 논문에서 "**성장산업 같은 것은 없다. 단지 소비자의 욕구만이 있을 뿐이고 그것이 변해갈 뿐이다**"라고 지적한 바가 있는데 이러한 고객지향적인 사고는 미래지향적인 기업으로 변모해가는 기업의 마케터가 명심해야 할 부분이라고 볼 수 있다.

제1장에서 이야기되었듯이 소비자 통찰에서 중요한 개념 중의 하나가 바로 '**I 개념**'이 아닌 '**You 개념**'이라고 볼 수 있는데 이는 마케팅 관점에서 보기 이전에 소비자의 입장에서 생각해 보라는 것이다. 하워즈 슐츠(Howard Shultz)는 『스타벅스, 커피 한 잔에 담긴 성공 신화(Pour Your Heart into it)』에서 "브랜드를 구축하는 가장 좋은 방법은 한 번에 한 사람씩 접근하는 것이다"라고 하였다. 결국 스타벅스는 전통적인 비즈니스 방식, 즉 제품을 생산하고

고객화를 활용하고 있는 스타벅스의 사이렌 오더
독특한 방식으로 운영되는 가치지향형 회사인 스타벅스는 먼저 진정한 브랜드로서 고객지향형 상품을 창조하고, 그 다음 소비자를 대상으로 커피에 대한 교육을 실시하며, 커피를 마시는 로맨스로 그들의 마음을 사로잡았다.
사진출처: 스타벅스 홈페이지

경쟁자로부터 시장점유율을 빼앗아오기 위한 대량광고, 대량유통방식 대신에 감성적인 방식을 택함으로써 큰 성장을 이룰 수 있었다.

그러나 이러한 기업의 예와는 반대로 아직도 '**고객지향(customer-oriented)**'보다는 '**제품지향(product-oriented)**'의 입장에 서 있는 기업들이 너무나 많은데, 이들 기업은 제품위주의 인식에서 벗어나지 못해 자산 부문에 막대한 투자를 하며 이런 투자로 제품을 생산한 뒤 고객이 될 법한 사람들에게 무차별적인 판매활동을 벌인다. 이와는 달리 고객지향적인 기업은 [그림 2-1]의 (b)와 같이 고객의 욕구를 파악하여 다른 요소들을 이에 맞추는 접근법을 가지게 될 것이다.

그림 2-1 | 고객지향과 제품지향의 차이

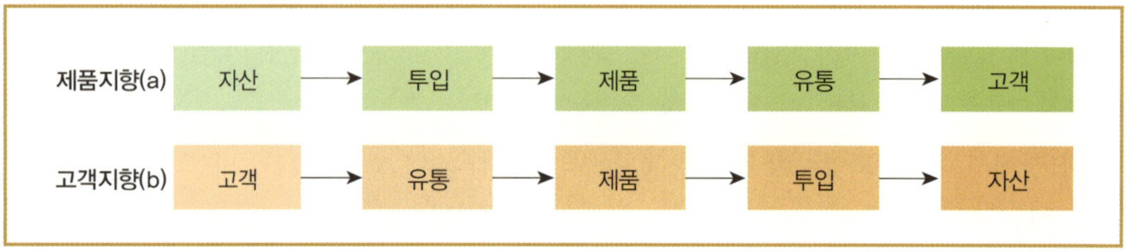

자료: 홍수원 옮김(2003), 필립 코틀러의 마케팅 A to Z, 세종연구원, p.75/Kotler, P.(2003), *Marketing Insight from A to Z*, John Wiley & Sons, Inc., NJ.

2. 고객의 역할변화

고객의 역할은 점점 더 마케팅에서 중요한 위치를 차지해가고 있는데 과거의 고객은 소비라는 사전에 결정된 역할만을 담당하는 수동적인 입장이었다면 2000년 이후의 고객은 기업에게 좀 더 좋은 구매조건을 제시할 수 있는 역할 및 심지어 상품/서비스의 공동개발자 및 협력자의 역할까지 담당하고 있는 것이 사실이다. 이제 기업이 성과를 올리기 위해서는 외부 이해관계자와의 협력은 물론 고객참여까지지도 적극적으로 유도해야 하는 현실에 직면했다.

대표적인 성공 사례가 P&G의 **연결+개발(connect+develop) 프로그램**이다. 이 방법은 우선 소비자의 니즈를 바탕으로 어떤 제품을 개발할 것인가를 명확히 정의하는 것으로부터 시작되는데, 이 과정에서도 소비자와 공동창조(co-creation)를 적극 활용하기도 한다. 그 외에도 주변 제품이나 카테고리로부터 혁신 아이디어를 찾기도 하고 특허나 유망 아이디어를 얻을 수 있는 네트워크를 폭넓게 활용하면서 혁신의 소스를 찾고 솔루션을 제공받는다. P&G의 경우

내부 직원뿐만 아니라 아이디어나 솔루션의 외부 원천을 활용하여 적극적으로 혁신을 창조해 나간다.

P&G는 칩에 재미있는 그림과 단어가 인쇄된 새로운 Pringles 라인을 Connect and Develop 방식으로 개발하여 런칭하였다. 칩에 이미지를 인쇄하는 방법을 내부에서 찾기보다는 개인과 기관들로 구성된 글로벌 네트워크로부터 솔루션을 얻었다. 과자와 쿠키에 식용으로 해가 없는 이미지를 프린팅하는 잉크젯 기술을 발견한 교수가 운영하는 이탈리아의 조그만 빵집에서 솔루션을 발견했다. P&G는 그 방법을 도입해서 북미지역에서 두 자릿수의 높은 매출성장을 기록했다.

자료: Connect & Develop Method: P&G의 혁신모델, bit's Newsletter Sept. 3, 2012.

3. 마케팅 성과측정 개념의 변화

기존의 마케팅 개념하에서는 마케팅활동의 효과성이나 효율성을 측정하는 중요한 개념으로 주로 규모의 경제나 시장점유율, 브랜드충성도가 사용되었다. 그러나 새로운 마케팅 패러다임하에서는 **시장점유율**(market share)에 비해 **고객점유율**(customer share), **규모의 경제**(economies of scale)보다는 **범위의 경제**(economies of scope), **브랜드충성도**(brand loyalty) 대신에 **고객충성도**(customer loyalty)가 더욱 중요한 개념으로 대두되고 있다. 기업특성에 따라 시장점유율, 규모의 경제, 그리고 브랜드충성도 등이 성과측정 도구로 더 중요한 경우도 많이 있지만 최근에 보편적인 마케팅 방법이 되고 있는 관계마케팅에서는 고객창조보다는 고객유지에 더 큰 비중을 두고 있기 때문에 이런 변화를 반영할 수 있는 성과측정방법이 필요하게 된 것이다.

고객점유율은 기업이 한 고객의 연간 내지 평생 구매량의 몇 퍼센트를 차지하고 있는가 하는 것과 관련되는 것으로, 예를 들어 한 고객이 평생 구매한 피자 중에서 피자헛 피자가 80% 정도 차지한다면 해당 고객에 대한 고객점유율은 80%가 되는 것이다. 일반적으로 시장점유율이 높은 기업들이 많은 수익을 올릴 것이라는 생각을 할 수 있지만 예외의 경우도 많이

그림 2-2 | 고객중심 경제하에서 마케팅 패러다임의 변화

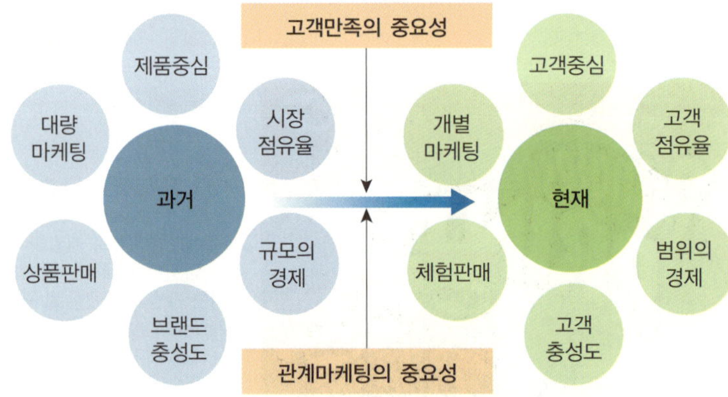

존재한다. A&P는 몇 년 동안 미국의 슈퍼마켓체인점 가운데 가장 규모가 크고 시장점유율이 높았으나 수익성이 높지 않았고 IBM, SEARS, GE 같은 굴지의 대기업들은 1980년대 소규모의 경쟁기업들에게 많은 어려움을 겪었다.

범위의 경제는 한 기업이 비슷한 범주의 제품으로 진출함으로써 원래의 제품에서 가진 경쟁요소를 통해 경쟁적 우위를 가지게 되는 것을 말하는 것이다. 예를 들어, 은행이 보험으로 사업영역을 확대하여 기존 은행점포망을 활용하여 보험영업을 하는 경우 매우 효율적이고 비용효과적인 방법이 될 수 있다. 예를 들어 최근 농협은 기존의 은행망을 활용하고 은행사업의 노하우를 활용하여 농협생명에 적극 진출하고 있다. 이러한 사업 간의 관계는 비용 공유와 조정, 비용 삭감으로 평균비용을 절감할 수 있다는 점에서 범위의 경제라고 하는 점이다.

브랜드충성도란 시간이 지남에 따라 특정 상표를 지속적으로 구입함으로써 특정 상표에 대한 우호적인 태도를 갖게 되는 것을 말하는 반면, 고객충성도는 브랜드충성도와는 달리 관계마케팅에서 언급되는 상호작용 특성과 관련된 것으로 기업이나 종업원에 대한 고객의 관여를 의미한다고 볼 수 있다.

제2절 고객만족경영

1. 고객만족의 개념

소비자가 구매 후 만족하느냐는 소비자의 **기대치**(expectancy)에 대비된 제공물의 **성과**(performance)에 따라서 결정된다고 할 수 있다. 일반적으로 **만족**(satisfaction)이란 "**사람들의 기대치와 관련하여 그 제품에 대해 그가 지각하고 있는 성과(결과)를 비교하여 나타나는 그 사람이 느끼는 즐거움이나 실망감**"이라 할 수 있다. 그러므로 만족수준이란 지각하고 있는 성능과 기대치 간 차이의 함수이다. 만약 성과가 기대수준에 미치지 못한다면 고객은 불만족하게 되며, 상대적으로 기대에 일치하게 되면 고객은 만족하게 될 것이다. 만약 성과가 기대수준을 초과하게 되면 고객은 만족하게 될 것이다.

그림 2-3 | 고객만족의 기대불일치 모델

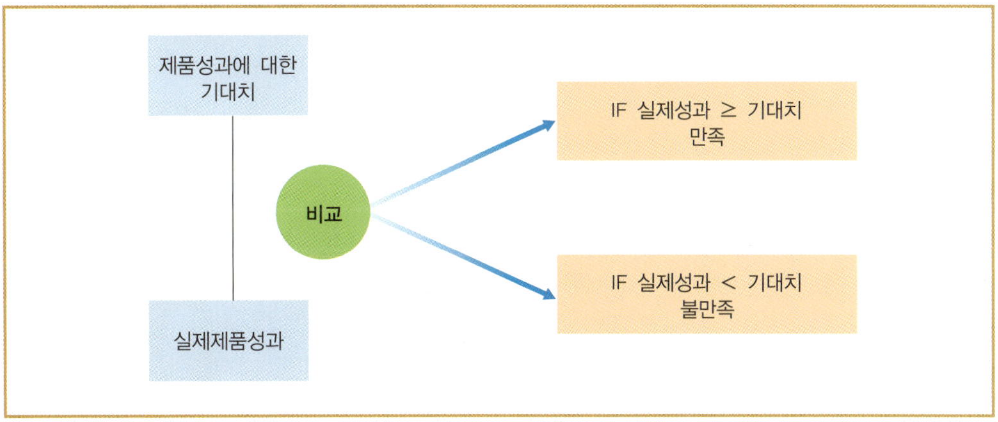

그렇다면 소비자는 어떻게 그들의 기대치를 형성하는가? 기대치는 소비자의 과거 구매경험, 친지나 가까운 이들로부터의 충고, 마케팅 기업과 경쟁기업이 제공하는 정보와 약속사항 등에 의해서 영향을 받는다. 만약 기업이 기대치를 너무 높이면 소비자가 실망할 가능성은 그만큼 커진다고 할 수 있다. 예를 들어, 인기 있었던 영화 1편의 후속작은 항상 1편에 대한 기대감 때문에 새로운 영화에 대한 만족의 가능성이 낮아지는 부분도 존재할 수 있다. 한편으로 자사의 기대수준을 너무 낮게 설정하면 구매한 사람들을 만족시킬 수는 있지만 많은 사람들이 구매에 관심을 가지기 못하게 될 수 있다.

최근 연구에 따르면 고객만족 및 고객감동의 효과는 이전 소비경험의 증가로 약화될 수 있다고 한다. 따라서 고객만족과 고객감동에 투자할 때 관리자는 충성도에 대한 개인적 특성의 영향을 고려하고 이전의 소비경험을 참고하여 소비자를 구별해서 접근할 필요가 있다.

MARKETING FOCUS 2-1

현대카드의 직원만족, 고객만족경영

대부분의 기업은 소위 '진상고객'에게 소극적으로 대응하고 있다. 그러나 최근 현대카드는 다르게 접근했다. 진상고객의 전화를 끊어버리는 파격적 조치를 취했다. 그랬더니 직원들의 이직률이 낮아졌고 선량한 고객들은 혜택을 봤다.

▶ 성희롱, 비속어 사용 고객응대 중단

현대카드는 진상고객 응대를 두 가지 차원에서 다르게 해석했다. 첫째, 진상고객의 전화를 끊어버리는 것이 오히려 직원 보호를 통해 업무 전체의 효율성을 높일 수 있다는 점이다. 둘째, 이러한 고객들은 대체로 전화를 끊지 않고 오랜 시간 통화를 한다는 공통점이 있는데 이로 인해 대기시간이 길어져 다른 일반적인 고객들이 피해를 보게 된다는 점이다.

현대카드는 2012년 2월부터 콜센터로 전화를 걸어 직원들에게 성희롱을 하거나 비속어를 사용하는 고객에 대해 두 번의 경고 메시지를 보낸 후 응대를 중단하는 정책을 도입했다. 콜센터 직원들을 성희롱과 폭언으로부터 보호하기로 한 것이다. 고객이 무조건 '왕'으로 인식되고 있는 국내 서비스업계에서 현대카드의 이 정책은 파격적인 것으로 여겨졌다. 자칫 고객들에게 불친절하다는 인상을 남겨 브랜드가치에 타격을 받을 수 있기 때문이다.

이 제도 도입 후 현대카드 측에서 먼저 전화를 끊은 사례는 월평균 31건이었다. 이전까지 콜센터 직원이 고객에게서 걸려온 전화를 먼저 끊는다는 건 상상할 수도 없는 일이었다. 하지만 2010년 15%에 이르던 상담원 이직률은 올해 들어 4%대로 낮아졌다. 고객들은 더 빨리 일처리를 할 수 있게 됐다.

현대카드는 2011년 상반기에 고객으로부터 칭찬을 받은 총 96명의 직원들을 직접 찾아 서프라이즈 축하 행사를 진행하고 소정의 선물을 증정하는 Praise Day 이벤트도 이날 시행했다. 현대카드 · 현대캐피탈 · 현대커머셜은 이번 Praise Day 행사를 시작으로 사내 칭찬문화를 확산하고, 직원들에게 업무동기를 더욱 부여할 수 있도록 매월 고객들이 칭찬한 직원들을 위한 다채로운 이벤트를 펼치고 있다.

자료: http://www.segyetimes.co.kr

▶ **고객응대 스크립트 간소화**

'손님 앉으실게요.' '한도가 나오셔서요.' 식당, 백화점뿐만 아니라 전화상담을 하는 콜센터에서 어법에 맞지 않는 이상한 표현이 난무하고 있다. 문제가 크다고 판단한 정태영 사장의 지시로 이상한 상담 언어를 바꾸기 위해 현대카드는 두 가지 조치를 내렸다. 우선 카피라이터 출신의 전문 직원을 두 명 채용해 고객상담 대본을 샅샅이 분석했고 관련 임원들이 모여 일주일에 두 시간씩 상담 대본을 읽고 녹음된 내용을 들어보는 회의를 열었다.

준비를 거쳐 2012년 8월 현대카드는 고객상담 대본을 전면 개편했다. '하시옵고, 되어질 수, 있사오며' 등 어법에 맞지 않은 표현, '고객님의 소중한 정보보호' 등 불필요한 미사여구를 전부 없앴다. 이를 위해 상담센터는 물론이고 현업부서, 마케팅 등 관련 부서와 협의체제를 구축했고 총 1,000여 개의 대본을 고객중심으로 바꿨다. 예를 들어 '피해를 보상해드리고'라는 말을 고객 입장에서 해석해 '피해를 보상받으실 수 있고'로 바꿨으며 '내사 없이'란 어려운 표현도 '방문 없이'로 바꿨다. 또 규정상 필수적으로 안내해야 하는 사항이나 길어서 기억하기 어려운 내용은 해당 내용을 문자메시지로 보내주는 시스템을 개발했다. 효과를 측정해보니 한 달 동안 고객에게 일방적으로 안내하던 시간을 총 582.4시간 단축할 수 있었다.

전략 | HR | 마케팅 | 재무회계 | 운영관리 | 혁신 | 자기계발 | 인문학

Article at a Glance

현대카드의 CS혁신

1) 고객응대 스크립트의 간소화 2) ARS 개편 3) 오퍼레이션 체크
4) 고객 콘택트 룰 정립 5) 성희롱, 비속어 사용 고객 응대 중단

CS혁신 성공요인

1) 체계를 흔들 만한 혁신에 대한 끊임없는 요구
2) 디테일에 대한 집착 3) 발상의 전환

▶ **'성장'에서 '고객'으로 관심을 돌리다**

현대카드는 2001년 창립 후 후발주자로서 성장에 주력했다. 그동안 고객에게 어떤 수준의 서비스를 제공했는지, 고객의 로열티 구축은 어떻게 돼가고 있는지에 대해서는 크게 신경 쓸 겨를이 없었다. 그러다가 2010년경부터 "회사가 빠르게 성장했기 때문에 고객서비스 문제가 불거지면 걷잡을 수 없는 상황이 생길 수도 있다"는 우려가 나왔다. 그때부터 고객만족에 신경을 쓰기 시작했다. 2011년에는 한 걸음 더 나아가 고객에 대한 직접적인 서비스와 관련된 모든 부서를 하나로 모아 본부를 조직했다. 내부 인력만 1,200명에 콜센터 직원 3,000명을 합쳐 4,000명이 넘는 현대카드에서 가장 큰 조직이 탄생했다. 본부의 수장을 맡은 글로벌 컨설팅사 매킨지 출신의 김정인 본부장(현 기획지원본부장)은 "고객만족을 단순히 친절함 차원에서 보지 않고 고객이 가장 필요로 하는 서비스를 정확하게 전달하는 것이라고 정의한 뒤 새로운 고객만족 체계를 도입했다"고 말했다.

자료: DBR(동아비즈니스리뷰) 130호(6월 1일자), "고객이 왕이면 직원도 왕" 진상고객 전화 끊으니 놀라운 결과가…, http://news.donga.com, 2013.06.13에서 재인용

2. 고객만족의 성과

고객만족의 가장 큰 성과는 높은 수준의 만족을 경험한 사람들은 상대적으로 전환할 확률이 낮아진다는 점이다. 즉, 높은 만족과 감동은 이성적인 선호성이 아니라 그 브랜드에 대한 감정적인 친근성을 조성하며, 그 결과 높은 고객충성심이 조성될 수 있다. 제품에 대한 소비자의 만족 또는 불만족은 차후의 행동에 영향을 미치게 되는데 만족하게 되면 소비자는 다음번에도 그 제품을 구매할 가능성이 매우 높게 나타남을 많은 연구결과들이 보여주고 있다. 예를 들어, 과거 한 설문조사에 의하면 도요타(Toyota)자동차 구매자 중 75%는 아주 만족하였는데 그 75%가 다시 도요타를 구매할 의향이 있음을 밝혀냈으며, 쉐보레(Chevrolet) 구매자 중 35%가 만족하였는데 그 35%는 다시 쉐보레를 구매할 의향이 있었음을 알아낼 수 있었다.

과거 일본의 도요타의 자동차는 미국에서 상당히 고객만족도가 높은 차로 알려져 있다. 자동차 구매자 중 75%가 매우 만족하였으며 그 75%가 다시 도요타를 구매할 의향이 있음을 밝혔다.

3. 고객불만의 결과

일반적으로 최종소비자를 대상으로 하는 고객의 만족에 대한 여러 실증적 연구결과 불만을 판매자에게 말하는 사람은 불만족한 고객의 4% 정도이며 나머지 96%는 간단히 다른 회사로 가 버리고 대게는(91%) 결코 다시 돌아오지 않는다고 한다.

디지털 시대의 스마트폰 확산은 불만의 특징을 변화시키고 있는데 스마트기기 및 서비스의 확대, 유통채널의 온라인화, 소셜미디어의 급격한 확산은 소비자 불만을 기존과 다른 양상을 전개시키고 있는 것이 사실이다. [그림 2-4]에서 볼 수 있듯이 불만의 대상 품목이 다변화하고 있으며 다양한 디지털 채널을 통해 불만이 실시간으로 전파되고 불만 소비자의 응집력과 1인 영향력이 증대되고 있다.

그림 2-4 | 소비자 불만진화의 4대 특징

① 불만 내성 품목의 다변화	• 디지털 서비스, 콘텐츠, 기기 비중 확대
② 온라인 불만 플랫폼의 확산	• SNS, 유튜브 등이 불만 표출 채널로 부상 • 정부 및 제3섹터 주도의 플랫폼 증가
③ 불만 소비자의 온라인 집단화	• 유사 불만 소비자들이 커뮤니티로 집결 • 집단분쟁조정제도의 지원
④ 1인 영향력의 증대	• 온라인 빅마우스, 소셜테이너의 확산 • 디지털 저격수의 등장

자료: 이승환(2010), "스마트 시대, 소비자 불만을 신뢰로 바꾸는 비결," SERI 경제포커스 11.3(제400호), p.3.

할리우드 영화감독 케빈 스미스는 트위터로 사우스웨스트항공에 대한 불만을 제기했다. 몸집이 너무 큰 케빈 스미스는 비행기 좌석에 앉을 수 없어 기내에서 쫓겨날 상황에 처하였는데 160만 명 정도의 팔로워를 보유한 파워 트위터리언이었던 그는 항공사를 비난하는 '비행기에 타기엔 내가 너무 뚱뚱한가?(Too fat to fly)' 등의 글을 200건 이상 트위터에 포스팅하거나 팟캐스팅하였다.

파문이 확산되자 결국 사우스웨스트항공은 트위터를 통해 스미스 감독에게 사과했다. 하지만 스미스 감독은 사우스웨스트항공이 사과한 것은 자신이 가진 유명세나 160만 명이 넘는 트위트 팔로워 영향력 때문이지 진정한 사과가 아니라며 분을 삭히지 못하고 있다.

자료: 이승환(2010), "스마트 시대, 소비자 불만을 신뢰로 바꾸는 비결," 전게서/
https://hansfamily.kr/918

어떤 기업들은 고객불평을 기록함으로써 고객만족을 파악할 수 있다고 생각하는데, 여기서 명심할 사항은 불만족한 고객들 중 92%는 고객불만을 기업에게 직접 제기하지 않으며 8%만이 기업에게 직접 불만을 표현하고 시정을 요구하며, 23%는 불만을 주변사람에게 전파하고 69%는 침묵한다는 것이다, 이들 중 대다수가 단지 구매를 중지할 뿐이라는 것이다. 따라서 기업이 할 수 있는 최선의 방법은 어쨌든 고객들이 쉽게 불만을 토로하도록 해야 하는데 제안서식, 기업의 수신자부담 전화번호 및 인터넷 홈페이지 등이 이러한 목적에 이용될 수 있으며 사진의 힐튼호텔 설문지와 같이 지속적으로 고객만족을 측정하여 경쟁사와 비교하거나 과거 자료와 비교함으로써 개선점을 파악할 수 있다.

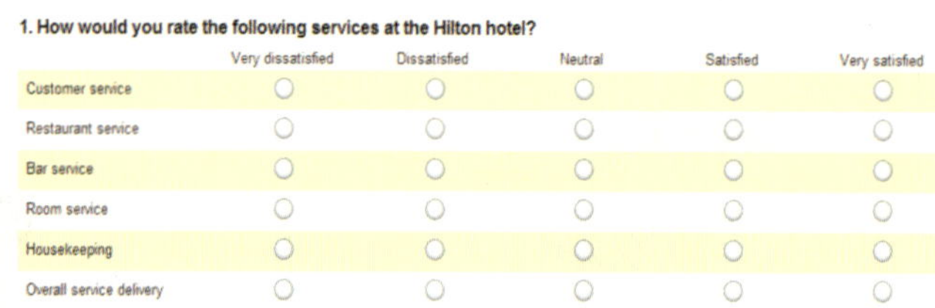

1. How would you rate the following services at the Hilton hotel?

	Very dissatisfied	Dissatisfied	Neutral	Satisfied	Very satisfied
Customer service	○	○	○	○	○
Restaurant service	○	○	○	○	○
Bar service	○	○	○	○	○
Room service	○	○	○	○	○
Housekeeping	○	○	○	○	○
Overall service delivery	○	○	○	○	○

세계적인 호텔체인 힐튼의 만족도 조사 설문
(사진출처: https://blog.hubspot.com/service/customer-satisfaction-survey-examples)

불만을 느끼는 고객들의 불만을 어떻게 관리해나가는가도 매우 중요하다. 이는 불만을 방치하면 고객유지율이 낮아지는 것은 물론 신규고객의 창출에도 나쁜 영향을 미칠 수 있고, 더 나아가 기업활동 전반에 걸쳐 치명적인 결과가 초래될 수도 있기 때문이다. 예를 들어, IBM사는 판매원 각자에게 잃어버린 고객에 대한 보고서를 쓰도록 하고 다시 만족을 줄 수 있도록 모든 조치를 취하도록 하고 있다. 조사결과 이 불만을 제기한 소비자들 중 54~70%는 그들의 불만이 해결된다면 그 기업과 다시 거래를 할 것이나 그 불만이 신속하게 해결될 것이라고 느끼는 경우에는 95%까지 육박하게 될 것이라는 점에서 고객불만의 빠른 대응은 매우 중요하다고 볼 수 있다.

4. 고객만족도 제고를 통한 신규고객 창출

고객만족은 기존고객을 대상으로 하는 개념이다. 고객만족의 측정 자체가 자사의 상품이나 서비스를 이용한 경험이 있는 고객들을 대상으로 이루어지기 때문이다. 이러한 측면에서 볼 때 고객만족의 제고는 기존고객을 유지하게 하는 방어적 전략으로서의 의미를 지닌다. 그러나 만족한 고객은 추천을 통해 신규고객의 창출에도 기여할 수 있다. 이 부분에 대해서는 상당히 많은 연구들이 만족이 구전에 긍정적인 영향을 미칠 수 있음을 검증하였다. 따라서 고객만족은 기존고객의 유지를 넘어서 신규고객의 창출에도 기여하는 공격적인 전략으로도 작용할 수 있다.

그림 2-5 | 고객만족의 성과

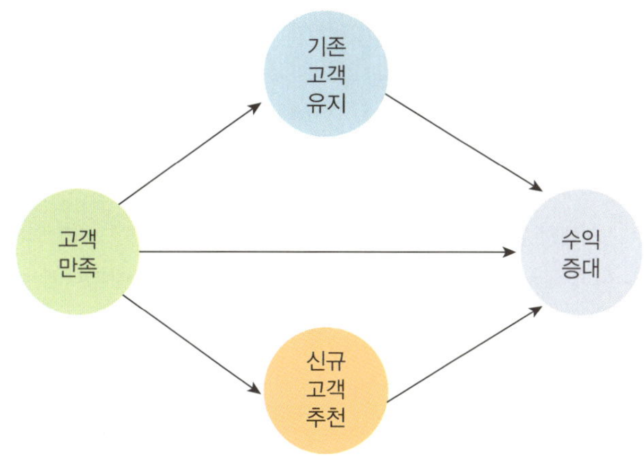

MARKETING FOCUS 2-2

고객만족경영 대가의 조언

고객만족을 추구하는 기업에서 고객의 소리를 경청해 각종 데이터를 만들 때 보통 3C로 구분해 활용한다. 첫째는 칭찬·격려·성원을 해주는 **칭찬(compliment)고객**이고, 둘째는 제안·조언·개선을 해주는 **충고(comment)고객**이고, 셋째는 불평불만이 많으며 화내고 소리 지르는 **불평(complain)고객**이다.

기업은 고객이 지적한 내용에 따라 각각의 상황을 빠뜨리지 말고 분류·집계해 데이터베이스로 활용함으로써 더 큰 성과를 창출해 낼 수 있으므로 성의껏 분류하고 집계하게 될 것이다. 측정이 없으면 데이터베이스가 만들어지지 않고 실수만 거듭하게 되는 문제의 사업장이 되기 때문에 안간힘을 다해 이를 통한 개선을 지속하게 될 것이다.

산업이 발전하고 인간관계에서 필요한 매너나 에티켓이 보편적 사회가치로 점점 자리하게 되면서부터 고객의 반응도 많이 성숙되고 품격 있게 변하고 있음을 느낄 수 있다. 예전에는 조금 불만스럽고 못마땅하면 상황설명이나 논리가 무시된 채 소리 지르고 삿대질부터 하는 경우가 빈번했다. 특히 불특정 다수의 고객이 이용하는 편의점·백화점·영화관·식당·테마파크 등에서는 더욱 그러했다.

칭찬하는 고객은 해당 기업의 성장과 운명을 같이해 줄 수 있는 핵심고객이다. 이들의 칭찬·격려·성원이야말로 제품 디자인 개선에서 색상 선택에까지 큰 비중을 차지할 수 있다. 이들은 경영의 핵심 축이 될 수 있는 고객이므로 항상 든든한 후원군이 될 수 있도록 유지·발전시켜야 한다.
충고하는 고객은 그 제안이나 지적 등이 현장에서 큰 비중을 차지하는 주류 고객군이 되고 있다. 성격상 적극적인 칭찬이나 불평을 하지 못하는 대다수의 고객집단이 이 범주에 속할 수도 있기 때문에 코멘트의 내용 하나하나는 해당 제품이나 서비스를 이용하는 대다수 고객의 의견일 수도 있음을 헤아려 적극적으로 대처해야 한다.
특히 나이가 많거나 사회적 지명도가 있는 사람들일수록 이런 분류에 속하는 의견 제시를 많이 하므로 충고하는 고객의 소리를 경영층은 더욱 가치 있는 의견으로 헤아릴 수 있어야 한다. 불평하는 고객에겐 신속하고 비중 있게 응대해야 한다. 불평불만의 내용을 경청해 이해나 용서를 구할 수 있어야 이들을 단골고객으로 만들 수 있다.
해당 회사의 제품이나 서비스에 무관심하거나 다시 구매하고 싶지 않으면 불평도 하지 않게 될 것이라는 이치를 헤아려 더욱 성실한 응대를 하는 역량이 필요한데 가능한 한 현장이나 현장 가까운 고객상담소에서 고객이 화가 나게 된 내용을 경청한 뒤 이를 즉각적으로 해소하는 것이 중요하다.
고객의 입장에서는 기대했던 유·무형의 가치가 얻어지지 않았기 때문에 화가 난 것이기에 변명하지 말고 고객의 소리를 더욱 신중하게 들어야 한다. 또한 순간적으로 고객을 화나게 하고 문제가 된 것에 대해 정중히 사과하고, 문제를 현장에서 매듭짓도록 하는 것이 최선의 선택이다.
특히 불평하는 고객의 경우는 현장 마무리가 잘되었다고 해서 그것으로 끝내면 안될 것이다. 고객의 전화번호와 주소를 알아내 사과의 전화도 하고, 심기를 불편하게 한 것에 대해 정중히 사과하는 편지까지 보낼 수 있어야 한다. 그러면 그 고객은 더 큰 가치창출을 만들어주는 충성(royal)고객이 될 확률이 높아지는 것이다.

자료: 허태학(1997년 삼성에버랜드 대표이사 사장, 2002년 호텔신라 대표이사 사장, 2003년 삼성석유화학 대표이사 사장), Economist, 2005.03.01 776호, http://www.hertaehak.pe.kr 참고

5. 고객만족을 통한 고객충성도 실현

고객중심적 기업이 높은 고객만족을 창조하려고 하지만 그 기업의 주요 목표가 항상 고객만족을 극대화하려고 하는 것은 아니다. 첫째, 기업은 가격을 낮추거나 서비스를 증대함으로써 고객만족을 증대시킬 수도 있지만, 한편에서는 이윤이 감소될 수가 있다. 둘째, 기업은 만족을 증대시키는 것이 아닌 다른 방법, 즉 자사의 제조과정을 향상하거나 R&D에 더 많이 투자함으로써 수익성을 증가시킬 수 있다. 셋째, 기업은 구성원, 판매상, 공급업자 및 주주 등 기업을 둘러싼 많은 이해관계자를 가지고 있기 때문에 이들에 대한 만족 역시 중요하다고 할 수 있다. 즉, 기업은 기업 전체 자원의 제약 속에서 다른 이해관계자들에게도 최소한으

로 용인될 수 있는 만족수준을 전달한다는 전제하에 고객만족의 수준을 높이려 해야 하며 [그림 2-6]과 같이 고객만족은 종업원(내부고객) 및 소유주 등의 만족과 선순환하는 것이어야 한다.

그림 2-6 | 고객만족의 선순환

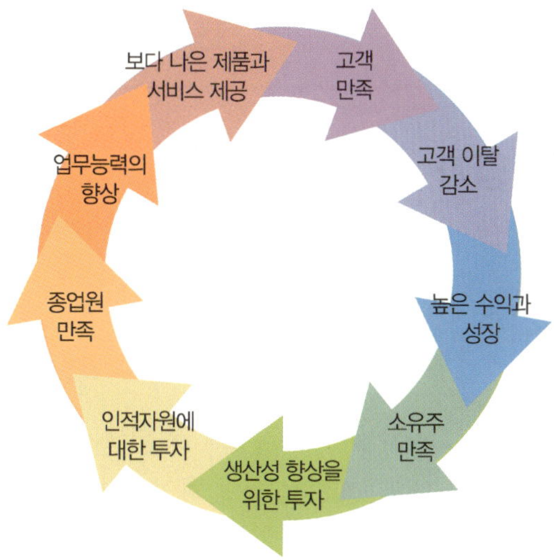

또한 기업들은 고객들이 기업의 성과요소, 예를 들어 주문배달을 하는 데 있어서 고객들이 좋은 적기배달을 정의하는 방법이 매우 상이하다는 것을 인식해야 한다. 또한 기업들은 서로 다른 두 고객이 각자의 다른 이유로 인하여 '매우 만족하다'라고 응답할 수 있음도 인정해야 한다. 즉, 어떤 고객은 아주 쉽게 항시 만족할 수도 있으며, 또 다른 사람은 경우에 따라서는 기뻐하기도 하지만, 어느 때에는 거의 기뻐하지 않을 수도 있는 것이다. 부가가치가 있는지 없는지를 결정하는 것은 고객이다. 그리고 충성도를 더욱 공고히 하는 것은 부가가치 제안이다. 생산자와 고객을 밀접하게 하는 최선의 방법은 고객의 기대를 능가하는 것이다. 이 결과로 부가가치 인식이 생기고, 결과적으로 고객은 구매를 반복하고, 제품이나 서비스를 다른 사람들에게 권하게 될 것이다. 따라서 회사가 성공하기 위해서는 적절한 고객과 적절한 부가가치 제안이 필요하다.

오늘날의 고객은 품질, 가격, 성과, 속도, 편리함, 그리고 서비스를 원하는데 이러한 요인들의 조합이 '가치'라고 볼 수 있다. 높은 가치는 높은 시장점유율과 상관관계가 있으며 높은 가치를 제공하는 회사는 고객충성도를 얻을 수 있으며 충성도가 높은 고객은 반복해서 구매하고 더 많이 추천하게 될 것이다. 하지만 오늘의 고객가치는 내일 변할 수 있다는 점을 알아야 하는데 그것은 만족하고 있는 고객도 종종 다른 회사로 이탈하곤 한다는 것이다. 결국 만족한 고객을 가진 것 자체는 이득이 없으며 충성도가 높은 고객을 가져야 한다는 것이 중요할 수 있다.

제3절 고객가치평가

1. 고객은 평등하다?

과거에 피터 드러커(Peter Drucker) 교수는 기업의 첫 번째 임무는 '고객을 창조하는 것'이라고 주장하였는데, 이는 아마 현대의 고객중심적인 기업과 가치마케팅을 설명하는 데 그 출발점이자 본질일 것이다.

고객이 중요한 자산인지를 제대로 인식한다면 기업은 마케팅시스템의 전반적인 재편성 쪽으로 나아가게 될 것인데, 즉 제품 및 서비스의 적절한 구성과 브랜딩 전략을 통해 **고객점유율(customer share)**과 **고객생애가치(customer lifetime value)**를 확보하는 쪽으로 나아갈 것이다. 그런데 여기서 중요한 이슈가 될 수 있는 것은 고객의 가치에 따른 차별적인 마케팅 비용의 집행이 필요하냐 하는 것이다.

이를 지지하는 근거로 American Express사의 푸턴(Putten)에 의하면, 최상의 고객들은 다른 일반고객에 비해 소매업에서는 16:1의 비율로, 식당업에서는 13:1의 비율로, 항공업에서는 12:1의 비율로 그리고 호텔/모텔업에서는 5:1의 비율로 더 많이 지출한다고 밝히면서 궁극적으로 마케팅이란 수익성을 창출할 수 있는 고객을 끌어들이고 이를 유지하는 기술이라고 주장하였다. 결국, 이는 **80/20법칙**, 즉 고객들 중 상위 20%가 자사의 이익 중 80% 이상을 창출한다는 사실과 일맥상통하는 것으로 실제 사진의 롯데백화점 자료에서 볼 수 있듯이 VIP고객 소수가 백화점 매출의 상당부분을 차지하는 것도 좋은 예가 될 수 있다.

표 2-1 | 파레토법칙의 예

- 통화한 사람 중 20%와의 통화시간이 총통화시간의 80%를 차지한다.
- 즐겨 입는 옷의 80%는 옷장에 걸린 옷의 20%에 불과하다.
- 전체 주가상승률의 80%는 상승기간의 20%의 기간에서 발생한다.
- 20%의 운전자가 전체 교통위반의 80% 정도를 차지한다.
- 20%의 범죄자가 80%의 범죄를 저지른다.
- 성과의 80%는 근무시간 중 집중력을 발휘한 20%의 시간에 이루어진다.
- 두뇌의 20%가 문제의 80%를 푼다. 우수한 20%의 인재가 80%의 문제를 해결한다. 혹은 뇌의 20%만 사용하여 문제해결에 필요한 80%를 해결한다.
- 운동선수 중 20%가 전체 상금 80%를 싹쓸이한다.
- 인터넷 유저의 20%가 80%의 양질의 정보를 생산한다.

자료: 위키백과(https://ko.wikipedia.org)

파레토법칙이란 상위 20% 사람들이 전체 부의 80%를 가지고 있다거나 상위 20% 고객이 매출의 80%를 창출한다는 의미로 잘 알려져 있다. 부의 불평등도를 나타내는 것이지만 기업이나 금융회사의 경영이란 관점에서는 경영의 효율성을 높이고 자원의 합리적 배분을 위해 필요한 이론이라는 데 초점이 맞춰진다. 이 법칙은 이미 은행을 비롯해 금융권에서는 하나의 대세로 자리잡고 있다. 실제 은행 수익구조를 살펴봐도 80 대 20 법칙은 적중한다. 금융연구원이 최근 한 시중은행 내부자료를 분석해 발표한 자료에 따르면 은행의 상위고객 23.5%가 은행 총수신의 89.6%, 총여신의 62.5%를 차지하고 전체 영업이익 기여도도 83.3%에 달하는 것으로 나타났다.

롯데백화점 고객 · 매출구성

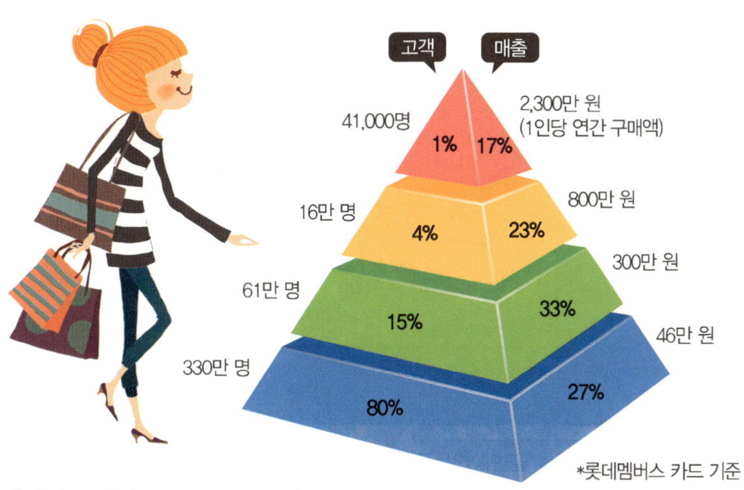

자료: http://pdastory.tistory.com/category

2. 고객의 유형구분

코틀러(Kotler)는 『Marketing A to Z』라는 서적에서 모든 고객이 중요하지만 어떤 고객이 다른 고객보다 더 중요할 수 있다는 점을 역설하였다. 일반적으로 고객의 유형구분은 실무에서 다양한 방법과 명칭으로 설명되고 있지만 코틀러는 일반적으로 고객을 성향이나 기질에 따라 ① **달가운 사람**, ② **참고 봐줄 수 있는 사람**, ③ **혐오스러운 사람**, 그리고 재정적인 측면에 따라 ① **플래티넘**, ② **골드**, ③ **실버**, ④ **아이언**, ⑤ **레드 고객**으로 나눌 수 있다고 하였으며, 특히 재정적인 측면에서 이들 고객을 오랫동안 유지하면서 하위등급의 고객이 상위등급으로 올라가려는 유인을 느끼게끔 만들려면 하위등급보다 상위등급 고객에게 더 많은 혜택을 베풀어야 한다고 했다.

또한 기업은 다음과 같은 형태로 분류해 해당 고객을 전략적으로 통제하기도 한다. 첫 번째 그룹은 **수익성이 가장 큰 고객들**(Most Profitable Customers: MPCs)로 구성되어 당장 집중적인 관심의 대상이 될 것이다. 두 번째 그룹은 **성장가능성이 가장 큰 고객들**(Most Growable Customers: MGCs)로 이루어져 앞으로 장기적인 관심을 많이 받게 될 것이다. 세 번째 그룹은 **취약성이 가장 두드러진 고객들**(Most Vulnerable Customers: MVCs)로 구성되어 이탈을 막기 위한 조기 개입이 필요한 대상이다.

그렇다고 모든 고객을 붙잡고 늘어질 필요는 없다. 가령, 네 번째 그룹으로 가장 **말썽 많은 고객들**(Most Troubling Customers: MTCs)로 이루어진 경우로, 특히, 은행고객 범주에서 예를 들면, 이들은 은행의 수익에 아무런 보탬이 안되거나 보탬이 될 것이라고 하더라도 너무 하찮아 오히려 번거롭기만 하다. 따라서 일부는 잘라버려야 할 수도 있는데 그렇지만 자르기 전에 한 차례 기회를 더 주는 것이 좋다. 즉 수수료율을 높이거나 서비스를 줄이는 식의 대응을 보여주어 그런 연후에도 남아있다면 이런 고객도 수익에 보탬이 될 것이다. 반대로 떠난다면 아쉬울 것이 없는데 경쟁은행으로 가서 수익에 아무런 보탬이 안 되는 거래를 계속 할 것이기 때문에 별로 불리할 것이 없다.

이러한 고객들과는 좀 다른 내용으로 회사에 큰 손해를 끼지는 고객도 있다. 한국에서 사용되는 이들에 대한 표현으로 블랙컨슈머라는 용어가 있는데 이들은 구매한 상품을 임의로 파손시키고, 음식물에 다른 물질을 첨가해 이를 문제 삼는 등 해당 기업을 상대로 과도한 피해보상을 요구하거나 의도적으로 피해를 본 것처럼 꾸며내 악성 민원을 제기하는 소비자들을 말한다. 그런데 **블랙**(black)과 **소비자**(consumer)가 더해져 만들어진 블랙컨슈머란 단어는 사실 한국에서만 쓰이는 단어다. 아무 생각 없이 이 단어를 외국에서 부정적인 의미로 사용한다면 인종차별주의자로 낙인찍힐 수 있어 주의해야 한다. 해외에서는 '**비윤리적 소비자**(unethical consumer)', 또는 '**나쁜 소비자**(bad consumer)'라는 단어를 주로 사용한다.

각종 소셜네트워크서비스(SNS)를 통해 소문을 내거나 허위사실을 유포하는 등 다양한 분야에서 다양한 수법으로 블랙컨슈머들이 기승을 부리고 있어 골치 앓고 있는 기업들이 많아지고 있다. 유형도 다양해지고 있다. [Marketing Focus 2-3]은 이러한 블랙컨슈머 사례를 보여주고 있다.

MARKETING FOCUS 2-3

블랙컨슈머 사례

▶ **자동차업계에서 사례**

A씨는 자동차 크롬휠의 설계 잘못으로 화재가 발생할 수 있다는 점을 언론에 제보하겠다면서 제조사에 5억 원의 돈을 요구했다. 조사결과 하루 중 햇볕이 가장 강렬한 시간에 일정 높이에서 크롬휠 앞 30㎝ 거리에 인화물질이 있다면 전혀 불가능한 일이 아니었다. 하지만 제조사는 수십 번 실랑이를 벌인 끝에 고객의 차량을 교환해주는 쪽으로 마무리했다.

B씨는 상용차를 출고한 지 얼마 되지 않은 시점에서 센터페시아 부분에 작은 흠집을 발견하고 제조사에 피해보상금 1,000만 원을 요구했다. 확인결과, 특장업체에서 커버를 바닥에 내려놓고 작업하던 중 생긴 흠집이었으며 100만 원 이하의 비용이 발생하는 건이었다. 그러나 소비자는 보상금액에 합의할 수 없다며 회사 대표를 찾아가 따지겠다고 엄포를 놨다. 결국 제조사는 500여만 원(현금 250만 원・부품 200만 원 상당)을 보상하는 조건으로 조용히 합의를 끝냈다.

▶ **게임업계에서 사례**

모바일게임 업체가 꼽는 블랙컨슈머는 크게 두 가지다. 게임을 중단하면서 그동안 결제한 아이템의 환불을 요구하는 경우와 결제업체–플랫폼 사업자–퍼블리셔로 이어지는 결제단계의 허점을 노린 악의적인 이용자다. 후자는 모바일게임 '어뷰징' 행위로 국감에서 이슈가 된 바 있으며, 게임을 즐기면서 결제–사용한 아이템의 전액환불을 요구하는 경우도 크게 늘고 있다.

'어뷰징'은 게임업체를 대상으로 한 일종의 사기다. 아이템을 구매한 뒤 즉시 결제를 취소하면 대금을 지불하지 않고도 아이템을 획득할 수 있다는 점을 악용한 것이기 때문. 지난 2013년 1월에는 이러한 수법을 총 2,546차례에 걸쳐 시행, 2억 3,730만 원 상당의 부당이득을 취한 이용자에게 법원이 실형을 선고한 바 있다.

▶ **홈쇼핑에서 사례**

장시간 통화하면서 '놀아줘~' 하며 장난치는 상습범으로 하루의 스트레스를 상담원에게 불평을 하는 고객, 무턱대고 공짜를 원하는 고객, 오늘저녁에 주문하고 내일까지 배송하라는 고객, 사장하고 이야기할 테니 당장 바꾸라고 소리치는 고객, 반품을 목적으로 제품을 30일간 이용하고 새로운 홈쇼핑에서 또 주문하는 고객 등 상당한 고객들이다.

자료: 소비자경제(http://www.dailycnc.com)/MP기획' 동행'-블랙컨슈머⑩, 생트집에 몸살 앓는 자동차업계 http://www.mediapen.com/news/view/306470/한경비즈니스, 점점 대담해지는 '블랙컨슈머'…기업 · 자영업자의 눈물, https://1boon.daum.net/hankyungbusiness/베타뉴스. http://www.betanews.net/article/628919/최정환 · 이유재(2001), 죽은 CRM 살아있는 CRM, 한언, pp.207-208/이학만(2004), 홈쇼핑방송 마케팅 전략, 한스미디어, pp.460-474.

3. 고객가치의 평가

1) 고객생애가치와 고객자산의 개념

어떤 고객으로부터 얻게 되는 이익흐름의 현재가치를 **고객생애가치(customer lifetime value)** 또는 **고객자산(customer equity)**이라고 부른다. 여기서 주의할 것은 생애가치에서의 '가치'는 품질 대비 가격의 가치개념과는 다른 의미로 쓰이고 있다는 것이다. 즉 생애가치에서의 가치

어린이는 당장 구매할 여력이 없지만 장기적으로는 기억 속에 해당 브랜드를 기억하여 잠재고객, 즉 가장 고객생애가치가 높은 고객이 될 수도 있다.

Song) 씽씽씽~
씽씽~ 다정한 내 친구 아기자동차 씽씽이~
어렵고 힘들 때면 씽씽이를 불러주세요.
달려라 신나게 날아라 내일을
우리 세상 우리 친구~
현대 씽씽이

NA) 내 친구 현대자동차

박카스광고의 젊은 고객으로의 이동은 생애가치가 높은 고객들을 끌어들이기 위한 전략으로 볼 수 있다.

는 고객으로부터 기업이 얻게 되는 이익을 의미하는 반면, 앞서 나온 가치는 어떤 상품으로부터 고객이 얻게 되는 편익과 그 대가로 지불하는 비용의 차이를 의미한다고 볼 수 있다. 달라스의 캐딜락 자동차 판매상은 고객의 평생가치가 33만 2,000달러라고 애써 측정했고, 도미노 피자의 마케터는 고객의 평생가치가 4,000달러라고 계산한 적이 있는데 물론 이 계산은 정확하지 않지만 고객의 평생가치 추정은 고객 확보의 중요성을 인식시키기 위해 그리고 유망고객에 대한 파악을 지속해나가기 위한 좋은 수단이 된다는 점에서 최근에 상당히 중요한 개념으로 인식되고 있다.

제4절 관계마케팅

1. 고객유지의 중요성

토머스 스튜어트(Tomas Stewart)에 따르면 새로운 고객을 얻는 데 드는 비용은 기존의 고객을 유지하는 데 드는 비용보다 다섯 배까지나 높다고 한다. 실제로 많은 산업들에서 기존의 고객관계를 개발하는 것이 새로운 고객의 유입을 위한 마케팅 캠페인을 하는 것보다 더 큰 수익을 가져다준다는 것이 정설로 받아들여지고 있는데 이는 '돈만 드는 곳'이 아닌 '돈을 버는 곳'으로 고객충성도를 어떻게 구축할 것인지에 대한 중요성을 역설하는 것이다.

불행스럽게도, 과거의 마케팅 이론과 실천방법들은 기존의 고객들을 유지하는 것보다는 새로운 고객을 끌어들이는 기술에 집중하고 있었다. 전통적으로 판매 후 고객을 돌보는 것보다는 판매 전 행동과 판매행동에 초점을 두었던 것이 사실인, 즉 고객관계보다는 판매에 깊은 관심을 기울여 왔었던 것이다.

하지만 확실한 것은 지금은 보다 고객관계를 강조하는 쪽으로 마케팅의 흐름이 변하였으며, 특히 고객충성심과 고객유지가 기업의 마케팅 성과에 있어 중요한 부분으로 작용하고 있으며 이를 지지하는 근거는 다음과 같다.

- 처음 3년 동안에 다른 사람의 추천을 받고 온 고객들은 다른 경로로 온 고객보다 평균 25% 더 높은 유지율을 보인다.
- 고객이탈률을 2% 줄이면 보통 10% 이상의 비용을 절감하는 효과가 있다.

- 장기 수익성과 상관관계를 갖는 유일한 요인은 판매, 시장점유율 또는 저가공급이 아니라 고객유지도이다.
- 고객유지율을 5% 늘리면 많은 기업에게 5년 이내에 수익을 거의 두 배나 올릴 수 있다.

그림 **2-7** | **제품별 고객당 이익 변화**

자료: Reichheld, F. F. and P. Schefter(2000), "E-Loyalty: Your Secret Weapon on the Web," *Harvard Business Review*, July–August, p.107.

구체적으로 다음의 예를 통하여 고객유지를 보다 더 강조할 수 있는 경우를 생각해보기로 하자. 가령, 어떤 회사가 새로운 고객확보 비용을 조사한다고 가정해보자.

평균방문판매비(봉급, 수수료, 후생복지 및 기타 비용)	30만원
평균예상고객 1명을 고객으로 전환시키는 데 소요되는 평균판매방문횟수	× 4회
새로운 고객을 유인하는 비용	120만원

이러한 계상비용은 과소평가된 것인데, 그 이유는 광고 촉진에 소용되는 비용이 제외되었고, 또한 모든 예상 잠재고객들 중 극히 일부분만이 고객으로 전환될 수 있다는 사실 때문이다.

이제 기업이 평균적인 고객생애가치를 아래와 같이 예측한다고 가정해보자.

연간 고객소득	500만원
평균적인 충성적 구매년수	× 2년
기업의 마진율	× 10%
고객생애가치	100만원

결국 이 기업은 고객확보비용이 120만원에 고객생애가치가 100만원으로 기업은 획득할 수 있는 가치보다 새로운 고객을 끌어들이는 데 더 많은 비용을 지출하고 있다. 만약 이 기업이 판매방문횟수를 줄이거나, 판매 방문당 비용을 줄이거나, 새로운 고객들의 연간소비액을 증가시키거나, 고객들을 더 오래 유지시키거나, 또는 마진율이 더 높은 제품을 그대에게 판매할 수가 없다면 이 기업은 파산으로 향하게 될 것이다.

기업의 입장에서 고객유지를 강화할 수 있는 두 가지 방법이 있는데, 첫 번째 방법은 자사의 고객들이 기존상품이나 서비스를 변경하지 못하도록 **전환장벽**을 더 높게 만드는 것이다. 고객들은 만약이 다른 공급자로 전환하는 데 있어 그만큼 더 많은 자본비용, 더 높은 탐색비용, 충성적 고객에게 제공하는 할인 등의 상실이 염려되는 경우 다른 공급자로 변경하지 않는 경향이 있다.

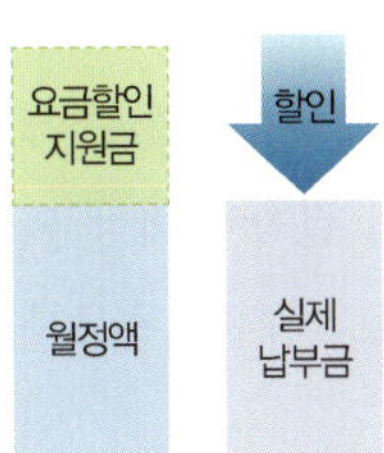

[할인액]

월정액 X 가입시점 할인율(2015년 4월 12일 기준: 20%)

(예시)	월정액	요금할인(지원금) 가입 시		
		약정기간 (할인율)	할인액	실제 납부금 (월)
순 완전무한 51	51,000원 (56,000원)	1년약정 (20%)	−10,200원 (−11,220원)	40,800원 (44,800원)
		2년약정 (20%)	−10,200원 (−11,220원)	40,800원 (44,880원)

( ): VAT 포함 금액
할인율은 단통법 기준에 따라 변동될 수 있습니다.
기본 스폰서요금할인이 제공되는 요금제의 경우, 스폰서요금할인 적용 후 월정액의 20%가 할인됩니다.

〈KT 선택약정할인 제도 소개〉

통신사에서 제공하는 약정 프로그램은 전환장벽을 높이기 위한 대표적 방법이다.

그러나 무엇보다도 고객을 유지시킬 수 있는 더 좋은 방법은 더 높은 고객만족을 달성하는 것이다. 이는 단순히 저가격을 제공하거나 촉진을 위한 사은품을 주는 등의 유인책을 활용하는 경쟁업체의 전환장벽 극복 노력을 방어하는 데 매우 효과적일 수 있다. 즉 그만큼 경쟁기업이 자사 고객을 전환시키기가 어려워지게 되는 것이다. 이렇게 강력한 고객충성심을 창출하는 과업을 이른바 **관계마케팅**(relationship marketing)이라 한다.

2. 관계마케팅의 정의

관계마케팅은 기업과 구매자와의 관계뿐 아니라 공급자, 종업원, 규제자들을 포함하는 기업과 관련되는 모든 관계자와의 관계를 묘사하는 개념으로 사용되어지곤 한다. 이러한 관계마케팅의 연구분야는 이전에 주로 유통경로, 산업마케팅, 서비스마케팅, 그리고 소매점과 관련한 점포와 고객 간의 관계마케팅에 그 중점을 두고 있었다. 하지만 급격하게 기술과 환경이 변화함에 따라 대중소비자를 대상으로 하는 기업들도 관계마케팅의 기법을 점진적으로 도입하게 되었다. 즉, 기업의 수익성 극대화를 위한 방안으로 고객가치의 극대화 및 고객만족 또는 충성고객 확보의 중요성이 강조되면서 많은 기업에서 신규고객 확보보다 기존고객의 유지와 확대에 많은 노력을 기울이게 된 것이다. 특히 관계적 고객관리의 대명사로 인식되고 있는 CRM(Customer Relationship Management)의 등장이 이를 더욱 촉진시키고 있다.

관계마케팅(relationship marketing)이라는 용어는 처음에는 베리(Berry)가 서비스마케팅에서 '**소비자와의 관계를 형성, 유지하고 강화하는 마케팅활동**'이라고 정의한 후에, 강력한 고객관계의 구축에서 지속적인 경쟁우위를 취득하는 수단을 의미하게 되었다고 볼 수 있다. 결국, 관계마케팅의 가장 근본적인 목적은 기업에 이익이 되는 고객과의 결속에 바탕을 두고 관계를 유지하여 장기적이고 안정적인 기업의 이익을 창출하는 것으로 이러한 목표를 달성하기 위해서 기업들은 다음과 같은 점에 유의할 필요가 있다.

- 관계마케팅은 기업의 제품보다는 협력업체와 고객층에 초점을 맞춘다.
- 관계마케팅은 새로운 고객을 끌어들이기보다는 기존고객의 **유지**(retention)와 **성장**(enhancement)에 역점을 둔다.
- 관계마케팅은 단일부서의 활동보다는 여러 부서를 망라한 팀 운용으로 활동한다.
- 관계마케팅은 말을 많이 하기보다는 상대방의 말에 귀 기울이고 그 속에서 새로운 것을 배우는 데 주력한다.

MARKETING FOCUS 2-4

인간관계를 바탕으로 한 중국 비즈니스 마케팅-'꽌시(關係)마케팅'

중국 사람은 내 주위에 있는 사람 모두를 담장 안 자기사람과 담장 밖 기타사람으로 나누는데, 담장 안 자기사람은 서로 도우면서 살아가지만, 담장 밖 기타사람은 '기타'라는 단어 의미 그대로 자기와 전혀 관계가 없는 기타사람이기 때문에 관심도 없고 서로 정상적인 인간관계가 가능하지 않다고 생각한다. 그래서 중국사람은 자기사람과 기타사람에게 완전히 다른 태도, 대우 그리고 평가기준을 가지고 있다. 이렇게 담장 안 자기사람과 담장 밖 기타사람을 구분하는 데 사용하는 표현이 바로 꽌시다. 하지만 서로 꽌시를 맺은 사이라 하더라도 친밀도의 정도에 따라 여러 단계의 꽌시가 존재한다.

'꽌시'란 한자 뜻 그대로 관계(關係)를 뜻하지만 이 '관계'라는 단어가 갖는 의미와 용도, 사회적 메커니즘은 중국과 우리 사이에 미묘한 차이를 갖는다. 꽌시는 우리말 중 '관계'보다는 '인맥'에 더 가깝다. '관계'가 중립적 의미를 갖는 단어라면 '인맥'은 보다 문화적인 뜻을 함축하고 있다. 영어로는 **'릴레이션십(relationship)'**이 가장 가깝겠지만 이 역시 우리의 '인맥'이나 '꽌시'와는 전혀 다른 의미이다. 무엇보다 의무의 성격을 갖는다는 점이 꽌시가 인맥이나 릴레이션십과 다른 점이다. 일단 꽌시가 형성되면 상대방은 언제든 무엇인가를 기대할 수 있다. 상대방이 자신의 요구를 거절할 수 없다는 공통인식이 형성되는 것이다. 만일 꽌시가 형성됐다는 생각에 누군가가 무엇인가를 요구했을 때 이를 거절한다면 상대방은 몹시 당황해 하며 꽌시가 파괴됐다고 생각할 것이다. 인맥이 의무보다는 도의적 성격을 강조하고 의무나 도의적 성격이 없는 '릴레이션십'과 다른 점이다.

이러한 꽌시는 쉽게 다른 사람으로 전파될 것이라는 특징을 전제로 하게 되는데, 홍콩 영화의 한 장면을 생각해보면 이러한 특징은 보다 분명해진다. "당신이 그 사람 친구라면 당신이 바로 내 친구"라는 말은 그저 우스갯소리로만 삽입한 것이 아니다. 특히, 대중국 비즈니스에 있어 정부관료와 꽌시를 구축한 누군가를 내 편으로 끌어들인다면 그 정부관료도 내 편이 될 것이다는 점을 명심하는 것이 중요하다.

표 2-2 | 꽌시(關係), 인맥(人脈), 릴레이션십(relationship)의 차이

기준점	꽌시	인맥	관계(relationship)
관계의 성격	의무성향이 강하다	의무보다는 도의적 성격이 강하다	의무·도의적 성격이 약하다
확장방법	개인적 소개를 통하여 쉽게 확장 가능	중개자가 있어야	개인적 친분보다는 당위성이 있어야
개인적 성향	강하다	강하다	약하다
자위와의 관계	강하다	보통	약하다
비즈니스 관계	개인관계 형성 후	친분과 비즈니스 동시 추구	공과 사 구분

또한 꽌시에는 서열이 개입한다는 점을 알아야 한다. 내가 꽌시를 형성한 누군가의 아랫사람은 모두 나와 한패로 생각해도 무리가 없지만 반대로 내가 꽌시를 형성한 사람의 윗사람은 따로 내가 꽌시를

만들어나가야 한다는 점인데, 특히 이 부분에서 실수하는 경우가 많이 발생한다. 그리고 꽌시는 주로 개인 대 개인 사이에 형성되지만 조직 대 조직으로 발전할 수도 있다는 점 역시 중요하다.

마지막으로 중국이 비즈니스적 관계보다는 사회적 관계를 더욱 소중히 여긴다는 점을 알아야 하는데 비즈니스를 시작하기 전에 개인적인 차원에서 사회적인 관계를 형성해 놓고 시작하느냐, 아니면 공적으로만 일을 처리하느냐는 큰 차이가 있다. 보통 국내 기업인들이 이 부분에서 실수하는 일이 잦은 편인데, 골치 아프고 하기 어려운 비즈니스 관련 일들이 술 한잔 걸치면 비교적 쉽게 통하는 문화 탓이다. 만일 중국에서 이 같은 '국내 룰'을 적용시키면 실패할 공산이 크다. 중국인들은 꽌시를 형성하지 않은 상태라면 술을 아무리 먹어도 비즈니스 업무를 회피하는 것이다. 이 같은 방법으로 접근했다가 실패한 후 "술까지 사줬는데…"라며 욕할 필요가 없다.

최근에는 중국시장의 꽌시가 더 이상 비즈니스의 만능수단으로 여겨지던 시대는 지나고 시장경제체제가 확산됨에 따라 기업 간의 꽌시 시대에서 소비자와의 꽌시가 더욱 중요한 시대로 변화하고 있다. 따라서 사업 파트너, 소비자, 기업을 묶어낼 수 있는 꽌시마케팅은 중국에서 기업활동에 있어 매우 중요한 성공요인이라고 볼 수 있다. 대표적으로 오리온은 한국에서 '정'이라는 컨셉을 사용하였는데 중국에서는 '하오리여우(好丽友)'로 제시되었는데 이는 중국과 좋은 친구관계를 맺고자 하는 오리온의 '꽌시'에 대한 깊은 이해를 바탕으로 탄생한 것이다. 이러한 전략에 힘입어 오리온은 중국 기업브랜드연구센터가 발표하는 '2018년 중국 순수추천고객지수(China Net Promoter Score: C-NPS)' 파이 부문에서 4년 연속 1위에 올랐다.

중국에서 하오리여우(好丽友)로 사용되고 있는 오리온 초코파이

실제, 화장품 분야에 대한 마케팅에서는 주변인의 권유에 의한 구매가 소비와 구매의 매우 중요한 요소임을 알 수 있다. 여러 구매동기 중에서 주변인의 권유가 우선시되는 것 또한 꽌시 문화와 밀접한 관계가 있으며 이러한 꽌시 문화와 IT의 결합 현상으로 최근 각광을 받고 있는 유통경로가 바로 웨이상이라 할 수 있을 것이다. 유력한 **파워 블로거(왕홍)**와 **웨이상**의 출현이야말로 그 근간에는 꽌시 문화가 있다고 판단된다.

중국 소비 시장 개척에 있어서 광고홍보 PR 전략 수립시에 그 근간은 꽌시 문화에 두고 지역 집중화, 적절한 구전(왕홍)의 조합이 함께 검토되고 실행에 옮겨져야 할 것이다. 또 광고홍보 PR 전략에 있어서도 NICHE적 접근이 필요하다. 이미 진출한 지역 내의 각종 매체에 집중화하는 전략도 함께 고려해야 할 것이다. 특히 지역 내 협찬 광고 전략은 지역사회와의 꽌시 확보의 일환으로 검토할 만하다.

자료: 이재광, '꾸안시(關係)' 모르면 중국 가서 낭패, THE WEEKLY ECONOMIST, 2001년 7월 10일, pp.80-81/배영준, '꾸안시(關係)'구축 전략이 필요하다, LG주간경제, 2001년 7월 4일, p.32/중국인의 '꽌시', 한국인의 착각, [중국사람 이야기 ①] 꽌시-담장 안 자기사람과 담장 밖 기타사람, 오마이뉴스, http://www.ohmynews.com/2016.07.08/[중국 마케팅 돋보기 (9)] '차이나는 차이나' 트레이드 시대 넘어 마케팅 시대로, http://cosinkorea.mediaon.co.kr

3. 관계의 발전과정

관계마케팅을 이해하기 위해서 우선 고객을 끌어들이고 유지하는 데 관련되는 과정을 살펴봐야 한다. [그림 2-8]은 고객개발 과정에 대한 주요 단계를 보여주는데, 시발점은 **예상고객(suspects)**으로서, 그 제품이나 서비스를 구입할 가능성이 있는 사람이다. 기업은 가장 가능성이 있는 **예상잠재고객(prospects)**, 즉 잠재적으로 그 제품에 대해 강한 관심을 가지고 있으며, 또한 그것에 대해 지급할 수 있는 능력을 가진 사람이 누구인가를 결정하기 위해 예상될 수 있는 고객을 열심히 탐색하게 된다. **부적격 예상잠재고객(disqualified prospects)**이란 기업이 거부하는 사람인데, 그 이유는 그들이 신용이 없거나 또는 전혀 이익을 창출하지 못하기

그림 2-8 | 고객의 발전과정

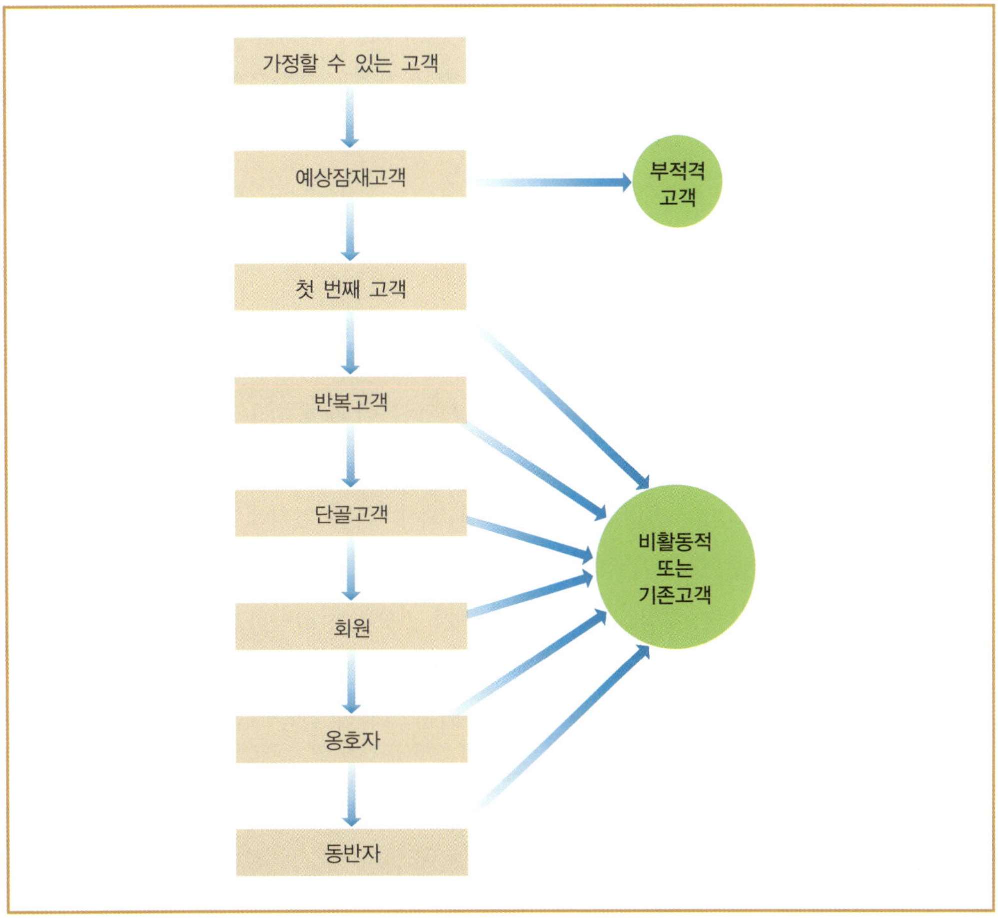

자료: Griffin, J.(1995), *Customer Loyalty: How to Earn It, How to Keep It*(New York: Lexington Books), p.36.

때문이다. 기업은 상당수 자격 있는 예상잠재고객을 첫 번째 고객으로 전환시키고자 하며, 또한 그 후 만족한 **첫 번째 고객**을 반복고객으로 전환시키고자 한다. 여기서 한 가지 명심할 것은 첫 번째 고객과 **반복고객** 모두는 경쟁사로부터 제품이나 서비스를 계속 구입할 수도 있다는 것이다. 그렇기 때문에 기업은 반복고객을 단골고객으로 변화시켜야 되는데, 즉 기업은 그 **단골고객(clients)**을 특별하게 그리고 충분히 인식하고 다루어야 한다. 그 다음으로 해결해야 할 문제는 단골고객을 **회원(members)**으로 변화시키는 것인데, 회원 프로그램을 활용하여 회원에 가입한 고객들에게 전반적인 이점을 제공해야 한다. 그 후 바람직스러운 것으로서 회원들을 **옹호자(advocates)**로 변화시키는 것으로, 그 고객들은 다른 사람에게 해당 기업, 상품 및 서비스를 열정적으로 권한다. 최종적으로 도전해야 할 것은 옹호자를 **동반자(partners)**로 변환시키는 것인데, 동반자는 기업과 고객이 능동적으로 협동하는 경우에 이루어진다.

어떤 고객들은 불가피하게 비활동적이거나, 파산, 다른 지역으로의 이사 또는 불만족 등의 이유로 자사와 멀어질 수 있다. 여기서 중요한 문제는 기업이 고객을 되찾는 전략을 통해서 불만족한 고객을 다시 자사로 되돌리는 것인데 이 경우 기업은 기존고객의 이름과 내역을 잘 알고 있기 때문에 새로운 고객을 발견하는 것보다 기존고객을 다시 끌어들이는 것이 더욱더 용이하다고 볼 수 있다.

4. 관계마케팅의 효익

베리(Berry)는 관계가 지속되기 위해서는 관계 파트너들이 상호효익을 인지해야 한다고 강조하였는데, 즉 기업과 고객이 모두 효익을 얻어야 한다는 것이다. 장기관계를 유지하려고 하는 원천적인 효익 중 기업측면의 효익은 앞에서 많이 설명되었기에 생략하고 다음에서는 고객이 기업과 관계를 맺으려 하는 이유에 대해서 살펴보고자 한다.

그러나 고객은 기업의 경우처럼 관계마케팅에 대한 필요성이 절박하지 않을 수도 있다. 사실 몇몇의 경우를 제외하고는 고객이 기업이나 종업원과 장기적인 관계 내지 제휴를 절실히 원하고 있다는 증거를 찾기 힘들다. 일반적으로 정기적 구매가 필요한 제품이나 서비스 중에서 고관여 제품이거나 품질의 변동이 심하고, 복잡한 것일 때 소비자는 관계마케팅의 필요성을 인식하게 되는 것으로 알려져 있는데 과거의 연구에서는 소비자가 관계마케팅에서 얻을 수 있는 효익을 크게 4가지 형태로 제시하고 있다.

헤어서비스는 특히 관계마케팅이 중요한 제품범주라고 볼 수 있다.

첫째로, 경제적 효익을 들 수 있다. **경제적 효익(economic benefit)**은 다시 금전적 효익과 비금전적 효익이 있는데, 금전적 효익은 장기간 거래할 경우에 가격할인혜택이나 덤으로 제공받는 사은품 등이 그 예가 된다. 많은 카드회사와 통신회사들은 해당 서비스를 이용함으로써 생기는 마일리지나 제휴회사할인 등을 통해 고객의 유지를 이끌어내고 있으며 어떤 술집은 단골고객에게 한 번씩 안주를 무료로 제공함으로써 고객의 충성도를 이끌어낼 수 있다.

둘째로, 고객은 관계마케팅을 통하여 **심리적 효익(psychological benefit)**도 얻게 되는데, 기업이나 종업원에 대한 신뢰, 제품이나 서비스제공자를 잘못 선택함으로써 발생될 수 있는 위험을 제거함으로써 가질 수 있는 자신감 등이 그 예가 된다. 예를 들어 한 고객은 새로운 헤어샵을 방문함으로써 퍼머 결과가 기대에 못미칠 수도 있다는 부담감 때문에 기존에 이용하던 헤어샵을 계속 이용할 수 있으며 기존에 이용하던 심장병 치료제가 떨어졌다고 해도 새로운 브랜드를 이용하는 것은 상당한 위험을 수반하다고 볼 수 있다.

셋째로, **사회적 효익(social benefit)**은 제품이나 서비스제공자와의 인간적인 교감을 통하여 얻게 되는 친밀감, 일체감, 사회적 지원 등이 여기에 속하는데 특정한 바(bar)의 바텐더와 인간적인 친밀감 때문에 해당 바를 지속적으로 방문하는 것이나, 좀 더 좋은 시설의 헤어샵이 있는데도 작은 동네의 미장원에서 아줌마들이 모여 단체로 퍼머하고 고스톱도 치는 것은 사회적 효익추구의 좋은 예가 될 수 있다.

마지막으로, **고객화 효익**(customization benefit)은 지속적인 교환관계가 이루지면서 제품이나 서비스제공자가 개별고객의 취향에 맞추어 서비스를 제공하는 것을 말한다. 이런 예로 일반 고객에게는 제공되지 않는 특별대우, 주문된 제품, 특별한 관심 등이 있다. 고객화된 상품 또는 서비스를 제공받은 고객은 해당 제품에 더욱 만족하고 특별대우를 받는 느낌을 가질 수 있다. 일반적으로 **고객화마케팅**(customized marketing)과 **대량고객화**(mass customized marketing)는 차이가 있다. 고객맞춤 마케팅은 맞춤 양복점이나 과외수업과 같이 판매자가 처음부터 한 고객을 위해 제품을 만들어내는 것인 데 반해, 대량맞춤은 자동차나 맞춤 아파트 등과 같이 미리 정해진 기본사양들이 있어서 각 고객에 맞게 여러 가지 방식으로 조합되는 것이다. [Marketing Focus 2-5]에서 볼 수 있듯이 최근에는 기술의 발전으로 고객을 제대로 알고 그에 따라 고객에 맞추어주는 마케팅이 보편적으로 활용되고 있다.

MARKETING FOCUS 2-5 기술발전에 따른 고객화 사례

인공지능, 빅데이터, 실시간서비스 등 그간 독립적으로 존재했던 솔루션이 점차 마케팅에 통합 운영되면서 쇼핑과 재정관리 등 생활의 밀접한 부분까지 개인화마케팅의 영향이 미치고 있다. 신한카드판(FAN) 페이봇은 구글의 AI 알고리즘을 활용해 소비생활 관리서비스를 제공하고 있으며, 온라인 접객마케팅서비스 그루비(Groobee)는 쇼핑몰에 접속 중인 고객의 행동과 상황을 실시간으로 분석해 개별고객의 상황에 맞는 메시지를 전달하고 있다. e-mail이나 웹사이트 로그를 통해 고객의 쇼핑패턴을 파악하거나, CRM으로 수집된 데이터에 인공지능과 실시간 마케팅을 적용하여 전문화된 영업 솔루션을 구축하는 등 기업의 다양한 시도가 앞으로도 계속 이어질 것으로 전망된다.

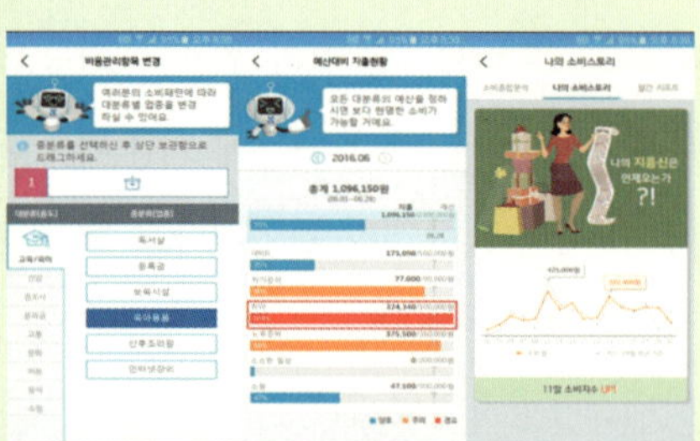

구글의 알고리즘을 활용해 소비자의 소비생활을 관리, 소비자가 소비한 데이터를 분석해주며 정해진 예산을 초과할 경우 경고 메시지로 알려주는 신한카드판(FAN) 페이봇

그루비(http://groobee.net)는 온라인쇼핑몰에 접속 중인 고객의 행동이나 성향을 실시간으로 파악하여 타깃 고객에게 필요한 각종 혜택 등의 마케팅 메시지를 즉각적으로 전달한다(자료: http://www.fashionbiz.co.kr).

신세계백화점이 업계 최초로 인공지능(AI)시스템을 활용해 고객들의 취향을 1:1로 저격하는 개인화 마케팅에 나섰다. 그간 백화점업계의 대표 소통수단이었던 'DM(Direct Mail)'을 통해 모든 고객에게 동일한 쇼핑정보(세일, 사은행사, 특가상품 등)를 전달하던 방식을 탈피, 인공지능 고객분석시스템을 가동해 고객맞춤형 1:1 소통으로 백화점 마케팅 3.0 시대를 여는 것이다. 신세계가 비밀리에 자체 개발한 개인화서비스는 '인공지능시스템'을 활용, 고객 개개인의 취향을 분석해 선호하는 브랜드를 파악하고 그에 맞는 쇼핑정보를 모바일 애플리케이션을 통해 우선 전달하는 방식이다.

먼저 신세계백화점 매장에 자주 방문하고 상품구매를 하고 있는 고객 500만 여명을 대상으로 최근 온·오프라인 구매기록은 물론 성별, 연령, 지역, 구매빈도, 장르별 구매주기, 최근 구매, 객단가, 주거래점포, 선호 장르, 선호 구매금액, 월별 구매일수, 요일별 구매패턴 등 약 100여 개의 변수를 사용해 매일매일 방대한 빅데이터를 만들어낸다. 이를 통해 개인별 선호 브랜드 100개씩 총 5억 개의 선호 브랜드를 매일 산출해낸다. 선호하는 브랜드가 정해지면 쇼핑정보가 담긴 '콘텐츠 매니지먼트 시스템'에서 고객 선호 브랜드와 관련된 쇼핑정보들이 자동으로 매칭된다.

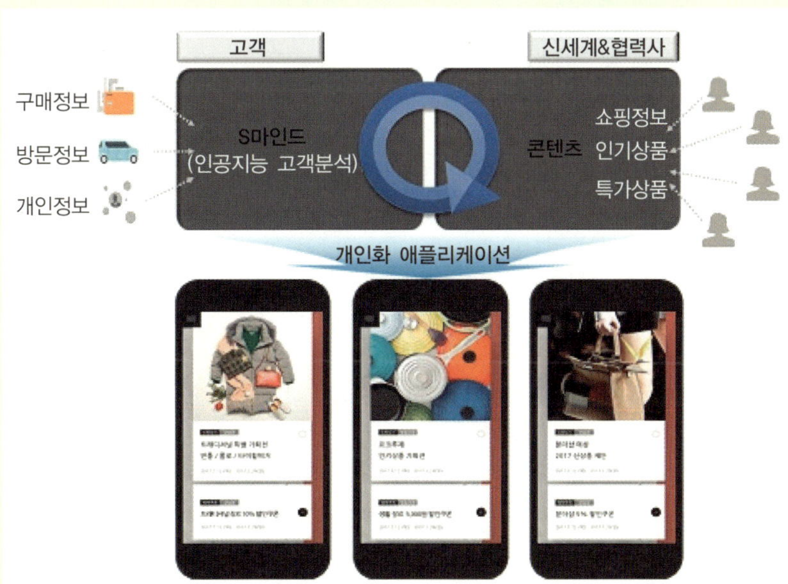

신세계백화점의 개인화시스템

자료: 개인화마케팅 현황과 전망, DMC REPORT, 2017.1/이승연, 뉴스천지, http://www.newscj.com, 2017.

| 생각해볼 문제 |

01 마케팅 패러다임 변화를 예를 들어 설명해보세요.

02 제품범주에 따라 고객만족과 고객충성도와의 관련이 어떻게 달라질 수 있는지 설명해보세요.

03 제품범주에 따라(예를 들면 백화점과 할인점) 고객을 분류하는 방법이 어떻게 달라질 수 있을지 설명해보세요.

04 고객의 기업에 대한 가치에 따라 고객을 차별하여 마케팅하는 것에 대한 필요성을 논의해보세요.

05 고객 측면에서 관계마케팅의 효익을 예를 들어 설명해보세요.

| 참고문헌 및 더 읽을거리 |

[국내문헌]

김성일(1999), 이동통신 Churn 통제를 위한 관계마케팅, 경문사.

김원수(1994), "고객만족경영과 마케팅 패러다임의 전환," 월간마케팅(1), pp.18-21.

김정구·김태웅 옮김(2001), 원투원 마케팅, 세종연구원.

박찬욱(2014), CRM 고객관계관리, 도서출판 청람.

삼성전자 글로벌 연구소 옮김(2000), 시장지향적 기업만이 살아남는다, 위즈덤하우스.

송용섭·황병일 옮김(1996), 관계마케팅, 법문사.

정해동 정리· 박기철 풀이(2000), 광고, 마케팅 거품빼기 IMC, 한언.

최정환·이유재(2001), 죽은 CRM 살아있는 CRM, 한언.

김종승·조진호, "CRM 최신트렌드 및 도입전략," e-biz group, Working Papper, No.14.

공병호 옮김(2000), 80/20법칙 – 현명한 사람은 적게 일하고 많이 거둔다, 21세기북스.

은석준 옮김(2002), 마케팅 51%의 법칙 – 기업역량의 51%를 고객과의 관계에 투자하라, 세종연구원.

이승환(2010), "스마트 시대, 소비자 불만을 신뢰로 바구는 비결," SERI 경제포커스 11.3(제400호), pp.1-20.

Connect & Develop Method: P&G의 혁신 모델, bit's Newsletter Sept. 3, 2012/Huston.

[국외문헌]

Ahrholdt, D. C., S. P. Gudergan and C. M. Ringle(2019), "Enhancing Loyalty: When Improving Consumer Satisfaction and Delight Matters," *Journal of Business Research*, 94, pp. 18-27.

Anderson, E. W. and M. W. Sullivan(1993), "The Antecedents and Consequences of Customer Satisfaction for Firms," *Marketing Science*, 12(2), pp.125-143.

Anderson, E. W.(1998), "Customer Satisfaction and Word of Mouth," *Journal of Service Research*, 1(1), pp.5-17.

Bayus, B. L.(1985), "Word of Mouth: The Indirect Effects of Marketing Efforts," *Journal of Advertising Research*, June-July, pp.31-39.

Beanson, P. S., V. K. Rangan, R. T. Moriarty and E. B. Ross(1987), "Manage Customers for Profits(not just sales)," *Harvard Business Review*, November–December, pp. 101–108.

Berry, L. L.(1983), "Relationship Marketing," In Emerging Perspective on Services Marketing, American Marketing Association, pp.25–28.

David, G.(1989), "Learning from Losing a Customer," *Harvard Business Review*, May–June, pp.54–58.

DeBruiker, F. S. and G. L. Summe(1980), "Make Sure Your Customers Keep Coming Back," *Harvard Business Review*, January–February, pp.92–98.

Deshpande, R. J. U. Farley and F. E. Webster Jr.(1993), "Corporate Culture, Customer Orientation, and Innovativeness in Japanese Firms: A Quadrad Analysis," *Journal of Marketing*, 57, January, pp.23–37.

Godin, S.(1999), Permission Marketing: Turning Stranger into Friends, and Friends into Customer, New York: Simon & Schuster.

Hart, C. W. L., J. L. Heskett and W. E. Sasser(1990), "The Profitable Art of Service Recovery," *Harvard Business Review*, July–August, pp.148–156.

Humphrey, M. A. and M. R. Williams(1996), "Exploring the Relative Effects of Salesperson Interpersonal Process Attributes and Technical Product Attribute on Customer Satisfaction," *Journal of Personal Selling and Sales Management*, Summer, pp.47–57.

Jackson, B. B.(1985), "Build Customer Relationships That Last," *Harvard Business Review*, November–December, pp.120–128.

Kohli, A. and B. J. Jaworski(1990), "Market Orientation: The Construct, Research Propositions, and Managerial Implications," *Journal of Marketing*, 54, April, pp.1–18.

Larry, H. and N. Sakkab(2006), "Connect and Develop: Inside Proctor & Gamble's New Model for Innovation." *Harvard Business Review*, Mar.

McKenna, R.(1991), "Marketing is Everything," *Harvard Business Review*, 69, January–February, pp.65–79.

________(1991), *Relationship Marketing*, Addison Wesley Publishing.

Morgan, R. M. and S. D. Hunt(1994), "The Commitment–Trust Theory of Relationship Marketing," *Journal of Marketing*, 58, July, pp.20–38.

Reichheld, F. F.(1993), "Loyalty–Based Management," *Harvard Bussiness Review*, 71, March–April, pp.64–73.

Technical Assistance Research Programs Institute(1986), "Consumer Complaint Handling in America: An Update Study, Part Ⅱ," conducted for the U.S. Office of Consumer Affairs(Washington D.C)

Vavra, T. G.(1992), *Aftermarketing: How to Keep Customers for Life Through Relationship Marketing*, Richard D. Irwin, Inc.

02

Part

Marketing Actually

마케팅 액츄얼리

마케팅 계획의 수립

CHAPTER 03

마케팅 환경분석 및 전략적 마케팅 계획수립

"그냥 보기(see)는 쉬워도 앞을 내다보기(foresee)는 어렵다." -벤저민 프랭클린(Benjamin Fanklin)-

"목표에 도달하려면 가장 먼저 목표가 있어야 한다." -Greg S. Reid-

"知彼知己면 白戰不殆다." -손자-

전략의 대가 충무공 이순신 장군님(광화문 동상)

| 이 장의 학습내용 |

제1절 마케팅 환경분석
제2절 거시적 마케팅 계획의 수립
제3절 전략적 마케팅 계획수립과정

제1절 마케팅 환경분석

현대의 기업은 **환경(environment)**과 끊임없이 상호작용을 하는 개방시스템으로 환경으로부터 원재료를 비롯한 투입을 받아들이며 변형과정을 거쳐 만들어진 산출인 재화와 용역은 외부의 환경으로 보내지게 되며, 그 평가와 결과는 피드백에 의하여 다시 투입과정에 반영된다. 기업이 외부환경으로부터 투입을 적절히 받아들이지 못하거나 산출이 외부환경에 의하여 수용되지 않는 경우에는 그 존속이 불가능하게 된다.

최근 기업을 둘러싼 외부환경은 보다 복잡해질 뿐만 아니라 점점 동태적으로 변해가고 있다. 실제 [표 3-1]에서 볼 수 있듯이 과거 전문가들의 예측오류를 보면 현재의 정황을 가지고 미래의 상황을 예측하는 것이 얼마나 힘든 일인가 하는 것을 확인시켜주고 있다.

표 3-1 | 미래 환경예측의 실패사례

- **"축음기의 상업적 가치는 없다"** – 토마스 에디슨 –
- **"주식 값이 높은 시세를 지속적으로 유지할 듯한 단계에 도달했다"** – 월스트리트에서 주가가 급락하기 직전 1929년 9월 예일대학의 유명한 경제학교수였던 어빙 피셔 –
- **"세계시장에는 다섯 대 정도의 컴퓨터 수요가 있을 것으로 생각된다"** – 1947년 IBM의 CEO였던 토마스 J. 왓슨 –
- **"개인이 집안에 컴퓨터를 지녀야 할 만한 이유가 없다고 본다"** – 1997년 DEC의 CEO였던 켄 올슨 –

경영학에서 말하는 환경은 기업이나 기업의 활동에 영향을 미치는 모든 요인을 의미한다. 그러므로 기업의 환경을 구성하는 요소는 그 범위도 넓을 뿐만 아니라 수도 많은 것이다. 이러한 기업환경은 그림에서 보는 바와 같이 기업의 활동에 포괄적인 영향을 미치는 **일반환경(general environment)**과 구체적인 영향을 미치는 **과업환경(task environment)**으로 나누어볼 수 있다.

그림 3-1 | 기업(조직)의 내 · 외부환경

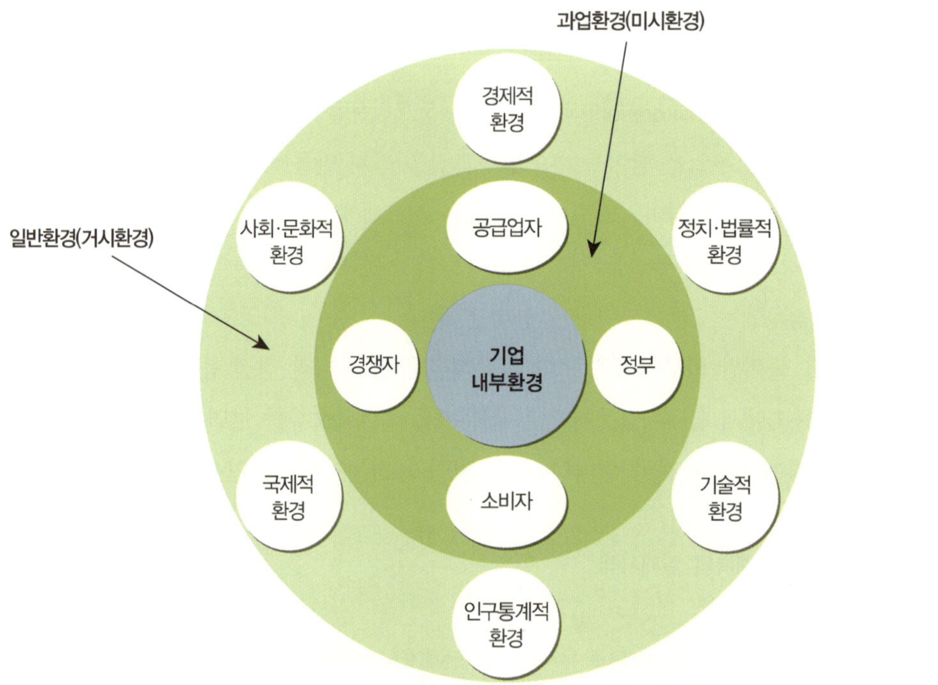

MARKETING FOCUS 3-1

기업 마케팅에 영향을 미치는 날씨

과즙음료의 경우 최고기온이 20도가 넘으면 팔리기 시작해 25도가 넘으면 1도가 상승할 때마다 약 20%씩 많이 팔린다. 콜라는 더울수록 잘 팔려 25도가 넘으면 매상이 급격히 증가해 기온이 1도 올라갈 때마다 약 15% 비율로 많이 팔린다. 스포츠 드링크류는 최고기온이 23도가 될 때부터 매상이 늘어나 30도 가까이 되면 급격히 팔려나간다. 25도를 넘은 후에는 기온이 1도 상승할 때마다 약 8%비율로 매상이 늘어난다. 맥주 소비량도 날씨와 관계가 깊다. 맑은 날의 소비량을 100으로 하면, 흐린 날은 92, 비가 오면 79로 떨어진다. 맑고 더운 날은 최고기온이 1도 올라갈 때마다 맥주 소비량은 4%씩 증가하는 것으로 나타났다. 일본 니이가타현에 있는 한 레스토랑은 날씨에 따라 손님 수가 달라진다는 점에 착안해 날씨에 따라 음식 값을 다르게 받는 마케팅을 시작했다. 레스토랑에 들를 때 날씨가 맑으면 4백80엔, 흐리면 5백엔, 눈이 오면 5백80엔을 할인해주는 이 독특한 마케팅은 사람들에게 큰 인기를 끌었다고 한다. 일반적으로 눈이 오거나 비가 내리는 날에는 외식을 하는 사람들이 줄게 마련인데, 날씨가 궂은 날에 음식점을 찾는 사람의 경제적 부담을 덜어줌으로써 구매심리를 촉발시킨 것이다. 유통업계 중 날씨에 가장 민감한 곳은 편의점이다. 편의점은 소비자들이 차량이 아닌 걸어서 출입하는

시설인 데다가 점포 공간이 상대적으로 좁아 물품을 많이 쌓아둘 수 없다. 평균적으로 기온이 1도 오르면 점포의 하루 매출은 1만1,000원가량 늘어나고, 기온이 내려가면 그만큼 매출도 감소한다는 게 업계 분석이다. 전자업계에선 제습기가 날씨 때문에 천국과 지옥을 오갔다. 위닉스는 1997년 제습기 사업을 시작했지만 국내 기후가 고온다습한 아열대성으로 바뀌면서 2011년부터 폭발적으로 성장했다. 의류업계도 날씨에 따라 매출이 춤을 춘다. 날씨를 잘못 예측하면 신상품도 고스란히 재고로 남는 신세가 되기 일쑤다. 최근 3년간 인기를 끌던 패딩 제품은 겨울 날씨가 포근할 것이라는 기상 전망에 판매가 부진한 경우가 많다.

과거엔 발전, 운수, 보험 분야에서 재해 예방 차원에서 날씨에 관심을 가졌지만 최근엔 다양한 분야에서도 수요예측과 재고관리에 날씨정보를 활용하고 있다. 매출, 소비자 구매욕구, 선호상품 정보와 기상정보라는 방대한 데이터를 분석하고 활용하는 '**빅데이터(Big Data)**' 기술이 정교해지면서 나타난 변화이다. 특히 음료나 주류, 빙과류, 냉난방기 등과 같은 계절상품 생산업체에서는 원자재 구매, 생산 및 출고량 조절, 제품진영, 광고 등에 기상정보를 효율적으로 활용하고 있다. 이를 통해 기업들은 재고량을 감소시켜 경영성과를 올리고 있다.

특히, 편의점이 날씨정보 활용에 적극적인데, 편의점 단말기에 날씨정보와 함께 권장 주문량 정보를 제공하는 유통업체도 있다고 한다. 날씨정보, 과거매출, 재고량을 토대로 제품이 얼마나 팔릴지 예측한 자료라고 하는데 날씨정보를 포함한 시스템을 도입한 후에 재고일수가 15일에서 7일로 줄었고, 매출 또한 30%가 늘어났다고 한다.

미국 나이키, 일본 세븐일레븐 등도 날씨정보를 이용한 마케팅전략을 펼쳐 기대 이상의 성과를 누리는 것으로 잘 알려져 있다. 이처럼 미국, 영국, 일본 등 선진국 기업들은 기상정보의 중요성을 인식하고 적극 활용하고 있다. 미국은 1930년대부터 민간전문업체들이 날씨예보서비스를 시작했으며 현재 375개 민간사업자가 성업 중에 있다. 연간 시장규모도 11억 5천만 달러에 달할 정도로 성숙단계에 들어갔다는 평가를 받고 있다. 바꿔 말해 미국 기업들의 수요가 그만큼 많다는 것을 의미하는 셈이다. 미국 기상학회가 기상전문가 자격시험을 주관해 기상 관련 우수인력을 꾸준히 길러내는 것도 거대시장을 뒷받침해주고 있다.

코카콜라는 야외 자판기에서 판매하는 콜라 가격을 자판기에 설치한 기온을 감지하는 칩과 센서를 통해 조절한다. 사람들의 구매심리가 높은 임계온도에서는 표준가격보다 가격을 높게 설정하고, 날씨가 추운 날이나 기온이 낮을 때에는 가격을 낮게 책정해 현재 온도에 맞게 콜라 가격이 자동적으로 조절되게 하고 있다.

또한 외부 온도에 따라 자판기 내 음료수 온도도 자동으로 조절할 수 있다. 더글러스 아이베스터 코카콜라 회장은 "코카콜라 한 병의 가치는 순간 순간 변하기 때문에 여기에 맞게 가격을 책정해 판매하는 것이 효과적 판매"라고 추진 배경을 설명했다.

이런 새로운 개념의 코카콜라 자판기는 기온에 따른 소비자들의 수요 변화를 판매가격에 연동시켜 판매량 증진을 꾀하는 결과를 낳았다.

날씨마케팅 사례

▶ 한솔오크밸리
- 초단기 일기예보 손님에 제공, 골프장·콘도 예약률 높이고 취소율 낮춰
- 정보이용료 1,000만 원, 활용가치 50억 원

▶ STX조선
- 기상정보 활용해 페인트칠·탑재일정 조정, 악천후 예상 땐 휴업
- 정보이용료 400만 원, 활용가치 47억 원

▶ 롯데월드
- 에너지 공급 및 놀이기구·매장 운영·식음료 준비에 활용
- 정보이용료 2억 500만 원, 활용가치 40억 원

▶ GS25
- 1999년부터 날씨정보 본사에서 각 매장에 제공, 상품진열 교체하거나 재고 확보
- 재고회전율 평균 14일에서 10일로 단축

(*활용가치는 해당 기업에서 자체 평가한 금액)

자료: 기상청

분야별 기상정보의 활용

분야	활용
농업	과종·농약살포·출하시기 결정, 농장물 피해 대비
에너지	강수량 예측, 수자원관리, 가스·석유에너지 수요 예측
레저	각종 행사일정 선정, 레저 수요객 예측
건설	공사 스케줄 작성, 현장 안전관리 대비
유통	사전수요 예측, 상품구색 및 전략상품 선정
온라인	다양한 날씨정보서버스 제공

자료: 케이웨더

기타 날씨마케팅 사례 출처: https://news.joins.com/article/2850268

자료: 심리마케팅연구회(2001), 고객을 유혹하고 판매를 촉진하는 비하인드 마케팅, 거송미디어, pp.71-72/날씨마케팅, 한국경제신문, 2001.02, http://blog.kma.go.kr/625, http://hanayame.egloos.com/65686 등에서 정리함/'날씨마케팅' 울고 웃는 기업들…날씨는 돈이다, http://news.khan.co.kr, 2014.12.12.

1. 일반환경

일반환경은 모든 기업에 공통적으로 영향을 미치는 환경이다. 앞으로 이야기하게 될 과업환경이 어느 정도 기업이 통제할 수 있는 환경이라면 일반환경은 기업이 적응해야 할 상대적으로 통제 불가능한 환경으로 볼 수 있다. **일반환경**은 기업에 포괄적인 영향을 미치는 것으로 **거시환경(macro environment)** 혹은 **일차환경(primary environment)**으로 불려지기도 하는데 보다 세부적으로 경제, 사회문화, 정치·법률, 기술 그리고 국제적 환경으로 나눌 수 있다.

1) 경제적 환경

경제적 환경은 일반환경 중에서 기업의 마케팅활동에 가장 많은 영향을 미칠 뿐만 아니라 직접적인 영향을 미치는 주된 환경이다. 경제적 환경은 생산과 유통 그리고 소비에 이르는 모든 경제시스템으로 구성되어 있다. 이러한 기업의 경제적인 환경은 원재료의 수급에서부터 제품의 판매에 이르기까지 기업의 모든 경제적인 활동과 연계되어 있다.

경제의 불황은 소비심리를 위축시킬 수 있는데 소비자 태도와 행동측면에서 보면 불황의 장기화가 예상되는 경우 소비자들의 미래에 대한 심리적 불안감이 커지게 되고 이로 인해 소비자 스스로 소비의식과 행동을 변화시키는 **자발적 내핍**(voluntary simplifier)의 단계로 이행하게 되면서 불필요한 소비는 최대한 억제하고 필수적인 소비조차도 한번 더 생각하고 신중을 기하는 소비행태의 정착으로 이어지는 것이 일반적이며, 이렇게 줄어든 소비자는 다시 소비재를 생산하는 기업들의 매출 및 고용에도 부정적인 영향을 미치게 된다. 불황 시대 소비 규모가 전체적으로 줄어드는 가운데 품목에 따라 한파를 느끼는 온도차가 커지고 있다. 입거나 집을 꾸미거나, 마시는 데 쓰는 지출 등 비교적 씀씀이 조절이 쉬운 분야의 매출 감소가 특히 눈에 띄게 두드러진다.

2) 사회 · 문화적 및 인구통계적 환경

사회 · 문화적 환경은 경제적 환경과는 달리 직접적이기라기보다는 상대적으로 간접적인 영향을 미치는 환경으로 한 사회가 가지고 있는 사회적인 요소, 즉 문화와 가치관, 전통과 관습 등에 대한 태도에 대한 부분이다. 한 사회나 국가는 그 사회나 국가의 고유한 문화와 가치관을 가지고 있다. 문화는 한 집단의 구성원이 다른 집단의 구성원들과 달리 가지고 있는 공통적인 가치이며, 가치는 무엇이 바람직한가에 대한 개인의 신념이다. 이러한 문화와 가치관은 비교적 안정적인 개념으로 한 사회와 다른 사회를 구별짓게 되는 중요한 요인이 된다. 경영자는 이러한 문화와 가치관을 이해함으로써 상황과 문제에 대한 또 다른 해결의 실마리를 얻을 수 있는 것이다. 최근의 한국의 사회문화적 변화는 무엇보다도 건강과 외모에 대한 관심이 증대되고 있다는 것인데 이에 따라 웰빙 관련 산업이 크게 확대되고 있고, 남성이 외모에 관심을 가지는 경향이 뚜렷하게 나타나고 있다.

메트로섹슈얼의 유행에 대한 예

메트로섹슈얼(Metrosexual)이란 단어는 1994년 문화평론가 마크 심슨이 〈인디펜던트〉에 기고한 '거울을 든 남자들이 온다(Here Comes The Mirror Men)'라는 칼럼에서 처음 쓰여진 말로 Metropolis의 접두사 metro와 homosexual, hetrosexual의 접미사 sexual을 합성한 것이다. 미적인 감각을 갖추고 자신의 얼굴과 몸, 교양을 가꾸는 데 열중하는 21세기 도시형 남성이라는 뜻을 담고 있다.

사진출처: http://cfile213.uf.daum.net/image/165036524D92BA1E2F14B5

그림 3-2 | 최근 국내의 인구통계 및 사회·문화적 환경변화

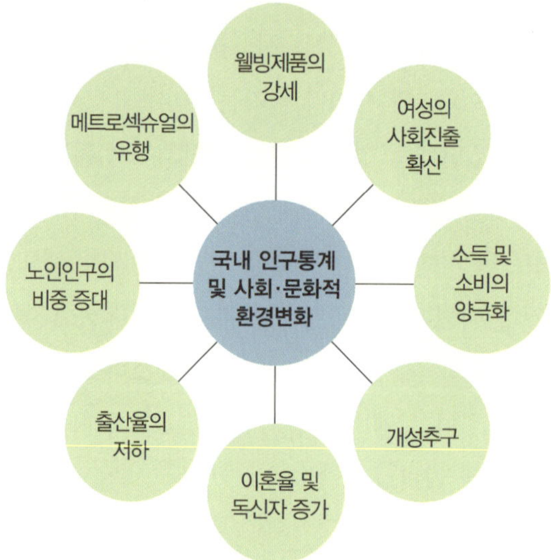

사회·문화적인 요인과 더불어 **인구통계학적 환경**들 역시 기업에 영향을 미치는 하나의 사회적인 요인으로 인구분포와 남녀비율, 출생률과 사망률, 경제활동인구의 비율과 노년층의 비율 등은 한편으로 기업의 인력수급에 변화를 초래하는 요인이 될 수 있으며 소비층의 변화에도 크게 영향을 미칠 수 있는 부분이다. 최근에는 이혼율, 비혼율 등의 증가에 의해 1인가구가 확대되고 있으며([Marketing Focus 3-2] 참고) 의학기술의 발전 및 건강관리 문화로 인해 노인층은 많아지고 출산율의 저하로 아동층은 적어지는 현상이 벌어지고 있다.

웰빙에 관심이 많은 사회·문화적 환경변화에 따라 대기업들의 건강기능식품 분야로의 사업진출 확대를 꾀하고 있는 현상이 눈에 띄게 많아졌다.

MARKETING FOCUS 3-2 1인가구 증대와 소비의 변화

최근 인구통계학적 변화에서 눈여겨봐야 할 것은 1인가구의 증가 추세가 가파르다는 점이다. 통계청 자료를 보면 지난 2016년말 기준 국내 1인가구수는 539만 7,615가구로 전년(520만 3,440가구)보다 3.73% 증가했다. 2000년까지 만해도 1인가구는 222만 4,433가구에 불과했지만 2005년 317만 675가구, 2010년 414만 2,165가구, 2015년 520만 3,440가구로 5년마다 100만가구씩 증가하고 있다. 1인가구가 총가구수에서 차지하는 비율도 2000년 15.54%, 2005년 19.96%, 2010년 23.89%, 2015년 27.23%로 급증하고 있다. 2045년에는 1인가구수가 약 800만 가구로 불어나 전체인구의 36.2%에 달할 것으로 예상되고 있다.

그림 3-3 | 1인가구 비중의 변화

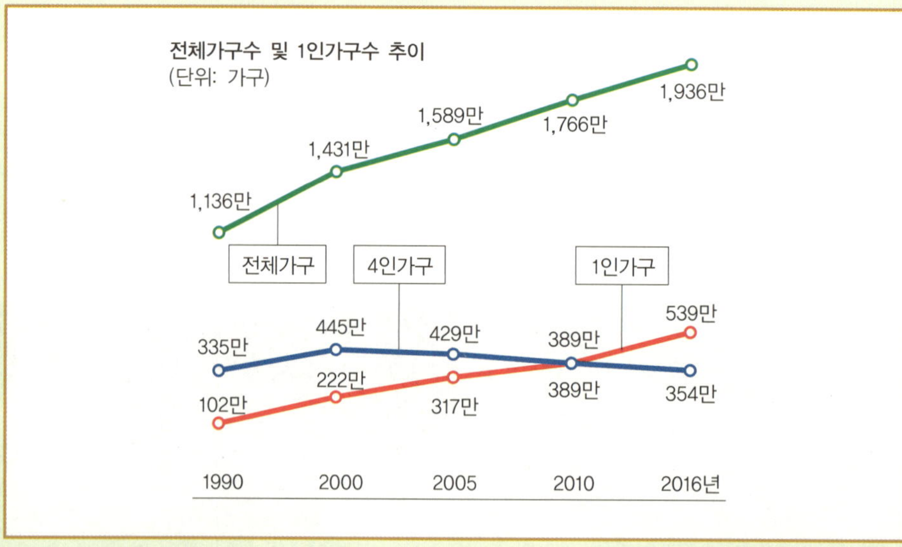

사진출처: http://www.segyefn.com/newsView/20171227

MBC 인기 프로그램: 나혼자산다

1인가구수가 늘면서 시장규모도 높은 증가세를 보이고 있다. 산업연구원 자료에 따르면 1인가구 시장규모는 2006년 16조 원에 불과했지만 2030년까지 약 200조 원까지 커질 것으로 전망됐다.

특히 '젊은 1인가구' 소비자들의 소비행태가 주목받고 있다. 대용량 제품보다는 필요한 만큼의 소용량 제품을 찾는 소비자가 늘고 있다. 식품부문에서 1인가구 위주의 가정간편식(HMR) 제품이 대세를 이루고 있다.

또 '스몰 럭셔리 가전제품'이 인기를 끌고 있고 소형 오피스텔 수요도 늘면서 각 업계의 전략이 4인가구 중심에서 1인가구 중심으로 이동하는 등 1인가구 트렌드는 우리나라 산업구조를 크게 변화시키고 있다.

건설사들도 1인가구를 위한 맞춤형 상품을 내놓고 있다. 특히 1인가구를 위한 '세대분리형·여성전용 임대·셰어하우스' 등이 인기다.
최근 아파트 분양시장은 신혼부부나 1인가구 등 세대원의 수가 적은 가구가 거주하기 적합한 중소형 평형의 선호도가 매우 높은 상황이다. 건설사들도 분양시장에서 대형 평형의 비율을 줄이고 아예 중소형 평형으로 구성된 단지를 공급하는가 하면 보통 소형 평형으로 인식되던 59㎡ 타입보다 더 작은 평형의 상품도 선보이는 추세다.
1인가구의 소용량 제품 구매가 늘면서 편의점 업종이 활황세를 보이고 있다. 주요 편의점의 개수는 어느덧 4만 개를 넘어섰고 총매출도 지난 2010년 8조 7,000억 원에서 작년 20조 4,000억 원으로 급성장했다. 최근엔 편의점업체에서 소량의 회를 주문받아 배송하기까지 하는 등 '혼밥·혼술'(혼자먹는 밥이나 술)트렌드를 마케팅전략에 적극 반영하고 있다. 작년 국내 간편식 시장규모는 2조 2,541억 원으로 2015년 대비 약 35% 증가했다. 지난 2010년 7,700억 원에 비교하면 약 3배나 커진 규모다. 온라인채널도 성장세가 매섭다.
은행, 보험사, 카드사 등 금융업계도 앞다퉈 1인가구 특화상품을 내놓고 있다. 은행권은 특히 1인가구 중에서도 젊은 세대가 정보수집 능력이 뛰어나고 금리에 매우 민감하다는 데 주목한다. 은행들도 다른 상품과 엮어서 고금리를 제공하거나 이종업계와 제휴해 다양한 서비스를 제공하는 예·적금 상품들을 출시하고 있다.
한편 신한트렌드연구소는 '나홀로 소비' 외에 올 하반기 소비트렌드로 '주(酒)' '야(夜)' '동(動)'을 제시했다. 2030세대, 여성소비자 중심으로 음료주, 스파클링, 와인 등 저도주가 사랑받고 싱글족을 중심으로 책을 보면서 맥주를 즐길 수 있는 북맥, 책맥 카페 이용이 늘어날 것으로 전망했다. 또 열대야, 축제에 익숙해진 소비문화, 정부정책 지원 등으로 한여름밤의 축제가 늘어나 밤에 소비가 많이 일어날 것으로 분석했다. 또 하반기에는 스크린 스포츠나 가상현실(VR), 엔터테인먼트 등 새로운 형태의 실내 스포츠 문화가 유행할 것으로 예측했다.
자료: '나홀로 소비' 2030년엔 194조 원 전망, 파이낸셜뉴스, http://www.fnnews.com/news/20160712

자료: ['1인가구' 시장을 잡아라①] "새소비·경제주체 급부상," 세계파이낸스, http://www.segyefn.com/newsView/2017.12.27 등에서 참고하여 작성

3) 정치·법률적 환경

정치·법률적 환경은 기업뿐만 아니라 기업 내의 구성원들이 따라야 할 법과 규범, 그리고 행동규칙을 규정한다. 여기에는 소비자 문제나 제품과 관련된 규제와 종업원에 대한 규제, 환경문제에 대한 규제, 정보구매를 통한 규제, 자금지원 등과 같은 정부지원, 그리고 각종 인허가 등이 있다. 기업의 활동은 당연히 이러한 규정 속에서 이루어지게 되며, 규정의 변화에 따라 적응해가야 한다. 최근 기업이 관심을 가져야 할 정치·법률적 환경은 점차 증대되고 있다. 예를 들면, 공정거래, **제조물책임법(PL)** 등의 법률 대문에 소비자보호, 환경보호를 위한 기업규제가 늘고 있으며, 주민단체나 소비단체, 시민운동단체 등 공공 이해관계자들의 성장

에 대한 요구가 늘어가고 있다. 또한 **김영란법** 등과 같은 법률이 통과됨으로써 고급 음식점, 꽃집 등과 같은 접대나 선물 관련 기업들은 마케팅전략의 수정을 하지 않을 수 없는 상황에 직면하기도 했다.

4) 기술적 환경

기술은 정보나 지식을 문제해결을 위해 적용하는 과학으로 정의할 수 있다. 즉, 기술은 문제해결에 활용되지 않고 잠재된 인간의 인식적인 수준에서가 아니라 활용되는 실천적인 지식인 것이다. **기술적 환경**은 일반환경 가운데서 가장 가시적인 환경이며, 구체적인 영향을 미칠 수 있는 환경이다. 기술적 환경은 연구개발에 의하여 변화되어 보다 새로운 기술로 진보하거나 발전하게 된다. 최근에는 기존기술의 한계를 넘어서는 획기적인 기술의 진보가 이루어지

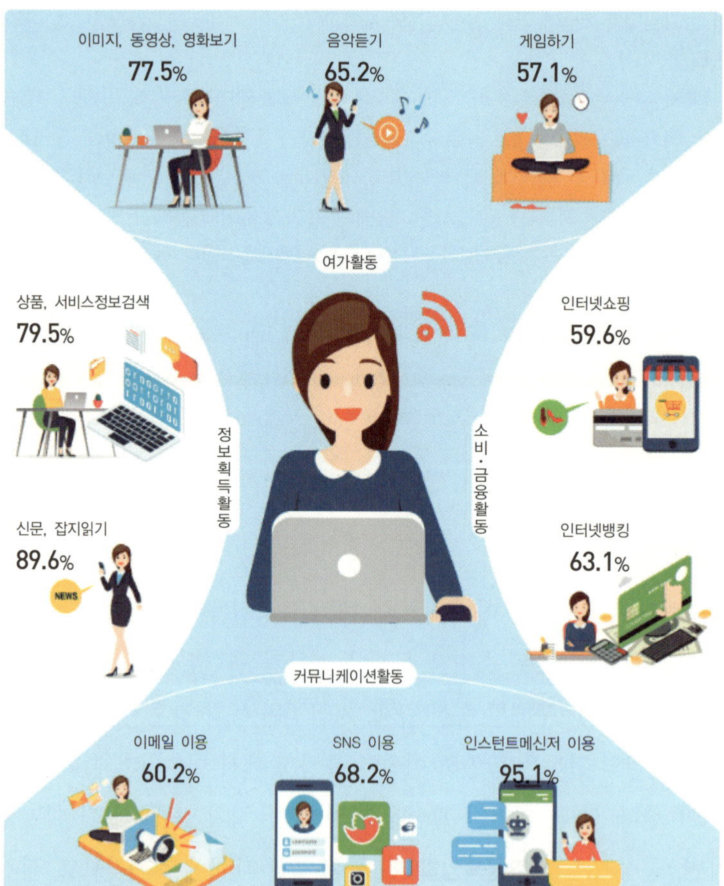

자료: 2017 인터넷이용실태조사 요약보고서, 한국인터넷진흥원

는 기술혁신이 보편화되고 있다. 기존의 카세트테이프나 CD 등의 웨이브 파일을 압축한 MP3 파일의 시대가 열리면서 음반업계는 디지털 음원이나 유튜브 동영상 쪽으로 수입원을 전환시키지 않을 수 없게 되었으며 스마트폰은 MP3 플레이어, 내비게이션, 전자사전, 자동카메라, 전자게임기 등의 시장을 위축시켰다. 특히 사진에서 볼 수 있듯이 인터넷과 같은 새로운 기술의 등장과 이러한 기술의 사용확산은 기존기업들의 비즈니스 방식 및 상품이나 서비스 질에 있어서 개혁 차원의 변화를 요구하였으며, 결과적으로 각 기업들은 생존과 수익성 극대화(또는 회복)를 위해 경영 관행을 대폭 개선하고 새로운 기술을 수용하고 발전시키지 않으면 존립 자체가 어려운 상황으로 만든다고 볼 수 있다.

이동통신 산업기구인 UMTS 포럼은 모바일 데이터 트래픽이 2010년부터 2020년 사이에 33배 폭증할 것으로 전망했다. 이러한 연결성은 시장의 움직임을 변화시킬 것이 자명한데, 예를 들어 많은 국가에서 가격을 비교하고 후기를 확인하기 위해 모바일을 이용한 제품탐색이 일반화된다는 것을 의미한다. 모바일 연결성은 대중의 참여를 더욱 강화함으로써 기업들의 마케팅 정책에 변화를 요구할 것이다.

인터넷 또는 모바일을 이용해 정보탐색을 하고 오프라인 상점에 가지 않고 쇼핑을 하며 다른 사람들에게 SNS를 통해 해당 제품을 추천하고 사용방법에 대해 공유하는 것이 대세가 된 지금 이러한 변화에 적응하지 못하는 기업은 결국 도태될 수밖에 없는 상황에 직면하고 있는 것이다.

5) 국제적 환경

세계는 이제 상품이 지배하는 하나의 공동시장이라고 볼 수 있다. 오늘날의 세계는 지구촌이라 할 만큼 가까워지고 있는데 이러한 글로벌 경제의 특징으로는, 첫째 무역시장과 금융시장이 점점 단일시장으로 통합되어 경제에 관한 국경이 그 의미를 상실하는, 소위 무국경 경제시대의 도래를 들 수 있다.

둘째, 각국의 규제와 장벽들을 철폐하는 데 일익을 담당하고 있는 **글로벌 혹은 초국적 기업(global or transnational corporation)**의 존재이다. 전 세계의 주요국에서 기업활동을 전개하고 있는 이들 기업이 만들어내는 **세계상품(world product)**은 개별국가가 지니고 있는 고유한 생활과 문화패턴을 바꾸어놓고 있다.

셋째, 지구촌이 하나의 시장으로 통합되면서 세계의 모든 기업들은 국내기업이든 국제기업이든 적자생존이라는 냉엄한 정글의 법칙이 작용하는 무한경쟁에 직면해 있다. 실례로, 우리나라의 청소년들은 리바이스 청바지를 입고, 이탈리아 선글라스를 끼며, 중국·동남아 등에서 제조된 미국 브랜드의 티셔츠를 입고 다닌다. 이러한 글로벌화의 진전은 소비품목의 국산화를 강조하면서 애써 자국 제품의 소비를 주장하던 마케팅 방법을 유명무실하게 한다.

[Marketing Focus 3-3]에서 볼 수 있듯이 이제는 한국의 기업들도 국내시장의 포화 및 시장개척 전략의 이유에서 세계의 많은 국가에 진출하고 있다.

이제 소비자에게 국산제품이어야 한다는 것은 의미가 없으며 제품이 제조된 원산지는 크게 영향을 미치지 않는 편이다(미국에서 생산되지 않는 Made in China, Made by Levis, Nike, and Polo).

MARKETING FOCUS 3-3

해외에서 인기 있는 한국 브랜드(메로나, 도시락 등)

▶ 빙그레 메로나

빙그레의 '메로나'는 브라질에서 인기가 높다. 이는 JTBC '비정상회담'에서 브라질 대표 패널인 카를로스가 "한국 아이스크림이 엄청 인기다. 멜론 맛이 나는 아이스크림인 메로나가 국민 아이스크림"이라는 말로도 입증됐다. 브라질에서 '메로나'는 한끼 식사비(한화 약 2,500원)일 정도로 고가이지만 2008년부터 브라질 시장에 본격적으로 진출한 이래 2012년만 50억 원어치 팔렸다. 브라질에서 메로나를 팔지 않는 가게는 트렌드를 쫓아가지 못하는 곳, 젊은 사람들에게 인기가 없는 매장으로 인식되며 고급 레스토랑에서 디저트로 나올 정도이다. 브라질 국영TV EBC에서는 "일본 스시에 이어 메로나가 브라질의 디저트 및 기호식품 문화에 새로운 변화를 가져왔다"고 다룬 적 있다.

브라질에 현지화되어 다양한 맛을 출시한 메로나

남미에서는 맛보지 못한 부드러운 과일 맛이 인기 요인으로 꼽힌다. 빙그레 관계자는 "남미 아이스크림 시장은 초콜릿 제품 위주여서 과일맛 나는 부드러운 느낌의 메로나가 인기를 끌고 있다"고 말했다. 또한 브라질에서는 과일맛 아이스크림 대부분이 과일 주스를 얼린 형태여서 우유와 과일향을 함께 맛볼 수 있는 메로나가 이색적으로 다가온 것으로 보인다.

상파울루에 현지법인을 세우고 마케팅을 강화해온 빙그레는 2014년 월드컵 기간과 2016년 올림픽 기간 적극적인 홍보와 프로모션으로 브라질 내 메로나 인기를 끌어올리는 마케팅을 벌였다. 또한 멜론맛 외에 복숭아맛, 망고맛, 딸기맛, 바나나맛 등을 선보여 브라질인들이 부드러운 과일맛을 다양하게 즐길 수 있도록 맛을 세분화했다. 맛이 달라지더라도 상품명은 메로나로 통일했다.

▶ 팔도도시락

러시아에서 '도시락'은 '국민 라면'으로 통한다. 1991년 부산을 찾은 러시아 선원들이 '도시락'을 맛보면서 소문을 탄 것이 시작. 1997년 팔도가 블라디보스토크에 사무소를 개설하며 대(對)러시아 수출을 본격화했다. 2013년 기준 도시락의 러시아 매출은 1천900억 원으로 국내 판매액의 38배이다. 현재 러시아 용기 라면 시장의 60%를 차지하고 있다. 팔도 '도시락'은 시베리아 횡단철도 여행자들의 필수품이다. 러시아 극동에 위치해 세상에서 가장 추운 도시로 알려진 '야쿠츠크'에서도 만날 수 있다. 팔도 관계자가 "역으로 몰려드는 상인들의 바구니에는 언제나 '도시락'이 있다"고 말할 정도이다.

러시아의 팔도도시락

팔도는 러시아인의 입맛에 맞춰 '도시락' 현지화 작업에도 공을 들였다. 러시아 소비자들은 '도시락'에 마요네즈를 넣어 먹는 식습관이 있다는 점에 착안해 마요네즈 소스가 함께 들어 있는 '도시락 플러스'를 출시했다. 국내에는 없는 치킨·버섯·새우맛 제품도 선보였다. 또 모든 '도시락'에 포크를 넣어 편리하게 먹을 수 있도록 했다.

자료: 해외에서 더 사랑받는 한국 식품, 뉴스Q, http://news.chosun.com

2. 과업환경

일반환경이 상대적으로 간접적인 영향을 미치는 반면에 과업환경은 기업의 성장과 생존에 직접적인 영향을 미치는 환경으로는 고객, 경쟁자, 공급업자, 정부 등이 대표적이라고 할 수 있다. 과업환경은 기업이 어떠한 제품이나 서비스를 생산하는가에 따라 달라지며 환경과 기업과의 관계에 있어서도 일반적인 환경과는 달리 일방적으로 역할을 받는다기보다는 기업이 과업환경에 영향을 미칠 수도 있다. 예를 들어 제1장에서 이야기되었던 욕구창조형 마케팅을 통해 소비자를 움직이게 할 수 있으며 경쟁자와도 전략적 제휴를 통해 어느 정도 기업이 원하는 환경으로 조정해나갈 수 있는 측면이 있는 것이다.

1) 고객

고객은 기업의 제품과 서비스를 구매하는 개인과 조직이다. 현대의 기업들은 고객의 중요성을 인식하고 고객의 요구를 충족시키기 위하여 노력하고 있다. 고객의 중요성은 시장의 변화에서부터 비롯되었다. 과거 시장은 제품의 생산자인 **판매자 중심시장(seller's market)**이었으나 경쟁의 가속과 더불어 이제 시장은 소비자인 **구매자 중심시장(buyer's market)**으로 변화하였다고 볼 수 있으며 고객의 욕구를 파악하여 이에 대응하고 고객을 선도해나가는 일이 특히 제품(브랜드) 수준의 마케팅계획을 수립하는 데 있어 가장 중요한 업무라고 할 수 있다. 이에 대해서는 제4장에서 자세하게 설명하기로 한다.

2) 경쟁자

경쟁자는 유사하거나 동일한 제품을 생산하는 혹은 그런 잠재력을 가지고 있는 경쟁업체이다. 경쟁기업은 동일한 시장을 대상으로 유사한 제품을 생산·판매할 뿐 아니라, 원료의 수급이나 유통에도 경쟁적인 관계를 가지고 있다. 경쟁에서 살아남기 위해서 기업은 잘 알려진 경쟁자들의 기업활동을 분석할 필요성이 있을 뿐 아니라 잠재적인 경쟁자들의 동향에도 관심을 가져야 한다. 기업의 마케팅관리자는 경쟁기업이 누구인가를 먼저 정의해야 하며, 경쟁기업의 전략과 제품가격, 품질, 서비스, 기술, 임금 등의 제반활동에 대하여 끊임없이 추적하여 이러한 마케팅활동에 반응할 방법을 정하는 것이 매우 필수적인 과업이라고 할 수 있다.

그리고 경우에 따라서는 직접적인 경쟁뿐만 아니라 간접적인 경쟁도 고려해야 할 필요가 있는데 과거 코카콜라의 한 CEO는 코카콜라의 시장점유율이 최고조에 달했다는 소리에 이렇게 반박했다. "전 세계 44억 명의 인류가 매일 한 사람당 64온스의 액체를 마시고 있는데, 그 중 코카콜라가 차지하는 것은 2온스도 채 안된다." 또한 그는 사원들에게 "우리의 적은 커피와 우유, 홍차, 식수다"라고 역설함으로써 새로운 경쟁범위를 강조하였다. 비슷한 예로 최근의 나이키 경쟁자는 닌텐도나 스마트폰이 될 수 있는데 게임을 하면서 스포츠를 많이 즐기지 않는 요즈음의 청소년 세대를 보면 충분히 이해가 될 수 있는 지적이라고 판단된다.

그림 3-4 | 나이키의 직접적인 경쟁과 간접적인 경쟁

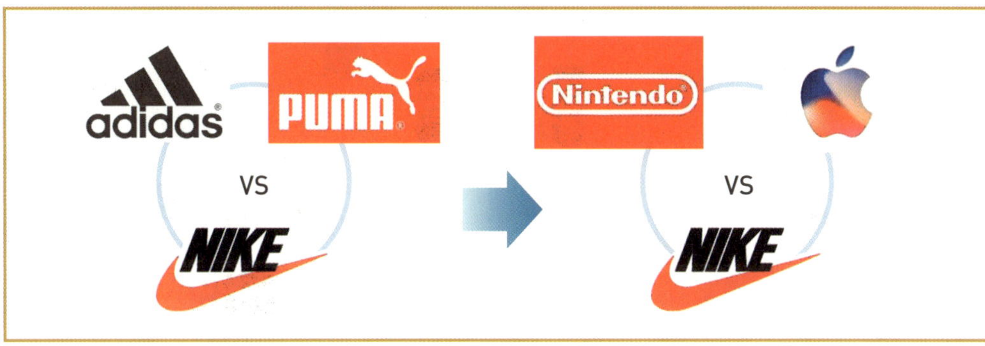

피자헛의 핵심적인 경쟁자는 도미노피자와 미스터피자가 될 수 있으나 잠재적인 경쟁까지 포함한다면 친구들과 휴일 점심을 즐겁게 이야기하면서 해결 수 있는 아웃백스테이크하우스 등과 같은 패밀리레스토랑 등도 충분히 위협적인 경쟁자가 될 수 있다는 것이다.

일반적으로 경쟁자의 수준은 **제품형태(product form)에 따른 경쟁수준, 제품범주(product category)에 따른 경쟁수준, 본원적인(generic) 경쟁수준, 예산(budget)의 경쟁수준** 등으로 나눌 수 있다. [그림 3-5]와 같이 코카콜라 Zero의 가장 직접적인 경쟁사는 다이어트 콜라 제품 형태로서 경쟁제품(예: 펩시, NEX)들이며, 그 다음은 더 넓은 의미의 경쟁제품은 음료수라는 제품범주의 수준을 말한다. 그리고 본원적인 욕구수준인, 예를 들어 갈증해소 차원에서 본다면 캔커피, 맥주, 주스 등으로 확대시킬 수 있다. 또한 고객이 지불할 수 있는 예산 측면에서 본다면 비디오, 아이스크림과 같은 제품범주로도 확대할 수 있다.

그림 **3-5** | **경쟁수준의 보기**

자료: Lehmann, D. R. and R. S. Winner(1997), *Analysis for Marketing Planning*에서 대한민국의 상황에 맞게 수정하여 구성

3) 공급업자

공급업자는 기업의 제품생산과 운영에 필요한 원재료와 중간재 그리고 기타의 서비스와 자원을 제공하는 조직이나 개인이다. 공급업자들의 자원공급능력과 안정성 및 가격은 기업의 원가와 가격 안정성에 직접적으로 영향을 미치며 물질적인 자원과 더불어 비물질적인 자원인 정보와 종업원 그리고 자금을 제공한다. 공급업자가 필요한 시점에 제품을 인도하지 못하거나 자재의 부족을 경험하거나 중도에 사업을 그만두게 되면 그만큼 그동안 공급업자들로부터 납품을 받아오던 기업체도 타격을 받게 되는 것이다. 그러므로 공급업자들과의 좋은 관계는

눈에 보이지는 않지만 기업의 자산 가운데 가장 큰 자산이라 할 수 있다.

4) 정부기관

과업환경으로서의 정부기관은 기업과 직접적인 관계를 가지는 구체적인 정부기관이다. 정부의 각종 기관은 기업의 운영과 활동에 대하여 통제와 감시 그리고 지원활동을 수행하고 있다. 정부의 각종 기관이 기업의 운영과 활동에 대하여 관심을 가지는 것은 기업의 제품과 고용, 기업윤리 등이 국민의 생활과 불가분의 관계에 있으며, 기업의 성장과 발전이 국가와 국민의 경제적 지위는 물론이거니와 정치사회의 발전과도 밀접히 연관되어 있기 때문이다.

제2절 거시적 마케팅 계획의 수립

1. 전략의 개념

전략(strategy)이라는 용어는 오랫동안 군대에서 사용되고 있는데, 군대에서 이 용어는 적군의 예상되는 행동에 대응하여 수립한 전반적인 계획을 의미한다.

전략(strategy)이라는 용어는 오랫동안 군대에서 사용되고 있는데, 군대에서 이 용어는 적군의 예상되는 행동에 대응하여 수립한 전반적인 계획을 의미한다. 따라서 전략이라는 말 자체에는 경쟁적인 의미가 강하게 함축되어 최근의 기업경영 환경이 일종의 전쟁터와 같다는 의미를 함축한다고 볼 수 있다.

결국, 기업에 있어서 전략이란 환경분석을 통하여 이미 일어난 혹은 장래에 일어날 수 있는 환경의 변화가 자사에게 제공하는 기회와 위협이 무엇인가를 파악하고, 한편으로는 자사의 강점과 약점을 파악하여 이에 적절히 대응함으로써 경쟁우위를 확보하고 환경의 변화를 자사에 유리하도록 이끌어나가는 기업활동이라고 할 수 있다. 전략이 더 장기적이고 영속적인 속성을 지닌다면, 전술은 전략이 합의된 후에나 나올 수 있다. 이론적으로 보면 전술은 마케팅 계획과정에서 비교적 후반부에 속하는데, 이 말은 전략이 합의되고 나서야 전술이 마련될 수 있음을 의미하는 것이다.

2. 마케팅전략의 수준

전략은 기업이 대상으로 하는 활동영역의 범위와 전략이 수립되고 실행되는 조직의 수준에 따라 살펴볼 수 있다. 예를 들어 삼성그룹의 마케팅전략은 삼성그룹 차원에서 이루어지는 **기업수준의 마케팅전략**, 삼성전자 등의 **사업부수준의 전략**, 삼성전자 내의 갤럭시, 하우젠, 지펠 등과 같은 **제품(브랜드)수준의 마케팅전략** 등의 세 가지 계층으로 분류될 수 있다. 그러나 기업이 초기 단계이거나 혹은 하나의 사업영역에서만 경영활동을 지속적으로 수행하고 있는 경우에는 그 기업의 활동은 단지 한 개의 사업부영역에서 이루어지기 때문에 기업수준의 전략과 사업부수준의 전략은 동일하게 된다.

삼성전자의 브랜드수준의 마케팅으로 볼 수 있는 삼성 갤럭시 탭 광고

삼성그룹 차원의 마케팅으로 볼 수 있는 삼성그룹 광고

3. 기업의 사명 및 목표의 설정

1) 기업사명의 설정

기업전략을 수립하기 위한 첫걸음은 기업의 사명을 명확히 규정하는 것이다. 기업의 **사명(mission)**이란 기업의 기본목적에 대한 선언문으로서, 기업의 전체적인 사업영역의 윤곽을 규정하고 있으며 기본적으로 다음과 같은 5가지를 명확하게 정의할 수 있어야 한다.

- 우리 회사는 어떤 사업을 하고 있는가?(what is our business?)
- 우리의 고객은 누구인가?(who is the customer?)
- 우리의 사업이 고객들에게 어떤 가치를 제공하는가?(what is value to the customer?)
- 우리 사업이 앞으로 어떻게 될 것인가?(what will our business be?)
- 우리 사업이 앞으로 어떻게 되어야 할 것인가?(what should our business be?)

이러한 기업의 사명을 정의하는 데 있어 가장 중요한 것으로 고객지향적인 정의가 필요하다는 것이다. 레블론(Revlon)의 창업자인 찰스 레블론(Charles Revson)은 "우리 공장에서는 립스틱을 만들지만 우리 광고는 희망을 판다"라는 말로 그들의 기업사명을 표현하였으며, 1980년대 위기의 할리데이비슨을 다시 살린 리처드 티어링크는 "우리는 철학을 판다. 오토바이는 슬쩍 끼워 팔뿐"이라고 강조했다.

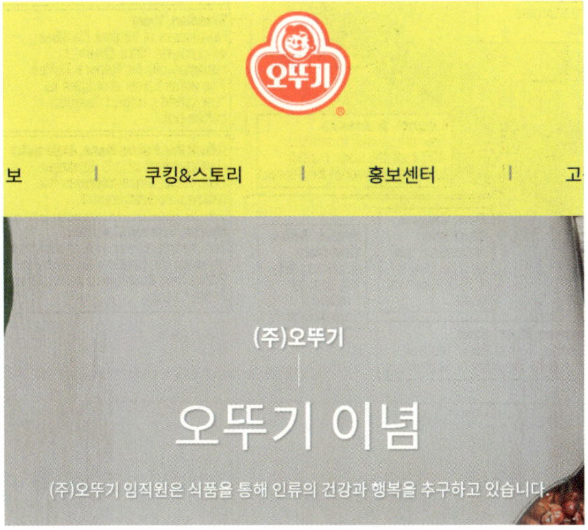

오뚜기는 식품을 만들어 소비자에게 제공하지만 인류의 건강과 행복을 위해 힘쓰는 기업이라는 사명을 강조하고 있다(사진출처: 오뚜기 홈페이지).

레비트(Levitt) 교수는 『**마케팅 근시안**(Marketing Myopia)』이라는 그의 논문에서 기업의 사명을 제품지향적으로 정의함으로써 발생하는 문제점의 예로서 [Marketing Focus 3-4]에 앰트랙(Amtrack)의 사례를 검토할 필요가 있다고 했다. 결국 고객지향적인 관점으로 기업의 사명을 정의할 때 마케터는 그 범위를 너무 좁거나 또는 너무 광범위하게 설정해서는 안 되며 기업이 지니고 있는 제반능력을 고려하여 실현가능성이 있도록 하여야 한다.

MARKETING FOCUS 3-4

고객지향적 기업사명의 설정이 중요하다

미국의 앰트랙(Amtrack)은 19세기 중반에 생겨난 철도회사로서 매우 번성하였는데 그 당시 서부로 개척해 나가는 데 있어 철도운송에 대한 수요는 거의 무한하여 1세기 동안 철도산업은 화물과 승객수송을 경쟁 없이 독점하여 왔다. 그러나 제2차 세계대전 중 발달한 항공술로 인하여 항공운송이 일반화되고 웬만한 소도시에까지 비행장이 들어섬으로써 항공산업이 앰트랙의 가장 강력한 경쟁자로 급부상하기 시작한다.

앰트랙은 자신의 사명을 **철도사업(railroad business)**이라고 규정하여 왔다. 그래서 경쟁자인 항공사들과의 차별을 위해 되도록이면 비행장을 멀리 피해 철로를 깔아 경쟁력을 가져보려 하였다. 그러나 결국 고객의 외면으로 도산 직전에 놓이게 되었으며 1994년의 손실만도 10억 달러에 이르렀다. 분명 이는 기업의 사명을 제품지향적으로 설정한 데서 그 근본적인 원인이 있다고 볼 수 있을 것이다.

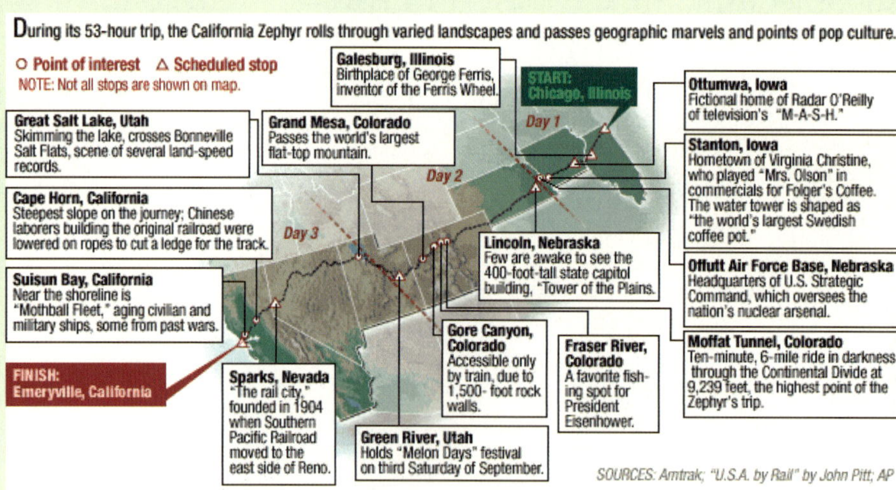

휴머나이징 트래블 도입 후 관광지 정보를 제공하는 앰트랙 홈페이지

국립철도회사인 앰트랙은 날로 심화되는 경쟁상황을 타개하기 위해 새롭고 포괄적인 브랜드 구축작업 추진에 들어가 승객이 여행체험의 품질수준을 선택할 수 있는 '**휴머나이징 트래블(humanizing travel)**'이라는 프로그램을 도입하고 1998년에는 다음과 같은 포지셔닝 방향을 결정했다. "저희는 앰

트랙입니다. 저희는 여러분이 자기성취를 할 수 있는 곳, 여러분의 개성이 존중받고, 여러분이 잠재능력을 발견할 수 있는 곳, 다른 사람들과 즐겁게 교제하며 서로의 생각과 모험을 함께 나눌 수 있는 바로 그곳으로 여러분을 모셔다드립니다." 또한 1999년에 개통된 초고속열차는 미국 내 가장 빠른 속도를 자랑하면서도 세계적인 수준의 안전시설을 갖추었으며, 여행의 출발에서부터 여행기간 내내 체험하게 될 고객의 소중한 경험을 위해 실내 디자인을 대폭적으로 개선했다.

개선된 실내 인테리어

자료: Levitt, T.(1975), "Marketing Myopia," *Harvard Business Review*, September–October, p.26/Schmitt, B.(1999), *Experiential Marketing*, pp.73–76 등을 참고하여 작성

2) 기업목표와 마케팅목표 설정

흔히 기업은 너무 추상적이거나 광범위하게 목표를 정의함으로써 구체적인 마케팅전략의 방향을 제시할 수 없는 상황에 직면하고는 한다. 결국 기업사명을 보다 구체적인 **기업목표(business goal)**로 설정하여 기업이 그 사명을 완수하는 데 있어서 안내자 역할을 할 수 있어야 한다. 기업목표가 정해지고 나면 그 다음 단계로 좀 더 구체적인 **마케팅목표(marketing goal)**가 정해질 수 있는데 이러한 목표들은 다음과 같아야 한다.

- 수행되어야 할 여러 가지 기업목표들은 추상적인 것에서부터 구체적인 것에 이르기까지 계층적(hierarchical)으로 서술되어야 한다. 실제로 촉진목표는 마케팅목표를 달성하기 위한 그리고 마케팅목표는 기업목표를 달성하기 위한 하나의 전략역할을 담당할 수도 있다.
- 기업목표는 가능한 계량적으로 서술되어야 한다. 계층적 구조 속의 상위에 위치한 기업목표들은 계량화하는 것이 쉽지 않지만 가능한 한 측정가능하도록 기업목표가 결정되어지는 것이 바람직하다. 가령 현대카드가 '시장점유율의 증가'라는 기업목표를 제시하기보다는 '3년 내로 시장점유율을 10%로 증대시킨다'라는 기업목표가 보다 구체적인 양적 목표로 서술된 점에서 더 바람직할 수 있다.
- 기업목표는 실현가능한 것이어야 한다. 기업목표는 시장기회와 자사의 경쟁적 강·약점 등을 토대로 한 객관적 분석에 의해 설정되어야 하며 단순히 경영자의 희망사항이 되지 않아야 한다.

4. 사업포트폴리오 모형 구축

기업의 **전략적 사업단위**(Strategic Business Unit: SBU)를 확인하는 목적은 차별적인 전략을 개발하고 적합한 자금을 할당하기 위한 것으로 최고경영자는 미래의 성과뿐만 아니라 과거에 있었던 것까지 알아야 하는데, 그것은 단지 '감'만으로는 이루어지지 않는다. 이때 '수익 잠재성'에 따라 사업을 분류할 분석도구가 필요하며, 가장 유명한 사업포트폴리오 평가 모델로는 **보스턴컨설팅그룹**(Boston Consulting Group)의 BCG **매트릭스**와 GE/Mckinsey의 GE **매트릭스**가 있다.

전략적 사업단위는 LG생활건강 사업부 내의 수퍼타이, 한스푼, 드봉, 이자녹스와 같은 브랜드수준(제품수준)에서 정해질 수도 있고 좀 더 확대된 제품수준(예를 들어, 세제, 비누, 치약, 화장품)에서 정해질 수도 있으며 나아가서 세탁용품, 화장실용품, 미용품 등과 같은 관련 제품범주를 확대한 제품범주군 수준까지 확대되어 정해질 수도 있다([그림 3-7] 캐논사의 PPM 변천과정 참고). 전략적 사업단위를 너무 넓게 정의하면 각 SBU를 구성하는 개별사업이나 제품군에 대해 구체적이면서도 시너지효과를 거둘 수 있는 전략적 방향을 제시하기가 어려울 것이며, 너무 좁게 정의한다면 기업수준에서의 전략적 마케팅 계획을 담당하는 경영층이 너무 많은 수의 SBU를 평가하고 이에 대한 전략적 방향을 제시하는 데 상당한 노력과 시간을 투입해야 할지도 모른다.

1) BCG 매트릭스

선도적 컨설팅 기업인 **보스턴컨설팅그룹**(Boston Consulting Group)은 성장-점유율 매트릭스를 개발·일반화하였다. 각 사업단위의 현금 규모는 원의 면적과 비례하며 각 사업단위의 위치는 **상대적 시장점유율**(X축)과 **시장성장률**(Y축)을 나타낸다. 수직축에 있는 시장점유율은 사업이 운영되는 시장의 연간 성장률을 나타내는 것이며, 수평축에서 측정되는 상대적 시장점유율은 가장 큰 경쟁자의 시장점유율에 대해 해당 기업의 사업단위의 시장점유율을 나타낸 것이다. 여기서 중요한 것은 해당 기업의 시장점유율이 가장 높다면 2등 기업과 비교를 하게 되고 1등이 아니면 1등과 비교하게 된다는 것인데 이것은 관련 시장에서 그 기업의 지위를 나타내는 지표로 활용되게 된다.

성장-점유율 매트릭스는 4개의 칸으로 나뉘는데, 각각은 서로 다른 사업유형을 나타내며 그 구체적인 설명은 다음과 같다.

그림 3-6 | BCG 매트릭스

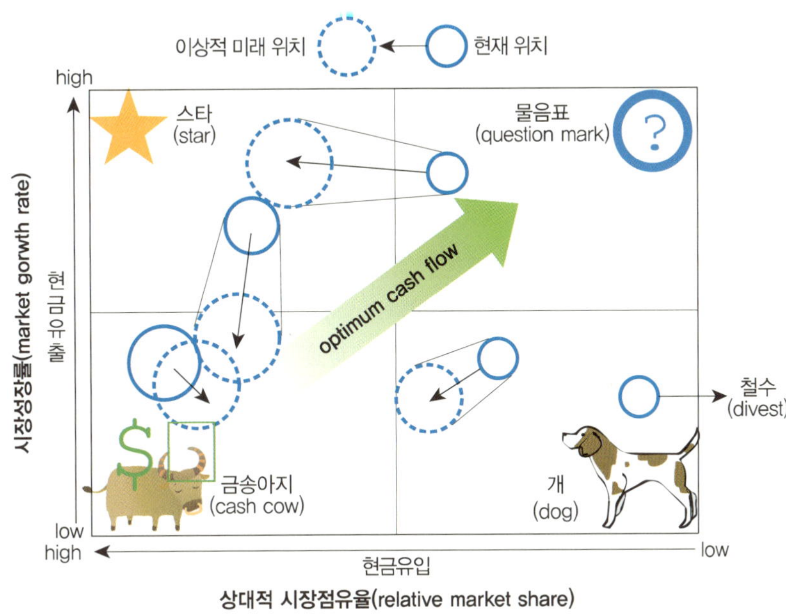

- 물음표(question mark): 물음표는 고성장시장과 저점유율의 사업으로 대개의 사업단위들은 여기에서부터 출발하게 된다. 물음표의 전략적 사업단위(SBU)는 빠르게 성장하는 시장에 보조를 맞추기 위해 공장, 설비 및 인력을 추가해야 하고 또한 많은 현금이 필요하다. 해당 기업이 그 사업단위에 현금을 투여해야 할 것인가 또는 철수해야 할 것인가를 신중하게 생각해야 하기 때문에 물음표(또는 문제아)란 말이 적절하게 사용된 것이다.
- 스타(star): 물음표의 사업이 성공하게 되면 스타가 되는데 이는 고성장시장에서 **시장선도자(market leader)**라고 할 수 있지만 스타가 그 기업에 긍정적인 현금흐름을 상징한다는 것을 꼭 의미하지는 않는다. 특정 경우에 있어 해당 기업은 고성장시장에 부응하고 경쟁자의 공격을 격퇴하기 위해 실질적인 자금을 투자해야 하는 경우도 존재하는 것이다.
- 금송아지(cash cow): 시장점유율이 10% 미만으로 하락하게 되면 스타는 그 사업단위가 최대의 상대적 시장점유율을 유지하는 한 금송아지가 된다. 성장률이 하락했지만 오랜 기간 동안 시장에서 1위를 하면서 벌어들인 돈으로 금송아지의 사업부가 벌어들인 돈으로 물음표의 사업부에 지원하는 구조가 **최적의 현금흐름(optimum cash flow)**으로 볼 수 있다. 해당 분면의 사업은 시장점유율이 하락했기 때문에 시설규모를 확대하기 위한 투

자를 할 필요가 없으며, 이 분면에서 계속적으로 유지된다면 그 사업단위가 시장선도자이므로 계속적인 규모의 경제와 높은 수익률을 달성할 수도 있다.

- 개(dog): 저시장점유율과 저성장시장을 가진 사업으로 전형적으로 이 사업단위는 현금을 창출하지만 이익도 아주 적거나 또는 손실을 내는 사업이다. 개 사업단위들은 자주 그 가치보다는 더 많은 관리기간 소요되며, 또한 철수할 것인가 축소할 것인가에 대한 결정이 필요하다. 이 분면에 위치하였다고 반드시 철수해야 하는 것은 아니라고 볼 수 있는데 산업초창기에 500여 개에 달했던 미국 자동차기업은 퇴출과 합병을 거듭하여 제너럴모터스(GM), 포드(Ford), 크라이슬러(Chrysler)를 중심으로 재편되었다. 이러한 사정은 우리나라 자동차시장도 예외가 아니어서 현재 복잡한 인수합병을 거쳐 현대기아차, 르노, 제너럴모터스의 체계를 갖추고 있으며 무수한 이합집산을 거듭하던 정보통신업계는 SK텔레콤, KT, LG유플러스의 빅3로 굳어진 양상이다. 대부분의 미국인들은 맥도날드나 버거킹, 웬디스의 햄버거를 구매하며 나이키, 아디다스, 리복은 우리에게도 친숙한 운동화 제조업체들로 이들을 전 세계로 확장된 빅3체제의 전형이다. 이들 중 국내에서 GM, KT, 아디다스, 버거킹 등이 분명 개 분면에 위치한다고 볼 수 있지만 반드시 철수해야 할 사업은 아닌 것이다.

그림 3-7 | 일본의 캐논사의 PPM(Product Portfolio Matrix) 변천과정

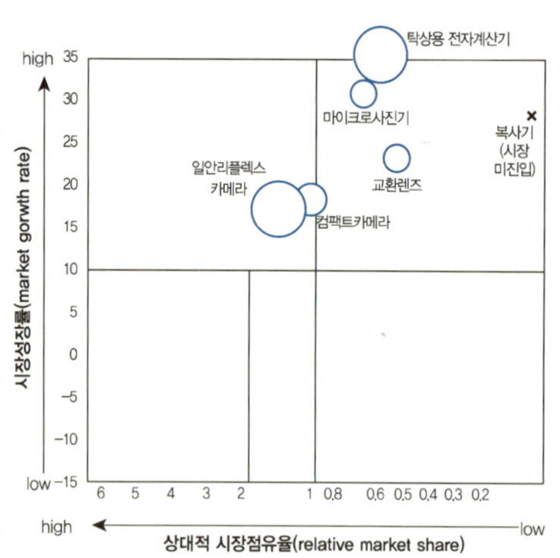

캐논의 사업포트폴리오 (1) (1971년)

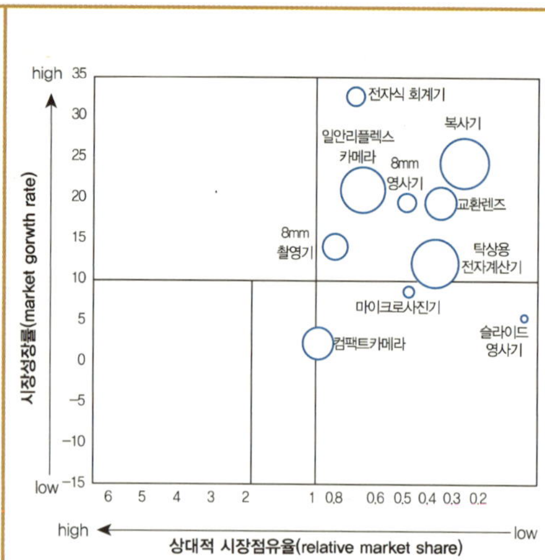

캐논의 사업포트폴리오 (2) (1975년)

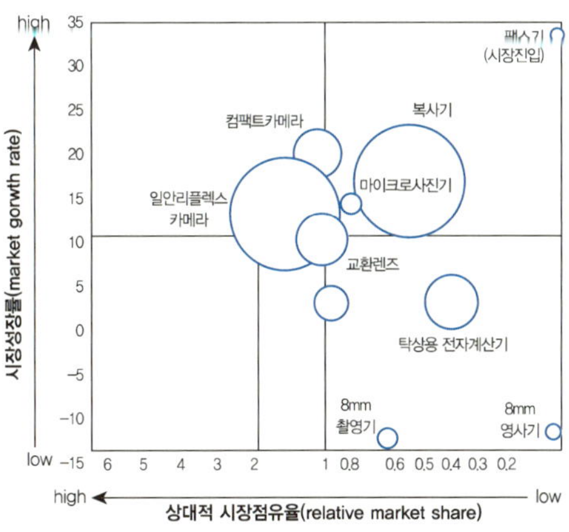

캐논의 사업포트폴리오 (3) (1981년)

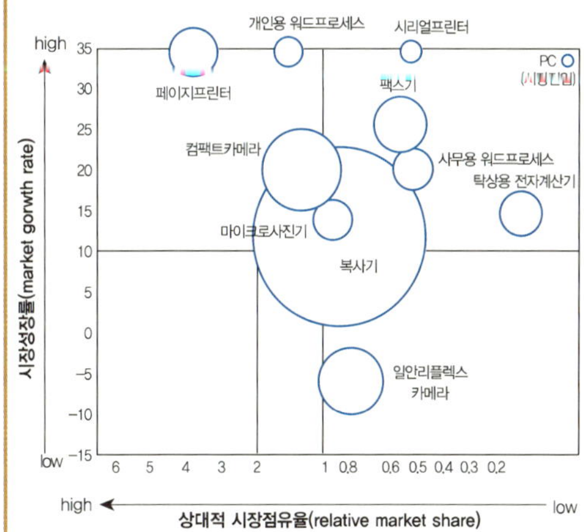

캐논의 사업포트폴리오 (4) (1985년)

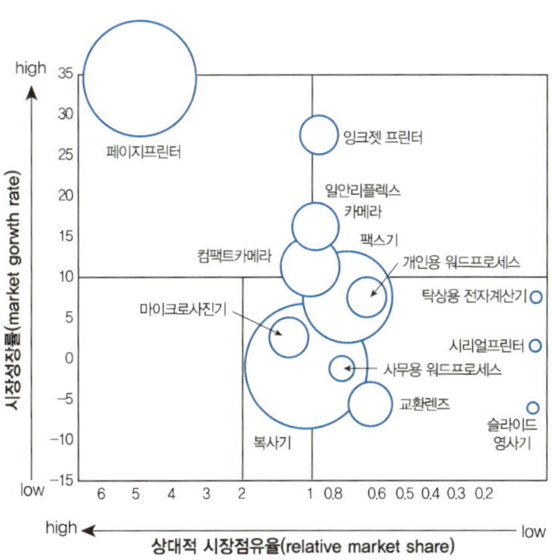

캐논의 사업포트폴리오 (5) (1990년)

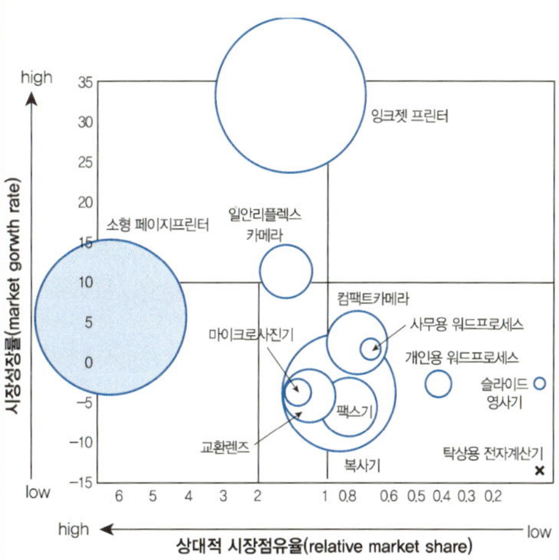

캐논의 사업포트폴리오 (6) (1995년)

주: 이 그래프는 야노경제연구소(矢野經濟 硏究所)가 발간한 『일본시장점유율사전』에 게재된 수치를 근거로 그린 것이다. 연도에 따라 집계대상에서 제외된 제품이 있으며, 자료의 출처에 따라 다를 수 있다. 데이터의 상당수는 통산성통계의 국내생산수치(제조업체가 보고하는 수치)에 근거하고 있다. 따라서 일본기업이 세계시장의 대부분을 차지하는 제품의 경우는 그 수치가 세계시장점유율과 비슷하다고 보면 된다. 또한 복사기 등의 경우 한때는 국내 시장점유율로 산정했기 때문에 국내 생산기준으로 점유율을 산정한 시기와 비교해서 매출액이 급감한 기간에 주의해야 한다.

자료: 김영환 옮김(2005), 전략기획, 21세기북스, pp.87–92.

그 다음 해당 기업이 해야 할 일은 각 사업단위에 부과할 목표, 전략, 예산을 결정하게 되는데, 기본적으로 다음과 같은 네 가지 목표가 수행될 수 있다.

- 구축(build): 이 목표는 비록 단기적인 이윤을 희생하더라도 시장점유율 목표를 성취하기 위해 사업단위의 시장점유율을 증가시키는 것으로 물음표에 적합하다고 볼 수 있다.
- 유지(hold): 사업단위의 시장점유율을 계속 유지하는 것으로써 계속적으로 많은 긍정적인 현금흐름을 창출하고자 하는 강한 금송아지에 적합하다.
- 수확(harvest): 장기적인 효과에 관계없이 사업단위의 단기적인 현금흐름을 증가시키는 것이다. 일반적으로 기술개발비를 삭감하고, 노후된 설비를 교체하지 않고, 광고비를 절감하는 등의 활동이 포함된다. 장래가 어둡고 더 많은 현금흐름이 요구되는 약한 금송아지에 적합하고, 물음표와 개에게도 사용될 수 있다.
- 철수(divest): 재원이 다른 곳에서 더 잘 활용될 수 있기 때문에 특정 사업을 처분·청산·기업의 이익을 축내는 개나 물음표 등에 적합하다고 볼 수 있다.

2) GE 매트릭스

하나의 어떤 SBU에 부과하는 적절한 목표는 성장-점유율 매트릭스에서의 위치만을 기초로 하여 단독으로 결정할 수 없다. 만일에 추가적인 요인이 고려된다면 성장-점유율 매트릭스는 GE사가 선보인 **다요인 포트폴리오 매트릭스**로 보완될 수 있다. GE 매트릭스상에서 각 사업은 2개 차원, 즉 **시장매력성(market attractiveness)**과 **사업의 경쟁적 지위(competitive position of business)**의 관점에서 평가된다. 이 두 요인들은 어떤 사업을 평가하는 데 있어 월등하게 마케팅의 의미를 잘 반영하고 있다. 두 차원을 측정하기 위해서 전략적 계획입안자들은 차원의 중심이 되는 요인을 확인해야 하며, 또한 각 요인을 측정하는 방법을 찾고, 또한 하나의 지표로 그 요인들을 결합해야 한다. 두 개의 BCG 요소(시장성장률과 시장점유율)는 GE 모델의 주요 두 가지 변수에 포함되어 있음을 알 수 있는데 GE 모델은 전략적 계획자들이 실제 사업이나 잠재적 사업을 평가하는 데 있어 BCG 모델보다 더 많은 요소를 살피게 하여 사업단위에 대한 보다 정교한 평가가 가능하다는 이점을 가지게 된다.

사실 [그림 3-8]의 GE 모델은 각각 3개 구역의 9개 영역으로 구분된다. 상위 왼쪽 3칸은 기업이 투자·성장해야 하는 SBU를 나타내고, 하위 왼쪽에서 상위 오른쪽까지 대각선으로 뻗은 칸은 전반적 매력성이 중간인 SBU, 하위 오른쪽 3칸은 매력성이 낮은 SBU를 나타낸다.

그림 3-8 | GE 매트릭스

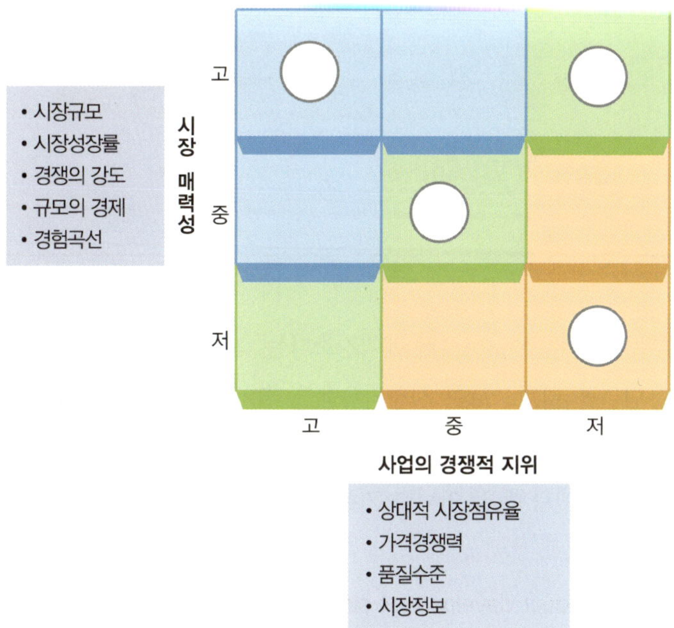

5. 기업성장전략의 결정

포트폴리오 분석에 의해 현재의 사업부에 대한 평가가 이루어지면 기업은 성장전략을 결정하여야 하는데 마케팅관리자는 우선 현재 사업부들의 시장과 제품에 관련하여 성과를 향상시킬 수 있는 추가기회가 있는지 파악해야 한다. 앤소프(Ansoff)는 새로운 집중적 성장기회를 조사할 수 있는 유용한 도구를 마련하였는데 [그림 3-9]에 나타나 있듯이 소위 **제품/시장 확장 그리드(product/market expansion grid)**라고 불리는 이 도구는 제품과 시장에 따라 **시장침투전략, 제품개발전략, 시장개발전략, 다각화전략** 등 네 가지의 성장전략을 제시하고 있으며 해당 전략에 대한 설명은 다음과 같다.

첫째, **시장침투전략(market penetration strategy)**은 기존시장에서 기존제품으로 시장점유율을 증대시키는 전략으로 이를 위해 사용할 수 있는 방법은 자사의 소비자에게 제품을 더 많이 사용하도록 하며, 경쟁상표 이용 소비자를 자사상표로 전환하도록 유도하며, 자사상표나 경쟁상표를 사용하지 않는 소비자에게 그 제품을 사용하도록 유도하는 것 등이 있다. 예를 들어

그림 3-9 | 앤소프(Ansoff)의 제품/시장 성장 매트릭스

	기존제품	신제품
기존시장	시장침투	제품개발
신시장	시장개발	다각화

과거에 암 앤 해머(Arm & Hammer)의 베이킹소다는 쇠퇴기에 접어든 베이킹소다를 냉장고의 탈취제로 사용범위를 넓힘으로써 시장점유율을 획기적으로 올렸다. 과거 선크림은 원래 여름 뜨거운 태양 아래서 피부를 보호하기 위해 수영장에서 쓰던 기능성 제품이었다. 하지만 지금의 선크림은 수영장에서 뿐만 아니라 기본적으로 화장할 때 자외선을 막기 위한 미용제품으로도 쓰이고 있다.

둘째, **제품개발전략(product development strategy)**은 기존시장의 소비자들에게 잠재적으로 관심이 있는 신제품을 개발하는 것이다. 완전히 새로운 신제품도 있지만 동일한 제품이라도 새로운 기능의 부가, 디자인 변경 등의 방법을 사용하여 신제품을 개발하는 방법도 있다. 이러한 제품개발전략에 대해서는 제9장 신제품 개발과 관리 부분에서 자세하게 다뤄질 것이다.

화상, 굳은살뿐만 아니라 입크림으로도 활용되는 바셀린 로션(좌)과 빵을 구울 때 뿐만아니라 냉장고 탈취제로도 이용되는 베이킹소다: 이러한 제품은 새로운 사용용도를 알려줌으로써 기존시장에서 기존제품으로 좀 더 많은 매출을 달성할 수 있다.

셋째, **시장개발전략(market development strategy)**은 기존제품을 가지고 새로운 시장을 개발하는 것으로 이는 잠재소비자 집단을 확인하여 기존의 제품으로 이들의 욕구를 충족시킬 수 있는 방법을 모색하거나 새로운 유통경로를 개척하여 시장을 개발하는 전략이다. 앞의 국제적 환경 부분에서 논의되었듯이 메로나나 팔도도시락 같은 제품은 브라질이나 러시아 같은 해외 시장을 개척하여 성장하고 있으며 식기 자동세척기 업체에서 기존시장인 일반소비자에서 확대하여 아파트 시공기업과 같은 기업구매자들을 포함시키게 되면 판매를 증대시킬 수 있다.

마지막으로 **다각화전략(diversification strategy)**은 현재의 사업과 직접적인 관련이 없는 다른 분야에서 새로운 성장기회를 발견하는 것이다. 다각화전략은 세 가지의 다른 형태가 있다. 첫째, 신제품이 소구하는 소비자 집단은 기존제품의 소비자와는 틀릴지라도 새로 개발되는 신제품이 생산기술이나 마케팅 효율성에서 현재의 제품라인과 시너지효과를 가질 수 있는 방향으로 성장하는 **집중적 다각화**이다. 둘째, 현재의 제품계열과 기술적으로 관계가 없지만 같은 고객에게 소구될 수 있는 신제품을 개발하는 **수평적 다각화**이다. 셋째, 현재의 기술, 제품 및 시장과 관련이 전혀 없는 **복합적 다각화**이다.

아이리버는 기존의 MP3 플레이어에서 400만 원이 넘은 고음질 플레이어 아스텔엔컨, 고성능 블루투스 마이크 등으로 다각화를 도모하였으며 후지필름은 카메라용 필름에서 노화방지 화장품 시장으로 다각화하였다(자세한 내용은 네이버 포스트, 애플 때문에 망한 줄 알았던 세계 최고 한국 MP3 기업의 반전, InterBiz(인터비즈)에서 참고하세요).

6. SWOT분석에 의한 마케팅전략의 수립

마케팅 목표가 세워지면 이제 기업은 이 목표를 달성하기 위한 마케팅전략을 세워야 한다. 그런데 무엇보다도 마케팅전략은 앞에서 이야기되었던 시장환경 및 자사의 강점과 약점을 면밀히 분석한 후에 그것을 기반으로 하여 세워져야 한다. 여기서는 이러한 분석을 가능하게 하는 SWOT(Strengths, Weaknesses, Opportunities, Threats)기법을 중심으로 살펴보며 기본적으로 다음 단계를 통해 이루어진다.

첫째 단계는 시장환경으로부터 오는 기회 및 위협요인의 파악이다. 특히 가까운 장래에 일어날 것으로 예상되는 소비자들의 소비 및 구매행태의 변화, 경쟁사의 동향, 새로운 유통업체의 출현 등 회사의 마케팅활동에 영향을 미치는 시장의 변화요인을 파악하여 기회요인과 위협요인으로 나눈다. 여기서 주의하여야 할 점은 시장환경분석을 좀 더 객관적인 자료에 바탕을 두고 구체적으로 해야 한다는 것이다. 둘째 단계는 자사의 핵심역량의 분석이다. 이는 주로 기존의 경쟁사나 잠재적 경쟁사에 대한 회사의 상대적 강·약점에 대한 평가이다. 특히 이제는 핵심역량으로서의 유형자산(기계설비, 건물, 부동산, 인재)보다는 무형자산(회사의 이미지, 브랜드자산, 정보력, 국제화능력)의 가치가 상대적으로 더 올라가는 경향이 있으므로 이러한 핵심역량으로서의 무형자산에 대한 정확한 이해가 필요하다. 셋째 단계는 시장환경 변화요인과 자사의 핵심역량의 강·약점에 비추어본 자사의 현재위치의 파악이다. [그림 3-10]과 같은 SWOT도표로 관련 있는 시장의 위협·기회 및 자사의 강·약점을 종합적으로 분석한 다음, 이에 따라 현재의 우리 회사의 위치를 파악하여 앞으로의 방향성을 모색하게 된다.

그림 3-10 | SWOT분석의 주요 항목

S	W
• 제품 및 기술 • 브랜드자산 • 영업력 • 유통망 • 가격 • 촉진상에 있어서 강점	• 제품 및 기술 • 브랜드자산 • 영업력 • 유통망 • 가격 • 촉진상에 있어서 약점
O	**T**
• 시장성장률 • 경쟁강도 • 경쟁의 수 • 시장규모 등을 파악하여 기회적인 것을 서술	• 시장성장률 • 경쟁강도 • 경쟁의 수 • 시장 규모 등을 파악하여 위협적인 것을 서술

7. 경쟁우위전략

목표란 어떤 사업단위가 성취하고자 하는 것을 나타내는 것이며 전략(strategy)은 그곳에 도달하는 방법에 대한 계획활동이라고 할 수 있다. 포터(Porter) 교수는 『**전략이란 무엇인가?(What is Strategy?)**』라는 논문에서 운영효과성과 전략 간에는 분명한 차이가 있다고 제시하고 있다.

상당수의 많은 기업들은 다른 경쟁사보다 동일한 활동을 더욱 더 양호하게 수행함으로써 지속적인 경쟁우위를 확립할 수 있다고 믿고 있지만 경쟁사들은 벤치마킹 등 기타수단을 이용하여 효과적으로 운영하는 기업들을 신속히 모방할 수 있는데 그렇게 됨으로써 운영효과성의 이점을 상실하고 있는 것이다. 이러한 지적은 상당히 일리가 있는 것으로 오늘날 기업환경에서 경쟁우위는 자주 일시적인 요소가 되고 있으며, 한 가지 강점이 아닌 여러 가지 강점을 쌓아가고 있는 경우도 상당히 많다. 그 예로 일본기업들은 처음에는 저가라는 강점을 들고 나오지만 뒤이어 두드러진 특색을, 다시 우수한 품질을, 그리고 나중에는 빠른 속도를 경쟁우위로 내세운 적이 있다. 모든 사업단위를 목표를 달성하기 위한 전략 이외에도 많은 유형의 마케팅전략을 수립하지만 포터(Porter) 교수는 전략적 사고의 출발점을 제시하는 세 가지 일반적인 유형, 즉 **원가우위전략, 차별화전략, 집중화전략**으로 경쟁전략을 요약하고 있다.

1) 원가우위전략

원가우위전략(overall cost leadership strategy)은 경쟁기업보다 원가를 낮춤으로써 경쟁력을 강화하여 시장점유율을 확대하고자 하는 전략으로 이 전략은 원가절감에 의하여 안정된 이익을 확보하게 되면 그 이익을 새로운 설비에 재투자하여 원가 면에서 우위성을 발휘할 수 있게 된다. 그러나 여기서 주의해야 할 것은 저가격으로 공급하는 회사들은 여러 가지 취약점을 가질 수밖에 없는데 실제 가격을 낮추는 것은 단순한 방법이며 누구든지 비교적 진입하기 쉬운 틈새시장이라는 것이다. 그러므로 많은 저가격 업체들은 무자비한 가격파괴를 통해 그들의 포지션을 획득하지만 상대적으로 쉽게 경쟁기업이 모방하기 쉽다는 문제점을 가지게 된다.

할인점들은 기본적으로 원가우위전략을 이용하고 있다고 볼 수 있다.

2) 차별화전략

차별화전략(differentiation strategy)은 사업 가운데서 타 기업이 가지고 있지 않은 독특한 것을 만들어서 독자적인 시장을 형성하는 것으로, 특히 품질, 이미지 등의 차별화를 도모하여 경쟁기업보다 경쟁적 우위를 차지함으로써 많은 이익을 얻고자 하는 것이다. 예를 들어 다음 사진의 명품들은 시중의 일반 브랜드와 비교할 수 없는 월등한 이미지(특히 상징성)를 가짐으로써 경쟁우위를 점하고 있고, 과거 일본 전자제품들은 세계시장에서 인정받는 품질력으로 높은 판매고를 달성했었다.

오늘날 고객들은 물건 하나를 사더라도 수많은 제품 속에서 고민을 하게 되는데 이러한 상황에서 고객들이 새로 출시되는 브랜드를 일일이 다 기억하기는 어렵게 되므로 결국 고객들은 효율적으로 제품을 선택하는 방법을 스스로 개발하게 되는데, 즉 어떤 제품이 최신의 유행을 따르는지, 어떤 디자인이 자신에게 잘 어울리는지, 어떤 제품을 구매했을 때 성능에 만족할 수 있는지 그리고 어떤 제품을 구매하면 다른 사람들에게 인정받을 수 있을 것인지에 대해 나름대로의 판단기준을 만든 뒤 그런 기준에 속하는 제품에만 관심을 기울이게 된다는 것이다. 따라서 기업입장에서는 고객이 여러 제품 중에서 자사제품에 관심을 가지고 궁극적으로 구매할 수 있도록 하는 기준과 이유를 제시하는 것이 바로 차별화라고 할 수 있다.

레비트(Levitt) 교수는 제품과 서비스의 1차 제품적 특징을 부인하는데 그는 "1차 제품과 같은 것은 존재하지 않는다. 모든 제품과 서비스는 저마다 차별성을 가지고 있다"라고 말하면서 그는 1차 제품이 있다면 그것은 차별화를 위해 대기하고 있는 제품이라는 점을 강조했다. 잭 트라우트(Jack Trout)는 그의 저서 『튀지 말고 차별화하라 Differentiate or Die』에서 기업이 차별성 있는 제품이나 서비스, 경험 등을 만들어내고 고객의 마음 속에 어떤 이미지를 심어 줄 수 있는 방법 수십 가지를 이야기하고 있다.

Louis Vuitton

• 생산라인: 남성·여성의류, 가죽제품, 신발, 액세서리, 문구류, 주얼리

Gucci

• 생산라인: 가죽제품, 구두, 액세서리, 의류, 시계, 선물, 주얼리, 안경, 향수
• 주얼리 유형: 다이아몬드와 칼라스톤, 18K 백금, 금제품의 반지, 귀고리, 목걸이, 팔찌

Chanel

• 생산라인: 향수, 화장품, 여성의류, 안경, 액세서리, 시계, 주얼리

Rolex

• 생산라인: 프리미엄 손목시계, 다이아몬드 액세서리의 다양성을 대신한 문자판에 금과 백금 모델

Tiffany

• 생산라인: 주얼리(2001년 티파니 전체 판매의 79% 차지), 시계, 스털링 실버웨어, 도자기, 크리스탈, 문구류, 향수와 액세서리

Polo Ralph Lauren

• 생산라인: 남성·여성의류, 액세서리, 신발, 핸드백, 주얼리, 향수

Armani

• 생산라인: 남성·여성의류, 향수, 안경, 시계, 신발, 액세서리, 가죽제품, 신부용·가정용 가구, 화장품

Cartier

• 생산라인: 주얼리, 시계, 안경, 액세서리, 가죽제품, 향수

Prada

• 생산라인: 남성·여성의류, 가죽제품, 액세서리

Hermes

• 생산라인: 패션 액세서리, 가죽제품, 주얼리, 시계, 향수, 테이블웨어

3) 집중화전략

집중화전략(concentration strategy)은 앞의 두 전략과는 다른 것으로 시장 전체를 세분화하여 일부의 세분시장, 즉 특정 지역의 고객층, 특정 종류의 제품 및 특정 지역에 초점을 맞추어 집중하는 것으로 이와 같이 좁혀진 세분시장의 욕구를 만족시킴으로써 부분적으로나마 저원가 및 차별화도 달성할 수 있다.

8. 마케팅 제휴

오늘날 대부분의 기업들은 효과적인 경영을 수행하기 위한 일환으로 전략적 파트너의 필요성에 대해 인식하고 있다. 심지어 AT&T, IBM, Philips, Siemens와 같은 대기업들까지도 그들의 능력과 재원을 보충하고, 또한 균형을 유지하게 해주는 자국 내 기업 또는 다국적기업들과의 전략적 제휴를 하지 않고서는 한 나라에서 또는 세계적으로 선도력을 성취할 수 없다고 믿고 있다. **전략적 제휴**란 두 개 이상의 기업들이 각자 가지고 있는 고유의 경쟁우위를 바탕으로 상호보완적이고 지속적인 협력관계를 형성함으로써 다른 기업들에 대해 경쟁우위를 확보하려는 경영전략으로 많은 전략적 제휴는 마케팅 제휴의 형태를 취하는데, 본서에서는 마케팅 제휴를 다섯 가지 범주로 나누어보았다.

- 브랜드제휴(공동브랜드): 이 제휴는 둘 또는 그 이상의 기업이 단일 브랜드 혹은 파트너 브랜드의 결합에 의한 브랜드로 마케팅하는 것으로 [Marketing Focus 3-5]에서 자세히 설명하고 있다.
- 제품/서비스제휴: 이 제휴는 다른 기업에서 그 제품을 생산하도록 라이센스를 제공하는 것으로부터 두 기업이 상호보완적인 제품이나 신제품을 공동으로 시장에 내놓는 것이다.
- 촉진제휴: 특정 기업들은 다른 기업의 제품이나 서비스에 대해 촉진해주기로 합의할 수 있다.
- 로지스틱스제휴: 특정 기업은 다른 기업의 제품에 대해 로지스틱스 지원서비스를 제공한다.
- 가격제휴: 하나 또는 그 이상의 기업들은 특별한 가격협조를 위해 결합한다.

기업들은 그들의 강점을 보완하고 또 약점을 상쇄할 수 있는 파트너를 발견하기 위해 창의적 사고를 할 필요가 있다. 제휴가 잘 관리될 때 기업들은 적은 비용으로 높은 판매를 달성할 수 있으므로 전략적 제휴를 계속 성공하게 하기 위해서 기업들은 전략적 제휴를 지원할 수 있도록 조직구조를 개발하고 있으며 또한 핵심기술로서 파트너 관계를 형성하고 관리할 수 있는 능력을 검토해야 한다.

MARKETING FOCUS 3-5 공동마케팅 사례

공동마케팅은 모든 마케팅 수단을 판매단계에 결합시키자는 제조업자와 소매업자 간의 전략적 제휴이다. 공동마케팅은 유통업자와 제조업자 양자의 수입과 이익을 증가시키자는 파트너십이며 미리 규정된 활동이 아니라 유통업자와 제조업자가 함께 관여하는 마케팅활동으로 광고에서부터 상점 내 재고관리까지를 모두 포함한다. 공동마케팅은 새로운 길을 만들어 나가는 것으로 소비재마케팅뿐 아니라 산업재마케팅에도 영향을 끼칠 수 있다.

공동마케팅에 참여하는 업체가 본질적으로 경쟁관계에 있는 동종업체일 경우는 **공생마케팅(symbiotic marketing)**으로, 이종업체일 경우는 **하이브리드마케팅(hybrid marketing)**으로 구분할 수 있다. 양자의 경우 모두 각 참여업체가 자신의 브랜드는 그대로 유지한다는 점에서 공동마케팅의 한 갈래인 **코브랜딩(co-branding)**, **공동브랜드 사용** 등과 근본적인 차이를 보인다.

1990년대부터 맥도날드와 디즈니의 공동마케팅은 꾸준히 지속되고 있다. 사진은 디즈니 만화 캐릭터를 이용한 맥도날드의 해피밀 세트

▶ **하이브리드마케팅**

공동마케팅을 태동시킨 시발이 제조업체와 유통업체라는 이종업체 간의 제휴, 협력에서 비롯된 것임을 고려하면 하이브리드마케팅이 가장 일반적인 공동마케팅의 형태임을 짐작할 수 있을 것이다. 가장 대

값싼 서류 가방 같은 노트북 가방 대신 명품 가방을 주는 파격적인 행사인 셈이다. 공동마케팅을 통해 혼자 부담해야 하는 마케팅비용을 줄이면서 상당히 다양한 인센티브 사양을 갖출 수 있는 일거양득의 이점을 누린다.

표적인 것이 영화관-패밀리레스토랑-제과점의 묶음이며 여기에 아이스크림, 미용실, 놀이공원 서비스 등도 빠지지 않는 약방의 감초들이다. 사진에서 볼 수 있듯이 맥도날드는 디즈니와 꾸준히 공동마케팅을 전개해오고 있으며 2005년에는 삼성전자가 패션업체인 루이까또즈와 손잡고 새로운 '하이브리드마케팅'을 선보였다. 이 마케팅의 컨셉은 '명품'으로 삼성전자가 최근에 내놓은 노트북 센스Q30은 12.1인치의 엘시디(LCD)를 장착하고도 무게가 1.08kg에 불과한 최경량 제품이다. 삼성전자는 280만~310만 원대인 이 제품을 알릴 방법을 생각하다 루이까또즈에 '전용 핸드백을 만들어달라'는 제의를 했다고 한다. 루이까또즈는 사진에서 볼 수 있듯이 노트북이 쏙들어가면서도 한껏 맵시가 나는 여성용 핸드백과 남녀 누구나 쓸 수 있는 가죽색을 만들었다. 상아제약의 유해전자파 차단제인 '제로파'를 다단계 판매회사인 암웨이가 판매한 경우도 이에 해당될 수 있는데 제품의 개발과 생산은 상아제약이 했으나, 기존의 유통망(대부분 약국)이 제품판매에 적합치 않아 다른 업체의 판매망을 활용하는 케이스로서 하이브리드마케팅의 한 예가 될 것이다.

▶ 공생마케팅

공생마케팅은 경쟁관계에 있는 동종업체끼리의 제휴 및 협조를 말하는 것으로 서울 프라자호텔과 부산 그랜드호텔, 경주 현대호텔 등이 제휴하여 공동사용이 가능한 카드를 발급해 사용률을 높이려는 경우가 이에 해당한다고 볼 수 있으며 아시아나항공, 미주지역에서의 영업망 확충을 위해 아메리칸항공과 업무제휴를 하는 것도 그 예가 될 수 있다.

▶ 공동브랜드 전략

공동브랜드 전략은 크게 두 가지로 나누어 볼 수 있다. 첫째는 유명한 브랜드를 확장, 다른 제품에 적용하는 경우이고, 둘째는 여러 업체가 하나의 브랜드를 공동사용하는 경우로 중소 제화업자들이 내놓았던 '귀족', 남대문상인이 런칭시킨 '빅케이트' 신사복 등이 예가 된다. 어느 경우든 브랜드는 하나만 쓴다는 점에서 LG-IBM, GM 대우와 같이 두 가지 이상의 브랜드를 나열시키는 코브랜딩(co-branding)과는 차이가 있다고 볼 수 있다.

자료: Kotler, P.(2000), *Marketing Management*, Millenium edition, Prentice-Hall, p.81/황부영, 전략적 자유도에 입각한 효율적인 사업전략을, Cheil Communications, 1998년 7월호, pp.20-25/이주형, Co-branding에서 Co-marketing까지, Cheil Communications, 1998년 7월호, pp.27-31.

제3절 전략적 마케팅 계획수립과정

기업의 마케팅전략과 관련하여 앞서 살펴본 개념 및 수준, 그리고 그러한 전략을 구성하는 데 있어 핵심적으로 작용하는 부분 등은 일반적으로 [그림 3-11]과 같은 과정을 통해 구체화된다고 할 수 있다. 그러한 과정은 크게 3가지 가지 수준의 전략들이 수립되고 수행되는 과정으로 요약되는데, 먼저 그림에서 나타난 바와 같이 기업수준의 목표와 전략에 따라 사업단위 수준의 목표와 전략이 수립되고 좀 더 구체적으로 제품(브랜드)수준의 전략적 마케팅 계획이 수립되게 된다. 본서에서는 브랜드별 관점에서 마케팅전략을 많이 논하고 있으며 실제 기업

그림 3-11 | 기업의 전략적 마케팅 수립과정

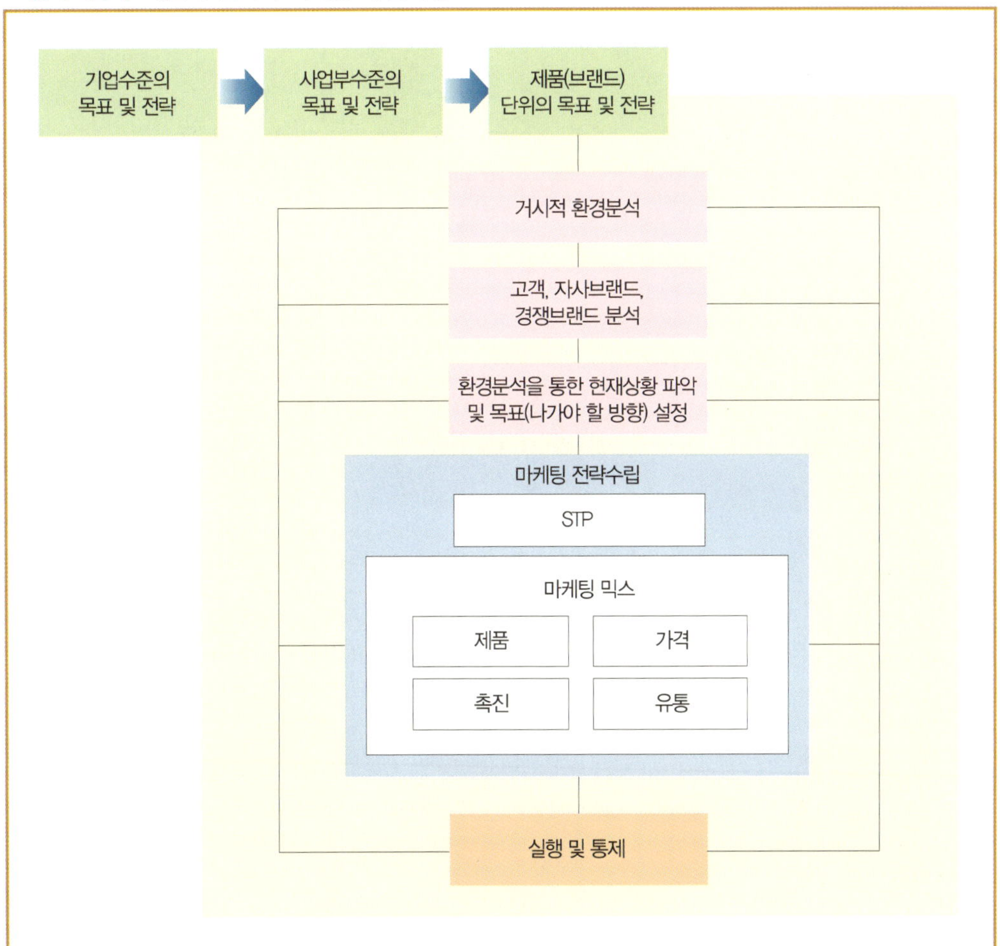

에서도 브랜드수준의 전략적 마케팅 계획수립이 더욱 잦은 마케팅 과업이라고 생각되기에 브랜드수준의 마케팅 계획에 대해 좀 더 구체적으로 서술하고 있다.

일반적으로 제품(브랜드)수준의 전략은 기본적으로 해당 브랜드와 관련 있는 거시적 환경분석을 토대로 좀 더 구체적으로 소비자, 자사브랜드, 경쟁브랜드에 대한 분석을 하고 이러한 분석에서 나타난 현재의 상태를 파악, 앞으로 가야할 방향(목표)을 설정하게 된다. 이러한 환경분석을 좀 더 간명하게 표시한 것이 SWOT분석이라고 볼 수 있다. 이러한 목표설정에 따라 좀 더 거시적 수준의 마케팅전략으로서 시장세분화에 따른 표적시장 결정과 포지셔닝(STP)을 하게 되고 미시적 수준의 마케팅 계획으로 마케팅 믹스를 구성하게 된다.

| 생각해볼 문제 |

01 최근 한국의 사회문화 및 인구통계학적 변화양상에 대해 설명하고 마케팅관리자에게 주는 시사점을 설명해보세요.

02 여러분이 잘 아시는 기업의 기업수준과 사업단위수준 그리고 제품수준의 사명, 목표, 전략에 대해서 확인해보세요.

03 오성그룹은 현재 5개의 사업단위를 가지고 있다. 각 사업단위별 매출액, 그 사업단위가 속한 시장에서 주요 경쟁자들의 매출액 그리고 그 시장의 성장률은 다음 표와 같이 제시되어 있다. BCG모형을 이용하여 각 사업단위들의 현재 상황을 매트릭스상에 표시하고 각 사업단위에 적합한 전략을 제시해보세요.

오성그룹의 사업단위별 매출액, 경쟁기업 매출액, 그리고 시장성장률

사업단위	매출액			시장성장률
	오성그룹	경쟁기업(A)	경쟁기업(B)	
1	40	50	30	15%
2	50	100	200	3%
3	20	50	200	12%
4	80	20	20	18%
5	100	50	10	5%

04 앤소프(Ansoff)의 제품 시장 확장 그리드의 각 성장전략을 예를 들어 설명해보세요.

05 전략적 마케팅 계획과정을 특정 사업단위 및 제품수준에서 수립해보세요.

| 참고문헌 및 더 읽을거리 |

[국내문헌]

갈렙ABC 외 옮김(2001), Strategy Map, 21세기북스.

김대일 옮김(2014), 전략의 교실, 다산북스.

김상일(2004), 대한민국 소비트렌드, 원앤원북스.

김위찬 · 르네 마보안(2005), 블루오션 전략, 교보문고.

박찬희 · 한순구(2005), 인생을 바꾸는 게임의 법칙, 경문사.

신철호 옮김(2002), 빅3법칙, 21세기북스.

안수경 옮김(2000), 미야모토 무사시의 전략경영, 사과나무.

안진환 옮김(2007), 마케팅 전쟁, 비즈니스북스.

LG경제연구원 지음(2005), 2010 대한민국 트렌드, 한국경제신문.

유준칠 옮김(2005), 세계 일류기업들이 채택한 BCG의 6가지 성공전략, 이지북.

이순주 옮김(2005), The One-Day Marketing Plan, 마젤란.

이승주 · 이창현 옮김(1999), 맥킨지는 일하는 방식이 다르다, 김영사.

이중구(2005), 원스톱 플랜테이션, 길벗.

이정은 옮김(2012), 잭 트라우트의 차별화 마케팅, 더난출판.
홍성태(1999), 보이지 않는 뿌리, 박영사.
한상만·하영원·장대련(2004), 마케팅 전략, 박영사.
한상설(2001), 마케팅 전략 실천 툴, 한솜.
홍성준(2005), 차별화의 법칙, 새로운 제안.
홍지수 옮김(2012), 전략퍼즐, 부키.

[국외문헌]

Abell, D.(1980), *Defining the Business: The Starting Point of Strategic Planning*, Upper Saddler River, NJ: Prentice-Hall.

Nash, L.(1988), "Mission Statements-Mirrors and Windows," *Harvard Business Review*, March-April, pp.155-156.

Levitt, T.(1960), "Marketing Myopia," *Harvard Business Review*, July-August, pp.45-56.

Porter, M. E.(1996), "What is Strategy?," *Harvard Business Review*, November-December, pp.61-78.

McCarthy, E. J.(1996), "Basic Marketing," *A Managerial Approach*, Homewood, IL: Irwin., 12th ed.

Peters, T. J. and R. H. Waterman(1982), In Search of Excellence: Lessons from America's Best-Run Companies, New-York: Harper & Row, pp.9-12.

__________(1980), *Competitive Strategy*, The Free Press.

__________(2001), "Strategy and the Internet," *Harvard Business Review*, March, pp. 63-78.

Stalk, G., E. Philip and L. E. Shulman(1992), "Competing Capabilities: The New Rules of Corporate Strategy," *Harvard Business Review*, March-April, pp.57-69.

Walker, O. C., Jr and J. W. Mullins(2011), *Marketing Strategy*, McGraw-Hill, Irwin.

CHAPTER 04 소비자행동의 이해

"20세기 후반에 들어서자 우리는 점차 근로자나 시민, 부모나 교사로서가 아니라 소비자로서 서로에 대해 또는 다른 이들에 대해 논의하고 생각하게 되었다."

–이아니스 가브리엘과 팀 랭(Yiannis Gabriel and Tim Lang)–

"고객은 제품과 함께 자신의 신념을 구매한다."

–데이비드 루이스(David Lewis)와 대런 브리저(Darren Bridger)–

소담출판사 광수생각의 1컷

| 이 장의 학습내용 |

- 제1절 소비자의 다양한 역할
- 제2절 소비자 관여도 및 관여도와 의사결정
- 제3절 소비자 의사결정과정
- 제4절 소비자행동에 영향을 미치는 외부적 요인
- 제5절 비즈니스 소비자 구매행동

제1절 소비자의 다양한 역할

우리는 소비생활을 떠나서는 생존할 수 없는 시대에 살고 있다. 소비자는 단순히 소비만 하는 것이 아니며 소비의 필요성을 제기하는 역할, 의사결정에 영향력을 행사하는 역할, 구매를 결정하는 역할, 구매자금을 제공하는 역할, 제품을 구매하는 역할 그리고 제품을 사용하는 역할 등 다양한 역할에 직면할 수 있다([그림 4-1] 참고). 예를 들어, 로션이 다 떨어진 것을 알게 된 30대 남성은 아내에게 새로운 로션의 구매를 부탁할 수 있으며 이사를 가기로 한 가족은 가족의 출근 거리, 중학교 아들의 고등학교 학군 등을 검토하고 가족들의 의견과 상황을 종합하여 아파트를 결정할 수 있다. 결국 제품을 소비하는 역할만이 소비자를 특징지울 수 있는 역할이 아닐 수 있는 것이다. 마케터는 이러한 소비자의 다양한 측면을 이해하여 소비의 필요성을 제공하고 구매자금을 제공하는 소비자를 설득시켜야 할 필요성이 있다.

그림 4-1 | 소비자의 역할

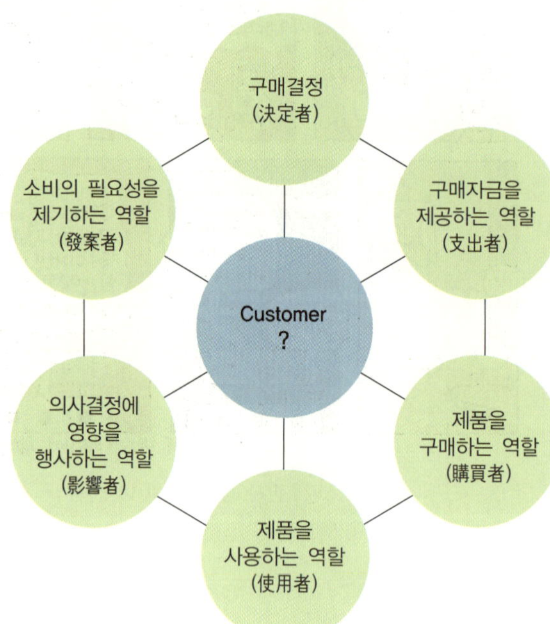

소비자행동은 소비자가 소비와 관련된 항목들에 돈, 시간, 노력 등의 자원을 어떻게 배분할지를 결정하는 것에 관한 것으로, 소비자에게 의미 있는 대상물의 교환을 용이하게 하며 완성시키는 행위라고 할 수 있다. 소비자행동의 형태로는 특정 브랜드에 대한 선호, 광고에 대한 소비자의 반응, 태도변화, 특정 제품에 대한 경험, 대통령을 선정하는 행위, 구매 후의 구전 등 다양하게 나타날 수 있다.

결국 본장에서 소비자행동을 이해함으로써 마케터는 소비자가 왜, 그리고 어떻게 구매의사결정을 하는가 알 수 있으며, 이를 바탕으로 제6장의 시장세분화, 표적시장 선정, 포지셔닝, 제7장의 브랜드관리 그리고 제8장부터 시작되는 마케팅 믹스 설계를 올바르게 할 수 있을 것이다.

제2절 소비자 관여도 및 관여도와 의사결정

1. 관여도

관여도(involvement)란 '**특정 상황에 있어 자극에 의하여 유발되어 지각된 개인적인 중요성이나 관심도의 수준**'을 말한다. 일반적으로 관여도가 높을 때 소비자는 제품의 사용에 의한 효익을 극대화하고 위험을 극소화할 의도를 가지게 되는데 관여도의 개념을 설명할 때 반드시 짚고 넘어가야 할 두 가지 상황이 있다.

첫째로 **가격**과 관여도의 관계이다. 대개 소비자들이 상대적으로 고가의 제품을 선택할 때는 신중하게 되어 고관여되며, 저가의 제품들은 대부분 깊게 생각하지 않고 제품을 선택하므로 저관여 상황에 있기 마련이다. 두 번째로 고려하여야 할 점은 가격이 관여도를 설명하는 절대적인 기준이 아니라 사람에 따라서도 달라질 수 있다는 것이다. 여성들에게 길거리에서 파는 액세서리는 5천 원에도 못 미치지만 이 액세서리에 고관여된 여성들에게 있어서는 고관여 제품임을 알 수 있다. 이러한 악세서리가 비록 저가라 하더라도 여성들에게는 남들 앞에서 자신의 몸의 일부로서 보여야 하는 귀중품일 수도 있는 것이다. 골프채가 아무리 고가격이라 해도 골프에 관심 없는 여성에게는 저관여 제품일 수 있는 것이다.

한편, 관여도는 관여되는 상황에 따라 **상황적 관여**(situational involvement)와 **지속적 관여**

(enduring involvement)로 나눌 수 있는데, 지속적 관여란 상대적으로 장기적으로 늘 관심 있는 제품에 대한 관여를 말하며, 상황적 관여란 특별한 상황에 발생하는 것으로 이들에 대한 예를 들면 아래 사진의 좌와 같은 화려한 수트(suit)를 좋아하는 20대 중반의 남학생은 평소 때 애인과 친구들과 어울리고, 클럽파티에 가기 위해 이러한 옷을 구매하는 경우 상당히 신중을 기한다면 지속적으로 고관여되어 있다고 볼 수 있으며 이 학생이 취직을 위한 면접을 위해 수트를 구매한다고 할 때는 상황적으로 사진의 오른쪽 클래식하면서 젊은 수트에 관심이 있을 수 있다.

평소에 사진의 왼쪽과 같은 화려한 의류스타일에 관여되어 있는 남학생이라고 해도 취업을 위한 면접을 대비하기 위해 수트를 구매하는 상황에서는 오른쪽 사진과 같이 상대적으로 클래식한 수트에 관여될 수 있을 것이다.

2. 소비자 의사결정의 4가지 유형

일반적으로 소비자 의사결정은 [그림 4-2]에 나와 있는 바와 같이 **관여도의 높고 낮음**과 **의사결정**이냐 **습관**이냐에 따라 크게 **복잡한 의사결정**(complex decision making), **제한된 의사결정**(limited decision making), **브랜드충성도**(brand loyalty), **타성**(inertia) 등 4가지로 구분해볼 수 있다.

그림 4-2 | 소비자 의사결정의 4가지 유형

	고관여	저관여
의사결정	• 의사결정과정: 복잡한 의사결정 • 모형: 신념 → 평가 → 행동 • 이론: 인지적 학습	• 의사결정과정: 제한적 의사결정 • 모형: 신념 → 행동 → 평가 • 이론: 수동적 학습
습관	• 의사결정과정: 브랜드충성도 • 모형: 신념 → 평가 → 행동 • 이론: 도구적 조건화	• 의사결정과정: 타성 • 모형: 신념 → 행동 → 평가 • 이론: 고전적 조건화

1) 복잡한 의사결정

복잡한 의사결정(complex decision making)의 경우 소비자들은 세밀하고 포괄적인 방식으로 브랜드를 평가한다. 즉, 다른 어떤 유형의 의사결정 상황보다도 더욱 많은 정보를 탐색하고 더 많은 브랜드를 평가한다. 앞에서 언급된 바와 같이 그러한 과정은 소비자가 특정 제품에 고관여되어 있는 경우에 더욱 그러하며 특히 다음과 같은 제품일 경우에 더욱 복잡한 의사결정을 실행할 가능성이 있다.

- 고가격 제품
- 성능위험과 관련되는 제품(의약품, 자동차)
- 복잡한 제품(스마트폰, 데스크탑, 노트북)
- 특별품(스포츠 시설, 가구류)
- 어떤 사람의 자아와 관련된 제품(의류, 화장품)

이 유형은 전통적으로 인정되는 견해로서 소비자가 행동하기 전에 생각한다는 가정을 한다. 이 의사결정 유형에서 소비자들은 적극적으로 정보를 탐색하고 평가기준을 이용해 여러 브랜드들을 평가한다. 인지적 학습이론이 이 유형을 잘 설명할 수 있는데, 즉 구매결정을 하기 위해서는 브랜드에 대한 태도가 형성되고 대안브랜드들의 자세한 평가가 있어야 한다는 것이다. 소비자는 **신념 → 평가 → 행동**의 전통적 계층에 따라 행동한다.

2) 브랜드충성도

브랜드충성도(brand loyalty)란 시간이 지남에 따라 그 브랜드를 지속적으로 구입함으로써 특정 브랜드에 대한 우호적인 태도를 갖게 되는 것으로 다시 말하면 반복적인 만족의 결과로 특정 브랜드를 계속 구매하는 것이다. 하인즈의 CEO를 역임했던 오렐리(O'Relly)는 브랜드 충성도를 시험하는 한 가지 방법을 이렇게 설명했다. "내가 생각하는 엄격한 시험방식은 이런 것이다. 한 가게에서 하인즈 토마토 케첩을 사려던 주부가 케첩이 떨어진 것을 알고 꼭 하인즈 토마토 케첩을 사기 위해 다른 가계를 찾아 나설지 여부이다."

실제, 우리 생활에서 사람에 따라 특정 브랜드에 별나다고 할 만큼 집착하는 경우를 목격할 수 있다. 가령 할리데이비슨 모터사이클을 타던 사람은 지속적으로 할리데이비슨을 선호하며, 폴로를 선호하는 사람도 빈폴로 다양성 추구를 하지 않으며, 특정 단골 술집을 계속적으로 방문하는 경우를 흔히 보게 되는데 고객이 이런 식의 태도를 보일 때 그 브랜드는 높은 충성도를 가지게 된다고 볼 수 있다. [Marketing Focus 4-1]은 강한 충성도를 보이고 있는 스타에 대한 팬들의 충성적 행동에 대한 내용을 볼 수 있다.

사진출처: Brand Love index-Brand Pioneers April 9 2013.

MARKETING FOCUS 4-1

스타만큼 브랜드충성도가 강한 브랜드가 있을까?

1980년대 음반시장의 활황과 더불어 90년대 아이돌 스타들이 전성기를 누리며 전문 집단화된 팬클럽 문화는 인터넷의 보급과 함께 급성장했다. 이전에도 자신이 좋아하는 스타에 열광하는 팬들이 있었지만 인터넷 공간에서 서로 집결하여 정보를 공유하며 '팬카페'에 가입하여 활동하기 시작했고 점차적으로 조직적 체계를 갖추면서 일정 영향력을 행사하게 된 것이다.

최근에는 BTS(방탄소년단)의 아미가 세계적으로 매우 이슈가 되고 있다. 방탄소년단의 공식 팬클럽인 A.R.M.Y는 군대라는 뜻으로 방탄복과 군대는 항상 함께하므로 방탄소년단과 팬클럽도 항상 함께라는 의미이며, Adorable Representative M.C for Youth의 약자이기도 하다. 공식 팬카페에서 투표를 통해 2013년 7월 9일, 공식 팬클럽명을 A.R.M.Y(아미)로 결정했다. 보통 K-Pop 아이돌 팬클럽 회원의 국적은 1위가 한국이고, 2위가 일본, 3위부터는 여러 동아시아 국가로 나열되는 분위기인 반면에 방탄은 거의 유일하게 미국 팬덤이 한국 팬덤과 견줄 정도로 숫자가 압도적이다(BTS 'DNA' MV 조회수 1위 한국 6천만, 2위 미국 4천 5백만. 주로 2위를 차지하는 태국, 일본이 서구권 팬덤의 영향으로 각각 3, 4위로 밀려나 있다). 그 밖에도 미국에서 유튜브 실시간 트렌드 1위를 하고 아시아 문화에 보수적인 유럽에서도 트렌드 상위권에 머무는 등 서구권 아미들이 계속해서 엄청난 활약을 보여주고 있다. 화력도 화력이지만 팬덤 내 단합력도 좋은 편이다. 음악방송에서 1위를 하거나 멤버의 건강에 이상이 생기는 등의 일이 생기면 높은 확률로 트위터 실시간 트렌드에 관련 해시태그가 올라온다.

방탄소년단이 '빌보드 핫200' 정상을 차지한 배경 뒤에는 미국 50개주 지역 라디오 방송국에 사연을 보내고 방탄소년단의 노래를 신청한 아미의 맹활약이 있었다. 아미의 화력은 온라인에서도 확인할 수 있다. 2017년 말 기준으로 미국 도널드 트럼프 대통령의 트위터 리트윗수가 2억 1,300만 회인 반면 BTS은 5억 200만 회로 세계 1위다.

팬클럽 인지도가 높은 BTS의 ARMY

"전 세계 모든 사랑하는 '아미'(ARMY)분들께 큰 감사 인사를 전합니다."(RM)

"노래를 사랑하는 일곱 소년과 소년들의 날개 '아미'에게 우리의 축하 인사를 전합니다."

(문재인 대통령 축전 中)

자료: http://www.viva100.com, 2018.06.05.

아이돌 스타를 너무 좋아해서 만들어지는 공식 팬클럽은 1년에 한 번 또는 두 번의 일정 회비를 내고 각종 기념품을 받고 그들만의 팬미팅에 참석하길 원한다. 이 많은 수의 회원이 내는 회비와 많은 일정에 참가하기 위해 차를 대절하여 먹고 움직이는 비용은 수억 원을 훌쩍 넘게 된다.

그래서 대형 연예기획사에는 각 스타별로 팬클럽을 담당하는 직원을 두고 스타에 대한 정보제공과 함께 팬클럽 임원들과의 관계를 유지한다. 따라서 요즘 팬클럽은 진화에 진화를 거쳐 규모와 시스템이 상당히 체계적으로 운영되고 있을 정도다.

스타와 팬은 따로 떼어놓고 생각할 수 없는 존재다.

그렇다면 어째서 스타들은 그토록 팬클럽을 중요하게 생각하고 관리할까? 대외적인 이유는 당연히 팬들의 사랑으로 자신들이 유지된다고는 하지만 실질적인 이유는 세 가지로 요약된다.

첫째, 팬클럽은 스타의 인기를 증명하고 과시할 수 있는 수단이다. "일본에 갔는데 공항에 일본 팬 수만 명이 운집했다", "생일파티에 몇 만 명이 모여들었다" 등의 팬들의 단체 행동과 이에 관련된 소문은 은연중에 그 스타의 인기를 증명하기 때문이다.

둘째, 팬클럽의 수는 그 스타의 개런티와 비례하는 경우가 많다. 인기가수 K군의 팬클럽이 4만 명이니 행사출연료가 2,000만 원, W그룹의 팬클럽이 2만 명이니 1,000만 원 등 팬클럽 수에 따라서 관객 집객이 보장되기 때문에 어떻게 이들을 관리하는지가 중요한 숙제가 된 것이다.

셋째, 인기를 유지하는 데 실질적인 도움이 된다. 일부 스타급 가수의 팬클럽은 자신이 지지하는 가수의 순위를 높이기 위해 치밀한 기획과 행동을 함께한다. 팬클럽 카페 등의 게시판에 음원 스트리밍 조회수를 높이는 방법, 음악 프로그램 인기순위 투표, 신청곡 신청코너 안내 등 여러 방법들을 고지하고 참여를 유도하는 것이다.

심지어 몇 년 전 데뷔했던 신인가수의 경우 데뷔하자마자 모바일 다운로드 순위가 두 달이나 10위권에 올라 기획사 측에서 아르바이트를 고용하여 다운로드받아서 인기몰이를 시도했다는 의혹도 받았다. 이에 일부에서는 온라인 음원 순위집계나 인기순위에 의혹을 갖기도 한다.

이는 비단 연예산업에만 국한되지 않는다. 예를 들어 영화, 애니메이션, 게임, 만화 등의 산업 등은 마니아층 없이는 신규사업 자체가 아예 불가능하다. 대기업 역시 마찬가지인데 삼성이나 애플 휴대폰의 열혈 마니아는 신제품이 출시되기 전에 인터넷 커뮤니티를 운영하며 출시되면 최초로 구입하려고 장사진을 이루기도 한다.

이러한 팬들의 충성도는 당연히 매출로 연결되고 다양한 커뮤니티활동으로 인해 서비스나 상품의 질을 향상시키는 선도적인 역할을 하게 된다. 이러한 사실들로 볼 때 특정 스타의 팬클럽은 스타와 기획사의 입장에서 볼 때 매우 중요한 'VIP고객'임에 틀림없다.

자료: 장규수(2011), [O2플러스/장규수 박사의 스타시스템] ⑨팬클럽의 충성도와 파워, http://news.donga.com/ https://woojjagu.me/24/[비바100] BTS 월드스타 만든 일등공신, 전세계 ARMY 군단, [Hot People] 〈172〉방탄소년단 팬클럽 '아미', http://www.viva100.com/2018.06.05 등에서 참고하여 작성

3) 타성

관여도가 낮고 습관에 의한 구매가 **타성(inertia)** 또는 관성에 의한 구매이다. 이런 경우 신념은 수동적으로 형성되고 정보처리 과정 없이 의사결정이 이루어지게 되며, 구매 후에야 브

랜드가 평가된다. 타성은 의사결정을 피하기 위해 동일한 브랜드를 반복구매하는 것이므로 몇 번 구매를 한 뒤에는 브랜드에 대한 평가도 하지 않게 된다. 구매한 브랜드가 최소수준의 만족을 주면 그것은 재구매된다. 실제로 고객의 충성도는 없지만 반복적인 구매가 마치 고객 충성도처럼 보이기 때문에 타성의 과정을 **가짜충성도(spurious loyalty)**라고도 한다.

타성의 경우는 충성도처럼 강한 소비자의 태도에 근거한 것이 아니므로 쉽사리 **브랜드전환(brand switching)**이 일어날 수 있다. 예를 들어, 경쟁브랜드가 가격할인을 했다거나 원하는 브랜드가 품절된 경우 소비자는 다른 브랜드로 전환할 가능성이 높은 반면, 충성스러운 고객의 경우는 약간의 가격인하 때문에 세일하는 브랜드로 전환하지 않으며 품절된 브랜드를 사기 위해 며칠 기다리거나 다른 상점으로 찾아간다.

4) 제한적 의사결정

저관여 상황에서도 약간의 의사결정이 필요할 수 있다. 새로운 제품이 출하되었을 때 기존 제품이 변화된 경우 또는 다양성을 원하는 욕구가 있는 경우 소비자는 타성에 의한 구매에서 **제한적 의사결정(limited decision making)**으로 전환할 수 있다. 예로 비듬예방 샴푸를 그동안 타성에 의해 구매해오던 소비자가 좀 더 뛰어난 비듬제거 속성을 첨가하고 있다고 집중적으로 광고하면 타성에 의해 샴푸를 구매하던 소비자는 제한적 의사결정으로 전환할 가능성이 있는 것이다.

제한적 의사결정과정에서 인지적 과정이 있지만 인지적이라기보다는 수동적 학습이 일어난다. 왜냐하면 적극적인 정보의 탐색이나 브랜드평가가 일어나지 않기 때문이다. 소비자가 새로운 제품에 대한 정보에 수동적으로 접하며 상점에서 그 브랜드를 볼 때 마음 한구석에 있던 그 브랜드가 기억나며 패키지를 살피며 시험 삼아 구매하게 된다.

제한된 의사결정의 중요한 형태로는 **다양성 추구(variety seeking)**가 있다. 많은 저관여 제품에 대하여 소비자는 때로 평범하기 때문에 때로는 싫증나기 때문에 다양한 브랜드를 시험 구매하게 된다. 한 연구에 의하면 저관여제품(예를 들어 치약이나 감자칩)을 다른 브랜드로 전환한 소비자들의 대부분이 이전의 브랜드에 대해 우호적인 태도를 유지하고 있었는데, 소비자들은 그 제품에 대한 불만족 때문에 브랜드를 교체하는 것이 아니라 단순히 새로운 것을 사용해보기 위해 브랜드를 교체한다는 것이다.

MARKETING FOCUS 4-2

무의식적 마음이 작용하는 사례

무의식은 우리가 짐작하는 것보다 훨씬 의사결정에서 큰 부분을 차지한다. 일반사람들이 내리는 모든 결정의 70~80% 정도가 무의식적으로 내려지며 나머지 30~20% 역시 결코 우리가 생각하는 것만큼 의식적이지 않다. 실제 우리가 의식하는 것은 빙산의 일각에 불과하며 잘 모르고 있는 것조차 모르는 것의 비율이 엄청날 수 있다. 심지어 **제럴드 잘트만(Gerald Zaltman)** 교수는 인간의 인식활동 중 무의식이 차지하는 비율이 95%나 된다고 이야기하고 있다.

- 식사와 관련된 사회적 맥락은 소비자의 경험에 엄청난 영향을 미친다. 그러나 소비자의 경험에는 음식의 맛이 어떤지, 어떤 소리가 듣기 좋고 싫은지, 어떤 사람에 대해 호감이나 혐오감을 갖는지 등이 포함되어 있다. 똑같은 저녁식사라도 가까운 친구와 함께 하느냐 아니면 불쾌한 낯선 사람과 하느냐에 따라 맛이 달라질 것이다.
- 똑같은 제품이라도 가격이 10,000원인 것보다는 9,900원일 때 더 많이 팔린다. 같은 제품을 사면서 1%를 절약할 수 있다는 이유만으로는 이런 현상을 설명하기에 부족하다.

이러한 소비자의 심리를 반영하여 최근에는 많은 상품들이 단수가격 정책을 이용하고 있다.

- 소비자가 밝힌 구매동기와 실제 구매동기 간의 상관관계는 대체로 낮을 뿐만 아니라 상관이 없는 경우가 많다. 일례로 주방용 가전제품과 관련된 신제품 테스트에 참여한 소비자들에게 제품이 출시되면 3개월 이내에 구매할 의사가 있는지 물어본 결과 그들 중 60% 이상이 '그렇다' 또는 '매우 그렇다'라고 응답했다. 그러나 막상 제품이 출시되었을 때 그 테스트에 참여한 소비자들 중 12%만이 실제로 그 제품을 구입했다. 구매의사를 밝히고도 구매하지 않은 소비자들에 대해 나중에 조사해보았지만 대부분 자신들의 행동을 설명하지 못했다.
- 비처방 약품의 **유통업자 브랜드(store brand)**와 **제조업자 브랜드(national brand)**를 둘 다 사용해본 경험이 있는 소비자들은 가격을 제외하고는 두 브랜드의 약효가 동일하다고 주장하지만, 정작

증상이 악화되면 절대다수가 가격이 더 비싼 제조업자 브랜드를 사용한다. 게다가 그 약품을 아이나 배우자를 위해 살 경우에도 마찬가지인데, 이는 구매자들이 무의식적으로 제조업자 브랜드가 더 약효가 뛰어나다고 믿기 때문이다.

- 광고의 **진실성(sincerity)**을 판단할 때 소비자들은 무의식적으로 많은 단서를 살펴보게 되는데, 이러한 소비자의 행동을 소비자 자신은 물론 광고제작자들도 인식하지 못한다. 예컨대 마야 버듀(Maya Bourdeau)는 **마음시장 연구(mind of the market study)**를 통해 소비자들과 광고제작 담당자들 모두 광고의 성실성을 판단할 때 어린애성(neoteny)과 관련된 기준을 무의식적으로 사용한다는 사실을 밝혀냈다. '어린애성 기준'은 유아나 순진무구함 등을 연상시키는 커다랗고 둥근 눈과 넓은 이마와 같은 이미지를 말한다. 사람들은 아기가 더 순수하고 정직하다고 생각하기 때문에 어린애 같은 얼굴을 가진 사람이 전하는 메시지가 더 성실하다고 믿는다. 그러나 이 조사 과정에서 소비자들이 크리에이티브 담당자 모두 어린애성이 갖는 힘을 의식하지는 못했다.

이와 같은 사례들은 무의식적 마음이 현실에서 작용하고 있는 과정에 비할 때 빙산의 일각에 불과하지만 매우 중요하면서도 도전적인 의미를 함축하고 있다. 그런데도 지금의 경영자들은 소비자에게 접근할 때 소비자가 이성적인 행위자라는 가정에서 여전히 헤어나지 못하고 있다. 가격이나 제품의 장·단점에 대한 평가, 그리고 소비자들이 스스로 밝히는 구매의사 등은 소비자들의 실제 행동을 예측하는 데 신뢰할 만한 준거가 되지 못한다. 따라서 기존의 조사방법을 사용할 때 경영자들은 계산적 합리성과 함께 그동안 간과되어 왔던 무의식에 대한 통찰을 함께 고려할 필요가 있다.

자료: 피터 우벨 지음/김태훈 옮김(2009), 욕망의 경제학, 김영사, p.87/노규형 옮김(2004), How Customer Think, 21세기북스. pp.108-110에서 수정하여 정리

제3절 소비자 의사결정과정

아직도 많은 마케터들은 소비자들이 제품을 구매할 때 의식적이고 논리적인 심사숙고의 과정을 거쳐서 결정을 내린다고 생각한다. 즉, 소비자들은 어떤 상품속성에 대한 개인적 가치평가와 그 속성을 통해 획득할 수 있는 가치의 현실화가능성에 대해 면밀한 검토 과정을 거친 뒤 논리적인 결론을 도출한다고 생각하는 것이다. 예컨대 소비자들이 특정 자동차를 구매할 경우 그 자동차가 지닌 속성(예를 들면, 성능, 디자인, 연비, 안전성 등)별 가치를 평가한 뒤에 그 구매 여부를 결정한다고 여긴다.

실제, 소비자들의 구매결정이 이와 같은 합리적 사고과정을 수반하는 경우가 없진 않지만 [Marketing Focus 4-1]에서 논의되었듯이 그러한 합리적 사고과정으로 소비자 구매의사결정

의 모든 측면을 설명할 수는 없다. 정확하게 이야기하면 합리적 사고과정으로 소비자의 구매의사결정과정의 일부만을 설명할 수 있을지도 모른다.

[그림 4-3]에서 볼 수 있듯이 **자극(욕구)**과 **행동(구매)** 사이에는 **블랙박스**가 존재하며 특정한 옷을 구매한 이유는 옷감이 좋아서도 가격이 낮아서도 아닌 그냥 끌려서 구매하였다는, 겉으로 보기에 비합리적으로 보이는 그러한 과정이 존재하며, 어떤 경우 소비자 자신도 자기 자신의 구매행동을 설명할 수 없는 경우가 있다. 초기에 소비자의 합리적 의사결정을 지지했던 학자들도 이제는 그런 종류의 의사결정을 오히려 예외로 치부하고 있다. 연구결과에 따르면 구매결정과정은 습관이나 기타 무의식적 동인에서 비롯되며 소비자들의 사회적이고 물리적인 환경에 의해 크게 영향을 받는 거의 **자동화된 과정**(automatic process)이라고 한다.

그림 4-3 | 소비자 의사결정과정 검증의 어려움

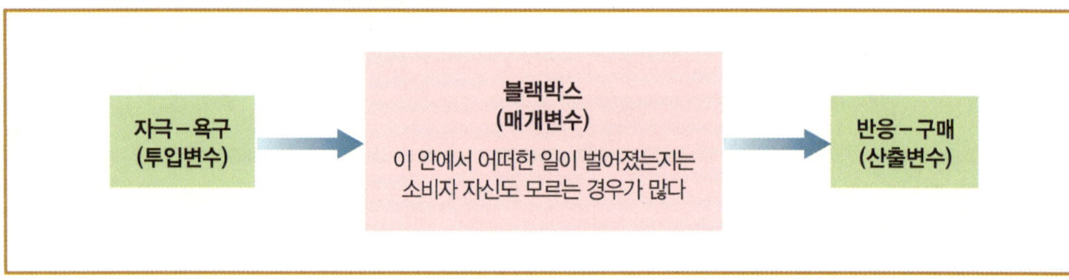

[그림 4-4]는 **구매과정의 단계모델**을 보여준다. 소비자가 다섯 단계, 즉 **문제인식, 정보탐색, 대안평가, 구매 및 구매 후 행동**을 거치는 것을 볼 수 있으며 이러한 의사결정에 영향을 미치는 요인으로 소비자 외부적 요인, 소비자 내부적 요인, 상황적 요인, 그리고 정보 등이 있다.

[그림 4-4]의 모델은 소비자들이 제품을 구입할 때의 다섯 단계, 모두를 거친다는 것을 시사하지만 앞에서 논의되었듯이 이 모델이 모든 경우에 전부 적용되지 않는다. 특히 저관여 제품의 구매에 있어서 소비자들은 대안평가와 같은 단계는 그냥 뛰어넘기도 하고, 구매 후 제품평가를 하는 등 거꾸로 의사결정을 하기도 한다. 그러나 모든 구매상황 및 과정에 대한 이해를 위해서는 이 모델과 같이 모든 과정을 포함하는 의사결정과정을 전체적으로 살펴볼 필요가 있다고 생각된다.

그림 4-4 | 소비자 의사결정과정(복잡한 의사결정모델)

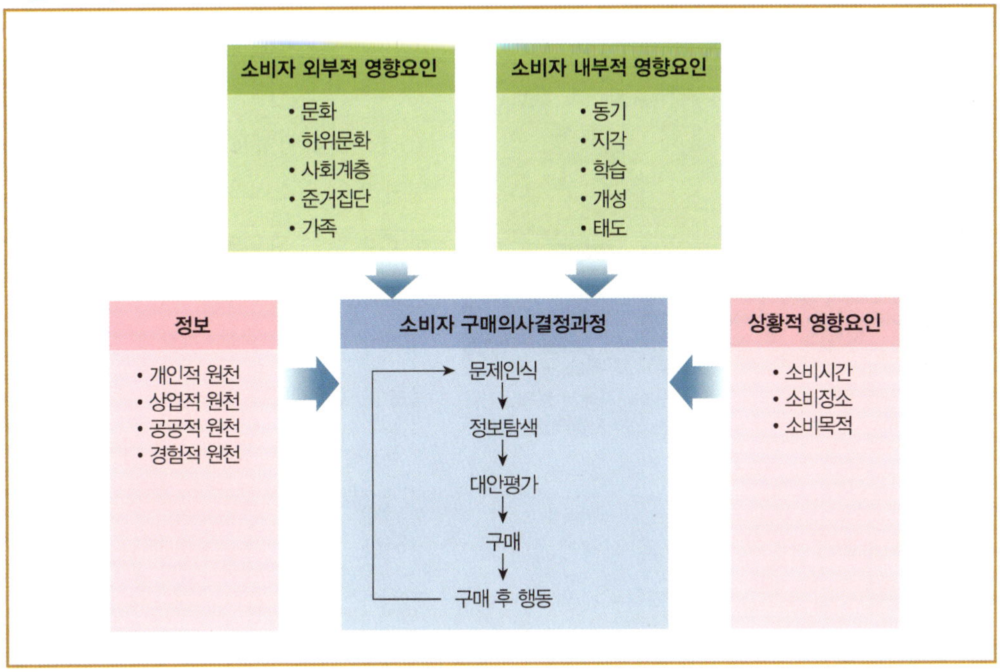

1. 문제인식

소비자의 구매의사결정과정은 구매자가 문제 또는 욕구를 인식함으로써 시작되는데 구매자는 자신의 실제적 상태와 바람직한 상태의 차이를 느끼게 됨으로써 문제 또는 욕구를 인식하게 된다. 이러한 욕구는 내적 자극 또는 외적 자극에 의해 발생될 수 있는데 내적 자극인 경우에 인간의 정상적인 욕구, 즉 목마름, 배고픔, 성욕 등으로 이들은 **식역수준**(threshold)까지 상승하게 되면 **동인**(drive)이 된다. 욕구는 외적 자극에 의해서도 일어날 수 있다. 예로, A라는 사람은 빵집을 지나치다가 맛있는 빵 냄새를 맡고, 혹은 먹음직한 빵을 보고 배고픈 충동을 느낄 수 있으며([Marketing Focus 4-3] 참고), 늦은 밤 TV를 보다가 맥주광고를 보고 맥주가 마시고 싶은 자극을 받을 수 있다.

욕구에는 소비자들이 제품으로부터 어떤 종류의 효익을 추구하는지에 따라 **실용적 욕구**(functional/utilitarian needs)와 **상징적 및 쾌락적 욕구**(symbolic and hedonic needs)로 나누어 볼 수 있다. 실용적 욕구라 함은 제품으로부터 기능적인 편익을 추구하고자 하는 욕구를 말하는데 이를 충족시켜주는 제품의 예는 가전제품, 사무용품, 공구 등이 있고, 자기표현의 상징

마케팅 커뮤니케이션의 목표 중의 하나는 소비자에게 문제인식을 시키는 것이다. 적절한 시기의 맥주광고는 소비자를 바로 문제인식시키게 할 수도 있다.

적 효익을 얻으려는 경우에는 Gucci, Armani, 벤츠, 고급 레스토랑 등이 있으며 쾌락적 효익을 얻으려는 욕구에는 영화, 콘서트, 여행패키지 등이 있다. 마케팅관리자는 소비자들이 제품에서 추구하고자 하는 효익이 무엇인지를 간파하여 그에 적절한 제품정보를 그들에게 전달해야 하는데, 결국 실용적 욕구충족을 목표로 한 제품에 대해서는 구체적·기능적 속성 정보전달에 주력해야 하는 반면 상징적 및 쾌락적 욕구충족에 있어서는 전체적 브랜드이미지의 구축과 전달에 힘써야 할 것이다. 물론, 모든 제품에 대한 욕구가 실용과 감성의 이분법으로 구분되는 것은 아니다. 스포츠카 같은 제품은 실용적이고 감성적인 특성을 공유하고 있으며 많은 제품들이 두 가지 특성을 공유하고 있는 것이다. 따라서 마케팅관리자들의 전략 선택도 이분법보다는 정도나 비중의 문제로 다루어야 할 것이다.

MARKETING FOCUS 4-3

감성적인 자극에 의한 문제인식

1990년대 들어 영국에서 특정한 향을 이용하여 특정 제품의 판매를 촉진시키는 **'향기마케팅'**이라는 새로운 판매촉진 전략이 선진국에서 보편화된 이래, 국내에서도 급속히 그 영역을 확대해나가고 있다. 이제 좋은 향으로 사람의 심리를 움직이는 향기마케팅은 이미 여러 업체에서 이용하고 있는 매출전략이 되고 있다. 향기마케팅의 원리는 연상작용을 이용한 것으로 향을 통해 상황이나 장소를 자연스럽게 연상시켜서 이와 관련된 제품에 대한 구매욕구를 자극한다. 후각을 자극하면 고객이 매장에 오래 머무르도록 하는 효과가 있을 뿐 아니라 오래 기억하게 하는 효과도 얻을 수 있다.
1939년 미국의 갤럽 폴(gallop pole) 조사에 의하면 전 미국에서 무작위 추출된 1,002명의 표본에 대한 조사결과 가장 싫어하는 향은 생선냄새였는데, 실세 생선가게 옆에 있는 매장들은 시업이 안 된다는 조사결과도 있다. 또 구운 빵냄새를 미국의 슈퍼마켓의 빵 취급점에 뿌렸더니 매출액이 3배나 증가되었다거나 영화관의 표파는 장소나 로비에 팝콘향을 뿌릴 경우 손님이 2배 이상으로 증가한다든지, 쿠키가게 및 아이스크림가게에 초콜릿향을, 자동차 판매장에 가죽향, 여자 속옷의 체인점이나 빅토리아 시크릿 매장에 꽃향을 뿌려 매상이 증가하였다는 보고들도 있다.
그리고 미국 필라델피아에 있는 몬넬 화학 감각센터(Monel Chemical Sense Center)에서는 귀금속 매장에 향을 뿌린 후 소비자의 반응을 조사하였는데, 그 결과 평상시보다 소비자의 구매의욕이 증가된다는 연구결과가 있으며, 양념냄새인 스파이시한 향에 대해선 남자들이 더 호감을 가지고 꽃향기에 대해선 더 많은 남자와 여자가 공히 구매자극을 받게 된다는 보고도 있다.
패션 매장들은 고객에게 깊은 인상을 남기기 위해 향기를 사용하고 있다. 이랜드월드가 전개하는 캘리포니아 스타일 캐주얼 브랜드 후아유는 2000년부터 향기마케팅을 활용하고 있다. 후아유 측은 "미국 캘리포니아를 떠올렸을 때 가장 먼저 떠오르는 것이 오렌지다. 오렌지를 활용한 마케팅으로 브랜드를 기분 좋게, 오래 기억할 수 있는 효과를 얻고 있다"고 밝혔다.
호텔도 예민하고 까다로운 고객의 취향을 맞추기 위해 '향기 설계'에 공을 들이고 있다. 자신들만의 향을 자체적으로 개발해 사용하는 호텔도 있다. 한 호텔 관계자는 "호텔마다 그 향에 익숙해지면 다시 그 호텔을 찾게 되는 효과가 있다. 그만큼 다른 호텔과 차별화되기 때문에 좋은 향을 개발하는 데 노력한다"고 했다.
이외에도 베스킨라빈스 매장의 경우는 고객들에게 양질의 서비스 및 고객들이 더 많은 구매욕을 느끼게 하는 것을 목표로 향기마케팅을 도입한 결과 향기마케팅 도입 후 평균 1일 매상이 40% 증가한 것으로 나타났다. 또 자동공기청향기가 설치되어 있는 일반 소매점과 설치되어 있지 않은 곳을 비교한 결과 설치된 쪽에 84% 정도 손님이 더 몰릴 뿐만 아니라 10% 이상 매상이 더 증가하였으며, 작업장의 경우 생산성과 효율성이 상승하고 에러율은 54%로 감소하였다는 보고도 있다.

자료: 잊지 못할 후각의 기억 … 향기마케팅, http://news.donga.com, 2017.03.16/파이낸셜뉴스, 매장에 향수뿌려 구매욕 자극, 2003.01.05/파이낸셜뉴스, 은은한 포도주향으로 식욕 돋워, 2003.01.05/장연주, 소비자 '五感'터치'제품 빛났다, 헤럴드경제, 2004.01.27/공남윤, 향기는 후각 인테리어, 향기가 고객 불러들인다, 2004.02.08/박용, 지갑열게하는 향기마케팅, 동아일보, 2004.03.04.

2. 정보탐색

욕구가 발생한 소비자들은 더 많은 정보를 탐색하는 경향이 있게 되는데, 크게 다음과 같은 두 가지 욕구발상 수준으로 구분할 수 있다. 첫째, 좀 더 약한 정보탐색상태를 '**높아진 주의**'라고 한다. A가 컴퓨터에 대한 구매욕구가 발생했을 때 이 수준에서는 컴퓨터에 대한 정보에 수용적이 될 수 있는데, 즉 A는 TV 컴퓨터 광고에, 친구가 구입한 컴퓨터에 대한 이야기 등을 하는 것 등을 통해 주의를 할 수 있다.

둘째, A는 능동적으로 정보탐색을 하게 될 수도 있는데, 이러한 경우에는 기사를 읽고, 친구에게 전화를 하고, 컴퓨터에 대해 알기 위해 인터넷에서 관련 정보를 검색하는 등의 다른 탐색활동을 한다. 그가 얼마나 많은 정보를 탐색할 것인가 하는 것은 그의 동인의 강도, 그가 최초에 가지고 있던 정보량, 추가적으로 정보를 탐색할 수 있는 용이성, 추가적 정보에 그가 부여하는 가치 및 추가 탐색으로부터의 만족도 등에 달려있다고 볼 수 있다.

이상의 내용을 다시 정리해보면 소비자가 정보를 탐색하는 과정은 먼저 기억 속에 내재되어 있는 정보를 회상하는 것으로부터 시작되며 이를 **내적 탐색(internal search)**이라 한다. 저관여의 상황에서는 주로 내적 탐색에 의하여 의사결정을 내리게 되지만, 소비자의 관여도가 높아질수록 보다 많은 정보를 외부에서 찾기 위하여 **외적 탐색(external search)**을 하게 된다. 예를 들어 비누나 삼푸와 같이 저관여 제품의 경우에는 소비자는 내적 탐색에 의한 정보에 의거하여 쉽게 브랜드 결정을 한다. 그러나 승용차와 같이 고관여 제품인 경우에는 여러 대안에 대한 광고나 브로슈어(brochure) 등을 참고하거나 택시기사의 자문을 구하는 등 외적 탐색을 하게 된다.

고객은 구매의사결정 시 기본적으로 세 가지 요소의 영향을 받는다. 첫째, TV광고, 인쇄광고, 홍보 같은 다양한 미디어를 통해 전달되는 **마케팅 커뮤니케이션**에 의해 영향을 받는다. 둘째, 친구나 가족들의 의견에 의해 영향을 받는다. 셋째, 개인적 지식과 함께 과거 경험을 토대로 특정 브랜드에 대해 가지는 태도에 영향을 받는다. 이러한 부분을 고려할 때 마케팅 관리자의 주요 관심사 중의 하나는 소비자가 의존하는 중요한 정보원천이 무엇인가 하는 것이고 다른 하나는 이러한 정보원천 각각이 계속적인 구매의사결정에 미치는 상대적 영향력이다. 소비자의 정보원천은 다음과 같은 네 개의 집단으로 크게 구분할 수 있고 [그림 4-5]와 같이 인적원천인지, 통제가능한 원천인지의 구분에 따라서도 4가지 유형으로 구분할 수 있다.

- 개인적 원천(personal sources): 가족, 친구, 이웃, 친지
- 상업적 원천(commercial sources): 광고, 판매원, 중개상, 포장, 진열
- 공공적 원천(public sources): 대중매체, 소비자가 중요시하는 단체
- 경험적 원천(experimental sources): 시험작동, 제품이용

그림 4-5 | 정보원천의 분류

	인적 원천	비인적 원천
통제가능 원천	• 판매원 • 전화마케팅(전화정보라인) • 전시회	• 광고 • 점포 내 전시 • 판매촉진
통제불가능 원천	• 친구와 가족으로부터의 조언 • 전문가의 조언 • 소비에 의한 경험	• 사설 및 뉴스 소재 • 소비자 정보지와 같은 중립적 원천

이들 정보원천의 상대적인 양과 영향력은 제품범주와 구매자의 특성에 따라 다르다. 일반적으로 소비자는 마케팅관리자가 지배하는 원천인 상업적 원천으로부터 제품에 대해 대부분의 정보를 받지만 특정 제품에 있어서 가장 효율적인 정보는 개인적 원천이 될 수도 있다. 예를 들어 사진에서 볼 수 있듯이 자동차 회사의 인터넷 홈페이지는 무엇보다 중요한 정보원천이 될 수 있으나 구매결정의 주요 영향요소는 주위 친구나 가족들의 구전이 될 수도 있으며, 외과의사들은 보통 상업적인 원천을 통해서 새로운 약을 알게 되지만 정보의 평가는 다른 의사들에게 의존할 수 있다. 이렇듯 정보원천의 각 유형은 구매의사결정에 영향을 미치는 데 있어서 서로 다른 기능을 수행할 수도 있는데 일반적으로 상업정보는 일반적인 정보전달적 기능을 하는 반면에 개인적 원천은 정당화 또는 평가기능을 수행한다고 볼 수 있다. [Marketing Focus 4-4]와 사진에서 볼 수 있듯이 최근 들어 모바일 매체 및 이를 통한 SNS의 활용은 이러한 기능의 수행을 더욱 촉진하고 있다.

MARKETING FOCUS 4-4

소비자 매체 이용 현황

정보통신정책연구원(2017)에서 최근 소비자들의 매체 이용에 대한 조사를 보면 매체를 주5일 이상 이용하는 비율은 스마트폰(81.4%)과 TV(77.2%)가 압도적으로 높은 반면 PC/노트북(26.6%), 신문(5.2%) 이용은 감소 추세 유지하고 있다. 그리고 무엇보다도 주목할 만한 부분은 연령이 높을수록 TV 이용빈도가 높고, 연령이 낮을수록 스마트폰 이용빈도가 높은 특징을 보이고 있다는 것이다.

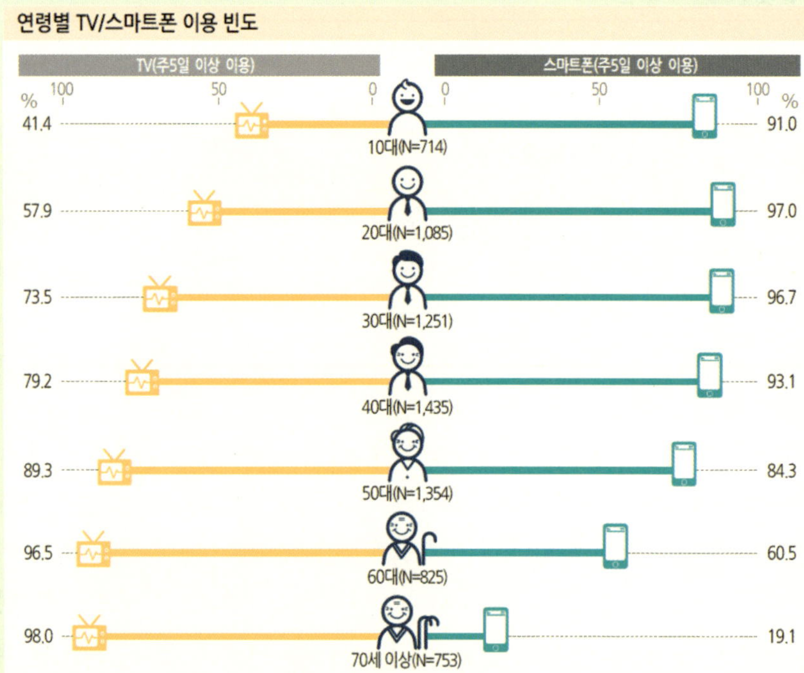

TV보다 더 필요한 매체로 부상한 스마트폰의 중요도(56.4%)는 전년(55.5%)에 이어 증가 추세를 유지하여 TV와 격차를 더 벌렸다. 10대(78.8%)~40대(64.9%)는 스마트폰을, 50대(52.1%), 60대(77.4%), 70대 이상(93.4%)은 TV를 일상생활의 필수매체로 선택하여 대조를 보이고 있다. 50대와 60대에서 스마트폰을 필수매체로 선택한 비율은 각각 43.3%, 19.6%로 최근 3년간 증가 추세를 보여 스마트폰의 영향력이 전 연령대로 확산되고 있음을 반증하는 것이다.

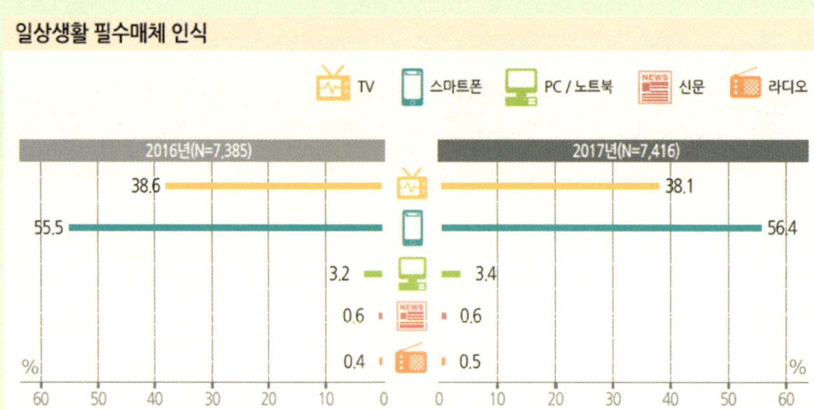

자료: 정보통신정책연구원(2017), 2017 방송매체 이용행태조사

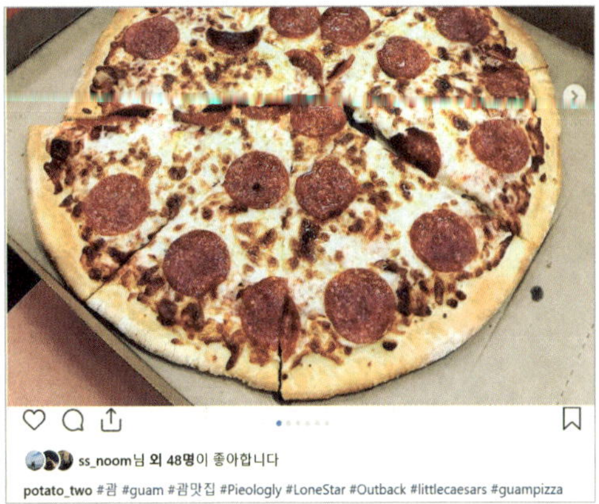

SNS는 최근 제품정보수집의 도구 및 소비자 간의 공유도구로 큰 비중을 차지한다.
사진은 인스타에서 친구들에게 노출된 괌맛집

인터넷 사이트는 자동차 구매에 좋은 정보원천이 될 수 있다. 사진에서 볼 수 있듯이 견적뿐 아니라 차에 대한 여러 가지 정보를 얻을 수 있다.
사진은 다음 자동차 정보 디렉토리: http://auto.daum.net

그림 **4-6** | **소비자의 구매의사결정에 관련된 일련의 집합**

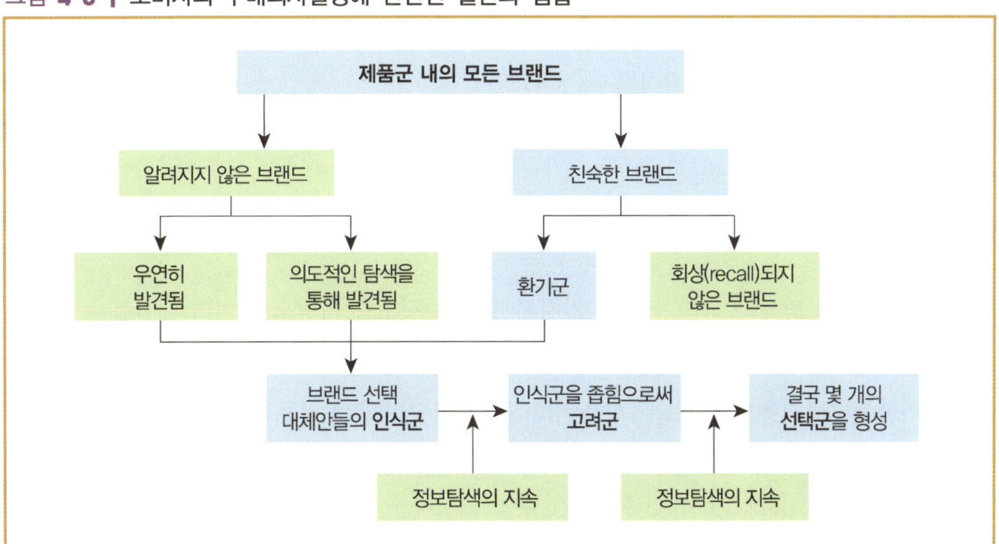

자료: Peter, J. P. and J. C. Olson(1994), *Understanding Consumer Behavior*, Burr Ridge, Ill Irwin-The Irwin series in marketing, p.162.

정보수집을 통해서 소비자는 경쟁하는 브랜드와 그 특성에 대해서 학습한다. [그림 4-6]에서는 소비자가 구매대상을 좁혀가는 과정을 보여주고 있는데, 가령 A가 노트북을 구매하고자 한다고 할 때 삼성, LG, 애플, HP 등 네 개만이 기억되었다면 이를 **환기군(evoked set)**이라고 하며 의도적인 정보탐색이든 우연히 보게 되었든 정보탐색과정에서 알게 된 DELL, 레노버,

바이오 등을 **인식군**(awareness set)이라 한다. 이렇게 알고 있는 컴퓨터 브랜드 중에서 몇 개만이 A의 구매기준과 일치하게 되는데(애프터서비스의 어려움으로 해외 컴퓨터는 고려군에서 제외) 이러한 브랜드는 **고려군**(consideration set)을 구성하고 A는 이들 브랜드에 대한 더 많은 정보를 수집함으로써 몇 개의 브랜드만을 강력한 선택대상으로 좁힐 수 있는데, 이를 **선택군**(choice set)이라고 할 수 있다. 그리고 나서 A는 이들 브랜드 중 최적인 것을 선택한다.

[그림 4-6]에서는 기업이 자사의 브랜드가 잠재고객의 **인식군, 고려군, 선택군**으로 들어갈 수 있도록 전략화해야 한다는 사실을 분명히 강조하고 있다. 기업은 역시 당사의 경쟁적인 소구방법을 계획하기 위해서 소비자의 선택군에 속한 다른 브랜드를 확인·규명해야 한다. 이에 추가하여 마케팅관리자는 소비자의 정보원천을 신중하게 파악해야 하며, 또한 정보원천의 상대적 중요성을 파악해야 한다. 소비자들이 그들의 브랜드를 처음에 어떻게 들었는지, 그들은 그 후 어떤 정보를 받았는지, 그리고 여러 상이한 정보원천에 그들이 두고 있는 상대적 중요성은 어느 정도인지를 질문해야 하는데 이에 대한 응답정보는 표적시장에 대해 효과적으로 커뮤니케이션을 준비하기 위해 중요하다.

3. 대안의 평가

소비자는 내적 탐색과 외적 탐색을 거쳐서 수집된 정보를 바탕으로 여러 대안들을 평가한다. 대안의 평가는 평가기준과 방식의 결정으로부터 시작된다. 평가기준이란 여러 대안을 비교·평가하는 데 사용되는 제품속성을 말하고, 평가방식이란 최종적인 선택을 위하여 여러 기준에 대한 소비자의 평가를 통합·처리하는 방법을 말한다.

소비자가 여러 대안을 평가하는 데 사용하는 평가기준은 개인에 따라 다르고 제품에 따라 다르며 상황에 따라서 달라지기도 한다. 평가기준이 개인에 따라 다른 것은 특정 제품으로부터 얻고자 하는 **효익**(benefits)이나 **효용**(utility)이 사람마다 다르기 때문이다. 예를 들어, 어떤 학생은 자신의 전공을 선택할 때 여러 전공에 대한 평가기준으로 미래의 취직가능성과 같은 실용적인 요인을 고려하지만 어떤 학생은 본인의 적성을 가장 중요시하여 결정하며 자외선 차단제를 구입할 때 사진의 좌와 같은 브랜드 및 제품 성능을 중요하게 생각하는 소비자가 있는 반면 사진의 우와 같이 편리성 및 가격을 중요하게 생각하는 소비자도 있다.

브랜드 및 제품 퀄리티를 강조하는 선크림(헤라 70ML-34,000)과 사용 편리성을 강조하고 있는 선스틱(이니스프리-20g-13,000) 제품
여러분은 자외선차단제 중에 어떤 기준을 활용하여 어떤 제품을 구입하시는가요?

평가기준이 제품에 따라 다르다는 것은 당연한 것이지만 보다 중요한 것은 평가기준의 수가 제품에 따라 크게 다르다는 것이다. 이는 제품에 따라 관여도가 다르기 때문으로, 즉 고관여 제품일수록 평가기준의 수가 증가하게 된다.

평가기준은 상황에 따라서도 달라지는데 급박한 구매상황에서는 평상시보다 훨씬 적은 수의 평가기준을 고려하거나 빠른 구매결정을 하는 평가기준을 더 중요하게 생각할 수 있다. 예를 들어 SK 휘발유를 지속적으로 구매하는 소비자도 기름이 거의 없다는 표시등이 켜진 상황에서는 가장 가까운 거리에 있는 주유소를 이용하게 되는 경우 등이 이에 해당한다. 또한 소비자가 본인이 사용하려는 상황과 선물을 위한 상황과는 같은 제품이라도 평가기준이 달라지게 된다.

세계판매 1위라는 문구는 의사결정과정에서 대안평가를 줄일 수 있으며 구매 후 확신을 심어주는 중요한 문구가 된다.

일반적으로 소비자가 브랜드를 평가하는 방식에는 여러 가지가 있는데 크게 **보완적 방식(compensatory rule)**과 **비보완적 방식(non-compensatory rule)**으로 나눌 수 있다. 소비자는 각 브랜드에 있어서 어떤 속성의 약점을 다른 속성의 강점에 의해 보완하여 전반적인 평가를 하는데 이를 보완적 방식에 의한 평가라고 하며 한국 자동차는 독일 자동차에 비해 열세인 성능이나 브랜드 명성 등의 기준을 A/S 편리성 및 가격 등의 기준으로 보완하고 있는 것이 그 예가 될 수 있다. 비보완적 방식은 한 평가기준에서의 약점이 다른 평가기준에서의 강점에 의해 보완되지 않는 평가방식이다. 일반적으로 소비자는 여러 가지 중요한 평가기준에 걸쳐 여러 고려브랜드들을 종합적으로 비교 평가하기보다는 비교적 간단한 비보완적 방식에 의해 브랜드를 평가하는 경우가 많으며 이는 고관여 제품의 구매에서도 예외는 아니다.

4. 구매

소비자들은 구매대안들을 비교·평가한 후 특정 브랜드를 구매하기로 결정하고 실제의 구매과정으로 들어간다. 구매과정은 특정 브랜드에 대한 **구매결정**(purchase decision)뿐 아니라 그 브랜드를 취급하는 여러 점포들 중 한 점포의 선택 및 그 점포 내에서의 쇼핑과정이 포함된다. 소비자는 관여수준과 과거 구매경험에 따라 다양한 구매유형을 보인다. 지난번에 구매했던 브랜드를 재구매하거나 또는 새로운 브랜드로 전환할 수 있으며, 계획 없이 충동구매를 하기도 한다. 소비자는 구매과정에서 브랜드와 점포에 대한 결정을 하게 된다. 특정 브랜드를 먼저 결정한 후 어떤 점포를 먼저 방문할 것인가를 고려하기도 하고 혹은 자신이 선호하는 점포를 먼저 결정한 후 그 점포 내의 경쟁브랜드들을 비교·평가한 후 특정 브랜드를 결정하기도 한다.

5. 구매 후 평가

소비자는 제품구매 이후 만족·불만족을 느끼기에 앞서 자신의 선택이 과연 옳은 것이었는가에 대한 불안감을 갖는 경우가 있는데, 이를 **구매 후 부조화**(post-purchase dissonance)라 한다. 우리가 어떤 제품들을 구매하고 난 후에 그와 관련된 몇몇 부정적인 정보나 생각들이 나타나서 기존의 호의적인 정보나 생각과 서로 조화되지 않을 수 있다. 실제 이러한 부조화는 소비자에게 있어 바람직한 것이 아니므로 구매 후 부조화를 느낀 소비자는 당연히 부조화를 해소 또는 감소시키려고 노력하며 그 방법들은 다음과 같을 수 있다.

- 선택한 대안의 장점을 강화시키고 단점을 약화시킨다.
- 선택하지 않은 대안의 장점을 약화시키고 단점을 강화시킨다.
- 자신의 선택안을 지지하는 정보를 탐색하고 일치하지 않는 정보를 회피한다.
- 의사결정 자체를 중요하지 않은 것으로 여긴다.

그리고, 제2장에서 자세히 논의되었듯이 제품을 구입한 후 소비자는 어떤 수준의 만족과 불만족을 경험한다. 마케팅관리자의 직무는 그 제품이 판매되었을 때 끝나는 것이 아니라 구매 후에도 계속된다. 마케팅관리자는 구매 후 만족, 구매 후 행동조치, 구매 후 제품사용 및 처리를 조사해야 하는데 불만족이 생긴 경우 소비자는 [그림 4-7]과 같은 행동을 취할 수 있으며 이는 상당히 기업에 불리하게 작용할 수밖에 없는 일이다. 그러므로 마케팅 관리자는 소비자의 구매 후 불만족을 극소화시킬 수 있는 조치를 취할 수 있는데, 즉 구매자에 대한 구매 후 커뮤니케이션은 앞에서 이야기되었던 구매 후 부조화를 감소시키는 것 뿐만 아니라 제품반환과 주문취소를 감소시킬 수 있다.

그림 4-7 | 불평행동의 유형

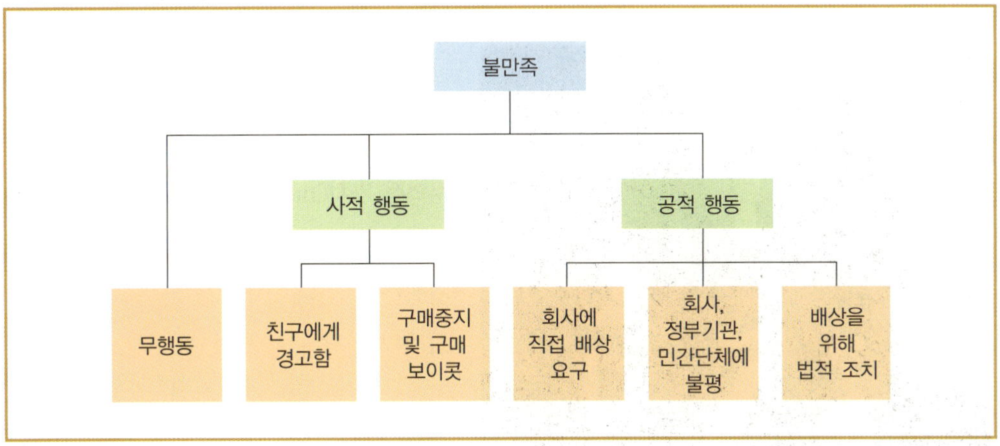

예를 들어, 컴퓨터 기업들은 좋은 컴퓨터를 선택한 것을 축하한다는 편지를 컴퓨터를 새로 구입한 소비자에게 보낼 수 있으며 그들은 만족해하는 소비자들을 광고에 등장시킬 수 있다. 기업들은 소비자의 개선 제안을 유도하고, 이용가능한 서비스 장소를 제시할 수 있으며, 이해하기 쉬운 취급설명서를 발행할 수도 있다.

제4절 소비자행동에 영향을 미치는 외부적 요인

1. 문화

문화(culture)는 '**사회가 전체적으로 용인하고 또한 언어와 상징물을 통해서 그 사회의 구성원들에게 전달되는 사회적으로 획득하는 일체의 가치관**'이다. 이러한 사회적 가치관은 그 구성원의 구매와 소비유형에 영향을 줄 가능성이 있는데 어느 경우이든 마케팅 기업은 소비자의 가치관 지향성을 정의하고 또한 이러한 가치관을 반영하는 상징물을 결정해야 한다.

문화에는 한 국가나 민족 전체의 문화가 있고 그 하위의 문화도 있다. 1990년대 이후 국제무역의 중요성이 점증함에 따라 마케팅 기업들은 자신의 문화뿐만 아니라 다른 나라의 문화의 가치관을 나타내는 상징을 이해하는 것이 필수적이 되었다. 그러한 **교차문화적 영향요인**(cross-cultural influences)은 국제마케팅에 있어 기초를 형성한다.

문화적 가치는 어떤 것이 바람직한가에 대해 보편적으로 통용되는 믿음을 가지고 있다. 다른 문화의 다양성을 이해하는 유용한 접근법은 다양한 문화들이 가지고 있는 가치들을 이해하는 것이다. 수많은 가치들은 문화마다 다양하며 소비에 영향을 미친다. 간단한 예를 들어 우리는 흔히 사회 내에서 **개인주의적 가치**(individualistic value)와 **집단주의적 가치**(collective value)의 차이를 자주 경험하고 있다. 이러한 가치들은 마케팅 실행에 영향을 미치게 되는데, 예를 들어 집단적인 활동을 중요하게 생각하는 문화에서 소비자들은 구매결정 시 다른 사람과 같은 제품을 선택하거나 '개인주의적'이라고 생각되는 제품을 별로 좋아하지 않을 수 있다. 미국은 대표적인 개인주의적 특성을 가진 나라이며 호주, 영국, 캐나다, 뉴질랜드, 그리고 스웨덴 등도 상대적으로

대한민국은 교육에 관련되어 다른 어느 나라와도 비교할 수 없을 정도로 관심이 많다.
사진은 JTBC에서 2019년 방송되어 큰 반향을 불러일으켰던 드라마 SKY캐슬

개인주의적이다. 반면 대한민국, 대만, 멕시코, 일본, 인도, 그리고 러시아 등은 집단주의적 성향의 국가로 분류된다.

이러한 가치는 문화를 차별화하는 중요한 영향요인으로 활용될 수 있는데, 예를 들어 집단주의적 문화에서는 명품이 덜 중요하게 생각될 것이라고 생각해볼 수 있지만 다른 원인으로 인해 매우 중요할 수도 있다. 개인주의적 문화에서 명품들은 **자아표현적(self-expressive) 수단**으로서의 의미를 가지지만 집단주의적 문화에서는 **상징(symbol)**, 즉 같은 스포츠 클럽의 멤버십을 구매하고 같은 명품시계를 가짐으로써 그런 부류에 속하는 사람이라는 의미로 구매한다.

또한, 상대적으로 소집단이 갖고 있는 문화를 **하위문화(subculture)**라고 한다. 대한민국의 문화에서 '386세대'는 30대이고 80년대 학번이며 60년대 생인 사람들을 일컫는 말인데 이들은 대학에서 컴퓨터를 처음 접한 세대이고 1960년대 베이비 붐 세대이며 김현식 · 김광석 등의 노래를 들으며 청춘을 보낸 세대이며 서태지의 음악을 들으며 중고시절을 보낸 X세대와 다르고 어려서부터 컴퓨터와 인터넷을 접한 N세대와도 다르다. 이러한 세대는 제품구매의 차이를 특징짓는 중요한 영향변수가 될 수 있다. [Marketing Focus 4-5]에서는 이러한 하위문화별 놀이문화의 차이를 살펴보고 마케팅적 시사점을 생각해보고자 한다.

MARKETING FOCUS 4-5 놀이문화의 변화

20~30대 젊은이들의 놀이공간에 지각동변이 일고 있다. 이들 밀레니엄 세대들은 쾌적한 공간에서 적극적으로 체험하려는 경향이 크다. 밀레니엄 세대는 1980년대부터 2000년대까지 출생한 세대다. 이들은 각종 IT기기를 능숙하게 다루고 소비수준은 높지 않지만 여행과 외식, 콘서트 등 삶을 즐기는 소비성향이 있다. 이들은 2008년 글로벌 금융위기 이후 사회에 진출해 취업난 및 일자리 질 저하 등 경제적 어려움을 겪었지만 저축을 하거나 물건을 사기보다는 여행이나 스포츠 등 실제 체험을 하기 위해 지갑을 여는 특징이 있다.

홍대, 이태원, 강남의 클럽은 20~30대라면 한때 꼭 가야 하는 통과의례 장소가 됐다. 홍대 클럽은 입문 '클러버(cluber · 클럽에 다니는 사람)'에게 인기가 많다. 강남 클럽은 홍대보다 더 연령층이 높고, 외국인이 많은 이태원 클럽은 자유롭기로 유명한 것으로 소문이 나있다.

IT기술의 발전은 놀이문화에도 영향을 미쳤다. 최근에는 VR, 4D 등 최신 기술이 접목된 게임방이 속속 등장했다. 기자는 홍대입구역 인근 '홍대 브이알샵'에 방문했다. 평일이었지만 8개의 VR 게임방 및 음료를 마시는 공간에는 손님들로 꽉 차 있었다. 사람들은 VR용 안경을 끼고 팔과 다리를 쉬지 않고 움직였다. 가상현실을 즐기던 이들은 고성을 지르기도 했다.

VR게임방 한 장면(사진출처: http://blog.naver.com/PostView.nhn?blogId)

과거 대표적인 놀이문화 공간인 '만화방'은 대부분 '만화카페'로 바뀌고 있다. 소득수준이 향상되고 문화를 향유하는 사람들이 증가하면서 '고급화'가 진행된 것이다. 만화카페 프랜차이즈 '카툰공감' 분당서현점은 노란색과 초록색을 기반으로 한 인테리어를 통해 아늑한 카페 분위기를 연출했다. 음료는 커피부터 쉐이크, 프라푸치노까지 일반 카페와 비슷했다. 식사 메뉴도 떡볶이, 파니니 샌드위치, 크림우동, 피자 등 취향에 따라 다양한 선택이 가능했다.

음악감상 스튜디오를 표방하고 있는 '스트라디움'은 4층 건물 전체를 음악감상 공간으로 꾸몄다. 이곳에서는 커피 한 잔을 마시며 혼자 혹은 같이, 시대별·연대별·장르별 등을 본인이 좋아하는 음악을 들을 수 있다. 그룹형 청음 공간에서는 음악 큐레이터가 선곡한 곡을 설명과 함께 감상할 수 있고, 소규모 라이브 스튜디오에서는 아티스트와 직접 소통하는 기회가 있다.

자료: [스팟이슈] 2017 놀이문화 현장탐방(下-트렌드): 체험을 소비하는 세대… 놀이문화 고급화 이끈다, http://www.skyedaily.com/news 등에서 요약하여 작성

2. 준거집단의 영향

1) 준거집단의 영향

준거집단(reference group)은 어떤 제품을 구매하거나 사용함에 있어 본인 이외의 다른 사람들 또는 어떤 집단을 의식하거나 그들의 영향을 직·간접적으로 받게 되는 집단을 의미하는 데 실제 이들은 우리들의 욕구와 구매행동에 직접적으로 영향을 미치는 행위의 규칙과 표

준을 우리에게 제공한다. 대학 졸업생이 취직을 해서 근무할 때 해당 기업의 문화, 예를 들면 캐주얼한 복장으로 근무하는 문화는 그의 캐주얼 구매를 자극하게 되며, 부서장이 잦은 부서 회식을 통해 부서 간의 단합을 유도하는 리더십을 가졌다면 그렇지 않은 부서에 비해 술에 좀 더 관여될 수 있을 것이다.

좀 더 구체적으로 소비행동에 대한 준거집단의 영향을 살펴보면 이는 두 가지로 구분하여 설명할 수 있다. 하나는 제품의 구매 여부에 대한 영향이고, 다른 하나는 브랜드의 선택에 대한 영향이다. 브랜드 선택에 대한 영향이 나타나는 경우는 특히 해당 제품의 사용이 사적인 것이 아니라 공개적인 경우에 그렇다. 그리고 브랜드와는 무관하게 어떤 제품군을 구매하고 안 하는 것에 준거집단이 영향을 미치기도 한다. 이것은 필수품인 경우보다는 사치품인 경우에 더욱 그러하다.

제품의 사용이 공개적인지 또는 비공개적인지 그리고 제품이 누구나 사용하는 필수품인지 또는 소수의 사람들만이 사용하는 사치품인지의 두 축으로 매트릭스를 만들어 제품 및 브랜드 선택에 준거집단의 영향력이 얼마나 강하게 미치는지를 알아볼 수 있다. 준거집단의 영향이 가장 큰 경우는 공공장소에서 사용되는 사치품이다. 예를 들어, 고급 자동차 또는 골프용품이 이에 해당된다.

반면, 개인적으로 사용되는 필수품인 경우에는 브랜드 선택이나 제품구매 여부에 준거집단의 영향력이 가장 적게 미친다. 속옷이나 치약이 이런 유형의 제품에 속한다. 그런데 최근에는 속옷에도 패션성이 부각되기 시작하면서 브랜드가 중요해졌고, 치약과 같은 제품도 건강과 기능성을 강조하면서 고관여 상품군으로 재포지셔닝함에 따라 어떤 브랜드를 선택하느냐에 준거집단의 영향력이 증가하기 시작하였다.

공공장소에서 사용되는 필수품에는 의류, 손목시계 등이 있다. 필수품이긴 하지만 공공장소에서 소비되기 때문에 제품의 구매 여부보다는 브랜드의 선택에 준거집단의 영향이 커진다. 예를 들어, 시계는 필수품이지만 타인의 눈에 잘 띄는 물건이기 때문에 브랜드가 중요할 수 있다. 지위나 성공을 상징하는 롤렉스(Rolex)시계가 대표적인 예이다.

개인적으로 사용되는 사치품의 경우에는 게임기, 쓰레기 압축기 등을 예로 들 수 있는데, 이런 제품의 경우에는 어떤 브랜드를 선택하느냐보다는 제품 자체를 구매할지의 여부가 더 큰 영향을 미친다.

2) 입소문마케팅

공식적인 정보교환수단(TV, 잡지, 신문 등)이 많이 있음에도 불구하고 세상에 대한 대부분의 정보는 사실상 비공식적인 수단에 의해 개인에게 전달된다. 누구나 자신의 일상적인 대화 내용에 대하여 신중하게 생각해본다면 아마 가족, 친구 또는 직장동료와 나누고 있는 대화의 대부분이 제품과 관련되어 있다는 데 동의할 것이다. 내가 어디서 얼마에 옷을 구매했고 입어보니 착용감이 어떻더라 하고 친구들과 대화하고 있다면 이미 구전 커뮤니케이션 과정에 참여하고 있는 것이다.

입소문의 영향에 의해 인기를 얻은 콘텐츠들

'SKY캐슬'은 고급 주택단지를 배경으로 한 풍자극이다. '스카이'가 아닌 'SKY'로 표기한 제목에서 알 수 있듯 입시와 사교육 열풍이 주된 소재다. 현실적인 소재에 미스터리한 전개를 버무린 덕에 SNS와 온라인 커뮤니티를 중심으로 웰메이드라는 입소문이 퍼지기 시작, 종편임에도 불구하고 20%가 넘는 시청률을 올렸다.

전설적인 록밴드 퀸과 리드싱어 프레디 머큐리의 이야기를 담은 영화 '보헤미안 랩소디' 또한 영화부분에서 입소문의 영향을 받은 사례이다. 실제 관객수에서 역주행에 성공하는 등 큰 흥행을 이어갔다.

자료: 이데일리뉴스, http://www.edaily.co.kr/news, 2018.12.04.

구전(word of mouth)이란 준거집단의 구성원 또는 고객 및 판매원과 같이 2명 이상의 사람들 간의 인적인 커뮤니케이션이다. '만족한 고객은 당신기업의 최상의 판매원이다'라는 금언은 마케팅관리자에게 구전의 중요성을 제시한다. 즉, 만족한 고객은 친구들과 친척들에게 구입하도록 영향을 주며, 불만족한 고객은 판매를 방해한다.

전염병의 전파가 그 병을 갖고 있는 보균자의 수에 의존하듯 새로운 수요가 이미 노출된 수요에 의존하는 입소문의 효과는 영화뿐 아니라 모든 상품에서 히트를 결정하는 중요한 요소가 된다. 특히, 앞의 사진의 사례에서 볼 수 있듯이 영화는 관객들이 스크린 위에 펼쳐지는 것들과 공명할 수 있을 때에만 성공하는데, 공명하거나 공명하지 못한 관객들이 퍼뜨리는 입소문의 영향력은 막대하다.

한 집단 내 사람들 간에 이루어지는 직접 커뮤니케이션의 중심적인 개념은 **의견선도력(opinion leadership)**인데, 즉 그것은 어떤 제품에 관여하고 또한 관심을 갖고 있는 사람들이 다른 사람들의 태도와 행동에 대해 행사하는 영향요인이다. 특히 기업은 이러한 의견선도자들에 대한 마케팅을 통해 좀 더 긍정적인 구전을 유도할 수 있으며 이러한 마케팅활동은 아래 좌와 같은 하림의 객원마케터 모집이라든지 우와 같은 파크랜드 페이스북 등을 통해서 실현될 수 있다.

기업이 모집하는 객원마케터 및 모니터 요원은 해당 기업의 마케팅 평가 역할뿐만 아니라 그가 속한 집단에서 의견선도의 역할까지 담당할 수 있다.
(사진출처: http://www.harim.com)

인터넷이란 매체의 등장으로 기업들은 Brand Community나 SNS를 통해 준거집단을 형성, 좋은 홍보의 장으로 활용하고 있다.
(사진출처: 파크랜드 페이스북 페이지)

3. 가족의 영향

1) 가족의 영향

자동차, 가구, 냉장고, 주택, 여행 등 개인이 아닌 가족단위의 소비품목을 다루는 마케팅 관리자에게 있어서 가족의 역할을 이해하는 것은 매우 중요하다고 할 수 있다. 우리나라 사람들에게는 자동차를 구매할 때 가족의 규모가 매우 중요한 의사결정의 기준의 하나라고 한다. 미국에서는 가족 구성원별로 자동차를 소유하는 경우가 많지만, 우리나라는 한 가족 전체를 위한 교통수단의 개념을 가지고 있다. 그래서 자녀가 없는 젊은 부부 또는 심지어 미혼의 남성이라도 2인승 자동차보다는 미래를 생각해서 4인승 세단형 자동차를 선택하는 경우가 훨씬 많다. 그리고 과거에는 자동차와 같은 제품의 구매는 남편의 단독적인 의사결정에 따라 이루어진 경우가 많았지만, 요즘에는 아내 또는 자녀들의 선호가 구매의사결정에 중요한 영향을 미친다고 한다([그림 4-8] 참고).

현대의 마케팅에서 가족이 중요한 이유는 다음과 같다.

첫째, 자동차, 주택, 가전제품, 여행 등 가족단위에서 구매하거나 사용하는 제품이나 서비스의 비중이 높아졌기 때문이다. 예를 들어 3세대 가족에게는 TV수상기가 3대가 필요하다면 자녀 없는 신혼부부에게는 1대라도 족하다. 최근 김치냉장고가 대유행을 하고 있는데 김치냉장고는 넓은 집에 사는 가족에게 더 잘 팔린다고 한다. 대부분의 가정에는 일반 냉장고가 구비되어 있으므로 김치냉장고를 따로 둘 만한 부엌공간이 필요하기 때문이다. 이렇듯 가족단위 소비용품은 가족의 규모와 주거형태 등에 의해 크게 영향을 받는다.

둘째, 관혼상제와 같은 가족단위의 의례행사가 반복적으로 발생하므로 의례용품 시장의 규모가 상당히 커서 기업에게는 중요한 시장기회가 된다. 연간 혼수용품 시장의 규모는 약 10조 원대에 육박한다고 한다.

셋째, 가족단위의 소비용품이 아닌 개인을 위한 재화라도 구매행동에 가족의 영향이 미치기 때문이다. 특히 어린이를 위한 장난감이나 시장이나 학습지 시장은 부모의 의사결정이 매우 중요하다.

넷째, 가족의 생활주기에 따라 소비생활이 현격히 달라질 수 있다. 예를 들어, 신혼부부단계에서 어린 자녀를 둔 보금자리 1기로 이행되면 유아용품이나 교육용품이 구매품목에 추가된다.

그림 4-8 | 가정 내 구매의사결정과정

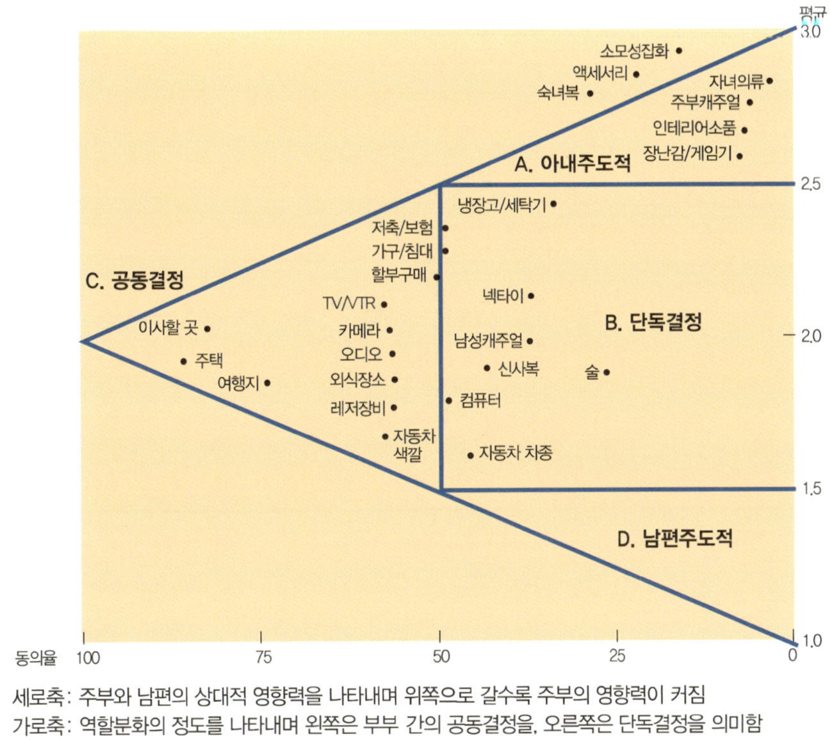

자료: 대홍기획 마케팅연구소, 한국과 사람들–소비행동 및 라이프스타일 변화 1989–1999년(주부편 · 기혼남성편)
박현희, 정보교류에 적극적인 여성, 프로슈머로 자산화해야, *AD Information* 2000년 8월 등에서 재인용

2) 가족생활주기

가족생활주기(family life cycle)란 시간의 흐름에 따라 가족구조와 가족구성원의 역할변화를 설명하는 사회학적 개념이다. 각 단계는 가정이 탄생해서 성장하고 소멸되기까지의 전 과정을 몇 개의 단계로 나누고 있는데 [그림 4-9]와 같이 이 단계를 구분하는 기준은 결혼, 자녀의 탄생, 성장, 출가, 구성원의 사망 등과 같이 가족구조를 변화시키는 사건들을 중심으로 하고 있다. 마케팅 관리의 측면에서 보면 이러한 가족생활주기는 각 단계별로 요구되는 제품이 분명한 차이를 보이기 때문에 전략적 관점에서 그 중요성이 제기된다고 할 수 있다.

그림 4-9 | 가족생활주기

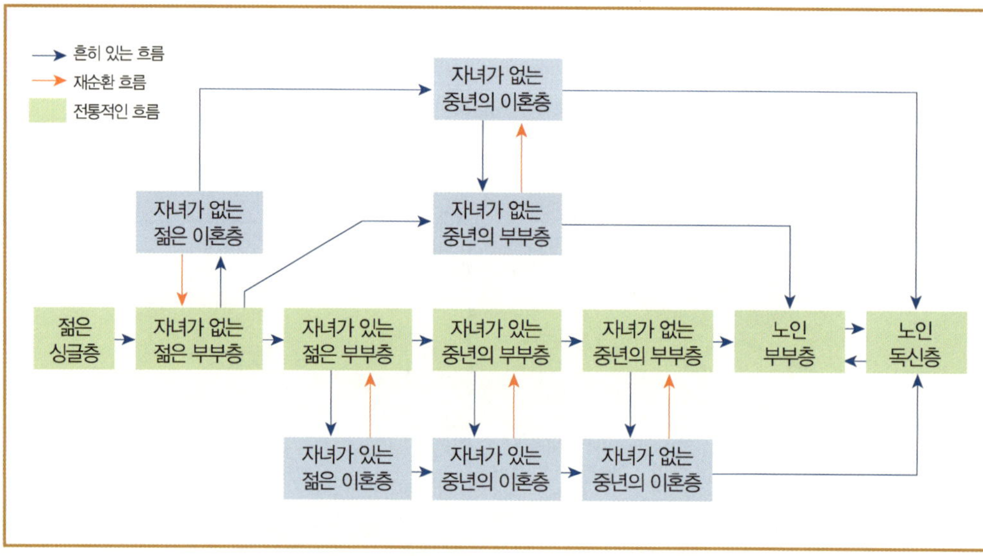

자료: Lamb, C. W., J. H. Hair and C. McDnniel(2002), *Marketing*, Free-Press Company. p.222.

대부분의 가족들이 위와 같은 생활주기를 가지지만 현대에는 미혼의 독신자들과 자녀를 낳지 않는 부부가 증가하고 있으며 최근 우리나라도 결혼한 부부 4쌍 중 1쌍이 이혼한다고 할 정도로 이혼율이 높아지면서 편모나 편부를 둔 이혼가정과 재혼가정이 늘고 있는 추세이다.

제5절 비즈니스 소비자 구매행동

1. 비즈니스 소비자

비즈니스 고객은 기업 및 기관고객에게 재판매하거나 타제품 또는 서비스의 생산에 이용할 목적으로 제품 또는 서비스를 구매하는 고객으로 정의할 수 있다. 이 정의에서 나타난 바와 같이 비즈니스 고객은 자신이 소비할 목적으로 제품이나 서비스를 구매하기보다는 제조과정에 투입하거나 다른 고객에게 재판매하기 위해 구매하는 경우가 대부분이다. 물론 비즈니스 고객도 개별 소비자와 유사한 여러 가지 특성을 가지는데 기본적으로 비즈니스고객도 개별소비자가 거치는 것과 유사한 구매의사결정과정을 거치지만 비즈니스 구매는 예산, 비용, 그리고 수익 등의 고려에 영향을 받는 공식적인 조직에서 수행된다. 더욱이 조직적(비즈니스구매자, 기관) 구매는 일반적으로 사람들 간 그리고 개인목표와 조직목표 간의 의 복잡한 상호작용으로 결정과정에서 많은 사람들을 개입시키게 된다. 이러한 이유로 소비재마케팅과 비즈니스마케팅은 [표 4-3]과 같은 차이점을 가진다.

표 4-3 | 비즈니스마케팅과 소비재마케팅의 기본적인 차이점

- 소비자 시장에서 고객은 개인적 소비를 위하여 상품과 서비스를 구매하지만 비즈니스 고객은 다른 상품과 서비스를 생산하기 위하여 상품과 서비스를 구매한다.
- 비즈니스 마케터는 조직에게 판매하는 반면, 소비재 마케터는 개인과 가계에 판매한다.
- 소비자상품과 서비스를 위한 수요는 직접적이지만 비즈니스 상품과 서비스를 위한 수요는 파생적[1]이다.
- 비즈니스 시장은 모든 구매에 있어서 다양한 구매영향을 수반하지만 단순히 한 개인이 구매의사결정을 하는 경우는 드물고 위원회가 구매하는 것이 보편적이다.
- 비즈니스 고객들은 특별한 구매 정책과 절차 그리고 전문적 구매자를 포함하는 좀 더 공식적인 방법으로 구매한다.
- 비즈니스마케팅에서는 명세서의 역할이 극히 중요하고 고객의 요구를 고려하지 못하는 명세서는 구매자들에 의해 고려되지 않을 것이다.
- 소비자마케팅보다 비즈니스 마케팅에서 좀 더 인적판매에 많은 강도가 주어지고 지적 판매부의 폭넓은 활용과 판매능력 문제 때문에 경로 중간상들이 종종 이용된다.
- 비즈니스 시장에서 물적유통이 매우 중요하며, 지연된 배달, 재고부족 등은 고객의 전체적 사업운영을 저해한다.
- 소비자마케팅에서 매우 중요한 광고와 마케팅조사 등이 비즈니스마케팅에서 미미한 역할을 흔히 담당한다.
- 소비자마케팅과 비교하여 가격은 전형적으로 매우 중요한 역할을 담당한다. 어떤 견지에서는 비즈니스 고객들은 배달, 제품 질, 서비스 등을 확신할 경우 높은 가격을 지불할 것이며 가격은 흔히 구매자와 판매자 간에 협상에 의해 결정된다.

자료: Robert W. Hass, *Business Marketing Management*, PWS Kent Publishing Company, 1992, p.31.

1) 파생수요(derived demand): 특정 조직이 구매하는 품목에 대한 수요는 그 품목을 바탕으로 생산되는 제2의 상품으로부터 유도된 수요(secondary demand)이다. 예컨대 포장물로서의 병이나 깡통에 대한 수요는 맥주나 기타 음료수에 대한 수요에서 파생된다.
복합적 수요(joint demand): 어떤 상품을 생산하는 데 있어서 두 가지 이상의 비즈니스상품을 함께 사용하는 경우를 흔히 본다. 책을 만들기 위해서는 종이와 잉크가 동시에 필요하며 연필을 제조하기 위해서는 최소한의 나무와 연필심을 구성하는 탄소 등의 원자재가 소요된다. 이렇게 단일 원자재나 부품으로 구성되는 상품은 찾아보기 어려우며 따라서 대부분의 상품을 제조하기 위해서는 두 가지 이상의 원료나 부품에 대한 복합수요가 필연적으로 발생하게 된다./이우용외 공저, 마케팅원론, 형설출판사, 1998, p.225.

2. 구매센터

구매센터(purchase center)는 구매과정에 영향력을 행사하는 모든 사람들을 일컫는다. 따라서 구매센터는 단순히 구매부서의 담당자 이외에도 구매에 직·간접적으로 영향을 받는 사용부서, 재무부서, 엔지니어링부서 등 여러 부서의 사람들을 포함하게 된다. 기업으로서는 먼저 구매센터에 누가 포함되는지, 또 각 구성원이 어떠한 역할을 담당하는지 파악하고 적절한 대책을 수립해야 한다.

구매센터의 참가자들은 역할에 따라 **의사결정자**(decision maker), **영향자**(influencer), **사용자**(user), **구매자**(buyer), **정보통제자**(gatekeeper) 등으로 구분할 수 있다. 예를 들어 새로운 컴퓨터를 기업에 도입하려 하는 경우 일반적으로 기업 내의 회계, 구매, 생산부서 등 모든 부서가 사용자로서 어떤 제품이나 브랜드를 선택하는가에 관심이 있을 것이다. 또한 각 부서의 이해당사자들이 영향자로서 각 브랜드들의 평가 및 선택에 영향을 미치려 할 것이다. 예를 들어 재무부서의 참여자는 컴퓨터의 가격에 대해 우려를 나타내며, 구매 대신 임대를 할 것을 주장할 수 있다. 반면에 엔지니어링부서의 관계자는 가격이 비싸더라도 더 속도가 빠른 컴퓨터를 원할 수 있다. 또 실제 컴퓨터를 조작하는 사람들은 사용자가 쓰기 편한 제품을 원할 것이다. 이와 같은 여러 부서 간의 상이한 이해관계에 대한 정보와 제품정보가 구매부서를 통해 취합되어 최고경영자에게 전달된다면 구매부서는 정보통제자의 역할을 하게 되는 것이다. 최고경영자는 이때에 최종적으로 구매할 제품과 공급사를 선정하는 의사결정자의 역할을, 구매부서의 담당자는 실제 구매를 집행하는 구매자의 역할을 맡게 된다.

3. 비즈니스 구매의사결정과정

1) 필요확인 단계

필요확인 단계는 특정 제품의 구매 필요성을 인식하는 단계가 된다. 필요확인 단계는 대체로 구매부서가 아닌 타부서에서 주도적 역할을 하게 된다. 특히, 대체로 첨단제품의 경우 판매 기업은 고객의 미인지된 욕구를 파악하여 구매문제의 인식에 주도적 역할을 할 수 있고, 그 후의 의사결정과정에서 유리한 고지를 점할 수 있을 것이다.

2) 대안의 규명단계

대안의 규명 단계에서 고객은 여러 정보원(sourcc)과 접촉하게 된다. 정보원은 사내의 정보원과 사외의 정보원이 있으며, 대체로 사내 정보원이 신뢰성이 높고 더 중요한 정보원천으로 간주되고 있다. 그러나 사외의 정보원도 결국은 사외에서 제공되는 정보를 반영하고 있을 뿐 아니라 사외의 정보원은 그 자체로도 중요한 정보원으로 간주되고 있다. 예를 들어 외국의 연구뿐 아니라 우리나라의 연구에도 판매원이 제공하는 정보는 구매과정에 중요한 정보원으로 간주되고 있다.

그림 4-10 | 비즈니스 구매의사결정과정

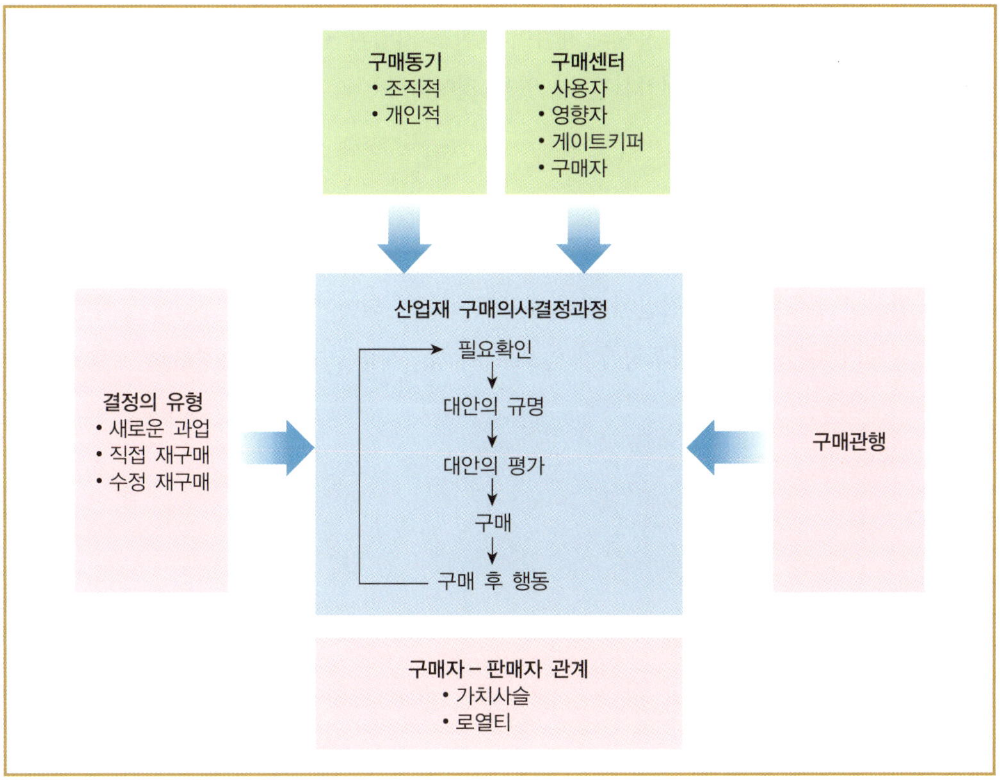

3) 대안의 평가

잠재적 공급사의 평가 및 최종공급업자의 선정은 몇 단계를 거쳐서 이루어지는 것이 보통이다. 첫 단계는 구매부서에서 작성된 공급사 명단에 포함된 공급사를 대상으로 모든 기준에서 최소한의 허용치에 미달되는 기업을 선별하는 작업이 될 것이다. 다음 단계에서는 선별된 소수의 공급사를 대상으로 보다 체계적인 의사결정 규칙을 사용하여 최종의 공급사를 선택하게 된다.

4) 구매

특정 기업으로부터의 구매가 결정되면 구매방법이 결정되어야 한다. 이에는 구매대금의 지불, 구매조건 등 세부적 사항의 결정을 포함한다. 비즈니스 구매상황에서는 이와 같은 구매조건의 결정이 중요한 비중을 차지한다. 또한, 때때로 구매결정에 있어서는 구매결정을 공동 또는 자치적으로 할 것인가에 대한 결정은 중요하게 되는데 구매에 대한 지각된 위험이 크고 제품을 영구적으로 이용하거나 시간의 제약이 덜하고 기업의 구매가 상대적으로 크다면 구매의사결정에 더 많은 사람을 개입시킬 수 있을 것이다.

5) 구매 후 행동

구매된 제품의 사후평가는 이 제품의 초기가격뿐만 아니라 이 제품의 유지·보수에 필요한 비용을 합산한 제품수명주기 전반에 걸친 비용의 평가가 되어야 한다. 또한 JIT의 시행, 전략적 동맹관계의 확산 등으로 사후평가가 앞으로 이 공급사의 거래관계에 중요한 자료로 활용된다.

| 생각해볼 문제 |

01 집에서 구매하는 각 제품별로 자신이 어떠한 역할을 담당하게 되는지를 설명해보세요.

02 자동차를 구매하는 경우와 콜라를 구매하는 경우 의사결정이 어떻게 달라질 수 있는지 설명해보세요.

03 제품군에 따라 태도와 구매가 연결이 되는지 그리고 이러한 결과가 해당 브랜드들에 어떠한 시사점을 줄 수 있는지 설명해보세요.

04 소비자 구매의사결정에 영향을 미치는 문화적 요인(교차문화, 하위문화)을 예를 들어 설명해보세요.

05 가족수명주기별 구매욕구에 따른 마케팅전략을 이야기해보세요.

| 참고문헌 및 더 읽을거리 |

[국내문헌]

김문태(2015), 마케팅 아이디어 창출을 위한 소비자행동의 이해, 도서출판 청람.

김완석·황의록 옮김(1996), 마케팅을 위한 소비자 심리학, 율곡출판사.

노규형 옮김(2004), How Customer Think, 21세기북스.

김세중 옮김(2001), 소비자 코드를 제대로 읽어라, 뜨인돌.

삼성전자 글로벌 마케팅연구소 옮김(2001), 디지털시대의 신 소비자 혁명, 위즈덤하우스.

대홍기획 마케팅컨설팅그룹 옮김(2003), 소비의 심리학, 세종서적.

심리마케팅연구회 편저(2001), 고객을 유혹하고 판매를 촉진하는 비하인드 마케팅, 거송미디어.

파코 언더힐 지음/신현승 옮김(2000), 쇼핑의 과학 Why We Buy: The Science of Shopping, 세종서적.

피터 우벨 지음/김태훈 옮김(2009), 욕망의 경제학, 김영사.

[국외문헌]

Bayus, B. L.(1985), "Word of Mouth: The Indirect Effects of Marketing Efforts," *Journal of Advertising Research*, June–July, pp.31–39.

Denis A., Lussier and Richard W. Olshavsky(1979), "Task Complexity and Consigning Processing in Brand Choice," *Journal of Consumer Research*, 6, September, pp. 154–165.

Donnelly, J. H. and J. M. Ivancevich(1970), "Post–Purchase Reinforcement and Back–Out Behavior," *Journal of Marketing Research*, pp.399–400.

Gilly, M. C. and R. W. Hansen(1985), "Consumer Complaint Handling as a Strategic Marketing Tool," *Journal of Consumer Marketing*, pp.5–16.

Hass, R. W.(1992), *Business Marketing Management*, PWS Kent Publishing Company.

Hawkins, D. I. and D. L. Mothersbauch(2010), *Consumer Behavior, Building Marketing Strategy*, Eleventh edition.

Howard, J. A. and J. N. Sheth(1969), The Theory of Buyer Behavior, New York: John Wiley.

Keillor, B. D., R. S. Parker and A. Schaffer(1996), "Influences on Adolescent Brand Preferences in the United States and Mexico," *Journal of advertising Research,* May–June, pp.47–56.

Krugman, H. E.(1965), "The Impact of Television Advertising: Learning without Involvement," *Public Opinion Quarterly*, pp.349–56.

Narayana, C. L. and R. J. Markin(1975), "Consumer Behavior and Product Performance: An Alternative Conceptualization," *Journal of Marketing*, October, pp.1–6.

Robinson, C.(1996), "Asian Culture," *Journal of the Market Research Society*, January, pp.55–62.

Solomon, M. R.(1999), *Consumer Behavior*, The third edition, Prentice–Hall.

Solomon, M. R.(2010), *Consumer Behavior, Buying, Having, and Being*, Eighth edition, Pearson Education

Sheth, J. N.(1973), "Model of Industrial Buyer Behavior," *Journal of Marketing,* pp. 50–56.

Sirgy, M. J.(1982), "Self–Concept in Consumer Behavior: A Critical Review," *Journal of Consumer Research*, pp.287–300.

Spiro, R. L.(1983), "Persuasion in Family Decision Making, " *Journal of Consumer Research*, pp.393–492.

Wong, N. Y. and A. C. Ahuvia(1998), "Personal Taste and Family Face," *Psychology & Marketing,* August, pp.423–441.

CHAPTER 05

마케팅조사 및 마케팅정보

"눈으로 본 것만으로 사물을 판단할 수 있다고 생각하지만 눈에 비치는 것은 적다. 그러므로 눈에 비치지 않는 것까지도 꿰뚫어보는 지혜가 필요하다."

-韓非子-

"모름지기 사물을 판단하는 데 있어서는 理判事判의 적절한 조합이 중요하다."

-조용현의 『명리학』 이야기 중에서-

| 이 장의 학습내용 |

제1절 마케팅조사의 기본
제2절 연구목적에 따른 마케팅조사의 유형
제3절 마케팅조사의 과정
제4절 빅데이터마케팅

제1절 마케팅조사의 기본

1. 마케팅조사의 정의

마케팅관리자는 핵심적인 비즈니스 계량지표를 선택하여 계산하고 설명할 수 있어야 한다. 그리고 각각의 계량지표가 어떻게 구성되고 의사결정에 활용되는지도 알고 있어야 한다. '측정할 수 없다면 관리할 수도 없다'는 것은 마케팅에 있어 중요한 원칙이다. 마케팅관리자들은 시장을 정량적으로 이해해야 한다. 즉 새로운 기회를 측정하고 기회를 실현하는 데 필요한 투자액을 추산하고 유통경로의 가치를 정량화해야 하는 것이다.

지난 40여 년 동안 기업의 비즈니스 환경에 있어서 폭발적인 기술성장과 글로벌화의 혁신 등과 같은 변화가 있어왔다. 이러한 변화들은 마케터가 어떤 의사결정을 수행하고자 할 때 고려해야 할 새로운 지식의 필요성을 증가시키고 있으며 이런 변화와 복잡성으로 인하여 의사결정에 수반된 위험은 더욱 높아지고 완전한 정보가 기반이 되는 의사결정이 무엇보다도 중요해지고 있다.

미국마케팅학회(American Marketing Association) 이사회는 마케팅조사를 "**마케팅관리자들에게 마케팅활동에 필요한 제반 정보를 정확하고 체계적으로 제공함으로써 의사결정의 성공확률을 높여주는 과정이다**"라고 정의했다. 간단히 말해서 마케팅조사는 마케팅관리자들로 하여금 더 나은 정보를 제공해주며 위험을 최소화하는 의사결정을 하게 하는 역할을 한다는 것이다. 이러한 마케팅조사를 통하여 마케터는 기업의 마케팅 전략수립 등의 의사결정에 도움을 받을 수 있으며 좀 더 정확한 판단을 이끌 수 있다. 결국 이러한 견지에서, 마케팅조사를 통하여 수집되는 정보는 객관적(objective)이어야 하고, 최근의 시장상황을 반영하여야 하며(timely), 또한 현재 담당자가 처한 문제를 해결하는 데 관련된(relevant) 내용이어야 한다.

2. 마케팅 각 단계에서 실시할 수 있는 조사의 유형

제3장에서 설명되었듯이 마케팅전략 수립과정은 [그림 5-1]과 같은 흐름으로 이루어지게 되고 각 마케팅전략 수립과정에서 다양한 마케팅 조사활동을 필요로 한다. 일반적으로 조사는 정치적 환경변화에 대한 조사로서 선거예측자료와 같은 분야와 학술적 목적으로 이용되는

그림 5-1 | 전략적 마케팅계획 수립과정과 필요한 조사의 유형

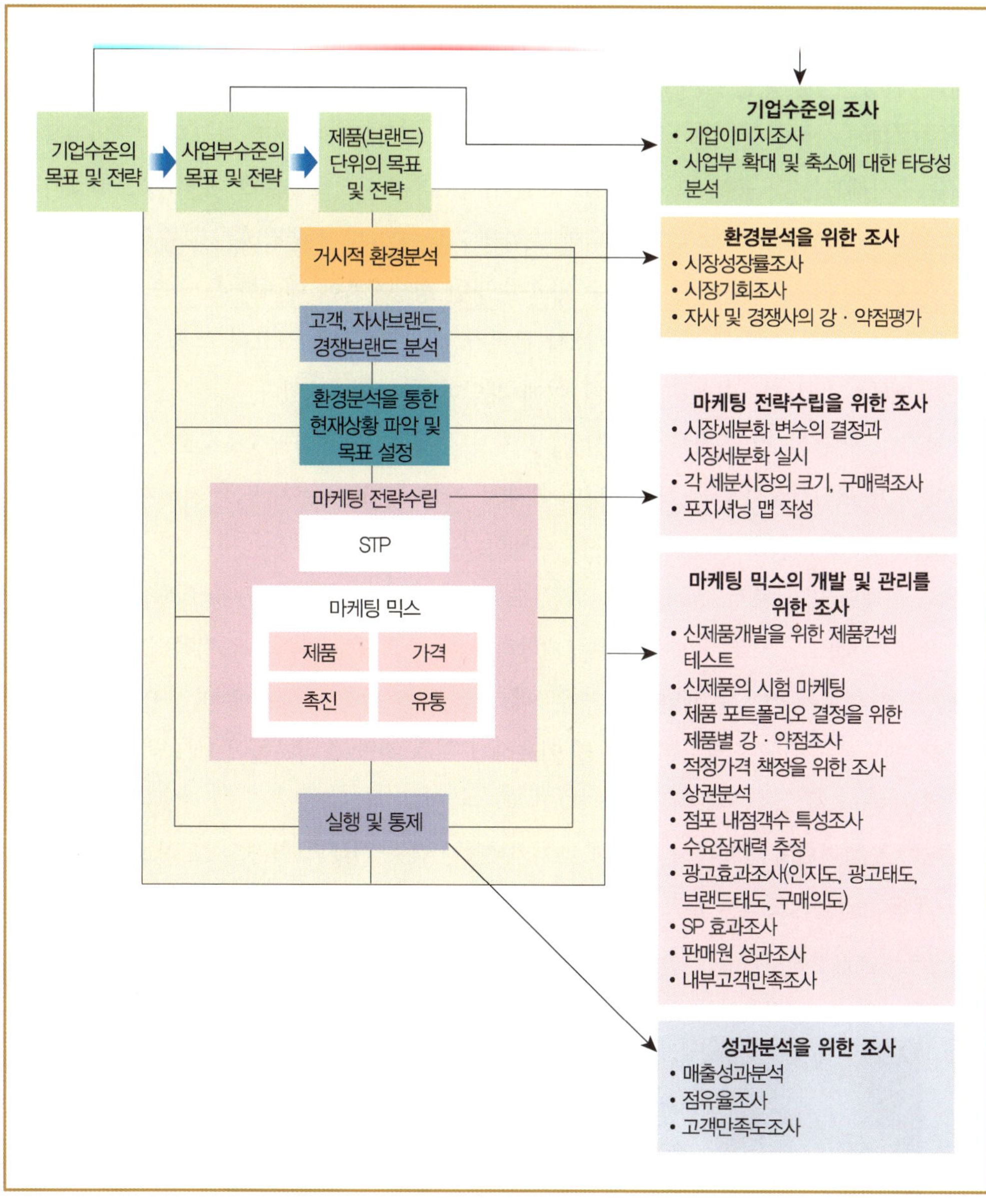

경우도 많지만 본서에는 상업적인 측면의 마케팅조사, 특히 기업의사결정의 수행에 도움을 위한 조사로서 그 범위를 한정하였다.

일반적으로 전략적 마케팅 계획수립, 실행 및 통제과정에서 요구되는 조사는 크게 다음과 같은 유형으로 나누어질 수 있다. 첫째, 기업수준 및 사업부수준에서의 조사로, 그룹차원의

이미지 개선을 위한 현재 이미지에 대한 조사 및 새로운 사업부 개편으로 인한 타당성 분석 등이 이에 해당한다고 할 수 있다.

둘째, 환경분석을 위한 조사로서 경제적 침체가 제품판매에 어떠한 영향을 미칠 것인지 또는 유통업체에 상품권을 허용하는 법률적 환경변화가 제화업계에 어떤 파급효과를 가져올 것인지를 조사해보는 것 등이 그 예가 될 수 있다. 좀 더 미시적 환경변화에 대한 조사로서 우리의 소비자들이 제품선택에 있어 어떠한 효익을 가장 중요하게 생각하는지 중요하게 생각하는 효익은 몇 가지인지 등을 알아볼 수 있으며 또한 경쟁제품에 대비한 우리 회사 및 제품의 전반적인 강·약점 파악 등도 중요한 조사 분야가 될 수 있는데, 도요타 렉서스에 대한 현대자동차 제네시스의 강·약점조사 등이 이에 해당한다고 볼 수 있다.

셋째, 시장세분화 및 표적시장의 선정, 포지셔닝 등을 위한 마케팅조사로서 해당 기업의 제품에 대한 표적시장선정 및 포지셔닝이 제대로 이루어지고 있는지 또한 자사제품의 포지셔닝 맵을 작성하기 위해서 소비자조사를 수행할 수 있다.

넷째, 마케팅 믹스 프로그램 설정을 위한 조사로서 사진에서 볼 수 있듯이 화장품 시제품을 통한 소비자 테스트, 오뚜기가 신제품을 개발하여 이의 적정한 가격을 설정하려고 하는 경우, 맥도날드가 새로운 점포를 개설하는 경우, 베스킨라빈스 광고가 매출에 미친 영향을 측정한다든지, 맥도날드 할인쿠폰(무료콜라)을 이용하기 위해 정말 소비자들이 맥도날드를 찾고 있는지에 대한 조사 등이 여기에 해당한다고 볼 수 있다.

마지막으로 기업의 성과분석을 위한 조사가 있다. 결국 실행된 전략은 그 결과가 측정되어 차기 계획수립에 피드백될 필요가 있는데 각 제품의 기간별 목표 대비 매출성과분석 및 시장점유율분석, 이동통신가입자들의 고객만족도조사 등이 이에 해당한다고 볼 수 있다.

아모레퍼시픽은 'Iope 레티놀 2500'을 시판하기 전에 의견선도자인 여성소비자 1천여 명에게 시제품을 보내서 이들의 의견을 수렴하여 제품을 본격적으로 시장에 내놓았다.

3. 마케팅조사에서 유의사항

마케팅조사는 마케팅 전략수립을 위해 상당히 유용한 도구인 것임에는 틀림이 없다. 그러나 마케팅관리자는 조사를 통해 고객의 욕구를 파악하기 위해 애를 쓰지만 고객 자신도 자기가 진실로 원하는 것이 무엇인지를 정확하게 모르는 경우가 많으며 또한 고객의 욕구를 제대로 인식하였다 해도 잘못 표현되는 경우가 많다는 것을 알아야 한다.

맥도날드는 소비자 설문조사를 바탕으로 1991년 다이어트 버거인 맥린(McLean)을 출시하였으나 실패한 적이 있는데 이는 정량적 자료에만 치중하여 '다이어트'가 패스트푸드의 이미지와 맞지 않다는 것을 간과했기 때문이다. 한편, 국내 여성잡지 〈마리안느〉는 창간에 앞서 주부를 대상으로 설문조사를 하였고 소비자들이 가십과 섹스기사를 싫어한다는 조사에 근거하여 '무섹스', '무스캔들', '무루머'의 3무정책을 표방했다가 창간 17호만에 부도를 내고 말았다.

이와 반대로, 마케팅 조사결과를 무시하여 성공한 경우도 있다. 제2차 세계대전 중에 지프(Jeep)를 군납하여 크게 성장한 아메리칸 모터스(AMC)는 전쟁 후 일반 소비자에 대한 판매가능성을 타진하기 위해 여러 차례에 걸쳐 마케팅조사를 실시하였다. 조사의 결과는 일관되게 부정적이었으나 선택의 여지 없이 지프를 상용화시켰는데 뜻밖에 성공을 거두었다. 아메리칸모터스는 고객에 대한 욕구조사의 결과를 무시함으로써 성공한 것이다.

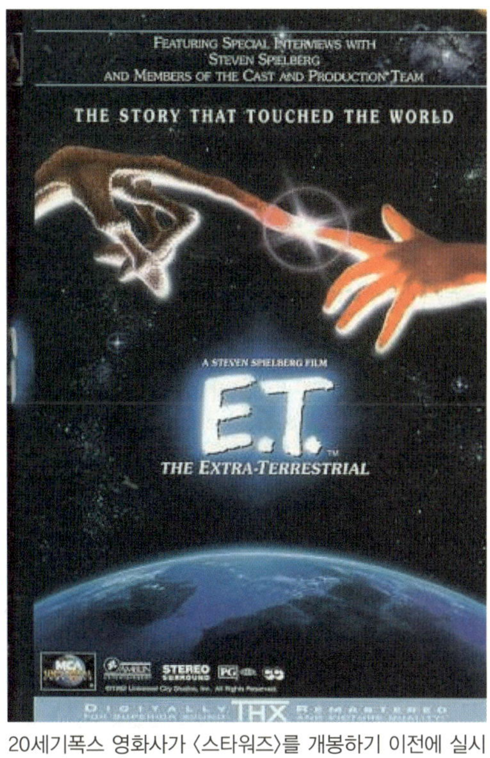

20세기폭스 영화사가 〈스타워즈〉를 개봉하기 이전에 실시한 '컨셉 테스팅'에서는 이 영화의 제목에 워즈(전쟁)가 들어 있고 로봇이 출동하고 공상과학적 요소가 강한 주제여서 여성들에게 어필하지 못할 것이라는 결과가 나왔지만 이 예측은 빗나갔다. 콜롬비아 영화사가 〈E.T〉를 두고 실시한 컨셉 테스팅에서도 '여덟살짜리 아이들이나 관심이 있을 것'이라는 결과가 나왔고 영화사는 당연히 영화의 제작을 포기했다. 유니버설 영화사에서 제작되어 크게 성공하였는데 콜롬비아 영화사는 크게 후회했음이 자명하다.

물론, 여기서 마케팅조사가 불필요하다고 역설하는 것은 아니다. 그러나 엄밀한 조사에도 불구하고 고객의 진정한 욕구가 제대로 전해지지 못하는 경우가 다반사임을 인정해야 하며 좀 더 고객의 내면적 소리를 정확히 듣기 위한 새로운 도구를 개발해나가야 할 중요성에 대해 강조할 수 있다.

MARKETING FOCUS 5-1

마케팅조사의 맹점: "마케팅조사 무조건 믿지말라"

최근 국내외 기업들은 소비자 만족에 경영의 초점을 맞추고 있다. 소비자 기호를 맞출 수 있는 상품을 개발하려고 애쓰고 애프터서비스에 노력한다. 이를 위해 좀 더 정확한 마케팅전략을 수립하기 위해 소비자 시장조사를 자주 애용하고 있다. 그러나 소비자 설문조사에는 적지 않은 함정이 도사리고 있다고 미국의 경제주간지 포춘지는 경고했다. "신제품이 마음에 든다. 물건이 나오면 바로 사겠다"고 응답한 소비자들이 정작 매장에 제품이 전시되면 외면하는 일이 많다. 스포츠용품업체인 스팰딩사와 미즈노사는 1990년대 초에 이 같은 경험을 했다. 이 회사들은 펌프운동화의 원리를 이용, 공기 주머니를 부착한 야구용 펌프 글러브를 개발했다. 소비자 설문조사에서 보인 반응은 대환영이었다. 그러나 1백 달러의 가격표를 붙여 시장에 내놓았을 때 소비자들이 외면하는 바람에 적지 않은 손해를 감수해야 했다.

코카콜라가 1980년대 중반에 개발한 뉴코크(New Coke)도 20만 명의 시음회에서 큰 호응을 받았으나 시판 후 실패상품으로 전락했다. 신제품 개발할 때도 소비자 의견을 무시한 제품이 히트하는 사례도 많다. 크라이슬러의 미니밴은 시장조사에 응한 소비자들이 기괴한 모양새에 코웃음을 쳤지만 시장에서의 평가는 달랐다. 냉동식품도 소비자들의 예상과는 달리 히트상품으로 올라섰다. 마케팅전문가들은 "시장조사가 소비자들의 기호변화를 파악할 수 있는 좋은 방법일 수 있지만, 소비자를 무시해야 기발한 아이디어로 신제품을 개발할 수 있을 때가 많다"고 말한다. 이와 관련해 미국에서는 최근 설문조사보다 소비자 관찰을 통해 신제품 아이디어를 얻는 회사들이 늘고 있다. 사무용가구업체인 스틸케이스사는 신제품 아이디어를 얻기 위해 여러 회사에 비디오카메라를 설치하고 직원들이 눈치채지 못하게 그들의 행동패턴을 관찰했다. 그 결과 집단으로 모일 수 있으면서 개인공간도 보장해주는 모듈식 가구를 개발해 히트를 쳤다. 20개 의류체인을 갖고 있는 미국의 필라델피아의 어번아웃피터사도 창업 이후 25년간 두 차례 밖에 설문조사를 하지 않았다. 이 회사는 소비자들이 실제 착용하는 의류를 조사하기 위해 매장과 뉴욕의 이스트빌리지 등 주택지를 찾아 카메라로 촬영하고 이 자료를 신제품개발에 활용했다. 소비자들이 진정으로 원하는 욕구는 설문조사에서 주장하는 것과는 다르다는 것을 이들 회사의 영업실적이 말해주고 있다.

'펩시'의 끊임없는 도전에 직면한 코카콜라는 1985년 400만 달러의 개발비를 들여 소비자가 가장 좋아하는 맛의 콜라를 만들어냈다. 20만 명이 넘는 소비자를 대상으로 엄밀한 '블라인드 테스트'를 거쳐 그야말로 소비자가 선호하는 맛을 찾아낸 것이다. 그러나 이 '뉴코크(New Coke)'가 시장에 나오자마자 직면한 것은 소비자의 거센 반발이었다. 결국, 코카콜라는 코카콜라 클래식이라는 이름으로 기존제품을 출시할 수밖에 없었다.

1940년대 네스카페 인스턴트 커피는 그 당시로서는 혁신적인 커피였다. 귀찮게 원두를 사다 갈아서 커피를 끓이지 않고 뒤처리를 하지 않아도 되며 있는 커피를 즐겨도 되는 커피로 시장 출시 전 제품반응에 대한 조사결과 기존 원두키피와 비교해도 맛이 좋다는 결과가 나와서 출시 하였다. 그러나 그 결과는 실망적이었는데 대부분의 사람들은 '맛을 싫어한다'고 응답한데 회사는 당황하지 않을 수 없었다. 소위 블라인드 테스트(Blind Test)라는 맛 테스트를 이용하여 경쟁브랜드와 비교해서 시제품의 맛을 비교하였는데 인스턴트 커피를 맛있다고 하였지만 실제 브랜드를 식별하고 나면 소비자의 맛에 대한 판단은 달라진 것이다.

이러한 경우 그냥 직접적인 설문으로 맛이 어떠한지 질문하는 것은 별로 의미가 없다. 다른 방법으로 소비자가 스스로 진실된 답을 찾을 수 있게 만들어주거나 또는 자신이 찾은 진실된 답을 자연스럽게 표현하게 하여야 하는데 그래서 고안된 것이 투사법(projective methods)이다.

네스카페는 [표 5-1]에서 볼 수 있듯이 두 가지 쇼핑리스트를 작성하여 응답자들에게 식료품을 산 여성에 대한 평가를 하도록 하였다.

표 5-1 | 쇼핑리스트

쇼핑리스트 1	쇼핑리스트 2
햄버거 1.5파운드	햄버거 1.5파운드
원더 브래드의 식빵 두 봉지	원더 브래드의 식빵 두 봉지
당근 한 묶음	당근 한 묶음
럼포드의 베이킹 파우더 한 캔	럼포드의 베이킹 파우더 한 캔
맥스웰하우스 원두커피	네스카페 인스턴트 커피
델몬트 복숭아 두 캔	델몬트 복숭아 두 캔
감자 5파운드	감자 5파운드

그 결과 [표 5-2]와 같은 결과가 도출되었는데 응답자들은 네스카페 인스턴트커피를 산 사람은 맥스웰의 원두커피를 산 사람보다 게으르고, 가정관리도 잘 못하고, 낭비도 심하고, 좋은 가정주부가 아니라는 판단을 하였다. 투사법이 아닌 직접 설문법으로 조사했을 때 응답자들은 이런 내용을 답으로 찾기 어려웠거나 아니면 찾았어도 시인하기 꺼려했지만 다른 사람의 경우라고 상상하고 그를 평가했을 때는 자신의 실제 생각과 감정을 표현했다는 것이다.

표 5-2 | 양 집단 간 응답차이

구분	리스트 1 집단	리스트 2 집단
	맥스웰하우스	네스카페
게으르다	4%	48%
집안 살림을 위한 구매와 스케줄링을 잘 못한다	12%	48%
검소하다	16%	4%
좋은 아내가 아니다	0%	16%

직접 설문법을 사용한 원래의 조사에서 나온 결과에 따르면 일반 원두커피에 대해 네스카페 인스턴트 커피가 취해야 할 분명한 포지셔닝은 편의성이라는 경쟁브랜드와의 차별점과 맛좋음이라는 경쟁 브랜드와의 유사성에 기반을 둔 것이었다. 그러나 투사법을 활용한 시험결과에 의하면 미국의 전통적 가치를 가지고 있는 주부라는 사용자의 이미지에 기반을 둔 포지셔닝의 중요성이 크게 부각되었다. 결국, 이 회사는 '주부들이 커피를 끓이는 것보다 더 중요한 가사활동에 전념할 수 있도록 시간을 절약할 수 있음'을 강조하여 성공적으로 시장에 판매되었다.

자료: 조선일보, 1995.04.24/현용진, 마케팅 성공기업사례 시리즈 V 네스카페와 시장조사, http://img.shinhan.com 등에서 참고하여 작성

제2절 연구목적에 따른 마케팅조사의 유형

마케팅조사의 종류는 조사의 목적과 내용에 따라서 구분될 수 있는데, 조사의 종류에 따라 필요한 자료의 성격, 수집방법, 자료의 분석방법 등이 달라지게 된다. 조사의 목적과 유형에 따라 어떠한 자료가 필요하고, 어떠한 절차를 통해 자료를 얻을 것이며, 분석을 위해서는 어떤 기법이 사용되어야 하는가 등이 결정되므로, 따라서 해당 조사자는 조사목적과 조사조건에 맞는 조사방법을 선택하여야만 효과적인 조사를 실시할 수 있다.

1. 탐색조사

탐색조사(exploratory research)란 마케팅 프로젝트를 진행할 만큼 조사문제를 충분히 이해하지 못한 상황에서 현재 기업이 처한 문제점을 명확히 파악하기 위해 수행하는 조사를 의미한다. 탐색조사는 특정 조사 설계를 확정하기 전에 시행하는 예비적인 성격을 띠고 있어 탄력성 있게 실시하여야 하며 필요에 따라 그 절차를 수정할 수 있다. 거의 모든 경우 탐색조사가 행해진 후에 보다 정교한 후속조사가 행해진다. 따라서 상세한 조사 설계는 요구되지 않기에 탐색조사는 조사자와 조사의뢰자 간의 협의를 통해 수행하는 것이 바람직하며, 의사결정에 도움을 주는 실마리의 포착을 위한 예리한 시각과 독창적인 사고가 요구된다.

1) 문헌조사

기업이 처한 문제점을 파악하기 위하여 기존에 공개되어 있는 2차 자료를 검토하는 것으로 조사자는 조사문제의 파악을 위해 과거에 수행된 마케팅조사 자료와 같은 기업 내의 각종 자료들과 경제신문에 게재되었던 기사, 협회지, 각종 경제단체 및 경제연구소를 통해 출판된 정보, 통계청, 대학 등의 자료를 이용할 수 있다.

2) 전문가조사

기업이 처한 문제나 해결책에 대한 아이디어를 얻기 위하여 어떤 산업 및 기업에 관련된 경험과 지식을 갖춘 전문가를 통하여 정보를 얻어내는 방법으로 여기서 전문가란 해당 기업의 사정을 잘 아는 기업 내의 담당자, 유통상의 문제점을 명확히 이해하고 있는 영업사원, 소비자상담실에 오래 근무하면서 소비자의 불만사항을 잘 이해하고 있는 직원 등을 의미한다.

3) 사례조사

사례조사(case study)란 현재의 문제점을 파악하기 위하여 기업의 일부활동 또는 특정 부서에 대한 집중적 분석을 통하여 문제를 파악하고 이에 대한 해결책을 찾아보려는 연구로서 실제로 일어났던 사건의 기록이나 목격한 사실을 분석하는 경우도 있고, 시뮬레이션에 의한 가상적인 현실을 만들어 분석하는 경우도 있다.

사례분석은 문제의 규명과 관련된 변수 간의 관계를 명확하게 해주는 데 매우 효과적이지만, 사후적인 조사방법이므로 그 결과가 의사결정에 결정적인 것은 아니며 단지 시사적인 의미를 지니고 있을 뿐이다.

2. 기술조사

기술조사(descriptive study)는 경쟁상황이나 소비자의 변화와 같은 전반적 시장상황을 분석하기 위해 수행되는 조사로서 마케팅조사에서 가장 널리 이용되고 있다. 가령 자사제품 또는 경쟁제품 고객의 특성(인구통계적, 라이프스타일 특성 등)이나 자사의 마케팅 노력에 대한 소비자반응(고객특성별 자사제품의 사용량차이분석, 자사의 TV제품광고에 노출된 시청자의 수,

지역별·고객유형별 매출액조사 등) 등에 대한 조사 등 기업에서 수행되는 대부분의 마케팅 조사는 기술조사에 해당한다고 볼 수 있다.

기술조사는 탐색조사와는 달리 설문지와 같은 표준화된 측정도구를 이용하며 인과조사와는 달리 조사시점에 조사담당자의 실험적 **조작**(manipulation), 즉 예를 들어 여러 가격이나 포장, 브랜드명 등을 제시하고 응답자의 반응을 살피는 경우 없이 비교적 객관적으로 자료를 수집·분석할 수 있다.

기술조사는 크게 **횡단조사**(cross-sectional study)와 **종단조사**(longitudinal study, time-series analysis)로 나누어 볼 수 있는데, 횡단조사는 모집단에서 추출된 표본으로 단 1회의 조사를 통하여 마케팅정보를 수집하는 방법으로 마케팅조사에서 가장 많이 이용되는 서베이조사와 같이 어떤 한 시점에서의 소비자들의 구매행태를 측정하여 시장의 전반적 상황을 파악하는 조사이다. 종단조사는 동일한 표본을 대상으로 일정한 시간간격을 두고 반복적인 조사를 통하여 관심 마케팅변수의 변화추세를 보는 **트렌드조사**(trend analysis)로 시간의 간격을 두고 한 번 이상 조사를 실시하기 때문에 시간의 변화에 따른 마케팅변수에 대한 소비자의 반응을 측정할 수 있다는 점이 특징이다. 예를 들어 가격변화의 전후, 사은품 증정과 같은 판매촉진을 실시하기 전후, 또는 새로운 광고의 전후에 각각 소비자반응을 측정한다. 종단조사는 **패널조사**(panel study)라고도 한다.

3. 인과조사

인과조사(casual study)는 마케팅 현상의 원인과 결과 간의 관계를 규명하기 위한 조사이다. 가격인하(원인변수)가 매출액과 시장점유율의 증가(즉 결과변수)를 가져다준다는 가정은 특정 세분시장(가령 고가격-고품질의 제품을 선호하는 소비자집단)이나 경쟁상황(과점적 경쟁구조)에서는 해당되지 않을 수 있는 것이다.

제3절 마케팅조사의 과정

마케팅 조사과정 또한 연구자에 의해 다양하나 본서에서는 대체로 [그림 5-2]의 문제의 인식과 정의, 조사계획의 수립, 자료의 수집, 자료의 분석 및 해석, 조사결과의 보고 등의 5가지 단계를 거쳐 수행되는 것으로 보고 각 단계별 세부사항에 대해 설명하기로 한다.

그림 **5-2** | 마케팅조사의 일반적인 절차

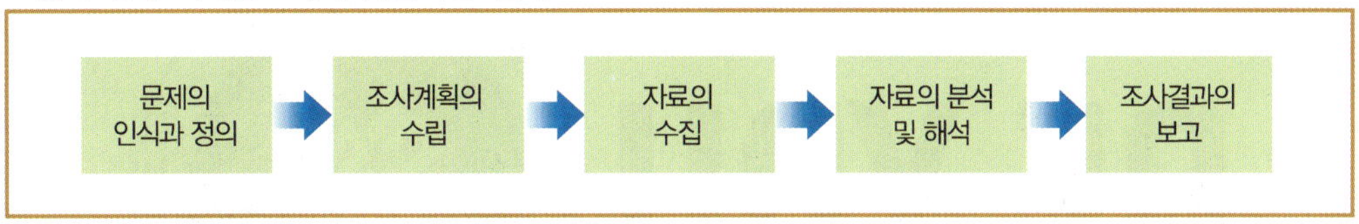

1. 문제의 인식과 정의

조사문제는 시장점유율의 감소와 같은 현재 처한 문제를 해결하기 위해 또는 특정 제품의 성장 등과 같은 시장기회의 분석을 위한 욕구에서부터 시작될 수 있다. 정확한 문제의 인식과 정의가 이루어지지 않아서 발생하게 되는 불필요한 정보의 수집은 시간과 비용의 낭비를 가져올 수 있기에 다른 모든 연구활동과 마찬가지로 마케팅조사에서도 문제의 정확한 인식과 정의가 선행되어야 효율적인 마케팅활동을 수행할 수 있을 것이다.

마케팅조사에 있어서 조사문제의 인식과 정의는 마케팅의사결정에 직접적으로 관련된 의사결정문제의 규명과 의사결정문제의 해결에 도움이 되는 구체적인 정보를 밝힐 수 있는 조사문제의 규명으로 구분될 수 있다.

표 **5-2** | 의사결정문제와 조사문제

의사결정문제	조사문제
• 신제품포장개발	• 포장디자인 대안들의 효과에 대한 평가
• 새로운 점포개발을 통한 침투	• 가능한 지역대안들에 대한 평가
• 점포방문고객의 증가	• 점포의 현재이미지 조사
• 반복구매율의 증가	• 현재반복구매 정도에 대한 조사
• 광고예산의 지역적 분산	• 각 지역에서 현재의 시장침투율조사
• 신제품도입 여부의 결정	• 적절한 시험시장결정과 테스트마케팅

자료: Churchill, Jr. G. A.(1995), *Marketing Research*, 6th, ed., The Dryden Press, p.98에서 수정하여 작성

의사결정문제가 마케팅관리자들에게 어떻게 마케팅활동을 할 것인가에 대한 직접적인 지침을 주는 것이라면, 조사문제는 마케팅조사자들이 어떠한 정보를 마케팅관리자에게 제공하여야 하며 그러한 정보를 어떻게 획득할 것인가에 대한 지침을 주는 것이라고 할 것이다.

MARKETING FOCUS 5-2

정확한 조사에 의한 문제발견

미국에 Dr. Pepper라는 음료수 기업이 있다. 코가콜라, 펩시콜라 등 대기업들의 경쟁등살에 Dr. Pepper 음료수는 자꾸만 매출이 감소되었다. 따라서 이 회사는 매출감소 원인이 광고 및 홍보의 부족이라고 보고 "be a pepper too"(pepper에 동참합시다)라는 슬로건을 가지고 대대적인 광고를 하였다. 이 광고가 히트하여 제일 기억에 남는 TV광고가 되었지만 매출은 증가하지 않았다. 그래서 Dr. Pepper사는 코카콜라사가 하는 바와 같이 영업사원을 더 많이 채용하여 매출을 증가해보려고 노력하였다. 그러나 이 방법도 매출을 증가시키지는 못했다. 결국 Dr. Pepper사는 매출증대가 이루어지지 않는 이유가 광고가 부적절했던 것이 아니라 **표적시장(target market)**의 겨냥을 잘못한 것이 그 이유라는 사실을 마케팅조사에서 알게 되었다. 즉 Dr. Pepper를 구입하는 소비자는 독특하여 자기가치관에 따라서 생활하며 부모, 형제, 동료 등의 기대에 부응하여 생활하는 사람이 아니라는 사실이었다. 이와 반대로 코가콜라나 펩시콜라를 즐겨 마시는 소비자들은 최근의 유행을 따르려 하며 생활태도에 동료 등의 동의(同意)를 얻으려는 태도를 보여주고 있었다.

따라서 "pepper에 동참합시다(be a pepper)"라는 광고 슬로건은 이들의 생활 형태에 맞지 않는 것으로 이들을 식상하게 하는 광고였다. Dr. Pepper사는 광고모델을 개인주의자 같이 보이게 꾸미고 그가 **무인판매기(vending machine)** 앞에서 Dr. Pepper를 사는 광고로 바꾸었다. 그 후 매출은 크게 증가하였다.

자료: Alsop, R.(1985), "Dr. Pepper Is Building Again After Its 'Be a Pepper' Setback," *Wall Street Journal*, Sseptember, 26, p.33/Goldman, K.(1993), "Dr. Pepper Wraps Ads in Stars and Stripes," *Wall Street Journal* Oct., 4, p.133.

2. 조사계획의 수립

문제가 명확히 정의되고 조사의 방향이 구체화되면 조사계획을 수립하여야 하는데 조사계획수립단계에서는 조사문제의 해결을 위하여 수집되어야 할 자료의 종류, 수집방법 및 분석방법에 대한 계획이 수립되어야 한다. [그림 5-3]은 한 슈퍼마켓이 1달 동안 내방하지 않은 고객들의 내방하지 않는 이유를 분석하기 위한 조사계획 수립의 예시이다.

자료의 유형은 크게 조사자가 당면한 연구질문에 대답하기 위하여 직접 또는 대리인에 의하여 수집한 자료인 **1차자료(primary data)**와 다른 조사자에 의해 다른 조사목적으로 이미 수집된 자료(예: 사내자료, 정부기관발행물, 전문조사기관보고서)와 같은 **2차자료(secondary data)**로 나누어질 수 있다.

2차자료는 어떤 항목에서의 참고나 인용의 요구를 충족시키며 많은 조사 상황에서 물리적·법적·비용적인 제약으로 인해 1차자료 수집이 힘들기 때문에 연구를 위한 근거로 이용하게 된다. 최근 들어서 기업들은 전산화시스템의 확산으로 인해 사내에 기존고객들의 구매행태에 대한 자료를 많이 축적하고 있다. 예를 들어 고객유형별로 선호하는 제품이 어떻게 다른지, 계절별로 어떠한 상품이 선호되고 있는지는 기존고객의 구매자료를 가지고 충분히 발견

그림 5-3 | 한 슈퍼마켓의 휴면고객에 대한 조사를 위한 계획수립 예

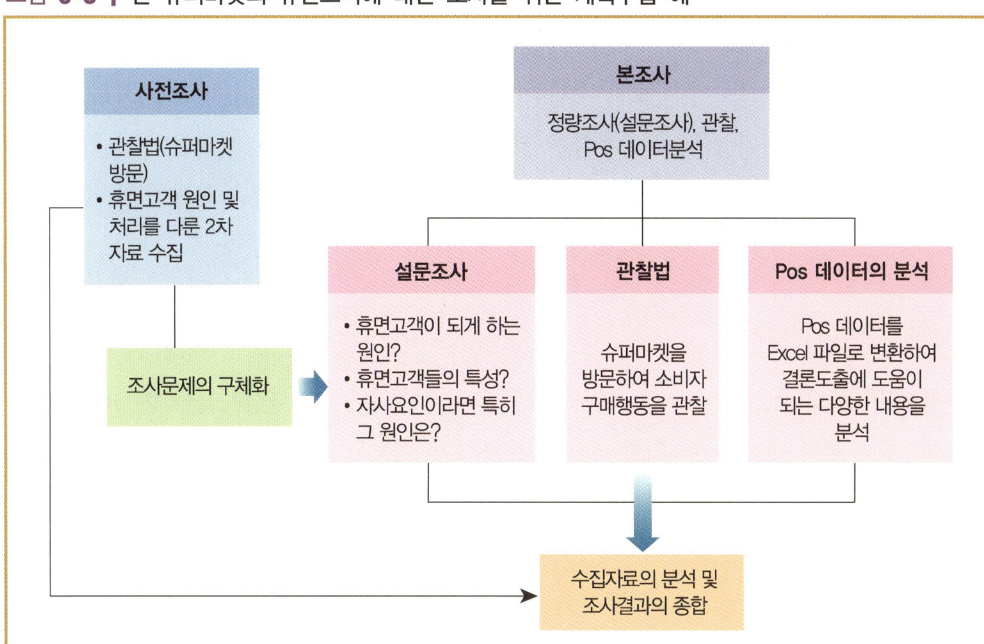

해 낼 수 있는 부분이다. 2차자료는 전국적·세계적 통계자료가 필요할 경우 1차자료보다 빠르고 저렴하다는 장점이 있으나 자료가 연구자의 특정한 조사를 위해 맞지 않을 수 있다는 단점이 있을 수 있다. 예를 들어 신제품 음료의 출시를 위해 2019년 음료시장에 대한 의사결정을 위해 2018년 음료수시장 자료를 이용할 경우 시대적 차이를 반영 못했을 수 있으며, 삼성전자가 신제품인 인터넷이 되는 스마트 TV의 시장조사를 하는 경우 기존 LCD TV에 관련된 자료를 완전하게 이용하기 어렵다는 내용상의 부적절성이 야기될 수 있다.

3. 1차자료의 수집 및 측정

1) 1차자료의 유형

조사에서 특히 1차자료가 수집되는 이유는 앞에서 논의되었듯이 2차자료들이 조사목적에 부합하지 않는 경우가 많기 때문으로 과거에 조사되었던 자료가 현재와 일치할 수 없으며 다른 제품에 대한 조사가 우리 제품과 일치할 수 없기에 문제가 있을 수 있기 때문이다. 여기서는 관찰법, 표적집단 면접법, 실험법, 서베이법 등에 대해 살펴보기로 한다.

(1) 관찰법

관찰법(observation method)은 조사자가 소비자의 행동이나 기타 조사대상을 직접 혹은 기계를 이용하여 관찰함으로써 자료를 수집하는 방법으로 이의 장점은 정확한 자료를 수집할 수 있으며 조사대상자가 응답을 거부하는 경우나 회피하는 경우에도 필요한 정보를 획득할 수 있다는 것이다. 그러나 조사대상자의 내면적인 것, 즉 어떠한 행동을 유발한 태도나 동기를 파악할 수 없기 때문에 다른 자료수집방법과 함께 사용하기도 한다.

(2) 표적집단면접법

표적집단면접법(focus-group interview)은 보통 8명 내외의 면접대상자들을 한자리에 모이도록 한 다음 어떤 주제를 제시하여 그 주제와 관련된 토론을 하도록 함으로써 자료를 수집하는 것이다. 이때 진행자는 조사문제나 목적을 명확히 이해하고 있어야 하며 토론을 적절히 이끌어 나갈 수 있도록 숙련된 테크닉을 필요로 한다. 자유로운 분위기 속에서 토론이 이루어질 수 있도록 간식이나 음료 등이 제공될 수 있으며, 토론진행과정은 녹음이나 비디오 녹화가 될 수도 있고 밖에서 안을 들여다 볼 수 있는 유리를 통하여 관찰될 수도 있다. 표적집단법은 가설의 도출이나 탐색조사를 위해 비교적 많이 이용되며, 조사대상자가 너무 적기 때문에 조사결과를 전체시장에 적용하기는 힘들다는 점을 고려해야 한다.

물론 설문조사는 양적 데이터를 얻는 데 매우 유용할 수 있지만 회원이나 고객이 조직, 제품 또는 서비스에 대한 생각의 질적 또는 정서적 측면에 대해 많은 것을 포착할 수는 없을 수도 있다. 종종 포커스그룹에서 얻은 정보는 설문조사 또는 일대일 인터뷰에서 얻은 정보보다 질적이며 강력할 수 있으며 이를 구성하면 서면설문조사에서 쉽게 포착할 수없는 질문을 할 수 있다는 장점이 있다.
(사진출처: https://www.naylor.com/associationadviser/tips-for-conducting-focus-groups/)

(3) 실험법

실험법(experimental method)은 인과관계조사를 위하여 많이 이용된다. 조사자는 실험대상자를 둘 혹은 몇 개의 집단으로 나눈 후 인과관계의 원인이라고 추정되는 변수를 각 집단에 다르게 조작하여 그 결과가 집단들 간에 다르게 나타나는지를 봄으로써 변수들 간의 인과관계를 규명할 수 있다. 이때 주의할 점은 결과변수에 영향을 미칠 수 있으나 조사설계에는 포함되지 않는 변수, 즉 **외생변수**를 통제하여야 한다는 것이다.

예를 들어 외식 프랜차이즈 본부에서 새로 개발한 새로운 메뉴의 가격결정을 위하여 매출실적이 비슷한 두 개의 가맹점을 선정하여(외생변수의 통제) 동일한 메뉴를 각각의 가맹점에서 다른 가격(**원인변수**)으로 판매한 후 매출액(**결과변수**)을 비교할 수 있다.

(4) 서베이법

일반적으로 설문을 통한 고객조사의 장점은 설문조사가 시행되는 것을 보고 고객들이 회사가 서비스를 개선하기 위해 노력한다고 생각할 수 있고, 설문조사를 통해 좋은 결과가 나온 경우(예: 고객만족도 1위), 품질의 우수성을 알리는 광고를 통해 신뢰성을 높여줄 수 있으며,

무엇보다 중요한 것은 판매기회를 포착, 문제를 파악, 시장상황이나 변화를 무시하고 타성적이 되는 것을 막아준다는 점이다. 서베이법은 그 방법론적인 측면에서 다음과 같이 나누어 설명할 수 있다.

첫째, **대인면접법**(personal interview)은 가장 융통성이 있는 방법으로, 면접자는 많은 질문을 할 수 있으며, 또한 응답자에 대한 추가적인 조사, 즉 의상, 몸짓을 조사할 수 있다. 대인면접은 세 가지 유형 중 가장 비용이 많이 소요되는 방법이며, 또한 보다 관리적인 계획과 감독이 필요하다.

둘째, **우편질문법**(mail questionaire)은 개인적인 면접을 허락하지 않거나 접촉하기에 멀리 떨어져 있는 피면접자에게 도달하는 데 가장 좋은 방법으로, 응답자들의 응답내용이 면접자에게 왜곡되거나 편견이 주어지지 않는 방법이다. 한편 우편질문을 간단하고 명확한 글로 표현된 질문이 되어야 하며, 또한 응답률이 통상 낮으며, 응답회수시간이 느리다는 등의 단점을 가진다.

셋째, **전화면접법**(telephone interview)은 빨리 정보를 입수하는 가장 좋은 방법으로 면접자는 피면접자가 이해하지 못하는 질문을 명확히 설명할 수가 있다. 응답률은 일반적으로 우편질문보다는 높다는 이점이 있지만 면접시간이 짧으며, 또한 사적인 문제에 대해 이야기하기를 꺼린다는 두 가지의 중요한 결함이 있다.

이러한 3가지 방법 말고도 최근에는 **온라인조사**(online survey)의 이용이 점차 증가하고 있다. 비용이 저렴하고 빠른 응답이 가능하다는 점에서 큰 이점이 있으나 온라인으로 자료를

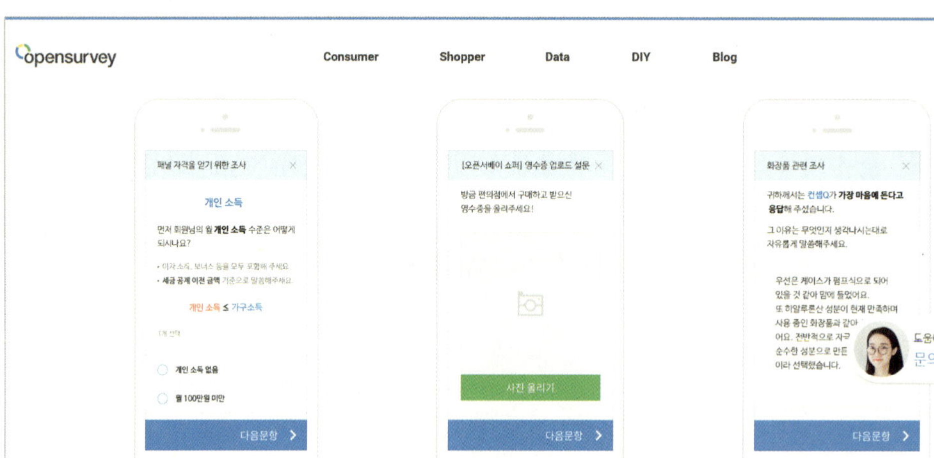

최근에는 인터넷사이트를 이용한 서베이가 보편화되고 있다(사진출처: https://www.opensurvey.co.kr).

수집하는 경우 기업은 그 자료의 한계사항을 예를 들면 적절한 표본추출의 어려움(60~70대 고객), 신뢰성이 떨어지는 문제 등이 있었다. 그러나 연구에 의하면 온라인조사가 신뢰성이 더 높다는 결과도 나오고 있으며 인터넷 사용확산으로 표본의 대표성 문제도 많이 해결되었다.

2) 1차자료 수집 시 고려해야 할 사항

(1) 측정

측정이란 대상(사람 또는 제품)의 속성(특징)에 숫자를 부여하는 체계적인 과정으로 정의된다. 마케팅조사에서는 흔히 응답자의 소득, 연령과 같은 응답자의 현상태나 상표들의 속성별 평가와 같은 응답자의 생각, 그리고 제품의 구매, 점포의 방문과 같은 응답자의 행동을 설문지상에서 수치(number)로 나타내도록 함으로써 응답자의 특성을 측정한다. 일반적으로 마케팅에서 많이 조사되는 측정대상은 **매출액, 시장점유율, 브랜드인지도, 광고인지도, 소비자만족도, 서비스품질, 브랜드태도, 브랜드충성도, 구매의도, 방문의도** 등이다. 앞에서 언급되었듯이 마케팅관리자는 이러한 지표에 대한 자사 및 경쟁사의 수치를 지속적으로 측정하여 마케팅전략 수립에 활용할 필요가 있다.

매출액과 시장점유율 등은 객관적 지표로 비교적 측정하기가 용이하지만 브랜드인지도, 소비자만족도, 브랜드태도 등은 응답자의 주관적 판단이 요구되는 매우 추상적인 개념이다. 이러한 점에서 조사자는 추상적인 측정대상에 대해서 측정에 앞서 명확한 **개념적 정의(conceptual definition)**와 **조작적 정의(operational definition)**를 내려줌으로써 보다 신뢰성과 타당성이 있는 측정을 할 수 있다. 여기서 개념적 정의란 측정대상이 되는 어떤 개념의 의미를 사전적으로 정의를 내린 것이다. 가령 조사자는 소비자의 **브랜드충성도(brand loyalty)**라는 개념에 대해 '여러 개의 구매가능한 브랜드들 중 한 브랜드를 지속적으로 구매하는 성향'으로 개념적 정의를 내릴 수 있다.

그리고 조작적 정의란 어떤 개념에 대해 응답자가 구체적인 수치를 부여할 수 있는 상세한 정의를 내린 것을 말한다. 즉 앞서 설명한 브랜드충성도의 경우 어떤 브랜드를 5번 이상 연속해서 반복구매할 경우를 7점, 동일 브랜드를 3회 이상 반복구매하거나 5회 구매 중 4번 구매한 경우를 6점으로 하는 등의 정의를 내리는 것이 그 예이다.

(2) 척도

척도(scale)는 크게 **명목척도**, **서열척도**, **등간척도** 및 **비율척도**로 나누어지며, 어떤 척도를 사용하는가에 따라 측정의 결과 얻어진 숫자들의 의미와 사용되는 통계기법이 달라지는데 [표 5-4]를 보고 그 특성을 이해해보자.

표 5-4 | 질문의 유형

A. 항목선택형 질문

척도	설명	예	
이분형 (dichotomous)	두 항목 중에서 선택하도록 함	귀하의 성별은 어떻게 되십니까? ( ) 1) 남 2) 여	명목척도
선다형 (multiple choice)	세 개 이상의 항목에서 선택하도록 함	귀하는 현재 어떤 직업에 종사하고 계십니까? ( ) 1) 주부 2) 공무원 3) 회사원 4) 개인사업 5) 전문인 6) 교육자 9)기타:________________	명목척도
리커드척도 (Likert scale)	응답자의 동의 정도를 구하는 질문	제네시스는 성능이 좋다 매우 그렇지 않다 / 그렇지 않다 / 보통이다 / 그렇다 / 매우 그렇다 1____ 2____ 3____ 4____ 5_____	등간척도
어의차이척도 (semantic differential)	두 개의 대칭이 되는 단어 사이에 척도가 들어가 있으며 응답자는 자신의 의견을 나타내는 점수를 선택	올해 부산국제영화제에 대해 다음과 같은 것들을 평가하여주시기 바랍니다. ① 출품작의 작품수준 ( ) 떨어진다 1 2 3 4 5 우수하다 ② 영화제에 대한 본인의 흥미 ( ) 낮다 1 2 3 4 5 높다 ③ 영화제 참가의사 ( ) 없다 1 2 3 4 5 있다	등간척도
중요성척도 (importance scale)	어떤 속성의 중요성을 평가	승용차의 안전성은 전혀 중요하지 않다 / 중요하지 않다 / 보통이다 / 중요하다 / 매우 중요하다 1____ 2____ 3____ 4____ 5____	등간척도
총합고정척도법 (constant sum scale)	응답자들에게 일정한 수(대개 10점 또는 100점)를 주고 이 점수를 속성의 상대적 대·소에 따라 여러 측정대상에 분배하게 한 방법	가수가 성공하기 위해 다음의 속성들이 얼마나 중요하다고 생각하십니까? 가창력 ( )점 선곡 ( )점 외모 ( )점 퍼포먼스 ( )점 총계 100점	비율척도

등급법 (rating scale)	브랜드의 특정 속성별로 평가를 측정하는 것	제네시스의 운전성능은? 매우 떨어진다 1____ 떨어진다 2____ 보통이다 3____ 우수하다 4____ 매우 우수하다 5____	등간 척도
구매의도척도 (Intention-to buy scale)	응답자의 구매의도를 표시한 척도	다음 차를 구매할 때 나는 현대차를 절대로 구입하지 않겠다 1____ 구입하지 않겠다 2____ 잘 모르겠다 3____ 구입하겠다 4____ 반드시 구입하겠다 5____	등간 척도

B. 개방형 질문(open-end question)

척도	설명	예
완전한 비체계적 질문(completely unstructured)	응답자가 거의 제한받지 않고 대답할 수 있는 질문	제네시스에 대한 당신의 견해는?
단어연상법 (word association)	한번에 여러 단어가 제시되고 응답자는 가장 먼저 떠오르는 단어를 이야기	다음 단어를 들었을 때 가장 떠오르는 생각은? 제네시스____________ 현 대____________
문장완성법 (sentence completion)	불완전한 문장이 제시되고 응답자가 나머지 문장을 완성함	내가 자동차를 구매할 때 가장 중요한 기준으로 고려하는 속성은____________
투사법 (projection technique)	어떤 상황을 제시하고 이에 대한 의견을 제시하도록 함으로써 응답자의 동기를 조사	Nescafe 인스턴트커피를 A주부의 쇼핑항목에 포함시키고 B주부의 쇼핑항목에 포함시키지 않은 상태에서 주부에게 A, B주부의 쇼핑항목을 보고 주부를 평가하게 함으로 동기조사

자료: Kotler, P.(2000), *Marketing Management, Millenium edition*, Prentice-Hall, pp.110-111의 내용을 수정하여 구성

(3) 표본추출 과정

표적시장 내의 모든 소비자나 모든 유통업자를 대상으로 설문조사는 사실상 불가능하기에 표본의 일부를 표본으로 추출하여 조사함으로써 비용과 시간을 줄일 수 있다. 표본추출과 관련하여 조사자는 표본단위, 표본의 크기 및 표본추출법에 대한 결정을 해야 한다.

표본단위(sample unit)의 결정은 조사대상자에 대한 결정으로서 표본추출의 대상이 되는 **표적 모집단(target population)**을 결정하는 것이다. 예를 들어 승용차구매조사에서 승용차의 주요 결정자가 각 가정의 가장이라고 생각되면 가장이 표본단위가 되며, 세탁기 구매조사에서 주요 결정자가 각 가정의 주부라고 생각되면 주부가 표본단위가 된다.

표본의 크기(sample size)는 조사결과의 신뢰도와 비용을 고려하여 결정되어야 한다. 표본의

크기가 클수록 보통 신뢰도가 높을 것으로 기대되지만 비용이 많이 든다. 그러나 작은 크기의 표본이라도 표본추출절차에 따라 모집단에 대한 대표성이 높을 수 있다.

그림 5-4 | 표본추출과정

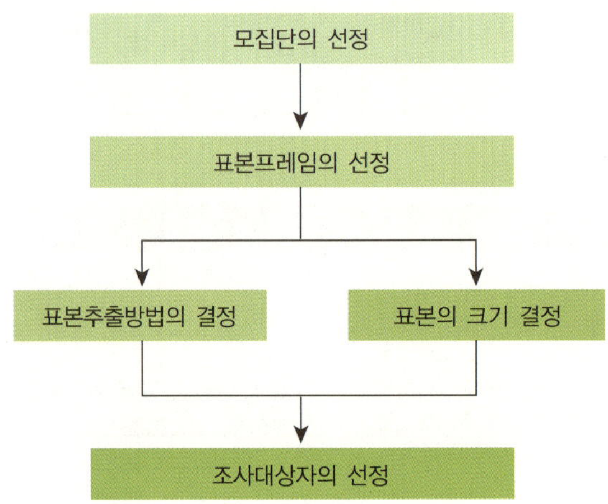

4) 자료의 분석 및 해석

1차자료의 수집 다음 단계는 수집된 자료에서 관련되는 결과를 도출하는 것으로 조사자는 자료를 도표화하며 또한 도수분포를 작성하고 주요 변수를 기준으로 하여 평균과 편차의 측정치를 계산한다. 조사자는 추가적인 결과를 발견하기 위하여 발전된 통계적 기법과 의사결정모델을 이용한다. 자료를 분석할 때는 '과연 그 해석은 투입비용 이상의 이익을 이끌어 낼 수 있는가' 하는 점이 중요하다. 구체적으로 행동을 이끌어내려면 적어도 '어떤 요인을 변화시켜야 기업의 마케팅 성과가 향상될 수 있는가', '그러한 변화를 이끌어내는 마케팅 실행이 가능한가,' 그리고 '그에 따른 비용이 충분한 이익을 이끌어낼 수 있는가?' 하는 점들에 대한 답을 제시할 수 있어야 한다.

5) 조사결과의 보고

결과보고는 조사의 개요와 절차 및 **발견사항들(findings)**을 포함하여야 하며 또한 결과보고서는 마케팅조사 전문가들이나 이해할 수 있는 조사전문용어나 통계용어들을 지양하여 마케팅관리자가 이해할 수 있도록 표현되어야 한다. 마케팅조사는 그 자체에 목적이 있는 것이 아니라 의사결정을 위한 정보제공수단으로서 그 가치가 있음을 다시 한번 명심할 필요가 있다.

MARKETING FOCUS 5-3

마케팅조사에 있어 오해

▶ 소비자들은 기꺼이 자신의 생각과 행동을 설명할 수 있다

우리의 사고가 대부분 의식적 차원에서 발생한다는 그릇된 가정에서 기인한다. 경영자들의 예상과는 달리 소비자들은 자신의 **정신적 활동과정(mental activities)**에 대해 자각하지 못하는데, 이는 사고의 95%가 무의식적 차원에서 이루어지기 때문이다. 기억, 감정, 사고 등의 인지과정은 무의식적 차원에서 복합적으로 상호작용하기 때문에 우리가 의식하거나 말로 표현하기가 어렵다.

그림 5-5 | 소비자의 정신적 활동과정

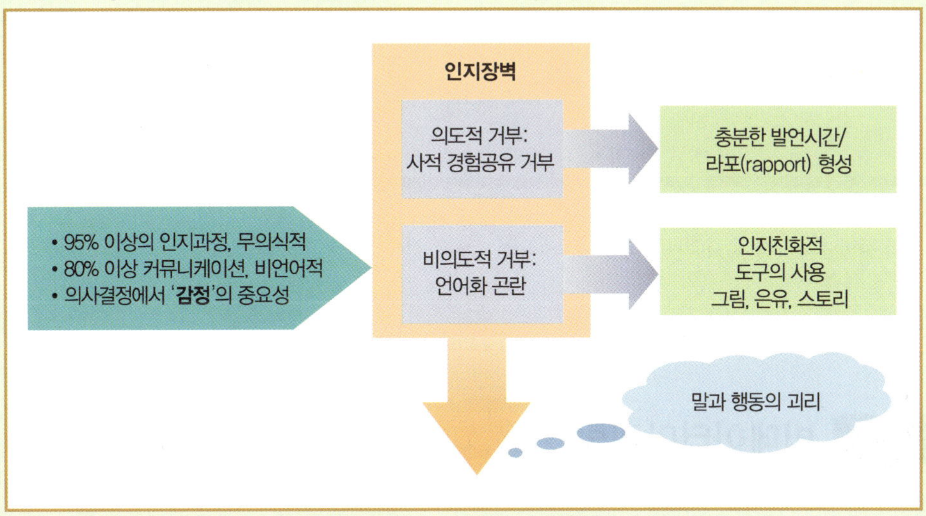

자료: 정효명(2005), "소비자 광고심리의 새로운 지평: 소비자의 숨은 심리를 찾아서," 한국소비자광고심리학회 특별 세미나, p.9에서 재인용

▶ 소비자들의 기억은 경험을 정확히 반영한다

경영자들은 소비자들의 뇌가 기억이라는 '사진'을 찍는 카메라와 같다고 생각해서 소비자들의 기억이 사진처럼 소비자의 경험을 있는 그대로 정확하게 묘사한다고 믿는다. 경영자들은 또한 소비자들의 기억이 시간이 지나도 변하지 않는다고 믿기 때문에 오늘 떠올린 쇼핑 경험이 일주일 전이나 몇 달 후에도 똑같이 기억될 것이라고 생각한다. 그러나 인간의 기억은 예상보다 훨씬 더 창조적이고 유연해서 우리가 인식하지 못하는 사이에도 끊임없이 변한다.

▶ 소비자들은 언어로 생각한다

경영자들은 소비자들의 생각이 오직 언어를 기반으로 형성된다고 본다. 그래서 경영자들은 일상적인 대화나 설문지에 나타난 언어를 해석함으로써 소비자의 생각을 충분히 이해할 수 있다고 믿는다. 물론 언어는 사람의 생각을 전달하는 데 중요한 역할을 담당한다. 그러나 언어로는 모든 것을 전달하기 어려운데, 그 이유는 사람의 생각은 일반적으로 언어를 기반으로 형성되지 않기 때문이다. 뇌영상 촬영기법이나 다른 생리적 기능검사를 통해 조사해본 결과, 어떤 생각에 대한 의식적 차원의 자각이나 언어활동과 관련된 뇌 영역의 활성화 이전에 뇌세포, 즉 뉴런이 먼저 활성화된다는 점을 발견하였다. 요컨대 인간이 어떤 생각을 자신이나 타인에게 언어로 표현하려는 결정이 무의식적으로 이루어진 뒤에야 언어활동을 담당하는 뇌 영역이 활성화된다는 것이다.

▶ 소비자들에게 원하는 메시지를 '주입'할 수 있고, 소비자들은 그 메시지를 경영자들의 의도한 대로 해석할 것이다

소비자들이 오직 언어를 기반으로 생각한다고 착각한 결과, 경영자들은 기업 브랜드이미지나 제품의 포지셔닝과 관련된 메시지가 어떤 것이든 간에 자신들이 원하는 대로 소비자들의 마음속에 주입시킬 수 있다고 생각한다. 경영자들은 소비자의 마음을 자기들이 원하는 대로 메시지를 써넣을 수 있는 백지로 간주하는 경향이 있다. 그 결과 경영자들은 소비자들이 얼마나 기억하고 마음에 들어 하는지를 단순히 물어보는 방법만으로도 광고효과를 확인할 수 있다고 생각한다. 이처럼 실제로 시행되고 있는 기존 마케팅 기법의 전제들은 인간이 의미를 어떻게 창조적으로 형성해가는지와 관련된 다양한 연구성과와는 대치된다.

자료: 정효명(2005), "소비자 광고심리의 새로운 지평: 소비자의 숨은 심리를 찾아서," 한국소비자광고심리학회 특별 세미나/노규형 옮김(2004), *How Customer Think*, 21세기북스, pp.42-53.

제4절 빅데이터마케팅

1. 데이터마이닝을 거쳐 빅데이터로

2010년 초반까지만 해도 데이터마이닝이라는 것이 마케팅분석에서 상당히 이슈가 되었다. **데이터마이닝(datamining)**이란 자동화되고 지능을 갖춘 데이터베이스 분석기법으로 1990년대 초반부터 **지식발견(knowledge discovery in database: KDD)**, **정보발견(information discovery)**, **정보수확(information harvesting)**의 이름으로도 소개되어 왔는데 일반적으로 "대량의 데이터로부터 새롭고 의미 있는 정보를 추출하여 의사결정에 활용하는 작업"으로 정의된다. 용어에

'채굴하다'라는 의미의 'mining'을 포함시킨 이유는 데이터로부터 정보를 찾아내는 작업이 마치 금이나 다이아몬드를 발견하기 전의 수많은 흙과 잡석들을 파해치고 제거하는 것과 유사하다는 데에 기인한다.

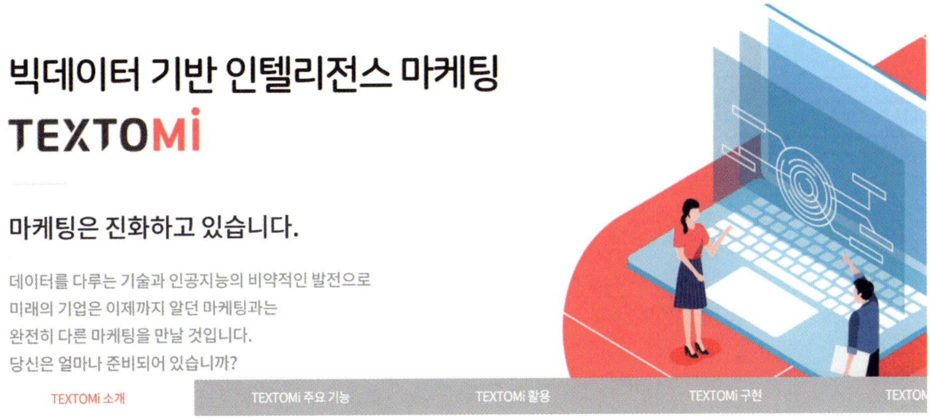

최근은 빅데이터 관련 컨설팅 서비스를 제공하는 기업들이 눈에 띄게 늘고 있다.
사진출처: http://www.textomi.com

최근에는 가용한 데이터 범위가 확대되고 기술이 혁신된 데다가 스마트폰 사용으로 개인 단위의 데이터 결합이 용이해지면서 웹기반 데이터를 기반으로 한 마케팅이 각광받기 시작했다. 즉 **빅데이터**라고 불리우는 기술이 마케팅조사의 하나의 도구로 활용되고 있다. 인터넷으로 시작해서 인터넷으로 마감하는 생활, 스마트폰을 이용해 정보를 검색하고 쇼핑도 하고 SNS를 이용해서 실시간으로 글을 남기는 등의 다양하게 인터넷을 이용하는 동안 남는 흔적 같은 모인 데이터들을 분석하면 개인의 생활패턴, 소비성향 등을 예측할 수 있고 기업들은 이런 데이터를 통해서 소비자가 원하는 것들을 미리 예측할 수 있다.

지금은 기술적 진보와 함께 빅데이터의 문턱이 낮아지고 '공공재'의 성격을 띠는 등 환경이 급변하고 있다. 이를테면 네이버의 빅데이터 포털 '데이터랩(Data Lab)' 같은 플랫폼에서 일반인도 쉽게 데이터를 검색·분석하고 정보를 공유할 수 있게 됐다. 한편 공공부문에서도 데이터 활용과 개방은 이제 일반화됐다. 정부 3.0을 기치로 각 부처와 기관이 빅데이터를 통해 행정서비스의 질을 높이고 있는 것이다. 심야시간대 유동인구와 통화 데이터를 분석해 시행한 서울시의 '올빼미 버스'는 대표적 성공사례로 손꼽힌다. 어떻게 다가가야 할지 막연하기만 했던 빅데이터의 활용도가 점차 높아지고 있는 것이다.

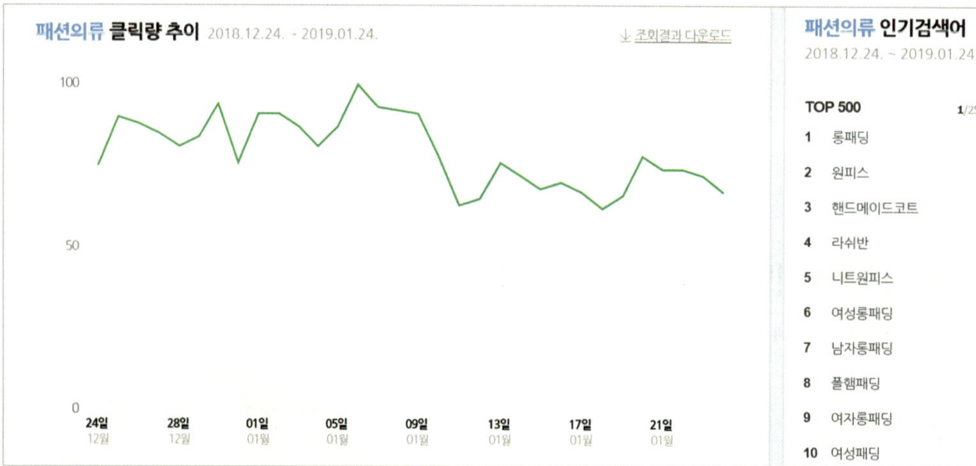

네이버와 같은 포털은 이해관계자들에게 빅데이터 관련 자료를 제시하고 있다.
사진출처: https://datalab.naver.com/shoppingInsight/sCategory.naver

2. 빅데이터마케팅

마케팅관리자들은 최근 들어 빅데이터를 정교한 타깃팅으로 마케팅에 도움을 주는 정보 정도로 인식하고 있다. 고객의 구매정보 외에도 온라인 검색이력, SNS 활동이력, 위치정보 등의 데이터를 분석하면 고객의 관심사, 성향, 패턴 등을 확인할 수 있어 **마이크로 타깃팅(micro targeting)**이 가능하다. 즉, 마케팅에서의 빅데이터는 표적시장 선정, 고객화 등을 위한 목적으로 활용되고 있음을 알 수 있다.

예를 들어 카드사가 고객의 카드 사용내역을 빅데이터로 분석해 고객의 나이, 성별, 거주지 등 고객 개개인의 특성에 맞춘 마이크로마케팅을 하는 것이 대표적인 예다. 즐겨 방문하는 온라인쇼핑몰 사이트를 열면 그간 내가 검색한 물건, 물건의 가격 등의 정보가 화면 옆에 뜨는 것을 볼 수 있는데 이 또한 마케팅의 일환으로 고객이 검색한 흔적을 자동 저장하여 분류해 놓기 때문에 가능한 일이다. 영국의 테스코(Tesco)는 클럽카드를 이용하여 고객의 구매식품 리스트를 분석하여 고객의 성향을 추적하였다. 이를 통해 구매자들의 성향, 생활습관, 쇼핑의 성향 등을 파악해 고객을 세분화하여 맞춤마케팅을 진행하였는데 고객의 만족도가 높아졌고 매우 큰 매출증가로 이어졌다는 것은 대표적인 빅데이터의 성공사례로 알려져 있다.

이렇듯 빅데이터마케팅은 각 분야에서 존재감을 드러내고 있다. 아마존은 고객의 도서 구매 데이터는 물론 검색자료까지 분석해 추가 구매도서를 추천하는 시스템으로 효과를 본 케이스이며 유튜브는 개인이 선호하는 동영상 채널을 구성할 수 있는 개별 홈페이지를 제공, 개인별로 동영상 이용 데이터가 축적되면 이 정보를 SNS나 인적 네트워크 정보와 연계해 다양한 개인맞춤형 서비스를 제공해 성공했다.

그런가 하면 [Marketing Focus 5-4]에서 확인할 수 있듯이 스페인의 패스트 패션업체 자라는 데이터분석을 통해 최신 패션 트렌드를 즉시 반영함은 물론 단기간에 다양한 품목을 소량생산하는 스피드 전략을 내세워 상품 수요를 미리 예측하고 매장별 적정 재고를 산출하는 방식을 취했다.

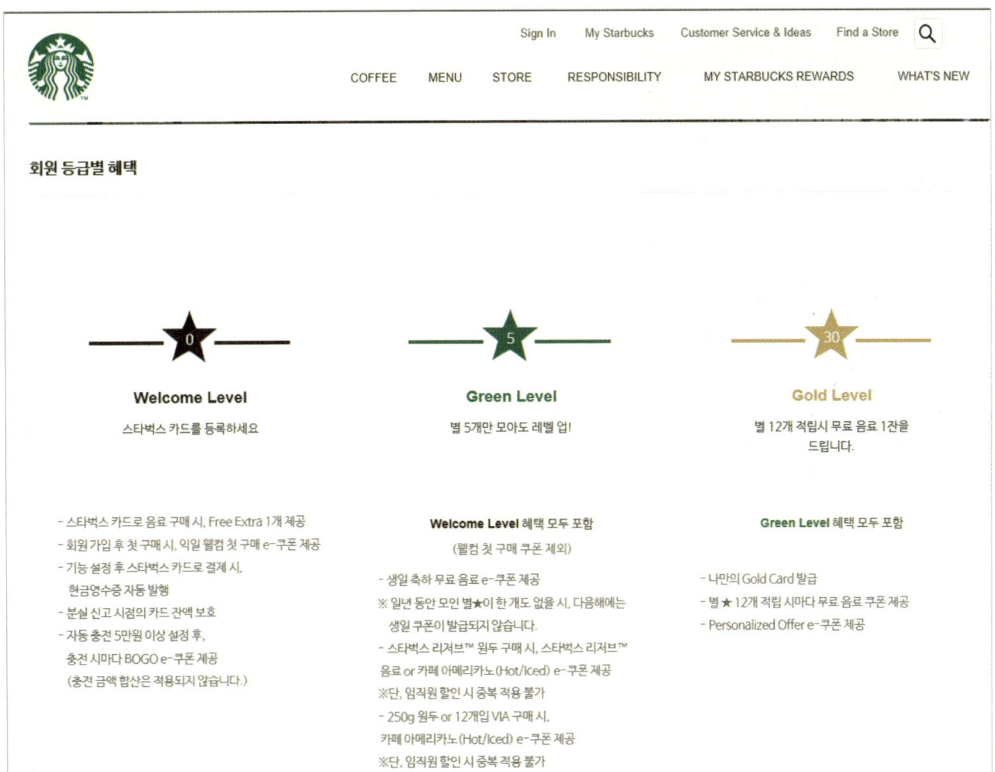

스타벅스도 '마이 스타벅스 리워드'라는 로열티 프로그램을 통해 소비자정보를 수집·활용하고 있다. 마이 스타벅스 리워드는 고객만족 강화를 위해 차별화된 디지털 서비스를 제공하는 앱으로, 이 앱에 쌓인 빅데이터를 통해 고객의 구매패턴을 분석하고 활용한다. 일례로 스타벅스는 이 앱을 통해 커피를 마시는 사람 중 절반가량인 약 50%가 설탕을 넣지 않는다는 사실을 알아내고 이에 주목했다. 이후 스타벅스는 블랙커피를 설탕을 첨가한 제품과 첨가하지 않은 제품으로 구분하는 등 메뉴를 세분화했고, 소비자들의 호평에 힘입어 매출을 높일 수 있었다(자료: 제일기획 블로그, Big Step: 빅데이터, 소비자의 마음을 꿰뚫다, http://blog.cheil.com/magazine/15405),
사진출처: http://www.istarbucks.co.kr

MARKETING FOCUS 5-4

고객정보의 분석으로 커진 생산성: 빅데이터

빅데이터를 가장 잘 활용하고 있는 분야는 민간기업이 주도하는 제조·통신·금융·서비스 분야 등이다. 민간기업들은 현재보다 조금 더 나은 서비스를 제공하기 위해 자사가 가지고 있는 고객 데이터를 분석, 새로운 제품 개발은 물론 보편적 서비스가 아닌 맞춤형 고객 서비스를 제공하고 있다. 금융·제조업·식음료 산업은 다른 산업군에 비해 고객에 대한 정보를 가장 많이 가지고 있으며 이를 매출과 연계하기 위해 끊임없이 노력하고 있다.

현대카드 마이메뉴 앱

서비스 업종, '빅데이터'로 날개 달다

우리나라에서는 수많은 카드회사들이 데이터를 활용해 새로운 마케팅과 서비스를 개발하고 있다. 2012년 12월 현대카드가 '커피전문점의 최고 고객은 남성이고 20대에서만 여성이 최고 고객'이라는 카드결제정보를 이용해 경기변동과 소비트렌드 변화를 분석해 발표한 바 있다.

이러한 발표가 나오기 전까지는 으레 커피전문점의 주고객이 여성일 것이라고 대부분 생각했을 것이다. 하지만 실제 분석한 결과에 따르면 주고객은 남성이었고 커피전문점의 매출을 늘리기 위해서는 남성을 대상으로 마케팅전략을 세워야 한다는 결론이 나온 것이다.

이 밖에 현대카드는 고객들의 3개월치 카드사용 정보를 분석해 '마이메뉴(My Menu)'라는 애플리케이션(앱)을 만들었다. 이 서비스는 외식업계의 별점이나 블로거의 평가가 아닌 실제 카드 사용 데이터를 기반으로 외식 가이드 서비스를 제공하고 있다. 고객이 어떤 식당을 검색하면 그 식당을 방문하는 고객의 성별, 연령대, 직업, 재방문율, 보유카드 혜택을 한 번에 보여준다.

즉, 고객이 이 식당을 이용하는 사람의 성별·연령대·재방문율 등의 항목을 세분화해 파악한 정보를 리뷰에 더해 이용자에게 맞는 맛집을 추천해주거나 식당에 대해 판단을 내릴 수 있도록 도와주는 것이다. 또한 재방문율을 동일 업종 평균과 비교해 보여줌으로써 단골손님이 많은 식당인지 뜨내기장사를 하는 곳인지 구별할 수도 있다.

이처럼 현대카드 외에도 가맹점 매출과 결제건수 등을 분석해 인기 가맹점을 선정, 조건에 따라 검색이 가능한 삼성카드의 m포켓, 모든 업종에서 결제한 고객을 대상으로 가맹점을 평가해 수집한 정보를 제공하는 롯데카드의 스마트컨슈머, 가맹점 데이터베이스와 지리정보시스템(GIS)을 융합해 창업정보를 제공하는 비씨카드의 대박창업 등 여러 카드사들이 데이터를 분석·활용하는 서비스를 제공하고 있다.

금융권 외에도 제조업과 식음료 분야에서는 빅데이터라는 단어를 사용하기 전부터 데이터를 분석해 기업의 생산성을 늘리기 위해 노력하고 있는 것을 알 수 있다. 수많은 사례 중에서 몇 가지 소개한다.

어느 순간부터 우리나라에서 유동인구가 많은 상가나 쇼핑몰, 패션거리 등에서 흔하게 볼 수 있는 패션

브랜드가 있다. 바로 스페인 브랜드 '자라(ZARA)'다. 고가의 브랜드는 아니지만 빠르게 변화하는 트렌드를 반영한 저가의 옷으로도 패셔니스타가 될 수 있는 이 브랜드는 몇 년 전만 해도 우리나라에는 입점되지 않아 수많은 드렌드세터들이 해외에서 구매하곤 했었다.

이 브랜드는 1975년 스페인 북부 갈리시아의 작은 가게에서 시작했지만 현재 77개국에 2,000개의 매장을 가진 세계 최대 의류기업 중 하나로 성장했다. 자라가 이렇게 성장할 수 있었던 요인 중 하나는 바로 철저한 데이터분석이다.

자라는 미국 매사추세츠공과대(MIT)와 함께 전 세계 매장의 판매와 재고 데이터를 분석해 최대 매출을 달성할 수 있는 재고최적분배시스템을 개발했다. 이는 자사 기획상품의 판매현황을 실시간으로 분석함으로써 시장에서 인기 있는 제품에 대한 분석을 통해 생산시스템에 직접적으로 연결함으로써 빠르게 변화하는 트렌드에 맞춰 의류를 제공할 수 있는 시스템이다.

스페인에 있는 2개의 물류창고에서 주 2회, 세계 각국에 있는 2,000여 개의 점포로 직송하는 공급망을 구축해 점포 매니저가 요구하는 보충수량, 과거 매상실적, 점포진열 방침을 고려해 각 점포의 다음 주 매상을 예측한다. 또 다음 주 매상예측을 기반으로 전 점포의 매상이 최대가 되도록 물류창고에서 각 점포로 상품별 출하량을 산출하고 있다. 이처럼 자라는 고객의 니즈를 실시간으로 반영함으로써 불필요한 재고의 효율적인 분배를 가능하도록 해 궁극적으로 기업의 매출증대는 물론 세계적인 의류 브랜드로 성장할 수 있도록 한 것이다.

맥도날드는 고객 한 사람 한 사람의 구매이력을 상세히 분석해 구매패턴에 맞춰 각각 내용이 다른 할인쿠폰을 고객의 휴대전화로 전송하고 있다(일본 맥도날드의 모바일 쿠폰과 카드 판독기).
사진출처: http://magazine.hankyung.com/business

일본의 맥도날드는 아마존의 서비스로 대표할 수 있는 고객맞춤형 마케팅을 오프라인 매장에 접목했는데, 고객들의 구매이력을 분석해 일대일마케팅 서비스를 제공하고 있다. 2011년 3월 안드로이드 기반의 모바일 지갑을 지원하는 스마트폰을 계산대의 카드 판독기에 터치하면 주문이 되는 모바일 쿠폰 제공을 시작하는 등 휴대전화를 통한 서비스를 추진했다. 이에 2011년 12월 18일 일본 맥도날드 모바일 사이트의 회원수가 2,600만 명을 돌파함에 따라 일본인 다섯 명 중 한 명은 일본 맥도날드 모바일 사이트 회원이라고 할 수 있을 정도다.

이 중에서 일대일마케팅을 제공하는 새로운 쿠폰의 전송 대상자는 모바일 지갑 기능이 있는 휴대전화를 보유한 회원들이며 고객 한 사람 한 사람의 구매이력을 상세히 분석해 구매패턴에 맞춰 각각 내용이 다른 할인쿠폰을 고객의 휴대전화로 전송하고 있다. 과거에는 회원제 모바일 사이트인 '이득이 되는 모바일'과 회원제 애플리케이션 '이득이 되는 앱'을 통해 쿠폰이나 상품정보, 점포검색, 스탬프 캠페인 등을 제공했다면 데이터분석을 통해 고객의 상황에 따라 제공하는 맞춤형 쿠폰을 제공하게 된 것이다. 이러한 쿠폰의 종류로는 여러 가지가 있다.

자료: 윤미영, "고객정보의 분석으로 커진 생산성, 자라 브랜드 도약 비결은 '데이터분석': 사례로 보는 빅데이터 경영 ⑤" 한국경제매거진: http://magazine.hankyung.com/business

| 생각해볼 문제 |

01 여러분이 생각하는 설문조사의 문제점에 대해 서술해보세요.

02 ○○전자는 새로운 DMB를 개발하여 마케팅전략을 수립하고자 한다. 이때 특히 마케팅 의사결정을 위한 조사를 수행한다고 할 때 조사과정을 단계별로 설명해보세요.

03 ○○슈퍼마켓은 최근 휴면고객이 20% 정도 발생하고 있다. 이러한 휴면고객이 다시 고객이 될 수 있는지, 휴면이 되는 이유는 무엇인지에 대한 설문조사를 한다고 할 때 설문문항을 적절하게 30문항 정도로 작성해보세요.

04 설문조사 방법으로써 온라인 설문의 장・단점을 논해보세요.

05 ○○유업에서는 신생아를 대상으로 한 분유를 생산해오고 있는데 새로운 프리미엄 분유를 개발하여 브랜드를 임페리얼 골드로 정하고 고객정보 수집을 준비하고 있다. 어떻게 양질의 고객 데이터를 수집할 수 있는지 그 방법에 대해 생각해보세요.

| 참고문헌 및 더 읽을거리 |

[국내문헌]

김성아 옮김(2015), 마케팅 평가 바이블, 전략시티.

김세희 옮김(2015), 엑셀을 활용한 마케팅 분석기법, 혜지견.

노규형 옮김(2004), How Customer Think, 21세기북스.

서영준 옮김(2011), 마케팅 매트릭스, 럭스미디어.

신현오 옮김(2013), 빅데이터를 지배하는 통계의 힘, 비전코리아.

심상섭(2000), "데이터베이스 마케팅에서의 데이터마이닝기법 활용에 관한 고찰," *Marketing Communication Review,* Vol.6, No.1, Summer, pp.59-73.

안광호・임병훈(2005), 마케팅조사 원론, 학현사.

이성길(2018), "빅데이터로 소비자와 만날 수 있는 마케팅 실체를 만들어라," https://platum.kr/archives/96105.

이지형・김진교(2006), "온라인 패널 조사와 오프라인 대인면접 조사 간 데이터 품질 비교: 신뢰도와 타당도를 중심으로," 마케팅연구, 21(4), pp.209-231.

이지현 옮김(2013), 빅데이터가 만드는 세상, 21세기북스.

이학식(2005), 마케팅조사, 법문사.

이현옥 옮김(2015), 빅데이터 분석 마케팅, 경향 BP.

장영재(2012), "아마존닷컴, 현대의 서점 아저씨," 경영학 콘서트, 비즈니스북스.

조희창, 인터넷 설문조사 선두주자로의 성공적 변신, Harris Interactive, LGad, 2000년 7-8월호.

제일기획 블로그, Big Step: 빅데이터, 소비자의 마음을 꿰뚫다, http://blog.cheil.com/magazine/15405

최순화(2003), "불황 때는 팔릴 물건을 만들어라: 고객마음을 읽는 마케팅 조사기법," 삼성경제연구소, CEO Information, 제405호.

최정환・이유재(2001), 죽은 CRM 살아있는 CRM, 한언.

홍성완 외 옮김(2000), 데이터마이닝을 위한 CRM, 대청미디어.

[국외문헌]

Aaker, D., V. Kumar and G. S. Day(1998), *Marketing Research*, Sixth edition, Wiley.

Berson, A., Smith, S. and Thorling, K.(1999), *Building Data Mining Applications For All*, Mcgraw-Hill.

Bowers, D. K.(1999), "FAQS on Online Research," *Marketing Research*, 10, Winter1998/Spring, pp.45-48.

Weibe, R. and Wallace, J.(1998), "Cyber Research: The Impact of the Internet on Data Collection," *Marketing Research,* 10, Fall, pp.19-26.

Burke, R. R.(1996), "Virtual Shopping: Breakthrough in Marketing Research," *Harvard Business Review,* March-April, pp.120-131.

Calder, B. J. and A. M. Tybout(1987), "What Consumer Research Is…," *Journal of Consumer Research,* pp.136-140.

Churchill, Jr. G. A.(1995), *Marketing Research*, 6th, ed., The Dryden Press.

Dubey, R., A. Gunasekaran, S. J. Childe, C. Blome and T. Papadopoulos(2019), "Big data and predictive analytics and manufacturing performance: integrating institutional theory, resource-based view and big data culture," British Journal of Management.

Dilton, W. R., T. J., Madden and N. H., Firtle(1993), *Essentials of Marketing Research*, Richard D. Irwin, INC., pp.7-10.

Jacoby, J.(1978), "Consumer Research: A State of the Art Review," *Journal of Marketing*, April, pp.87-96.

Khezrimotlagh, D., J. Zhu, W. D. Cook, and M. Toloo(2019), "Data envelopment analysis and big data," *European Journal of Operational Research*, 274(3), pp.1047-1054.

Holbrook, M. B.(1987), "What Is Consumer Research?," *Journal of Consumer Research*, Vol. 14, pp.128-132.

Moskowitz, H. and Rabino, S.(1999), "Segmentation, Optimization, and Database Mining," *The Journal of Database Marketing,* Vol.7, No.1, pp.31-45.

Wells, W. D.(1993), "Discovery-Oriented Consumer Research," *Journal of Consumer Research,* Vol.19, pp.489-504.

Zaltman(1997), G., "Rethinking Market Research: Putting People Back In," *Journal of Marketing Research*, Vol.34, pp.424-437.

CHAPTER 06

시장세분화, 표적시장 선정, 포지셔닝

"이제 더 이상 범용품(commodity)은 없다. 어떤 제품이든 고객화될 수 있다."

-데오도르 레비트(Theodore Levitt)-

"브랜딩의 중심은 여성이다. 이를 뒷받침하는 작은 증거는 한 유명한 주식 중개인에게서 여성고객에게 집중한 결과 엄청난 성공을 거두었다는 말을 들었다. 그에 따르면 남성고객은 평균 2.6명에게 자신을 소개했지만 여성고객은 평균 21명에게 소개해주었다고 한다. 실로 엄청난 차이가 아닌가?"

-톰 피터스(Tom Peters)-

"포지셔닝은 예상고객의 마음에 자리 잡는 것이다."

-알 리스(Al Ries)와 잭 트라우트(Jack Trout)-

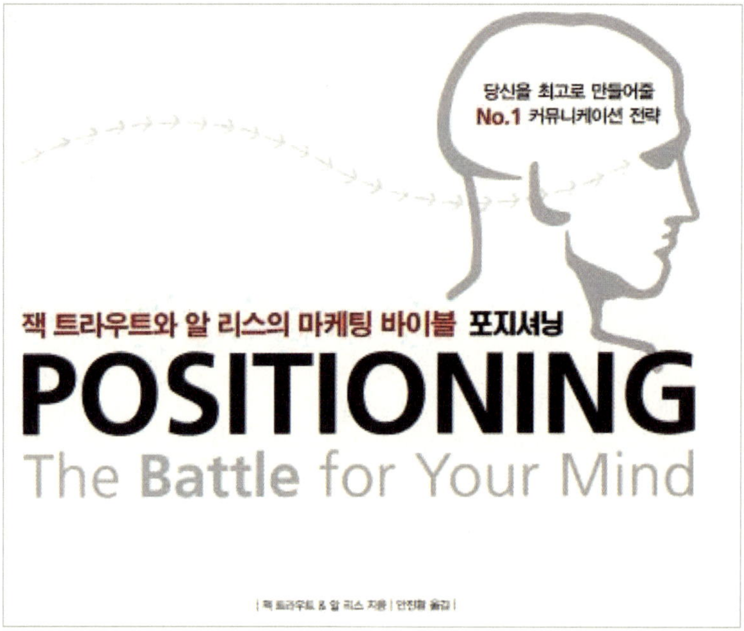

이 장의 학습내용

제1절 STP 실행과정
제2절 시장세분화
제3절 표적시장 선정
제4절 포지셔닝전략

제1절 STP 실행과정

최근 기업들은 시장의 모든 고객에게 다가 갈 수 없다는 것을 명확하게 알고 있다. 고객들은 그 수가 너무 많고 구매욕구 또한 매우 다양하기에 모든 분야에서 경쟁하는 대신 효과적으로 다가갈 수 있는 세분시장을 규명해야 한다. 해당 기업의 시장을 선정하고 또한 그 시장에 잘 도달하기 위해서 기업들은 **표적시장마케팅(target marketing)**을 채택하고 있다. 표적시장마케팅을 행함으로써 기업은 중요한 세분시장을 구분하고, 그 세분시장 중에서 하나 또는 그 이상을 표적화하고, 각 세분시장에 맞는 제품과 마케팅 프로그램을 개발할 수 있다.

이러한 표적시장마케팅의 주요 단계는 [그림 6-1]에서 볼 수 있는 바와 같이 3단계로 나누어 볼 수 있다. 첫째 **시장세분화(market segmentation)** 단계로 이는 '**상이한 제품이나 마케팅 믹스를 원하리라고 생각되는 독특한 구매자집단을 확인 · 규명하는 것**'을 말한다. 둘째, **표적시장의 선정(targeting)** 단계로 진출할 하나 또는 그 이상의 세분시장을 선정하는 단계이다. 마지막으로 **포지셔닝(positioning)** 단계로 이는 표적시장에 맞는 제품의 주요한 특징적 이점을 개발하고 소비자에게 그러한 이점을 전달하는 것을 의미한다.

그림 6-1 | 표적시장마케팅을 위한 3단계

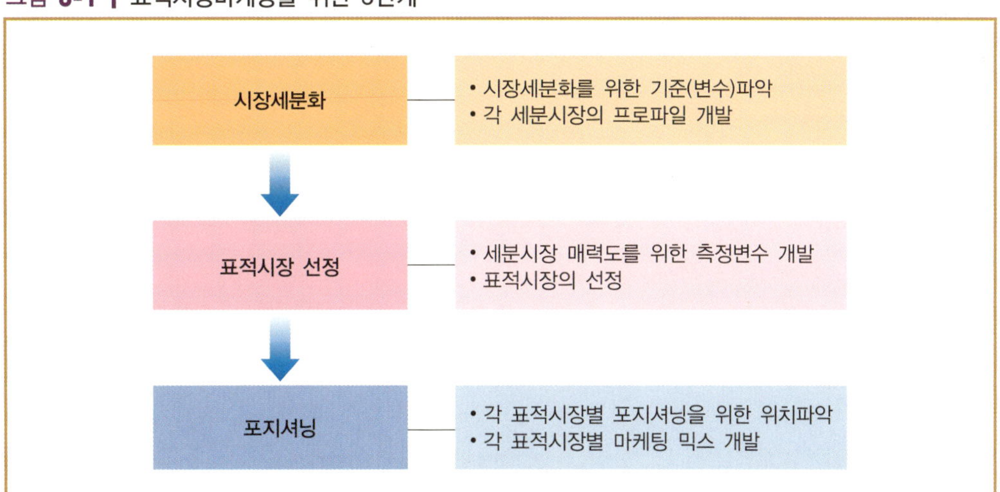

최근 실무에서는 이러한 3단계에 **차별화(differentiation)**의 단계를 포함시켜 STPD라고 표적시장 마케팅 과정을 확장하기도 한다. 그만큼 경쟁제품이 시장에 많아진 시점에서 다른 경쟁

자들과 뚜렷이 구분되는 이점을 인식시키는 작업이 매우 중요하게 되었는데, 이는 지루하고 권태로운 일상생활 속에서 소비자들은 대담한 자극을 필요로 하기 때문이다. 독특한 색상과 재미있는 심벌의 제품 등 기존의 제품들과 완전히 새로운 아이디어나 제품을 가지고 고객의 기억 속에 인식된다면 기업들은 상당히 유리한 위치를 점할 수 있다. 예를 들어 미군군용차와 같이 터프한 SUV, 피를 맑게 하는 효과가 있다고 인식시키는 생수, 구글과 같이 검색능력이 뛰어나면서 복잡한 광고가 뜨지 않는 포털사이트, 수술하는데 피부를 많이 손상시키지 않고 할 수 있다고 광고하는 외과병원 등 기업들은 복잡한 경쟁에서 본인들만의 차별점 그리고 지속될 수 있는 **차별적 우위**(sustainable competitive advantage: SCA)를 찾는 데 전력을 다할 필요가 있다.

후발 검색엔진으로 출발한 구글은 전 세계 약 80억 개의 웹페이지를 검색해 선호도별로 검색 결과를 배열하는 독특한 기술력과 배너광고나 검색결과 상위 등록을 대가로 한 광고를 하지 않고 검색기능에만 집중하는 등의 차별성으로 2013년 현재 세계 최고의 포털사이트로 군림하고 있다.

제2절 시장세분화

1. 마케팅의 수준

1) 대량마케팅

세분화 연구의 출발점은 **대량마케팅**(mass marketing)이다. 산업혁명의 덕분에 비누, 치약, 음료수, 식품과 같은 일상용품이 대량으로 생산·유통되고, 대중매체를 통해 광고되는 시대가 열렸다. 처음에는 이러한 상품들 대다수가 포장되지 않은 채 판매되었지만 점차 많은 상품들이 포장되고 브랜드를 달게 되었다. 과거에 코카콜라는 6.5온스 병의 한 가지 크기로만 Coke를 살 수 있는 모든 사람에게 다가갔으며 코닥은 노란 상자에 든 필름이 사진을 찍으려 하는 모든 사람들을 만족시킬 수 있다고 생각하였다.

그림 6-2 | 마케팅수준의 변화

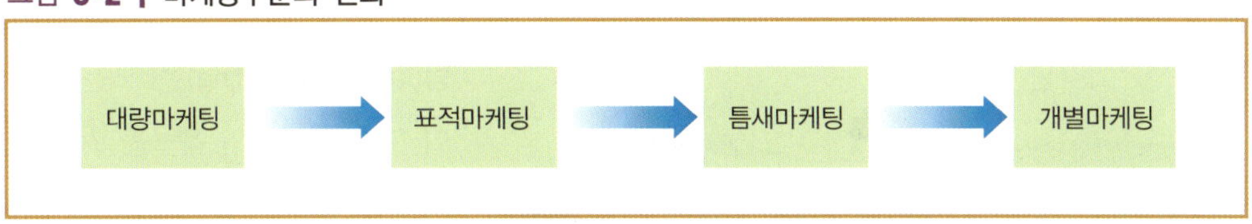

대량마케팅에 대한 전통적인 주장은 대량마케팅이 큰 잠재시장을 창조하여 그로 인해 최저의 원가가 이루어지게 되어 가격이 낮아지거나 더 많은 이윤을 획득할 수 있게 된다는 것이다. 그러나 오늘날 몇몇 비평가들은 대중마케팅의 종말을 예언하고 있다. 그들은 대중시장이 더욱 구체적인 취향과 요구를 지닌 좀 더 작고 다양한 세분시장으로 나뉘고 있기 때문에 표적화된 마케팅이 필요하게 될 것이라고 하면서 이러한 소비자욕구에 따르지 못하면 도태할 것이라는 점을 강조했다. 실례로, 80년 전 GM사는 시장세분화의 중요성을 인식한 결과로 포드를 앞질러 미국 최대의 자동차 생산업체가 되었다. 포드가 '검정색에 한해서라면 고객이 원하는 어떠한 색깔이라도 제공했을'때 GM은 각 소비자들의 소득수준과 목적과 개성에 맞는 차를 설계하여 제공하는 전략을 채택한 결과 경쟁자인 포드의 시장점유율은 1920년에서 1933년 사이 55%에서 12%로 급격히 하락했다.

포드(Ford)는 20세기 초에 모든 소비자에게 T-car라는 단일 모델로 다가갔다. 무슨 색상으로 자동차를 생산할 것이냐는 질문을 받은 헨리 포드(Henry Ford)는 "당신이 좋아하는 어떤 색상의 자동차도 구입할 수 있소. 그것이 검정색에 한해서라면 말이오"라고 대답했다.

2) 표적마케팅

웬델 스미스(Wendel Smith)는 1956년에 발표한 『마케팅 전략대안으로서의 제품차별화와 시장세분화』라는 선구적인 논문에서, 다양한 상품을 제공하는 기업(제품차별화)과 특정 세분시장에 맞추어 제품을 설계하는 기업(시장세분화)을 대조하였다. 시장세분화에 의한 **표적마케팅(target marketing)**은 모든 시장이 다소 이질적인 욕구를 가진 소비자집단으로 이루어져 있다는데 근거해 있다. 예를 들어 치약을 사는 소비자들은 충치예방을 원하는가, 상쾌함을 원하는가, 미백기능을 원하는가에 따라 각기 다른 특성을 지니게 된다. 기본적으로 지금의 많은 제품들은 표적마케팅을 추구하는데 SUV, 고급세단, 스포츠선글라스, 막걸리, 아이패드 등은 모든 소비자를 대상으로 마케팅하지는 않는다.

가장 많은 비중을 차지하는 마케팅은 표적시장마케팅이다. TV광고에 나오는 제품들은 거의 대부분 표적시장마케팅을 하고 있다고 볼 수 있다. (사진출처: 신협블로그, 신나는 경제, 마케팅전략의 기본 표적시장, https://m.blog.naver.com/PostView. nhn?blogId)

3) 틈새마케팅

틈새마케팅(niche marketing)이란 더욱 좁게 정의된 욕구 또는 독특하게 조합된 욕구를 가진 더욱 작은 소비자집단에 대한 마케팅을 의미한다. 틈새시장 소비자들을 집중 공략하는 것은 각 소비자들을 좀 더 잘 알게 하고 낮은 경쟁수준에 직면하게 하며 시장의 욕구를 충족시키는 능력이 뛰어나므로 고객들이 더 높은 가격을 기꺼이 지불하게 되고 결국 기업은 높은 마진을 얻을 수 있게 된다. 물론 틈새시장을 추구하는 기업도 틈새시장이 약화되면 단일 세분시장만을 공략하는 기업과 같은 위험에 처할 수 있기에 기업은 해당 틈새시장의 상황을 면밀히 관찰해야 한다. 만일 이러한 것들이 걱정스럽다면 기업은 단일 틈새전략이 아닌 다중 틈새전략을 추구해야 한다.

블랫버그(Blattberg)와 데이튼(Deighton)은 "현재는 너무 작아 이익을 남길 수 없는 틈새시장들도 앞으로 마케팅 효율성이 개선되면 수익성을 얻을 것"이라고 말했다. 과거 전통주란 틈새시장을 처음 선점했던 국순당 백세주는 대기업들의 전통주 시장 신규진입으로 인해 시장의 규모가 커져 오히려 높은 매출이라는 이득을 얻을 수 있었으며, 초기의 막걸리도 중소기업들이 틈새시장을 공략하던 술이었다면 이제는 충분한 세분시장으로 성장한 주류가 되었다고 볼 수 있다.

아주 매운맛의 라면은 라면소비자 중 매운맛을 선호하는 그리고 감당할 수 있는(?) 소비자를 대상으로 하기에 다른 라면에 비해 틈새시장을 공략한다고 볼 수 있다.

틈새시장 속에 큰 부가 있다는 강력한 증거도 있다. [Marketing Focus 6-1]의 다양한 사례에서도 볼 수 있듯이 헤르만 지몬(Hermann Simon)은 『숨은 챔피언들(Hidden Champions)』이라는 저서에서 대중들에게는 거의 알려지지 않았지만 각각의 틈새시장에서 전 세계 50% 이상의 점유율을 차지하며 높은 수익을 올리는 독일기업들(Tetra-세계 열대어시장의 80%, Hohner-세계 하모니카시장의 85%, Becher-세계 대형우산시장의 50%, Steiner Optical-세계 군사용 야전 망원경시장의 80%)을 소개하였다. 우리나라에서도 은성사의 낚싯대, 진웅의 텐트, 영안모자의 모자, 홍진크라운의 헬멧 등은 시장규모가 작지만 세계 시장점유율 1위를 달성하는 기업들이다.

MARKETING FOCUS 6-1 틈새공략 빅히트 아이템

유사한 업종들이 난립하는 요즘 창업시장에서 가장 필요한 것은 무엇일까? 바로 혁신을 통한 틈새사업, 니치마켓과 혁신 전략이라고 할 수 있다. 똑똑한 투자자들은 업계의 틈새시장을 공략하고 있다. 프랜차이즈 창업으로 수익성을 보장받되 남과는 다른 특별한 아이템으로 보다 확실한 안정성을 꾀하고 있는 것이다.

미처 주목하지 못했던 시장 혹은 새로운 트렌드와 라이프스타일에 따른 세분화된 계층을 타깃으로 각을 세운 창업아이템이 빅히트를 치고 있다. '커브스코리아'는 국내 피트니스시장에서 '여성 전용클럽'이라는 틈새를 공략해 성공한 대표적인 사례다. 2006년 국내에 도입한 지 12년이 지난 지금도 '커브스'와 견줄만한 업체가 없는 것을 보면 그만큼 진입장벽이 높다는 것을 알 수 있다.

우선 가장 큰 무기는 기존 헬스클럽과 차별화된 '30분 순환운동' 프로그램과 철저한 개인맞춤형 시스템이다. 세계 최초 개발한 30분 순환운동 프로그램은 운동생리학에 근거하여 운동효과를 극대화시킨다. 하루 30분이라는 짧은 시간에 근력운동과 유산소운동, 스트레칭까지 운동의 3요소를 가능케 하는 독자적인 프로그램이다. 현재 커브스코리아는 클렌즈주스 '핏클렌저' 등 독자적인 건강기능식품 개발과 함께 스포츠크림, 스포츠용품 등 유통사업을 진행 중이다. 최근엔 여성전용 피트니스 프랜차이즈 최초로 건강관리 모바일 애플리케이션과 자체 헬스케어 브랜드를 개발해 업계에 주목을 받고 있다.

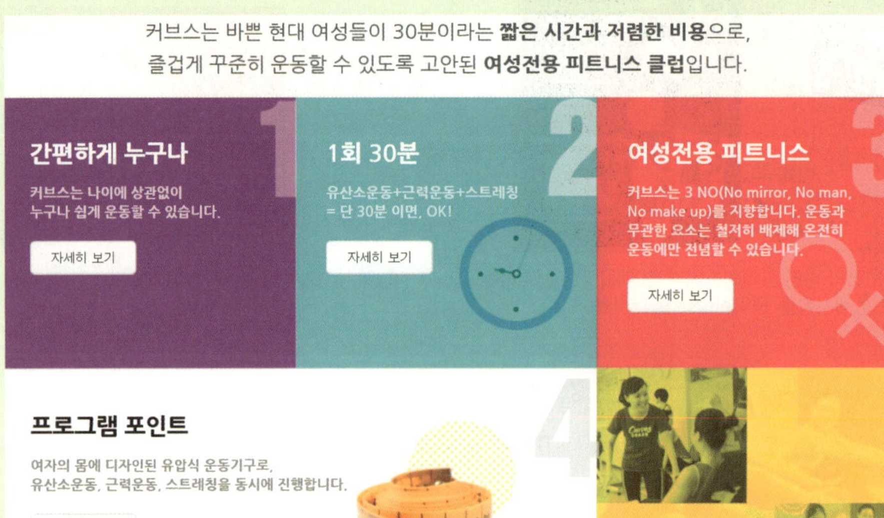

여성전용 피트니스로 틈새를 공략하여 성공한 커브스(사진출처: http://www.curveskorea.co.kr)

과도한 경쟁으로 대표적인 레드오션시장이라 일컫는 미용실, 카페 분야에서 틈새시장을 공략해 새로운 수익을 창출하고 있는 신업종들도 주목된다. 우선 미용실은 뛰어난 미용기술만으로는 성공하기 힘든 폐업률이 가장 높은 업종 중 하나다. 시장의 틈새를 공략해 성공한 사례로는 '남성전용 미용실'을 들 수 있다. 당시 남성전용 미용실은 외환위기에 지갑이 가벼워진 소비자들을 '커트비용 5,000원'이라는 파격적인 가격정책으로 큰 호응을 얻었다.

최근 미용업계에선 인구 고령화로 인해 한 달에 한 번 꼴로 염색을 하는 '새치 인구'가 증가하면서 보다 젊게 보일 수 있는 미용서비스가 각광받고 있다. 그 중 '새치 커버' 분야에 집중, 염색만을 전문으로 하는 '염색방'들이 등장하고 있는데, 보통 5~10만 원 하는 염색가격에 비해 평균 2~3만 원 꼴로 저렴하게 염색시술을 받을 수 있어 좋은 반응을 얻고 있다. 염색은 펌이나 커트에 비해 기술력이 필요치 않고 1인 운영이 가능한 소자본 여성 창업아이템으로 순풍을 타고 있지만, 그만큼 진입장벽이 낮아 폐업하는 곳이 점차 늘고 있다. 새치천연염색전문점 '컬러하우스'는 염색서비스에 차별화된 기술과 서비스로 진입장벽을 높였다. 천연염색 시술과 건강한 두피・모발 솔루션을 함께 제공하고 있는 이곳은 새치 커버 염색약을 자체 개발하면서 유통매장도 가지고 있는 염색전문점으로, 염색과 함께 최근 연예인들이 주로 한다는 탄산수 헤어케어 서비스도 2만 원선에 저렴하게 할 수 있어 큰 인기를 얻고 있다. 탄산수를 두피와 모발에 사용하여 두피의 냄새뿐만 아니라 모공 속 노폐물을 효과적으로 제거해 건강한 두피와 모발을 만들어주는 컬러하우스만의 '케어시스템'과 함께 천연염색소재인 '벤토나이트'에서 추출한 66종의 지장수 100%로 제작된 특별한 염모제를 사용해 염색 시 두피손상을 최소화한 것이 특징이다.

새치전문 염색방 컬러하우스(사진출처: http://colorhouse.co.kr)

커피공화국이라 불릴 정도로 포화상태인 카페 창업시장에도 기발한 콘텐츠를 접목시켜 소비자의 눈길을 끌고 있는 틈새 창업아이템이 있다. 수면카페와 함께 하루의 피로를 풀어주는 마사지카페가 대표적인 사례로 힐링 콘텐츠와 만나 시너지를 내고 있다. 관련 브랜드로는 '퍼스트클래스'와 '미스터힐링'이 있는데, 바디케어와 커피전문점을 결합해서 숙면과 마사지를 동시에 제공한다.

휴식 전문 카페 미스터 힐링(사진출처: http://misterhealing.com)

보통 카페는 1층에 입점하지만 이곳들의 경우 마사지를 받으러 찾는 목적형 고객이 대부분이라 지하나 고층에도 입점을 하고 있다. 모든 이용고객에게는 아메리카노, 라떼, 과일스무디 등 각종 음료와 국산차, 벨기에 와플이 제공된다. 또한 '미세먼지'에서 벗어나 신선한 산소와 함께 30분 숙면을 취할 수 있도록 한 카페도 인기다. 인기 요인은 아늑한 캡슐 속에서 신선한 산소를 마시면서 혼자만의 조용한 시간을 가질 수 있다는 점이다. 국내 최초로 수면산소캡슐을 도입한 '솜누스카페'는 인천 부평과 구월동에서 시작한 힐링카페 프랜차이즈로 청정 산소발생시스템과 수면유도 램프가 장착된 수면산소캡슐에서 질좋은 휴식을 즐길 수 있다. 음료와 디저트 판매는 물론 3D 입체 안마의자와 샤워실, 시리얼바 등도 구비돼 있다.

자료: 이경희, 틈새공략 빅히트 아이템, 일요신문, http://www.ilyoseoul.co.kr/news, 2018.05.04.

4) 개별마케팅

가장 미세한 수준의 마케팅인 개별고객 수준의 마케팅(customer-level marketing)은 기업이 상품공급과 커뮤니케이션을 각각의 개별소비자에게 맞추어 실행하는 것으로, 예를 들면 최근의 아파트들은 맞춤디자인 아파트를 제공하여 개별고객과 마주 앉아 고객이 원하는 주택을 설계하며 또한 페라리 컨피규레이터룸에는 터치스크린 기능이 포함된 최신 컨피규레이터(가상주문시스템)는 물론 페라리의 맞춤주문 제작을 위한 다양한 차량시트, 휠, 캘리퍼, 내장가죽 샘플 등이 비치돼 고객들의 취향에 맞는 1:1 맞춤제작에 최적화되도록 설계됐다.

페라리의 '컨피규레이터룸(Configurator Room)'은 가상주문시스템이 갖춰진 공간으로 원하는 사양을 골라 모니터에 실제로 구현해볼 수 있다. 차량 실내외를 360도로 돌려볼 수 있고 천장에서 바닥까지 세부사양 모두를 한눈에 확인할 수 있다. 방의 벽면에는 가죽소재와 좌석 모양, 휠(바퀴), 스티어링휠(핸들) 등이 다양한 형태로 전시돼 있다. 세부옵션을 조합하면 4,000조 개 이상의 차가 나올 수 있다고 한다.
사진출처: http://msuperich.heraldcorp.com

산업혁명 이전에 장인들은 고객들에게 개별적으로 주문을 받아 물건을 만들었다. 재단사는 '맞춤옷'을 지었으며, 구두장이는 각 고객의 발에 맞는 신발을 따로따로 만들었다. 산업혁명이 진행되자 생산자들은 상품을 대량으로 생산하여 비축하였으며, 고객이 자신들의 상품을 찾도록 브랜드를 붙이고 광고를 하였다. 대량생산의 경제성은 상품표준화를 부추겼는데 이에 따라 가격은 내려갔으며, 고객들은 그러한 비용절감의 혜택을 누리기 위하여 표준화된 상품을 기쁘게 받아들였다.

컴퓨터, 데이터베이스마케팅, 그리고 유연한 생산공정이 등장하여 고객의 개별적인 요구에 맞춘 상품을 생산하고 커뮤니케이션하는 비용이 감소하였다. 그렇다고 표준화된 상품을 생산하는 것만큼 저렴해진 것은 아니지만 그보다 특별히 많은 비용이 들지는 않게 되었다. 이렇게 개별고객의 요구에 맞춘 마케팅은 물론 지배적인 마케팅 형태는 아니지만 전망 있는 한 형태로 다시 등장하고 있다. 오늘날 우리는 특별제작된 자전거나 맞춤 청바지, 세상에 하나뿐인 수영복 등을 주문할 수 있다.

2. 시장의 세분화 기준

소비자 시장을 세분화하는 데 일반적으로 2개의 광범위한 기준들이 사용될 수 있다. 어떤 기업들은 ① **소비자의 특성**을 살펴봄으로써 세분시장을 형성하려고 하는데, 그들은 일반적으로 지리적·인구통계적·심리분석적 특징을 사용한다. 그리고 나서 이러한 소비자 세분시장의 욕구가 상이한가? 해당 제품에 대해 다르게 반응하는가? 등을 살펴본다. 예를 들어, 조사자들은 자동차의 이점인 '안전성'에 대해 '전문직 종사자', '노동자' 및 '기타 집단'의 상이한 태도를 조사할 수가 있다.

그림 6-3 | 시장세분화의 유형

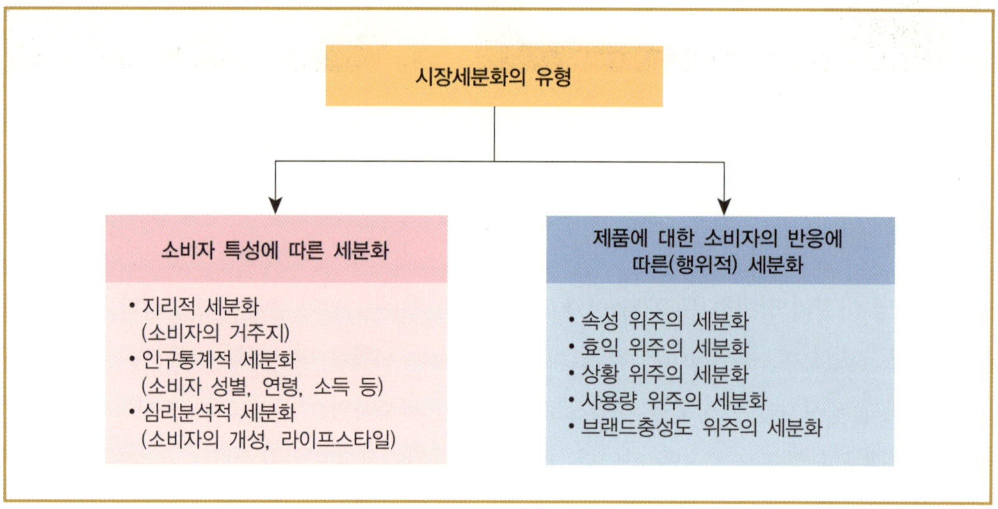

다른 기업들은 추구효익, 사용상황, 브랜드충성도와 같이 그 ② **제품에 대한 소비자의 반응**을 검토함으로써 세분시장을 분류하여 해당 시장별 인구통계적 특성 및 심리분석적 특성들을 살펴볼 수 있다. 예를 들어, 조사자는 자동차를 구매하는 데 있어 '품질'을 추구하는 사람들과 '저가격'을 원하는 사람들이 지리적·인구통계적 그리고 심리분석적 특성에 대해 차이가 있는가를 검토한다.

주요 세분화 변수, 즉 지리적 인구통계적·심리분석적 및 행위적 세분화는 [표 6-1]에 요약되어 있다.

표 6-1 | 세분화 기준

변수	전형적인 세분화
지리적 변수	
지역	수도권, 경상권, 전라권, 강원권, 제주권, 충청권
도시 또는 대도시 규모	4,999명 미만, 5,000~19,999, 20,000~49,999, 50,000~99,999, 100,000~249,999, 250,000~499,999, 500,000~999,999, 1,000,000~3,999,999, 400만 명 이상
인구밀도	도시, 교외, 시골
인구통계적 변수	
연령	7세 미만, 8~12세, 13~18세, 19~24세, 25~35세, 35~49세, 50~64세, 65세 이상
성	남, 여
가족규모	1~2명, 3~4명, 5명 이상
가족생활주기	젊은 싱글층, 자녀가 없는 젊은 부부층, 자녀가 있는 젊은 부부층, 자녀가 있는 중년의 부부층, 자녀가 없는 중년의 부부층, 노인 독신층
소득	99만 원 미만, 100~149만 150~199만, 200~299만, 300~499만, 500~999만, 1,000만원 이상
직업	전문 및 기술직, 경영자, 공무원, 기업주, 서기 및 판매종사원, 기능직 및 직장, 운전직, 농부, 퇴직자, 학생, 주부 및 무직자
교육	중졸 및 그 이하, 고중퇴, 고졸, 대중퇴, 대졸
종교	천주교, 기독교, 불교, 이슬람교, 기타
세대	베이비붐 세대, X세대
사회계층	하하층, 하상층, 근로층, 중간층, 중산층, 상하층, 상상층
심리분석적	→ 좀 더 자세한 설명은 소비자행동론을 참고
라이프스타일	VALS 2(성취자, 신뢰자, 성취추구자, 노력가, 경험자, 제작자, 실현자, 분투자)
개성	공격적, 순응적, 내향적, 외향적
행위적	
사용상황	일반적, 특수적
추구효익	자동차(성능, 디자인, 경제성, 기업신뢰) 치약(미백, 맛, 경제성, 충치예방)
사용여부	비사용자, 전사용자, 잠재적 사용자, 초회사용자, 정규사용자
사용률	소량사용자, 중간사용자, 다량사용자
충성도의 정도	없음, 중간, 강함, 절대적
구매과정	인지, 관심, 선호, 의도, 구매
제품에 대한 태도	열광적, 긍정적, 무관심, 부정적, 적대적

1) 지리적 세분화

지리적 세분화(geographic segmentation)는 시장을 국가, 지방, 도시 등의 상이한 지리적 단위로 나누는 것이다. 사진에서 볼 수 있듯이 국내 소주업계는 암묵적으로 지역시장만을 공략하고 있으며, 할인점이나 슈퍼마켓과 같은 소매점은 특정 지역 내에 거주하는 소비자를 주 표적시장으로 하고 있다.

국제마케팅에 있어서는, 특히 지역이 제품구매형태나 촉진방법을 차별화시키는 중요한 기준으로 작용할 수 있다. P&G의 팬틴(Pantine)이나 비달사순과 같은 제품은 전 세계 소비자들에게 머릿결을 윤기 있게 만들어주는 샴푸로 포지셔닝했지만 이런 편익을 보여주기 위해 해당 국가의 지역인을 광고모델로 활용하며, 맥도날드는 세계적으로 표준화된 빅맥 햄버거를 판매하지만 국내에서는 김치버거나 불고기버거와 같은 현지화된 제품을 판매하고 있다.

일반적으로 지리적 변수 하나만 가지고 시장을 구분하는 데에는 위험이 따르게 되는데, 그 이유는 비록 지역적으로 떨어져 있더라도 기후환경이나 생활, 문화가 그다지 다르지 않은 경우에는 지리적 변수만 가지고 소비자 구매행동의 차이를 규명하는 것은 어려운 일이기 때문이다. 예를 들어 콜라의 구매 및 소비형태가 경상도와 전라도 사이에 큰 차이가 있으리라고 보기는 어렵다는 것이다.

2) 인구통계적 세분화

인구통계적 세분화(demographic segmentation)는 연령, 성별, 가족구성원수, 가족생활주기, 소득, 직업, 교육, 종교, 인종, 세대, 국적, 사회계층 등의 인구통계적 변수에 기초하여 시장을 몇 개의 집단으로 분할하는 것이다. 인구통계적 변수는 소비자집단을 구분하는 데 있어 가장 널리 사용되는 기준이다. 그 이유는, 첫째 소비자의 욕구, 선호, 사용빈도 등이 인구통계적 변수들과 흔히 높은 연관성을 갖기 때문이며, 둘째 인구통계적 변수들이 다른 변수들에 비해 측정하기가 용이하기 때문이다. 표적시장이 인구통계적 변수로 묘사되지 않을 때에는 접근방법에 대한 해결책을 얻을 수 없는데, 예컨대 개성유형 변수조차도 표적시장의 크기와 그것에 효율적으로 도달하는 매체를 알아보기 위해서는 인구통계적 변수와 다시 연관시켜보는 것이 필요하기 때문이다. 어떤 인구통계적 변수가 어떻게 시장세분화에 응용되는가를 몇 가지 살펴보면 다음과 같다.

(1) 연령

연령은 아주 쉽게 세분화할 수 있는 기준이 되는데 특히 화장품, 의류 등은 대체로 연령에 따라 다른 시장세분화를 할 수 있다. 예를 들어 화장품시장에서 표적시장을 세분화하는 방법은 연령, 소득, 성, 피부상태, 학력 등 여러 가지가 있을 수 있으나 가장 기본적인 방법은 연령에 따른 분류라고 할 수 있는데 연령과 피부상태, 경제적 여건은 상관관계가 있다고 볼 수 있다. [표 6-2]에서는 화장품시장의 연령에 따른 시장의 특성에 대해 설명하고 있다.

표 6-2 | 화장품시장의 연령에 의한 세분화

연령	피부상태	사용화장품	특성
17~19 (고등학생)	지성 여드름	기초화장품	• 외모에 대한 관심 • 모델에 대한 동경 • 광고탄력성이 큼
20~24 (대학생, 직장여성)	지성 복합성	기초화장품 색조화장품	• 외모에 대한 관심 • 모델에 대한 동경 • 광고탄력성이 큼 • 유행에 민감 • 브랜드전환이 용이
25~30 (결혼초기)	복합성	기초화장품 색조화장품	• 외모의 개성추구 • 화장패턴의 고정 • 광고탄력성의 둔화 • 처녀시절을 동경 • 경제적 측면의 압박
31~40 (유아, 국교주부)	건성경향	기초화장품 색조화장품	• 피부관리의 인식과 실행 • 결혼 후 인간관계 급증으로 개인적인 정보통로의 증가(반상회, 계) • 브랜드충성도가 높아짐
41~50 (중고생을 둔 주부)	건성화	기초화장품 색조화장품	• 피부노화 • 경제적 · 시간적 여유 • 특수화장품의 회색시장(grey market)을 형성

LG생활건강의 20세 초반을 대상으로 한 색조화장품 캐시캣(좌)과 40~50대를 위한 기능성 화장품 후(우)

사람의 건강, 직업의 직위, 가족의 직위, 그리고 어떤 사람의 관심사, 선입관, 욕구 등이 잘못된 예측지표인 것처럼, 연령은 인생사에 대해 잘못된 예측지표가 되고 있다. 우리는 다양한 이미지를 가지고 있는 같은 연령의 사람들을 알고 있다. 즉 바퀴 달린 환자용 의자에 앉은 70세 노인과 테니스 코트에 있는 70세 노인은 다르며 대학에 가기 위해 어린애를 유치원에 맡기는 35세 부인과 새로 태어날 어린애를 위한 분만을 준비하는 35세는 다르다고 볼 수 있다.

예를 들어 장난감은 어린이들이 주 구매층이 아닐 수 있는데 우리가 **키덜트(kidult)**라고 부르는 소비층은 성인이 되었는데도 여전히 어렸을 적의 분위기와 감성을 간직한 사람들을 일컫는다. 대표적인 예로 어린 시절에 경험했던 갖가지 향수들을 여전히 잊지 못하고 그 경험들을 다시 소비하고자 하는 현상을 잡화(피겨, 플라스틱 모델, RC카, 레고, 아날로그 게임 등)패션 등으로 표현하는 것이다.

키덜트는 현대 성인들의 각박한 일상생활에서 벗어나 감성적이고 즐거운 삶을 영위하고자 하는 심리 상태를 기반으로 한다. 또 다른 측면으로는 옛 어린 시절의 환상을 통해 정서적 안정과 스트레스를 해소하려는 사회현상이다.
지속적인 소비불황에도 자신의 취미생활을 위해 지갑을 여는 키덜트 마니아들이 유통업계 '큰 손'으로 떠오르고 있어 눈길을 끈다.
자료: 메트로신문, 유통업계 떠오르는 큰 손 '키덜트'…마니아템 매출 '급증세,' 2017.03.08.

MARKETING FOCUS 6-2

마케팅의 황금시장 Z세대의 특성과 마케팅 시사점

2018년 소비 트렌드 키워드로 'Z세대'와 '가심비'가 주목받고 있다. 현대경제연구원은 '2018년 국내 10대 트렌드'에서 'Z세대'의 생활 및 소비패턴, 정보 획득 경로에 대한 정보 수집과 분석이 필요하다고 조언했다. 'Z세대'란 1995~2005년에 태어난 13~23세 연령층을 말한다. 태어난 순간부터 디지털 문화를 접하고 소비해 디지털 원주민(digital native)으로 불린다. 때문에 인터넷 및 IT기기 사용에 익숙하고 소셜네트워킹서비스(SNS)를 통한 인간관계 형성에 능하다. 욜로(YOLO, You unly live once, 인생은 한 번뿐), 워라밸(Work and Life balance, 일-가정 양립)을 추구하는 특성을 지닌다. 현대경제연구원 오준범 선임연구원은 "Z세대는 약 646만 명으로 인구비중은 12.5% 수준이다. 2018년에는 Z세대 성인이 약 336만 명, 미성년자 310만 명으로 에코(베이비부머 자식 세대) → N세대(1989~1994년생)를 이어서 차세대 소비 주축으로 떠오를 것"이라고 예측했다. Z세대가 인터넷 등을 통해 얻은 풍부한 정보로 가구 내 소비의사 결정에서 주된 역할을 할 것이라는 게 오 연구원의 전망이다.

2018년 Z세대 비중

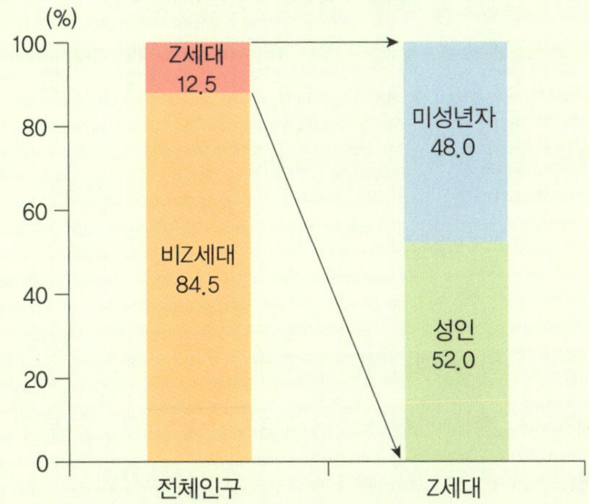

자료: 통계청

Z세대의 주된 인생 모토가 욜로, 워라밸 특성을 보이면서 주변 시선이나 사회적 통념을 넘어서서 개인, 현재, 가치를 중심으로 한 의사결정을 중시할 것으로 봤다. 시간과 자원배분, 향후 직업 선택 등에서 개인+현재+가치를 최우선으로 둔다는 얘기다.

Z세대의 주된 의사소통 통로는 모바일이 70%로 압도적이며 대신 TV 22%, 컴퓨터 7% 수준에 그친다. 이는 베이비붐 세대(1979~1988년생)보다 모바일기기 사용 비중이 46%p 증가한 것이다.

Z세대는 브랜드와 직접 소통하고 브랜드 활동에 다양하게 기여하는 등 적극적인 역할을 자처한다. 일례로 조사대상자의 거의 절반이 기회가 주어진다면 제품 디자인에 아이디어를 제출할 의향이 있고 제품 리뷰에도 참여할 것이라고 답변했다.

독특하고 혁신적인 취향을 가지고 자신들이 가진 재력과 경험을 훨씬 뛰어넘는 영향력을 행사하고 있는 Z세대들과 성공적인 관계를 구축하기 위해 브랜드들은 무엇을 해야 할까. 우선 브랜드와 이들이 소통하고 있다는 느낌을 주고 믿을 수 있는 브랜드라는 신뢰를 얻을 필요가 있다. Z세대의 60%는 '브랜드가 자신들의 의견을 존중하고 가치 있게 여긴다는 느낌을 받는 것이 중요하다'고 답했다. 또 절반 이상은 '자신들의 어떤 정보가 공유될지, e메일이든 소셜미디어든 어떤 방식으로 소통할지 스스로 결정할 수 있기를 원한다'고 답했다.

따라서 브랜드는 젊은 세대의 고객들과 소통할 수 있는 다양한 창구를 개설하는 한편 이들이 브랜드 활동에 참여하고 여기에서 발생하는 데이터를 보다 나은 서비스를 위해 활용할 수 있는 방법을 모색해야 한다. 또한 브랜드가 고객의 정보를 어떻게 다루는지, 이를 통해 고객들에게 어떤 혜택이 돌아가는지 명확하게 밝히고 이들이 직접 선택할 수 있게 해야 한다.

'매력적이고 재미있는 구매경험'을 추구하는 이 젊은 세대를 위해 최신 디지털 기술들을 적용하는 것도 한 가지 방법이다. 예상외로 오프라인 상점에서 쇼핑을 즐기는 Z세대는 구매경험에 도움이 된다면 상점에서 만나는 첨단기술들을 높이 평가한다.

예를 들어 제품을 착용한 상태를 보여주는 '마법거울' 같은 증강현실(AR) 기술이나 구매를 도와주는 로봇 등에 높은 가치를 부여한다. 따라서 브랜드들은 AI 쇼핑도우미, 게임 형태의 프로모션 등을 통해 이들의 참여를 독려하거나 관계를 강화하는 방안을 찾을 수 있다.

자료: 2018 소비 트렌드 'Z세대+가심비', YOLO족, 자존감 세대로 심리적 만족과 안정을 주는 제품에 과감한 소비패턴 보여,. CNC뉴스 2018.01.02, http://www.cncnews.co.kr/news/ Z세대를 움직이는 브랜드 전략…'소통·참여'가 핵심 키워드, [커버스토리: '요즘애들' Z세대, 미래 고객을 잡아라], 한국경제매거진, http://magazine.hankyung.com

(2) 성별

성별세분화는 의복, 헤어스타일, 화장품, 잡지에서 오랫동안 사용되어져 왔다. 과거에는 남성과 여성을 위한 제품이 확연히 구별되어 마케팅되었다고 볼 수 있으나 최근에는 마케팅 관리자들이 성별세분화를 통한 크로스섹슈얼의 새로운 시장기회를 발견하곤 한다. 예를 들면 최근 유행하는 용어인 **메트로섹슈얼리즘(metro-sexualism)**은 도시에 살고 있는 남성들이 패션, 미용, 인테리어, 요리 등 여성적 라이프스타일에 관심을 기울이는 현상을 의미하는데 이러한 특징을 가진 남성은 겉모습에 신경을 쓰지 않는다는 전통적 관념을 벗어나 나름대로 외모를 표현하는 데 신경 쓴다. 최근 국내 화장품 회사들이 주름방지 에센스, 화이트닝, 시트마스크 등과 같은 기능성 화장품을 앞다투어 출시하고, 미용업체가 피부강좌·스파 등 다양한 남성미 프로그램을 개설하는 추세가 늘고 있는 것도 이러한 맥락에서 이해할 수 있다. 자동차 산업에서는 많은 여성들이 자동차를 소유하게 됨에 따라 어떤 제조업자들은 여성만을 위한 특수한 자동차를 광고하지는 않지만 특별히 여성들에게 소구할 수 있는 모형의 자동차를 설계하고 있다.

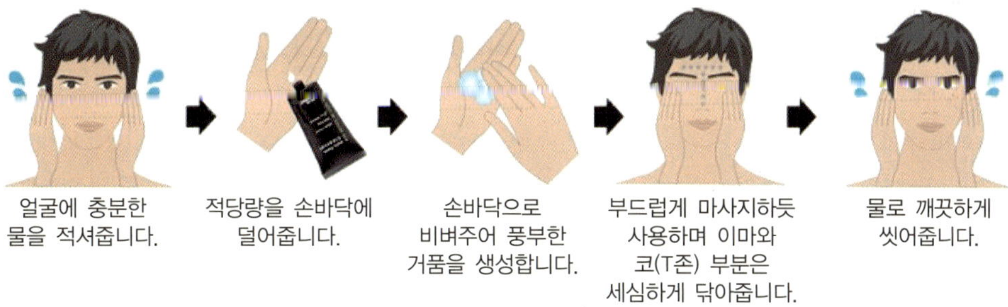

이제는 남자들의 세안관련 상품과 그 사용법에 대해 알려주는 것이 보편적인 시대이다(자료: www.wizen.co.kr).

그런데 이 장 도입부의 톰 피터스(Tom Peters)의 설명에서도 드러나듯이, 최근에는 여성의 구매력에 대한 관심이 상당히 증대되고 있는데, 실제 여성들은 자동차, 컴퓨터, 게임, 하드웨어, 술, 담배 같은 전통적으로 남성들에게 팔리던 상품과 서비스를 이전보다 더 많이 구매하고 있으며, 전자제품의 구매를 선정하는 데 있어 50% 이상의 막강한 영향력을 행사하고 있다([Marketing Focus 6-3] 참고).

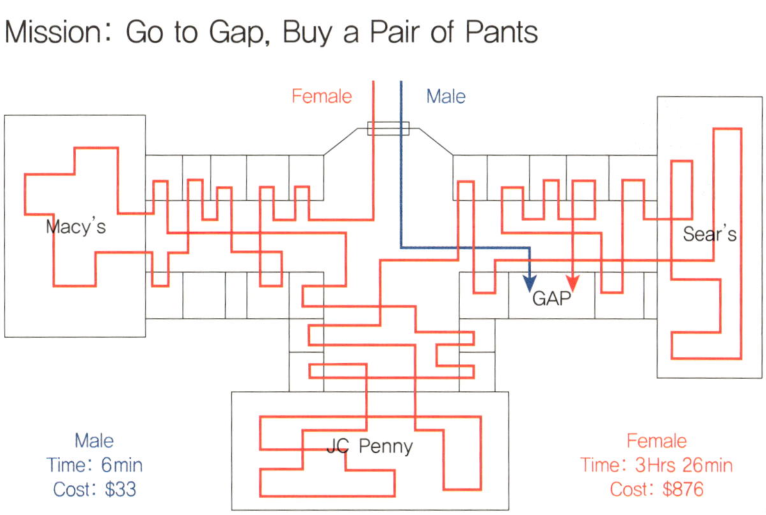

여성과 남성의 구매행동, 구매시간을 우화하여 비교한 그림

MARKETING FOCUS 6-3

왜 여성인가? 여성을 위한 마케팅

또한 최근의 디지털 시대에는 젊은이, 여성, 네티즌과 같은 고객집단에 대한 관심이 매우 중요하다고 필립 코틀러는 『마케팅 4.0』이라는 서적에서 강조하고 있다. 이들은 가장 수익성이 큰 집단이고 디지털 시대에 그 영향력이 가장 큰 집단이라는 것이다. 여기서 여성은 가정의 살림살이, 즉 돈관리를 담당한다. 상품이든 서비스든 어떤 브랜드를 선택할 때 보통은 남성보다 여성이 결정권을 행사한다. 대개는 여성이 남성보다 제품에 대한 관심이 더 많고 조사를 계속하는 끈기도 있기 때문이다. 남성은 이러한 과정이 불필요하거나 심지어 고통스럽다고 느끼는 경향도 있다.

이에 더하여 마케터들이 유난히 여성소비자들에게 주목하는 이유를 다른 측면에서 찾아볼 수 있다. 첫째, 여성소비자들의 까다로운 구매성향이 오히려 득이 될 수 있다는 점이다. 국내 한 광고회사의 실증연구에 따르면 '주부'가 가장 까다로운 소비계층으로 나타났다. 품질, 가격, 디자인 나아가 부대 서비스까지 어느 것 하나 그냥 지나치는 법이 없이 조목조목 따져가면서 구입하기 때문이다. 그러나 여성소비자들은 남성에 비해 세심하게 구매 결정을 내리는 대신 충성도가 높아 한번 만족한 상품에 대해서는 지속적인 재구매로 이어진다. 이러한 점에서 까다로운 여성소비자들에게 인정을 받으면 일단 시장에서 절반의 성공은 거둔 셈이라고 볼 수 있다.

이슬톡톡은 알코올 3.0도의 복숭아맛 탄산주로 도수가 낮고 청량감이 좋아 부담없이 가볍게 즐길 수 있는 것이 특징이다. 술자리에서 취하기보다 가볍게 즐기고자 하는 젊은 여성층의 트렌드를 반영했다.
제품포장 디자인에서도 여성들이 선호하는 베이비 핑크 컬러를 사용했고, 단발머리의 복순이 캐릭터를 개발해 젊은 여성 고객이 친근함을 느낄 수 있도록 했다.
자료: 조선비즈, 2016.03.15, http://biz.chosun.com

둘째, 동반 소비를 유발하는 효과가 있다. 특히, 엄마마케팅(mom marketing)의 선구자인 마리아 베일리는 기혼 여성의 경우 가족에게 필요한 모든 생활용품이나 살림살이를 구입하는 점에서 매우 중요한 의미를 가지고 있다고 지적하고 있다. 즉, 엄마의 소비성향이 가족구성원들의 소비습관 형성 및 구매 결정에 영향을 미친다는 것이다. 또한 어린 자녀들의 브랜드인지도 및 선호도에 영향을 주게 됨으로써, 나아가 미래 소비자들의 소비행태에 결정적인 영향을 미친다.

셋째, 여성들의 '입소문(word of mouth)'은 강력한 홍보수단이 될 수 있다. 일반적으로 여성 소비자들은 구매의 사결정을 할 때 주변인의 의견이나 추천 등에 크게 영향을 받기 때문이다. 따라서 여성소비자들 사이에서 긍정적인 입소문을 유포시키는 것이 제품홍보에 좋은 영향을 미칠 수 있다. 또한, 여성소비자들 사이에 입소문이 어떻게 형성되는가에 따라 제품이나 서비스의 성패를 가늠할 수 있으므로 여성소비자들을 테스트 마켓으로서 활용할 가치도 높다.

마지막으로 트렌드 창조자(trend inventor)로서 여성 소비자들의 역할이 중요하다. 여성소비자들은 유행에 민감하게 반응할 뿐만 아니라, 유행을 직접 만들고 선도하는 데 본능적으로 앞서나간다. 명품 혹은 매스티지(masstige) 트렌드나 웰빙 트렌드를 이끈 주역이 모두 여성소비자라고 해도 과언이 아니다.

여성을 타깃으로 마케팅하는 대표적인 제품은 츄하이가 있다. 츄하이는 증류식 소주에 탄산수와 과즙을 섞은 술이다. 3~5도 정도의 도수와 과일맛 덕분에 젊은 여성들에게 인기가 많다. 비슷한 컨셉의 술로 하이트 진로의 이슬톡톡이 있다.

맥도날드는 8일 '세계 여성의 날'을 맞아 창사 이래 처음으로 황금 아치 'M' 로고를 'W'로 뒤집었다. 웬디 루이스 맥도날드 다양성 책임자는 "브랜드 역사상 처음으로 상징적인 아치를 뒤집었다"면서 "모든 여성의 위대한 업적을 기리기 위한 것"이라고 말했다.

'바비' 인형으로 잘 알려진 마텔은 어린이들이 여성 롤모델을 가질 수 있도록 역사적 인물을 바탕으로 한 '영감을 주는 여성'과 현대 여성의 모습을 담은 '쉬어로즈' 시리즈를 출시한다. 영감을 주는 여성으로는 멕시코 예술가 프리다 칼로와 영화 '히든피겨스'의 주인공 중 한 명인 수학자 캐서린 존슨이, 쉬어로즈에는 평창동계올림픽 스노보드 하프파이프 부문 금메달리스트인 클로이 킴과 저널리스트, 기업가 등이 포함됐다.

여성 롤모델 바비 시리즈 '영감을 주는 여성'과 '쉬어로즈'. 자료: 바비인형 트위터

자료: 오수연, 여성마케팅, 월간 마케팅 2000년 1월호~2004년 12월/박현희, 정보교류에 적극적인 여성, 프로슈머로 자산화해야, *AD Information* 2000년 8월. 요약/이연수, 소비불황의 돌파구, 여성마케팅, LG주간경제 2004.06.09/여심을 잡아라…글로벌 기업들 파격 '여성마케팅,' 이투데이, 2018.03.08, http://www.etoday.co.kr

(3) 소득

소득세분화는 자동차, 보트, 의류, 화장품, 여행과 같은 제품 및 서비스 범주에 적용되는 아주 오래된 관행이다. 대체로 소득이 높은 사람은 일반인이 상상하기 어려운 사치품의 소비를 할 수 있다. 사진과 같이 엄청난 부자들은 대체로 이러한 타깃을 대상으로 하는 기업의 엄청난 수익을 보장해주는 고객이다. 이러한 소수의 부유층을 대상으로 하는 **VIP마케팅**이 유효하게 되

는 부유층의 심리는 초고액 자산가에 속하는 나와 내 친구들만이 가질 수 있다는 '소수성(exclusivity)'이고, 둘째는 '나만을 위해' 만들어졌다는 느낌을 주는 '개인화(customized)'다. 세 번째는 유행만 따라다니는 졸부가 아님을 보여주는 '세련미'라고 볼 수 있다.

이들이 사용하는 물건이나 제공받는 서비스는 언제나 다수 소비자들의 동경의 대상이 될 수도 있기에 시장을 확장하는 좋은 촉매제가 될 수 있다. '나도 저들처럼 특별해지고 싶다'는 심리가 자극되면 이는 그대로 큰 히트가 된다. 이러한 점에서 기업들로서는 VIP마케팅을 신경쓰지 않을 수 없는 것이다.

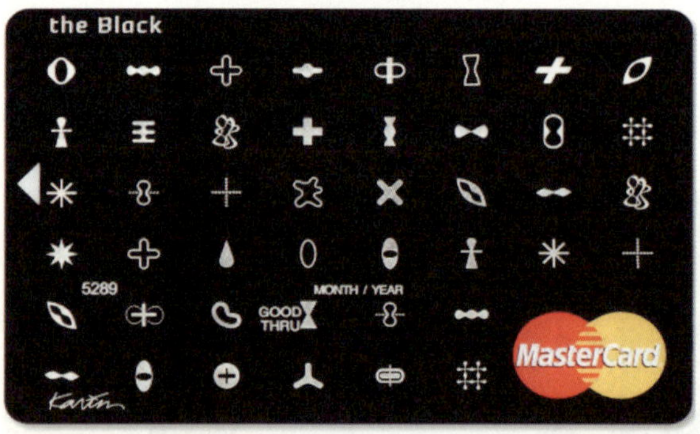

한국에서 가장 대표적인 블랙카드는 바로 '현대 더블랙'카드다. 한국 최초의 VVIP카드인 현대 블랙카드는 우리나라 상위 0.05%만을 위한 신용카드로 9,999명만 발급받을 수 있고, 역시 초청받은 사람들만 회원이 될 수 있다. 이 카드를 이용하는 유명 인사들은 지드래곤, 탑, 전지현, 비 등이 있다.
자료: https://www.finda.co.kr/post/tips/11376

사우디아라비아의 최고 부자 중 한 명인 알 왈리드 빈 탈랄 왕자는 사진과 같이 5,700억 원의 요트와 5,800억 원의 전용기를 소유하고 있다.
자료: https://gentlemon.kr/669

그렇지만 소득이 항상 특정한 어떤 제품에 대한 최고의 고객을 예측할 수 있게 하는 것은 아니다. 일례로 블루컬러 노동자들이 컬러TV를 첫 번째로 구입한 사람들 중의 하나였는데 그 이유는 그들에게 극장에 가거나 외식하는 것보다는 컬러TV를 구입하는 것이 더 저렴한 가격으로 즐길 수 있는 것이었기 때문이다.

가장 경제적인 자동차는 정말 가난한 사람들이 구입하는 것이 아니라 자기 자신은 열망하는 직위수준에 비해 낮다고 생각하는 사람들이 구입하는 것이며 소득이 높다고 해서 반드시 외제차를 구매하는 것은 아닐 수도 있는데 정부부처의 공무원, 남들 눈을 의식하는 기업체의 사장들은 외제차보다 국산대형차를 선호할 수도 있다.

3) 심리분석적 세분화

심리분석적 세분화(psychographic segmentation)에 의해서 구매자들은 라이프스타일 및 개성과 가치에 기초하여 상이한 집단으로 분할된다. 동일한 인구통계적 집단 내에 속한 사람들이라 할지라도 매우 상이한 심리묘사적 특성을 나타낼 수 있다.

(1) 라이프스타일

라이프스타일(Lifestyle)은 사람들이 살아가는 방식을 가리킨다. 라이프스타일은 보통 개인의 **활동(activity)**, **관심(interest)**, 그리고 **의견(opinion)**과 관련된 문항으로 측정되는데, 예를 들어 활동과 관련된 항목으로서는 취미와 여가생활이 있다. 따라서 등산이나 낚시용품 제조회사는 그러한 취미를 갖는 소비자를 표적으로 정한다. 그리고 관심에 관련해서는 가족, 직업, 음식, 유행 등 각각에 있어 무엇을 중요하게 생각하느냐를 묻는다. 의견에 관해서는 그들 자신이나 정치, 경제, 교육, 문화 등에 대해 생각하는 바를 묻게 된다. 그리하여 소비자들에게 그들의 AIO에 대한 다양한 질문을 던지고 특성이론과 통계기법을 이용하여 그 응답의 유사성에 따라 소비자집단을 구분함으로써 시장을 세분화하게 된다. 이렇듯 라이프스타일이 세분화를 위한 기준으로 사용될 때는 보통 인구통계적인 특성과 함께 측정된다. 이는 특정 라이프스타일을 지닌 소비자들의 인구통계적인 특성이 전략수립에 매우 유용한 정보를 제공하기 때문이다.

랄프 로렌의 시작점인 폴로 랄프 로렌은 상류사회의 라이프스타일을 추구하는 브랜드이다. 랄프 로렌은 매장 분위기에도 고풍스러운 상류층의 분위기를 연출하기 위해 투자를 아끼지 않았다. 특히 1986년 문을 연 뉴욕의 라인맨더 맨션(Rhinelander mansion)의 폴로 매장은 인테리어에 약 500만 달러를 들여 폴로가 추구하는 라이프스타일을 구현했다.
자료: http://100.daum.net/encyclopedia/view/149XXXXXXXb93

특히 사진의 폴로와 같은 브랜드에 있어 라이프스타일 변수에 의한 세분화는 매우 적절한 방법일 수 있다.

(2) 개성

개성(personality)이란 영속적이며 지속적인 행동의 패턴이라고 정의한다. 그러므로 개성 변수는 라이프스타일 변수보다 더 깊이 내재되어 있다. 개인의 특징은 마케팅관리자에게 가치 있는 지침이 될 수 있다. 예를 들어, 어떤 기업은 두통치료약 중 어떤 상표의 사용자가 강박감에 사로잡혀 있을 가능성이 크다는 사실을 알게 됨으로써 일상생활을 나타내는 질서정연한 분위기 속에서 그 제품을 광고하였다. 또 다른 기업은 인공감미료 사용자 중 중요한 세분시장은 고분고분하며 또한 체중을 줄이려고 시도하는 경우 다른 사람, 특히 의료전문가의 지도를 받아들이는 경향이 있음을 발견하였다. 이러한 발견사항은 이러한 제품을 권위 있는 인물을 통해서 광고해야 함을 시사하고 있다. 그러나 소비자행동 조사자들은 구매행동을 설명하기 위해서 개성 특성을 사용하는 데 있어서의 문제점을 간파하였다. 개성 이론들은 지속적인 행동패턴을 설명하는 것을 의미한다. 자주 전형적이라기보다는 정도를 벗어난 이상한 행동에 집중한다. 이러한 목적을 위해 개발된 측정방법이 소비자행동에 적용한다는 것은 소비자들은 깊이 내재되어 있는 **동인(drives)**에 근거하여 구입하는데 동기가 부여된다고 가정한다. 그러나 우리가 실생활에서 많이 관찰해보면 대부분의 소비자행동은 세속적이며 일상적인 경향이 있다.

서부를 개척하는 광부들을 위해 만들어진 리바이스의 청바지는 미국의 도전정신과 개척정신을 상징한다. 또한 거친 작업을 할 때 입어도 쉽게 해지지 않도록 만들어진 소재, 리벳 장식 등은 미국의 실용주의 정신을 담고 있다.
개성은 정의로운, 고전적인, 강직한, 터프함, 친근한, 독립적인 요소 등을 강조한다.

4) 행위적 세분화

행위적 세분화(behavioral segmentation)에서 구매자들은 제품에 대해 갖고 있는 지식, 태도, 사용법 또는 반응 등에 기초하여 여러 집단으로 분할된다. 많은 마케팅관리자들은 행위적 변수, 즉 사용상황, 추구효익, 사용자, 사용량, 브랜드충성도 및 태도 등의 변수들이 세분시장을 구축하는 데 가장 좋은 출발점이라고 믿고 있다.

(1) 사용상황

구매자들은 어떤 기본적인 욕구를 갖거나 어떤 제품을 구매하거나 또는 어떤 제품을 사용하는 경우에 따라서 구별될 수 있다. 예를 들어, 항공기 여행은 비즈니스와 여행(또는 가족 및 친지와의 만남) 목적의 두 가지 경우에 의해서 유발된다. 어떤 항공사는 이런 경우 중 하나를 전적으로 이용하는 고객들을 위해 집중적으로 세분화할 수 있다. 예로 제1장에서 등장했던 사례인 SAS항공의 얀 칼슨(Jan Carlzon) 사장은 처음 항공고객의 욕구를 직시하여 비즈니스 목적의 여행자와 관광 목적의 여행자로 시장을 세분화하여, 특히 비즈니스 목적의 세분시장에 집중함으로써 회사를 회생시킨 일화는 매우 유명하다.

(2) 추구효익

구매자는 그들이 추구하는 **효익(benefit)**에 따라 분류되어진다. 할리(Haley)는 치약시장의 성공적인 효익세분화를 설명하면서 4개의 이점 세분시장, 즉 **경제성 추구집단(economy segment)**, **충치예방 추구집단(medical segment)**, **미백효과 추구집단(cosmetic segment)** 및 **맛 추구집단**이 있음을 밝혔다. 이러한 집단별로 상이한 특징을 가지게 되고 결국 마케팅관리자는 상이한 마케팅활동을 전개할 수 있는데, 충치예방 추구집단은 대가족이며 치약사용량이 많고

표 6-4 | 치약시장의 효익세분화

추구하는 편익	맛	미백효과	충치예방	경제성(저가격)
인구통계적 특성	어린이	청소년과 젊은층	대가족	남자
특별한 행동적 특성	스피아민트 향기치약 사용	흡연자	대량사용자	대량사용자
개성	높은 자기관여	사교적	우울한 성격	자율성이 강함
라이프스타일	쾌락적	활동적	보수적	가치지향적

자료: Haley, R. I.(1968), "Benefit Segmentation: A Decision-Oriented Research Tool," *Journal of Marketing*, July, p.33.

보수적이므로 좀 더 이성적인 광고방법으로 충치예방에 뛰어난 성분의 우수성에 대해 강조하고, 경제성을 추구하는 집단으로 목욕탕이나 여관과 같은 업소의 사장에게는 광고보다는 할인점에서 묶음가격으로 매우 저렴하게 판매하는 전략이 주효할 수 있다.

(3) 사용량

소비자는 크게 사용량에 따라서 **다량사용자(heavy users)**, **보통소비자(medium users)**, **소량사용자(light users)**로 세분될 수 있다. 다량 사용자의 수는 적지만 일반적으로 전체 소비량의 많은 부분을 차지한다. 코흐(Koch)는 그의 저서 『80/20법칙(The 80/20 Principle: The Secret of Achieving More With Less)』에서 현재 가장 큰 이익을 올리는 시장과 고객층에게만 집중하면 재무성과를 획기적으로 향상시킬 수 있다는 점을 역설했는데 이는 가장 큰 이익을 올리는 분야로 자원을 재분배하고 자원과 비용의 전체수준을 낮추는 것을 의미한다.

이렇듯 마케팅관리자들은 통상 수많은 소량사용자보다는 그들의 제품이나 서비스를 다량으로 사용하는 사람을 끌어들이려고 한다. [그림 6-4]는 널리 사용되는 소비재에 대한 사용률을 보여준다. 예로서 맥주의 경우 표본으로 추출된 가구의 41%가 맥주를 구입하고 있는데, 다량사용자는 소비된 맥주의 87%를 점하고, 이것은 소량사용자의 소비량의 7배에 해당하고

그림 6-4 | 일반적 소비재의 다량사용자와 소량사용자 비율

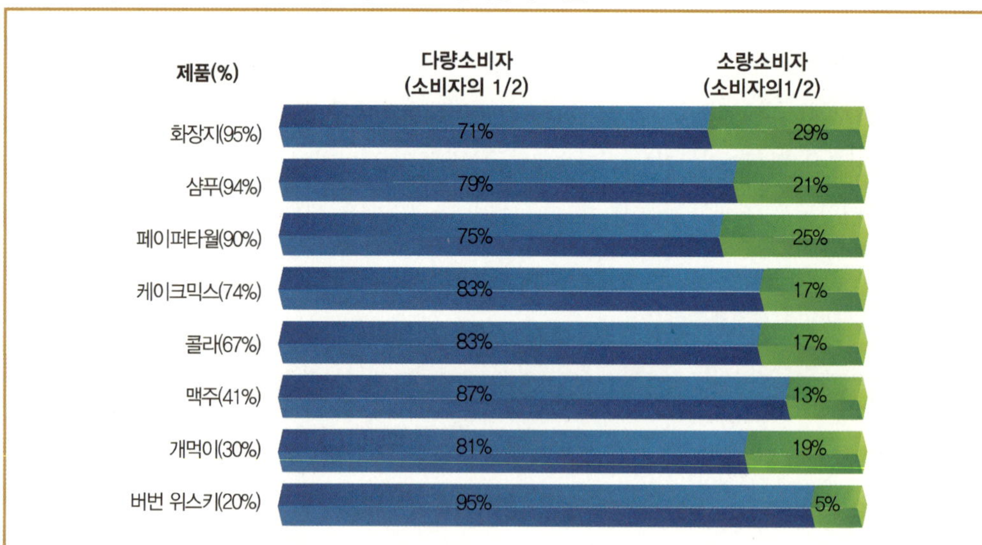

자료: Cook, V. J. and W. Mindak(1984), "A Search for Constants: The 'Heavy User' Revisited!," *Journal of Consumer Marketing*, p.80.

있다. 밀러 맥주는 필립모리스에 팔리기 전 부유한 사람들과 가끔씩 음주하는 사람들 그리고 여성소비자들을 표적시장으로 하여 10년 동안 고전을 면치 못하다가 인수 후에는 광고와 판촉 등 맥주회사의 마케팅활동에 가장 민감하게 반응하는 고객층이 젊은 남성으로서 '블루 컬러'에 속하는 사람들임을 알아내고, 바로 그 시장을 파고들어 버드와이저에 도전하는 시장 2위의 기업이 되었다.

(4) 브랜드충성도 수준

소비자들은 특정 브랜드, 점포 및 다른 실체에 대해 상이한 충성도를 가지고 있다. 구매자들은 그들의 충성도 수준에 따라 4개의 집단으로 나누어진다.

- 핵심적 충성적 고객(hard-core loyals): 항상 특정한 브랜드만을 구매하는 소비자
- 유연한 충성적 고객(split loyals): 2개 또는 3개의 브랜드에 충성하는 소비자
- 이동적 충성적 고객(shifting loyals): 하나의 브랜드를 선호하다가 다른 브랜드를 선호하는 소비자
- 전환적 고객(switchers): 어떤 브랜드에도 충성도를 보이지 않는 소비자

일반적으로 각각의 제품시장마다 네 가지 유형의 구매자들이 각기 상이한 비율로 구성되어 있음은 당연하다고 볼 수 있다. 브랜드충성적 시장은 핵심적인 브랜드충성을 나타내는 구매자의 비율이 높은 시장으로서 치약시장이나 맥주시장은 브랜드충성도가 매우 높은 시장이다. 브랜드충성도가 높은 시장에 후발기업으로 진입한 기업은 시장점유율을 확보하는 것이 힘든데, 예를 들어 사이다 시장에서 칠성사이다는 상당한 브랜드충성도를 가지고 있기에 초록사이다, 축배 등의 신규사이다 브랜드들의 시장점유율 확보는 상당히 어려운 것이었다.

기업은 브랜드충성도 정도를 분석함으로써 많은 것을 획득할 수 있다. 즉 기업은 자기브랜드에 핵심적이고 충성적인 고객의 특징을 연구함으로써 자사 제품의 강점을 확인할 수 있으며 유연한 충성적 고객을 연구함으로써 당해 기업은 어떤 브랜드가 가장 유력한 경쟁자인가를 알아낼 수 있다. 또 자사브랜드에서 이동하고 있는 고객을 살펴봄으로써 기업은 자사의 마케팅 약점을 간파하여 수정할 수 있다.

3. 효과적인 세분화의 조건

종합적으로 볼 때 세분시장은 다음과 같은 특징을 가져야 한다.

첫째, 세분시장 내에는 **동질성(homogeneous)**이 높아야 하고 세분시장 간에는 **이질성(heterogeneous)**이 높아야 한다. 세분시장 내의 고객들은 투입되는 마케팅 믹스 변수에 가급적이면 유사하게 반응하고 서로 다른 세분시장에 속한 고객들은 가급적 상이하게 반응하도록 세분화가 되어야 할 필요가 있다.

둘째, **측정가능성(measurable)**으로 세분시장의 규모와 구매력 및 특성이 측정될 수 있어야 한다는 것으로 우리나라의 경우 여성 담배시장이 있음에도 불구하고 그 정확한 크기를 측정하기는 힘들기 때문에 담배회사가 여성을 표적으로 한 담배를 개발, 커뮤니케이션하는 것이 힘들 것이다.

셋째, **충분한 규모(substantial)**로 세분시장이 충분히 크거나 수익을 충분히 낼 수 있는 크기가 되어야 한다는 것으로 세분시장은 잘 짜여진 마케팅 프로그램이 추구할 가치가 있을 만큼 가능한 한 가장 큰 동질집단이어야 한다. 예를 들어, 1미터 40센티 이하인 사람을 위해 자동차를 개발하는 것은 수익성이 충분하지 못하다.

넷째, **접근가능성(accessible)**으로 세분시장의 잠재고객들에게 용이하게 접근할 수 있는가를 가리킨다. 보다 구체적으로 자사제품을 표적시장이 있는 지역에 수송하는 데 필요한 도로나 교통수단이 발달되어 있는지 적절한 유통경로가 존재하거나 개발이 가능한지를 조사하여야 하며 또한 자사제품을 잠재고객에게 커뮤니케이션할 수 있는 매체 및 커뮤니케이션 수단이 존재하는지를 고려하여야 한다.

제3절 표적시장 선정

1. 세분시장의 분석

알맞은 표적시장을 선정하기 위해서 기업은 두 가지 요인, 즉 **① 세분시장의 전반적인 매력성, ② 기업의 목표와 재원**을 살펴보아야 한다. 첫째, 기업은 잠재력이 있는 세분시장이 규모,

성장, 수익성, 규모경제, 낮은 위험도 등과 같이 일반적으로 매력적인 특징을 가지고 있는가를 검토·평가해야 한다. 둘째, 그 세분시장에 대한 투자가 당기업의 특정한 목적과 자원에 대해 의미가 있는가를 고려해야 한다. 명품과 같은 제품은 대중적인 시상의 매력성을 지각할 수도 있지만 당사의 장기적 목표와 조화되지 않기 때문에 해당 세분시장을 포기할 수도 있을 것이다.

실무에서 분석해보면 일반적으로 해당 브랜드의 표적시장이 아니라고 생각되었던 소비자들이 해당 브랜드를 구매하고 있는 것을 종종 목격할 수 있는데 이러한 표적시장은 **하위의 표적시장(sub target)**으로 따로 선정하고 원래 구매의 중심이 되는 시장을 **핵심표적시장(main or core target)**으로 선정하여 핵심표적시장에 마케팅 노력을 집중하게 된다. 예를 들어 젊은 여성들이 구입하는 의류를 40~50대의 여성들이 구입하는 경우를 종종 목격할 수 있는데 이들을 하위의 표적시장으로 설정, 마케팅활동을 전개할 수 있다.

2. 표적시장 선정 형태

상이한 세분시장을 평가한 기업은 [그림 6-5]와 같이 5개의 표적시장 선정형태를 고려할 수가 있다.

그림 6-5 | 다섯 가지 표적시장 선정 유형

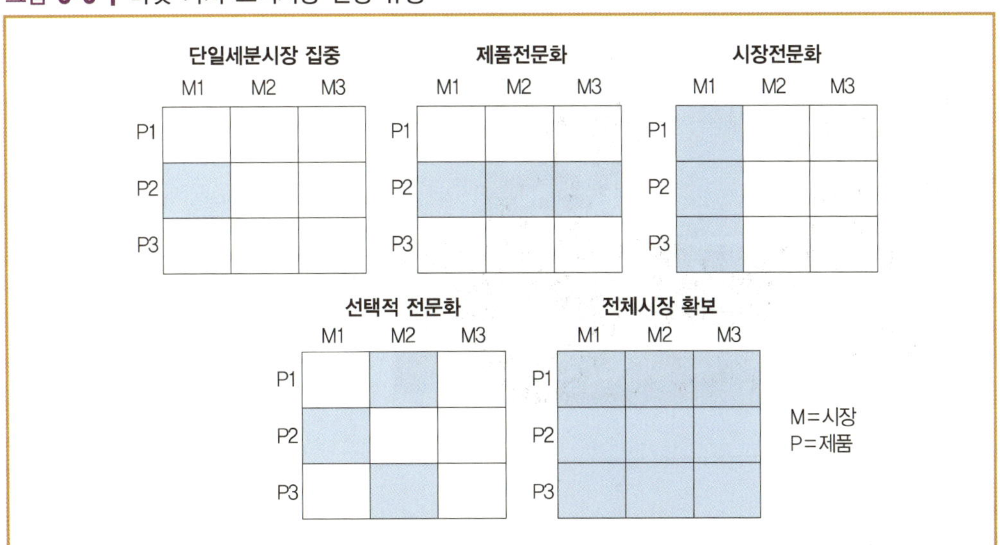

자료: Abell, D. F.(1980), *Defining the Business: The Starting Point of Strategic Planning*, Englewood Cliffs, NJ: Prentice-Hall, pp.192-196.

1) 단일세분시장 집중

가장 간단한 경우로서 기업은 하나의 세분시장을 선정한다. 예를 들어, 과거에 폭스바겐(Volkswagen)은 소형승용차시장에 집중했으며, 포르쉐(Porsche)는 스포츠카시장, 그리고 할리데이비슨(Halrey Davison)은 대형 오토바이를 원하는 시장에 집중해왔다. 이러한 집중적 마케팅을 통해 그 기업들은 그 세분시장의 욕구를 더 잘 알게 됨으로써 그 세분시장에서 강력한 위치를 확보할 수가 있다. 더욱이 그 기업들은 생산, 유통 및 촉진을 전문화함으로써 여러 가지 운영의 경제성을 누리게 된다. 만일 그 기업이 그 세분시장에서 선도력을 장악하고 있다면 높은 투자수익률을 획득할 수가 있다.

그러나 집중적 마케팅은 제품 포트폴리오를 구축하지 않음으로써 환경적 변화에 직면하여 큰 위험에 봉착하게 될 수도 있다. 예를 들어, 젊은 여성들이 갑자기 운동복 구입을 하지 않을 때 젊은 여성시장만을 위한 제품을 만들어온 의류브랜드의 이익은 심각하게 감소될 수도 있으며 심지어 해당 사업의 철수까지 고려하게 될 수도 있다. 이러한 관점에서 볼 때 폭스바겐은 더 이상 소형승용차에만 집중하지 않고 있으며 최근에 할리데이비슨은 매출의 감소로 사진과 같은 소형 전기 오토바이를 출시하기에 이르렀다.

할리데이비슨에 따르면 이 오토바이는 운전면허증이 필요 없으며, 일반 가정용 전기 콘센트로 충전이 가능하다. 회사는 이번 제품은 도시 거주자와 청년층을 새 라이더로 끌어들이기 위한 '전환 계획'의 핵심이라고 밝혔다.
자료: 더드라이브, 2019.02.06, https://auto.v.daum.net/v/aea52vPdcx

2) 선택적 전문화

이 표적시장 선정 상황에서 기업들은 많은 세분시장을 선정하는데, 각각의 세분시장은 객관적으로 매력적이며, 충분한 규모이어야 한다. 그 세분시장 간에는 거의 시너지효과가 크게 없기는 하지만, 각 세분시장은 충분한 수익을 획득할 수 있는 시장이어야 한다. 복수세분시장 범위를 추구하는 이 전략은 한 세분시장만을 공략함으로써 파생될 수 있는 기업의 위험을 분산시킬 수 있다는 점에서 이점이 있는데, 민도공조는 에어컨에서 김지냉장고로 선택적 전문화를 추구하고 있으며 쿠쿠도 청소기나 가습기 등으로 그 제품영역 및 시장영역을 확대하고 있다.

단일세분시장 집중은 분명 위험이 따를 수 있다. 에어컨에서 딤채, 그리고 냉장, 냉동고, 청소기 등의 다양한 제품으로 확장해온 대유위니아(http://www.dayou-winia.com)와 밥솥에서 가습기, 정수기 등으로 확장해가고 있는 쿠쿠(http://www. cuckoo.co.kr)

3) 제품전문화

기업은 다양한 여러 세분시장에 판매할 수 있는 제품을 생산하는 데 집중한다. 즉 일반고객, 기업고객, 학교 및 정부고객을 대상으로 한 책걸상을 각자 따로 만들어 판매할 수 있는데 해당 기업은 이런 상이한 고객집단들을 위해 상이한 책걸상을 제조할 준비가 되어 있지만 공부 및 사무를 위해 필요한 다른 기구나 장비들은 생산하지 않는다. 이러한 제품전문화 전략을 통해 그 기업은 그 전문적인 제품분야에서 강한 명성을 구축한다.

4) 시장전문화

여기에서 기업은 어떤 특정 고객집단의 여러 가지 욕구를 충족시키는 데 집중한다. 즉 대학에 필요한 교육용 가구를 공급하는 한 업체는 책상, 걸상, 책꽂이, 회의용·도서관용 책상 등의 제품을 모두 공급하게 될 수 있는데 해당 기업은 이런 고객집단을 공략하는데 있어 전문화 및 관계구축을 통한 강한 명성을 획득하며, 또한 이 고객집단이 실제로 사용하는 신제품 전체에 대한 경로대리인이 된다. 그러나 대학들이 구조조정에 따른 예산을 축소하고, 구매를 감축하는 경우 엄청난 위험이 발생할 수가 있다.

5) 전체시장 도달

어떤 기업은 모든 고객집단들이 필요로 하는 모든 제품을 그 전체 고객집단에게 서브하려고 한다. 단지 대기업만이 이 전체시장 확보전략을 수행할 수 있다. 예를 들어, 삼성전자(컴퓨터시장), 현대자동차(자동차시장), 롯데칠성(음료시장), LG생활건강(생활용품시장) 등이 이에 속한다. 대기업들은 두 가지 방법, 즉 무차별적 마케팅 또는 차별적 마케팅을 통해 전체시장을 충족시킬 수 있다.

(1) 무차별적 마케팅

무차별적 마케팅(undifferentiated marketing)의 경우 기업은 세분시장의 차이를 무시하고 하나의 제품으로 전체시장을 추구할 수도 있다. 즉 그 기업은 구매자의 기본적인 욕구의 차이점보다는 공통적인 것에 초점을 맞춘다. 또한 가장 많은 수의 구매자에게 소구할 제품과 마케팅 프로그램을 고안한다. 그리고 대량유통경로와 대량광고에 의존한다. 또 제품이 소비자의 마음속에서 우월한 이미지를 갖도록 하는 데 목표를 둔다.

(2) 차별적 마케팅

차별적 마케팅(differentiated marketing)에서 기업은 여러 개의 세분시장에서 활동을 하지만, 각각의 세분시장에 대한 상이한 프로그램을 설계한다. 현대자동차는 각기 다른 '가격, 용도 및 개성'에 맞는 자동차를 만들고자 노력하고 있다. 그리고 IBM은 컴퓨터시장 내의 상이한 세분시장에 맞는 여러 가지 하드웨어와 소프트웨어를 제공한다. 차별적 마케팅은 전형적으로 무차별적 마케팅보다 총매출액을 더 많이 창출한다. 그러나 이것은 여러 가지 사업운영

비용의 증가도 가져온다.

제4절 포지셔닝전략

1. 제품 포지셔닝의 개념과 효과성

포지셔닝은 단지 제품에 한정되는 것이 아니라 서비스, 회사, 단체, 사람, 나라 등 거의 모든 것에서 시작한다. 예를 들어 포지셔닝 분야의 대가인 알 리스(Al Ries)와 잭 트라우트(Jack Trout)는 그들의 최근 서적 『My Positing』에서 미래에도 경쟁력 있는 개인으로 살아남기 위한 개인의 포지셔닝에 대해 이야기했으며, 정부에서는 국가마케팅을 위한 도구로 국가의 포지셔닝에 대해 궁금히 생각해볼 수 있을 것이다.

알 리스와 잭 트라우트는 그들의 유명한 서적(제6장 도입부의 책), **『포지셔닝-고객 마음을 점유하기 위한 전투(Positioning: The Battle for your Mind)』**에서 "포지셔닝은 예상고객의 마음에 자리잡는 것이다. 즉 예상고객의 의식 속에 자사의 제품을 위치화시키는 것이다"라는 점을 강조했다. 허츠(Hertz)는 세계에서 가장 규모가 큰 자동차 대여기업으로 생각되고 코카콜라(Coca-Cola)는 세계에서 부동 1위를 차지하고 있는 청량음료 회사로 생각되며, 벤츠(Benz)는 최고의 품위의 차로 소비자들의 마음속에 자리잡고 있다.

포지셔닝의 전체적인 컨셉은 한 제품을 다른 제품과 구별되게 하고, 구매를 유발하도록 의미를 부여하는 것이라고 할 수 있다. 그러므로 포지셔닝이 효과적이기 위해서는 다음 사항이 전제되어야 한다.

- 포지셔닝은 표적고객의 마음과 관련되어야 한다.
- 기업은 해당 제품 카테고리에서 고객의 행동을 설명할 수 있는 구매유발요인을 이해해야 한다.
- 기업은 제품이 목표고객의 욕구를 만족시키는 정도를 이해해야 한다.
- 기업은 목표고객의 욕구에 대하여 경쟁자가 어떻게 수행하는지를 이해해야만 한다.

2. 제품 포지셔닝의 유형

소비자들에게 구매효익과 근거를 더욱 구체적으로 제시하려면 기업들은 폭넓은 포지셔닝만 가지고는 부족하다. 기업들은 가장 중요한 **한 가지 주요 효익 포지셔닝(single major benefit positioning)**을 광고하는 경우가 많은데 그것은 다음과 같은 가능성들에 근거한다.

• 최고의 품질	• 최고의 성능	• 최고의 신뢰성	• 최고의 내구력
• 최고의 안정성	• 최고의 속도	• 가격 대비 최고의 가치	• 최저의 가격
• 최고의 품위	• 최고의 디자인이나 스타일	• 가장 쉬운 사용법	• 최고의 편리성

따라서 자동차시장에서는 메르세데스를 '최고의 품위' 위치에, BMW는 '최고의 (운전)성능' 위치에, 현대(Hyundai)는 '최고의 가격' 위치에 그리고 볼보(VOLVO)는 '최고의 안전성' 위치에 자리잡고 있다. 이 중, 특히 볼보의 사례가 흥미로운데, 그것은 볼보가 자동차의 안전성을 가장 중시하는 구매자들이 세계 어디에나 존재한다는 사실을 인식했다는 점에서 그렇다. 볼보는 이 세계적인 틈새시장을 발견하여 각국에 자동차를 팔 수 있었다. 볼보는 또 여기에 **두 번째 효익 포지셔닝(second benefit positioning)**을 추가하였는데, 즉 볼보자동차의 내구성이 최고수준이라는 주장이었다. 그들은 멕시코와 같이 구매자들이 안전성보다 오래 쓸 수 있는 자동차에 관심을 갖는 나라에서는 두 번째 포지셔닝을 사용한다.

튼튼한 철제 금고가 주는 이미지, 거북이의 튼튼한 등이 전해주는 이미지, 물건을 가득 담은 듯한 박스의 이미지, 무엇인가 향해 진군하는 탱크의 이미지, 이런 이미지에 각 헤드라인은 다음과 같이 말을 하고 있다.
이 모습이 지금까지 볼보에서 느꼈던 모든 생각이라면 지금부터는 좀 더 다른 볼보의 모습을 만날 것이다.
기본적으로 튼튼하고 안전한 이미지는 기본으로 가져가되 업그레이드되고 새롭게 달라진 볼보의 새 자동차가 나온다는 것이다.

구체적 포지셔닝을 발견하기 위해 각 사업단위에서는 다음과 같은 포지셔닝의 출처를 고려해야 한다.

1) 속성 포지셔닝(attribute positioning)

기업이 기업 자신의 속성이나 특징을 포지셔닝한다. 삼성전자의 애니콜은 과거에 한국지형에 강하다는 점을 강조했으며, 아반떼는 과거에 DOHC 엔진이라는 것을, 이렇게 외형적 특징을 사용한 포지셔닝은 어떤 효익도 명백하게 주장하지 못하기 때문에 최근에는 그렇게 바람직한 포지셔닝 기법이 될 수 없다.

2) 효익 포지셔닝(benefit positioning)

상품이 주는 어떤 효익을 약속한다. 애경의 세제 퍼팩트는 '어떤 농축세제보다도 $\frac{1}{4}$ 더 적게'라는 메시지로 적게 써도 강력한 세척력이 있는 것으로 주장한다. 볼보는 안전성을 주장한다. 마케터는 주로 이러한 효익 포지셔닝을 한다. 아이오페는 여성들의 기본적인 욕구 속에서 주름을 방지해주기를 원한다는 것을 알아냈다. 결국 기능성 화장품으로서 여성의 피부노화 방지라는 컨셉을 선점하는 데 성공하였다. 메시지를 전달하는 방식에 있어서도 종래의 화장품 광고와는 달리 매우 직설적인 방식을 채택하여 피부과학을 실현하여 피부의 꿈을 이룬다는 브랜드 가치를 만들고 있다.

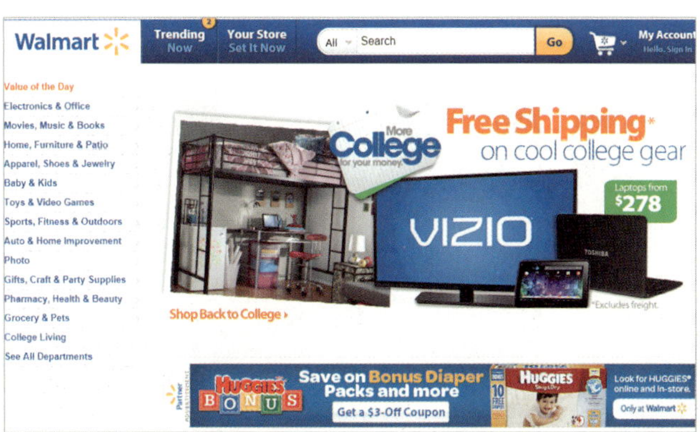

월마트는 최근 돈을 절약할 수 있는 할인점으로 리포지셔닝했다. 꼭 그렇지만은 않은데도 소비자들은 그렇게 인식을 하고 있다.
자료: 잭 트라우트(2010), 『리포지셔닝』 중에서

(1) 사용 및 적용 포지셔닝(use/application positioning)

상품이 어떤 적용분야에서 최고라고 포지셔닝한다. 나이키는 어떤 운동화는 경주용에 최상이고, 다른 운동화는 농구용으로 최상이라고 설명한다. 기존의 껌시장은 롯데제과와 동양제과의 각축장이었다. 롯데는 신제품을 출시하면서 기존의 껌과는 다른 새로운 범주를 만들었는데 그것이 바로 '자기 전에 씹는 껌'이라는 카피로 '핀란드에서는 자기 전에 자이리톨껌을 씹습니다'라는 캠페인이었다. 기존의 무설탕껌이 비록 설탕은 적게 함유되어 있다 하더라도 여전히 치아건강에는 안 좋을 것이라는 인식에 도전한 것이다.

스프라이트는 최근 맛있는 음식과 어울리는 음료임을 강조하고 있다.

(2) 사용자 포지셔닝(user positioning)

상품이 표적사용자 그룹에 포지셔닝된다. 과거 그랜저 TG는 '당신의 오늘을 말해줍니다'라는 광고카피를 제시하면서 성공한 소비자를 위한 제품으로 광고하였고, 애플컴퓨터는 자사의 컴퓨터와 소프트웨어가 그래픽 디자이너에게 최고라고 설명한다. 선마이크로시스템즈(Sun Microsystems)는 자사의 워크스테이션 컴퓨터가 디자인 엔지니어에게 최고라고 말한다.

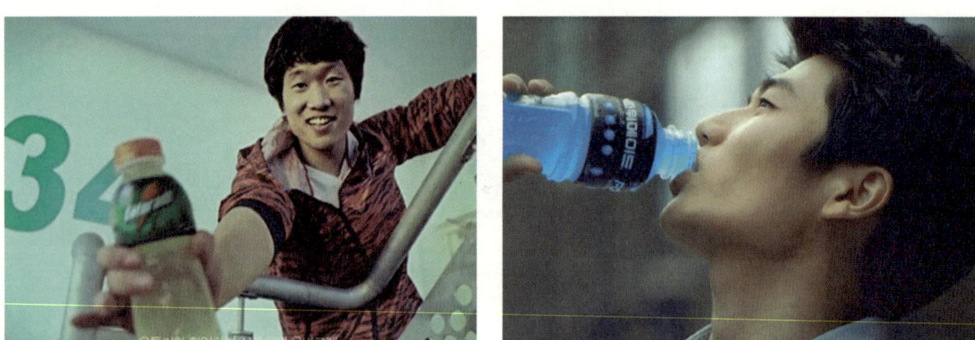

게토레이와 파워에이드는 같은 사용자를 대상으로 포지셔닝하고 있다.

(3) 경쟁자 포지셔닝(competitor positioning)

자사상품이 경쟁상품보다 뛰어나거나 다른 점을 제시한다. 이를 위하여 자사제품을 명시적 혹은 묵시적으로 경쟁제품과 비교하는 비교광고가 많이 쓰인다. 에이비스(Avis)는 자사가 경쟁사인 허츠(Hertz)보다 '더 열심히 노력'한다고 말한다. 세븐업(7UP)은 자신을 '반콜라(Uncola)'라고 부른다. 과거 칠성사이다는 '무색, 무카페인, 무로열티'를 내세워서 콜라에 경쟁적으로 포지셔닝하였다.

버거킹에 주문하러 온 맥도날드 로날드 아저씨: 은근슬적 비교를…

(4) 범주 포지셔닝(category positioning)

자사를 범주선도자(category leader)로 묘사할 수도 있다. 코닥은 필림을 의미하고, 제록스(Xerox)는 복사기를 의미한다. 마케팅에 있어서 기본적인 요소는 최초로 뛰어들 수 있는 영역을 만드는 것이다. 이것이 바로 그 유명한 선도자의 법칙이다. 알 리스(Al Ries)와 잭 트라우트(Jack Trout)는 그들의 저서 『*The 22 Immutable Laws of Marketing*』에서 더 좋은 제품을 팔기보다는 최초로 시작하는 것이 나으며, 시장을 선점한 사람보다 더 좋은 제품을 갖고 있다고 납득시키기보다 사람들의 기억 속에 맨 먼저 들어가는 일이 훨씬 쉬운 일이라고 했다. 실제로 어떤 영역에서의 선도적 브랜드는 거의 대부분 잠재고객의 기억 속에 맨 먼저 자리잡은 브랜드이다. 렌터카 사업에서 허츠(Hertz), 컴퓨터의 IBM, 콜라의 코카콜라(Coca-Cola)이다.

(5) 품질 대비 가격 포지셔닝(quality/price positioning)

제품을 높은 품질 대비 낮은 가격수준, 즉 가성비가 높다는 것으로 포지셔닝한다. 샤넬(Chanel) No. 5 향수는 매우 높은 품질과 가격으로 포지셔닝하고 있으며, 파크랜드는 거품을 뺀 가격으로 품질 대비 가격, 가치가 가장 높다고 표현하며 타코벨(Taco Bell) 식당 또한 자신들의 브랜드가 가격 대비 가치가 가장 높다고 표현하고 있다.

유니클로는 품질 대비 가격이 저렴한 가성비가 좋은 제품으로 크게 성장하였다. 2018년 기준 스페인의 자라, 스웨덴의 H&M과 함께 '글로벌 빅3' 제조·직매형 의류(SPA) 브랜드로 손꼽히는 일본의 유니클로가 국내시장에서 유독 승승장구하고 있어 그 배경에 관심이 쏠리고 있다. 유니클로는 빅3 가운데 유일하게 매출 1조 원을 넘은 데다 14.26%의 높은 영업이익률을 자랑하고 있다. 자라(3.29%), H&M(4.52%)보다 월등히 높은 이익률이다.
자료: http://news.hankyung.com/article/2018060793831

3. 제품 포지셔닝 맵을 이용한 포지셔닝전략의 수립

1) 포지셔닝 맵의 유형

포지셔닝 맵이란 소비자의 마음속에 자사제품과 경쟁제품들의 위치를 2차원 또는 3, 4차원의 도면으로 작성한 것을 말하는데 이러한 **포지셔닝 맵(positioning map)**의 유형은 제품의 물리적인 특성을 사용한 제품위주의 포지셔닝 맵과 소비자의 지각을 통해 작성하는 **지각도(perceptual map)**가 있다.

첫째, **물리적 특성에 의한 포지셔닝 맵**은 제품들의 물리적인 속성이나 특성 중에서 두 개 또는 세 개의 차원을 선별하여 제품들의 포지셔닝 맵을 작성하는 것을 말하는 것으로, 예를 들어 승용차의 경우 배기량과 가격을 두 개의 축으로 사용하여 국내 승용차 브랜드들을 도식화할 수 있다.

이 방법은 소비자들이 제품을 평가·선택할 때 제품의 물리적 속성을 기준으로 하면 유용하나 소비자들이 다른 기준을 사용하게 되면 큰 의미를 가지지 못하고 단지 공급의 입장에서 본 제품의 포지셔닝에 불과하다는 문제점이 있다.

둘째, **소비자의 지각에 근거한 지각도**는 소비자가 각각의 제품에 대해 지각하고 있는 차원을 선별하여 도면으로 작성하는 방법을 말하는 것으로 [그림 6-6]의 한국패션, 스포츠시장에서 Converse가 차지하고 있는 위치를 파악하기 위한 지각도분석에서 그 예를 볼 수 있다. 의류지향적인가 신발지향적인가 스포츠시향적인가 캐주얼지향적인가에 따라 여러 브랜드를 위치화하여 Converse의 경쟁상황을 자세하게 확인할 수 있다.

그림 6-6 | 한국패션, 스포츠시장의 포지셔닝 맵 예

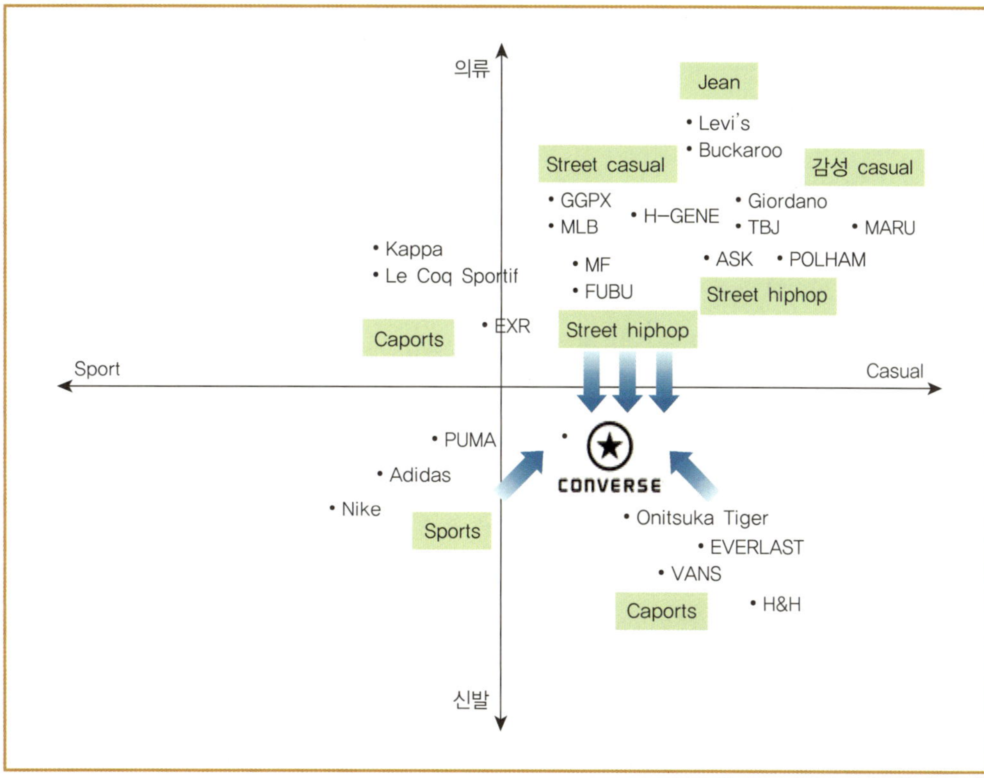

자료: 유니타스 편집부 저(2011), Black Brand 2: 마케팅 인사이트, 모라비안 유니타스, p.83에서 인용

2) 포지셔닝 맵의 작성과정

일반적으로 지각도의 작성은 다음과 같은 과정을 통해 이루어질 수 있다.

첫째, 차원의 수를 결정한다. 지각도를 작성할 때 가장 먼저 결정하여야 하는 것은 지각도의 차원의 수 결정이다. 지각도의 차원을 결정하려면 마케팅관리자는 먼저 소비자들이 제품을 평가하거나 지각할 때 고려하는 속성들에 대해 자세히 파악해야 한다. 이때 많은 속성들 중에서 소비자들이 모든 제품에 대해서 동일하다고 느끼는 속성은 지각도의 차원으로서는 가치가 없다. 이는 인지도상에서 각 제품들이 동일한 위치에 표시되어진다는 것을 의미하므로 지각도를 작성하는 의미가 상실되기 때문이다.

둘째, 각 차원의 이름을 결정한다. 차원의 수가 결정되면 마케팅관리자는 각 차원의 이름을 결정하여야 한다. **다차원척도법**(MDS)에 의해 인지도가 작성이 되어도 프로그램에서 차원의 이름을 제시해주는 것이 아니기 때문에 마케팅관리자가 차원의 이름을 결정하여야 한다. 차원의 명칭은 요인분석, 회귀분석, 상관관계분석 등을 통하여 결정할 수 있다. 그러나 어떤 방법을 사용하더라도 실제시장과 제품에 대해서 가장 잘 파악하고 있는 관리자의 직관이 가장 중요한 요소이다.

셋째, 경쟁제품 및 자사제품의 위치를 확인한다. 차원의 수와 이름이 결정되면 경쟁제품과 자사제품의 위치를 인지도에서 확인해야 한다.

넷째, **이상점**(ideal point)을 결정한다. 경쟁제품과 소비자들의 욕구에 기초하여 가장 이상적인 자사제품의 위치가 결정되어야 한다. 신제품의 경우에는 이상적인 위치에 맞는 제품개발과 촉진전략이 필요하고 기존제품의 경우에는 이상적인 위치에 접근시킬 수 있는 전략을 사용하여야 한다.

4. 포지셔닝 맵의 전략적 유용성

포지셔닝 맵을 작성하면 마케팅관리자는 다양한 전략적 유용성을 획득할 수 있다.

첫째, 시장의 빈곳을 파악할 수 있다. 지각도를 통하여 마케팅 관리자는 시장의 빈곳을 찾아낼 수 있다. 즉, 충분한 시장성이 있음에도 불구하고 현재 경쟁제품이나 자사제품이 소구하지 않는 위치를 지각도를 통해 확인할 수 있다.

둘째, 자사제품의 현재위치 파악이 가능하다. 지각도는 현재 자사제품이 소비자에게 어떻게 지각되고 있는지에 대한 정보를 제공해준다.

셋째, 경쟁자의 파악이 가능하다. 지각도에서 자사제품의 위치(지도의 물리적인 거리)와 근접한 타사의 제품이 자사와 직접적인 경쟁을 벌이고 있는 1차적 경쟁자임을 알 수 있다. 즉 지각도상에서 거리가 가까울수록 직접적인 경쟁자이고 멀수록 직접적인 경쟁은 하지 않는다.

넷째, 경쟁강도의 파악이 가능하다. 현재 자사제품이 소구하고자 하는 위치에 몇 개의 경쟁제품이 있는가에 따라서 경쟁강도의 파악이 가능하다. 즉, 특정 위치에 경쟁제품이 많을수록 이들 제품이 소비자들에게 유사하게 인식되고 잇다는 것을 의미하고, 이는 각 제품들이 차별성이 없으므로 격렬한 경쟁이 야기되기 쉽다는 것을 의미하는 것이다.

다섯째, 이상점 파악이 가능하다. 선호도 소사에 의한 지각도를 작성한 경우에는 소비자들이 가장 이상적이라고 생각하고 있는 제품속성을 알 수 있다. 만약에 이상점에 현재 제품이 소구하고 있지 않다면 자사제품의 속성을 개선하여 이상점에 근접할 수 있도록 **리포지셔닝(repositioning)**을 하거나 제품개선이 용이하지 않다면 신제품개발도 가능하다. 실례로, 과거에는 요구르트 하면 성장기 아이들이 주 표적시장으로 생각되어 왔는데, 이제는 아이들 뿐만 아니라 온 가족이 즐겨 마시는 기존의 요구르트의 전형적인 이미지에서 탈피하여 할아버지, 아빠, 엄마 등 어른들까지도 요구르트에 빨대를 꽂고 마시는 장면을 집어넣어 그 효과를 더하고 있다.

또한 존슨즈 베이비 로션이 아기 로션으로 출시되어서 중·고등학생, 나아가 대학생이나 숙녀까지 그 사용자 이미지를 넓힌 것, 분유가 아기들만의 것이라는 기존 개념을 깨고 칼슘이 필요한 나이인 중년층들에게까지 칼슘을 많이 첨가한 분유가 출시되고 있는 것, 기존의 아로나민 골드가 성인뿐만 아니라 청소년 자녀까지 표적시장을 넓힘으로써 온 가족 비타민제로 인식시키고 있는 것도 좋은 예가 될 수 있다.

여섯째, 마케팅 믹스의 효과측정이 가능하다. 연도별로 계속적인 포지셔닝 맵이 작성되어 제품위치가 계속적으로 추적되면 마케팅관리자는 자사의 마케팅 믹스를 효과적으로 측정할 수 있고 효과적인 마케팅 믹스전략을 결정할 수 있게 된다.

MARKETING FOCUS 6-4

리포지셔닝(repositioning) 사례

▶ 동아제약 박카스

동아제약 박카스는 1960년 '박카스 정'이라는 브랜드로 시장에 첫선을 보인 후 1963년 드링크제로 바꾸어 현재까지 넘버원의 자리를 굳히고 있는 대표적 장수 브랜드다. 제품 자체에는 큰 변화가 없었지만 광고를 통해 타깃 소비자를 넓히고 브랜드에 젊음을 불어넣었다. 박카스는 드링크제 출시 초기인 1963년부터 1973년까지 '활력을 마시자'라는 일관된 메시지를 전달했다. 제품의 효과, 효능과 제품명 자체를 알리는 광고였다. 이후 1993년 박카스는 20년 만에 광고를 재개하면서 주 소비자인 서민층을 대상으로 '자신의 일터에서 묵묵히 최선을 다하는 사람들'에게 희망을 건네는 '새 한국인 캠페인'을 전개하였다. '그날의 피로는 그날에 푼다'는 메시지로 1995년 드링크류 단일 상품으로 처음 매출 1,000억 원을 돌파하였다.

그런데 문제가 생겼다. 드링크시장이 기존의 40~50대에서 20~30대로 이동하고 있는데 박카스 주 구매층의 나이가 들면서 브랜드까지 노후화되고 있었다. 이에 박카스는 20대로 광고 타깃을 넓혔다. '젊음은 나약하지 않다'는 광고 메시지로 젊은층에 다가간 것이다. 이러한 커뮤니케이션 활동은 박카스의 대표적 이벤트가 된 '대학생 국토대장정' 캠페인과 어우러져 박카스를 '아저씨들의 회복제'에서 '젊은이와 함께하는 드링크로 리포지셔닝했다.

박카스의 과거 캠페인(그날의 피로는 그날에 푼다)과 리포지셔닝 후 캠페인(젊은날의 선택)

▶ 아모레퍼시픽 아이오페

1997년 한국인의 피부에 맞춘 과학적인 화장품을 내세우며 등장해 주름개선을 원하는 30대 후반~40대 타깃을 대상으로 했던 아이오페는 '아줌마를 위한 화장품'이라는 이미지가 강했다. 이 때문에 아이오페는 커뮤니케이션 타깃 연령을 단계적으로 낮춰왔다. 먼저 모델을 전인화(당시 38세)에서 이영애(당시 32세)로 젊게 바꾸고 다시 이나영(당시 28세)으로 바꿨다. 그리고 '어린 주름'이라는 메시지로 25세 이후 연령을 공략했다. 이로서 브랜드를 리포지셔닝하면서도 기존 브랜드 자산이었던 과학적 이미지를 계승해 20~40대 여성을 위한 화장품으로 자리잡았다.

모델의 변화를 통해 젊은층을 끌어드리는 리포지셔닝을 한 아이오페

자료: 젊은 브랜드 만드는 3가지 묘약, 동아비즈니스리뷰, 35, 2009년 6월 Issue 2, http://dbr.donga.com

| 생각해볼 문제 |

01 시장세부화의 기준들을 예를 들어 설명해보세요.

02 표적시장 선정의 유형들을 예를 들어 설명해보세요.

03 파크랜드, 갤럭시, 마에스트로, TNGT 등 남성정장 브랜드의 포지셔닝 맵을 작성하여 특정 브랜드를 자사로 가정 해당 브랜드가 포지셔닝을 통해 어떠한 전략적 시사점을 이끌어낼 수 있는지에 대해 설명해보세요.

04 여성시장의 마케팅 필요성에 대해 논해보세요.

05 포지셔닝의 유형을 예를 들어 설명해보세요.

| 참고문헌 및 더 읽을거리 |

[국내문헌]

김근배 지음(2015), 끌리는 컨셉의 법칙, 중앙books.

김동욱 지음(2018), 결국, 컨셉: 마음을 흔드는 것들의 비밀, 청림출판.

김영호 지음(2004), 톡톡튀는 마케팅, 새로운 제안.

남수영 · 이주형 옮김(2003), 보라빛 소가 온다, 재인.

윤영호 옮김(2010), 진정성의 힘, 세종서적.

임옥희 옮김(2004), 티핑 포인트, 21세기북스.

조서환 · 추성엽, 한국형마케팅, 21세기북스.

정보공학연구소 편역(2004), 감성 마케팅, 잠든시장을 깨운다, 정보공학.

최기철 옮김(2002), 부자의 지갑을 열어라, 미래의 창.

하영원(2001), 기업의 경쟁력을 높이는 '세분시장 마케팅' *Cheil Communications*, 9월호, pp. 10-16.

박길부 옮김(1998), 마케팅 불변의 법칙, 십일월출판사/Ries, A. and J. Trout(1993), *The 22 Immutable Laws of Marketing*, HarperCollins INC.

이정은 옮김(2011), 잭 트라우트의 차별화 마케팅, 더난출판.

이진원 옮김(2017), 필립 코틀러의 마켓 4.0, 더퀘스트.

VIP 마케팅 특별함의 파워, Bizion, 2013.01.09, http://www.bizion.com

[국외문헌]

Smith, W. R.(1956), "Product Differentiation and Market Segmentation as Alternative Marketing Strategies," *Journal of Marketing*, July, pp.3-8.

Ries, A. and Trout, J.(2001), Positioning: The Battle for Your Mind, The 20Th Anniversary edition, The McGraw-Hill Company.

Blattberg, R. and Deighton(1991), "Interactive Marketing: Exploiting and Age of Addressibility," *Sloan Management Review*, 33, 1, pp.5-14.

Grewal, D. and M. Levy(2012), *Marketing*, 3th edition, McGraw-Hill.

Plummer, J. T(1974)., "The Concept and Application of Life-Style Segmentation," *Journal of Marketing*, January, pp.31-38.

Koch, R.(1997), *The 80/20 Principle: The Secret of Achieving More With Less*, Nicholas Brealey Publishing, Lodon.

Kassarjian, H. H.(1971), Sonality and Consumer Behavior: A Review," *Journal of Marketing Research*, 8, November, pp.409-419.

Rossi, P. E., McCulloch, R. and Alenby, G.(1996), "The Value of Purchase History Data in Target Marketing," *Marketing Science*, 4, pp.321-340.

Trout, J.(2010), *Repositioning*, McGraw-Hill.

03

Part

Marketing Actually
마케팅 액츄얼리

마케팅 믹스관리

CHAPTER 07

브랜드관리

"오렌지는 그냥 오렌지일 뿐이다. 그렇지 않다면… 그 오렌지는 아마도 선키스트일 것이다."

–선키스트(Sunkist Growers)사의 CEO인 러셀 핸린(Reusell Hanlin)–

"내가 그의 이름을 불러주기 전에는 그는 다만
하나의 몸짓에 지나지 않았다.
내가 그의 이름을 불러 주었을 때 그는 나에게로 와서
꽃이 되었다."
… 이하생략

–김춘수 님의 꽃–

2018년 글로벌 브랜드자산 순위(www.interbrand.com)

| 이 장의 학습내용 |

제1절 브랜드의 개념 및 중요성

1. 브랜드의 개념

과거로부터 브랜드는 한 생산자의 제품을 다른 생산자의 제품과 구별하는 수단이 되어왔다. 실제로 '브랜드'란 단어는 '태우다'란 의미의 옛 노르웨이말인 'brandr'에서 유래되었는데, 브랜드는 가축 소유주들이 자신의 가축들을 식별하기 위해 표시하는 수단이었고, 지금도 이런 관행이 계속되고 있다. 우리나라에서도 이러한 비슷한 용어가 있다. 고려시대에는 몽고의 영향으로 왕실과 귀족사회에서 매사냥을 즐기는 사람이 많았는데 매사냥 인구가 늘어나다 보니 길들인 매를 도둑맞는 일이 많아졌고, 이로 인해 서로 자신의 매에다 꼬리표를 달아 표시했는데 그것을 '시치미'라고 했다. 그런데 누구의 소유임을 알려주는 시치미를 떼어버리면 누구의 매인지 알 수 없게 되므로 여기서 '시치미를 떼다'라는 말이 유래했다고 한다.

오늘날 AMA에서는 **브랜드(brand)**를 '**특정 판매업자나 판매자 집단들의 제품이나 서비스를 확인하고, 또한 다른 경쟁자들의 제품들로부터 식별하고 차별화시킬 목적으로 사용되는 이름, 용어, 로고, 심벌, 디자인 또는 이들의 결합**'으로 정의하고 있다. 이 정의는 다음과 같은 두 가지의 특징을 가지고 있다. 첫째, 브랜드는 **브랜드명(brand name)**뿐만 아니라 **로고, 심벌, 디자인** 등을 모두 포함한다는 것으로 단순히 상표(trademark)의 개념이 아니라 [그림 7-1]에서 볼 수 있듯이 제품을 포함하는 거시의 개념으로 볼 수 있다는 것이다. 둘째, 브랜드는 특정 기업이 자신의 상품 또는 서비스를 고객에게 명확하게 인식시키고 경쟁자로부터 차별화하기 위한 수단이라는 점으로 독특하고 차별화된 브랜드명과 심벌 등으로 브랜드인지도를 높일 수 있을 것이다.

그림 7-1 | 브랜드 vs 제품

자료: 데이비드 아커 지음(2007)/이상민 옮김, 브랜드 경영, 비즈니스북스, p.120.

2. 브랜드관리의 중요성

국내에서 실제로 브랜드가 시장경쟁에서 중요한 요소로 인식된 것은 1980년대 이후부터라고 할 수 있는데 이는 과거보다 최근의 광고 및 유통비용이 훨씬 높으며 수많은 브랜드들이 시장에 쏟아져 나와 경쟁이 보다 심화되었기 때문이다.

1970년대까지만 해도 기업의 시장경쟁력의 주요 요인이 제품 간의 기술격차이었으나 이제는 대부분의 경쟁사들이 유사한 제품을 생산할 수 있는 능력을 갖추게 되었다. 즉, 더이상 제품의 기술력만으로는 경쟁사들에 대한 차별적 우위를 달성하는 것이 힘들어짐에 따라 이러한 시장상황하에서 강력한 브랜드의 구축은 경쟁사들이 쉽게 모방할 수 없는 유일한 마케팅 수단이 될 것이기 때문이다([Marketing Focus 7-1] 참고).

이러한 점 때문에 본서에서는 브랜드관리를 한 개의 장으로 따로 구성하여 브랜드명 구성에서부터 브랜드 자산구축 및 브랜드확장까지 강력한 브랜드를 구축하기 위한 조건을 서술한다. 물론 강력한 브랜드를 구축하기 위해서 마케터는 단기간의 이익을 기대하기 어렵더라도 지속적인 마케팅 투자가 요구된다. 이러한 지속적 마케팅 노력에 의해 고객으로부터 우수한 제품력을 인정받은 브랜드는 치열한 경쟁상황 속에서도 시장선도 브랜드로 남아있게 될 수 있는 것이다. 예를 들면 국내의 참이슬소주(1924), 칠성사이다(1950), 백설표 설탕(1953), 에스콰이어(1962), 박카스(1963) 등이 그에 해당하고, 미국의 맥스웰하우스(Maxwell House, 1873), 코카콜라(Coca Cola, 1886), 나이키(Nike, 1972), 리바이스(Levi's, 1873), 켐밸수프(Campbell's, 1898), 버드와이저 맥주(Budweiser, 1876), 허쉬초콜릿(Hershey, 1900), 아이보리비누(Ivory, 1879) 등이 대표적인 예에 속한다.

brand story

나이키 회사 창립 당시 회사를 상징하는 로고가 필요했던 그들(빌 보어먼, 필 나이트)은 포틀랜드 주립대학에 다니던 옆집의 미대학생에게 디자인을 의뢰, 오늘날의 나이키 상표가 탄생하게 된다.
당시 겨우 35달러를 주고 건네받은 이 브랜드가 오늘날 코가콜라에 이어 브랜드 지명도 2위를 확보한 디자인의 전설이 될 줄은 아무도 몰랐다. 강한 힘을 표출하는 절제된 미가 사람들에게 느껴지는 데는 그다지 오랜 시간이 걸리지 않았다. 스포츠의 정렬을 표현한 붉은 색채로 승리의 여신 니케의 날개를 표현한 이 상표는 어느 전문적인 디자이너도 흉내내지 못할 이미지의 신선함과 간결한 라인으로 상품의 가치를 폭발적으로 증가시켰다.

The Coca-Cola Bottle

코카콜라 스토리

코카콜라는 지금까지 발명된 제품 중에서 가장 크게 성공한 단일품목이다. 이를 발명한 사람보다도 그것의 잠재성을 인식한 사람에게 더 많은 돈을 가져다주었다. 1888년 애틀랜타에서 약국을 하던 좀 펨퍼턴 박사는 새로운 청량음료를 만드는 배합비율을 발명했다. 2년 후 그는 이 청량음료에 대한 모든 권리를 단돈 1백22만 5천 원에 팔아버렸다. 이 음료의 새로운 소유주는 아사 캔들러라는 약제 도매상이었다.
캔들러는 이 청량음료에 '코카콜라'라는 브랜드를 붙여 팔기 시작했다. 1903년 그는 백만장자가 되었고, 1914년 그의 재산은 3백5십억 원에 달했다. 캔들러 일가는 코카콜라를 1919년 어니스트 우드러프 그룹(Ernest Woodruff Group)에 팔았다. 이 사건은 아직도 '미국남부에서 이루어진 가장 큰 규모의 기업거래'로 기억되어 있다.

MARKETING FOCUS 7-1

판매에 미치는 브랜드의 효과

브랜드는 판매에 3가지 영향을 미친다.

- 일반적인 경우를 생각해보면 뚜렷하게 뛰어난 브랜드가 없는 회사에 대해 누군가 긍정적으로 이야기한다고 생각해보자. 당신은 그 이야기의 내용은 기억할 수 있어도 그 회사의 이름은 자연스럽게 잊어버린다. 결국 당신은 그 이야기를 계속 전달할 수 없다. 그러나 누구나 다 알고 있는 브랜드를 가지고 있는 회사의 서비스에 대해 들었을 경우 당신은 틀림없이 그 이야기는 물론 그 회사의 브랜드까지 기억할 것이다. 따라서 당신은 계속해서 그 이야기를 전달할 수 있다. 결국 잘 알려진 브랜드의 서비스에 대한 입소문 효과는 매우 빠르게 아주 멀리까지 퍼져나가게 되고 더 많은 고객의 문의 전화가 잇따르게 된다.
- 강한 브랜드력은 구매결정을 못해서 방황하고 있는 고객들을 자사의 고객으로 끌어들인다. 고객들은 좋은 브랜드의 제품을 구매함으로써 편안함을 느끼게 되는데 어느 누구도 갤럭시, 이마트, 베지밀, 비타 500, 그랜저 등을 선택하기를 주저하지는 않을 것이다. 결국 소비자들은 대부분의 유명브랜드의 서비스를 선택할 것이다. 두 물건을 팔기 위해 똑같은 노력을 기울여도 브랜드가 확실한 상품이 훨씬 더 잘 팔린다.
- 브랜드가 없는 서비스를 선택할 경우 발생할 곤란한 상황을 생각해보라. 고객은 브랜드가 없는 서비스를 선택한 것을 정당화하기 위해 회사 관계자들을 만나서 설명하고 동의를 구해야 한다. 브랜드가 없는 서비스 회사는 별로 이윤도 없고 적자가 나는 첫 프로젝트를 따기 위해 훨씬 더 많은 비용과 시간을 판매과정에 쏟아부어야 한다. 반대로 브랜드가 탄탄한 회사는 판매과정에 시간이나 막대한 돈을 쏟아붇지 않아도 된다. 사실 고객들은 유명 브랜드라면 일단 사고 보는 경향이 두드러지기 때문에 브랜드는 판매시간과 비용을 절감시켜준다. 또한 브랜드는 가지고 있는 서비스 업체는 더 많은 프로젝트를 따기 위해 돈과 시간을 낭비하지 않아도 되기 때문에 더 많은 이윤을 확보할 수 있다. 물론 이렇게 이윤을 확보함으로써 생산성을 더 향상시키는 데 재투자할 수 있고 브랜드가 없는 서비스 회사들과의 경쟁에서 지속적으로 경쟁우위를 확보할 수 있도록 해줄 것이다. 브랜드를 가지고 있으면 더 쉽고, 더 빠르게, 더 싸게 영업을 할 수 있다.

자료: 양우석 역(1998), 보이지 않는 것을 팔아라, 문예당, pp.174-176/Backwith, H.(1997). *Selling the Invisible*, Warnerbooks에서 참고하여 수정 구성함.

제2절 브랜드명 전략

1. 브랜드 사용의 이점

브랜드 사용은 비용, 즉 포장화, 표찰화, 광고 및 법적인 보호 등에 관련된 비용을 수반하며 또한 그 제품이 사용자에게 불만족스러울 수도 있다는 위험이 있는 데도 왜 판매업자들은 제품에 브랜드를 사용하고자 하는가 하는 것에는 다음과 같은 이유가 있다.

첫째, 브랜드명은 판매업자로 하여금 주문처리와 문제점의 추적을 용이하게 해준다. 예컨대 롯데주류는 '품질이 좋은 맥주'를 달라는 주문 대신에 '클라우드 100상자'를 달라는 주문을 받는다. 더욱이 판매업자는 잘못 배달된 맥주를 찾거나 맥주가 냄새가 난다고 소비자가 불평하는 경우에 그 원인을 알아보는 것도 용이하다.

둘째, 판매업자의 브랜드명과 등록브랜드는 자사의 독특한 제품특성을 법적으로 보호하여 주기 때문에 경쟁사가 모방할 수 없도록 한다.

셋째, 브랜드를 사용함으로써 판매업자는 충성심이 있고 이익을 창출해주는 좋은 고객을 확보할 수 있는 기회를 가질 수 있다. 브랜드충성도를 확보하면 경쟁에서 우위를 점할 수 있고 마케팅 프로그램 계획에 있어서 통제를 잘할 수가 있다.

넷째, 브랜드 사용은 시장세분화를 용이하게 해준다. P&G사는 하나의 세제를 판매하는 것이 아니라 약간씩 성분이 다른 8개의 세척제 브랜드를 각기 적합한 효익추구 세분시장을 목표로 하고 있다. [Marketing Focus 7-1]에서 살펴보았듯이 좋은 브랜드는 기업 이미지를 제고시켜주므로 새로운 브랜드를 더 용이하게 출시할 수 있으며, 또한 유통업자와 소비자들이 쉽게 선택할 수 있도록 한다.

최근에는 많은 범용품(commodity)들이 브랜드화되었다. 결국 이러한 일용품의 브랜드는 소비자에게 품질에 대한 확신을 줘서 차별화요인으로 작용할 수 있다.
대중광고를 통해 친숙해진 돌(Dole)과 제스프리(Zespri)

2. 유통업자 브랜드

제품에 브랜드를 부착할 것인가를 결정함에 있어서 제조업자는 브랜드 주체와 관련하여 여러 가지 대안을 갖는다. 즉, 제품은 **제조업자 브랜드**(manufacturers's brand or national brand)로 출시될 수도 있고, **유통업자 브랜드**(distributor's brand or private brand)를 부착하여 판매할 수도 있다.

일반적으로 제조업자 브랜드가 지배적인 경향이 있지만, 최근 대규모 소매상과 도매상들은 자신의 브랜드를 신속하게 개발하여 틈새를 파고들고 있다. 예를 들어 국내에서는 이마트는 'NO Brand'라는 유통업자 브랜드를 만들어 판매하고 있다.

이마트의 노브랜드

유통업자 브랜드는 일반적으로 유명 제조업자 브랜드에 비하여 가격이 저렴하다. 유명 제조업자 브랜드는 브랜드자산을 구축하기 위하여 광고비, 패키지 디자인 등에 많은 투자를 해야 하는 등 제조비용 이외에도 추가적인 마케팅비용이 상당히 소요되므로 가격이 높은 편이다. 그러나 유통업자 브랜드는 이러한 추가비용을 절감할 수 있으므로 원가 면에서 우위를 차지한다. 원가상의 우위는 제조업체와의 경쟁에서 주요한 성공요인이 된다. 이와 같이 엄청난 브랜드자산을 구축하고 있는 유명브랜드에 대응하기 위해서는 유통업자 브랜드가 가격경쟁력을 갖추는 것은 필수적이라고 할 수 있다.

둘째, 유통업자 브랜드의 판매는 유명브랜드 가격에 의하여 크게 영향을 받는다. 미국의 마가린시장을 대상으로 수행된 연구에 의하면 유명브랜드의 할인판매기간에는 유통업자 브랜드의 매출이 크게 줄어드는데 이는 평소 유통업자 브랜드를 구입하던 소비자들이 유명브랜드로 바꾸는 **브랜드전환행동**(brand switching behavior)을 보였기 때문이다.

셋째, 유통업자 브랜드는 시장점유율, 경기변동 상황에 의해서도 큰 영향을 받는다. 불경기가 지속되면 소비자들이 가격에 대하여 더욱 민감해지기 때문에 유통업자 브랜드의 시장점유율이 증대하고, 반대로 호경기에는 가격에 대한 민감도가 떨어지지 때문에 유통업자 브랜드의 점유율이 감소하고 유명브랜드의 점유율이 상대적으로 증가한다.

넷째, 소비자들은 가격이 저렴하면서도 무난한 품질을 가지고 있을 것이라는 기대 때문에 유통업자 브랜드를 구입하는 경우가 많다. 이때 유통업자 브랜드의 신뢰성은 소매업체가 그동안 구축해온 명성, 신뢰감, 고객서비스에 대한 평판 등을 토대로 형성된다.

마지막으로 유통업자 브랜드가 경쟁력을 갖는 제품영역은 고관여 제품보다는 저관여 제품인 경우가 많다. 예를 들면, 우유, 캔, 완두콩, 냉동식품, 종이기저귀, 속옷 등 소비자들이 제품구매에 수반되는 위험이 상대적으로 적을 것으로 느끼는 제품군에서 유통업자 브랜드가 강세를 보이고 있다.

3. 브랜드명의 계층구조 및 전략

1) 브랜드명의 계층구조

자사의 제품에 브랜드를 부착하는 제조업자는 어느 브랜드명을 부여할 것인가를 선택해야 하는데, 보통 [그림 7-2]와 같은 계층구조로 이루어져 **기업브랜드(corporate brand), 패밀리브랜드(family brand), 개별브랜드(individual brand), 수식브랜드(brand modifier)**의 조합으로 해당 브랜드를 구성하거나 패밀리브랜드와 개별브랜드의 조합, 그리고 기업브랜드와 개별브랜드

그림 7-2 | 브랜드명의 계층구조

구분	설명	예
기업브랜드	회사의 상호 또는 회사의 상호를 대신하여 사업영역을 나타내는 브랜드	GM
패밀리브랜드	동일한 제품범주에 복수의 하위브랜드를 갖거나 상이한 제품범주에 동일한 아이덴티티를 가지게 하는 브랜드	쉐보레
개별브랜드	다른 제품과 구별되도록 특정 제품의 속성이나 효익을 표현하는 브랜드	말리부
수식브랜드	제품의 성분이나 속성을 나타내며 개별브랜드를 보조하기 위해 붙여진 이름	1.3터보

등의 다양한 조합 등으로 구성된다. 예를 들면 GM은 기업브랜드이며, 쉐보레는 패밀리브랜드이고, 말리부는 개별브랜드 그리고 1.3터보는 수식브랜드로 이들이 합쳐져 'GM 쉐보레 말리부 1.3터보'라는 총체적 브랜드로 형성되는 것이다.

브랜드 계층구조는 기업의 제품 전반에 걸쳐있는 공통적인 브랜드 구성요소와 차별적인 브랜드 구성요소의 수와 종류를 보여줌으로써 브랜드 구성요소의 순서를 명쾌하게 밝혀준다. 결국, 어떤 특정한 하나의 제품에 새로운 브랜드 구성요소와 기존의 브랜드 구성요소가 얼마나 많이 사용되는가, 그리고 이 요소들이 어떻게 조합되는가에 따라서 한 제품이 서로 다른 여러 가지 방식으로 브랜드화될 수 있다는 인식에 근거를 두고 있다.

(1) 기업브랜드 집중전략

기업들은 기업명 혹은 그룹명을 공동브랜드로 사용할 수 있는데 외국기업 중에는 BMW, 하인즈(Heinz), GE 등이, 가전제품에는 삼성, LG, 대우, 현대 등이 제조업체명을 강조하여 사용하고 있고, 식품의 경우에도 동원, 오뚜기, 풀무원 등이, 그리고 스낵류 시장에서는 롯데, 농심, 빙그레, 해태, 크라운 등이 자신의 기업명을 내세우고 있다.

모든 제품에 포괄 브랜드명을 사용하는 것은 몇 가지 이점을 가지게 되는데, 실제 브랜드명 선정을 위한 조사가 필요 없고, 소비자들에게 브랜드명을 인식시키기 위한 막대한 광고비 지

그림 7-3 | 기업브랜드 집중전략을 쓰는 오뚜기

출도 소요되지 않는다. 더욱이 제조업자가 잘 알려져 있는 경우 판매는 더 효과적이게 되는데 국내에는 삼성제품이니까, LG제품이니까 하면서 제품에 대한 신뢰를 하는 소비자의 비중이 높은 편이다. 그러나 이러한 브랜드 전략은 기업이미지에 문제가 생겼을 때, 특정한 제품에서 문제가 생겼을 때(예를 들어 자동차의 클레임 같은 문제), 모든 제품에 안 좋은 영향을 미칠 수 있다는 문제점이 있다.

(2) 패밀리브랜드 집중전략

패밀리브랜드는 기업브랜드와 마찬가지로 광범위한 제품군에 걸쳐 사용되는 브랜드이다. 미국에서는 대표적으로 Sears사(가전제품에는 Kenmore, 여성의류에는 Kerrybrook, 주요 가전설비품에는 Homart), 우리나라에서는 대상(청정원, 쿡조이, 하이포크 등) 등의 기업이 사용하는 브랜드명 전략이다.

기업브랜드 집중전략과의 주요한 차이점은 패밀리브랜드가 기업브랜드와 전혀 별개의 것일 수도 있기 때문에 기업수준의 연상들이 부각될 가능성이 더 적어질 수 있는 것이다. 기업브랜드 집중은 상대적으로 특정 제품에 대한 차별화가 어려우며, 특히 기업의 개별제품들이 연계성이 떨어진다면 기업브랜드로 이러한 제품 간의 연계성을 효과적으로 부각시키는 우산의 역할을 하기가 힘들기에 서로 관련되는 제품 전반에 걸쳐 독특한 일련의 연상들을 불러일으키도록 역할범위가 제한될 수 있다. 이러한 연상들은 기업브랜드의 경우와 마찬가지로 공

그림 7-4 | 패밀리브랜드 집중전략을 쓰는 대상그룹

통적인 제품속성, 효익, 대고객 관계, 그리고 기업의 신뢰성 등과 관련 있을 수도 있다.

패밀리브랜드는 공통된 연상들을 서로 차별되는 여러 가지 제품에 연결시킬 수 있는 효율적인 수단이 될 수 있다. 즉, 기존의 패밀리브랜드를 사용하여 신제품을 브랜드화하게 되면 신제품을 출시하는 비용은 더욱 낮아지고 소비자들의 제품 수용가능성은 더욱 커질 수 있다.

MARKETING FOCUS 7-2

대상의 청정원 패밀리브랜드 성공사례

▶ 대상그룹의 청정원 탄생배경

'집밖에서 음식 많이 먹지 마라! 미원 친다!' 우리는 미원에 대한 어머니의 경계성 슬로건을 귀가 따갑도록 들어온 것이 사실이다. 그도 그럴 것이 미원은 사실상 유통기한이 없다. 즉 영구적으로 유통이 가능한 화학조미료로서, 엄밀히 말하면 식품이라고 보기가 어렵다. 그럼에도 불구하고 대상그룹은 이 조미료 하나로 괄목한 성장을 이룩하였고, 아직도 식품사업부분에서 정상의 자리를 유지하고 있다. 그러나 점차 건강과 자연에 대한 관심이 높아지면서 소비자들 사이에 팽배한 이러한 부정적 인식은 더욱 공고화되어 가는 조짐이 보였다. 문제는 이러한 인식이 대상그룹의 기타 제품뿐 아니라 타 계열사 등에도 부정적인 영향을 끼친다는 것이었다. 따라서 그룹차원에서 이에 대한 조치 및 이미지 제고가 필수 불가결하게 되었다.

그림 7-5 | 청정원 출시 당시의 시장추세

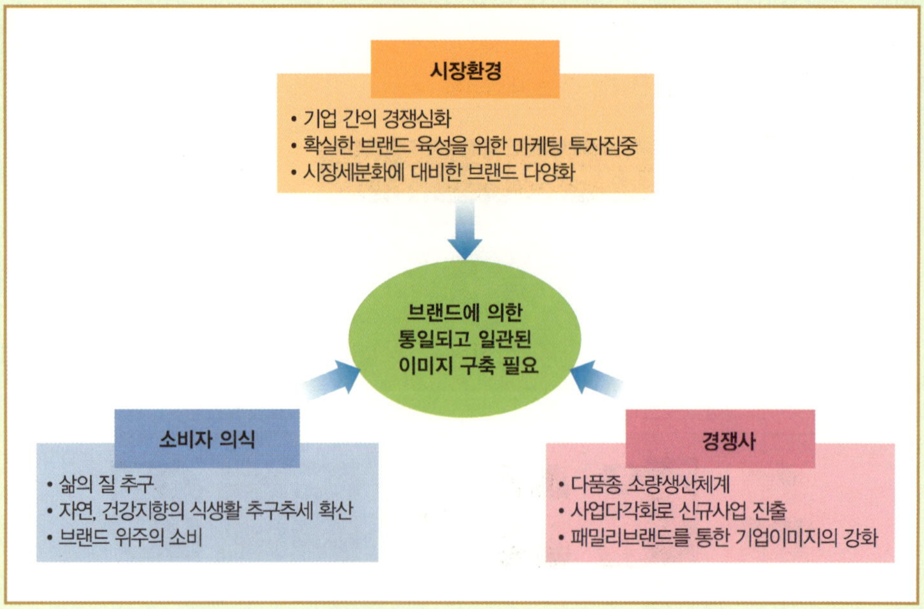

이러한 시장상황에 적절히 대응하기 위해 조미료 회사로 인식되던 미원은 대상으로 기업명을 바꾸는 한편 종합식품회사로서의 이미지를 구축하기 위해 패밀리브랜드를 도입하게 되었다. 대상은 조미료 매출이 전체의 50%에 불과하고 그룹이 식품, 통상, 광고, 건설, 정보기술, 수산 등 다양한 업종으로 구성되어 있음에도 불구하고 조미료 회사로만 인식돼 왔었다.
1993년 소비자를 대상으로 실시한 당시 미원그룹의 이미지 조사에서 응답자의 33.8%가 미원을 떠올렸고 53.4%는 조미료를 떠올렸다. 소비자들은 조미료 외에 여러 가지 미원제품을 사용하면서도 그것이 미원의 제품인지도 잘 모르는 경우가 많아 눈에 보이지 않는 손실을 보고 있었던 게 사실이었다.

▶ 패밀리브랜드 전략 실행

대상은 이러한 조미료 이미지를 탈피하기 위해 과거 여러 가지 방법을 써보았지만 성공하지 못했다. 어떻게 하면 조미료에서 종합식품회사의 이미지로 바꿀 것인가? 수없는 고민을 통해 얻은 결론은 정직하고 신뢰할 수 있는 종합식품 브랜드를 새롭게 창출해야 한다는 것이었다. 이를 위한 1단계 작전은 '이름을 바꾼다', 그리고 '특정 브랜드로 통합해야 한다'는 것이었다. 따라서 1995년 2월부터 새로운 브랜드 개발에 착수하였고, 1995년 12월 3개의 브랜드가 결정되었다. 즉 일반식품류인 장류, 양념, 식초, 김, 미역 등은 '청정원'이라는 이름으로, 커피류는 '로즈버드'라는 이름으로, 냉동식품류인 돈까스, 스테이크, 피자, 버거류 등은 'Cook & Joy'로 묶게 되었다. 세 가지 브랜드 중 1차 전략품이 청정원이었고, 대상은 동시다발의 작전을 쓰지 않고 한 가지씩 차근차근 이미지를 다져나가는 방법을 택했다.

자연의 깨끗함과 신선함을 담은 패밀리브랜드 청정원. 소비자의 기억 네트워크 속에서 원조 조미료 브랜드인 미원과의 연결은 매우 약하다고 평가받는다.

▶ 패밀리브랜드 전략의 성과

이미지 변신이란 기업으로서 엄청난 모험이다. 이미 미원으로 충분히 인지된 회사가 굳이 이름을 변경한다면 성공률은 반반인 셈이다. 그러나 청정원은 지속적인 패밀리브랜드 이미지 구축작업을 통해 소비자들에게 정말로 믿음을 줄 수 있는 제품이라는 인식을 구축, 신뢰도 측면에서 일단 합격점을 받았다고 할 수 있다. 이는 청정원 패밀리브랜드 이미지 광고와 동시에 이어진 각 제품들의 광고효과뿐만 아니라 제품을 사용해본 후 소비자가 느낀 만족감에 의한 상승효과일 것이다. 청정원 패밀리브랜드 광고는 청정원의 기본정신을 형상화하여 소비자가 공감할 수 있도록 기획된 반면, 각 제품군들의 광고는 각 제품특성에 맞게 전개했다. 하지만 기존의 광고와는 다른 접근방식으로 청정원 브랜드 군과의 연결성을 구축하였다.
이러한 일관된 캠페인 전개의 결과로 청정원은 1997년 한국마케팅 대상을 수상하기도 하였다. 이는 광고활동뿐만 아니라 대 소비자 마케팅활동 측면 모두에서 성공적이었다는 것을 입증하는 예일 것이다.
청정원은 향후 지속적인 제품 개선 및 신제품 개발을 통해 패밀리브랜드로서의 실체를 굳건히 하는 통합적인 마케팅활동에 주력할 계획이다. 이를 통해 식품의 대표 브랜드로, 믿음을 줄 수 있는 브랜드로, 소비자에게 항상 사랑받을 수 있는 브랜드로 육성해나가고 있다.

청정원의 다양한 개별 제품광고들

자료: 광고정보센터, http://www.advertising.co.kr

(3) 개별브랜드 집중전략

이 전략은 우리나라에서 CJ, 그리고 미국에서 P&G사, General Mills사 등이 사용하는 것이다. 개별브랜드 전략을 가장 극단적으로 사용하는 기업은 동일한 제품범주 내에 여러 개의 개별브랜드를 시장에 내놓는 복수브랜드 전략에 의존하기도 한다. P&G는 세제나 미용비누 등 동일 제품범주 내에 각각 10여 종이 넘는 개별브랜드를 시장에 내놓고 있다. 개별브랜드명 전략의 중요한 이점은 기업의 명성을 제품의 수용에 연관시키지 않는다는 것이다. 만일 그 제품이 실패하거나 저급품질로 보이는 경우에 또 기업 자체의 명성에 손상을 끼치지 않는다.

그림 7-6 | 개별브랜드 전략과 패밀리브랜드 전략을 혼용해서 이용하는 CJ와 개별브랜드 전략을 사용하는 P&G

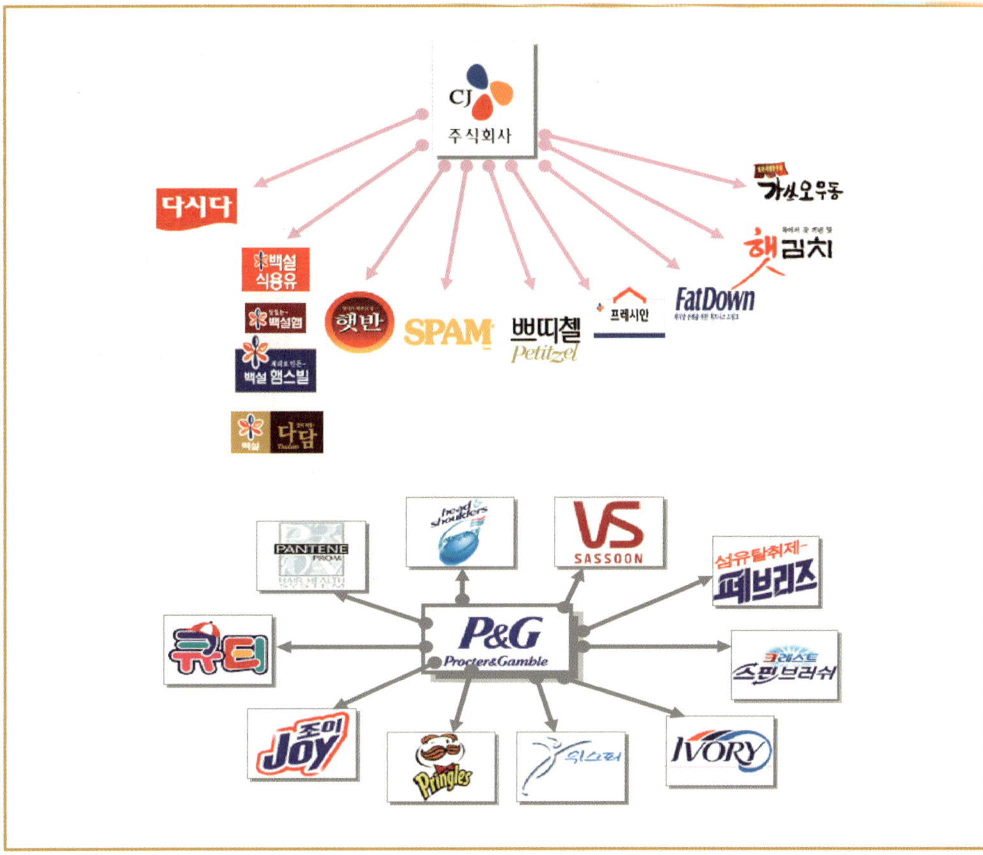

4. 바람직한 브랜드명의 조건

브랜드명은 브랜드의 인지도와 의사소통의 기본이 되는 브랜드의 핵심적인 요소로, 특히 중요한 것은 브랜드명이 그 브랜드가 무엇이고 무엇을 할 수 있는지에 대한 연상을 일으킬 수 있다는 점이다. 로버트슨(Robertson, 1989)은 대체로 브랜드는 다음과 같은 특징을 가질 때 상당히 바람직한 브랜드가 될 수 있다고 하였다.

- 제품의 이점을 나타내주는 것이어야 한다. 일반적으로 브랜드명은 제품의 종류를 연상시키는 데 중요한 역할을 할 수 있고, 이러한 연상효과가 뛰어난 브랜드명은 소비자의 인지와 기억에서도 유리하다고 볼 수 있다. 일반적으로 한스푼, 풀무원, 버물린, 아가방 등과

같은 브랜드가 그 예가 될 수 있다. 그러나 브랜드명이 어떤 제품을 뚜렷하게 나타낼수록 그 브랜드명을 다른 제품군에 확장하기가 어려워진다는 단점이 있다.

- 발음하기 쉽고 식별하고 기억하기가 용이해야 한다. 이런 면에서 짧은 명칭이 좋은데 다음, 네이버, 무쏘, 새우깡, 고래밥 등이 있다. 이러한 경우 브랜드를 강력하게 상기시킬 수 있는 광고전략을 이용하기도 쉬워지는데 관절염 치료약인 케토톱의 경우 '캐내십시오, 케토톱'이라고 하여 경쟁브랜드 사이에서 인지를 쉽게 하였으며, '옛솔 칫솔 마데카솔', '잇몸튼튼 이가탄' 또한 그 예에 해당한다고 볼 수 있다.

운율을 활용하여 브랜드를 인지시키고 있는 마데카솔 광고

- 차별성이 있어야 한다. 이름을 선택할 때는 먼저 경쟁자의 제품을 연상시키는 것은 아닌지의 여부를 확인하는 것이 중요하다. 법적인 문제는 말할 것도 없거니와 마케팅 측면에서도 매우 중요하기 때문이다. 왜냐하면 제품의 이름이 오히려 경쟁제품의 매출을 증가시킬 수 있기 때문이다. 소비자들은 어떤 이름을 모방 브랜드로 인식하게 될 때 모방 브랜드에 대해서는 한 차원 낮은 것으로 인식하게 되고 모방의 원천이 된 브랜드를 매우 좋은 브랜드로 여기게 될 수 있다.

또한 이름을 정하는 데 있어 법적인 문제는 가장 기본적인 수준이 되는데 동일 혹은 유사상표분쟁에 말려들게 되면 엄청난 경제적 손실(소송비용 및 제품폐기비용)과 이미지 손실을 입을 수도 있다. 과거 롯데 자일리톨껌과 오리온 초코파이도 후발제품의 공세에 부딪쳤는데, 이들은 차별화를 강조하기 위해 각각의 브랜드명 다음에 '휘바'와 '정'이라는 문구를 넣어 진품성을 강조하고 있다.

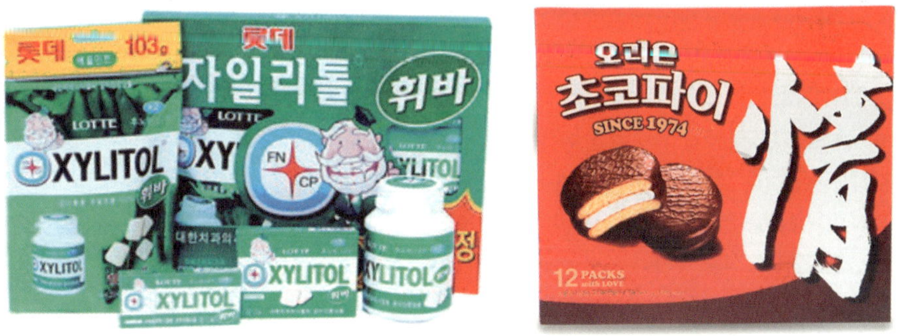

차별화를 강조하기 위해 각각의 브랜드명 다음에 '휘바'와 '정'이라는 문구를 넣어 진품성을 강조하는 롯데 자일리톨과 오리온 초코파이

- 다른 국가나 언어로 그 의미가 잘못 전달되어서는 안 된다. Nova는 스페인어계 국가에서 판매하기에 좋지 않은 이름이다. 그 이유는 스페인어로 Nova가 '가지 않는다'라는 것을 의미하기 때문이다. [Marketing Focus 7-3]에서는 이러한 사례를 자세히 설명하고 있다. 그러나 일반적으로 외국어로 브랜드명을 짓는 경우 해당 국가의 이미지가 상품에까지 이전되는 장점이 있을 수 있다. 예로 프랑스어로 의류라든지 아이스크림 등의 심미적(hedonic) 제품에 이름을 붙일 경우 해당 제품이나 브랜드에 프랑스의 이미지가 전달되는 효과를 가져올 수 있다.

'이름이 판매의 20%를 좌우한다'는 말은 자동차업계의 통설이다. 현대자동차의 '소나타'는 처음에는 판매 실적이 좋지 않았다. '소나타는 차'라는 농담 반 진담 반 얘기가 나돌면서 이미지가 좋지 않았던 게 하나의 이유가 되었다고 한다. 그 후 영어이름 sonata는 그냥 두고 한글 이름만 '쏘나타'로 바꾸었다. 쏘나타는 지금 중형차의 대명사가 되었다.

MARKETING FOCUS 7-3

브랜드의 글로벌화에 따른 문제점

지금은 제품이 세계적으로 판매되고 있다. 우리의 상표 이름이 영어 등 외래어로 표시될 경우 뜻하지 않은 이상한 의미로 오해를 받는 경우가 허다하다. Hyundai는 '현대'로 발음하지 않고 '현다이'로 발음한다. 다이는 Die를 연상시킨다. Amore는 이탈리아어로 거리의 여자를 뜻하고, Gold Star는 전몰병사 묘비에 새겨진 별표식을 뜻하며, Sunkyung은 가라앉은 젊은이 Sunk Young으로 발음된다. 이러한 의미에서 Gold Star를 LG로 Sunkyung을 SK로 바꾸었다고 해석할 수 있다. Huundai는 Sunday와 같이 발음하라고 미국에서 광고하였다. 라틴아메리카에서 실패한 Chevy Nova Saga라는 브랜드명은 실패사례로 자주 언급되는데, 스페인어로는 Nova는 '가지 않는'이란 의미로 해석된다. P&G는 Pert 샴푸를 프랑스에서 출시했지만 헤어 제품의 이름이 '손실'로 해석되는 프랑스와 같은 나라에서는 부적절한 이름이었다.

오해를 불러일으키는 상표의 구체적 사례는 다음과 같다.

표 7-2 | 세계화 상표와 낭패사례

한국기업 상표의 부정적인 연상	
영창(Young Chang)	젊은 장씨가 만든 피아노(중국)
대영(Dae Young)	다이 영(Die Young)으로 발음
님프(Nymph)	Nympho(색정에 눈먼 여성)
모닝가스(Morning Gas)	방귀
라퓨타(Laputa)	창녀(스페인어)
볼스(Balls)	남성의 고환(미국 비어)
스픽스(Spixx)	스페인 사람을 지칭하는 저속어
아모레(Amore)	거리의 여자(아모레미오, 이탈리아어)
삼성(Samsung)	샘승, 샘승, 산세이로 발음, 엉클샘은 미국의 상징
현대(Hyundai)	현다이, 휸다이, 다이(Die)
대우(Daewoo)	대부, 다에부(독일)
선경(Sunkyoung)	가라앉는 젊은이(성크 영, Sunk Young)
쌍용(Ssang young)	SS
보르네오	인도네시아 산으로 오인
한국화약	테러단체로 오인(Explosive)
골드스타(Gold Star)	전몰병사 묘비에 새겨진 별 표식(미국)

자료: 안광호 · 한상만 · 전성률(2008), 전략적 브랜드관리, 학현사, p.154에서 참고하여 작성

제3절 브랜드자산의 관리

1. 브랜드자산의 개념 및 중요성

1980대에 들어서면서 사람들에게 많이 알려지고 중요한 마케팅 개념으로 인식되는 것 중의 하나가 **브랜드자산(brand equity)**이다. 브랜드 분야의 대가인 아커(Aaker)는 브랜드자산을 **'브랜드명이나 심볼과 연결되어 기업 및 기업의 고객을 위한 제품이나 서비스에 부가된 브랜드 자산과 부채의 총합'**으로 정의했는데 일반적으로 많은 마케팅 관계자들은 브랜드자산이 브랜드를 위한 마케팅 투자의 결과로서 제품에 부여된 부가가치로 설명된다는 기본적인 견해에는 동의하고 있다.

1980년대에는 미국뿐만 아니라 유럽에서도 기업 인수합병(M&A)이 성행하였는데 적대적 기업매수와 같은 외부의 공격으로부터 기업들은 자신을 방어할 수 있는 수단을 모색할 수밖에 없었고, 그 결과로 나타난 것이 브랜드가치를 화폐금액으로 환산하여 대차대조표에 무형자산으로 포함시키는 것이었다.

실례로 1998년 질레트(Gillette)는 '로케트전지'의 상표권과 영업권 일부를 향후 7년간 임대하는 대가로 815억 원을 지불하였는데, 이 중 브랜드가치가 660억 원으로 평가받았으며, 미국의 존슨앤존슨(Johnson & Johnson)사 역시 삼성제약을 인수하면서 고정사업 부분의 가치는 90억 원에 불과했으나 에프킬라의 브랜드가치에 대해서만 297억 원을 지불하였다.

이는 모두 브랜드가치에 대해서 영업권을 인정한 것이라고 할 수 있다. 이러한 현상의 보편화로 영업권으로서의 브랜드가치가 점차 타당성을 가지게 되었고, 법률시스템은 생산자와 소비자 모두에게 있어 브랜드 자산가치가 가지는 중요성을 인정하였다. 이렇듯 기업 간 경쟁요소와 소비자의 선택기준이 변화함에 따라 브랜드자산은 기업의 가치를 결정하는 중요한 요소가 되었기에 기업은 자사의 브랜드자치를 정확히 평가하고 이를 높이는 마케팅활동에 주력할 필요가 있다. 이 장의 첫 페이지에서 볼 수 있었듯이 세계적인 브랜드 컨설팅 회사인 인터브랜드는 매년 '글로벌 100대 브랜드' 순위를 발표한다. 2018년 순위에서는 애플, 구글, 아마존 등으로 순위를 차지하였고 삼성 또한 이전보다 상승하여 6위를 기록하였다.

2. 높은 브랜드자산이 가져오는 가치

일반적으로 브랜드자산은 소비자에게 가치를 제공하거나 감소시킨다. 브랜드자산은 소비자가 제품과 브랜드에 대한 막대한 양의 정보를 해석하고 처리하고 저장하는 데 있어 번거로움을 감소시켜 줄 수 있으며 소비자의 구매 결정에 영향을 미칠 수 있다. 더욱이 소비자가 인식한 제품의 질이나 브랜드연상 이미지는 소비자의 사용경험에 대한 만족도를 높여줄 수 있는데, 가령 명품과 같은 제품은 브랜드가치에서 오는 인식이 결국 사용경험을 극대화할 수 있을 것이다.

보다 본질적으로 브랜드자산이 기업에 주는 가치는 다음과 같이 정리될 수 있다.

- 기업은 높은 수준의 소비자의 브랜드인지도와 브랜드충성심으로 인해 마케팅비용을 절감할 수가 있다.
- 기업은 고객들이 그 브랜드를 중간상들이 취급할 것을 기대하므로 유통업자와 소매상들과의 거래에서 상당수준의 거래우위를 갖게 된다.
- 기업은 그 브랜드가 더 높은 지각적 품질을 가지고 있기 때문에 경쟁사보다 더 높은 가격을 부과할 수 있다.
- 기업은 그 브랜드명이 높은 신뢰성을 갖고 있으므로 아주 용이하게 브랜드확장을 추진할 수 있다. 특히 브랜드는 기업으로 하여금 치열한 가격경쟁에 대응할 수 있는 방어력을 제공한다.

3. 브랜드자산의 강화

앞에서 우리는 왜 브랜드자산을 높이는 것이 중요한가에 대해 충분히 공부했다. 브랜드자산을 강화시키기 위해서는 시간이 지남에 따라 브랜드인지도, 브랜드에 의해 지각되는 가치와 기능성, 긍정적인 브랜드연관성 등을 관리하고 향상시켜야 하는데, 그렇게 하기 위해서는 지속적인 기술개발, 투자, 기술적인 광고, 월등한 거래와 소비자 서비스 및 기타 다른 방법 등이 요구된다. 브랜드 분야에서 앞서가는 기업들은 '브랜드자산담당관리자'를 임명하여 브랜드이미지, 브랜드연관성. 브랜드의 질을 보호하도록 하며 또한 단기적인 전술적 조치로 인해 그 브랜드가 손상되지 않도록 하고 있지만, 불행스럽게도 상당수 기업들은 브랜드자산을 관리하기 위해 노력하지 않음으로써 그들의 가장 큰 자산인 그들의 브랜드를 잘 관리하지 못하고 있다. 그러므로 지금부터는 브랜드자산을 강화하기 위한 방법을 구체적으로 논의하기로 하는데 브랜드자산의 주요 영향요인이라고 볼 수 있는 **브랜드인지도(brand awareness)**와 **브랜드연상(brand association)**을 중심으로 이러한 영향요소에 대한 강화가 브랜드자산 강화를 이끈다는 캘러(Keller)의 견해를 소개한다.

그림 **7-7** | 브랜드자산의 구성요소

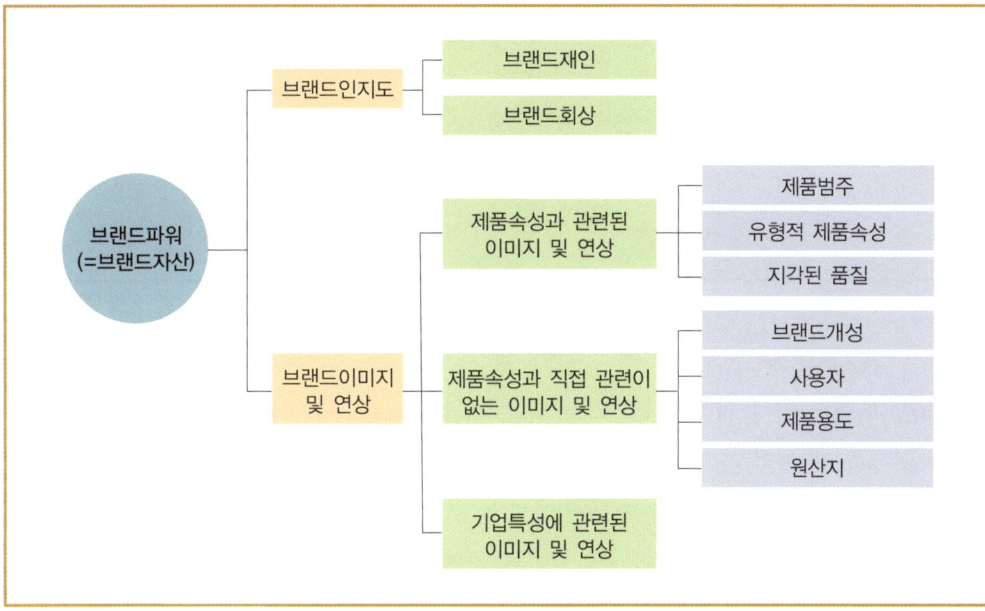

자료: Keller, K. L.(1993), "Conceptualizing, Measuring, and Managing Customer-Based Brand Equity," *Journal of Marketing*, Vol.57, January, p.7.

1) 브랜드인지도의 증대

(1) 브랜드인지도의 개념

브랜드인지도란 고객의 마음속에 자리잡은 브랜드 실체의 강점으로, 풀어서 말하자면 잠재 구매자가 어떤 제품 부류에 속한 특정 브랜드를 재인식 또는 상기할 수 있는 능력을 말한다. 브랜드인지도는 소비자가 느끼는 정도에 따라 '그 브랜드를 알고 있는 것 같다'는 약한 인지부터 어떤 제품의 시장에서 '그 브랜드만 있는 것으로 알고 있다'는 강한 인지도까지 그 강도의 범위가 넓다.

그림 **7-8** | 브랜드인지의 단계

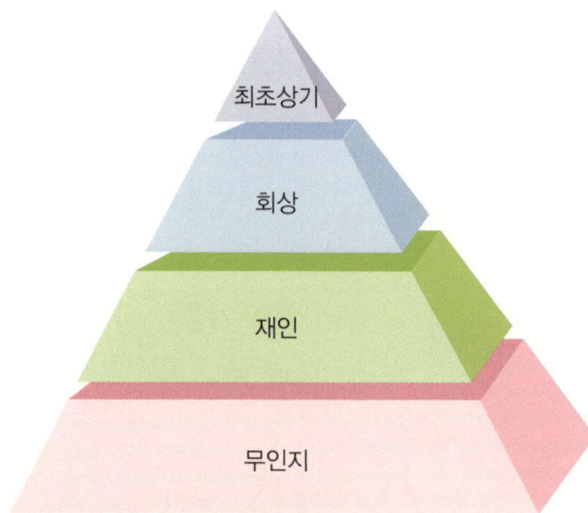

일반적으로 브랜드인지도는 다음과 같이 세 가지 다른 수준의 개념으로 구성되어 있다.

- 재인: 브랜드 인식 피라미드의 가장 낮은 개념인 **브랜드재인(brand recognition)**은 어떤 제품 부류 내 여러 가지 브랜드 이름이 제시된 상태에서 조사 응답자들이 그 브랜드이름을 이전에 들어본 적이 있는지를 알아보는 것으로(Have you been exposed to these brand before?) 제품 부류와 브랜드이름 간의 연관성이 꼭 강해야 될 필요성은 없다. 브랜드재인은 브랜드 인식의 최저 단계로서 소비자가 구매장소에서 브랜드를 결정하는 경우에 매우 중요하다.
- 회상: **브랜드회상(brand recall)**은 브랜드재인 테스트와는 다르게 응답자가 한 제품 부류에서 생각나는 브랜드를 자유롭게 열거하는 것(What brands of this product class can you recall?)으로 브랜드이름이 주어지지 않기 때문에 응답 난이도에 있어서 재인보다 훨씬 높으며 브랜드의 시장위치가 강하게 반영된다고 볼 수 있다.
- 최초상기: 회상에서 제일 먼저 상기된 브랜드를 **최초상기(top of mind awareness)브랜드**라고 하는데 이 브랜드는 여러 브랜드들과의 경쟁에서 앞서 있어 소비자의 마음속에 특별한 위치를 점하고 있다고 할 수 있다. 예를 들어 핸드폰에서는 갤럭시 S, 관절염치료제는 케토톱, 중형차는 쏘나타, 라면은 신라면 등이 최초상기될 가능성이 매우 높다.

(2) 브랜드인지도를 제고하는 방법

브랜드인지도는 제품 이미지를 연결해주는 연상매체로서의 역할, 제품에 대한 친근감과 호감을 제공하는 역할, 제품과 회사에 대한 신뢰감을 부여하는 역할, 구매 고려 대상 브랜드군에 포함시키는 역할 등을 담당함으로써 브랜드자산 증대에 기여할 수 있다고 볼 수 있으며, 다음과 같은 방법을 통해 브랜드인지도를 높일 수 있다.

- **커뮤니케이션 전략을 차별화**: 브랜드를 소비자에게 인식시키려면 왜 그 브랜드가 주목을 받아야 하는지에 관한 이유를 기억에 남을 수 있도록 전달해야 한다. 그러한 목적을 달성하기 위해서는 여러 가지의 방안들이 있겠지만 우선 전달하고자 하는 메시지가 차별적이고 전달 방식이 특이하여야 한다. 일반적으로 경쟁사들과 유사한 커뮤니케이션 전략을 쓰는 브랜드는 소비자의 주의를 끌기가 어려우며, 브랜드와 제품 부류의 연계를 확립하는 것도 브랜드 인식을 높이기 위한 필수적인 과제이다.

앱솔루트는 수십 년간 'ABSOLUT~'의 두 단어로 이루어진 단순한 카피로 일관성을 유지하되 예술과 제품을 결합하여 소비자와 창조적인 소통을 이어왔다. '20세기 가장 뛰어난 광고 베스트 10'에 선정될 만큼 광고계에서 앱솔루트가 차지하는 위상은 독보적이다.
자료: http://100.daum.net/encyclopedia/view/149XXXXXXb150

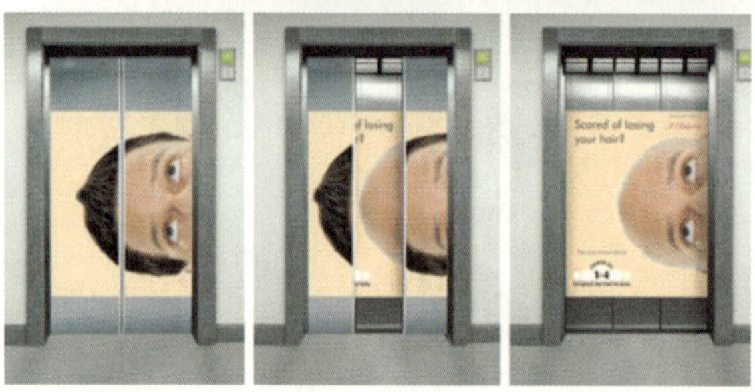

브랜드인지도를 높일 수 있는 광고 예
쉐보레 전기차 광고, 헬스클럽 광고, 탈모방지를 위한 두피케어서비스 광고들

- **광고에 슬로건이나 로고송을 사용:** **슬로건**은 구매행동을 촉진시킬 목적으로 주장이나 생각 또는 상품의 특성을 장기간 반복하여 사용하는 간결하면서도 힘있는 말 혹은 문장이다. 헤드라인이나 바디카피는 서로 유기적 관계에 의해 목적을 달성하지만 슬로건은 독자적인 역할인 관계로 전달하고자 하는 내용 전체를 함축한다는 특성이 있다. **로고송**은 특정 기업이나 제품 로고처럼 그 기업(또는 제품)을 알리는 짧은 한 구절의 노래 또는 음악이다. 영어로 '**징글(Jungle)**'로 표기가 맞지만 1990년대~2000년 초반 광고업계에선 그냥 기업(또는 제품)의 '**로고(logo)+노래(song)**'라고 해서 이를 붙여서 로고송이라고 불렀다. 광고음악 업계에서는 짧은 로고송과 구별하기 위해 30초 광고음악은 CM송이라고 불렀다.

  광고 슬로건이나 로고송을 활용함으로써 소비자의 브랜드인지도 및 상기도를 높이는 데 큰 효과를 낼 수 있다. 과거에 하이마트는 익숙한 멜로디에 상품에 대한 메시지를 입혀 소비자에게 쉽게 인지될 수 있었으며, 사진에서 볼 수 있는 우루사 광고의 '간때문이야' 광고음악은 한때 휴대폰 벨소리로 이용될 만큼 소비자에게 인기가 있었다. 기억하기 쉬운 로고송은 상대적으로 높은 상기도를 취득하는 데 매우 중요한 요인 중의 하나로 판명되었다.

'간때문이야'라는 광고음악으로 크게 인기를 얻은 우루사 광고와 머리부터 발끝까지~라는 음악으로 인기를 얻은 '오로라민 C'

- 심벌을 이용: 제품 컨셉과 밀접하게 연관되는 심벌은 브랜드에 대한 소비자의 인식 창출과 기존 인식 수준을 유지하는 데 큰 역할을 할 수 있다. 심벌은 시각적 이미지를 동반하므로 배우거나 회상하기가 말보다 훨씬 쉬운데 예로 맥도날드의 로날드 아저씨나 KFC의 할아버지상은 인지도를 높이는 효과적인 수단이 되고 있다.

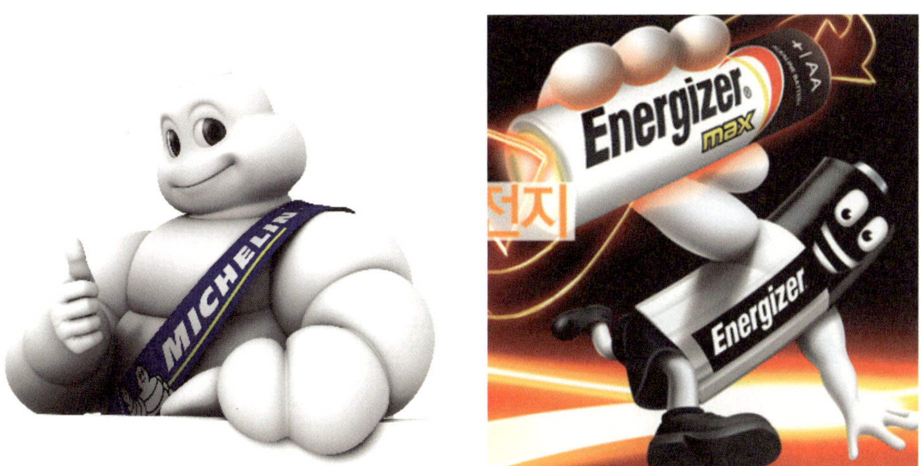

미쉐린타이어와 에너자이저의 심벌

특히, 언어만으로 제품의 기능이나 특성을 충분히 설명하지 못하는 경우 캐릭터는 시각적 기호를 사용하여 이 특성을 보다 신속하고 정확하게 전달할 수 있게 해준다. 캐릭터는 그 이외에 다양한 효과를 가져다준다. 주의, 지각, 이해, 기억 등 인지적 효과를 주고 친근함을 불러일으키는 정서적 효과를 가진다.

- **적극적인 홍보를 이용**: 메시지의 내용과 대상을 목적에 맞추어 설정하고 효율적인 방법으로 전달하는 매체 광고는 소비자 인식을 창출하기에 적절한 방법이다. 그러나 **홍보(publicity)**는 매체 광고보다 비용이 훨씬 적게 들 뿐만 아니라 효과적이다. 사람들은 광고를 읽은 것보다 새로운 것에 대해 알기를 더 원한다. 중요한 것은 어떻게 해서 상품과 관련이 있으면서 뉴스감이 될 수 있는 행사나 이슈를 만들어내느냐는 것이다. 상품 자체가 관심을 끌 수 있으면 홍보에 이상적인 조건이 되겠지만 뉴스거리가 되기에 부족한 제품일 때는 새로움을 가미해줄 수 있는 어떤 형태의 행사나 상징적인 요소가 필요하다.
- **행사 후원 및 이벤트 등을 이용**: 행사 후원의 주목적은 대부분의 경우 브랜드인지도를 창출하거나 유지관리하기 위한 것이다. 과거 삼성은 올림픽 공식파트너로 지정됨으로써 올림픽 마크를 자사의 제품에 이용할 수 있게 되었고, 올림픽 공식후원기관으로서 휴대폰의 독점적 공급계약을 맺게 되었으며, 최근에는 스포츠의 인기에 편승하여 많은 기업들이 해당 스포츠행사의 후원기업임을 자청하고 있다.
- **브랜드확장 전략을 사용**: 브랜드 회상률을 높이고 브랜드의 이름을 더욱 눈에띄게 하기 위한 한 가지 방법은 다른 제품라인에 동일의 브랜드명을 쓰는 것이다. 실제 소니의 경우는 여러 제품에 동일한 이름을 널리 사용하여 복수적인 선전효과를 얻기 위한 의도로 선택된 이름이다.

  과거 CJ는 식물나라 브랜드를 화장품시장에서 샴푸, 비누에까지 성공적으로 확장시켜 식물나라의 인지도를 더욱 높였다. 오뚜기식품은 카레와 마요네즈에서 라면, 미역, 참기름, 겨자, 참치캔 등 다양한 식품류로 확장하여 오뚜기 브랜드의 인지도를 더욱 높이 유지하고 있다. 이에 대해서는 다음 절에서 좀 더 구체적으로 설명하기로 한다.
- **반복효과를 이용**: 브랜드 상기도는 인지도를 올리는 것보다 더 많은 노력이 필요하다. 다른 브랜드와 비교해 눈에 더 잘 띌 수 있도록 브랜드명이 선택되어져야 하며 브랜드의 제품 부류와의 연계가 강해야 한다. 인지도는 브랜드 노출량이 얼마 되지 않는 경우에도 지속될 수 있지만 상기도는 시간이 지남에 따라 약해진다. 상기도를 높이려면 심도 있는 학습경험이나 많은 반복이 요구되므로 많은 노력이 필요하다.

2) 긍정적 브랜드이미지의 창출

(1) 브랜드이미지 정의

브랜드이미지(brand image)는 소비자 기억 속에 저장되어 있는 **브랜드연상**(brand association)의 결합에 의해 투영되는 브랜드에 대한 지각으로 특정 브랜드가 소비자의 감각기관을 통해 받아들여져서 해석되는 어떤 의미를 말한다. 이는 대상 상품이 실제로 어떠한 가와는 별도로 사람들의 마음속에 형성된 상(想)으로서의 감정, 태도, 연상 등이 모두 포함된 복합적인 개념이다.

브랜드 아이덴티티(brand identity)가 기업이 지향하는 브랜드라면 브랜드이미지는 소비자가 해당 기업의 브랜드 아이덴티티를 어떻게 지각하는가에 대한 것으로 [그림 7-9]에 보면 브랜드 아이덴티티가 브랜드 포지셔닝에 의한 광고 등의 촉진과 제품사용 경험에 의해 소비자에게 어떻게 지각되어 받아들여지는지에 대한 것이 브랜드이미지라고 볼 수 있다.

그림 7-9 | 브랜드 아이덴티티, 브랜드 포지셔닝, 브랜드이미지

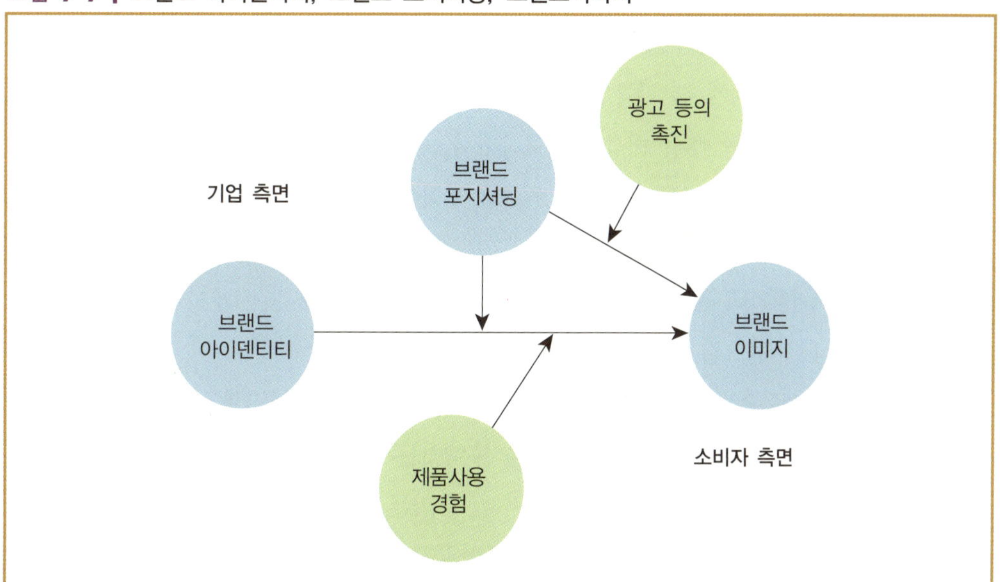

사람들은 평소 좋아하는 사람이나 감정적으로 호감이 가는 사람이 실수를 하면 관대하게 보아 넘기지만 평소 이미지가 좋지 않던 사람이 실수를 하면 '역시 그 사람은 별 수 없어'라고 생각하기 쉽다. 마찬가지로 브랜드이미지에도 동일한 법칙이 적용된다. 브랜드이미지가

나쁘면 아무리 품질이 좋은 제품이라도 자기 생각대로 별 볼일 없는 제품이 되어 버린다. 그러므로 좀 더 호의적이고 독특하며 강력한 이미지의 구축이 무엇보다도 중요하다고 볼 수 있다.

(2) 브랜드이미지(연상)의 차원

브랜드이미지를 파악하는 차원은 매우 다양하다. 앞의 브랜드자산 구성요소로 [그림 7-7]에서 살펴보았듯이 켈러(Keller)의 구분에 의해 브랜드이미지를 크게 **① 제품속성과 관련된 이미지**(제품범주, 유형적 제품속성, 지각된 품질), **② 제품속성과 직접 관련이 없는 이미지**(브랜드 개성, 사용자, 제품용도, 원산지), 그리고 **③ 기업특성에 관련된 이미지**로 나누어 설명하고 있다. 여기서는 ① 제품속성과 관련된 이미지와 ② 제품속성과 직접 관련이 없는 이미지를 중심으로 논의하고자 한다.

① 제품속성과 관련된 이미지

브랜드 아이덴티티 구성요소 중 가장 먼저 생각할 수 있는 것이 바로 **제품범주에 대한 연상**이다. 자사의 브랜드가 제품범주와 밀접하게 연관되어 있다면 이는 바람직한 아이덴티티 형성에 긍정적인 영향을 미칠 수 있다. 해당 브랜드와 제품범주 간의 연결고리가 강하다는 것은 소비자에게 제품범주에 대한 회상을 해보라고 할 때 그 브랜드가 최초상기됨을 의미한다. 면도기에서는 질레트, 중형자동차에서는 쏘나타, 1회용 반창고는 대일밴드, 진통제는 타이레놀, 약물소화제는 부채표가스 활명수 등이 그 예이다. 이러한 강한 연결고리는 제품 에 대한 정보탐색이나 선택 행동 시 다른 경쟁 브랜드를 기억에서 배제시키는 강한 '**간섭(interference)현상**'을 일으킬 수 있다.

두 번째 **유형적 제품속성에 대한 연상**은 기업이 브랜드 아이덴티티를 형성하는 데 가장 많이 사용하는 것으로 소비자가 바라는 제품기능을 수행하는 데 필요한 제품구성요소라고 볼 수 있다. 예를 들면, 국내의 많은 치약브랜드들이 각기 다른 제품속성(효익)과의 연상관계를 강조하고 있는데, 즉 페리오치약은 충치예방을, 죽염치약은 잇몸강화를 그리고 클로즈업치약은 입냄새 제거에 좋은 치약으로 소비자의 기억 속에 자리잡고 있다. 제품속성에 대한 연상을 토대로 한 포지셔닝 전략이 성공하기 위해서는 중요한 속성이면서 경쟁브랜드들에 의해 무시되었거나 소홀히 되었던 제품속성을 발견하는 것이 중요하다.

세 번째의 제품속성과 관련된 이미지로 **지각된 품질**은 고객들이 자사 브랜드의 전반적인 성능에 대해 갖고 있는 생각을 말하는 것으로 소비자의 지각된 품질이 높다는 것은 브랜드충성도를 높일 수 있으며, 브랜드충성도에 따른 높은 가격의 설정, 마케팅 비용의 감소 등을 가능하게 한다.

② 제품속성과 관련이 없는 이미지

일반적으로 기업은 긍정적인 브랜드이미지를 구축하는 데 있어 제품속성에 대한 연상을 강조하는 경향이 있다. 그러나 보다 강한 브랜드 아이덴티티를 개발하기 위해서는 제품속성 이외의 다른 차원을 폭넓게 활용할 필요가 있는데 대표적인 차원은 브랜드개성, 사용자, 제품용도, 원산지 등이 있다.

첫째, **브랜드개성(brand personality)**은 브랜드의 속성을 인간적인 특성들로 표현하는 것으로 이에는 성별, 연령, 사회계층 및 개인의 성격 등 인간과 관련된 특성변수들이 모두 포함된다. 예를 들어 '할리데이비슨(Harley-Davidson) 오토바이' 하면 자유를 추구하는 히피성향의 이미지를, 코카콜라를 마시는 사람은 가정적인 사람 또는 전형적인 시골 미국인이라는 이미지를 지니는 반면 펩시는 명랑하고 혁신적이고 약간은 건방지고 잘 나서는 인간성의 이미지를 가진다. 이것은 지속적인 광고캠페인을 통해 생긴 브랜드개성이기도 하다.

혼자 타는 것보다 여럿이 같이 탈 때 더 재미있는 모터사이클의 특성을 파악하고 동호회의 가능성에 주목했다. 마침내 1983년 3천 명으로 할리데이비슨 동호회 '호그(H.O.G.)'가 시작되었고, 이듬해 동호회 랠리를 개최했다. 이후 동호회원들은 급증했으며, 회원간의 동질감을 높이기 위해 함께 착용할 수 있는 옷과 액세서리들도 개발되었다.
http://100.daum.net/encyclopedia/view/149XXXXXXXb70

둘째, 또 다른 브랜드연상 전략의 하나는 브랜드를 **제품사용자**와 연계시키는 것으로 예를 들어 '나이키 농구화' 하면 마이클 조던이, '벤츠' 하면 사회적으로 성공한 사람이 떠오를 수 있다. 제품의 사용자와 관련된 연상은 소비자 자신의 경험이나 브랜드사용자와의 접촉을 통해 직접적으로 형성될 수도 있고, 브랜드 광고에서 모델로 등장했던 표적고객이나 주위 사람들의 입을 통해 간접적으로 형성될 수도 있는데 기업이 자사 브랜드의 이미지와 잘 부합되는 특성의 제품사용자를 효과적으로 활용한다면 제품사용자에 관한 연상은 브랜드 자산구축에 도움을 줄 수 있다.

셋째, 어떤 기업들은 브랜드연상 전략의 하나로 브랜드를 **제품용도**와 강하게 연관시킴으로써 강력한 브랜드자산을 구축하는 데 성공하고 있다. 예를 들어, '게토레이' 하면 운동 후 갈증해소를 위해 마시는 음료로, '컨디션' 하면 직장인들이 회식 전·후에 마시는 음료로 자연스럽게 연상이 된다.

하겐다즈는 미국의 아이스크림이지만 덴마크어로 브랜드명을 지음으로써 좀 더 고급 아이스크림이라는 인식을 심어주는 데 성공한 사례이다.

마지막으로 한 축을 차지하는 것이 **원산지(country of origin)**로 제품의 종류에 따라 브랜드가 생산된 지역이나 국가를 연상시킬 수 있다면 브랜드 구축에 도움이 될 수 있다. 과거 일본산 자동차는 미국시장에서 상당한 인기를 얻었으며 화장품은 프랑스, 패션제품 하면 프랑스나 이탈리아 산이라는 것이 판매에 큰 영향을 미칠 수 있다.

MARKETING FOCUS 7-4 컬러에 의한 브랜드이미지 구축

빨간색은 흥분과 활력을 주며, 초록은 마음의 안정을 주어 심리적으로 편안함을 주는 등 색이 지닌 영향력을 활용해 '색채심리치료'에서부터 '마케팅'에 이르기까지 다양한 분야로 급속히 도입되고 있다. 그래서인지 해마다 세계 여러 나라의 대기업들은 소비자 모니터 요원을 선발하는 등 막대한 비용과 노력을 투자해서 구입을 결정하는 색을 알아내기 위해 애쓰고 있으며, 우리나라의 기업들도 계속되는 경기침체 속에서 새로운 소비자의 요구에 부응해 불황을 타개하고자 컬러마케팅에 주력하고 있는 부분이 요즘 들어 쉽게 눈에 띈다. 그럼 브랜드를 연상하기 위해서 컬러를 사용한 기업은 어떠한 기업이 있을까?

페라가모(Ferragamo) 하면 빨강, 에르메스(Hermes) 하면 주황색이 떠오른다. 환경보호 운동으로 유명한 바디샵(Body Shop)은 초록색, 화장품 브랜드인 메리케이(Marykay)는 핑크색을 일관되게 사용한다. 빨간색의 코카콜라, 노란색의 코닥필름, 초록색의 후지필름, 파란색의 펩시콜라, 노란색과 빨간색 로고의 운송업체 DHL 등 세계적인 명품브랜드들은 대부분의 자기만의 고유이미지 컬러를 사용한다.

이 중 아마 브랜드와 컬러의 관계를 가장 잘 대표할 수 있는 사례로는 역시 코카콜라사의 트레이드 마크일 것이다. 이 트레이드 마크는 제품의 특별한 즐거움과 독특함을 공식적으로 입증하는 것이다. 사람들은 코카콜라 하면 빨간색 바탕의 흰색의 로고를 먼저 떠올리게 되는데, 즉 기업이 컬러를 사용하는 것은 컬러가 브랜드 혹은 기업명을 연상하도록 하는 효과를 가져다준다고 볼 수 있으며, 이러한 색들로써 상품의 기능, 특징을 제시하기도 한다.

코카콜라의 트레이트 마크(trade mark)와 산타에 빨간옷을 입힌 코카콜라

이러한 사례는 국내에서도 쉽게 찾을 수 있다. 블루클럽, 검은콩 우유, 오렌지색 엔시아, 미인블랙, 초록매실 등등 수도 없이 많은 브랜드가 이름에 색깔을 사용하고 있으며, '빨간모자 아가씨'라는 카피를 쓰는 SK주유소, '당신의 빨간사과' BC카드, '노란약 트라스트'의 SK제약, '푸른 주유소'의 현대오일뱅크 등 비슷한 색상만 봐도 그 회사, 그 상품을 떠올리게 하는 마케팅전략을 사용한다. 포장은 물론 제품의 실제 색상도 브랜드와 비슷하다.

정유업계에서도 대표색을 내세운 단일컬러로 소비자에게 친숙함을 강조하고 색상을 브랜드 및 기업이미지와 연결시키는 컬러마케팅 전략을 사용한다. 에스오일은 노란색, SK(주)는 빨간색, LG칼텍스정유는 초록색으로 자사 컬러이미지를 앞세워 브랜드를 연상시키고 이를 광고에서도 적극 활용하기도 한다. 에스오일은 노란색 자동차를 TV광고에 지속적으로 등장시킨다든지, SK주유소의 경우는 '빨간모자 아가씨'로, 빨간색 하면 SK라는 등식을 시청자에게 각인시켜 준다. 현대오일뱅크는 푸른빛 주유소에서 파란색 유니폼에 모자를 쓴 모델을 등장시켜 친절한 고객서비스를 내세우는 컬러마케팅을 전개하고 있으며, LG칼텍스정유도 바다·꽃·들과 같은 자연을 소재로 한 광고를 내보내는 등 초록색 이미지를 강조한 마케팅전략을 사용한다.

컬러로 브랜드를 어필하는 정유업계(에스오일은 노란색, SK(주)는 빨간색, 현대오일뱅크는 파란색)

이 외에도 컬러마케팅이 활용된 사례 중에서 한 가지 재미있는 것은 패스트푸드점 등 각종 음식점 등에 컬러가 사용되는 경우인데, 이는 식욕을 보다 적극적으로 자극시키기 위해 색을 활용한 경우로써 자세히 살펴보면 같은 FOOD에 관련된 색이라도 상황에 따라 조금씩 다르게 표현됨을 알 수 있다.

대부분의 경우는 빨강과 노란색을 주로 사용하는데, 오랫동안 좀 더 비싼 돈을 지불하더라도 편안하게 음미하면서 먹을 수 있는 공간에서는 같은 빨간색이라고 하더라도 짙거나 톤이 낮은 색을 사용한다. 전자의 경우는 식욕을 자극시킬 수 있는 색은 빨간색이 아닌 주황색이지만 채도가 높은 원색의 빨간색을 사용함으로써 빨리 메뉴를 선택하게 하고 간단하게 먹을 수 있는 패스트푸드점의 성격을 극대화한 것으로 회전율을 높여 경제적 가치를 올리기 위해서라고 할 수 있다. 그러나 후자의 경우는 보다 고급스러우면서 편안하게 느낄 수 있는 외식문화를 연출하고자 하기 때문에 다소 짙거나 톤이 낮은 색을 활용한다는 것이다. 이를테면 베니건스의 경우는 짙은 초록색으로 자연스럽고 무게감 있게 되어 있으며, T.G.I Friday's의 경우는 '맛이 즐거운 곳'이라는 슬로건에 맞게 빨간색과 흰색의 배색으로 활력 있고 발랄한 분위기를 연출하는 등 각 기업이 추구하는 이미지에 따라 컬러로 차별화를 하고 있다.

자료: 안진환 옮김(2002), Color Smart, 오늘의 책/박용범, 색·색·색, 컬러마케팅이 뜬다, 매일경제, 2004.09.08/이혜경 기자, 블루·블랙·그린·오렌지색으로 불황 뚫는다, 이코노미스트 763호, 2004.11.23/패스트푸드점과 고급레스토랑의 컬러마케팅의 차이를 알아보자, HOTEL & LASTAURANT, 2004.06.

제4절 브랜드확장

1. 브랜드확장의 개념 및 이점

브랜드확장(brand extension)이란 신제품을 시장에 출시할 때 이미 시장에서 강력한 이미지를 구축하고 있는 브랜드명을 이용하여 그 이름을 그대로 또는 소비자들이 유사한 이름이라는 것을 쉽게 인지할 수 있는 범위에서 약간 변형하여 사용하는 브랜드관리 전략이라 할 수 있다. 앞에서 논의되었듯이 한 기업에 있어 가장 가치가 높은 자산들 중 하나는 그 기업이 개발해온 브랜드명이다. 훼스탈과 훼스탈 포르테, 박카스 D와 박카스 F, 앙팡 치즈와 앙팡 어린이용 우유, 식물나라 샴푸와 식물나라 화장품, 물먹는 하마와 냄새 먹는 하마 등 최근 브랜드의 중요성이 부각되면서 브랜드 확장을 통해 성공한 신제품이 속속 등장하면서 브랜드 확장 전략에 대한 논의가 유행처럼 번지고 있다.

첫째, 이러한 브랜드확장은 소비자들이 원 브랜드에 익숙해 있기 때문에 신제품에 원 브랜드를 사용할 경우 쉽게 인지시킬 수 있다는 점이 있으며 이는 광고비 등을 줄임으로써 총체적으로 신제품 출시비용을 상당부분 줄일 수 있다. 실례로 과거에 Sony사는 당사의 회사명을 대부분의 새로운 전자제품에 도입하고 있으며 이로써 각각의 신제품이 고품질이라는 사실을 즉각적으로 확신시킬 수가 있다. 브랜드확장으로 소비자들에게 새로운 제품을 친근하게 하는 데 정상적으로 소요되는 광고비를 상당부분 절약할 수 있다.

둘째, 브랜드확장을 통해 성공을 거둔 신제품은 확장의 기반이 된 원 브랜드의 이미지를 강화하는 데 도움을 줄 수 있다. 풀무원은 지속적인 브랜드확장을 통하여 신제품의 도입을 비교적 손쉽게 수행했을 뿐만 아니라 기존의 제품에 대한 인지도 증대 및 이미지 강화에도 긍정적인 효과를 보고 있다.

셋째, 브랜드에 대한 법적 권리를 가지고 있는 기업이 다른 기업들에게 브랜드확장을 할 수 있도록 허용함으로써 높은 로열티 수입을 벌어들일 수 있다.

2. 브랜드확장의 유형 및 성패

1) 브랜드확장의 유형

브랜드확장은 크게 라인확장과 브랜드확장으로 나눌 수 있다. 먼저 **라인확장**(line extension)이란 기업이 동일한 브랜드명으로 동일한 제품범주 내에서 새로운 맛, 형태, 색상, 추가적인 성분, 포장크기 등과 같은 새로운 특성을 가진 품목을 추가적으로 도입하는 경우를 말하는 경우로 밀러 맥주가 같은 맥주계열인 밀러 라이트를 생산하여 밀러라는 이름을 활용하는 것이라든지 빈폴이 같은 의류분야에서 빈폴레이디스, 빈폴골프, 빈폴아웃도어 등으로 확장한 것이 그 예가 될 수 있다.

상대적으로 식품분야에서 라인확장의 비중이 높은데 기업들은 과잉제조능력을 이용하거나, 소비자의 새로운 욕구를 충족하거나, 경쟁자의 새로운 제공물에 대응하거나, 또는 소매상의 진열선반공간을 더 많이 확보하기 위해서 라인확장을 시도할 수 있다.

브랜드확장(brand extension)은 원 브랜드와 완전히 다른 제품라인에서 어떤 제품을 출시하기 위해 원 브랜드명을 사용하기도 한다. 혼다는 오토바이에서 자동차로 그리고 잔디깎기 기계로, 포르쉐는 선글라스로, 람보르기니는 스포츠시계로, 비달사순(Vidal Sassoon)샴푸는 드라이어기와 퍼머도구로 확장한 것이 그 사례가 될 수 있다.

람보르기니 스포츠카에서 스포츠시계로 확장한 사례 [그림 7-10]에서 논의된 성공조건에 어느정도 부합한다고 할 수 있다.

2) 브랜드확장의 성패

일반적으로 브랜드확장이 신제품 성공의 보증수표는 아니다. 샘표간장의 샘표 커피타임, 베리나인의 베리나인 골드킹, 리바트가구의 리바트 부엌가구 등의 실패는 확장된 브랜드를 사용하는 것이 항상 좋은 것은 아님을 보여주고 있다.

표 7-3 | 브랜드확장 전략의 분류 및 성공, 실패사례

분류			성공	실패
라인 확장	수직적 확장	상향 확장	• 다시다: 쇠고기 → 쇠고기 골드, 쇠고기 진국(고함량화) • 놀부보쌈 → 놀부집 • 한스푼 → 한스푼테크	• 베리나인 골드: 일반 위스키 → 베리나인 골드킹: 프리미엄 위스키 • 스파크 세제 → 울트라스파크 고농축세제 • 헌트(캐주얼) → 씨헌트(정통정장)
		하향 확장	• 진로소주: 25도 소주 → 23도 소주: 참진이슬로 • 놀부보쌈 → 놀부부대찌게, 놀부순대국 전문점 • 보디가드 내의 → BG	• 트리니티 숙녀복 → 트리아나 숙녀복 • 롯데백화점 → 롯데 마그넷
	수평적 확장		• 다시다: 쇠고기 → 멸치, 조개, 가다랭이(소재), 냉면(용도) • 애니콜: 셀룰러폰 → 애니콜 PCS • 후라면: 봉지면 → 용기면 2종(후라면 큰사발, 후라면 컵) • 빈폴: 캐주얼웨어 → 빈폴레이디스, 빈폴골프, 빈폴옴므	• 식물나라: 비누, 기능성화장품 → 색조 • 초이스 커피 → 초이스 캔커피
브랜드 확장	관련 확장	기술기반 확장		• 하이트 맥주 → 하이트 소주 • 드봉: 화장품 → 치약
		고객기반 확장	• 다시다: 조미료(쇠고기, 멸치) → 즉석국(북어, 미역 등) • 식물나라: 비누 → 삼푸, 기초화장품 • 풀무원 두부 → 나물, 생면, 스파게티	• 풀무원 두부 → 장류(오월의 장맛)
	비관련 확장			• 샘표: 간장 → 샘표 커피타임(캔커피)

자료: 신철회 외 지음(2005), *Brand Building*, 산업정책연구원, p.220에서 재인용

라인확장을 포함한 브랜드확장 전략은 몇 가지 위험을 수반한다. 첫째, 신제품이 구매자를 실망시키게 되면 당기업의 다른 제품에 대한 구매자들의 믿음을 훼손시킬 수도 있다. 이렇게 되면 확장된 브랜드이름을 이용해 시장에 내놓여진 제품이 실패로 끝날 수 있을 뿐만 아니라 더 나아가(그 제품이 성공한다고 하더라도) 확장에 기초가 된 원래의 브랜드가 약화될 수도

있는 것이다. 예를 들어 밀러 하이 라이프(Miller High Life)는 1980년대에 매출이 격감하였는데, 그 이유 중 하나는 밀러 라이트(Miller Lite)를 출시한 때문이다. 밀러 라이트는 저칼로리 제품으로 물맛과 같이 밋밋한 맛을 가지고 있었는데 바로 이러한 맛의 이미지가 밀러 하이 라이프의 이미지까지도 부정적으로 만들었다.

둘째, 브랜드명을 남용하게 되면 소비자의 마음속에서 그 제품의 독특한 위치화를 상실하게 된다. 즉 이러한 **브랜드희석(brand dilution)**은 소비자들이 더이상 한 브랜드와 특별한 제품 또는 거의 유사한 제품을 연관시키지 못하는 경우에 발생된다고 할 수 있는데 스카티는 타월, 티슈, 스카티스, 스카티킨, 기저귀 등 다양한 제품에 브랜드확장을 시도한 결과 원래 스카티가 종이제품 시장에서 구축하고 있던 강력한 이미지를 상당부분 상실하였다.

표 7-4 | 핵심역량을 이용한 브랜드확장과 반대의 경우에 대한 소비자의 반응

기존상품	계획된 확장부문	소비자의 반응
맥도날드 (McDonald's)	순간사진현상소	• 음식사업이나 잘해라(33) • 저질의 사진(29) • 빠르기는 하겠다(20)
	테마파크	• 아이들과의 가족공원(56) • 맥도날드사의 캐릭터 등장(29) • 재미있겠다(14)
하겐다즈 (Haagen Dazs)	팝콘	• 절대로 맞지 않음(31) • 팝콘이 비싸겠다(23) • 맛은 있겠다(19)
	고급치즈	• 고급의 치즈(17) • 맛이 좋겠다(15) • 잘못된 조합(15)

주: ( )는 전체 1,074명의 응답자 중 해당 응답을 한 응답자의 수
자료: Aaker, D. and K. L. Keller(1990), "Consumer Evaluations of Brand Extensions," *Journal of Marketing*, 54, January, pp.27–41.

결국 그들의 브랜드명을 이전하려고 하는 기업들은 그 브랜드의 연관성이 신제품에 적합한가를 조사해야 하는데 [표 7-4]는 조사사례를 보여주고 있다.

그 브랜드명이 신제품과 기존제품의 판매고를 높이는 경우에 최상의 결과가 이루어지게 된다. 즉 신제품이 기존제품의 판매에 영향을 주지 않고 잘 판매되는 경우에 바람직한 결과가 될 것이다. 반면에 최악의 결과는 신제품이 실패하였거나 기존제품의 판매를 망치게 되는 경우이다. 결국 브랜드확장은 [그림 7-10]에서 볼 수 있듯이 원 브랜드와 기술적으로 유사, 보

완성, 기능적 편익, 사용자, 상징성 등에서 적합할 때 성공할 가능성이 높게 된다.

그림 7-10 | 브랜드확장의 성공조건

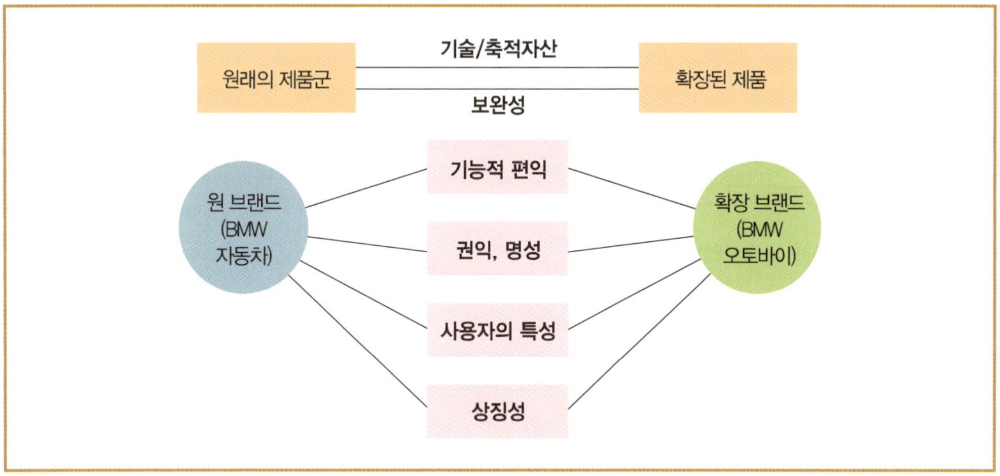

자료: Aaker, D.(1991), *Managing Brand Equity*, The Free Press, p.220.

| 생각해볼 문제 |

01 강력한 브랜드가 가지는 이점을 설명해보세요.

02 유통업자 브랜드의 특성 및 성공조건에 대해 설명해보세요.

03 식품회사 오뚜기, 대상, CJ의 브랜드 집중전략을 설명하고 각각의 장·단점에 대해 설명해보세요.

04 여러분이 생각하기에 상대적으로 해당 범주에서 브랜드자산이 약한 브랜드를 선정, 브랜드자산 강화전략을 논해보세요.

05 브랜드확장의 유형 및 성공조건을 예를 들어 설명해보세요.

| 참고문헌 및 더 읽을거리 |

[국내문헌]

김근배(2015), 끌리는 컨셉의 법칙, 중앙books.

김기수·유재욱·홍성민(2000), "브랜드자산의 측정 진단 및 진화론에 입각한 처방," *Marketing Forum*, 제일기획.

김동욱(2018), 결국, 컨셉: 마음을 흔드는 것들의 비밀, 청림출판.

박문기(2003), 우리 회사의 브랜드가치는 얼마일까?, 굿모닝 미디어.

박영미·최원식 옮김(2001), 브랜드 자산 경영, 거름.

변승협, "LG애드 브랜드진단 시스템(LG-BERMS)," LGad사보(07-08, 2000), pp.50-55.

브랜드 앤 컴퍼니 옮김(2003), Brand Masters, 세종서적.

안광호·이진용(1997), 브랜드 파워, 한언.

안광호·한상만·전성률(2008), 전략적 브랜드관리, 학현사.

윤성준(2000), "온라인 브랜드력 평가에 있어서 신뢰도와 만족도의 차별적 역할에 관한 실험적 접근," *Marketing Communication Review,* Summer, pp.121-152.

이상민·브랜드 앤 컴퍼니 옮김(2004), 브랜드 포트폴리오 전략, 비즈니스북스.

이진용(1995), 브랜드 자산의 전략적 활용과 미래/마이네트, 마케팅 신조류, 경문사.

임언석(2001), "차별적인 브랜드포지셔닝: Client's Success is Our Success," *Design Net*, Vol. 51, 2001, pp.46-48.

[국외문헌]

Aaker, D. A.(1991), *Managing Brand Equity*, The Free Press.

______(1996), *Building Strong Brands*, The Free Press.

______(1996), "Measuring Brand Equity Across Products and Markets," *California Management Review*, Vol.38, No.3, Spring, pp.102-120.

______ and E. Joachimsthaler(2000), *Brand Leadership*, Brand & Company, 2000.

Aaker, J. L.(1997), "Dimensions of Brand Personality," *Journal of Marketing research,* 34, August, pp.347-356.

Davis, S. and D. Douglass(1995), "Holistic Approach to Brand Equity Management," *Marketing News*, January, pp.4-5.

Keller, K. L.(1998), *Strategic Brand Management*, Prentice-Hall.

_______(1993), "Conceptualizing, Measuring, and Managing Customer-Based Brand Equity," *Journal of Marketing*, Vol.57, January, pp.1-12.

_______(2000), "The Brand Report Card," *Harvard Business Review*, January-February, pp. 147-157.

_______ and David A. Aaker(1992), "The Effects of Sequential Introduction of Brand Extension," *Journal of Marketing Research*, 29, February, pp.35-50.

_______(2001), "Building Customer-Based Brand Equity," *Marketing Management*, July/August, pp.15-19.

Leclerc, F. B. H. Schmitt and L. Dube(1994), "Foreign Branding and Its Effects on Product Perceptions and Attitudes," *Journal of Marketing Research,* 24, May, pp.263-270.

Park, C. S. and V. Srinivasan(1994), "A Survey-Based Method For Measuring And Understanding Brand Equity And Its Extendibility," *Journal of Marketing Research*, Vol.31, Issue 2, May, pp.271-288.

Park, C. W., B. J. Jaworski, and D. J. MacInnis(1986), "Strategic Brand Concept Management," *Journal of Marketing*, Vol.50, October, pp.135-145.

Robertson, K.(1989), "Strategically Desirable Brand Name Characteristics," *Journal of Consumer Marketing*, Fall, pp.61-70.

CHAPTER 08

제품관리

"21세기에는 제조업이 더 이상 부가가치 산업이 되지 못할 것이다.
앞으로는 2.7차산업과 4차산업이 중심이 되어야 한다."

-세키모토 다다히로-

"리마커블(remarkable)한 제품을 만들고 그런 제품에 열광하는 소수를 공략하라."

-세스 고딘(Seth Gothin)-

1인미디어의 크리에이터는 이제 새로운 제품으로 큰 인기를 얻고 있다.

이 장의 학습내용

제1절 제품개념의 확대
제2절 제품의 유형분류
제3절 제품믹스 및 제품라인 결정
제4절 서비스 제품관리

제1절 제품개념의 확대

1. 제품의 개념 및 수준

제품(product)이란 기본적 욕구 또는 2차적 욕구를 충족시키기 위해 시장에 제공될 수 있는 것이다. 따라서 시장에서 거래를 바탕으로 하여 교환되고 소비되는 대상은 어느 것도 제품이라고 할 수 있다. 시장에 제공되는 제품에는 물리적 재화(예: 자동차, 책) 서비스(예: 이발, 음악회) 사람(예: BTS, 송강호), 장소(예: 에버랜드, 겨울연가 촬영지), 조직체(예: 소비자보호단체) 및 아이디어(예: 가족계획, 안전운동) 등이 포함된다.

그림 8-1 | 세 가지 제품차원

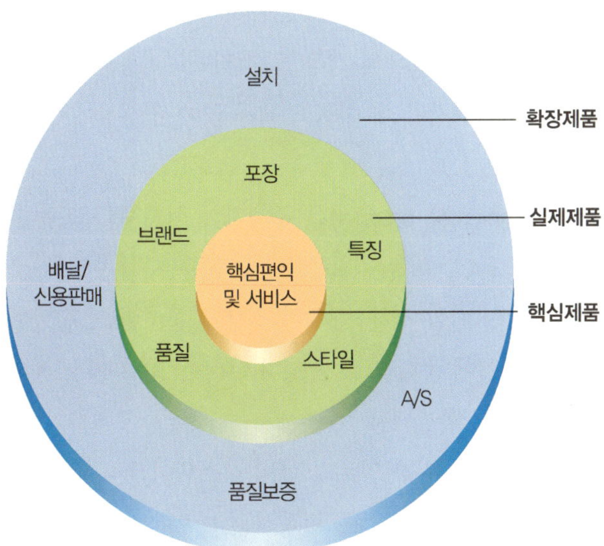

일반적으로 제품은 그 폭에 따라 좁은 의미의 제품인 핵심제품에서 넓은 의미의 제품개념인 확장제품까지 분류될 수 있다. **핵심제품(core product)**이란 가장 기본적인 수준에서 인식되는 제품개념으로, 이는 구매자가 제품을 구입할 때 실제로 무엇을 바라고 있는가 하는 것이다. 즉 핵심제품은 소비자들이 제품을 구입할 때 획득하고자 하는 핵심적인 효익이나 문제를

식품분야에서는 포장지를 차별화함으로써 소비자들의 선택확률을 높일 수 있다.

해결하여주는 서비스로 구성된다. 가장 근본적인 차원은 핵심효익으로써 고객이 실제로 구입하는 근본적인 서비스나 이점을 말한다. 콜라의 경우 원액을 구매하는 것이고, 호텔의 경우 손님은 '휴식과 수면'을 구입하며, 드릴의 경우 구매자는 '구멍 뚫음'을 구입하는 것이다. 마케팅관리자는 그 자신을 효익제공자로서 인식해야 한다.

제품의 두 번째 수준은 **실제제품(actual product)**인데 핵심제품이 형상화된 것이라고 할 수 있다. 우리는 컴퓨터를 구매할 때 컴퓨터 본체뿐만 아니라 마우스, 키보드, 포장박스 등을 함께 구매하게 되며, 콜라를 구매하는 경우 콜라 병이나 캔까지 같이 구입하게 되는 것이다. 최근에 시장에 출시되는 제품들을 보면 기능이나 디자인상의 차이를 찾아보기 어려운 실제제품상의 '제품평준화' 현상이 두드러지고 있다. 실제 스마트폰의 경우 모션 카메라기능, 높은 화질 등 새로운 기능이 첨가된 새로운 모델들이 출시되지만 채 며칠도 되지 않아 경쟁사에서 거의 비슷한 기능의 제품을 개발해내고 있다.

마지막으로 **확장제품(augmented product)**은 구매자가 실제제품을 구매함으로 받게 되는 이익의 총합을 말한다. 예를 들어, 호텔은 월풀을 갖춘 목욕시설, 보너스로 제공되는 초콜릿과 쿠키, 싱싱한 꽃, 신속한 입·퇴실 절차, 깨끗한 식당과 룸서비스, 공항까지 무료로 운항되는 리무진서비스 등을 해당 제품에 통합할 수가 있다. 오늘날의 차별적 우위는 확장제품 수준에서 달성되는 경우가 많다. 확장제품 수준에서 기업은 구매자의 총체적인 **소비시스템(consumption system)**을 파악할 수가 있는데, 소비시스템이란 제품구매자가 특정 제품을 사용하여 수행하고자 하는 총체적인 과업을 수행하는 방법을 의미한다.

레비트(Levitt) 교수는 앞으로의 경쟁이 기업들이 생산한 것에 있는 것이 아니라 생산된 제품에 추가하여 포장, 서비스, 광고, 고객상담, 금융서비스, 배달, 보관, 그리고 기타 가치 있는 것들을 통하여 무엇을 부과시키는가에서 경쟁이 이루어진다고 하였다. 실제, 1996년 발표된 JD Power 보고서는 "모든 자동차가 좋기 때문에 더 이상 나쁜 등급을 받은 자동차는 없다"는 말로 이러한 레비트(Levitt) 교수의 견해를 지지하고 있다. 아우디, 도요타, 포드, 르노 등 어느 자동차 업체나 마음만 먹으면 모든 기술을 이해할 수 있다. 실제 이들 업체들은 경쟁사의

호텔이 겨울에도 이용할 수 있는 온수 수영장을 투숙객에게 제공한다면 다른 호텔과 차별화할 수 있는 확장제품이라고 할 수 있다.
사진출처: 롯데호텔 제주

제품을 이해하고, 경쟁사의 제품을 분해해서 그 내부를 검사하는데 이러한 맥락에서 자동차 회사의 차별화는 다른 분야에서 모색되어야 할 필요성이 있다. 앞으로 일어날 경쟁은 엔진이나 에어컨의 성능이 아니라 디자인, 보증, 서비스, 이미지, 구매조건처럼 머리를 써야 하는 무형의 분야에서 일어날 가능성이 많다. 이러한 것은 다음에서 설명하는 체험경제로의 이동을 증명하는 것이라고 볼 수 있다.

그러나 제품확장 전략에 대해 꼭 기억해야 할 것이 있다. 첫째, 제품의 수준 확장은 기업의 추가비용을 초래한다. 예를 들어 해운대에서 바다전경과 일몰을 볼 수 있는 호텔 커피숍은 2만원이라는 가격에 커피를 판매하고 있는데 이는 아름다움 경치를 제공하기 위한 입지비용이 수반된 결과라고 볼 수 있다. 마케팅관리자는 소비자들이 이 추가되는 비용을 보상할만큼 충분히 지급하고자 하는가를 확인해야 한다.

둘째, 확장된 이점이 즉시 기대하는 이점이 되어야 한다. 예컨대, 해운대 호텔의 커피숍을 찾는 고객들은 좀 더 아름다운 경치에서 커피를 마시길 기대해서 찾게 되는 것이다. 고객들이 기대하지 않는 부분을 비용으로 낭비함이 없어야 하며 기대수준을 충분히 충족 못시켜서 발생되는 위험도 늘 생각하여야 한다.

셋째, 기업이 확장된 제품의 가격을 인상하였을 때 어떤 경쟁기업이 더 낮은 가격으로 한 단계 '하위수준'의 제품을 제공하기로 할 수도 있다. 예컨대, 여름철 해운대를 찾는 고객들을 위해 웨스턴조선비치, 파라다이스, 노보텔, 파크하얏트 등 우아한 호텔들이 성장하고 있는 것과 나란히 한화콘도, 글로리아콘도 등과 같이 좀 더 저렴한 가격으로 고객을 끌어들이는 경쟁자에 대한 충분한 대비가 있어야 할 것이다.

해운대 및 광안대교가 보이며, 멋진 일몰을 볼 수 있는 커피숍은 일반 커피숍보다 훨씬 가격이 높게 책정되어 있음을 알 수 있다.
사진출처: 파크하얏트 해운대(http://blog.naver.com/StellaStudio)

2. 체험경제로의 이동

조셉 파인 2세(B. Joseph Pine Ⅱ)와 제임스 길모어(James H. Gilmore)는 하버드 비즈니스 리뷰(Harvard Business Review)에서 『체험 경제학을 환영하며(Welcome to Experience Economy』라는 논문에서 경제적 가치의 진보 단계를 **범용품(commodity), 공산품(goods), 서비스(services), 체험(experience)**의 4단계로 구분했다.

커피를 예로 들어 설명해보면 원두는 범용품이라고 할 수 있다. 원두가 가공되어 냉동건조 커피인 맥심이나 초이스라는 브랜드를 달고 판매되는 경우 이는 제조품의 수준이라고 할 수 있다. 학교 앞의 커피숍에서 서비스가 가미된 커피를 3,500원에 마실 때 전체 가치에서 서비

그림 8-2 | 제품개념의 변화

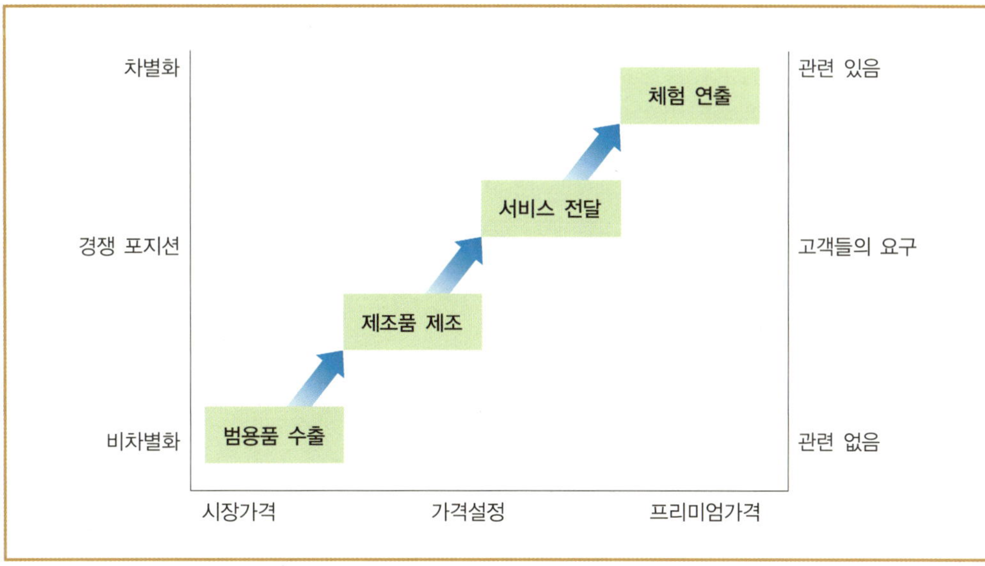

스의 가치부분이 훨씬 더 클 수 있으며 스타벅스에서 스터디를 할 수 있는 장소를 제공받으며 6,000원이 넘는 커피를 마실 경우는 상당부분 해당 제품에 체험이 포함되었기 때문이다. 공산품과 서비스가 다른 것처럼 체험도 서비스와는 다른 특징을 가지고 있으며 경제적 판매의 4분의 1을 차지한다. 다만 체험은 항상 우리 주변에 머물러 있으면서도 지금까지는 인정받지 못했지만 최근 들어서는 제품과 서비스를 차별화하는 수단으로 각광받고 있다.

슈미트(Schmitt) 교수는 이러한 **체험마케팅**을 **"기업이 물건을 팔 때 상품판매에만 그치지 않고 독특한 서비스나 이벤트 등을 통해 상품과 브랜드이미지를 꾸준히 심어줌으로써 소비자를 충성고객으로 만드는 21세기형 마케팅전략"**이라고 설명하였다. 기존에는 '이 상품은 이래서 뛰어나다'는 식의 특징과 편익(feature & benefit) 마케팅전략이 주류를 이루었다. 제품의 기능상 특징에 초점을 맞추어 고객을 합리적인 의사결정자로 간주, 분석적이고 계량적이며 언어중심적인 마케팅 수단과 도구를 사용해온 것이다. 하지만 기술의 발달로 이제 고객들은 상품의 품질은 당연한 것으로 받아들이기 때문에 이러한 전략은 더 이상 통하지 않게 되었다. 또한 이제는 분석적이고 계량적인 것 대신에 보고 느끼고 생각하는 체험마케팅, 감성마케팅이 중요해지고 있는 것이다.

MARKETING FOCUS 8-1

국내 기업들, 체험마케팅 적극 활용

'백문이 불여일견(百聞이不如一見)'이라는 말이 있다. 체험마케팅을 표현하는 데 아주 적합한 말이 아닐 수 없다. '제품은 공장에서 만들어지지만 브랜드는 고객의 마음속에서 만들어진다'는 오길비의 말처럼 체험마케팅은 충성고객, 평생고객을 확보하는 데 매우 강력한 전략이 되고 있다.

스타벅스가 세계적인 명성을 얻게 된 것은 원두커피 맛 자체보다는 커피점 내의 '향'이나 '분위기', '스타벅스에서 커피를 즐기는 사람들의 스타일'을 소비자에게 어필하였기 때문이다. 스타벅스는 브랜드 가치 구축을 위해 광고에 큰 비용을 투자하지 않는 대신 광고비용을 매장이나 사람에게 투자하여 고객들이 직접 체험하도록 하는 체험마케팅을 진행하는데 스타벅스는 유동인구가 많은 곳에 매장을 개설하고 매장 자체를 브랜드 광고판처럼 노출해서 입소문을 통한 홍보전략을 추구한다. 스타벅스는 집, 직장과는 다른 제3의 장소라는 의미를 주기 위해 고객들이 편한 시간을 보내며 여유롭게 커피를 마실 수 있게 하는 것을 경영철학으로 삼고 있다. 또한 단순히 커피만 파는 것이 아니라 집과 다른 카페 특유의 분위기, 친절한 서비스, 커피에 어울리는 음악을 제공하면서 소비자들에게 감성적 체험을 제공하고 있다. 스타벅스는 이러한 특징을 강조하기 위해 매장마다 Experience(체험)이란 단어가 들어간 메시지를 다양하게 활용하고 있는데 매장마다 일관된 분위기를 전달하기 위해 원목 느낌의 의자와 흰색, 갈색, 초록색이 조화를 이루는 인테리어를 연출하고 있다. 또한 외부에서는 통유리로 내부가 들여다보일 수 있게 했으며, 매장 내 음악도 커피에 어울리는 재즈음악 등을 일관적으로 활용하고 있다. 특히 스타벅스 모든 매장에 무선인터넷 서비스를 도입하면서 더욱 많은 고객을 끌어당기게 되었다.

체험을 강화하는 스타벅스의 실내 디자인

또한 최근들어 체험마케팅을 적극 활용하고 있는 곳은 전자유통업계이다. 전자제품의 경우 고가의 제품인 경우가 많기 때문에 현명한 소비를 하고자 하는 체크슈머가 많은 분야이다. 따라서 이러한 소비자를 잡기 위해 오프라인 매장의 장점을 최대한 살린 '체험형 공간', '체험마케팅'이 한창이다. 이들의 목표는 소비자들이 다양하고 자유롭게 제품을 경험해볼 수 있는 공간을 조성하고, 매장에서 더 긴 시간 동안 즐기며 구매로 이어지게 하는 것이다.

이마트의 '일렉트로마트'는 단순히 제품을 파는 곳을 넘어 놀이공간처럼 다양한 체험거리와 즐길거리를 통해 소비자들이 쉽고 편안히 제품을 구경할 수 있는 '체험형 공간'을 추구한다. 보통 남성들의 경우 마트를 지루하고 가기 싫은 곳으로 생각하는 경우가 많은데 이러한 남성 소비자들을 주 타깃으로 마트 안에 흥미로운 공간을 만들어줌으로써 마트는 더 이상 지루한 곳이 아닌 재미있는 물건이 가득한 곳이 되고, 더 긴 시간 마트에 머물며 소비로 이어지게 될 수 있는 것이다.

체험을 강화하고 있는 오프라인 전자마트 이마트의 일렉트로 마트

한편 오래전부터 시작된 화장품 브랜드의 체험마케팅은 단순한 공짜 샘플 나눠주기에서 파우더 룸을 통한 화장품의 체험기회와 관련정보를 제공할 뿐 아니라 자사공장 견학 등을 통해 제품에 대한 신뢰도를 높이는 방향으로 진행되어 왔는데 한국 화장품 브랜드들 역시 체험마케팅을 적극적으로 펼치고 있다. 아모레 매장이나 더페이스샵 등은 매장 내 제품을 직접 사용해볼 수 있는 메이크업 코너가 마련돼 있으며, 각 제품마다 샘플을 함께 전시해 소비자가 화장품의 향이나 질감 등을 직접 느껴볼 수 있도록 했다. 일부 아모레 매장은 무료 메이크업 행사나 피부관리 클래스 등도 개최하고 있다.

자료: 이진희, 불황속 '체험마케팅'이 뜬다, 패션마케팅뉴스, 2005.01.20/성현희, 체험마케팅에 관심을 돌려라, 마케팅전략연구소, 2005.01.31/똑똑한 소비자를 위한 체험마케팅 Experience marketing for smart consumers, 이화 브랜드 커뮤니케이션 클래스/브랜드가치 구축을 위한 스타벅스의 체험마케팅 전략, 스토리텔러 MrAhn, 2017.10.20/화장품·전자제품 등 체험마케팅이 뜬다, KOTRA 뉴욕센터 보고서…개방형 판매방식 인기, 중앙일보, 2012.07.05, http://www.koreadaily.com/news

제2절 제품의 유형분류

제품은 구매자의 유형에 따라서 구분할 수 있다. 기본적으로 최종적인 소비의 목표가 일반 소비자에게 목표를 두는 제품인 **소비재**(consumer goods)와 다른 제품의 제조나 판매에 직접 · 간접적으로 사용하기 위하여 기업에서 구매하는 **산업재**(industrial goods)로 분류된다. 같은 제품이라도 어떤 경우는 소비재로, 어떤 경우는 산업재로도 쓰일 수 있다. 예를 들어 가정에서 커피를 마시기 위해 사용되는 설탕은 소비재이며 같은 설탕을 캐러멜을 만들기 위해 사용할 경우 산업재라고 할 수 있다. 이러한 분류에 따라서 마케팅전략의 수립과 실행이 달라지기 때문에 산업재와 소비재로서의 분류는 중요하다.

마케팅관리자들은 제품을 여러 가지 특성, 즉 내구성, 유형성 및 용도(소비재 또는 산업재)를 기초로 하여 여러 상이한 유형으로 분류한다. 먼저 **비내구재**(indurable goods)란 보통 한 번 내지 두세 번 사용하면 소모되는 유형 제품인데, 예컨대 맥주, 비누, 소금 등이 이에 해당될 수 있다. 이러한 제품은 빨리 소비되고 자주 구입되므로 이에 적절한 전략은 어떤 장소에

그림 8-3 | 유형적인 제품분류

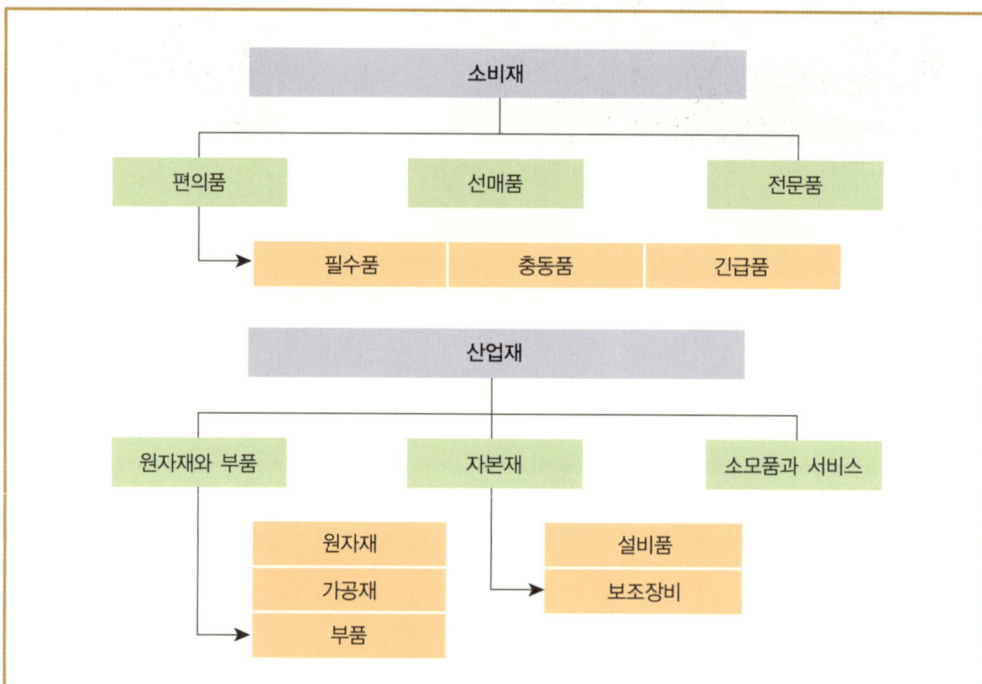

서건 구입할 수 있게 해주고, 소액의 이윤을 추구하며, 대량광고를 통해서 시용을 유도하고 선호도를 심는 것이다. 둘째, **내구재(durable goods)**란 보통 여러 번 사용할 수 있는 유형 제품으로서 냉장고, 기계류, 의류 등이 이에 속한다. 내구재에는 보통 많은 인적 판매와 서비스가 수반되어야 하고, 상대적으로 많은 이윤을 추구하며, 판매보증이 잘 되어야 한다.

1. 소비재 분류

소비자는 일생동안 수많은 재화를 구입하게 된다. 이러한 재화는 소비자의 쇼핑습관을 기준으로 분류된다. 소비재는 다음과 같이 편의품, 선매품, 그리고 전문품 구분되는데 이에 더하여 비탐색품을 추가하여 설명하기로 한다.

1) 편의품(convenience goods)

보통 소비자가 최소한의 노력으로 빈번하고 즉각적으로 구매하는 제품이다. 예컨대, 담배, 비누, 신문 등이다. 이런 종류의 제품을 사기 위해 이 점포 저 점포 돌아다니면서 비교해보며 구입하는 소비자는 거의 없을 것이다. 소비자들은 라디오, 텔레비전 등을 통해서 끊임없이 정보를 얻을 수 있고, 편의품의 가격 또한 싸기 때문에 소비자들의 새로운 구매습관을 만들려는 판매자들 사이에 치열한 마케팅 전쟁이 일어나기도 한다. 편의품과 관련하여 가장 치열한 마케팅 변수는 유통이라고 할 수 있다. 편의품은 소비자가 접근하기 쉬운 곳에 있는 제품이 가장 잘 팔리게 되므로 많은 유통점을 확보하고 눈에 띄기 쉬운 곳에 진열되는 것이 무엇보다 중요하다.

쉽게 이야기해서 편의점에서 파는 제품은 거의 다 편의품이다

편의품은 다시 **필수품(static item)**, **충동품(impulse item)**, **긴급품(emergency item)**으로 나누어진다. 필수품은 소비자가 정규적으로 구매하는 제품으로서 오뚜기케첩, 2080치약, 맥심 모카골드 등이다. 충동품은 사전계획이나 정보탐색의 노력 없이 구입하는 제품으로서 편리하게 구입할 수 있도록 여러 장소에서 통상 판

매한다. 예를 들어 잡지, 껌, 목캔디 등은 소비자들이 그 제품을 보기 전까지는 잘 구입하려고 생각하지 않기 때문에 계산대 옆에 진열되어 있다. 긴급품은 긴급할 때 구입되는 제품으로 강우시의 우산, 눈이 올 때의 차량 미끄럼방지 제품 등이 이에 속한다.

2) 선매품(shopping goods)

선매품은 고객이 여러 브랜드들의 적합성, 품질, 가격, 스타일 등을 기준으로 그 특징을 비교하여 선택하고 구매하는 제품으로서 가구, 의류, 중고자동차 및 주요 가전제품이 이에 속한다. 선매품은 **동질적 선매품**과 **이질적 선매품**으로 구분된다. 구매자는 동질적 선매품이 품질면에서는 유사하지만 가격에 차이가 있으므로 비교쇼핑을 하는 것이 당연한 것이라고 인식한다. 이러한 경우 판매업자는 소비자에게 가격을 명확하게 알려야 한다. 그러나 의류나 가구 등과 같은 이질적 제품을 쇼핑하는 경우 소비자에게는 제품의 특성이 가격보다 더 중요하다. 따라서 이질적 선매품의 판매업자는 다양한 구색을 완비하여 개인별 취향을 충족시켜주어야 하며, 잘 훈련된 판매원을 고용하여 고객에 대해 정보제공과 자문 역할을 잘 수행할 수 있도록 해야 한다.

의류나 가구와 같은 선매품은 많은 브랜드가 같이 모여 있는 것이 바람직하다고 볼 수 있다.

3) 전문품(specialty goods)

전문품이란 특정 고객집단이 습관적으로 상당한 구매노력을 기울이며 독특한 특성을 보유하고 있거나 브랜드식별이 가능한 제품이다. 예를 들면, 특별한 유형의 기호품, 자동차, 스테레오 컴포넌트, 촬영기 자재 및 맞춤 정장복 등이 이에 속한다. 예를 들어, 고가의 외제차는 이에 관심을 갖고 있는 구매자들이 이 차를 사기 위해서 먼 거리를 기꺼이 찾아오기 때문에 전문품이 된다. 전문품을 구매할 때 구매자는 브랜드들을 비교하는 데 몰입하지 않고 단지 자기가 원하는 특정 제품을 취급하는 판매상을 찾아가는 데 시간을 투자한다. 따라서 판매업자는 위치상의 편의를 갖출 필요가 없고, 다만 자신의 소재지를 잠재고객에게 고지시켜야 한다.

파리 루이비통 매장
명품과 외제차 등과 같은 전문품은 매장수가 꼭 많을 필요는 없다. 이는 접근의 제한으로 제품가치를 더 높일 수 있는 측면이 있기 때문이다.

표 8-1 | 소비재 분류에 따른 마케팅 응용

특성 및 마케팅의 고려점	제품유형		
	편의품	선매품	전문품
특성			
1. 소비자의 탐색 시간과 노력	• 매우 적다	• 많다	• 소비자는 가까운 곳에서 구입하거나 먼 곳까지 가서 구입할 수 있다
2. 구매계획시간	• 매우 짧다	• 길다	• 대체로 매우 길다
3. 욕구가 만족되기까지의 시간	• 즉각적이다	• 비교적 오래 걸린다	• 비교적 오래 걸린다
4. 가격	• 싸다	• 비싸다	• 비싸다
5. 구매빈도	• 매우 잦다	• 상대적으로 낮다	• 매우 낮다
마케팅 고려점			
1. 유통경로의 길이	• 길다	• 짧다	• 매우 짧다
2. 판매원의 중요성	• 중요하지 않다	• 중요하다	• 매우 중요하다
3. 판매경로의 수	• 많다(개방적 유통)	• 상대적으로 적다(선택적 유통)	• 매우 적다(전속적 유통)
4. 제품회전율	• 높다	• 낮다	• 낮다
5. 총마진	• 낮다	• 상대적으로 높다	• 높다
6. 진열의 중요성	• 진열 시 위치가 중요	• 감성적 진열이 중요	• 상대적으로 덜 중요

4) 비탐색품(unsought goods)

소비자가 알지 못하거나 알고 있더라도 일반적으로 구매를 생각하지 않는 제품이다. 농약 세정기, 연수기 등은 상대적으로 다른 전자제품에 비해 잘 인지하지 못하기에 소비자가 필요성도 잘 못느끼고 강한 구매의사를 가지고 있지 않다. 알고는 있지만 찾지 않는 제품의 전형적인 예로는 암보험, 장례서비스 등이 있다. 이는 주로 친분을 통해 구매를 자극하는 인적 마케팅 방법을 많이 이용하는 제품이지만 최근 대중광고나 TV홈쇼핑 등에서는 이러한 제품의 자발적인 구매를 자극하는 마케팅을 많이 이용하고 있는 추세이다.

과거에는 지인을 통한 구매를 유도했던 보험제품도 최근에는 소비자가 먼저 찾아오게 만드는 풀마케팅(pull marketing) 방법을 많이 활용하고 있다.

2. 산업재 분류

기업은 다양한 재화와 서비스를 구입한다. 산업재는 생산과정의 투입방법과 상대적인 비용성의 관점에서 분류되는데 원자재와 부품, 자본재, 소모품과 서비스의 세 부류로 구분된다.

1) 원자재와 부품(materials and parts)

제조업자의 제품생산에 완전히 투입되는 재화를 말하는데 원자재 및 가공재와 부품 두 가지로 나누어진다. 원자재는 다시 농업제품(밀, 면, 가축, 과일 및 채소)과 천연제품(어류, 목재, 원유, 철광석)으로 분류되며 가공재와 부품은 구성재료(철강, 시멘트, 섬유, 철선)와 구성부품(소형모터, 타이어, 주물) 등으로 분류된다. 구성재료는 보통 추가적인 가공처리가 수반되는데 예를 들면, 선철은 강철로, 섬유는 의복으로 만들어진다. 구성재료의 표준화된 성질에서 볼 때 구매 시에 가격과 공급자 신뢰도가 가장 중요한 구매요인이 된다. 구성부품은 더 이상의 형태변화 없이 완제품 생산에 전적으로 투입되는 것으로서 소형모터는 진공청소기에 내장되고, 타이어는 자동차에 부착되는 경우이다.

2) 자본재(capital items)

완제품을 진척시키고 관리하는 것을 원활하게 하도록 하는 재화로서 장기간 지속적으로 사용되는데, 설비품과 보조장비의 두 가지로 분류된다. 설비품은 건물(공장, 사무실)과 조정 시설물(발전기, 압착기, 컴퓨터 본체, 엘리베이터)로 구성되며 보조장비는 운반가능한 공장용 장비와 도구(수공구, 지게차) 그리고 사무실용 장비(컴퓨터, 책상) 등으로 구성된다.

3) 소모품과 서비스(suppliers & services)

완제품 생산과 관리에 전혀 투입되지 않고 단기적으로 사용되는 재화와 서비스이다. 소모품은 운영 소모품(윤활유, 석탄. 전산 용지, 필기구)과 수선 유지품(페인트, 못, 비)의 두 가지가 있다. 기업 서비스에는 수선·유지 서비스(유리창 청소, 타자기 수리)와 경영자문 서비스(법률자문, 관리자문, 광고)가 있다. 수선·유지 서비스는 주로 계약을 통해서 공급된다. 이러한 서비스 유형은 제4절에서 좀 더 자세히 설명하기로 한다.

제3절 제품믹스 및 제품라인 결정

1. 제품믹스 결정

제품믹스(product mix)란 어떤 특정 제조업자가 판매를 하기 위해 구매자에게 제공하는 모든 제품 및 품목 일체를 말한다. 빙그레는 식품회사로 [그림 8-4]와 같은 제품들을 개발하여 판매하고 있다. **제품믹스의 넓이**는 해당 기업이 얼마나 많은 **제품라인(product line)**을 취급하느냐에 관련된 것이다. 역시 [그림 8-4]에서 볼 수 있듯이 빙그레의 경우 아이스크림, 우유/가공류, 발효유, 커피/음료, 스낵/디저트, 가정간편식, 펫푸드 등 7개의 제품라인으로서 구성되어 있는데 이는 제품믹스의 넓이를 말한다.

제품믹스의 길이란 그 제품믹스에 포함된 총 품목수를 말한다. 빙그레의 제품믹스의 길이는 총 78개라고 할 수 있는데 평균 라인의 길이는 총길이(78개)를 라인수(7개)로 나누어 계산할 수 있는데, 빙그레의 한 라인의 평균길이는 결국 대략 11이 된다.

제품믹스의 깊이란 그 라인 내의 각 제품이 얼마나 다양하게 제공되고 있느냐를 말하는 것이다. 빙그레우유 제품라인 안의 바나나맛 우유는 [그림 8-4]에서 볼 수 있듯이 바나나맛 우유, 바나나맛 우유 Light, 딸기맛 우유 등 총 5개의 다양성이 존재한다.

그림 8-4 | 빙그레의 제품믹스에 관한 의사결정

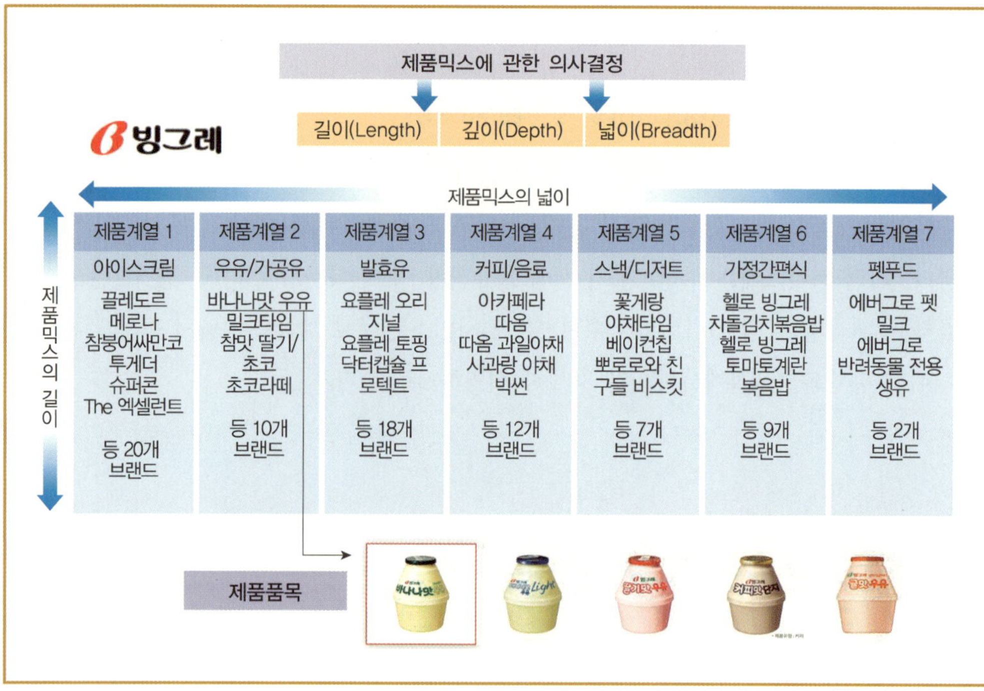

자료: 빙그레 홈페이지(http://www.bing.co.kr) 2019년 2월 현재 제품현황

상기와 같은 제품믹스의 네 가지 차원은 당기업의 제품전략을 정의하는 기준이 되는 것이다. 즉 기업은 다음과 같은 네 가지 방법으로 당사의 사업을 확대할 수 있다는 것이다. 첫째, 새로운 제품라인을 확대할 수 있는데 그렇게 함으로써 제품믹스가 확대된다. 둘째, 당사는 각 제품라인의 길이를 더 길게 할 수가 있다. 셋째, 당사는 각 제품에 다양한 제품 변형품을 추가함으로써 제품믹스를 더 깊게 할 수가 있다. 마지막으로, 해당 기업은 유일한 하나의 분

야에서 강력한 평판을 획득하고자 하거나 또는 여러 분야에 참여하느냐는 목적에 따라 해당 제품믹스의 라인을 조정하기도 한다

2. 제품라인 결정

모든 기업의 제품라인은 총범위 중 어느 부분을 차지한다. 예를 들어, 벤츠 S클래스는 자동차시장에서 최고가의 고품질 자동차의 라인에 위치한다. **제품라인 확대(product line stretching)** 란 기업이 현재의 범위를 넘어 자사의 제품라인을 길게 하는 경우인데 기업은 상향, 하향 및 두 가지 방법 모두에 의해 자사의 제품라인을 확대할 수 있다.

그림 8-5 | 제품확장 전략

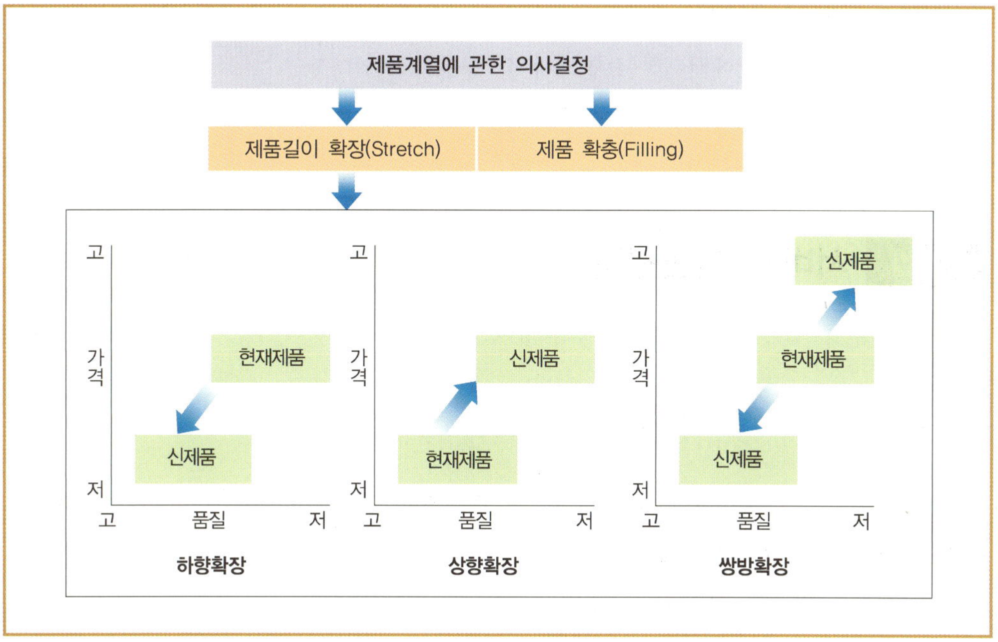

첫째, **하향확장**이란 기존제품에 비해 좀 더 낮은 가격과 품질의 제품을 제품라인에 추가하는 것을 말한다. 예를 들어. Sears사는 '240달러로 시작하는' 거실용 에어컨을 광고하고, GM사는 9,000달러에 새로운 쉐보레자동차를 제품라인에 추가하였다.

제품라인의 하향확장에 있어 한 가지 신중하게 고려해야 할 점은 만약 해당 제품의 브랜드 컨셉이 긍지추구와 가까울 경우 브랜드의 명성이 높아지면서 하부시장을 공략하고 싶은 욕심

이 생길 수 있는데, 그러한 하향연장 제품의 문제로 인해 원래제품에 부정적인 영향을 줄 수 있다는 것이다.

둘째, **상향확장**이란 기존제품에 비해 상대적으로 높은 가격과 품질의 제품을 제품라인에 추가하는 것을 말한다. 국내의 많은 기업들은 과거에 비해 좀 더 높은 품질과 가격의 제품을 제품라인에 추가 시는 상향확장전략을 많이 써왔으며 그 예로 현대자동차는 초기 포니모델에 비해 좀 더 높은 품질과 가격의 그랜저, 소나타, 제네시스 등을 제품라인에 추가해 왔다. 상향확장 결정도 역시 위험할 수 있는데 비교적 상위의 제품라인 쪽 경쟁자들이 잘 구축된 시장우위를 바탕으로 하위의 라인 쪽으로 진출함으로써 반격할 수도 있다. 또한 잠재고객들이 해당 기업의 상향제품에 대해 신뢰를 하지 않을 수 있다는 문제점이 생길 수도 있는데, 예를 들어 국내 자동차기업이 7억 원 정도의 자동차를 만들겠다고 발표를 하면 국내의 소비자들은 그 능력을 의심할 수도 있다.

마지막으로 **쌍방확장전략**은 고품질과 저품질의 양방향으로 확장하는 전략을 말한다. 이상에 대해서는 [그림 8-5]에서 일목요연하게 잘 설명하고 있다.

제4절 서비스 제품관리

1. 서비스의 본질과 분류

미국마케팅학회에서는 **서비스(service)를 "판매목적으로 제공되거나 또는 상품판매와 연계되어 제공되는 모든 활동, 효익 및 만족"**이라고 정의하고 있다. 서비스라는 단어는 서비스 산업 뿐만 아니라, 예를 들면 '**나는 좋은 서비스를 받았다**'와 같은 구어적인 사용까지 포괄하여 지칭하며, 이것은 고객과 조직의 서비스담당자와의 상호작용적 품질을 반영하는 것이다. 일반적으로 많은 산업을 서비스 산업에 포함시킬 수 있는데 전형적인 서비스 분야라고 말할 수 있는 분야(예를 들면, 항공사, 투자관리, 컨설팅, 교육 등)와 핵심적인 거래는 상품의 구매이면서 이와 동시에 많은 서비스 부분이 합쳐진 '혼합된 형태'의 산업(예를 들면 패스트푸드, 자동차, 화장품 등)이 분류의 큰 축이 될 수 있다.

그림 8-6 | 유·무형의 정도에 따른 제품분류

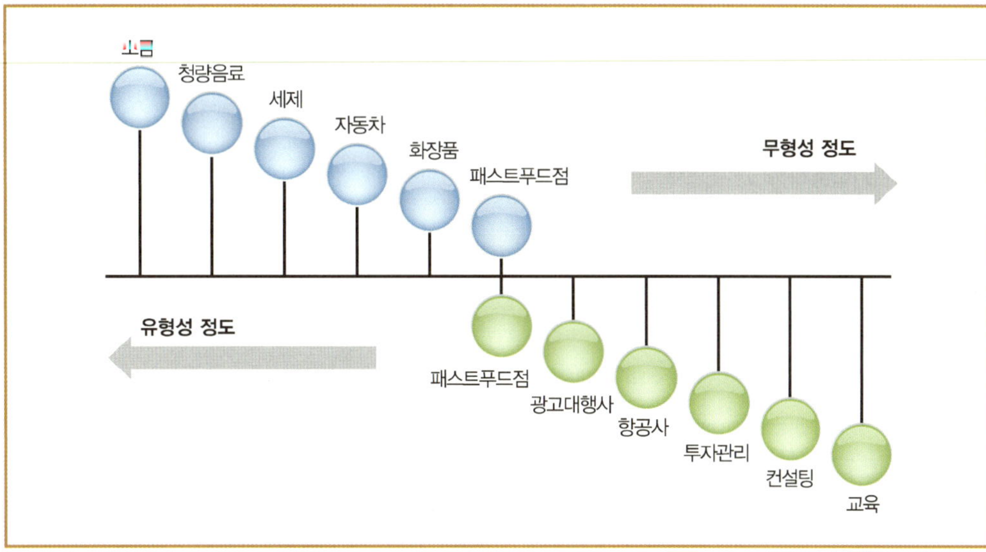

서비스의 분류는 [그림 8-6]에 나타나 있듯이 제품을 유·무형성의 비중에 따라 세부적으로 분류할 수도 있고 [그림 8-7]과 같이 사람이 중심이 되는지 설비가 중심이 되는지에 따라서 구분할 수 있지만 여기서는 서비스와 상품의 조합으로 제품구분을 간략하게 소개하고자 한다.

첫째, 순수 유형재화로 여기에는 비누, 치약, 소금, 청량음료 등과 같이 순수하게 유형재화만을 기업이 제공하는 것으로서 그 제품에는 서비스가 수반되지 않는다.

둘째, 서비스가 수반되는 유형적 상품으로 소비자에 대한 소구를 강화하기 위하여 약간의 서비스가 수반되는 유형제품이 이에 속한다. 예를 들어, 자동차회사는 자동차 그 이상의 것을 판매해야 하는데 제품에 하자가 있을 경우 무상으로 수리해준다든지 여름을 맞아 해당 자동차 고객들이 올 수 있는 피서지를 마련해준다는지 하는 것이 그것이다.

셋째, 서비스와 유형재화가 혼합된 경우로 제공물은 유형적인 상품과 서비스가 같은 비율로 구성된다. 예를 들어, 음식점은 음식과 서비스를 모두 고객에게 제공한다.

넷째, 서비스가 주제품이고 여기에 유형적 상품과 추가적 서비스가 약간씩 수반된 것으로, 예를 들어, 항공기 탑승객은 여객서비스를 구입하는 것인데, 그들이 목적지에 도착했을 때 구매대가로 받게 되는 유형제품은 아무 것도 없다. 그러나 비행 중에 여객서비스로 음식, 음료, 신문 등의 유형제품을 제공받는다. 그 서비스는 그것을 실현하기 위해서 항공기라고 하는 자본집약적 재화가 필요하기는 하지만 그 기본적인 품목은 서비스이다.

마지막으로 순수서비스로 여기에는 그 제품 자체가 서비스로 구성되어 있다. 예를 들어, 교육, 체육관, 어린아이 돌보기, 정신요법과 마사지가 이에 속하는데 이러한 서비스에 수반된 유형의 제품은 거의 없을 수 있다.

그림 8-7 | 사람중심형 vs 설비중심형 서비스

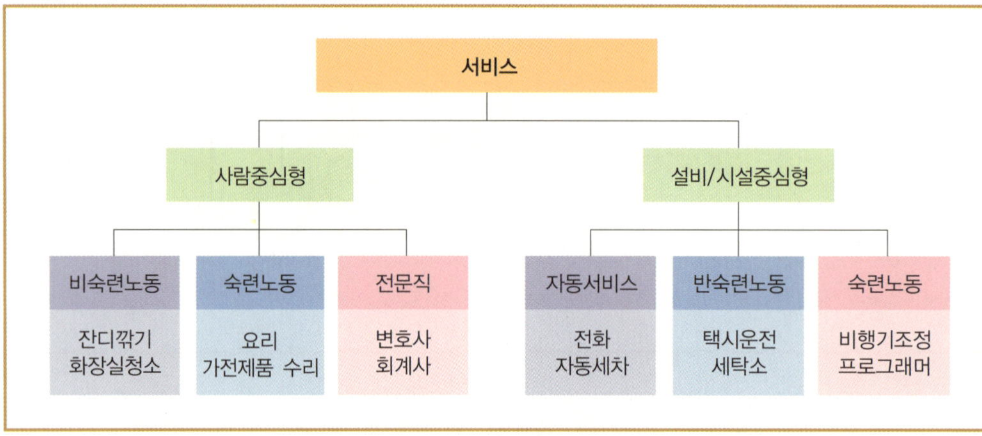

MARKETING FOCUS 8-2

준비된 서비스 제품 – 삼성 에버랜드

에버랜드를 모르는 사람은 없다. 특히 에버랜드의 고객만족 서비스경영은 유명하다. 에버랜드에는 고객만족을 넘어 고객감동의 일화가 많다. 한번은 에버랜드 눈썰매장 간이화장실에서 젊은 주부가 시어머니가 물려준 금반지를 잃어버렸다. 그러자 한 직원이 손에 고무장갑을 끼고 변기통을 다 뒤져서 그 금반지를 찾아주었다. 또 한번은 시골에서 계원들과 놀러 온 할아버지가 일행을 이탈해서 산속으로 올라가고 있었다. 직원이 따라가 보니 그만 옷에 배설물을 흘려서 계원들 몰래 닦으러 간 것이다. 직원이 이 할아버지를 모시고 와 옷을 빨아 말려 주었다. 이 할아버지와 금반지를 잃어버렸던 아주머니가 에버랜드의 열성 홍보맨이 되었음은 자명한 일이다.

에버랜드에는 사후 서비스(after service)가 아니라 **사전 서비스(before service)**를 한다. 1년 전 고객들로부터 나왔던 불만과 제안사항을 데이터베이스화해서 불만재발을 막는 '고객불만 예보제도'가 있다. 또한 날씨 등을 고려한 입장객 예측, 환경안전예보 등 최상의 서비스를 위한 과학적인 관리제도를 도입했다. 그리고 제일 중요한 직원들의 서비스교육을 위해 많은 투자를 하고 있다. 에버랜드에는 서비스사관학교로 불리는 서비스아카데미라는 교육조직을 갖고 있다. 여기에는 자체 직원뿐만 아니라 공무원들까지도 고객서비스에 대해 배우고 있다.

에버랜드는 면적 4,500,000평(국내최대)으로 국내 최초로 테마파크 개념을 도입한 곳이다. 특히 다양한 테마를 주제로 세계 최고의 실내외 워터파크(캐리비안베이), 페스티벌월드, 40여 개의 놀이기구, 사파리월드, 4계절 꽃축제, 국내 최고의 눈썰매장, 에버랜드 스피드웨이(자동차 경주장)를 가지고 있으며 세계 6대 테마파크로 성장하여 3년 연속 세계 최고의 입장객 증가율과 연간 입장객수 약 900만 명을 자랑하고 있다.

에버랜드는 직원들의 자발적인 서비스가 가능하도록 하기 위해 직원들의 근무태도를 서비스팀에서 몰래카메라로 찍는다. 몰래카메라에 불친절로 적발된 직원은 서비스팀과 집중적인 인터뷰를 갖는다. 불친절의 원인을 알아내서 그 문제점을 바로 해결해줌으로써 직원의 만족을 먼저 시킴으로써 자연히 고객에 대한 서비스를 만족스러운 단계까지 가도록 분위기를 만들어준다. 또한 손님으로 가장해 서비스를 직접 테스트를 하고 서비스의 질을 높이는 기회를 마련하는 미스터리쇼핑도 하고 있다.

자료: http://www.tigermarketing.co.kr

2. 서비스경제로의 이동

현대사회가 제품중심의 물질경제가 아니라 서비스 산업사회라는 것은 굳이 앨빈 토플러의 분석을 거치지 않더라도 이미 알고 있는 사실이다. 실제, 여러 가지 형태로 서비스가 경제에서 차지하는 비중은 점차 높아지고 있으며, 생산력이 크게 발전하게 되고 산업구조가 고도화됨에 따라 종래의 산업사회에서는 상상도 하지 못하던 여러 가지 형태의 서비스가 출현하고, 그 질 또한 크게 변화되어 현대 사회가 서비스경제로 급속히 이행되고 있음을 알 수 있다.

서비스경제로의 이행은 현재 여러 가지 형태로 나타나고 있다. 일례로 신종 서비스업의 등장, 기업 전체의 서비스활동 증가, 서비스의 고급화·전문화·다양화, 전통적인 제조기업의 서비스기업화, 제조기업의 부가서비스 증가 등 여러 가지 형태로 나타나고 있다.

1) 신종 서비스업의 등장

우선 컴퓨터와 정보통신의 발달은 Facebook, Instagram, 카카오톡, 유튜브 등과 같은 SNS, 그리고 옥션, 11번가 등과 같은 온라인 경매를 가능하게 하였으며, 바쁜 일상을 살고 있는 직장 여성을 위한 장보기대행서비스, 온라인 주문으로 과일도시락을 배달해주는 서비스, 아이들을 위한 생일파티 대행업체, 풍선장식전문점 등의 이벤트 대행업체 등이 생겨나는 데 일조하였다. 또한 기존 스포츠경기와는 다른 UFC 등의 이종격투기, 과거에는 생각도 못했던 일반 소비자를 대상으로 한 미세먼지 관리서비스 등이 새로운 서비스업의 좋은 보기가 될 수 있다.

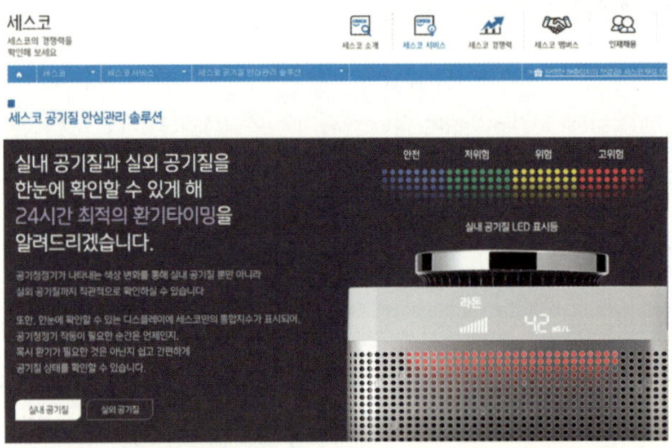

최근 나빠진 공기 때문에 실내 공기질 안심관리 서비스로 사업을 확장한 세스코

MARKETING FOCUS 8-3 급부상하는 1인미디어 제품

참여, 개방, 협업이라는 특징을 가진 웹2.0, 미디어의 콘텐츠 서비스를 자유롭게 제공할 수 있는 쌍방향 인터넷 환경 조성과 PC와 스마트폰의 확산으로 '1인미디어'가 등장하고 발전하였다. 2015년에 스마트폰은 46.4%, TV는 44.1%로 매체의 인식비교에서 스마트폰의 중요도 인식이 크다는 결과가 나왔다 멀티미디어 시대로 접어들면서 커뮤니케이션 양식은 기존의 구두(oral)와 문자(written) 시대의 커뮤니케이션 양식과는 다른 새로운 감각체계에 대한 확장이 나타났다. 기존의 '1

최근 급격히 성장하고 있는 유튜브 1인미디어 시장
사진출처: https://m.post.naver.com/viewer/postView.nhn?volumeNo=7861807&memberNo=30305360

인 미디어'의 청각적·시각적 요소를 더욱 발전시켜 영상의 형태로 시청자들로 하여금 더욱 생동감과 현실감을 느끼게 했으며 접근성을 높임으로써 인기가 높아졌다. 그 중에서도 '실시간 스트리밍'이 최근 들어 화두가 되고 있다. 그에 대한 예로 Twitch, 페이스북라이브, 인스타라이브, 유튜브라이브 그리고 아프리카TV가 있다. 실시간 스트리밍은 개인의 일상뿐 아니라 영화홍보, 실시간 현장 사건 전달(촛불집회) 등 다양한 형태로 사용된다. 시청자는 장소는 다르지만 같은 시간 속에서 소통하면서 영상에 대해 현장감을 느끼며 소통을 더 원활하게 할 수 있다는 점에 초점을 맞추어 인기가 높아지고 있다.

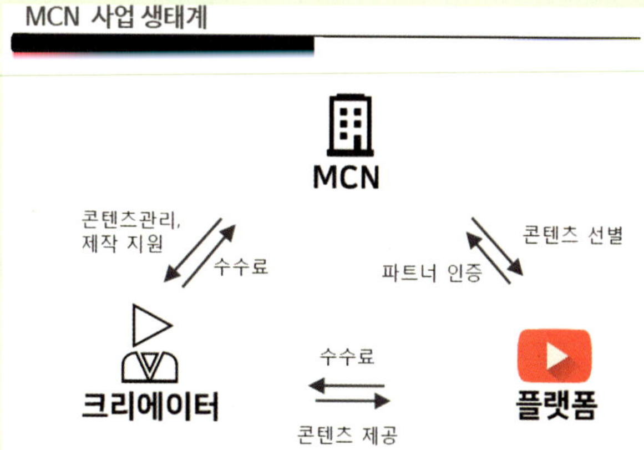

사진출처: https://m.post.naver.com/viewer/postView.nhn?volumeNo=7861807&memberNo=30305360

1인미디어는 댓글이나 채팅 등을 통해 시공간의 제약을 받지 않고 정보전달자-수용자의 관계를 허물고 그대로 가감 없이 보여주는 '리얼' 형식으로 시청자들의 공감을 이끌면서 인기를 얻고 있다. 또한 '1인미디어 광고'가 더 수익을 내는 이유는 기업에 소속되지 않은 개인이라는 이미지를 가지고 광고에 나온 모델들보다 훨씬 솔직 담백한 제품리뷰가 가능할 것으며 판매자 입장에서 제품을 설명하면서 신뢰감을 형성하기 때문이다.

과거 MBC에서 방송되었던 마이리틀텔레비전이라는 프로그램은 1인방송 형식과 기존의 예능 형식을 적절하게 조합하여 재미를 더하였다. 연예인들의 솔직한 모습을 그대로 보여주고 댓글을 통해 시청자와 실시간으로 소통하는 모습을 방송에 내보내면서 멀게만 느껴졌던 방송인과 대화를 주고받는다. 그리고 채팅창의 대화를 일종의 자막처럼 활용하여 채팅에 참여하지 않고 방송만 보고있어도 내가 참여하고 있는 느낌이 들어 방송에 친숙한 느낌을 준다. 방송을 보면서 혼자 했던 엉뚱한 생각을 말하기도 하고 옥에 티를 지적하기도 하는 등 참여자들의 반응도 가지각색이다.

다양한 플랫폼과 플랫폼 내의 다양한 콘텐츠는 소비자의 선택의 폭을 넓힌다. 자본과 기술이 없어도 컴퓨터와 웹캠만으로 어디서든 촬영할 수 있기 때문에 자본이나 기술의 손실이 크지 않다. 따라서 여러 가지 콘텐츠들, 예를 들어 '먹방(먹는 방송)', '겜방(게임하는 방송)', '톡방(토크하는 방송)' 등 많고 다양한 채널이 현재에도 생겨나고 있다.

1인미디어 시대는 누구나 스타가 되고 미디어가 될 수 있는 가능성을 열어주었다. '대도서관', '짬뜰', '도띠', '허팝', '윰댕', '밴쯔', '이사배', '캐리' 이들 모두 유튜브에서 인기 있는 크리에이터(Creator)들로 이들은 친근한 진행과 실시간 소통으로 대중 속 깊이 파고들었다. 크리에이터란 일반적으로 동영상을 생산하고 업로드하는 창작자를 뜻하는 것으로 1인미디어 시대의 전성시대를 이끌었다. 이들은 유튜브나 페이스북, 아프리카TV 같은 플랫폼에 채널을 만들고 직접 촬영한 영상을 올려 공유한다.

1세대 1인 방송인으로 폭넓은 팬층을 확보하고 있는 유튜브의 유재석 '대도서관', 270만 명이 넘는 구독자를 보유한 대표 먹방 크리에이터 '밴쯔', 유아나 초등학생 아이를 둔 부모라면 누구나 아는 '캐리'

등 이들은 연예인 못지않은 인기를 얻고 있다. 한때 초등학생들의 장래희망 1순위가 아이돌 같은 연예인이었지만 요즘은 크리에이터가 1순위로 바뀔 만큼 이들의 인기는 대단하다.

크리에이터의 인기는 곧 수익과 직결된다. 영상에 붙는 광고로 적지 않은 수익을 거둔다. 조회수에 따른 광고수익이 기본이지만 유명세가 높아지면 간접광고, 협찬 등 다양한 수익창출의 기회도 생겨난다. 한국방송광고진흥공사는 국내에서 활동 중인 크리에이터가 1만 명 정도며 이 중 100명쯤은 연 1억 원 이상 버는 것으로 추산했다. 2017년 한국방송통신전파진흥원의 자료에 따르면 게임 전문 크리에이터인 '도티'와 '대도서관'은 각각 15억 9,000만 원, 9억 3,000만 원의 광고수익을 올렸고 과학실험 영상을 선보이는 크리에이터 '허팝'은 12억 3,000만 원의 수익을 거뒀다.

이렇게 많은 사람들이 구독하면서 이들이 만든 동영상 콘텐츠에 대한 가치가 상승했고 이는 곧 수익발생으로 이어지면서 이제 크리에이터는 어엿한 하나의 직업으로 자리잡았다. 실제로 올 1월 개정된 통계청의 한국표준직업분류에 '미디어 콘텐츠 창작자'라는 항목이 생겼다. 크리에이터(영상창작자)를 정식 직업으로 인정한 것이다.

자료: 위키백과, https://ko.wikipedia.org/1인미디어/1인미디어 산업의 현황 및 전망, [디지에코], https://m.post.naver.com/viewer/post/1인미디어 전성시대, 크리에이터가 뜬다. 시사매거진, http://www.sisamagazine.co.kr

2) 기업 전체의 서비스활동 증가

현재의 서비스기업들은 점차 치열한 경쟁으로 인해 고객에게 제공하는 기술적인 수단만으로는 경쟁우위를 가질 수 없다는 사실을 인식하고 있다. 따라서 서비스기업에서는 기존 서비스 이외에 보조서비스를 추가하거나 보조서비스를 확장시킴으로써 전체 서비스의 차별화를 얻으려 하고 있다. 일례로 호텔의 경우 호텔의 숙박은 대체로 동질적이기 때문에 차별화하기가 어려우며, 고객도 획일화된 서비스보다는 호텔에서 제공하는 보조서비스에 더욱 관심을 갖게 된다. 결국 고객은 호텔의 음식점, 수영장, 놀이공간, 나이트클럽 등의 보조서비스에서 서비스의 차이를 좀 더 확실하게 느끼고 이에 따라 서비스제공자를 선택하는 것이다. 따라서 점차 보조서비스가 본원적 서비스보다 오히려 더 중요해져 가는 추세가 심화되고 있다.

3) 서비스의 고급화 · 전문화 · 다양화

이제 서비스의 고급화 · 전문화 · 다양화가 이루어지고 있다. 포장이사는 기존 이삿짐센터의 기능을 고급화시킨 것이며, 사진관이 스튜디오로 고급화되었고, 복덕방은 기존의 구멍가게 식에서 탈피하여 체계적인 부동산관련 서비스를 제공하는 공인중개사로의 변화함으로써 역시 기존 서비스업의 고급화를 꾀하고 있다. 또한 비만클리닉이나 여드름클리닉과 같은 서비스업종은 예전에 병원에서 행해지던 의료서비스가 분리되어 나와 체형이나 피부 등 미용에 대해 관심을 갖는 사람들을 대상으로 서비스를 전문화시킨 예라 할 수 있다.

이 외에도 애완동물에 대한 선호도가 증가하면서 가축병원에서 발전한 애견전문미용실이라든지, 과거 파출부 아주머니 수준에서 발전하여 서비스 교육을 받은 사원들이 유니폼을 입고 방문하여 깔끔하게 업무를 대행하고 건당 요금을 계산하는 가사업무대행서비스 등이 있다.

서비스 전문화 사례
한의원의 전문화인 코전문 한방 이비인후과

All aboard for tears and beers

By Bridie Smith
Consumer affaris reporter
April 21, 2005

Tobin Brothers managing director Martin Tobin aboard the firm's new family funeral bus, which, stocked with microwave, DVD and mini-bar, can ferry relatives and a coffin to the cemetery.

미니바, DVD룸 등을 갖추고 있는 초호화 영구차를 보도하는 호주 일간지 에이지
이 영구차는 작은 부분까지 최고급 인테리어 부품을 써서 꾸며놓았다고 한다. 관계자들은 보통 영구차를 이 영구차처럼 바꾸려면 대략 4개월의 시간과 20만 호주달러(약 1억 5,500만 원)가량의 비용이 든다고 말한다. 이러한 고급 장례물품을 이용한 장례서비스의 고급화가 우리나라에서도 유망한 서비스가 될 수 있을까요?

4) 전통적인 제조기업의 서비스기업화

후지 제록스사의 정보편의점 '독스트'는 재택사업자들이나 소기업을 대상으로 정보사무기기를 빌려주고 수리해주고 있다. GM사의 경우에도 자금대여 등 서비스 사업을 추가했고 제조부문보다는 서비스활동으로부터 더 많은 수익을 내고 있다. 과거 CJ그룹이 외식, 영상, 정보서비스 사업에 진출한 것이나 오리온이 영화투자, 외식, 케이블 채널 등으로 그 사업을 조정한 것이 좋은 보기가 될 수 있다.

3. 서비스의 특징

서비스에 대한 초기연구의 대부분은 상품과 서비스의 특별한 차이점과 그에 상응하는 마케팅적 시사점에 대한 것이었다. 이러한 차이점의 대부분은 무형성, 비분리성, 이질성, 그리고 소멸가능성의 네 가지 이유에서 주로 기인한 것인데 지금부터는 이러한 차별적 특성 및 마케팅 시사점에 대해 서술하기로 한다.

1) 무형성

상품과 서비스를 구별하는 네 가지 독특한 특성 중에서 **무형성(intangibility)**은 다른 세 가지 특성을 이야기하는 데 원류가 된다. 제1장에서 이야기되었듯이 서비스는 일의 수행이고 행위이며 노력이다. 결과로서 서비스는 유형적인 상품과 같이 볼 수 있고, 느끼며, 맛볼 수 있으며, 만져볼 수 있는 것이 아니다. 예를 들어, 영화 티켓을 구매하는 것과 신발을 구매하는 것의 차이점을 비교해보자. 신발은 유형적인 제품이기에 실제 구매에 앞서 객관적으로 평가해볼 수 있다. 당신은 신발을 들어볼 수도 있고 제조된 원재료의 질을 평가할 수 있으며 스타일이나 색깔들을 볼 수 있으므로 인해 실제 신어볼 수도 있는 것이다. 구매 후에 당신은 신발을 집으로 가져올 수 있고 유형적인 객체에 대한 물리적 소유권을 가질 수 있다.

반대로 영화 티켓의 구매는 경험해볼 권리를 가지는 것이다. 영화에 대한 경험은 무형적이기에 주관적으로 평가된다. 예를 들어, 서비스의 소비자는 구매 전 경험을 위해 이전에 해당 서비스를 경험해본 다른 사람들의 평가에 의존해야만 한다. 다른 사람에 의해 제공되는 정보는 그들 자신의 기대와 지각에 의존하기 때문에 서비스의 가치에 대한 의견이 다를 것이다.

결과적으로 서비스의 무형성으로 인하여 많은 유형적인 상품을 마케팅할 때와는 다른 많은 마케팅 도전에 직면하게 될 것이다. 좀 더 세부적으로 이러한 도전은 서비스 재고의 부족, 특허보호의 미비, 표적시장에 대한 서비스 속성들의 진열과 커뮤니케이션상에 개입된 어려움, 그리고 서비스의 가격책정에 수반된 어려움 등을 포함할 것이다. 결국 이에 대한 해결책으로 유형의 단서 제공, 정보의 인적 원천들을 이용 및 강한 기업이미지의 창출이 중요하게 된다.

2) 비분리성

서비스 경험의 가장 흥미로운 특성 중의 하나는 **비분리성(inseparability)**이다. 비분리성이란 ① 제공되는 서비스에 대한 서비스제공자의 물리적인 연결, ② 서비스 생산과정에 있어 고객의 개입, ③ 서비스 생산과정에서 다른 고객의 개입 등을 의미한다. 생산과정에서 소비자를 볼 수 없는 상품 제조업자와는 달리 서비스제공자는 종종 그들의 고객과 지속적인 접촉을 하고 고객의 마음에 들기 위하여 그들의 서비스 생산과정을 조정해야 할 필요성을 느끼게 된다. 고객과 서비스제공자 간의 이러한 상호작용을 **중요한 사건(critical incident)**이라고 부르며 이는 고객만족과 보유에 있어 가장 큰 기회를 제공할 수도 있다.

이렇게 서비스의 비분리성적인 특성으로 인하여 야기되는 마케팅 문제는 기본적으로 서비스에 대한 서비스제공자의 물리적인 연결을 필요로 한다는 것이다. 가령 치과서비스는 치의사나 치위생사가 나타나야 하고, 카펫 청소와 같은 경우 과업을 완수하기 위해 서비스제공자를 필요로 하면서 그들의 언어, 옷, 개인적인 위생, 그리고 상호 커뮤니케이션 기술, 용모 등이 상당히 중요해진다고 볼 수 있다. 또한 서비스의 경우 소비자가 공급에 참여해야 하는 경우가 많고 다른 소비자도 서비스 생산과정에 참여하므로 유형적인 제품의 경우와는 달리 집중화된 대량생산체제를 구축하기가 어렵다는 문제가 있다. 또 제품의 경우에는 구입 전 소비자가 시험해볼 수 있지만 서비스의 경우에는 구입 전 시험할 수 없다. 또 제품의 경우처럼 사전에 품질통제하기가 어렵다. 이러한 비분리성에 따른 여러 가지 문제점들을 해결하기 위해서는 고객관리의 중요성이 최우선이라는 인식하에 고객과 접촉하는 해당 서비스 요원을 신중히 선발하고 철저히 교육시키는 동시에 고객이 원활히 서비스받을 수 있도록 서비스 시설의 다양한 입지를 제공해야 한다.

3) 이질성

상품과 서비스 간에 가장 자주 강조되는 차이점 중의 하나는 소비자에게 도달하기 전에 서비스 품질을 통제할 수 없게 되는데 이렇듯 **이질성(heterogeneous)**에 의해 제시된 주요 장애물들은 서비스표준화와 품질통제를 달성하기 여렵다는 것이다. 예를 들어 금융기관과 같은 기업은 최일선 서비스제공자를 많이 고용하는데 개인으로서 각 종업원들은 다른 개성을 가지고 있고 고객들과 다르게 상호작용할 수 있다.

이질성에 의해 야기된 마케팅 문제는 특별히 통제하기 어려울 수도 있는데. 세계에서 최고의 제품을 생산할 수 있는 기업이 있다고 해도 만약 이 기업의 종업원이 '안 좋은 날'이라면 한 고객의 지각은 반대가 될 수도 있다. 결과적으로 이 고객은 다시는 이 서비스제공자를 찾지 않을 수도 있는 것이다.

이질성에 의해 야기된 문제들에 대한 한 가지 가능한 해결책은 각 서비스에 있어 본질적인 변동성을 이해하고 서비스를 **고객화**(customization)하는 것이다. 대량생산된 상품은 고객의 개별적인 필요를 충족시키지 못한다. 그런데 고객과 서비스제공자가 서비스 전달과정에 개입되어 있으므로 고객의 특별한 지시대로 서비스를 고객화하는 것은 쉬운 일이다. 서비스를 표준화하는 것은 이질성에 의해 발생된 문제에 대한 두 번째 가능한 해결책이다. 서비스기업은 서비스제공자에 대한 집중훈련을 통하여 그들의 서비스에 대한 표준화를 시도할 수 있으며 이것은 서비스 수행에 있어 극단적인 변동성을 줄일 수 있는 것은 사실이다. 자동현금인출기(ATM)와 자동화된 자동차 세차기는 서비스를 물리적 제품을 통해 표준화하는 좋은 보기이다.

4) 소멸가능성

상품과 서비스를 구별하는 마지막으로 독특한 특성은 **소멸가능성**(perishability)이다. 소멸가능성은 서비스가 재고화될 수 없다는 점에서 상품과 구별되는 특징이다. 저장되고 후에 팔릴 수 있는 상품과는 달리 서비스는 저장했다가 팔 수 있는 것이 아니다. 밤 동안 비어 있던 호텔방은 저장될 수 없고 나중에 사용될 수 없으며 비행기 좌석은 저장되어 휴가시즌 동안 첨가되어 팔릴 수 없다.

서비스 수요와 공급의 균형은 우연한 경우에만 가능하기에 서비스기업은 균형을 달성하기 위한 수요와 공급조절을 시도하게 된다. 예를 들어 비성수기에 가격을 낮추어 성수기 고객의 비성수기 방문을 유도할 수 있으며 예약시스템을 통해 어느 정도 서비스 제품의 수요조절을 꾀할 수 있다.

4. 서비스 품질관리

서비스기업을 차별화하는 주요 방법 중의 하나는 경쟁사보다 우수한 서비스 품질을 일관되게 제공하는 것이다. 중요한 열쇠는 표적고객들이 기대하는 서비스 질을 충족시키거나 보다 나은 것이어야 한다. 고객들의 기대는 과거경험, 구전, 그리고 서비스기업의 광고에 의해서 형성되는데, 고객들은 이러한 기준에 바탕을 두어 서비스제공자를 선정하며, 서비스를 제공받은 후에는 이미 기대했던 서비스와 지각한 서비스를 비교·평가한다. 만일 지각된 서비스가 기대했던 서비스에 미치지 못하면 고객들은 서비스제공자에 대해 관심을 갖지 않게 된다.

1) 품질인식의 차이

서비스 분야의 유명한 연구자들인 파라슈라만 등(Parasuraman, Zeithaml, and Berry)은 서비스 품질 모형을 제시하였는데, 높은 서비스 질을 제공하는 서비스제공자에게 필요한 요구조건을 밝히고 있다. [그림 8-8]에 제시된 그 모형은 바람직하지 않은 서비스를 제공케 하는 다섯 가지 격차를 확인한 것인데 다음과 같다.

첫째, 소비자의 기대와 경영자의 지각 간의 차이로 경영자는 항시 고객들이 원하는 것을 정확하게 지각하지 않는다. 예컨대, 병원관리자들은 환자들이 좋은 음식을 원한다고 생각하지만 실상 환자들은 간호원의 반응에 많은 관심을 가지고 있을 수도 있다.

둘째, 경영자의 지각과 서비스 질의 특성 간의 차이로 경영자들은 고객의 욕구를 정확하게 인식하고 있다고 하지만 분명한 성과표준을 설정하지 않고 있다. 예컨대, 병원관리자들은 간호원들에게 신속한 서비스를 제공하라고 지시하지만 계량적으로 그 기준을 명백히 규정하지 않고 있다.

셋째. 서비스 질의 특성과 서비스제공 간의 차이로 서비스요원들이 훈련을 제대로 받지 않았거나 업무가 너무 과다할 수도 있으며, 또한 서비스표준을 이행할 의사가 없을 수도 있다. 또는 그들은 고객의 말을 경청하고 또한 신속하게 고객들을 서브하는 데 시간을 써야 하는 것과 같은 모순되는 표준에 얽매일 수도 있다.

넷째, 서비스제공과 외적 의사소통 간의 차이로 소비자의 기대는 기업의 판매원과 광고를 통해 정한 약속에 의해 영향을 받는다. 만약 어떤 병원의 브로슈어에 호화스러운 병실이 소개되었는데 실상 환자가 도착하여 보았을 때는 그 병실이 싸구려 같고 볼품 없어 보일 수도 있는데, 이러한 잘못된 외적 커뮤니케이션은 고객의 기대를 왜곡시키게 된다.

다섯째, 지각된 서비스와 기대했던 서비스 간의 격차로 이러한 격차는 소비자들이 서비스의 질을 잘못 인식하는 경우에 생겨난다. 의사는 환자를 돌본다는 것을 보여주기 위해 환자를 계속 방문할 수도 있지만 그 환자는 이런 행동을 어떤 것이 실제로 잘못된 것이라는 표식으로 해석할 수도 있다.

그림 8-8 | 서비스 품질인식의 차이

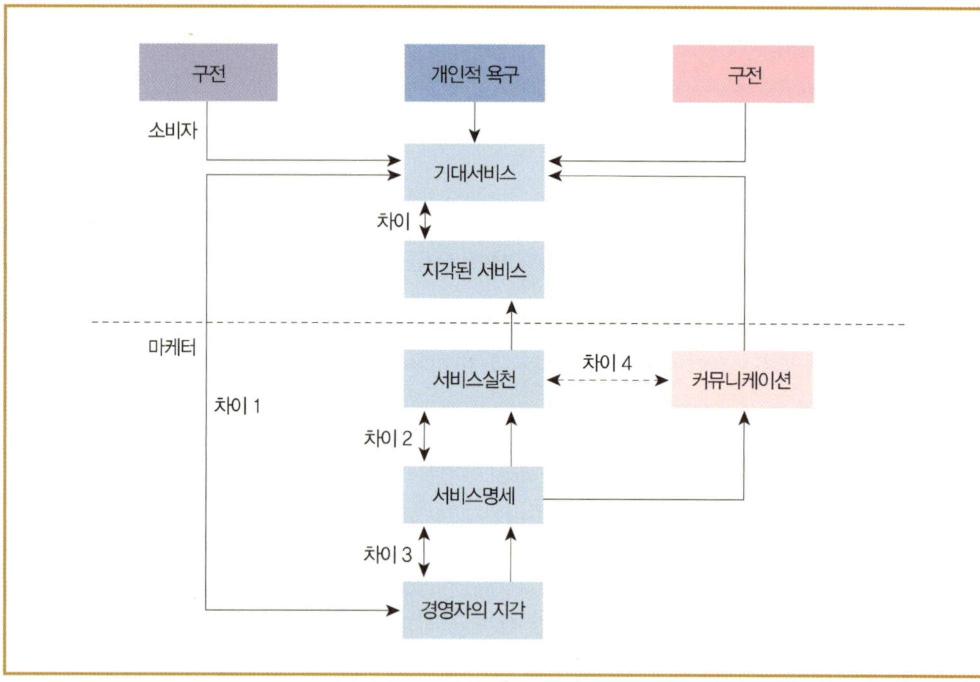

2) 서비스 품질측정

서비스 품질의 다양한 측면에 대한 측정을 위해 자이스몰(Zeithaml) 등은 SERVQUAL이라는 측정도구를 개발하였다. 이하에서는 서비스 품질측정에서 가장 널리 쓰이고 있는 SERVQUAL 모형에 대해 살펴보기로 한다. SERVQUAL의 평가기준은 서비스 품질의 측정은 제품 품질과는 달리 불량률이나 내구성과 같은 객관적인 척도로 측정하기 어렵기 때문에 고객의 인식을 측정하여 서비스 품질을 측정하고 있다는 점이다. 이전의 서비스 품질에 관한 대부분의 연구는 '사용자중심적'이었는데 파라슈라만 등(Parasuraman, Zeithaml and Berry)은 포커스그룹 인터뷰를 통해 [표 8-1]과 같이 고객이 서비스 품질을 평가하는 10가지 기준을 제시하였다. 10가지 요소 중에서 능력과 신용도를 제외하고는 모두 서비스 품질의 과정 차원과 관련되어 있는 만큼 품질의 과정적 측면, 즉 기능적 품질 측면이 중요하다는 사실을 확인할 수 있다.

표 8-3 | 고객이 서비스 품질을 평가하는 10가지 차원

차원	정의
유형성 (tangibles)	서비스의 평가를 위한 외형적인 단서 예) 물적 시설, 장비, 종업원 외모, 서비스 시설 내의 다른 고객, 의사소통도구의 외형
신뢰성 (reliability)	약속된 서비스를 정확하게 수행하는 능력 예) 서비스 수행의 철저함, 청구서 정확도, 정확한 기록, 약속시간 엄수
응답성 (responsiveness)	고객을 돕고 즉각적인 서비스를 제공하려는 의지 예) 서비스의 적시성, 고객의 문의나 요구에 즉시 응답, 신속한 서비스 제공
능력 (competence)	서비스를 수행하는 데 필요한 기술과 지식의 소유 예) 조직의 연구개발력, 담당직원과 지원인력의 지식과 기술
예절 (courtesy)	고객과 접촉하는 종업원의 친절과 배려, 공손함 예) 고객의 재산과 시간에 대한 배려, 담당 종업원의 정중한 태도
신용도 (credibility)	서비스제공자의 진실성, 정직성 예) 기업 평판, 기업명, 종업원의 정직성, 강매의 정도
안전성 (security)	위험, 의심으로부터의 자유 예) 물리적 안전, 금전적 안전, 비밀보장
접근가능성 (access)	접근가능성과 접촉용이성 예) 전화예약, 대기시간, 서비스 제공시간 및 장소의 편리성
커뮤니케이션 (communication)	고객의 말에 귀 기울이고, 고객에게 쉬운 말로 알림 예) 서비스에 대한 설명, 서비스비용의 설명, 문제해결 보증
고객의 이해 (understanding the customer)	고객과 그들의 욕구를 알려는 노력 예) 고객의 구체적 요구사항 학습, 개별적 관심 제공, 사용/우량고객 인정

자료: Parasuraman, A., V. A. Zeithaml and L. L. Berry(1988), "SERVQUAL: A Multiple-Item Scale for Measuring Consumer Perceptions of Service Quality," *Journal of Retailing*, Vol.64, Spring, pp.12–40.

그런데 이상의 10개 차원이 모두 독립적인 것은 아니다. 예를 들어 신용도(credibility)나 안전성(security)은 다소 중복되는 차원이라고 할 수 있다. 따라서 이렇게 중복되는 측정수단을 정량적·실증적인 방법을 통해 다시 추린 결과 위의 10개 차원을 **유형성(tangibles), 신뢰성(reliability), 응답성(responsiveness), 확신성(assurance), 공감성(empathy)**이라는 5개 차원으로 수정하게 되었다.

- 유형성: 물적 요소의 외형
- 신뢰성: 믿을 수 있고 정확한 임무수행
- 응답성: 즉각적이고 도움이 됨
- 확신성: 능력, 공손함, 믿음직함, 안전성
- 공감성: 접근용이성, 원활한 의사소통, 고객에 대한 충분한 이해

기존의 10개의 평가기준들 가운데 능력, 예절, 신용도, 안전성이 확신성으로 통합되고, 나머지 접근가능성, 커뮤니케이션, 고객의 이해가 공감성으로 통합되었다.

MARKETING FOCUS 8-4 제품 및 서비스 차별화의 도구로서 유머와 재미: FUN Management & Marketing

요즘 대한민국의 유머 바람이 심상치 않다. 개그맨, 코미디언 등 방송계가 중심이 되었던 유머의 바람이 온라인과 오프라인을 거쳐 이제는 하나의 거대한 사회적 트렌드로 자리잡아 가고 있으며, 대인관계의 형성뿐만 아니라 기업들 역시 이러한 사회적 트렌드 옆에서 경쟁력 강화의 수단으로 유머의 활용에 적극성을 띠고 있는 추세이다.

표 8-4 | 국내 주요 기업의 유머경영 프로그램

기업		프로그램
애버랜드	목표	• 종업원의 퍼네자이저(Fun+Energizer) 교육을 바탕으로 '수다스럽고 재미있는 고객서비스를 창출하는 가치추구
	사례	• 웃기기대회, 동호회활동(춤, 마술, 요리 등)의 강화, 칭찬일색의 인사시간
오리온	목표	• 전사적 펀문화를 통한 진정한 엔터테인먼트의 가치창조
	사례	• 펀 스테인션(Fun Station), 임원들의 유행 문화코드 체험
세스코	목표	• 국내 최초 소비자를 향한 유머경영의 선구자의 이미지를 바탕으로 이벤트, PR 등 촉진활동을 통한 유머경영의 실천
	사례	• 세스코 유머, 쥐 위령제 등
KTF	목표	• 최고경영자에서 직원에 이르는 전사적 '굿타임' 경영을 골자로 하는 직원만족을 통한 해당 고객만족의 극대화를 목표로 함
	사례	• 어린아이와 같은 열정(Kids), 상사와 동료 간의 신뢰(Trust), 하루하루 즐겁게(Fun) 일하는 것을 모토로 하는 기업혁신프로그램 가동
피자헛	목표	• 칭찬문화를 특징으로 하는 새로운 기업문화의 창출을 통한 자신감 경영을 추구
	사례	• 칭찬카드, 칭찬의 날, 칭찬릴레이 등의 다채로운 프로그램이 연중 진행형

물론 요즘 대한민국의 외피를 아무리 뚫어지게 노려봐도 웃을 일은 없다. 정부와 각 민간경제연구소에서 발표하는 경제성장률 예상치는 계속 낮아지고 빈부격차는 커져만 간다. 그런데 아이러니하게도 바로 이것이 지금 한국이 웃음에 매달리는 이유다.

이처럼 웃음이 비즈니스의 성공포인트로 지목되다 보니 경영과 마케팅에서도 웃음이 비껴가지 않는다. **편경영(Management by Fun)**, **펀마케팅(Marketing by Fun)**이 점차 확산되는 추세라는 소식이 끊임없이 들려온다. 삼성, LG 등 국내 굴지의 기업들은 '재미있는 일터 만들기'에 온힘을 쏟고 있으며, 외국의 경우 미국 사우스웨스트항공 경영진이 입사 면접시험에 '유머감각'을 필수조건으로 내걸었을 정도이다.

특히 이러한 '펀(Fun)'의 기업경영 활용은 광고와 정보의 홍수 속에 그 어느 때보다도 전략적 마케팅이 중요한 이때 중요한 요소로 작용한다. 소비자의 시선을 잡아끌기 위해서는 인상적인 콘텐츠를 담아 제품을 알려야 한다(Attention Grabbing Power). 유머가 바로 이런 작용을 한다. 특히 최근 TV드라마, 영화 등 영상콘텐츠를 중심으로 유머코드는 하나의 산업적 진원지 역할을 톡톡히 하고 있으며, 경우에 따라서는 TV드라마나 영화, 즉 제품 자체가 마케팅이 되기도 한다.

'Fun마케팅'은 광고, 기업의 판촉활동 등 다양한 형태로 반영되면서 트렌드를 형성했으며 적은 비용으로 소비자에게 재미를 선사해 관심과 흥미를 유발할 수 있는 매력을 지녔다. 즐거움과 재미에 이어 가치만족을 높여줌으로써 감성세대를 충성고객으로 만들 수 있어 다양한 형태의 마케팅전략으로 애용되고 있다.

단순히 소비자를 웃게 만들어 소비자의 관심을 얻어내는 광고에서부터 브랜드 홍보를 위한 이벤트, 공연 등 문화혜택을 통해 광고 자체가 애드테인먼트(Ad+Entertainment)가 되는 방법 등 Fun마케팅은 그 범위가 굉장히 다양하다. 이런 Fun마케팅은 기업의 이미지 제고뿐만이 아니라 삶에 지친 소비자에게 재미와 감동으로 피로를 풀어주는 청량제 같은 역할을 하며 집중도를 높여 매출증진에도 기여할 수 있어 속속 업체들의 '낙점'을 얻어내고 있다.

최근의 신조어인 '탕진잼'은 돈을 탕진할 만큼 소비를 하면서 재미를 느낀다는 개념이다. 물론 무분별한 소비를 통해 진짜로 전 재산을 탕진한다는 의미는 아니고, 가격이 저렴한 제품들을 구매하면서 '돈 쓰는 재미'를 경험한다는 뜻을 내포하고 있다. 이에 따라 화장품과 다양한 생활용품을 파는 H & B 스토어를 비롯해 중저가 라이프스타일숍이 성장세를 이어가고 있는 중이다. 1,000원, 2,000원 등 균일가로 생활용품을 파는 다이소가 대표적이다.

몇 년 전까지만 해도 다이소는 그저 값싼 물건을 파는 매장 정도로 인식됐지만, 최근에는 경험 소비에 재미를 더한 트렌드를 주도하고 있다. 근자에 와서 가격 대비 높은 성능을 가진 가성비를 넘어 가잼비를 주는 제품들을 선보이고 있는 덕분이다. 다이소는 특히 20~30대들에게 탕진잼을 주는 장소라는 컨셉으로 어필하고 있는데, 이를 통해 '탕진잼의 성지'로까지 불리고 있다. 한마디로 다이소에 가면 일상생활에서 꼭 필요해 보이지는 않지만, 신기하기도 하고 재미있기도 하며, 확실한 만족감을 주는 제품들을 마음껏 구매해도 고작 1~2만 원만 지불하면 되는 장소라는 인식을 심어주고 있는 것이다.

다이소가 추구하는 탕진잼과 유사한 개념으로 '시발비용'이란 것이 있다. 시발비용은 스트레스를 받았을 때 홧김에 쓴 비용을 의미한다. SNS상에는 시발비용에 적절한 베스트 아이템 추천 같은 글들이 많다. 탕진잼처럼 적은 비용으로 확실한 재미를 주는 제품들이 주로 소개된다.

원하는 형태로 키보드를 DIY할 수 있는 조약돌 원형 타입의 키보드 자판들부터 본인의 개인정보가 담긴 택배 상자를 버릴 때 수정 테이프처럼 쓱 문지르면 상자 위 중요 정보를 지워주는 비밀보장 스탬프까지 재미나고 저렴한 제품들이 주로 소개된다. 다이소나 G마켓 같은 유통업체들은 이러한 탕진잼과 시발비용 관련 제품들이 SNS상에서 높은 입소문효과를 만들어낸다는 점에 주목해 지속적으로 관련 아이템들을 개발해 소개해 나가고 있다.

'어른들을 위한 장난감 가게'라는 컨셉으로 운영되는 쇼핑몰 펀샵(Funshop)도 재미와 경험이 결합된 마케팅전략을 선보인다. 여기에서 판매되는 잡다한 물건들은 타인의 눈에는 쓸모없어 보이지만 본인에게는 아주 중요한 재미와 행복을 선사한다. 2002년 오픈 당시부터 기발한 아이디어 전자제품을 지속적으로 내놓으며 덕후들의 성지로 소문이 나 승승장구하고 있다.

기발한 아이디어 전자 제품을 지속적으로 내놓으며 덕후들의 성지로 소문이 나 승승장구하고 있는 Funshop 홈페이지

온라인의 경우 유머를 활용한 마케팅은 더욱더 효과적으로 쓰인다. 웹사이트라는 한정된 공간에서 영업이 이루어지는데다 소비자인 네티즌이 입소문에 민감한 까닭이다. 따라서 온라인의 이 같은 유머코드는 온라인 오픈마켓에서도 찾아볼 수 있다. 한국 유통의 한 축으로 자리를 잡아가고 있는 오픈마켓의 경우 몇 개의 업체가 아닌 수만 명의 개인이 경쟁하다 보니 재방문을 유도하기 위한 유머·엽기코드가 효과적으로 활용된다.

전략적 관점에서 보면 이러한 펀마케팅은 특히 신제품을 시장에 선보일 때 효과적이다. 소비자를 자극해 시선을 잡아끌 수 있기 때문이다. 이 중 대표적인 사례가 바로 지난 연말 오픈한 온라인서점 해피올닷컴이다. 스머프로 분장한 사람들이 지하철에서 독서를 하는 프로모션을 벌여 해피올닷컴의 브랜드 가치를 단숨에 업그레이드시켰다.

펀마케팅을 유머에 한정짓지 않고 소비자의 감성을 자극하는 마케팅으로 연장할 경우 그 사례는 더욱 다양해진다. 2000년대 초반부터 '키덜트'(Kidult·Kid+Adult) 바람을 타고 20~30대 여성을 중심으로 만화캐릭터 셔츠가 인기를 끄는 게 대표적인 예다. 흔히 키덜트마케팅으로 이야기되는 이 같은 현상은 2000년대 초부터 일기 시작했지만 최근에는 거의 전성기로 봐도 좋을 만큼 널리 퍼져 있는 현상이다. 특히 지난해 말부터 ASK, 스멕스, 클라이드 등 국내 캐주얼 브랜드에서 만화캐릭터 상품을 본격적으로 내놓기 시작하면서 꾸준히 확산되는 추세다. 이에 대해 김석주 현대백화점 상품본부 바이어는 "최근에는 의류뿐 아니라 액세서리 아이템으로까지 펀마케팅이 옮아가고 있다"면서 "키덜트에 바탕을 둔 제품이 일부 패션리더를 타깃으로 한 니치마켓에서 대중을 상대로 하는 매스마켓으로 이동하고 있는 것"이라고 분석했다.

일상 마케팅에서 유머

랜덤(random) 자판기는 무작위로 캔 음료가 나오기 때문에 붙인 이름. 예를 들어 고객이 사이다를 먹고 싶어 동전을 넣고 사이다 버튼을 눌러도 결과물은 사이다 대신 콜라가 나올 수도 있다. 이는 주인이 자판기 안에서 캔음료를 섞어 두었기 때문에 가능한 것이다. 고객이 캔음료 하나를 뽑을 때도 재미있게 하기 위해서 주인장이 생각해 낸 아이디어다. 주인장이 어릴적 하던 놀이 '뽑기'에서 힌트를 얻었다고 한다.

미국의 심리학자 윌리엄 제임스는 "우리는 행복하기 때문에 웃는 것이 아니라 웃기 때문에 행복하다"고 말했다. 우리나라 속담에 가화만사성(家和萬事成)이라 했든가? 경쟁이 치열한 이때 기업들은 '화(和)'를 이루기 위한 수단으로 웃음을 활용하고 있다. 웃음이야말로 최소한 세상을 변화시키지는 못하더라도 나 자신을 행복하게 바꾸는 훌륭한 도구가 되며, 이는 웃음의 강력한 힘이 된다.

자료: "유머의 사회경제학," 한경비즈니스 2005, 8월호, 504호: 소비자와 'fun'을 공유하라! Fun 마케팅 view 발행, 마케팅 트렌드 디스플레이광고, 2012.10.10, http://blog.daum.net/newdaf/16130730/http://blog.cheil.com/magazine/31193

| 생각해볼 문제 |

01 제품을 추구하는 효익에 따라 기능적, 상징적, 경험유희적 제품으로 분류 해당 제품별 마케팅 전략 상의 차이를 논해보세요.

02 일반 상품의 체험마케팅화 방안에 대해 설명해보세요.

03 한류의 제품적 가치를 생각해보고 이러한 한류의 성공요인이 무엇이었는지 평가해보세요.

04 최근의 서비스 산업변화를 예를 들어 설명해보세요.

05 대학교육서비스의 서비스 품질 평가 항목들을 작성해보세요.

| 참고문헌 및 더 읽을거리 |

[국내문헌]

김동균・비아이티컨설팅(2016), 마케팅의 미래 고객엔게이지먼트, 김앤김북스.

박성연・윤성준・홍성태 옮김(2002), 체험마케팅, 세종서적/Schmitt, B. H.(1999), *Experiential Marketing, How to Get Customer to Sense, Feel, Think, Act and Relate to Your Company and Brands.*

손대현 편저(2004), 문화를 비즈니스로 승화시킨 엔터테인먼트 산업, pp.224-227.

신현승 옮김(2001), 고객체험의 경제학, 세종서적/Pine, J. Ⅱ and J. H. Gilmore(1999), *The Experience Economy.*

정지인(2015), 경험은 어떻게 비즈니스가 되는가, 다른.

조윤장 옮김(2003), 엔터테인먼트 마케팅 혁명, 아침이슬/Lieberman, A. and P. Estgate(2002), *The Entertainment Marketing Revolution.*

서비스경영연구회 옮김(2001), 서비스수익모델, 삼성경제연구소.

이유재(2004), 서비스 마케팅, 제3판, 학현사.

한창완(1998), 애니메이션 경제학, 서울: 커뮤니케이션북스/현대원 옮김(2003), 엔터테인먼트 산업의 경제학, 커뮤니케이션북스/Vogel, H. L.(2003), *Entertainment Industry Economics.*

허행량(2002), 스타마케팅, 매일경제신문사.

[국외문헌]

Czinkota, M. R. et. al.(2000), *Marketing Best Practice*, Dryden.

Etzel, M. J., B. J. Walker(2004), *Marketing*, 13th edition, McGraw-Hill.

Guilinan, J. P., G, W. Paul and T. J. Madden(1997), *Marketing Management: Strategies and Programs*, McGraw-Hill.

Harrell, G. D. and G. L. Frazier(1999), *Marketing: Connecting with Customers*, Prentice-Hall.

Lamb, C. W., J. H. Hair and C McDnniel(2002), *Marketing*, Free-Press Company.

Lovelock, C. H.(1996), *Services Marketing*, Third edition.

Kotler, P.(2000), *Marketing Management*, The Millennium edition, Prentice-Hall.

Parasuraman, A., V. A. Zeithmal and L. L. Berry(1985), "A Conceptual Model of Service Quality and Its Implications for Future Research," *Journal of Marketing,* Vol.49, Fall, pp.41–50.

______________________________(1988), "SERVQUAL: A Multiple–Item Scale for Measuring Consumer Perceptions of Service Quality", *Journal of Retailing,* Vol.64, Spring, pp.12–40.

______________________________(1991), "Refinement and Reassessment of the SERVQUAL Scale," *Journal of Retailing,* Vol.67, pp.420–450.

________, L. L. Berry and V. A. Zeithmal(1991), "Perceived Service Quality as a Customer–Based Performance Measure: An Empirical Examination of Organizational Barriers Using an Extended Service Quality Model," *Human Resource Management,* Vol.30, Fall, pp.335–364.

______________________________(1991), "Refinement and Reassessment of the SERVQUAL Scale," *Journal of Retailing,* Vol.67, Winter, pp.420–450.

CHAPTER 09

신제품 개발 및 관리

"시시각각으로 변화하고 혼란스러운 세계에서 개인이나 조직이 살아남을 수 있는 유일한 생존전략은 지속적인 혁신이다."

-톰 피터스(Tom Peters)-

"진정한 의미에서 그 제품들은 발명품이 아니라 서로 연관된 기술의 집합체다.
제품 개발자들은 자기들 주변에서 찾아낸 것들을 독특한 상품으로 묶는데 기존의 기술을 잘 활용하는 것이다.
혁신적인 제품을 만들어내는 사람들은 시장과 기술의 충실한 학생이다.
결국, 성공적인 제품은 기존의 제품과 시장에 새로운 차원을 더함으로써 창출되는 것이다."

-레지스 맥켄나(Regis Mckenna)-

자율주행자동차

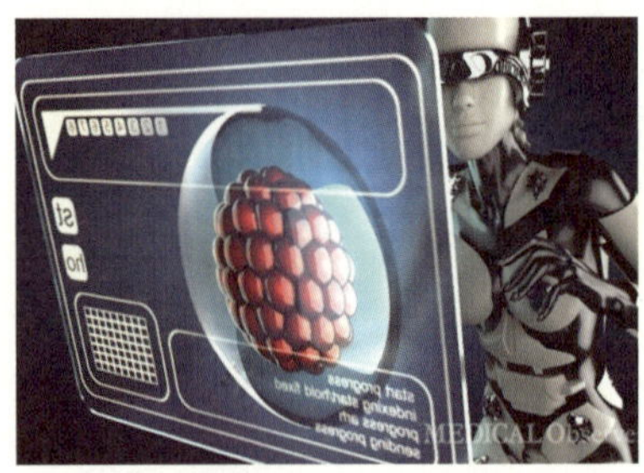

인공지능 병진단시스템

로봇요리사

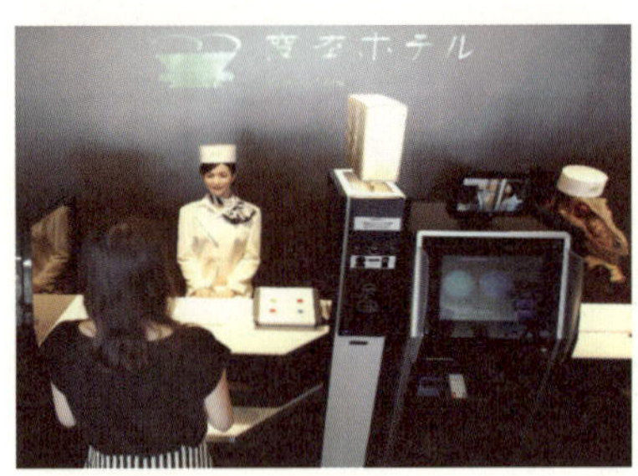

로봇호텔

대표적인 4차산업혁명 신제품

| 이 장의 학습내용 |

제1절 신제품의 정의 및 신제품 개발의 중요성
제2절 신제품 개발과정
제3절 제품수명주기관리

제1절 신제품의 정의 및 신제품 개발의 중요성

1. 신제품의 정의

신제품(new product)이라는 용어는 경우에 따라 여러 가지 의미로 사용되고 있다. 일반적으로 좁은 의미로는 다른 제품이 여태까지 수행할 수 없었던 기능을 수행하는 제품을 뜻한다. 그러나 광의의 개념으로 해석하면 기존제품을 상당히 개선한 것이나 경쟁사 제품을 흉내낸 **모방제품**(me-too product, [표 9-1] 사례참고) 혹은 다른 회사로부터 제품이나 제품계열을 인수하여 새로이 생산하게 되는 제품 등과 같이 해당 기업으로는 처음으로 생산하게 되는 모든 제품도 포함한다. 미투 제품이 생산되는 가장 큰 이유는 이미 검증된 시장에서 선발 업체가 미리 구축해 놓은 인기를 이용해 손쉽게 마케팅 이익을 취할 수 있기 때문이다. 사업 초기 시장분석, 연구개발비, 조사비용 등의 비용을 최소화하고 고효율을 얻을 수 있다는 점 때문에 많은 기업들이 택하는 마케팅전략인 것이다. 이미 트렌드를 반영한 제품은 쉽게 구매로 이어지기 때문에 미투 전략으로 소비자들의 주목을 끌면 원 브랜드를 추월할 수도 있다는 점 또한 노린다고 할 수 있다. 소비자들은 이미 원 브랜드가 사람들에게 준 정보들만으로도 더 손쉽게 후발주자들의 상품정보를 습득할 수 있다.

미투 제품은 '나도 똑같이'라는 뜻으로, 1위 브랜드나 인기 브랜드 또는 경쟁 관계에 있는 스타 브랜드를 모방해 그 브랜드의 인기에 편승해 자사 제품을 판매할 목적으로 만든 제품을 말한다.

자료: "Me-Too" Product, a Mere Copycat? "미투" 제품, 단순히 카피캣(Copycat)?, highpointlim, ess.com/2015/09/21

표 9-1 | 선도제품의 모방에 의한 신제품 개발사례

	**오리온 초코파이와 롯데 초코파이** '오리온 초코파이' 출시에 이어 롯데에서도 '롯데 초코파이'라는 브랜드를 시장에 내놓았다. 초코파이라는 명칭에 관하여 분쟁이 있었는데, 법원은 '초코파이는 브랜드로서 인식되기보다 초콜릿을 바른 과자류를 지칭하는 명칭'이라며 롯데의 손을 들어주었다.
	**비타500과 비타천** 광동제약의 대박상품 '비타500'도 법정공방으로 비화되지는 않았지만 모방제품을 양산한 대표적 사례다. 2001년 출시된 비타 500이 선풍적 인기를 끌면서 비타1000 · 비타C1000, 비타800, 비타900 등이 대거 쏟아져 나왔다.
	**맛있는 우유속 딸기과즙과 우유속 진짜 딸기과즙 듬뿍** 1998년 매일은 '맛있는 우유속 딸기과즙'으로 과즙우유시장에 뛰어들었다. 그 후 4년 뒤 남양은 '우유속 진짜 과즙 듬뿍' 시리즈를 출시했다.
	**'바나나맛 우유'와 '생생과즙 바나나우유'** 빙그레와 해태유업도 최근 바나나우유를 놓고 법정공방을 벌였다. 지난 30여년간 항아리 모양의 '바나나맛 우유'를 생산해 온 빙그레는 최근 '생생과즙 바나나우유'를 출시한 해태유업을 상대로 서울중앙지법에 '브랜드권 침해금지 가처분 소송'을 제기한 것이다. 빙그레는 해태유업의 제품이 6각형에, 빙그레 제품과 비슷하게 생긴 반투명 용기를 사용하는 등 자사제품을 사실상 도용했다고 주장하였다.
	**롯데 자일리톨과 해태 자일리톨** 롯데제과의 '자일리톨'껌이 롱런 히트상품 반열에 오르자 '해태 자일리톨', '오리온 자일리톨'껌 등이 잇따라 출시되기에 이르렀다. 그러나 '자일리톨'이라는 이름은 같지만 이는 일반명사를 차용한 것이어서 큰 법적 문제는 발생하지 않았다.
	**카스(Cass)와 카쉬(Cash), 카즈(Cazz), 카드스(Cadss)** 1999년 OB맥주에 인수된 카스(Cass)맥주는 높은 브랜드인지도 때문에 숱한 송사를 치른 대표적 사례다. 카쉬(Cash), 카즈(Cazz), 카드스(Cadss) 등 카스맥주를 모방한 유사 브랜드들이 봇물 터진 듯 나왔기 때문이다.
	**불가리스와 불가리아** 유산균 발효유 이름을 놓고 남양유업의 '불가리스'와 매일유업의 '불가리아'의 브랜드권 분쟁이 있었다. 법원은 결정문에서 '불가리스와 불가리아는 음절수가 동일하고, 그 중 3개 음절의 철자가 같아 소비자들이 혼동할 수 있다'며 남양유업의 가처분신청을 받아들였다.
	**카페라떼와 프렌치카페** 지난 1997년 매일이 컵커피음료 '카페라떼'를 출시하자 남양이 비슷한 용기 디자인의 '프렌치카페'를 출시하였다.

뿌셔뿌셔와 부셔부셔

오뚜기 라면스낵 '뿌셔뿌셔'가 인기를 끌자 '부셔부셔'라는 유사명칭의 유사품이 나오기도 했다.

물먹는 하마와 물먹는 해마

국내 제습제시장을 리드하고 있는 옥시의 '물먹는 하마'는 1등 브랜드답게 물먹는 해마, 물먹는 코뿔소, 물먹는 메기 등 많은 유사품들이 나오고 있다.

새로운 아이디어가 신제품이 되는 경우도 있는데 그 예로 한독은 기존의 관절염치료와는 다른 붙이는 치료제인 케토톱을 발매하였다. 그리고 기존제품 아이디어의 변형 또한 신제품이 될 수도 있는데 예를 들어 스카치테이프를 개발하여 성공한 3M사는 종이에 붙였다가 쉽게 떼어낼 수 있는 매직플러스(Magic Plus) 테이프를 개발 시판하였다. 따라서 약간의 변화라도 신제품이 될 수 있는 것이다.

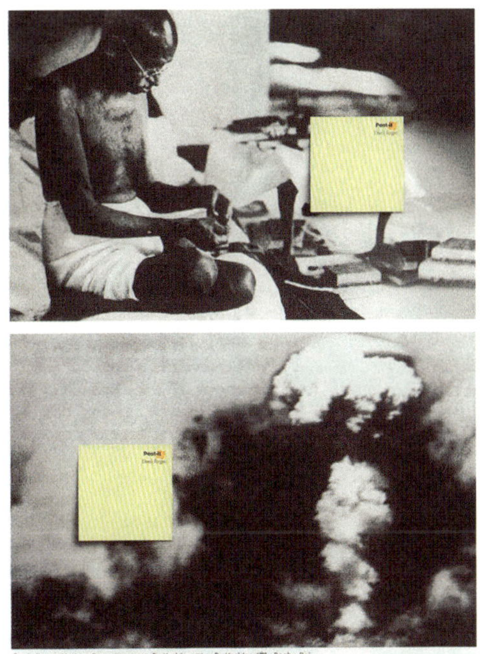

간단한 아이디어로 크게 성공한 3M
광고에서도 제품의 효익을 적절히 설명해주고 있다.

마케터는 신제품개발과정에 들어가기에 앞서 위에서 서술되었던 신제품이 무엇인지를 정확하게 이해할 필요가 있다. 왜냐하면 신제품에 대한 정의는 바로 신제품 개발전략과 직결되기 때문인데, 즉 마케터가 개발될 신제품을 완전히 새로운 제품으로 보느냐 단순히 기존제품의 확장으로 보느냐에 따라 개발과정 및 마케팅전략이 달라지지 때문이다. 만약 어떤 회사가 기존시장을 신중하게 세분화하고, 적절한 표적시장집단을 선택하며, 그들의 필요를 명확히 알고, 제품의 포지셔닝을 결정했다면, 회사는 새로운 제품개발에 착수할 준비가 된 것이다.

컨설팅회사인 **부즈, 알렌 & 해밀턴(Booz, Allen and Hamilton)**은 기업과 시장에 있어서의 신규성을 기준으로 하여 신상품을 6가지 범주로 나누었는데 이는 기업에게 새로운 제품인가, 소비자에게 새로운 제품인가 혹은 기업과 소비자 모두에게 새로운 제품인가에 따라 분류된 것이다.

- 원초적 신제품(new-to-the world products): 전적으로 새로운 시장을 창출하는 신제품
- 신계열 제품(new-product line): 기업이 처음으로 진출하는 기존시장에 대한 신제품
- 추가 제품(additions to existing product line): 기업의 기존의 제품계열을 보완하는 신제품
- 개량 제품(improvements in/revisions to existing products): 성능이 개선되었거나 지각자치가 높아져서 기존제품에 대체되는 신제품
- 재포지셔닝 제품(repositioning): 새로운 시장이나 세분시장을 목표시장으로 하는 기본 제품
- 비용인하 제품(cost reductions): 보다 저렴한 비용으로 동일한 성능을 발휘하는 신제품

그림 9-1 | 신제품의 범주

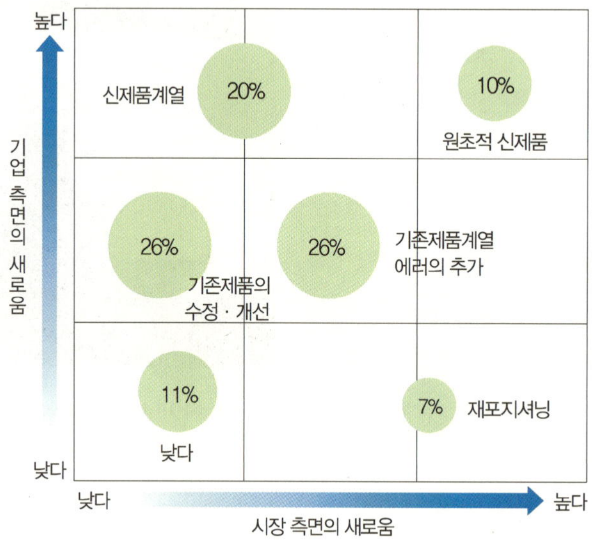

자료: New Products Management for the 1980s(New York: Booz, Allen and Hamilton, 1982).

[그림 9-1]에서 알 수 있듯이 신제품 중 10% 정도만이 완전히 혁신적이거나 새로운 제품이다. 이러한 제품은 매우 높은 비용과 위험을 안고 있는데, 왜냐하면 이들은 기업에 있어서나 시장에 있어서 완전히 새로운 것이기 때문이다. 예로, 소니사의 경우 신제품 개발의 80% 이상이 기존제품을 수정하거나 개선시킨 것들이다.

최근의 **4차산업혁명**은 이전 제품들과 많이 다른 신제품에 대한 기대를 높게 하고 있다. 4차산업혁명은 3차산업혁명을 기반으로 한 디지털, 생물학, 물리학 등의 경계가 없어지고 융합되는 기술혁명을 의미하는데 이로 인해 디지털, 바이오 영역 등 다양한 분야의 기술융합을 통한 사이버-물리시스템(cyber-physical system)이 구축되면서 혁명적 변화가 진행되고 산업장비, 가전 등 현실 속 사물을 뜻하는 물리적 세계와 인터넷상의 사이버 세계가 네트워크로 연결, 집적된 데이터의 분석과 활용 및 사물 자동제어가 가능해지는 시스템, 그리고 현실 속 각종 사물들이 사물인터넷으로 연결되면서 제품의 생산과 서비스가 자동화·지능화되는 새로운 산업 시대가 개막될 것으로 예상된다. 이러한 4차산업혁명의 파생물로 새로운 신제품들은 결국 경제·사회구조의 큰 변화를 야기하고 있으며 기업의 마케팅관리에서도 많은 변화를 요구하게 될 가능성이 크다([Marketing Focus 9-1] 참고).

MARKETING FOCUS 9-1

4차산업혁명으로 인한 마케팅환경 변화

4차산업혁명은 최근 세계적인 관심의 대상이 되고 있다. 실제로 많은 연구기관과 학자들은 현실 속 각종 사물들이 사물인터넷(IoT)으로 연결되면서 제품의 생산과 서비스가 자동화·지능화되는 새로운 산업 시대가 개막되고 이에 따른 경제·사회구조의 변화가 이전 산업혁명에 버금가는 수준이 될 것으로 예상되고 있다.

인공지능을 이용한 통역 이어폰 네이버 MARS

4차산업혁명은 단순히 산업의 형태를 바꾸는 것에서 그치지 않고 생활 전반에 큰 변화를 가져올 것으로 기대되고 있으며 물론 마케팅 업계도 4차산업혁명이 가져올 변화에 예외가 아닌데 4차산업혁명이 신제품 판도 및 마케팅에 가져올 변화는 어떤 것이 있을지 살펴보자.

4차산업혁명의 대표적인 5대 기술은 사물인터넷, 로봇공학, 3D프린팅, 빅데이터, 인공지능 등인데 주로 ICT 관련 기술이나 이런 기술이 물리학·생물학 등과 융합되어 스마트공장, 무인자율주행자동차 등 새로운 제품 및 서비스를 창출할 것으로 예상된다.

특히, 4차산업혁명 시대에는 데이터를 어떻게 활용하느냐가 핵심이 되는 만큼 데이터 수집과 처리, 분석에 대한 기술이 주를 이루고 있다. 사물인터넷으로 수집된 데이터가 클라우드상에 저장되고, 인공지능으로 빅데이터를 분석해 얻은 인사이트를 비즈니스에 적용하면서 기존과는 다른 혁신적인 변화가 일어날 수 있다.

어떻게 보면 디지털 마케팅 비즈니스는 다른 산업보다 4차산업혁명에 더욱 가까이 있다고 볼 수도 있는데 소셜미디어와 쇼핑몰, 웹사이트에서 일어난 고객의 행동을 분석해 마케팅활동에 반영하는 것은 그동안 마케터들이 해왔던 일이기 때문이다.

'구슬이 서 말이라도 꿰어야 보배'라는 말이 있듯이 수집한 고객 데이터를 단순히 쌓아두기만 해서는 안 된다. 온라인과 오프라인에서 수집한 방대한 양의 데이터를 통해 비즈니스에 도움이 되는 인사이트를 얻기 위해 주목받고 있는 것이 바로 머신러닝이기 때문이다. 방대한 양의 데이터를 사람이 일일이 분석할 수 없기 때문에 인공지능이 이를 대신하는 것이다.

어도비의 인텔리전트서비스 프레임워크인 어도비 센세이(Adobe Sen-sei)는 인공지능, 머신러닝 기술을 활용해 데이터를 분석하고 이상 징후를 발견하면 마케터에게 문자메시지로 그 원인까지 알려준다. 예측 모델링을 통해 마케터가 찾고 있는 유사한 신규 고객이나 고객의 마음을 움직일 수 있는 메시지 등을 알려주어 시장의 변화를 예측하고 더 나은 의사결정을 내릴 수 있도록 도와주는 것이다.

기존 디지털 마케팅은 온라인상에서 고객의 행동을 추적해 데이터를 수집하는 것으로부터 시작했다. 고객들의 행동이 온라인상에서만 일어나는 것이 아니기 때문에 전체적인 고객 여정을 모두 파악하기에는 어려움이 있었다. 오프라인 매장의 CRM 데이터나 모바일 앱을 활용할 수도 있지만 한계가 있었다. 하지만, 사물인터넷이나 비콘 등의 기술을 활용하면 오프라인에서도 고객의 행동을 정확히 추적할 수 있게 되며 더 정확한 고객 데이터를 바탕으로 효율적인 마케팅활동을 기획할 수 있게 되는 것이다.

자료: Adobe Digital Dialogue, 4차산업혁명 그리고 사람중심의 마케팅, 2017.05.18, Adobe Korea/Nicholas Davis, "What is the Fourth Industrial Revolution?," *World Economic Forum*, 2016.01.

2. 신제품 개발의 중요성

오늘날의 격심한 경쟁환경 속에서 신제품 개발에 실패한 기업들은 커다란 위험에 직면하고 있다. 기업의 기존제품들은 급변하는 소비자욕구와 취향, 새로운 기술, 짧아진 제품수명주기, 그리고 국내외적인 경쟁심화 등에 의해 많은 영향을 받아 실패하는 경우가 상당히 많다. 실제 다양한 제품군에서 신제품의 실패비율은 상당히 높게 나타나고 있다. 완제품에 있어 신제품의 실패율은 80%에 이르는데 클랜시(Clancy)와 슐만(Shulman)은 신용카드나 보험, 중개 서비스 등 새로운 금융상품이나 서비스부문에 있어서도 동일한 실패율(80%)을 보이고 있다고 제시하고 있으며, 쿠퍼(Cooper)와 클레인슈미트(Kleinschmit)는 신상품의 75%가 **도입기(introduction stage)**에서 실패한다고 예측하고 있다.

신제품 실패사례로 많이 등장하는 것은 '세그웨이'다. 과거 1인용 운송수단인 '세그웨이'는 도시의 출퇴근 광경을 바꿀 가장 혁신적인 제품으로 기대를 모았다. 더구나 애플의 스티브 잡스, 아마존의 제프 베조스 같은 사람들의 투자를 이끌어낼 만큼 이 제품은 출시 전에 큰 기대를 모았다.

실제로 '세그웨이'는 기술적으로 매우 뛰어난 제품이었다. 스스로 균형을 잡는 지능적인 메커니즘을 이용, 탑승자가 넘어지지 않도록 했으며, 몸을 앞뒤로 기울이기만 하면 자동으로 나아가거나 방향전환이 되고 정지할 수 있다. 그러나 이처럼 기대를 모은 제품의 판매량은 참담하기만 했다. 18개월 동안 판매량이 고작 6천 대 정도에 불과했다.

'세그웨이' 실패의 가장 큰 이유는 소비자 입장을 충분히 고려하지 못했다는 것이었다. 이 제품을 개발한 사람들은 소비자들이 가까운 거리를 이동할 때 이 제품을 활용할 수 있을 것으로 기대해 속도 문제에 큰 신경을 쓰지 않았다.

그러나 소비자들은 이 제품을 구입해 사용해본 후 "인도에서는 너무 빠르고 차도에서는 너무 느리다"는 불만을 터뜨렸다. 도심 출퇴근 광경을 바꿀 것으로 예상했지만 멋진 정장을 차려 입은 사람이 '세그웨이'를 타고 출근하는 모습은 어딘가 어색하기만 했다.

더구나 1천만원이 넘는 가격과 1회 충전으로 39km까지만 주행할 수밖에 없었던 배터리 문제 등은 스티브 잡스 등 많은 사람들이 기대했던 창조적 혁신 제품을 '나홀로 제품'으로 전락시키기에 충분했다.

세그웨이는 최근 관광지에서 투어용으로 많이 이용되고 있다.
사진출처: Klook.com

2019년 2월 현재 국내 최고 관객동원기록을 가지고 있는 영화 명량: 영화진흥위원회 기준으로 최종 17,615,057명을 기록하며 대한민국 역대 최고 관객수를 기록하였다.

다른 제품범주에서도 제품 실패율은 높은 편이다. 엔터테인먼트 제품범주에서 명량, 도둑들, 괴물, 7번방의 선물, 광해: 왕이된 남자, 왕의 남자, 태극기 휘날리며, 해운대, 실미도, 신과함께, 극한직업 등이 1,000만 관객을 넘기면서 히트작으로 자리잡는 동안 할리우드와 충무로 제작의 많은 영화들이 우리 기억 속에 발자국 하나 남기지 못하고 사라져갔으며, HOT, 핑클, 빅뱅, 소녀시대, 싸이, 엑소, BTS 등이 히트하는 동안 수많은 가수들이 명멸해 갔다.

이렇듯, 신제품을 지속적으로 개발하고 이를 시장에서 성공시키는 일은 기업의 사활을 좌우하는 중요한 문제가 될 수 있는데 3M과 같은 기업은 '최근 4년간 개발한 신제품에서 연간 매출의 30%를 달성한다'는 것을 목표로 삼을 정도로 신제품 개발을 중요하게 생각하고 있다. 과거 하이트맥주는 OB맥주에 뒤지던 시장점유율을 역전시킨 효자 브랜드였으며, 농심은 신라면으로 과거 공업용 우지파동에서 어려움을 겪었던 라면 시장점유율 1위의 삼양라면을 앞설 수 있었다.

이렇게 신제품이 시장에서 성공하고 실패하는 데는 많은 요인이 있을 수 있다. 기업이 이들을 정확하게 파악하여 성공할 수 있는 조건들을 갖추어 나가고, 실패요인을 피하기 위하여 노력하는 일은 기업의 사활과도 관련이 있는 매우 긴요한 일이라고 하겠다.

3. 신제품의 성공조건

그러면 기업이 신제품의 성공을 위해서 무엇을 할 수 있을까? 쿠퍼(Cooper)와 클레인슈미트(Kleinschmit)는 성공의 제일요건은 독특하고도 우수한 상품(높은 품질, 새로운 디자인, 높은 사용가치 등)이라는 사실을 발견했다. 그들의 연구에서는 높은 제품우위를 가진 제품의 성공률은 98%에 이르고 평범한 우위를 가진 제품은 58%, 최소한의 우위를 가진 제품은 18%

의 성공률을 보여줌을 밝혔다. 다른 중요한 성공요인은 개발 이전에 잘 정의된 **제품컨셉(product concept)**으로, 즉 기업은 제품개발을 진행하기 전에 표적시장의 제품 필요사항과 욕구 등을 조심스럽게 정의하고 평가하여야 한다.

다음에서는 신제품의 성공요인에 대한 좀 더 구체적인 논의를 진행하기로 한다.

시장에서 신제품이 성공하기 위한 첫 번째 조건은 새로운 제품이 **소비자의 필요에 적합**해야 한다는 것이다. 그러기 위해서는 표적고객이 신중하게 선택되어야 하며, 그들의 필요에 부응할 수 있는 상품 아이디어가 창출되어야 한다. 유명 전자업체인 Philips는 게임기능 등 다양한 오락기능들을 포함한 Home Entertainment 시스템을 만들어 Sony, Nintendo 등이 주도하고 있는 게임/오락시장에 도전하였다. 그러나 사용하기가 너무 복잡하고 가격이 비싸 고객들에게 호응을 얻지 못했다. 그러므로 고객의 눈높이에서 그 니즈를 제대로 맞추는 것이 성공의 주요 요건이라 하겠다. 아이디어들은 고객의 필요에 관한 자료의 수집을 통해서 다듬어지고 고객의 필요를 해결할 수 있는 기술에 초점이 맞춰져야 한다. 또한 제품의 시장실험, 출시시기결정 및 제품수명주기 관리에 있어서도 고객의 필요를 해결하기 위해서 제품의 효익이 소비자에게 적절하게 제공되고 있는지를 지속적으로 감독하여야 한다.

둘째, 신제품이 성공하기 위해서는 **기술상의 우위**를 필요로 한다. 그러나 기술상의 우위가 다른 기업이 따라오기 힘든 독점적 기술을 보유하는 것만을 의미하는 것은 아니다. 물론 독점적인 기술을 가지고 있을 때 성공적인 신제품을 출시할 가능성이 커지는 것은 사실이지만, 무엇보다 중요한 조건은 소비자들이 진정으로 원하는 효익을 제공할 수 있는 능력이다. 이 같은 시장지향적 연구개발능력이 가미된 기술적 우위성은 시장에서 성패를 결정하는 데 중요한 조건들 중 하나임에 틀림이 없다. [Marketing Focus 9-2]에서 볼 수 있듯이 스마트폰과 같은 기술은 여러 전자제품의 쇠퇴에 영향을 미쳤다.

과거 해태음료에서는 노란색 콜라로 색깔의 차별화를 내세운 콜라를 출시한 적이 있다. 물론 기존 콜라와는 확실히 다른 콜라인 것 같지만 파인애플 소다(환타)와 많이 다를 것 같지는 않다.

셋째, 하나의 신제품이 성공적일 수 있으려면 신제품의 성장잠재력이 커야 한다. 성장잠재력이 큰 제품은 일반적으로 제품수명주기상으로는 성장기에 있는 제품을 말하며, 신제품의 진부화 속도, 전체 잠재시장의 크기 등을 모두 고려하여 성장잠재력을 판단하여야 한다. 그러나 성장이 빠른 시장이라고 해서 무조건 신제품이 성공할 수 있는 것은 아니다. 고성장 시장에서도 경쟁자의 수, 경쟁자의 자원과 능력 등을 감안하지 않으면 성공적인 신제품을 만들어 내기 힘들다.

넷째, 신제품 개발기간 및 출시의 타이밍도 중요하다고 볼 수 있다. 많은 제품들에 있어 제품수명주기가 단축되면서 진부화의 속도가 빨라지고 있다. 좋은 아이디어라고 하더라도 출시의 적기를 놓치면 시장에서 성공하기 어렵다. 경쟁이 치열한 오늘날에는 '누가 먼저 고객의 스펙을 맞춰 주느냐'가 제품의 성공 여부를 결정하는 주요 요인이 된다. 컨설팅 업체인 맥킨지(McKinsey)의 보고서에 따르면 시장 출시가 6개월 늦어질 경우 제품의 수익성은 1/3정도 감소한다고 한다. 이 조사는 매년 20%씩 성장하는 시장의 기업들을 대상으로 했기 때문에 일반화하는 데 한계가 있겠지만, 적시에 제품을 출시하는 것이 얼마나 중요한가를 명확히 보여준다 하겠다. 또 성숙기 시장인 자동차산업을 대상으로 한 조사에서도 적시성의 중요성은 뚜렷하게 나타난다. 신제품 개발 분야 전문가인 나약(Nayak)은 제품 출시까지 소요되는 시간을 20% 단축할 경우 새로운 자동차 모델의 가치가 350백만 달러 증가한다는 연구결과를 발표한 바 있다. 즉, 시장에 적시에 출시될 때 신제품의 가치는 극대화되고 비로소 성공적인 제품으로 평가될 수 있다.

옷의 구김을 펴주고 살균 소독까지 가능한 '트롬 스타일러'는 기술적인 부분 및 소비자 필요성 부분에서 높은 평가를 받아 최근 소비자들에게 필수가전으로 인식되고 있다.
사진출처: http://www.lgblog.co.kr/lg-story/lg-product/92800

MARKETING FOCUS 9 2

스마트폰 때문에 타격을 입은 제품들

기하급수적으로 늘어가는 스마트폰 애플리케이션을 기반으로 탄생한 '스마트폰 블랙홀'이 기존 비즈니스 생태계를 송두리째 흔드는 메가톤급 '태풍'으로 위력을 떨치고 있다.

스마트폰 블랙홀에 노출된 업계는 조용하게 역사의 뒤안길로 사라지는 수순을 밟고 있다. 이들 대부분 업체는 그동안 오프라인 중심으로 사업을 해왔다는 공통점이 있다. 이들에겐 인터넷 대중화가 미니 태풍급이었다면, 스마트폰 블랙홀은 생존을 송두리째 앗아가는 핵폭탄과 다름 아니다.

▶ 만보기

스마트폰 인기 앱 가운데 만보기가 자리매김하면서 만보기 업계는 된서리를 맞고 있다. 한 업계 관계자는 "5년전만 해도 국내 만보기 제조업체는 4~5곳에 달할 정도로 비즈니스가 번창했다"며 "이제는 모두 문을 닫고 신우전자 한 곳만 명맥을 유지하고 있다"고 귀띔했다.

▶ 일반용 온도계

일반용 온도계 업계는 아직까지 스마트폰 영향이 치명적인 수준은 아니지만 미래가 불투명하기는 마찬가지다. 국내에선 일반용 온도계를 제조하는 중소업체 10여 곳이 난립해 있지만 업황이 좋지 않아 대부분 경영난을 겪고 있다. 4~5년 전 5만 대 수준이던 일반용 온도계 시장이 연간 2만~3만 대 수준으로 쪼그라든 것으로 업계는 추산하고 있다.

▶ 게임기

스마트폰 영향으로 게임기 산업은 사실상 고사 직전에 몰리고 있다. 특히 국내에서 오락실에 들어가는 오락기 제조업은 맥이 끊어질 위기에 처해있다. 국내에서 30년째 오락기를 만들고 있는 오복글로벌전자가 유일하게 명맥을 유지하고 있다. 4~5개 업체가 치열한 경쟁을 벌이며 활발하게 사업을 했던 몇 년전과는 극히 대조적이다. 한때 세계에서 가장 혁신적 기업으로 손꼽히던 일본 게임산업의 대부 닌텐도도 스마트폰 대세에 허무하게 무너지고 있다.

▶ **달력 · 수첩**

달력 · 수첩업계는 스마트폰에 내장된 달력이나 메모기능을 애용하는 젊은 고객들의 이탈이 두드러지고 있다. 그나마 상대적으로 스마트폰을 덜 사용하는 50대 이상 중장년층이 꾸준하게 고객으로 남아있다는 것에서 위안을 찾고 있다.

기업이나 단체를 대상으로 달력 · 수첩을 맞춤제작하는 업체들은 상대적으로 충격이 덜한 상황이다. 반면 주문제작이 아닌 소품종 대량생산을 주력으로 하는 업체들은 생존을 위협받을 정도로 수요가 급격히 줄고 있다. ㈜프린파크 관계자는 "대량생산을 하는 업체 중에선 판매가 절반 이상 감소한 경우가 상당수"라고 귀띔했다.

닌텐도는 2009년부터 실적이 악화되고 있다. 그 시점은 스마트폰이 인기를 얻기 시작한 부분에서 출발했다. 2009년 주력 제품이었던 Wii와 DS의 판매량이 스마트폰으로 인해 줄어들면서 위기 신호가 감지됐다.

▶ **내비게이션**

"김 기사, 운전해~" 한때 코미디 프로그램에서 인기를 끌었던 유행어다. 그때의 김 기사는 가고 없지만 이젠 그 자리를 스마트폰 앱 '국민내비 김 기사'가 꿰찼다. 이 앱의 누적 가입자수는 400만 명에 달하고 한달 길안내 횟수는 3,500만 건을 웃돈다. 'T맵' '올레내비' 등 통신사 앱도 인기다.

▶ **사전**

종이사전 시장도 스마트폰 블랙홀의 흡입력을 뼈저리게 느끼고 있다. 전자사전이 속속 등장할 때부터 휴대가 불편한 종이사전들이 쇠락할 것이란 조짐은 보였지만 스마트폰이 전격 등장하면서 사세는 더 심하게 기울었다는 게 업계의 설명이다.

교보문고 한 관계자는 "스마트폰이 나오기 전부터 전자사전들 때문에 종이사전을 많이 찾지 않았다"며 "시장이 죽은 지는 오래됐다"고 전했다. 실제 영풍문고 종로점에서 사전 분야 판매를 관리하는 한 직원은 "종이사전의 매출은 계속 떨어지고 있다"며 "저학년 학생들이 가끔 찾거나 일부 나이 든 어르신들이 옥편을 찾는 것 외에는 거의 수요가 없다"고 말했다.

▶ **PMP**

휴대용멀티미디어플레이어(PMP) 시장도 생기가 없기는 매한가지다. 지금은 다소 낯선 PMP는 음악과 동영상 재생, 디지털카메라 기능, 통신 기능을 갖춘 기기로 한때 최고의 히트상품이었다. 통신모듈을 추가하면 휴대폰으로도 사용할 수 있다. 하지만 2009년 스마트폰이 출시되고 이후 애플의 아이폰, 삼성의 갤럭시폰 등 인기상품이 출시되면서 PMP 시장은 쇠락의 길을 걸었다.

자료: http://www.edaily.co.kr, 2013.06.18.

제2절 신제품 개발과정

제2절에서는 신제품 개발과정의 각 단계에서의 주요 마케팅 도전들에 대해서 살펴볼 예정인데, 이 과정은 [그림 9-2]에서 볼 수 있듯이 일반적으로 아이디어 창출, 아이디어 심사, 제품컨셉 개발 및 시험, 전략개발, 사업성 분석, 시제품 개발, 시장실험, 상업화의 8단계로 구성된다.

그림 9-2 | 신제품 개발과정

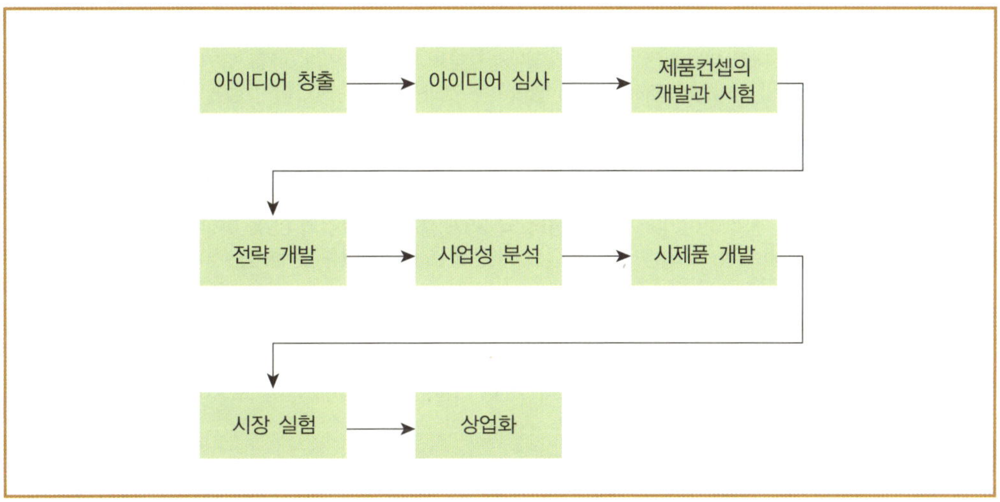

1. 아이디어 창출

1) 아이디어 창출의 의의 및 원천

아이디어 창출(idea generation)은 제품 아이디어를 탐색하는 과정이다. 신제품 아이디어는 체계적으로 탐색하여야 하는데, 그렇지 않은 경우 기업의 사업영역에 맞지 않는 신제품 아이디어만 많이 창출되기 쉽기 때문이다. 그러므로 최고경영자는 신제품 개발과 관련한 아이디어 창출에 있어 미리 기업의 사업영역, 목적 및 전략을 신중히 밝혀두어야 한다.

일반적으로 신제품 아이디어는 [표 9-2]에 서술되어 있듯이 여러 가지 다른 여러 원천 즉, 발명가, 특허권자, 산학연구소, 산업컨설턴트, 광고대행사, 마케팅조사회사, 업계잡지 및 아이디어를 가진 사람들에게서 나온다. 아이디어가 많은 원천으로부터 나오지만, 주의를 끌 수 있는 기회는 제품에 대해 전문적인 역량을 가지는 사람들에게 달려있다. 즉 어떤 제품 아이디어가 강력한 지지자를 가지지 못한다면 주요 고려사항이 될 수 없을 것이다.

표 9-2 | 신제품 아이디어의 원천

아이디어 원천 유형	내 용
고객욕구분석	신제품 분야의 유명한 연구자인 히펠(Hippel)은 산업용 신제품에 대한 아이디어는 고객에게서 가장 높은 비율로 나온다고 하였는데 특히 기업은 선도사용자(자사제품을 가장 먼저 사용하며, 개선에 대한 필요성을 가장 먼저 인식하는 사용자)를 연구함으로써 가장 많은 것을 배울 수 있을 것이다.
조사를 통한 확인	기업들은 소비자로부터 불편신고서나 제안, 포커스그룹의 토론, 투영법, 설문지 등을 통하여서 고객의 필요와 욕구를 확인할 수 있다. 기본적인 아이디어는 주로 현 사용제품에 대한 문제점을 고객에게 질문함으로써 얻을 수 있다. 예를 들면, 크라이슬러사는 자사의 미니밴에 대해 그들이 좋아하는 것과 싫어하는 것, 어떤 점을 개선해야 할지, 개선된 부분에 대해 얼마만큼 지불할 용의가 있는지에 대한 것을 최근 구매자들에게 물었다.
과학자, 기술자, 설계자, 그리고 다른 종업원	성공적인 기업은 전 종업원이 기업의 생산, 생산품, 서비스를 개선하는 새로운 방법을 찾도록 하는 기업문화를 만들어왔다. 도요타는 주장하기를 자사의 종업원들은 매년 2백만 개의 아이디어(각 종업원당 약 35개)를 내고 그것의 85% 이상이 실행된다고 한다. Kodak과 그 외 다른 기업들도 가장 좋은 아이디어를 낸 종업원들에게 금전과 함께 표창장을 수여하고 있다.
경쟁자의 제품과 서비스를 검토	그들은 경쟁자의 신제품을 어떤 고객이 좋아하고 어떤 고객이 싫어하는지를 알 수 있다. 기업들은 경쟁자의 제품을 사서 분해하여 연구한 후 더 나은 제품을 만들 수도 있다. 일본은 모방과 개선전략의 대가인데 그들은 많은 서구제품을 모방하고 기술자문을 받아 그것을 개선 향상시켜왔다.
기업의 판매대리점이나 중간상인	이러한 집단은 고객의 필요와 불만을 맨 처음 접하기 때문이다. 또한 경쟁적인 발전을 가장 먼저 접한다. 새로운 아이디어 발견을 위해 판매대리점, 유통업자, 거래처를 교육하고 보상하는 기업들이 점점 늘어나고 있다.
최고경영자	Polaroid사의 전 최고경영자인 랜드(Land)와 같은 기업지도자들은 자사의 기술혁신에 개인적인 책임을 지고 있었다. 이러한 방법이 항상 기업의 최고 관심사는 아니다. Land 씨가 그의 Polavision 사업계획(순간 현상영화)을 밀고 나갔을 때 중대한 실패를 하였는데, 이는 시장이 촬영하는 방법으로 비디오테이프에 더 많은 관심이 있었기 때문이었다.

2) 아이디어 창출기법의 유형

개인이나 그룹의 아이디어 창출을 위해 여러 가지 창조적 아이디어 창출기법이 도움을 줄 수 있다. 아이디어 창출을 위해 널리 쓰이는 기법에는 다음과 같은 것들이 있다.

(1) 속성열거법

속성열거법(attribute listing)은 현 제품의 주요 속성을 나열하고 좀 더 나은 제품을 위해 각

속성을 개선하는 것이다. 예를 들어 자동차를 평가하는 속성은 엔진성능, 핸들링, 안전성, 디자인, 옵션의 다양성, 차체의 두께 등 다양한 것이 있을 수 있고 이러한 속성 중 고객이 중요하게 생각하고, 특히 해당 기업 브랜드의 개선이 필요한 속성에 대한 수정을 통해 새로운 신제품을 만들 수 있다.

(2) 상호관련성 강화

상호관련성 강화기법(forced relationships)에서는 몇 가지 대상 목적물의 특성을 고려하여 새로운 제품으로 만들어내는 방법을 말한다. 예를 들어, 사무용설비 제조 기업은 팩스, 전화, 복사기, 프린터기 등을 복합기라는 제품으로 탄생시켰으며 영상가전 기업은 비디오테이프와 CD를 동시에 이용할 수 있는 제품을 신제품으로, 그리고 전자회사는 전화기, MP3, 사진기 등을 동시에 이용할 수 있는 스마트폰을 만들어내고 있다.

상호관련성 강화 아이디어 짬짜면
짬뽕도 먹고싶고 짜장면도 먹고 싶을 때…

MARKETING FOCUS 9-3 이제 컨버전스(convergence)가 대세이다

컨버전스 제품은 두 개 이상을 플랫폼 기술을 하나의 제품 형태로 통합하여 새로 제시되는 제품이라고 할 수 있는데 이는 전혀 새로운 개념이 아니다. 아주 오래전부터 마케터들은 소비자 선택에 영향을 미치기 위해 둘 이상의 제품 또는 서비스를 단일 제품으로 묶었다. 예를 들어, 패스트푸드 레스토랑은 사이드 아이템의 판매를 증가시키기 위한 콤보 식사를 제공하고, 자동차 회사는 소비자가 그렇지 않은 것보다 더 많이 구매하도록 유도하는 옵션 패키지를 제공하고, 항공사는 기존의 경쟁사들과의 경쟁에서 차별화하기 위해 항공기 탑승권과 더불어 휴가 패키지를 제공해 왔다.
컨버전스는 새로운 요구를 창출하고 시장구조를 대폭 변경하며 새로운 정책과 규정을 요구하고 기업이 새로운 연구 및 개발 또는 비즈니스 전략을 수립하고 사회 전체에 영향을 미칠 수 있으므로 시장 포화 상태에 놓인 IT 업계의 새로운 원동력이 될 수 있다.
그러한 디지털 컨버전스의 전면에는 휴대폰이 자리하고 있다. 최근 휴대폰들은 메가 픽셀급 촬영기능, 음악 및 영화감상기능, 금융, 동영상, 온라인 쇼핑기능이 탑재되어 휴대용 디지털기기의 컨버전스 전쟁을 주도하고 있다.

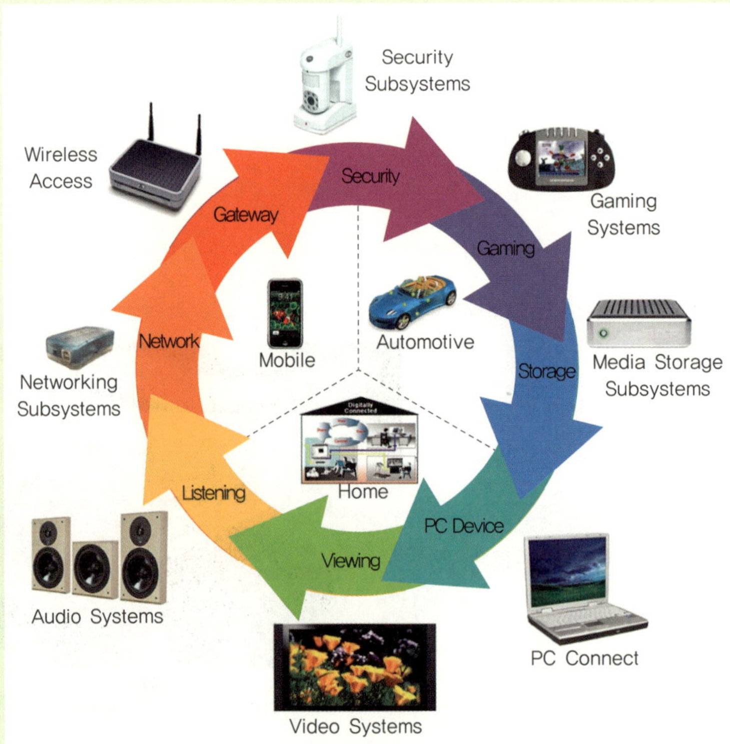

다양한 컨버전스 유형
사진출처: https://mongri.net/entry/Smart-Convergence

생활 깊숙히 파고든 컨버전스 제품. 디지털 컨버전스 제품은 이미 알게 모르게 우리 생활 깊숙히 파고들고 있다. 가장 간단한 예로 디지털 카메라가 있다. 순간적으로 디지털 카메라가 컨버전스 제품이었나 하는 의구심이 생길 수 있지만 디지털 카메라는 기존에 필름을 사용하던 아날로그 카메라에 디지털 기술을 접목시킨 대표적인 디지털 컨버전스 제품이다. 디지털 카메라는 기존의 아날로그 광학기술에 일종의 센서인 고체촬상소자 CCD(Charge-Coupled Device)와 메모리카드, 컴퓨터기술 등을 사용해 필름 없이 사진을 촬영할 수 있도록 한 차세대 영상기록 매체이다. 1995년 하반기 일본에서 첫 선을 보인 디지털 카메라는 디지털 가전제품 중 가장 빠른 속도로 성장하는 대표적인 기기의 하나로 자리매김했다.

새로운 도약의 계기를 마련하려는 기업들의 높은 기대감에도 불구하고 컨버전스 제품에 대한 소비자들의 반응이 항상 긍정적인 것만은 아니다. 궁극적으로는 컨버전스가 큰 흐름을 이루어 소수의 완전 융합제품이 지배제품으로서 시장을 석권할지도 모른다. 소비자들은 자신이 진정으로 원하는 제품이 무엇인지 정확하게 알지 못하는 경우가 많으며 시장에 출시된 제품을 100% 활용할 능력조차 갖추고 있지 않다.

사정이 이러함에도 불구하고 기업들은 향후 시장을 석권할 완전 융합제품을 경쟁자보다 먼저 개발함으로써 주도권을 확보하기 위해 다양한 아이디어와 야심찬 계획으로 신개념의 컨버전스 제품들을 출시하기에 여념이 없다. 그러한 제품들이 처음부터 지배제품으로 주목받으며 그 영향력을 행사할 수 있다면 좋겠지만 여러 가지 요인들로 인해 많은 기업들은 시장에서 쓰라린 실패를 경험하고 있다. 과연 어떤 컨버전스 제품들이 시장에서 실패하며, 반면에 어떤 제품들이 어떠한 요인들로 인해 좋은 성과를 경험하게 되는지 [표 9-3]에서 설명하고 있다.

표 9-3 | 디지털 컨버전스의 성공과 실패사례

	실패사례	성공사례
시장	• 소비자 니즈 부재(인터넷 단말기) • 잘못된 목표시장 선정(가정용 인터넷 전화)	올바른 목표시장 선정(기업용 인터넷 전화)
인프라	인프라 미비(DVD 플레이어)	후방 호환성으로 인프라 공유(DVD 콤비)
기능	단순한 기기의 복합(디지털 카메라+MP3)	• 기본에 충실하여 기능은 업그레이드(디지털 카메라) • 융합으로 확실한 시너지 제시(카메라폰)
기타	• 높은 가격(PDP TV) • 규격 논란(DVD 리코더)	합리적인 가격 제시(LCD 모니터)

궁극적인 디지털 컨버전스 환경으로 가는 과정에서 기업들은 지배제품을 구현하기 위해 앞으로도 수많은 시행착오를 겪어야 할 것이다. 혹은 극단적으로 생각해볼 때 미래는 유연생산시스템이 엄청나게 고도화된 사회로 개개인의 니즈에 특화된 제품이 합리적인 비용으로 생산되어 지배제품이 존재하지 않을 가능성도 생각해볼 수 있다.

과도기적인 시점에서 창의적인 기업가정신을 발휘해 다양한 컨버전스 제품을 시도해보는 것도 중요하겠지만 적어도 자사가 개발한 컨버전스 제품이 어정쩡한 제품들의 단순 융합인지 그렇지 않으면 확실한 추가 효용을 소비자들에게 선사할 수 있는지를 냉정하게 판단해보아야 한다.

실험적인 성향의 소수를 제외한 대부분의 소비자들은 과거의 습관을 잊고 새로운 습관에 적응하는 데 많은 시간이 걸리기 때문에 최신 기술을 적용한 신개념 제품의 성공은 더욱 어렵다. 즉 무조건 혁신적인 컨버전스 제품을 시장에 출시하면 소비자들이 긍정적인 반응을 보일 것이라 기대하지만 현실에서는 소비자들도 급속히 발달하는 기술환경에 적응할 시간이 필요하다는 사실을 기억해야 한다. 지금은 한 가지 기능에서라도 소비자를 100% 만족시킨 후에 부가적인 시너지를 줄 수 있는 심플한 컨버전스 제품이 오히려 복잡한 기능이 어설프게 조합된 제품보다 좋은 반응을 얻을 수 있다.

자료: 성상현, 디지털 멀티미디어 기기 시장, 성장 동력을 직시하라, lgad.co.kr/S. Lee, 한수연(2002), 디지털 컨버전스 제품의 성공과 실패사례, LG주간경제/J. K. Han, S. W. Chung, Y. S. Sohn(2009), "Technology Convergence: When Do Consumers Prefer Converged Products to Dedicated Products?," *Journal of Marketing* 73(4), pp.97–108.

(3) 필요와 문제 확인

필요/문제 확인 기법(need and problem identification)은 소비자에서 시작하는 아이디어 발상법이다. 소비자들에게 사용하고 있는 특정 제품이나 제품범주에 대해 그들의 문제들을 묻을 수 있는데, 예를 들면 약 1,000명의 응답자에게 그들의 만족 정도(매우 만족, 만족, 약간 불만, 상당히 불만, 매우 불만)의 측정을 통해 제품의 개선사항을 발견할 수 있다.

(4) 브레인스토밍

집단창의력은 알렉스 오스본(Alex Osborn)이 개발한 **브레인스토밍(brainstorming)**을 통해서 유발될 수 있다. 일반적인 브레인스토밍 집단은 6~10명 정도로 구성되어 어떤 문제에 대해서 토의하게 되는데 의장이 "여러분 우리는 가능한 한 많은 아이디어를 얻으려고 합니다. 문제의 범위가 넓을수록 더 좋으며 각 의견에 대해서 결코 평가하지는 마십시오"라고 말함으로써 토의는 시작된다. 아이디어가 흘러나오기 시작하고, 한 가지 아이디어는 또 다른 아이디어를 낳으면서 한 시간 안에 100개가 넘는 새로운 아이디어가 기록될 수 있다.

2. 아이디어 심사

아이디어 창출과정에서 파생된 아이디어는 아이디어 심사를 통해 걸러지게 된다. 이러한 **아이디어 심사(idea screening)** 과정에서 기업은 두 가지 오류를 피해야 한다. 첫째는 **탈락오류(drop error)**로써 이는 좋은 아이디어를 하찮게 여겨 탈락시키는 오류를 말한다. 유명한 예로서 미국의 제록스(Xerox)는 복사기의 출현을 일찍부터 예견하여 생산에 성공한 반면, IBM이나 코닥(Kodak)은 그러한 가능성을 전혀 예견하지 못하였고 제6장에서 논의되었듯이 포드(Ford)가 자동차 생산에서는 선두주자였지만 GM사에서는 자동차의 가격과 성능에 따라 소비자들이 요구하는 바가 각기 다르기 때문에 시장을 세분화할 필요가 있다는 것을 일찍부터 깨닫고 있음으로 인하여 포드자동차를 앞서게 되었다. 기업이 이와 같은 오류를 범하게 된다는 것은 아이디어 심사기준이 지나치게 보수적인 데서 그 원인을 찾을 수도 있다. 둘째, **진행오류(go error)**라는 것이 있는데 이는 좋지 않은 아이디어를 채택하여 개발 및 상업화할 때 생기는 오류를 말한다. 무용한 아이디어는 심사초기에 발견하여 제거될 필요가 있으며, 개발과정이 상당히 진전된 후에는 이미 많은 비용이 투입되고, 이에 따라 투자액을 회수할 수 있게 되기를 바라게 되는 것이 보통이고, 도중에 포기하기 어렵게 만드는 요인이 될 수 있다.

3. 제품컨셉의 개발과 시험

1) 제품컨셉의 의의와 성격

7,000달러 가격에 한번 충전으로 120km까지 주행할 수 있는 소형 전기자동차
이 제품의 주요 표적시장은 누구일까요?
사진출처: http://monthly.appstory.co.kr/free10667

제품컨셉(product concept)이란 기업 측면에서는 공통의 개발사상을 배경으로 관계자의 발상 및 의사를 충분히 반영하고 납득가능할 만한 언어체계로서 가치체계화된 것으로 정의되며, 제품사용자(소비자) 측면에서는 자신의 생활을 향상시켜주는 동기를 구체화한 제안으로, 이는 소비자가 발견할 수 있는 제품의 가치이며, 소비자의 입장에서 표현된 제품아이디어라 할 수 있다. 이는 기업이 제공할 수 있고, 경쟁제품에 대비하여 호의적으로 소비자의 마음속에 위치화할 수 있으며 또한 실체적인 특성인 제품속성에 의해 완성될 수 있는 제품의 약속이다.

중요한 것은 고객이 제품아이디어를 사는 것이 아니라 제품컨셉을 구매하는 것이라는 것이다. 그러므로 이러한 제품아이디어를 몇 개의 대체적인 제품컨셉으로 개발한 다음 각 제품컨셉의 고객에 미치는 상대적인 소구력을 평가하여 최상의 것을 선택해야 한다.

다음에서 전기자동차의 경우에는 어떠한 제품컨셉이 적합할지 생각해보자.

- 컨셉 1: 가정에서 주부들이 시장을 보러 가거나 단거리용으로 주로 사용하도록 고안한 것으로 값이 저렴하고 소형인 자동차
- 컨셉 2: 가정용으로 중간 정도의 가격과 중형크기의 자동차
- 컨셉 3: 중간 정도의 가격으로 젊은층에 호감을 줄 수 있는 소형의 차
- 컨셉 4: 연료비가 적게 들고 환경에 위배되지 않는 제품을 원하는 소비자를 대상으로 한 소형의 차

2) 제품컨셉의 테스트

제품컨셉 테스트(product concept test)는 적절한 표적시장의 표본집단에게 제품컨셉에 대한

설명을 통해 해당 응답자들의 반응을 수집하는 것을 말하는데 누구를 대상으로 무엇을 물어볼 것이가를 확실하게 해야 할 필요가 있다. 상황에 따라 다르기는 하지만 신제품을 판매하고자 하는 핵심 타깃을 대상으로 타깃 확장가능성을 고려하여 1~2단계로 넓혀 조사하는 경우가 많다. 컨셉 테스트에서 가장 중요한 핵심질문은 신제품의 시장가능성을 진단할 구매의도, 신제품이 얼마나 차별적인지, 어떤 점 때문에 좋아하는지를 묻는 질문이다.

단계에서 말이나 그림을 이용한 설명으로도 충분할 수 있지만 시험되는 개념이 최종제품이나 경험과 유사하도록 제시될 수 있다면 좀 더 믿을 수 있는 결과를 창출할 수 있다. 과거에는 시제품들의 제작에 비용이 많이 들고 시간이 많이 걸렸지만, 최근 CAD와 제조 프로그램의 발달로 인해 기업은 컴퓨터를 이용하여 대안적인 유형 제품(소형 가전제품, 인형 등)들을 설계할 수 있게 되어 각각의 플라스틱 모형을 만들 수 있게 되었다.

그림 9-3 | 컨셉테스트의 핵심 질문구조

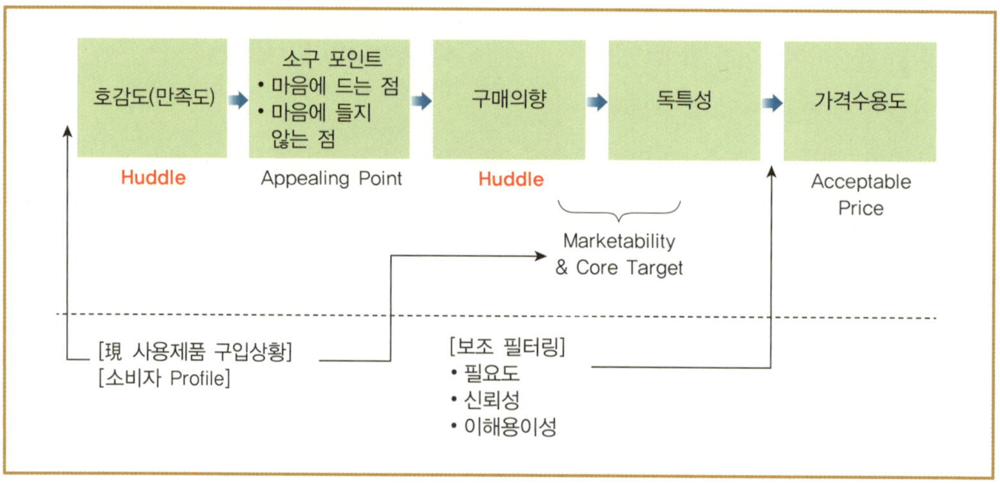

자료: 조은호, "신제품 개발(NPD)을 위한 효과적인 컨셉테스트," 한국리서치 웹리서치 노트, NO.51, https://www.hrc.co.kr/renewal/newsletter/data/wrn51.pdf

4. 전략 개발

제품컨셉의 시험결과 응답자들의 호의적인 반응을 이끌어냈다면 신제품관리자는 신제품의 시장도입을 위한 예비적인 마케팅계획을 개발해야 한다. 앞의 장들에서 자세히 설명되었듯이 크게 환경분석 → STP → MM(마케팅 믹스)의 단계로 이루어지게 된다.

5. 사업성 분석

제품컨셉과 마케팅전략을 개발한 후 마케팅관리자는 해당 제품의 시장매력도를 평가해야 할 것이다. 마케팅관리자는 과연 그러한 계획들이 기업의 목표를 달성하는 것인지를 판단하기 위해 판매액, 비용, 이익 등에 대한 추정치를 검토해야 하는데 만약 사업성이 좋게 평가되면 제품컨셉은 제품개발단계를 넘어갈 수 있게 된다.

또한 마케팅관리자는 매출액이 만족한 이익을 낼 수 있을 만큼 많은지를 결정하기 위해 매출액을 예상해보아야 하는데 예상된 매출총액은 예상 첫 회 매출액, 예상 대출매출액, 예상 반복 매출액의 합이다. 판매예측기법은 1회 구매로 끝나는 제품인가(약혼반지 또는 퇴직자 주택), 자주 구매되는 제품인가 아닌가에 따라 달라진다. 예를 들어, 1회 구매로 끝나는 제품의 경우 판매는 처음에는 증가하여(제품의 시장도입 시) 정점에 도달했다가 잠재구매자가 대부분 구매하게 됨에 따라 판매량이 거의 제로에 접근한다. 그러나 만약 신규구매자들이 계속 시장에 참여한다면 곡선은 '0'으로 내려가지 않을 수도 있다.

6. 시제품 개발

제품컨셉이 사업성 시험을 통과하면 실제의 물리적 제품으로 개발되기 위해 연구개발부서와 엔지니어링부서로 이동된다. 지금까지는 단지 제품컨셉은 단순히 말로 설명되거나 설계도 또는 간단한 모형에 불과하였지만 이 단계는 좀 더 실 제품에 근접한 제품을 개발하게 된다. 이 단계에서 발생한 비용을 작아보이게 만들만큼 투자 면에 있어 커다란 도약을 요구하는 단계이며 기업은 제품아이디어가 기술적 및 상업적으로 실행가능한 제품으로 전환될 수 있을지를 결정해야만 한다. 만약 그렇지 못하다면 지금까지 투자한 자금은 그 과정에서 얻은 유용한 정보 외에는 잃어버린 것이 되어버리고 만다.

7. 시장 실험

경영자가 제품의 기능적·심리적인 성능에 만족하면 제품은 브랜드명, 포장, 예비적인 마케팅 프로그램에 의해 단장될 준비가 된 것이다. 시장 실험의 목표는 보다 실제적인 시장환경에서 신제품을 시험하고 시장의 규모가 얼마나 큰지, 실제제품의 취급, 사용, 재구매에 대한 소비자의 반응은 어떤지를 알아보기 위함이다.

여기서 중요한 것은 얼마나 많은 시장조사가 이루어져야 하며 어떤 시장조사이어야 하는 것이 문제이다. 시장 실험의 양은 한편으로는 투자비용과 위험에 영향을 받고 다른 한편으로는 시간압박과 조사비용에 의해 영향을 받는다. 높은 투자비용과 높은 위험을 가진 제품, 즉 실패가능성이 높은 경우에는 반드시 시장 실험이 수행되어야 하며, 새로운 제품범주(최초의 즉석 아침식사음료) 또는 새로운 특성(최초의 불소치약)과 같은 위험수준이 높은 제품들은 수정된 제품(다른 치약브랜드)보다는 한층 많은 시장 실험이 이루어져야 한다.

MARKETING FOCUS 9-4

신제품 성공을 위한 조직관리

성공적인 신제품을 보다 효과적으로 만들어내려면 조직문화에 대한 관리가 필요하다. 한 연구에 따르면 조직의 분위기가 창의적이고 상호 협력적일 때 성공적인 신제품 개발이 원활히 이루어진다고 한다. 그러나 LG경제연구원의 서베이 결과에 따르면 아직 많은 국내 기업들의 경우 위계적이며 관료주의적인 문화가 보편적으로 나타나고 있다. 향후 기업들은 혁신적이고 협력적인 조직문화를 창출함으로써 보다 성공적인 신제품을 만들어내고 지속적으로 성장할 수 있는 토대를 마련해야 할 것이다.

▶ 제품컨셉을 위한 조직

성공적인 신제품 개발을 위해서는 제품컨셉부터 제대로 잡아야 한다. 고객이 필요로 하고 자사의 역량으로 충분히 개발할 수 있는 제품을 선택해야 성공할 수 있다는 뜻이다. 3M이 자사에서 높은 성과를 창출하는 R&D 연구소들을 대상으로 조사한 바에 따르면 이들은 공통적으로 제품개념화 단계에서 철저하게 시장을 분석하고 자사의 기술 활용가능성을 파악했다고 한다. 보다 효과적으로 제품컨셉을 도출하기 위해 고려해야 할 사항들을 짚어보자.

• 다기능팀(CFT)을 활용

시장성과 기술가능성에 대한 보다 효과적인 검토는 R&D와 타 부문 간의 긴밀한 연계를 통해 이루어질 수 있다. 현장에서 고객과 직접적인 교류를 하는 사업 부문과 기술적 가능성을 타진할 수 있는 R&D 및 엔지니어링 부문 간 긴밀한 협력 없이는 고객지향적인 제품을 개발하는 데 한계가 있을 수밖에 없다. 따라서 기업 내 다양한 부문이 공동으로 참여하는 다기능팀(Cross Functional Team: CFT)을 구축하여 제품컨셉을 도출해야 할 것이다. 실제 3M, DuPont 등 많은 선진 기업들은 신제품의 성공가능성을 높이기 위해 제품컨셉 도출 과정에서 CFT를 만들어 적극적으로 운영하고 있다.

• 평가·보상체계 개선

그러나 CFT를 구성해 놓는다고 해서 다양한 부문의 구성원들 간 협력이 자동적으로 이루어지는 것은 아니다. 협력을 강화하기 위해서는 한 장소에서 일하도록 만들거나 커뮤니케이션 기회를 제공하는 등 다양한 연계방안들을 적극적으로 모색해야 한다. 이 중에서도 무엇보다 평가 및 보상체계를 우선적으로 검토・개선할 필요가 있다. CFT 활동에 대해 공식적인 평가를 받도록 제도화되어 있지 않다면 구성원들의 몰입도는 낮아지기 쉽다. 특히 현장 부서의 업무가 많고 바쁠 경우 본인의 성과평가 및 보상에 영향력이 없는 CFT 활동에 관심을 가지기가 쉽지 않다. 그러므로 보다 효과적인 CFT 운영 및 협력 강화를 위해서는 기존 부서의 리더만이 아니라 CFT 리더에게 구성원들을 평가할 수 있는 권한을 부여해야 한다. 또한 최종 신제품 성과에 대한 보상도 인센티브로 제공해주어야 한다. 예컨대 신제품 매출에 따른 수익의 일정 비율을 CFT 구성원들에게 배분하는 방식을 들 수 있다. 이러한 방법들을 통해 팀 구성원들의 보다 적극적인 몰입을 유도할 수 있을 것이다.

▶ 프로젝트검토시스템(PRS)을 강화해야

프로젝트검토시스템(Project Review System: PRS)은 회사의 수익을 높여줄 수 있는 프로젝트를 가려서 선택하는 시스템이다. 대부분의 회사들이 R&D와 관련하여 PRS 제도를 운영하고 있는데, 사내의 모든 프로젝트들은 개념 수준이든 진행 중인 프로젝트이든 PRS를 통과해야만 예산을 배정받아 R&D 활동을 계속 수행할 수 있게 된다.

• 명확한 평가기준 마련

기업이 이러한 PRS를 운영하는 근본 이유는 제한된 R&D 자원을 보다 효율적으로 배분・활용하기 위한 것이다. 즉 수익성 있는 프로젝트를 선택하고 집중하겠다는 뜻이다. 이를 위해서는 프로젝트의 지속/중단(Go/Kill)에 대한 결정이 제대로 이루어질 수 있도록 명확하고 구체적인 평가기준(criteria)이 마련되어야 한다. 프로젝트 도중이라도 조건에 맞지 않으면 과감히 중단시킬 수 있어야 한다. 한 조사에 따르면 대다수의 기업들은 진행 중인 프로젝트를 중단하는 데 많은 부담을 가지고 있으며 과감한 의사 결정을 잘 못한다고 한다. 그러므로 이러한 부담을 덜어주고 자원의 낭비를 막기 위해서는 객관적이고 설득력 있는 기준을 마련하여 엄격히 평가할 수 있는 분위기를 조성해야 할 것이다.

• 상위경영층의 적극적인 참여가 있어야

또한 PRS가 제대로 운영되려면 상위경영층의 적극적인 참여가 필수적이다. 프로젝트 예산 결정권을 쥐고 있는 상위경영층의 관여가 없을 경우 PRS를 통과한 프로젝트에 대한 지속적인 지원이 이루어지기 어렵기 때문이다. 이는 결국 PRS를 유명무실케 만들어 효과적인 프로젝트 및 자원운영에 한계를 가져오게 된다.

현실적으로 볼 때 상위경영자가 PRS에 적극적이지 않은 경우가 많은데 그 이유는 관심의 부족과 시간의 부족 두 가지로 나누어 볼 수 있다. 이 중 관심부족 문제는 '전체 프로젝트의 현재가치(NPV)' 등과 같은 성과지표를 임원 평가에 반영함으로써 일부 해결이 가능하다. 보다 많은 기업에서 호소하는 것은 시간부족의 문제이다. 상위경영자가 바쁘게 돌아가는 현업을 수행하면서 모든 프로젝트를 면밀히 검토한다는 것은 쉽지 않은 일이다. 그러므로 일부 PRS 업무를 하부관리자에게 위임하는 등의 방법을 모색하는 것이 바람직하다. 예컨대 미국의 통신업체인 Nortel Networks는 위험도가 낮고 예산이 적게 들어가는 프로젝트의 경우 하위관리자가 검토하도록 제도화하고 있다. 또 미국 식품업체인 Kraft Foods는 '검토안 첨부(Recommendation)' 제도를 활용하고 있다. 이는 각 팀이 프로젝트 내용을 자체적으로 평가하고 그 결과를 첨부하여 제출함으로써 상위자가 보다 짧은 시간 내에 효과적으로 프로젝트를 검토하는데 기여하고 있다.

▶ 양산 단계까지 R&D 관여도 높여야

제품컨셉을 적절하게 설정하고, R&D 활동을 통해 프로토타입(Prototype, 원형)을 성공적으로 만들어 냈다고 해서 신제품이 완성된 것은 아니다. 생산현장에서 양산이 안정적으로 이루어져 고객에게 만족할 만한 제품이 출시·제공될 때 신제품 개발이 완료되었다고 보아야 할 것이다. 프로토타입이 만들어졌다고 안심할 일이 아닌 것이다. 때로 생산과정에서 더 많은 문제가 발생하기도 하는데, 이는 신제품 출시에 심각한 장애(bottleneck)로 작용하게 된다. 예컨대 국내 한 기업은 연구소에서 프로토타입을 만들어낸지 4년이 지났는데도 생산라인에서 양산이 이루어지지 않아 제품을 팔지 못해 속을 태우고 있다 한다.

이렇듯 생산과정에서 문제가 생기는 주요 이유는 연구소에서 제품을 만들고 테스트하는 환경과 생산현장의 환경이 다르기 때문이다. 즉 생산현장에서는 제품을 대량으로 생산해야 하기 때문에 연구소에서 프로토타입을 시범적으로 1~2개 만들 때와는 근본적으로 다른 문제들이 발생할 수밖에 없다. 예컨대 특정 공정과정에서 온도가 1도만 더 높아도 프로토타입과는 전혀 다른 제품이 나오기도 하는데, 이러한 문제를 해결하기 위해서는 R&D 과정에서 발생가능한 문제들을 미리 발견하여 예방책을 마련해야 한다. 이러한 문제들을 효과적으로 해결하는 데는 생산 부문의 힘만으로는 한계가 있다. 보다 빠른 개선을 위해서는 제품의 특성에 대해 가장 잘 알고 있는 R&D 부문의 적극적인 지원이 필요하다.

자료: 황인경(2004), 성공적인 신제품 개발의 조건, LG경제연구원
http://www.lgeri.com/report/view.do?idx=1952

제3절 제품수명주기관리

마케팅관리자는 제품전략의 수립에 있어 제품이 생명주기를 가지고 있다는 사실을 염두에 두어야 한다. 제품은 일반적으로 **도입기**(introduction stage), **성장기**(growth stage), **성숙**(maturity stage), **쇠퇴기**(decline stage) 등의 단계를 거치게 된다. [그림 9-4]에서 볼 수 있듯이 **제품수명주기**(Product Life Cycle: PLC)는 산업, 제품, 기술, 시장 등에 따라 다르지만 마케팅전략의 개발에 있어 중요한 전략적 의미를 지니고 있다.

1. 제품수명주기의 단계별 특징과 전략

일반적인 제품수명주기에서는 각 단계별로 매출액, 경쟁, 이익 등의 상황이 상이하므로 이에 따른 마케팅전략도 다르게 수립되어야 한다. 따라서 기업은 자사의 제품을 시장에 도입할 때 자사의 제품에 해당하는 제품수명주기의 형태를 잘 파악하여 각 단계에 해당되는 전략을 적용시켜야 한다.

그림 9-4 | 제품수명주기 단계

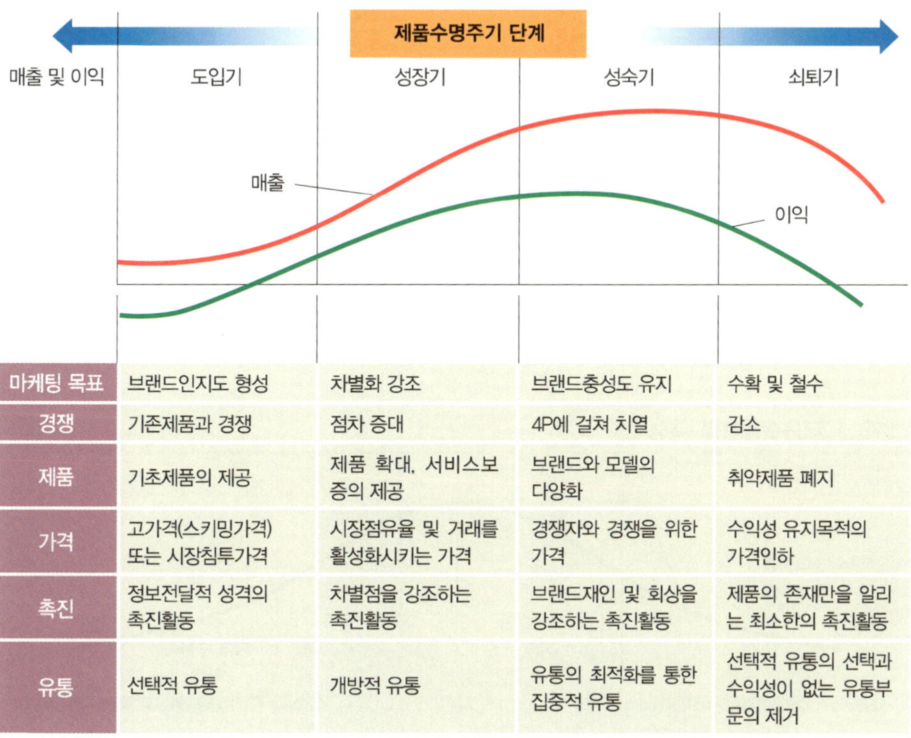

	도입기	성장기	성숙기	쇠퇴기
마케팅 목표	브랜드인지도 형성	차별화 강조	브랜드충성도 유지	수확 및 철수
경쟁	기존제품과 경쟁	점차 증대	4P에 걸쳐 치열	감소
제품	기초제품의 제공	제품 확대, 서비스보증의 제공	브랜드와 모델의 다양화	취약제품 폐지
가격	고가격(스키밍가격) 또는 시장침투가격	시장점유율 및 거래를 활성화시키는 가격	경쟁자와 경쟁을 위한 가격	수익성 유지목적의 가격인하
촉진	정보전달적 성격의 촉진활동	차별점을 강조하는 촉진활동	브랜드재인 및 회상을 강조하는 촉진활동	제품의 존재만을 알리는 최소한의 촉진활동
유통	선택적 유통	개방적 유통	유통의 최적화를 통한 집중적 유통	선택적 유통의 선택과 수익성이 없는 유통부문의 제거

1) 도입기

도입기(introduction stage)는 기업의 마케팅계획하에서 신제품이 시장에 유통되기 시작하는 단계로 **개척기(pioneering stage)**라고도 한다. 이 단계의 특징은 두 가지인데, 하나는 매출액이 적을 뿐만 아니라 증가속도가 매우 느리다는 점이다. 또 다른 하나는 이익이 거의 발생하지 않고 오히려 손실을 보는 경우가 많다는 것이다.

촉진전략으로 여러 가지가 효과적일 수 있는데 광고의 양을 가능한 늘려 소비자에게 자사의 제품을 알리도록 노력하여야 할 뿐만 아니라 그 내용에 있어서도 신제품의 내용을 잘 알 수 있도록 신제품의 특징, 사용법 등을 알리는 정보전달중심의 광고가 필요하다고 할 수 있다. 그리고 이 시기에는 강력한 판매촉진을 통하여 자사의 제품을 알리도록 하여야 한다. 그 중 견본품과 쿠폰 등의 제공을 통한 판매촉진은 소비자가 신제품을 시용하게 하는 데 큰 효과를 거둘 수 있다. [그림 9-5]에서 볼 수 있듯이, 특히 이 시기에 구매를 시도하는 **혁신층**(innovators)들에 대한 촉진노력이 우선시된다고 볼 수 있다.

가격전략으로는 **초기고가전략**(skimming pricing strategy)과 **침투가격전략**(penetration pricing strategy)을 고려해볼 수 있다. 도입기의 신제품가격은 고가전략이 일반적이다. 왜냐하면 매출액이 많지 않은 관계로 생산원가가 매우 높고, 촉진비용 또한 매우 많으며, 신제품의 구매자는 고소득층이 많은데 이들은 가격에 대하여 그다지 민감하지 않기 때문이다. 경우에 따라서는 경쟁사의 시장진입을 방어하고 초기에 시장의 주도권을 확보하여 장기적인 이윤확보를 할 목적으로 저가격전략을 사용하기도 한다.

제품전략으로는 제품의 결함을 빨리 파악하여 보다 나은 제품을 만들려는 노력이 중요하

그림 9-5 | 제품수용층별 특성

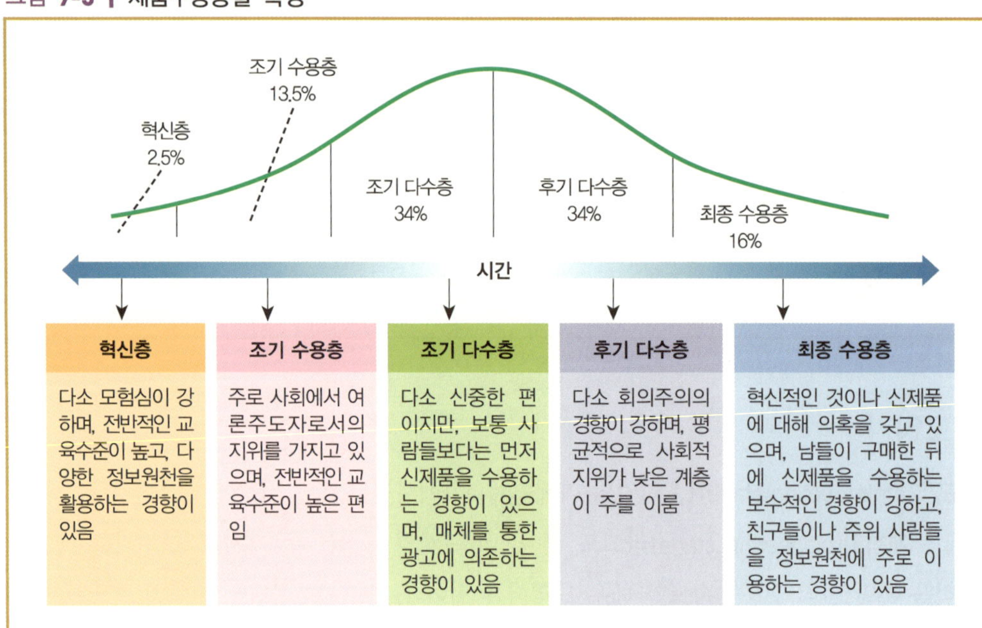

다. 유통전략으로는 판매망의 확보가 초기에 쉽지 않으며, 한편으로는 자사제품의 이미지관리 등의 이유로 유통업체의 수를 제한하는 전속적 유통전략 또는 선택적 유통전략이 더 바람직하다고 할 수 있다.

MARKETING FOCUS 9-5

지름신 때문에 얼리어답터?

누리꾼(네티즌)들이 첨단 디지털 기기의 유혹을 떨치지 못하게 하는 '지름신' 때문에 아우성이다. '지름신'이란 '지르다'는 우리말과 '신(神)'이 결합된 신조어. '내기를 걸다' '힘껏 건드리다'라는 '지르다'의 사전적 의미를 '일단 물건을 사고 보다'로 변용한 뒤 신을 결합시킨 조어다. 누리꾼들 사이에선 신제품을 보면 일단 사도록 부추기는 가상의 신으로 통한다.

이번엔 니콘의 디지털 SLR 카메라를 지르라는 '계시'를 받았다는 이 씨는 "지름신이 강림할 때는 사랑에 빠진 것처럼 한순간에 눈이 뒤집힌다"며 "집에서 알면 난리나니 이름을 밝히지 말아 달라"고 말했다.

블로그 제공 사이트인 이글루스닷컴(www.egloos.com)에 있는 블로그 '뽐뿌 인사이드(bikblog.egloos.com)' 운영자 고진우(32) 씨는 디지털 기기의 사용후기를 쓰며 하루하루 '뽐뿌와 지름의 나날들'을 보내고 있다는 IT 칼럼니스트다. 뽐뿌란 '펌프(pump)'의 속어로 펌프질을 하듯 '지르도록 부추기는' 것이다.

▶ 디지털세대 新소비문화

최근 인터넷에는 지름신을 경험했다는 누리꾼(네티즌)들이 가득하다. 유행어를 해설해주는 네이버 오픈사전에 따르면 지름신이란 '예쁘거나 기능이 우수한 제품을 볼 때 멀쩡하던 사람에게 강림해 일시적이고 강력한 뽐뿌 현상을 일으키며 구매를 부추기는 신'이다. 지름신은 생활필수품을 살 때는 나타나지 않는다. 이동통신 기기나 PSP 같은 게임기 등 최첨단 유행제품을 봤을 때만 나타난다는 것. 지름신이 와서 물건을 지른 사람은 강력한 쾌감인 '지르가즘'을 느낀다고 한다. 누리꾼들은 "지름신은 통장의 잔액이 높을수록 힘이 커져 더 비싼 것을 지르도록 하며 지름신 뒤에는 그 형님인 파산신이 온다"며 "가장 무서운 것은 파산신 다음에 오는 망각신으로 지름신과 파산신 때문에 겪은 고난을 잊게 하고 다시 그들에게로 이끈다"고 말한다.

인터넷에는 지름족의 패러디가 넘쳐난다. '우리를 저금에 들게 하지 마옵시고 다만 신용불량에서 구하옵소서'라는 '지름도문'은 기독교의 주기도문을 변형한 것이다. 경구나 속담도 패러디의 대상이다.

이순신 장군은 '부모님께 나의 지름을 알리지 말라'고, 마르크스는 '만국의 노동자여, 질러라'고 말했다고 누리꾼들은 주장한다. '세 살 지름 여든까지' 가며 '하늘은 지르는 자를 돕는다'는 속담도 있다.

▶ 지름족은 얼리어답터 워너비

지름족은 신제품을 먼저 써보려는 고소득 전문직의 '얼리어답터'와 다르다. 얼리어답터는 구매력 있는 오피니언 리더 계층으로 '남과 다른 물건을 소유하는 것' 자체를 즐긴다. 그러나 지름족은 얼리어답터가 되고싶은 '**얼리어답터 워너비(early adopter wannabe)**'로, 돈이 뒷받침되지 않아도 이런저런 궁리를 통해 첨단기기를 일단 사고 보는 소비문화를 가진 디지털 세대를 말한다. 즉 디지털 세대의 소비문화 현상을 주도하는 이들로 인터넷을 통해 각종 할인정보를 수집하는 합리적인 측면도 지니고 있다.

왼쪽부터 MSN 메신저 7.0의 아이템인 지름보살, 지름신, MBC 드라마 '왕꽃선녀님'을 패러디한 포스터

제일기획은 최근 디지털 환경과 문화 속에서 성장한 13~24세 소비자를 '포스트디지털세대(PDG)'로 규정했다. 이에 따르면 PDG는 최신 제품에 대한 강한 욕구를 갖고 있으며 갖고 싶은 것은 나중에 갚더라도 일단 구매하고, 그러면서도 조금이라도 싸게 사기 위해 노력하는 성향을 지니고 있다. 'PDG'는 지름족의 특징을 지니고 있다. 실제로 제일기획의 조사결과 PDG의 46.4%는 '최신 제품을 갖지 않으면 남에게 뒤떨어진다'고 생각하며 44.3%는 '정말 갖고 싶은 것은 일단 사고 본다'고 답했다. 이는 아날로그 세대에 비해 두 배가 넘는 수치다. 지름족은 유행 제품을 지르고, 그것을 화제로 삼는 데서 '존재의 이유'를 찾는다. 즉 지름족은 PDG를 포함해 디지털문화에 익숙한 20~30대 직장인 등 유행제품을 지르고 그것을 화제로 삼는 것을 즐기는 사람들이다. 구매를 '지름신 탓'으로 돌리기도 하지만, 사실은 즉석 구매 행위를 통해 앞서 나가는 '첨단 심리'에 대한 자랑이기도 하다.

▶ '작은 사치'를 위해 선택과 집중

지름족은 얼리어답터만큼 경제력이 뒷받침되지 않기 때문에 소비의 선택과 집중을 전략적으로 구사한다. 이 같은 경향은 미국의 트렌드 분석가 페이스 팝콘이 '작은 사치(small indulgences)'로 분석한 것과 동일하다. '작은 사치'란 심리적 만족을 위해 구매가능한 수준의 고급 물건을 소유하려는 행위로 21세기 트렌드다.

물론 모든 물건이 지름의 대상이 되지만 인터넷 중심으로 생활하는 젊은 세대의 특성상 디지털 기기에 지름족이 몰린다. 지름족은 제품정보와 가격을 꼼꼼히 비교한 뒤 제품을 구입하고 정보교환을 위해 사용후기를 블로그에 올리는 이들이 많다. 이 같은 성향은 합리적인 지름을 위한 것으로 충동구매와 다른 셈이다.

특정 브랜드의 제품에만 열광해 국내에 출시되지 않으면 해외 사이트를 통해서 사는 '소빠(소니 빠돌이)' '아빠(아이리버 빠돌이)' 등도 지름족의 일원들이다.

자료: 이규현(2005), 신상품마케팅, 경문사/이장우(2007), 디자인+마케팅, 21세기북스/ISO 뱅크, "당신도 얼리어답터족?," http://isobank.com/board01_view.htm?action=view&bd_no=3322&code=0100/네이버 지식IN, http://kin.naver.com/qna/detail.nhn?d1id=4&dirId=40401&docId=34423898/한국경제_나는야 '얼리 어답터' 族, "신제품은 뭐든지 사야 돼. 안사면 몸이 근질"/http://news.naver.com/main/read.nhn?mode/네이버 블로그 퀸스향의 블로그, "얼리어답터가 기업정책 바꾼다," http://blog.naver.com/yj651215/140038653047 등에서 참고하여 작성

2) 성장기

도입기의 성공적인 마케팅전략으로 시장에서 살아남게 되면 **조기수용층**이 신제품을 신호하게 되고 **조기다수층**의 구매가 시작되어 매출액이 급격히 증가하게 되는 **성장기(growth stage)**에 진입하게 된다. 이 단계에서는 매출액과 이익이 급격하게 상승하므로 경쟁사가 대거 시장에 진입하게 된다. 경쟁사의 진입은 시장에서의 치열한 경쟁을 유발하지만 경쟁사의 새로운 제품특성으로 인하여 시장의 규모가 확대되는 긍정적인 효과도 있다.

성장기는 자사제품의 시장점유율을 확대하는 것이 무엇보다도 중요하다. 이를 위한 제품전략으로는 도입기에 발견되는 제품의 결함을 참고하여 제품의 질을 개선시키는 노력 등을 함으로써 판매가 증가되는 기간을 늘리도록 하여야 한다. 촉진전략으로는 보다 격화되는 경쟁으로 인하여 기업은 광고비 및 판매촉진비를 계속적으로 투입하여야 하고, 그 내용에 있어서도 도입기가 제품인식을 강조한 광고의 형태였다면 성장기는 제품확신과 구매를 유도하기 위한 경쟁적·설득적 광고로 바꾸어나가야 한다.

또한, 가격전략 면에서 성장기 초기에는 기존가격을 유지하는 경우가 많지만, 경쟁이 격화되면 상황에 따른 전략적 가격변화를 고려해야 한다. 만약 자사가 압도적인 시장지위와 규모의 경제를 달성한 경우라면 가격전략의 변화를 시도할 필요는 없다. 그러나 경쟁자가 시장침투를 목적으로 저가격전략을 시도한다면 그에 상응하는 만큼의 가격인하정책을 실시하든지, 경쟁자가 시장에 진입하기 전에 강력한 가격인하정책을 실시하여 경쟁자의 시장진입의지를 봉쇄해버릴 수도 있다. 특히 IT분야와 같이 기술의 발전이 매우 빠른 분야에서는 가격의 하락 역시 매우 빠르다는 것도 고려하여야 할 것이다. 유통전략으로는 이 시기의 높은 매출액을 확보하기 위한 개방적 유통전략이 바람직하다고 할 수 있다.

3) 성숙기

성숙기(maturity stage)의 매출액은 성숙기 초기에 증가속도가 감소하다가 성숙기 중반에 매출액이 포화상태에 이르게 된다. 성숙기 후반에는 소비자가 경쟁사의 제품이나 대체품을 구매하기 시작함으로써 매출액이 감소하기 시작하는 특징을 갖고 있다. 성숙기의 이익은 매출액과 같이 서서히 증가하다가 정점을 이루고 감소되어 가는 과정을 겪는다. 그러나 매출액보다 빨리 이익이 감소하기 시작하는데 이는 성장기에 진입한 경쟁사와의 치열한 경쟁의 결과 비용이 많이 투입되기 때문이라 할 수 있다.

이 시기의 마케팅전략 목표는 이익의 극대화와 시장점유율 방어를 들 수 있다. 이러한 목표를 위하여 여러 가지 마케팅전략을 수행하여야 한다. 성숙기의 제품전략으로는 대표적으로 크게 두 가지를 들 수 있다. 하나는 제품의 개량 및 다양화를 통하여 매출액 증대와 경쟁에서 우위를 지키는 것이고, 또 하나는 제품의 새로운 용도개발 및 사용량 증대를 통하여 매출액을 늘리는 방법이다.

성숙기의 가격전략은 가격인하전략이 주를 이룬다. 이 시기는 매출성장률이 둔화됨으로써 전체적으로 공급과잉현상이 나타나게 된다. 이러한 공급과잉은 경쟁을 격화시키게 되는데 이로 인하여 서로 이익을 줄이고 가격할인을 빈번히 하게 된다. 그러나 제품의 다양화와 개량이 성공적으로 수행되어 제품이 경쟁력을 갖추게 되면 가격인하전략보다 기존가격의 유지 또는 약간의 가격인상전략도 가능하다.

이 단계의 촉진전략은 치열한 경쟁이라는 요소가 고려되어야 한다. 촉진의 양은 도입기만큼이나 많이, 자주 행해져야 한다. 그리고 광고의 내용도 타 경쟁제품과 차별화되는 내용으로 자사제품의 우수성을 강조하는 차별화광고를 하여야 할 것이다. 또한 판매촉진도 매우 중요한데, 감소되는 매출액과 경쟁사와의 경쟁심화라는 상황에서 소비자를 끌기 위한 쿠폰, 세일, 경품 등의 제공이 효과적이다. 유통전략으로는 개방적 유통전략이 바람직하다.

이 시기는 다른 어느 시기보다도 경쟁에서 이기기 위한 창의적이고 혁신적인 마케팅전략이 필요한 시기라고 볼 수 있다. 수명이 다해가는 제품이라도 적절한 전략을 통하여 매우 큰 잠재력이 있는 제품으로 변화할 수도 있음을 간과하지 말아야 할 것이다.

4) 쇠퇴기

제품이 시장에 도입되어 일정한 기간이 지나면 기술변화로 더 싸거나 보다 나은 제품이 나타나고, 소비자들의 취향변화로 더 이상 이 제품에 관심을 보이지 않게 된다. 또한 치열한 경쟁 등으로 인하여 매출액이 회복되기 힘들고 이익도 크게 줄거나 손실을 보이게 되는데 이 단계를 **쇠퇴기(decline stage)**라 한다.

쇠퇴기에는 제품을 잘 관리하는 것이 무엇보다 중요하다. 왜냐하면 기업에 도움이 되지 않는 취약한 제품의 보유는 직접적인 비용뿐만 아니라 간접적인 비용을 발생시키게 된다. 예를 들어, 쇠퇴기에는 제품의 관리, 즉 가격과 재고 등의 조정에 많은 시간이 소요된다. 뿐만 아니라 광고나 판매원과 같은 촉진활동을 한다는 것이 오히려 수익성이 있는 제품에 투입할 수 있는 기회의 상실로 이어지기도 한다. 쇠퇴기의 제품을 효과적으로 관리하지 않으면 이로 인하여 기업이나 자사의 다른 제품에 부정적인 이미지를 초래할 수도 있다. 그러나 무엇보다도 가장 큰 손실은 쇠퇴기의 제품이 적절히 제거되지 않을 때 대체되어야 할 신제품의 개발이 지연되어 제품믹스의 불균형이 발생할 수도 있다는 점이다. 결과적으로 이는 기업의 장기적인 성장기반을 약화시키게 될 것이다.

3. 제품수명주기 개념의 평가

제품수명주기 개념은 마케팅관리자에게 매우 흥미롭고 유용한 개념이다. 그런데 이 개념이 비록 제품계획을 세우는 데 바람직한 방향을 제시하여 주기는 하지만 다음과 같은 여러 가지 상황이 함께 고려되어야 한다.

첫째, 수명주기의 단계, 각 단계의 지속기간, 각 주기에서의 곡선모양(평평함, 불규칙함, 급속증가) 등은 제품에 따라 매우 상이할 수 있음을 고려하여야 한다. 즉, 각 제품마다 독특한 수명주기를 가질 수 있다. 앞에서 살펴본 바와 같이 모든 제품이 반드시 네 단계와 S자 모양의 수명주기를 갖는 것은 아니다.

둘째, 경제적 상황, 인플레이션의 정도, 소비자의 라이프스타일 등과 같은 외부적 요인이 제품수명주기의 기간을 변화시킬 수도 있다. 장기간의 성장기가 예상되던 고가품이 경기침체라는 변수를 만나게 되면 갑자기 쇠퇴기로 진입할 수도 있는 것이다.

셋째, 동일한 제품을 생산하는, 기업 즉 동일한 사이클 내에 있는 기업이라 하더라도 성공하는 기업과 실패하는 기업이 있을 수 있음을 간과하지 말아야 한다. 즉, 어떤 두 기업이 성장기에 있는 제품을 생산하고 있다고 가정할 때 한 기업은 성장기의 특징인 급속한 매출증가를 이룰 수 있지만 또 다른 기업은 성장기의 매출특징과는 다르게 실패할 수도 있다는 것이다. 반대로 쇠퇴기에 있는 기업이라 하더라도 어떤 기업은 이 단계에서도 많은 매출과 수익을 올릴 수도 있다. 이외에도 마케팅관리자는 제품수명주기의 분석대상이 제품범주, 제품유형, 개별브랜드 등에 따라서도 변화될 수 있는 점을 고려하여 제품수명주기의 분석을 행하여야 할 것이다.

| 생각해볼 문제 |

01 신제품을 유형별로 구체적으로 분류하여 예를 들어보세요.

02 모방제품과 위조제품의 차이를 설명하고 모방제품 전략의 장·단점에 대해 설명해보세요.

03 신제품 개발과정에서 마케팅의 역할에 대해 설명해보세요.

04 히트제품의 조건을 예를 들어 설명해보고 여러분이 생각하는 미래 유망상품에는 어떤 것이 있는지 마케팅상의 관건은 무엇인지 논해보세요.

05 제품수명주기별 마케팅 전략상의 차이에 대해 설명하고 제품수명주기전략의 문제점에 대해서 논해보세요.

| 참고문헌 및 더 읽을거리 |

[국내문헌]

김병국 옮김(2003), 컨버전스 마케팅, 위즈덤 아카데미.

김상훈(2005), 하이테크 마케팅, 박영사.

김원수(1996), 신상품 개발, 경문사.

김희경(2005), 흥행의 재구성, 지인.

박규호 옮김(2005), 일등기업을 무너뜨린 마케팅전략 33, 21세기북스.

박흥수·하영원(1998), 신제품 마케팅, 학현사, pp.10-11.

유승삼·김기원 옮김(2002), 캐즘 마케팅, 세종서적.

이창식 옮김(2000), 마케팅 게임에서 승리하라, 넥서스.

LG경제연구원(2005), 2010 대한민국 트렌드, 한국경제신문사.

이유재·박찬수 편역(1995), 신상품마케팅, 프레스빌/Glen L. Urban and John. R. Hauser(1993), *Design and Marketing of New Products,* Prentice-Hall, Inc.

임옥희 옮김(2004), 티핑포인트, 21세기북스/Gladwell, M.(2000), *The Tipping Point, Janklow & Nesbit Associates.*

조서환·추성엽(2005), 대한민국 일등상품 마케팅전략, 위즈덤하우스.

조은호, "신제품 개발(NPD)을 위한 효과적인 컨셉테스트," 한국리서치 웹리서치 노트, NO.51, https://www.hrc.co.kr/renewal/newsletter/data/wrn51.pdf

하시용·지용근 옮김(2000), 히트상품 어떻게 탄생하는가?, 푸른솔.

[국외문헌]

Althuizen, N.(2018), "Using Structural Technology Acceptance Models to Segment Intended Users of a New Technology: Propositions and an Empirical Illustration," *Information Systems Journal.*

Capon, N. and R. Glazer(1987), "Market and Technology: A Strategic Coalignment," *Journal of Marketing,* 51, July, pp.1-14.

Clark, K. B. and T. Fujimoto(1991), *Product Development Performance: Strategy, Organization, and Management in the World Auto Industry*, Boston, MA: Harvard Business School Press.

Clancy, K. J. and R. S. Shulman(1991), *The Marketing Revolution: A Radical Manifesto for Dominating the Marketplace* (New York: Harper Business).

Cooper, R. G. and E. J. Klevinschmidt(1990), *New Products: The Key Factors in Sucess,* Chicago: American Marketing Association.

Davis, N.(2016.1), "What is the Fourth Industrial Revolution?," *World Economic Forum.*

Hippel, Eric Von(1986), "Lead Users: A Source of Novel Product Concepts," *Management Science*, July, pp.791-805.

Hise, R. T. L. O'Neal, J. U. McNeal and A. Parasuraman(1989), "The Effect of Product Design Activities on Commercial Sucess Levels of New Products," *Journal of Innovation,* 6, pp.43-50.

Dickerson, M. D. and J. W. Gentry(1987), "Characteristics of Adopters and Non-Adopters of Home Computers," *Journal of Consumer Research*, 10, September, pp.225-235.

Gatignon, H., E. Anderson, and K. Helsen(1989), "Competitive Reaction to Market Entry: Explaining Interfirm Differences," *Journal of Marketing Research*, 26, 1, February, pp.44-55. Urban, G. L., J. R. Hauser and N. Dholakia(1987), *Essentials of New Product Management.* Englewood Cliffs, NJ: Prentice-Hall, Inc.

Schwab, K.(2017), "The Fourth Industrial Revolution," *Crown Business.*

Taherdoost, H.(2018), "Development of an Adoption Model to Assess User Acceptance of E-service Technology: E-Service Technology Acceptance Model," *Behaviour & Information Technology*, Vol.37, No.2, pp.173-197.

Verma, S. S., Bhattacharyya, S. Kumar(2018), "An Extension of the Technology Acceptance Model in the Big Data Analytics System Implementation Environment," *Information Processing & Management.*

Wind, J., V. Mahajan, and J. L. Bayless(1990), *The Role of New Product Models in Supporting and Improving the New Product Development Process: Some Preliminary Results*(Cambridge, MA: The Marketing Science Institute).

CHAPTER

10

가격관리

"낭만적으로 평가된 레스토랑이 독신자에게 어울린다고 평가된 곳에 비해 전체요리와 후식의 가격이 각각 6.9퍼센트와 14.5퍼센트 더 높게 책정되는데 그 이유는 서로 좋아하는 연인이 레스토랑에 더 머물면서 전체와 후식까지 주문하게 될 가능성이 크며, 따라서 레스토랑은 '낭만적' 품목에 상대적으로 더 높은 가격을 부여할 수 있다."

-에드아르도 포터의 『모든 것의 가격』 중에서-

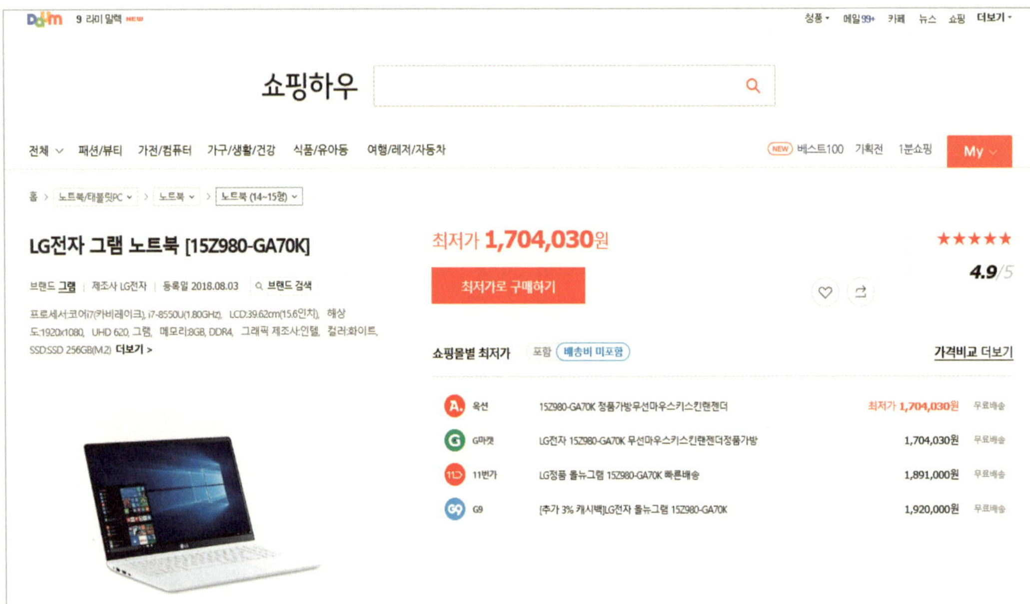

가격비교를 해주는 포털

| 이 장의 학습내용 |

제1절 마케팅에 있어서 가격문제
제2절 가격설정의 과정
제3절 가격설정방법

제1절 마케팅에 있어서 가격문제

1. 가격의 의미

마케팅의 4가지 기본적인 믹스 중 **가격관리(price management)**는 여타의 다른 믹스 전략과는 달리 최초 그 의미에 관한 혼돈 때문에 몇 가지 어려움이 발생한다. 실제로 일상생활에서 집세, 등록금, 이자, 임대료, 통행료, 임금, 수수료, 회비, 진료비 등은 모두 어떤 제품이나 서비스에 대해 소비자가 지불하는 가격의 다른 명칭들로 사용되고 있다. 즉 간단히 말해 가격이란 일반 소비자들이 일상적으로 구매하는 제품들뿐만 아니라 이 세상의 모든 제품이나 서비스를 소유 또는 사용하는 대가로 지불하는 금전적 가치를 포괄하는 개념이다.

보다 이론적 관점의 접근인 경제학적인 측면에서 보면 가격은 재화의 한 단위와 교환되는 화폐의 단위수를 말하는 것으로, 기업이 생산 판매하는 상품 또는 서비스를 획득하는 대가로서 구매자가 지불하는 화폐액을 일컫는다. 즉, 기업의 입장에서 보아 가격은 상품의 판매에 중대한 영향을 미치는 요인의 하나인 동시에 기업에 대하여 수익을 제고하는 원천이다. 따라서 가격은 한편에 있어서는 수요공급의 경제원칙에 의하여 지배를 받고 또 한편으로는 비용과 수익의 관계에 의하여 상당한 영향을 받는다고 할 수 있다.

기업의 마케팅관리자에게 있어서 이러한 가격의 의미는 비단 경제학적이고 화폐적 의미만을 포함하는 것은 아니다. 실제로, 소비자들이 부여하는 가치는 매우 주관적이며 상이하기 때문에 그러한 가치를 평가하는 일이 그리 간단한 일이 아니며 아울러 가격전략을 실행하는 데 어려움으로 작용하기도 한다. 또, 도입부의 가격비교사이트에서 보았듯이 어떤 제품이나 서비스는 같은 제품이나 서비스라 할지라도 소매업태나 지역별로 차이를 보이는 경우도 있다.

일반적으로 소비자들은 스스로가 어떤 상품이나 서비스 이용시 가격에 대한 의미를 단순히 화폐적 차원의 ○○○원 등으로 보기보다는 여러 가지 대안들 중의 하나로 그 가치를 평가한다고 볼 수 있다. 실례로, 소비자가 만약 손흥민 선수가 소속해 있는 토트넘 홋스퍼의 경기를 보고 싶었다면 이러한 스포츠 서비스를 받기 위해 해당 소비자들의 심리상태는 단순히 ① 입장료 220,000원, ② 내가 좋아하는 손흥민을 직접 현장에서 볼 수 있는 기회, ③ 손흥민뿐만 아니라 케인, 에릭센, 알리 등 다른 세계적인 다른 선수들이 출전하는 경기, ④ 일생에 한 번 볼 수 있는 기회 등 그러한 실체에 대한 가치의 평가는 소비자들마다 각기 다를 수 있는 것이다.

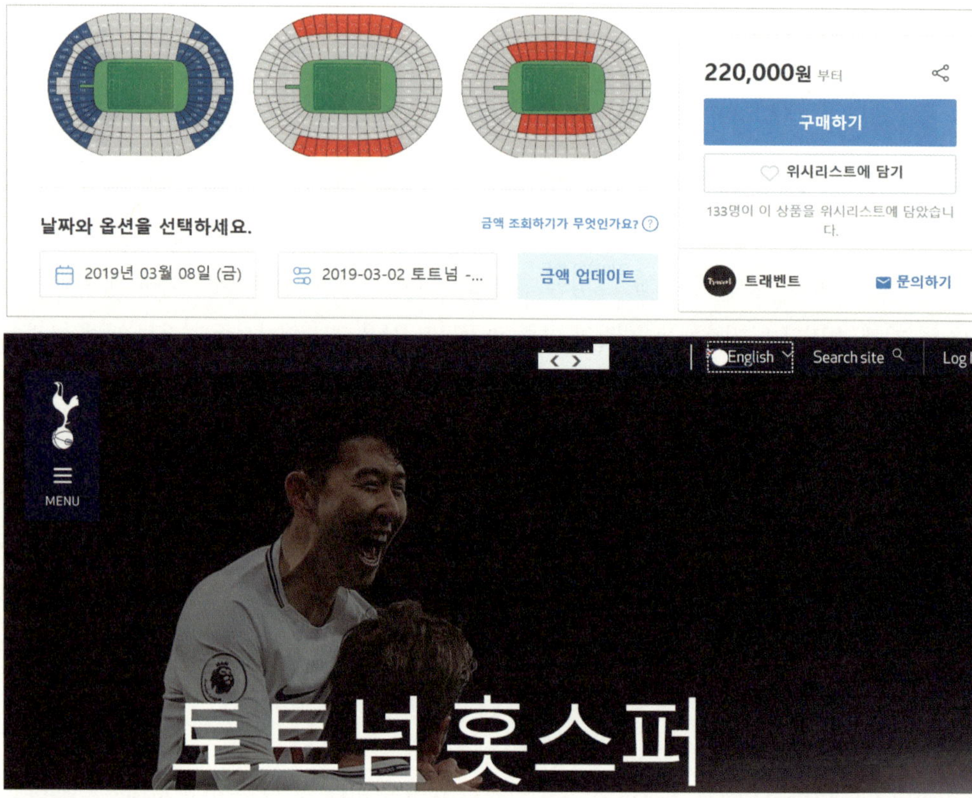

토트넘 경기 구매사이트(https://www.myrealtrip.com)

이렇듯 가격의 일반적 의미는 그 의미와 복잡성과 경제학적인 논리로 인하여 해당 전략의 수립에 있어 많은 어려움으로 작용하지만 해당 기업의 가시적 손익관계에 미치는 영향이 크기 때문에 마케팅담당 실무자에게 뿐만이 아니라 기업의 최고경영자에 이르기까지 전략적으로 매우 중요한 의사결정 영역으로 인식되고 있다.

2. 가격의 중요성

오늘날 고객지향적 마케팅 사고에 있어 해당 기업의 가격결정 내지 가격정책은 마케팅 믹스의 중요한 부분이기 때문에 언제나 전체 마케팅전략의 테두리 안에서 다루어져야만 한다. 왜냐하면 기본적으로 기업의 마케팅활동 수행은 해당 소비자에게 적정한 품질의 상품을,

적정한 가격으로, 적절한 양만큼, 적절한 시기에, 적절한 방법에 의하여 제공하기 위한 기업의 계획 활동인 까닭에 가격을 제품(품질)과는 별도로 떼어서 생각할 수 없음이 분명한 것이다.

본질적으로 가격에 대한 관심은 여타의 마케팅 믹스들 중에서 궁극적으로 수익을 결정하는 요인이라는 점에서 기인한다고 할 수 있다. 다시 말하면 마케팅 믹스 4P 중에서 판매수익을 올릴 수 있는 직접적 요소는 가격뿐이며 나머지 요소들은 비용의 성격을 가진다고 볼 수 있다. 더욱이 오늘날과 같이 원가가 상승하고 인플레이션이 계속되며 경쟁적인 제품들이 속출한다든가 만성적인 불황에 직면하게 될 때에는 시장변화의 조건에 따라 가장 민첩하게 조정될 수 있는 요소가 가격이라고 볼 수 있기에 가격정책 문제는 매우 중요하다는 결론에 도달할 수 있다.

3. 가격의 특성

가격이 다른 마케팅 믹스 요소들과 구별되는 특성은 다음과 같이 요약될 수 있다.

첫째, 가격은 다른 마케팅 믹스 요소들과 달리 쉽게 변경할 수 있다는 것이다. 가령, 일단 개발된 상품을 개선하거나 수정하는 데에는 적지 않은 시간과 비용이 들어간다. 광고 역시

인터넷은 가격변화를 고지하고 소비자가 실시간으로 인식할 수 있는 중요한 수단이 되고 있다.
사진출처: http://www.ttang.com

마찬가지이다. 유통경로의 경우에는 사실 변경하기가 매우 어렵다. 그러나 가격은 변경하겠다고 결정한 즉시 실행에 옮길 수 있다. 이것은 특히 온라인을 통해 소비자에게 실시간으로 공지할 수 있기에 효과적인 설득전략이 될 수 있다.

둘째, 소비자에게 고정된 가격이미지는 변화시키기는 어렵다. 가격 그 자체는 쉽게 바꿀 수 있지만 가격이미지는 쉽게 바꿀 수 없다. 즉, 실제로는 우리 회사 상품이 비싸지 않더라도 고객들은 우리 회사 상품이 비싸다고 지각할 수 있는데, 일단 이런 이미지가 형성되면 바로잡는 데에는 오랜 시간이 걸린다.

지오다노는 초기 도입시 저가 이미지를 모델을 통해 극복하고자 하였다.

버거킹은 맥도날드나 롯데리아에 비해 가격할인을 피한다. 좀 더 양질의 햄버거를 제공한다는 이미지를 꾸준히 추구하기 위해서이다.

셋째, 가격변경은 기업의 이익에 즉각적으로 커다란 영향을 미친다. 미국에서 2,463개의 기업들을 대상으로 수행된 한 연구결과에 따르면 가격을 1% 인상하면 공헌이익이 평균 11.1%나 향상되는 것으로 나타났다. 이 결과가 암시하는 것은 가격을 잘못 결정하면 이익이 크게 감소될 가능성이 높다는 것이다. 따라서 가격이란 변수는 매우 조심해서 다룰 필요가 있다.

넷째, 가격변화는 회사의 매출액과 이익에 직접적이고 즉각적인 영향을 주기 때문에 회사의 수익성을 보전하기 위해서는 가격경쟁을 가능한 한 피하는 것이 바람직할 수도 있다. 이를 위해서는 기업들이 **가격담합**을 하는 경우들이 흔히 있는데 [Marketing Focus 10-1]에서 볼 수 있듯이 정부나 소비자의 입장에서는 매우 부정적일 수 있지만 기업들은 암묵적인 합의를 통해 가격경쟁을 피할 수 있다. 그러나 제3장에서 공부했듯이 진정한 경쟁우위를 확보하기 위해서는 경쟁의 양상을 가격경쟁에서 **제품차별화(product differentiation)**에 의한 경쟁으로 바꾸어 나가야 할 필요가 있다.

MARKETING FOCUS 10-1

역대 최악의 담합 사례는?

현재까지 우리나라 최고의 담합사건은 2009년 액화석유가스(LPG) 공급업체 가격담합사건이다. 공정거래위원회는 E1, SK가스, SK에너지, GS칼텍스, 현대오일뱅크, S오일 등 6개 업체에 가격담합 결론을 내리고 총 과징금 6,689억 원을 부과했다. 이들 업체는 지난 2003년부터 6년간 72차례에 걸쳐 가격정보 등을 교환해 프로판과 부탄 판매가격을 공동 결정해왔으며 그 결과 kg당 판매가격 차이가 0.01원에 불과할 정도로 가격을 조정해온 것으로 드러났다.

역대 2번째 담합 과징금 사건 역시 정유업계가 차지했다. 지난 2008년 4월 기준으로 정유사들이 직거래하는 자영주유소 8,721개 가운데 84.4%인 7,363개에서 특정 정유사 제품만 판매하도록 강요한 배타적 공급계약을 통해 담합을 한 것이다. 정유업체가 석유공급권을 확보하기 위한 경쟁을 피하고 담합함으로써 석유제품 주유소 공급가격 인하를 막았다는 게 공정위 판단이다. SK, GS칼텍스, 현대오일뱅크, S오일 등 5대 정유사에 물린 과징금은 4,326억 원이다.

국민생활과 직결된 라면 제조업체의 가격담합 역시 최악의 담합사건으로 분류된다. 공정위는 2012년 3월 4개 라면제조업체에 대해 가격담합 금지명령과 함께 과징금 1,354억 원을 부과했다. 농심 1,077억 원, 삼양 116억 원, 오뚜기 97억 원, 한국야쿠르트 62억 원의 과징금을 각각 부과했다. 이들 업체는 2001년 5월부터 7월 사이 단행된 가격 인상부터 2010년 2월 가격 인하시까지 총 6차례에 걸쳐 각사의 라면제품 가격정보교환을 통해 공동으로 가격을 인상했다.

지난 2010년 26개 항공화물운송사업자의 유류 할증료 담합사건은 세계 최초로 항공화물 담합에 대해 정식 심판절차를 통해 조치한 사건으로 국제담합사건 사상 최대인 1,247억 원의 과징금이 부과됐다.

지난 2005년 2개 시내전화 사업자 간 시내전화 요금 격차를 줄이기로 합의한 담합사건의 경우 총 967억 원의 과징금이 부과됐다.
1998년부터 2000년까지 군납유류 구매입찰 담합사건의 경우 피해자인 국방부가 손해배상 소송을 제기해 역대 최대인 1,960억 원의 손해배상액이 책정된 사건이다. 5개 정유사는 국방부 납품 군항공유 및 경유 담합으로 9차례나 유찰시켜 전시 비축유의 20%까지 사용해야 하는 비상상황에 처하기도 했다.
학생복제조업체 3개 업체가 대리점과 담합해 가격을 결정한 2001년 교복 담합사건은 역대 최대 인원인 3,525명이 소송해 참여해 승소한 사건으로 이를 계기로 공동구매가 활성화되기도 했다.
2007년 3개 설탕 제조·판매업체 담합사건은 14년간에 걸친 사건으로 법 위반 기간이 가장 긴 사건이었으며, 2002년 6개 흑연전극봉 생산업체의 가격인상 유지 담합사건은 우리나라 최초의 국제담합사건으로 기록됐다.

자료: [대기업, 변해야 산다⑤] 역대 최악의 담합 사례는?, 중앙일보, [뉴시스] 입력 2012.06.04.
https://news.joins.com/article/8370296

4. 가격역동성

가격결정의 혁신은 드문 편이었고 확산이 더디지만 우리는 최근 인터넷 덕택에 빠르고 광범위한 가격혁신을 보아왔다. 정확한 가격 계측 기술, 이전보다 보다 강력한 컴퓨터(빅데이터 분석가능), 창조적 비즈니스 모델 모두 가격관리 혁신에 기여한다. 인터넷은 가격비교를 간소화하여 **가격투명성**을 높인다. 디지털 마케팅 시대에서 가격전략의 근본적인 변화를 요구하는 주요 동인은 5가지로 요약할 수 있는데, 소비자 측면에서는 가격민감도의 변화, 전환비용의 변화, 소비자잉여의 수취가능성 증대를 들 수 있으며, 경쟁 측면에서는 경쟁의 심화를 들 수 있고, 기업 측면에서는 환경변화에 대한 역동적인 대응력 증대를 들 수 있다. 이러한 변화로 인해 디지털 시대의 시장은 완전경쟁시장에 가까운 특성을 보이게 되어 치열한 가격경쟁이 벌어질 가능성이 크며 장기적으로는 **가치투명성**의 증가가 더 중요한 것으로 드러날 수도 있다. 한편 디지털 마케팅환경은 기업에게 새로운 기회도 함께 제공하고 있다. 기업은 인터넷을 통해 개별 소비자의 유보 가격을 파악하고, 이에 실시간으로 대응하여 소비자잉여를 수취하는, 새롭고 합리적인 가격설정 방식을 이용할 수 있다. 디지털 마케팅환경의 특성을 정확히 이해하고 이를 반영할 경우 소비자의 가격민감도를 낮추고 전환비용을 상승시킬 수 있는 가능성 또한 존재하는 것이다.

정액제, 프리미엄 가격, 그리고 원하는 만큼 지불하는 것과 같은 혁신들은 회사들이 더 많은 수익잠재력을 발휘할 수 있게 해준다. 우리는 시간이나 장소에 따라 가격을 달리하는 가격정책을 흔히 볼 수 있는데 특급호텔들은 손님이 많지 않은 시간에 새로운 고객을 유치하거나 기존고객들과의 관계를 강화하기 위해 가격을 할인해주고 있으며 애슐리는 점심시간 9,900원으로 뷔페식사를 제공하며, 슈퍼마켓은 오후 1~3시 사이 계절상품을 할인하는 등의 가변적인 가격정책을 쓰고 있다. 실시간 가변가격제의 특징은 예측이 불가능한 가격 때문에 고객이 새로운 기대를 하게 되고 매력적인 가격에 구매를 할 수 있다는 희망을 구매한다는 것이다.

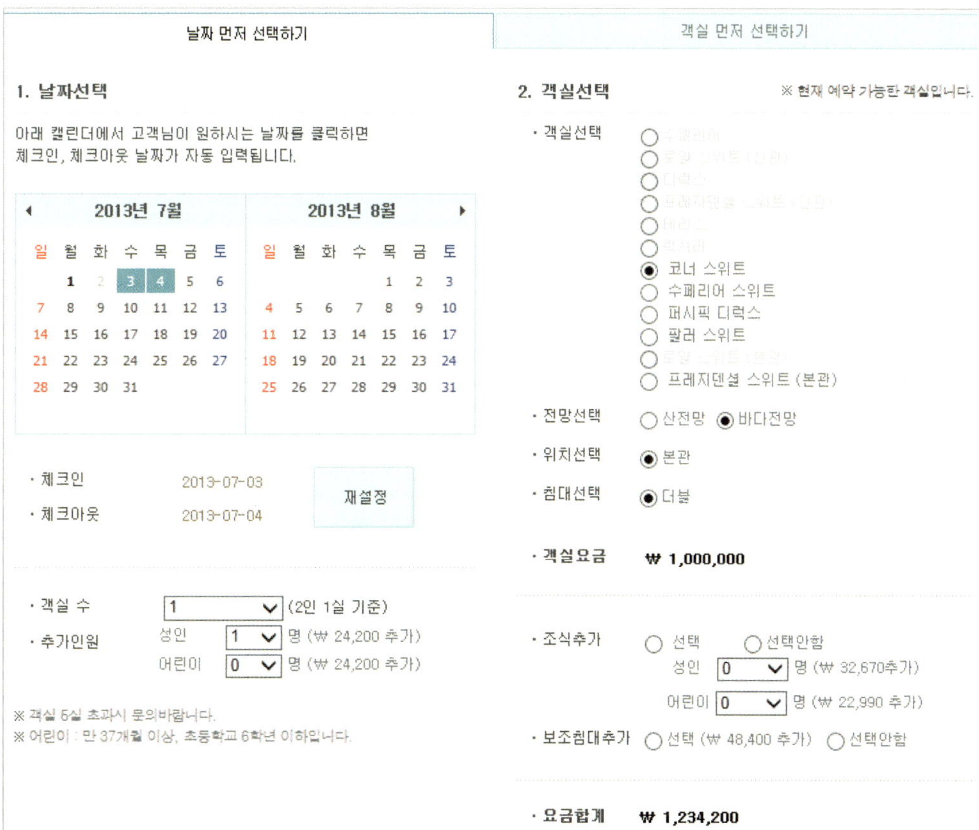

호텔도 객실이용이 주말인가 주중인가, 이용인수, 좀 더 좋은 시설 및 경관 및 시즌에 따라 가격은 가치를 반영하여 다르게 책정될 수 있다(사진은 제주 롯데호텔 홈페이지에서).

제2절 가격설정의 과정

기업의 입장에서 볼 때 가격결정과 관련된 문제는 비용과 수요의 균형을 고려하는 체계적인 의사결정과정을 필요로 한다. 그러나 이러한 의사결정 자체는 상당히 복잡한 문제들을 안고 있기 때문에 가격결정은 어떤 정형화된 과정이 필요하게 되는데 [그림 10-1]은 보편적으로 가격결정 시 고려해야 할 요인과 과정을 보여준다. 여기서 중요한 점은 어떠한 가격설정 과정을 거치든 공통적으로 전체 마케팅 관점에서 시작하여 최종가격결정에 이르는 하나의 시스템적인 목표와 수단의 고리로 작용해야 된다는 것이다.

그림 10-1 | 가격설정의 과정과 영향요인

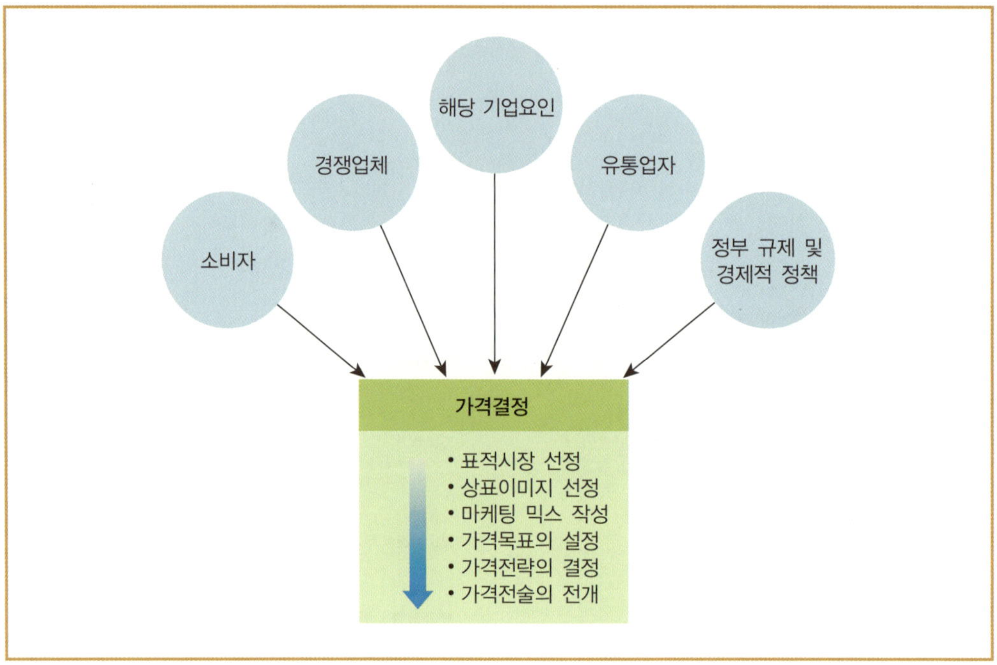

[그림 10-1]에서 볼 수 있듯이 기업에 있어서 가격의 결정은 먼저 비용과 수요에 영향을 주는 기업 외적 요인을 검토한 뒤 기업내부에서 점차 구체화되어 가는 마케팅관리자의 의사결정과정으로 간주될 수 있다. 여기서 한 가지 주의해야 할 점은 가격결정에 있어 먼저 기업의 마케팅전략이 기초가 된다는 것이다. 즉, 표적시장의 선정과 포지셔닝전략, 회사 내 제품

포트폴리오상에서 각각의 제품에게 주어진 역할 등을 결정하는 마케팅전략은 제품가격의 기본방향을 결정한다는 것이다. 따라서 [그림 10-1] 속의 상위 3과정(표적시장 선정, 브랜드이미지의 선택, 마케팅 믹스의 결정) 등은 사실상 가격설정 자체가 아닌 외적인 과정으로 보아야 하며, 경우에 따라서는 가격설정과정에서 결정되어야 할 성질의 것이 아니라 오히려 가격설정에 대한 주어진 여건 또는 규제로 간주될 수도 있다.

이하에서는 기업의 가격설정과정과 관련하여 [그림 10-1]에서 제시되어 있는 바와 같이, 먼저 가격결정을 위한 영향요인을 살펴본 다음 가격결정목표의 설정, 가격전략의 결정, 가격전술의 전개 등을 다루고자 한다.

1. 가격결정을 위한 영향요인

1) 해당 기업 요인

기업이 가격을 결정하는 데 있어 실제로 다양한 요인들의 메커니즘이 작용하는데, 우선적으로는 해당 기업의 전반적 목표가 가격설정에 주된 영향을 주게 된다. 제9장에서 논의되었듯이 어떤 제품이 제품수명주기상 성숙 내지 쇠퇴기에 있다면 전략의 초점은 수확(harvest)에 두고 가격을 가능한 한 높이 유지함으로써 가급적 많은 이윤을 거둬들이려 할 것이다. 그런가 하면 신제품을 도입할 때에는 시장에 강력히 침투하기 위해 매우 낮은 가격을 설정할지 모른다. 혹은 이와는 반대로 개발비를 빨리 회수하고 목표투자수익률을 얻기 위해서 높은 가격을 설정할 수도 있다. 여하간 기업의 전반적 목적이 무엇이든 간에 이것이 가격설정과정 및 최종 가격결정을 규제하는 것은 틀림없다.

뿐만 아니라 기업의 생산비 및 마케팅비용도 가격결정에 영향을 주는데, **제품원가(product cost)**는 가격의 하한선을 결정하는 핵심적인 요소이기 때문에 기업의 전반적 목표와 함께 해당 기업에 영향을 미치는 주요한 요인으로 작용한다. 기업의 입장에서 볼 때 가격이란 총원가에 기대이윤을 합하여 나온 것으로, 여기서 **총원가(total cost)**는 제조원가, 판매비 및 일반관리비로 되어 있다. 달리 말하면 이것은 어떤 상품을 생산 · 판매하는 데 소요된 전체의 고정비총액과 변동비총액의 합계액이다. 그러므로 비용과 가격의 관계를 이해하기 위해서는 고정비, 평균변동비, 평균비용과 한계비용의 움직임이나 상호관계를 알아야 하는 것이다.

마케팅 믹스의 타 요소, 즉 제품특성, 유통, 판매촉진 등 역시 가격결정에 영향을 미친다.

이 가운데 제품특성에 관해서 본다면 가격결정에 작용하는 제품특징은 그 종류가 매우 많지만 그 중에서도 가장 중심이 되는 것은 브랜드이미지, 소멸성, 차별성 등이다. 특히 사진의 롤스로이스 사례에서 볼 수 있듯이 자사제품의 **브랜드이미지**가 **상징적(symbolic)**이고 **긍지추구적** 성격을 가질 경우에는 일반적으로 고가격 정책을 통하여 거래의 장벽을 높이는 방법이 바람직하다고 할 수 있다.

사진의 자동차는 확연히 **긍지추구 제품**인 6억 5천만 원(세금, 등록비 제외)의 롤스로이스 팬덤. 롤스로이스는 최근까지도 영국 왕, 인도 제독 등 귀족들에게만 차를 판매하는 '오만'으로 유명했다. '로큰롤의 황제'였으나 '평민' 태생이던 엘비스 프레슬리가 롤스로이스사로부터 "우리 고객 명단에 당신의 이름은 없다"며 점잖게 판매를 거부당하기도 했다는 일화도 있다.
경영합리화와 생산증가가 이루어졌지만 여전히 차 1대를 완성하는 데 10개월을 투자하고 1년에 6,000대 정도만을 생산한다.

소멸성의 경우에는 비가공식품의 경우처럼 물리화학적인 의미도 있으나 유행품, 계절품처럼 제품에 대한 수요가 특정 기간으로 제한되는 경우도 포함된다. 자동차, TV 등과 같은 내구재들은 매우 장기간 사용되기에 상대적으로 높은 가격이 책정되는 편이다.

다음 **차별성**에 관해서 보면 소맥이나 소금처럼 동질적인 상품이 있는가 하면 포장, 디자인, 브랜드, 화학적 특징 등에 의해 차별화되어 있는 상품도 있다. 오늘날 대부분의 제조품은 후자에 속하고 있다. 그리하여 차별화가 현저할수록 상품의 가격은 비탄력적인 것이 되고 공급자는 보다 높은 가격을 용이하게 설정할 수 있다.

2) 소비자 요인

소비자 요인은 달리 말하면 수요측 영향이라고 말할 수 있는데, 가격결정에 대한 수요측 영향은 주로 목표시장의 성격과 설정된 가격 또는 가격변경에 대한 예상되는 소비자의 반응에 의해 나타난다고 볼 수 있다. 구체적으로 인구통계학적 요인, 심리적 요인, 수요의 가격탄력성 등이 작용한다.

(1) 인구통계학적 요인

- 잠재고객의 수
- 잠재고객의 소재지
- 잠재고객의 지위(소매업자 또는 최종소비자)
- 잠재고객의 예상소비율
- 잠재고객의 구매력

이상과 같은 인구통계학적 요인들은 시장잠재력을 예측하고 또한 보다 정확한 구매예측을 하는 데 도움을 준다.

(2) 심리적 요인

- 잠재고객은 가격을 제품품질과 직결시키려 할 것인가?
- 잠재고객은 **단수가격**(odd pricing)에 매력을 느낄 것인가?
- 잠재고객은 해당 제품이 그들과 깊은 관련이 있다고 지각할 것인가?
- 잠재고객은 위신을 중시하고, 이 욕구를 충족시키기 위해 오히려 고가를 지불할 것인가?
- 잠재고객이 해당 제품에 대하여 주저함이 없이 지불할 수 있는 가격은 어느 수준인가?

가격정책이 유효한 것이 되도록 하고 결과적으로 마케팅전략을 성공시키자면 이상과 같은 심리적 요인들을 파악하는 것이 매우 중요한데 이들은 철저한 시장조사에 의존함은 두말할 나위도 없다.

(3) 수요의 가격탄력성

수요의 가격탄력성은 보통 가격이 변화한 비율에 대한 수요량이 변화한 비율의 비로써 다음과 같이 측정된다.

$$e = \frac{\Delta Q/Q}{\Delta P/P} = \frac{\text{수요량의 변화율(\%)}}{\text{가격의 변화율(\%)}} = \frac{(\text{수요변동분/원수요})\times 100}{(\text{가격변동분/원수요})\times 100}$$

이는 결국 소비자의 가격에 대한 반응을 파악하려는 것인데 앞에서 논의된 인구통계학적 및 심리적인 요인들이 이에 영향을 미친다고 볼 수 있다. 실제로 이를 정확하게 측정한다는 것이 용이한 일은 않으나 대충의 파악만이라도 하는 것은 가격설정에 있어서 매우 유용한 단서를 주는 것 또한 사실이다. 이를 위해 일반적으로 두 가지 방법이 사용되고 있다. 하나는 상이한 판매지역의 가격·판매량자료 혹은 역사적인 자료에 의해 측정하는 방법이고 또 하나는 표적시장으로부터 추출된 표본(피실험자)을 대상으로 여러 가지 가격·수요량 관계의 반응을 기록하여 구하는 방법이다.

일반적으로 제품이 희소한 것이라면 수요는 가격의 지배를 받지 않거나 오히려 가격이 높아짐으로 수요가 높아질 수도 있다.
레어아이템(rare item)이란 보기 드물거나 한정발매되는 신발이나 옷 등 물품을 가리키는 것으로 판매개시 한 시간 안에 품절되기도 하는 희귀제품을 주로 가리키는 말이다.
요즘 젊은 층을 중심으로 이런 레어아이템을 사기 위해 기를 쓰는 이들, 즉 **레어아이템 마니아**가 늘고 있다. 이들은 인터넷 등을 통해 발매정보를 입수한 뒤 희귀제품들을 놓치지 않으려고 부지런히 움직인다.

3) 유통업자 요인

유통과정상에 있는 중간업자 역시 가격에 상당한 작용을 하는데, 경우에 따라서는 중간업자의 필요 및 목적에 따라 제조업자의 가격정책이 변동하기도 한다. 일반적으로 도매상 및 거대한 소매상들에게 제시되는 가격이 더 저렴한데 이는 제조업자의 제품을 좀 더 쉽게 유통시킬 수 있는 좋은 판매경로가 되거나 대량구매 등으로 인한 매출 극대화를 이룰 수 있기 때문이다. 또한, 제조업자가 홈쇼핑과 같은 중개상을 통해 직거래를 수행할 경우 가격은 오프라인 상점보다 더욱 저렴하게 책정할 수 있을 것이다.

홈쇼핑에서는 판매하는 전자제품은 백화점 판매 동일 모델을 더 저렴하게 판매한다고 강조하는 경우를 흔히 목격한다(좌). 또한 홈쇼핑에서는 화장품 메이크업 세트를 백화점보다 약 50% 할인된 가격에 판매하는 경우도 있다. 또한 백화점의 단품 가격으로 따지면 무려 20만 원이 넘는 제품들인데 파운데이션, 마스카라, 아이섀도 등을 패키지로 묶어 9만9천원에 구입할 수 있어 인기를 얻는 경우도 있다.
사진출처: https://news.joins.com/article/7615376

4) 경쟁업자 요인

해당 기업의 브랜드이미지나 제품품질과는 달리 마케팅 믹스의 전략적 활용에 있어 가장 신속히 그리고 쉽게 변경시킬 수 있는 요소가 가격이기 때문에 가격은 그 자체가 편리한 경쟁무기(수단)로 자사뿐 아니라 경쟁업체에게도 기회로 작용한다.

따라서 기업의 마케팅의사결정자는 대개의 제품들이 경쟁시장 속에서 거래되는 까닭에 경쟁업자의 가격정책을 예의주시하지 않으면 안 된다. 가령 시장에서 어떤 기업이 지배적인 시장점유율을 차지하고 있다면 이 회사는 일반적으로 **가격선도자(price leader)**가 되는 것이다. 그리하여 이 회사가 가격을 올리거나 내리거나 하면 타 기업들도 이에 따라 움직일 것이다. 반면, 시장에서 어느 기업도 지배력을 갖지 못할 때에는 마케팅관리자들은 모든 다른 주요 경쟁업자들의 행동을 주시하고 이에 반응하게 될 것이다. 여기서 주의해야 할 것은 경쟁업자의 가격에 지나치게 반응함에 따르는 위험 역시 해당 기업의 마케팅전략에 영향을 줄 수 있다는 점이다.

5) 정부규제 및 경제적 정책

한 나라의 국민경제를 나타내는 대표적인 구성요소(생산성, GNP, 인플레이션율, 이자율, 실업률)와 정부에 의한 각종 법률이나 규제 또한 특정 기업의 가격결정에 지대한 영향을 미친다. 즉 국가경제의 전반적인 경기여하와 자유경쟁 제한요인을 배제하고 독점의 폐해를 제거하려는 목적을 가진 공정거래 및 독점금지법이라든가 기타 여러 가지 행정부 차원의 규제들은 기업의 가격결정에 직접적인 작용을 하게 된다. 예를 들어 물가상승을 막기 위해 정부는 공공요금, 의료수가, 국가기간산업의 요금 등을 통제할 수 있다.

따라서 일반적인 경제상황의 변동과 정부규제의 현황을 보다 정확히 파악하려는 노력은 마케팅관리자로서도 피할 수 없는 중요과업이 되는 것이다. 요컨대, 한 기업의 가격결정과정에 영향을 주는 것은 다른 여러 마케팅 믹스 요소들과 마찬가지로 기업내부에서도 기업외부로부터도 오게 되는 마케팅관리의 문제인 것이다.

KTX와 같은 국가 기간산업의 경우 가격결정은 상당부분 정부의 통제를 받게 될 수 있다.

2. 가격설정목표의 결정

가격목표는 전반적인 마케팅목표로부터 도출되어 나와야 하고 마케팅목표 또한 기업목표에 기초를 두어야 한다는 것은 이미 앞에서 여러 번 논의되었다. 전통적으로 기업의 목표가 이윤극대화에 있다고 생각해 온 까닭에 가격목표 역시 오직 이윤극대화에 두어져야 한다고 생각하는 사람이 많을 것이다. 그러나 마케팅에 있어 가격설정의 목표는 이윤지향목표 외에도 판매지향목표, 경쟁상 목적 등을 고려하여 설정되기도 한다.

1) 이윤지향목표

이윤지향목표는 다시 **이윤극대화**(profit maximization)와 **목표투자수익률 회수**(target return on investment)의 두 가지가 포함된다. 전자는 가격에 의해 극대이윤을 얻고자 하는 것으로서 이론적으로 한계비용과 한계수익이 동일한 때(MC=MR)에 최대이윤이 생긴다는 이치이지만 실제로 그러한 상황을 발견하기란 드문 일이다. 오히려 현실적으로는 다른 방법에 의해 이윤극대화를 실현시키려 한다. 즉 수요가 가격탄력적인 경우 저가격일 때는 높은 판매량과 높은 수익을 획득할 수 있다. 그런가 하면 수요가 비탄력적일 때는 비록 고가격이 약간의 판매량 감소를 초래할지라도 총수익은 높아지는 것이다.

일반적으로 이윤을 목표로 하는 가격설정은 장기적 관점보다는 오히려 단기적 안목에서 행해지는 일이 많은데 이러한 목표는 당장의 현금산출을 최대로 할 수 있겠지만 기업으로 하여금 시장점유율의 증대, 경쟁적 지배력의 강화, 자본투입의 소요 등 장기적 목적에 대해 방심하게 할 위험이 있음을 경계해야 할 것이다.

2) 판매지향목표

판매지향목표의 가격설정은 그 내용이 기업포트폴리오와 시장점유율 문제를 포함하고 있다. 전자는 예컨대 특정 제품라인 또는 전략적 사업단위(SBU)가 저가격을 선택하여 업계 일반상태보다도 훨씬 신속히 판매량 증대를 이루고자 하는가 하면, 반대로 저성장을 감수하며 업계 평균보다 높은 가격, 높은 수익을 꾀하는 기업도 있을 것이다. 여하간 가격설정이 판매 자체의 목적보다도 오히려 기업 전체의 전략에 의해 가장 큰 영향을 받는 경우가 있을 것이다.

후자인 시장점유율에 주안점을 둔 가격설정에 관해서는 우선 시장점유율과 이윤의 상관관계가 크다는 점에 유의할 필요가 있다. 만약 시장점유율 제고가 마케팅계획의 주된 목적으로 되어 있다면 가격목적도 그에 부응해야만 하며 일반적으로 높은 시장점유율은 저가격에 의한 판매량 증대에 의해 달성된다.

3) 경쟁상 목표

경쟁상의 목표에 따른 가격설정은 구체적으로 가격안정화, 비가격경쟁, 공격적 가격정책, 가격교란정책 등이 포함된다. 가격안정화를 목표로 하는 경우는 제품표준화의 정도가 매우 높거나 단일기업이 가격을 결정하는 데 있어서 선도자로서의 역할을 행하는 산업에서 활용도가 높다. 기업이 가격을 안정시키려는 이유는 경쟁과 밀접한 관련이 있는데, 만약 기업이 가격을 인하하게 되면 경쟁관계에 있는 기업 또한 가격을 인하할 것이고, 따라서 모든 기업의 이익을 저하시키는 결과를 초래하게 된다. 이와는 반대로 가격을 인상할 경우 다른 기업이 가격을 따라서 인상하지 않는다면 차별적 열위에 처하게 될 것이다. 왜냐하면 소비자들은 제품의 차별성이 뚜렷하지 않은 표준화된 제품인 경우 되도록 저렴한 제품을 구매하려고 할 것이기 때문이다. [그림 10-2]는 경쟁사의 가격인하에 대응하기 위한 프로그램을 제시하고 있다.

그러나 가격경쟁을 피하기 위해 현상유지 가격목표를 채택하는 기업이 항상 수동적인 마케팅활동을 하고 있는 것은 아니다. 오히려 그 반대일 경우가 대부분이다. 이 경우 대체적으로 가격보다는 다른 마케팅 믹스 요소(제품, 유통, 특히 촉진)를 적극적으로 활용하게 되는데 이를 **비가격경쟁**이라 한다.

그림 10-2 | 경쟁사의 가격인하에 대응하기 위한 프로그램

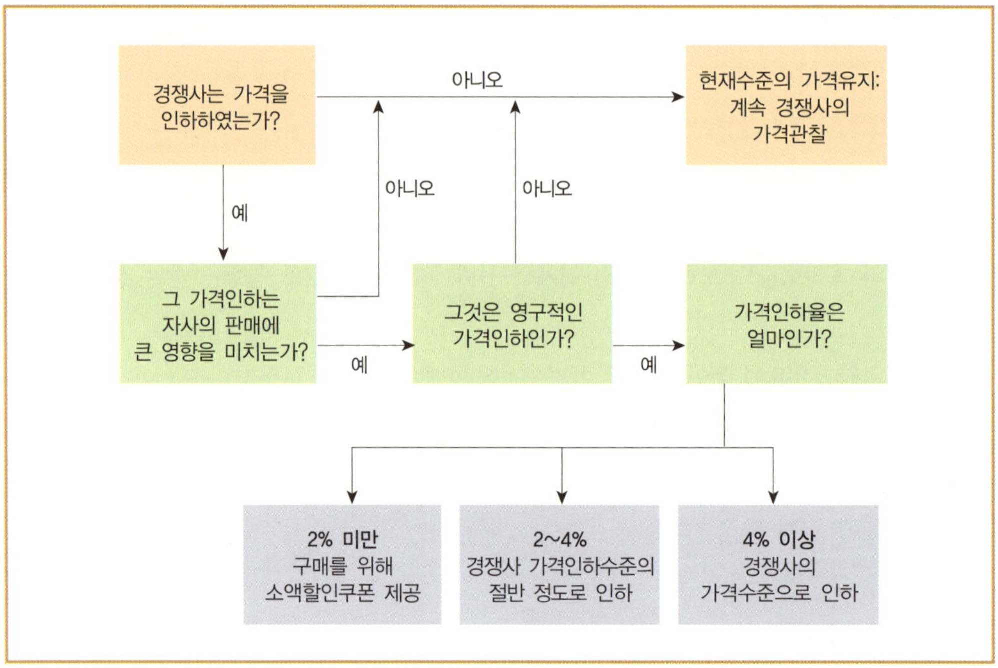

MARKETING FOCUS 10-2 블루오션(blueocean)적 시각에 기초한 가격경쟁시대의 효과적인 대응전략

최근의 시장질서를 바꾸고 있는 중요한 요인의 하나이자 세계적인 경기침체 상황에서 성공 기업들이 갖는 공통분모로 지목되고 있는 것이 가격파괴이다. 최근 우리 주변에서도 이러한 경향을 자주 접할 수 있는데, 대표적인 예가 1,000원 상품을 팔아 국내에서 매출 1조 5천억 이상을 달성한 다이소(大創)의 돌풍을 들 수 있다.

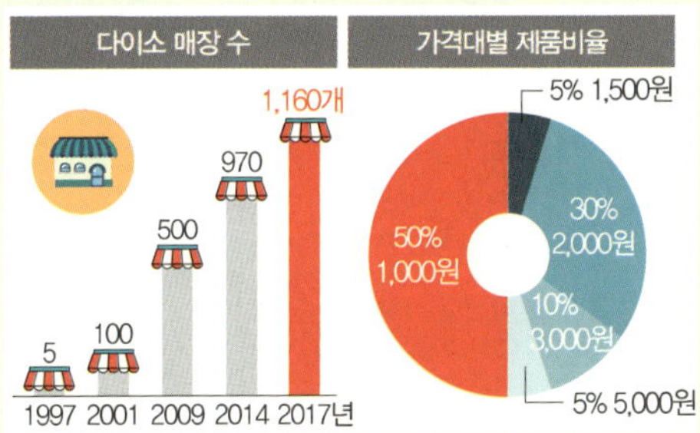

전국에 1,200여 개의 매장을 갖추고 매출 또한 1조 5천억 원을 돌파하는 등 이제는 대기업의 반열에 오른 기업이 되었다. 다이소 성공비결 전략을 보면 값싼 물건을 대량으로 유통하고 판매하는 박리다매 방식의 판매 방식으로 불경기 마케팅전략과 맞물려 크게 성공했다고 볼 수 있다.

자료: https://insight2848.tistory.com/27

사진출처: http://biz.chosun.com/site/data/html_dir/2017/09/13/2017091301123.html

미국의 델(Dell)컴퓨터가 그토록 빠른 시간에 세계 최대의 PC 공급자가 된 것도 기존시장을 뒤흔드는 가격인하 정책이 전략의 핵심이었다. 최근 델은 시장침투정책과 동시에 사업의 다각화정책을 목표로 프린터시장에도 뛰어들어 선두주자인 HP에 비해 최고 75% 저렴한 기종을 무기로 시장에 돌입했다. 델의 이러한 전략적 성장 방향의 선택에는 단순히 대책 없이 가격만 낮춘 것이 아니라 이미 사전에 프린터의 핵심기술이자 상용자들에게 가장 큰 비용부담을 주고 있는 잉크와 토너비용을 초대 64%까지 절감할 수 있는 새로운 레이저 프린터의 개발이라는 원가우위 바탕의 저가격 정책이 숨어있다고 할 수 있다.

개별기업의 사례를 넘어 보다 큰 그림에서도 가격파괴를 볼 수 있다. 유통시장에서는 대형 할인점의 성장으로 소규모 동네 슈퍼마켓이 살아남을 틈이 없어지고 있다. 또한 직거래 방식의 저렴한 가격을 앞세운 홈쇼핑 채널은 완벽한 고객서비스로 백화점을 위협하는 존재가 되었다. 세계의 공장 중국에서 쏟아져 나오는 턱없이 저렴한 가격의 제품들도 기존의 시장참여자들에게는 난감하기 그지없는 일이다. 그렇다면 이러한 산업 전반에 걸친 치열한 가격경쟁의 **레드오션(red ocean)**의 늪에서 빠져나와 해당 기업의 지속적인 성장을 창출할 수 있는 전략적 방향은 없는 것일까? 최근 경영전략의 새로운 코페르니쿠스적 사고의 방향 전향으로 주목을 받고 있는 **블루오션(blue ocean)**적 사고는 부분적으로 이에 대한 해답의 실마리를 제공해줄 수 있을 것으로 보인다. 블루오션전략의 핵심은 시장을 경쟁상대의 대상으로 보는 것이 아니라 고객의 입장에서 기업의 원가우위와 차별화 요소 등을 바탕으로 실제 표적고객들조차도 찾지 못하고 있는 새로운 시장의 가치를 창조하는 것이다. 다음은 블루오션적 시각을 바탕으로 가격경쟁의 레드오션을 벗어난 시각을 보여준다.

▶ 블루오션적 시각의 새로운 경기장으로 눈을 돌려라

최근 들어 가격경쟁이 심화된 원인의 하나로 제품 간 차별성이 크지 않다는 점을 들 수 있다. 전반적인 제품제조기술이 상향평준화되고, 소비자 입장에서도 수준 이하의 제품에 더 이상 동정심을 베풀지 않는다. 결과적으로 제품의 품질뿐 아니라 기본 사양, 디자인에 있어 경쟁사 간 큰 차이점을 찾아보기 어렵다. 낮은 가격으로 성공하는 일 자체가 기타의 조건에서는 차별화 포인트가 적다는 의미이기도 한 탓이다.

가격경쟁에서 성공하는 기업들의 첫 번째 조건은 경쟁자가 발붙일 수 없는 새로운 경기장으로 고객들을 유인하는 것이다. 일본 제1의 생활용품 기업 카오(花王)가 대표적인 경우이다. 카오는 꾸준히 새로운 제품을 시장에 출시하여 일본의 10년 장기 불황기를 포함한 과거 13년간 꾸준한 이익성장을 보이고 있다. 다이어트 식용유, 마루청소용 종이, 건강 녹차 등의 혁신적인 제품들은 대표적인 성공 사례들이다.

▶ 기존의 가치사슬을 재점검하라

가격경쟁에서 이기기 위해서는 내부 체질개선은 기본 요건이다. 최근의 저가격 선제 공세를 퍼붓는 기업들은 바로 이점에서 우위를 선점한 셈이다. 즉, 기존의 사업관행이나 자사의 가치사슬을 새롭게 구성한 것이다.

직접판매방식의 델컴퓨터가 대표적인 사례이다. 델은 중간상을 거치지 않는 유통방식과 그로 인한 부수효과인 낮은 재고부담 등으로 경쟁사 대비 20% 이상 저렴한 가격으로 제품을 공급하고 있다. 그렇다고 직접판매라는 혁신적인 생산방식에 안주하고만 있지 않다. 부품, 운영, 제조, 물류 등 가치 사슬 전반에서 끊임없는 자기혁신으로 고객에게 최저의 가격 제공을 목표로 하고 있다. 이러한 내용은 전 세계에 흩어져 있는 조립 공장에 대한 통합 작업을 통해 2001년 이후에만 공장 단위면적당 생산 대수를 76%나 끌어올린 사실에서도 확인할 수 있다.

▶ 직접마케팅 기법도 중요한 수단이다

가격경쟁 상황에서는 광고대행사를 거치지 않고 자사의 소비자를 직접 찾아가는 마케팅 기법도 각광을 받는다. 비용상의 이점은 물론이려니와 광고효과에서도 그 성과를 인정받고 있기 때문이다. 미국의 광고대행사들의 가장 큰 고객 가운데 하나인 코카콜라는 2003년 TV 광고비를 전년 대비 30% 이상 삭감했다고 한다. 자사 광고에 대한 미국 소비자들이 인지도가 1980년대의 40% 수준으로 급락한 최근의 시장환경 변화에 대응하는 조치였다고 한다. 대신 북미 청소년들의 출입이 빈번한 쇼핑몰이나 인기 TV 프로그램을 통해 직접 마케팅 방식에 지출하는 비용을 늘리고 있다고 한다. 얼마 전 면도기 시장의 강자인 질레트는 18세 생일을 맞이한 남자들에게 자사의 신제품 '마하3 터보'를 보냈다고 한다. 허공으로 날라가는 TV 광고비 지출에 비하면 정확한 표적고객을 공략하는 효과적인 방법이 되고 있다.

▶ 低가격에도 高감성 가치를 놓치지 마라

최근 전개되는 가격경쟁 현상들은 이전에는 보기 어려웠던 딜레마를 안고 있다. 통상 저가품들은 저렴한 비용을 무기로 하는 탓에 고가품에서 볼 수 있는 프리미엄 가치들을 끌어안기 어렵다. 하지만 최근의 가격파괴 제품들은 브랜드가치, 디자인 등 감성적인 측면에서도 결코 뒤지지 않는다.

다이소는 최근 경기침체 속에 젊은 세대를 중심으로 등장하고 있는 '탕진잼(탕진+재미)'이라는 독특한 소비행태의 수혜도 크게 보고 있다. 경제사정이 좋지 않은 2030세대가 적은 돈으로 맘껏 쇼핑을 즐길 수 있는 곳이 다이소인 셈이다. 실제 2030세대가 자주 사용하는 SNS(소셜네트워크서비스)에서 다이소의 인기는 뜨겁다. '다이소 털이범'이란 인터넷 커뮤니티(네이버 밴드)에는 회원 1만 5,000명이 모여 다이소에서 구입한 제품 사진을 찍어 공유한다.

일본에서 선풍적인 인기를 끌고 있는 하나마루 우동은 우리 돈으로 1,000원에 불과한 100엔 우동으로 2001년 창업 이후 현재까지 180개의 매장을 보유하고 있다. 하나마루 우동의 표적고객은 젊은 여성층이었다. 이에 따라 매장을 최신 감각의 세련된 감각으로 인테리어하는 등 고급화 노력을 빼놓지 않고 있다. 이전에는 낮은 가격에서 기대하기 어려운 높은 감성 품질을 제공하는 것이다.

자료: 김상일(2004), "가격경쟁시대의 효과적인 대응전략," 주간경제 801호, LG경제연구원/김위찬・르네 마보안 저, 강혜구 역(2005), 블루오션 전략, 교보문고, 서울/"이젠 블루오션으로 가자," 한국경제신문 2005.06.20/[Case study: 균일가 생활용품업체 다이소] 10년간 매출 15배 넘게 성장한 다이소의 비결은?, 조선비즈, http://biz.chosun.com/site/data/html_dir/2017/09/13/2017091301123.html

3. 가격전략의 결정

여기서는 가장 보편적인 활용도를 보이는 신제품 도입 시 이용되는 전략과 경쟁상 우위를 획득하기 위해 채택되는 전략 등의 두 가지의 관점에서 살펴보고자 한다.

1) 신제품의 가격정책

신제품의 가격정책에 관해서는 기업이 그 제품의 특성과 고객층을 고려하여 그에 적합한 가격정책을 결정해야 하는데, 가장 대표적인 가격정책으로 **스키밍가격정책**(skimming pricing strategy)과 **침투가격정책**(penetration pricing policy)이 있다.

전자는 신제품 시장도입기에 있어 특히 고소득층을 목표로 하여 고가격을 설정하고, 시일이 경과함에 따라 가격을 저하시켜 가는 정책이다. 이 정책은 도입기에 있어 최대이윤을 실현시키 위한 것인데, 수요의 상층부가 가격에 대하여 비교적 비탄력적이고, 고소득층이 그 새로운 상품을 높이 평가하는데다가 경제적 생산단위가 그다지 크지 않고 단계적으로 생산설비를 대규모화할 수 있는 경우에 적합하다.

이에 비하여 후자의 경우인 침투가격정책은 도입기의 이윤을 무시한 저가격을 설정함으로써 급속한 시장침투를 꾀하고, 또한 장기적 안목에서 개척된 시장을 확보하려는 가격정책이다. 이 정책에 의하면 도입 초기에 소비자에게 브랜드이미지를 강하게 부식시켜 품질에 대한 선호를 획득하게 되니 대체상품과의 경쟁에서 우위를 점할 수 있을 뿐 아니라 저마진 때문에 경쟁회사로 하여금 침입에 대한 매력을 잃게 하여 시장 확보가 용이해질 수 있다는 장점이 있다. 다만 제품수명주기나 경쟁에 관한 장래예측이 어려운 까닭에 만약 이 정책이 실패하면 투하자본의 회수가 곤란하게 되는 경우가 있을 수 있다. 따라서 이 정책의 실시는 충분한 조사와 예측을 전제로 해서 행해져야만 하며, 대체로 다음과 같은 조건이 구비될 때 유효하다고 할 수 있다.

- 단기적으로는 수요의 가격탄력성이 클 경우
- 규모의 경제를 달성할 수 있을 경우
- 제품의 특수성이 보이지 않을 경우
- 잠재적 경쟁의 위협이 예상될 경우

2) 경쟁사에 대처하는 가격정책

경쟁사의 가격전략에 따른 가격책정문제는 마케팅관리자로서 매우 중요한 전략적 포인트라 할 수 있다. 미국 자동차산업의 예를 들면 GM사의 쉐보레와 일본의 혼다는 공히 비교적 낮은 가격과 정기적인 리베이트(rebate)계획을 시행하고 있는가 하면, 미국의 캐딜락과 독일의 벤츠는 함께 고가격을 유지하되 어떠한 할인도 행하고 있지 않다. 이러한 자동차 메이커들의 가격전략은 그들의 경쟁자가 누구인가를 의식하고 그에 대응해서 수립되는 전략의 예라 하겠다.

일반적으로 경쟁회사를 의식하고 가격을 설정하려 할 때는 여러 가지 중요한 문제들이 검토되어야 하는데 특히 세 가지 중요하다. 첫째, 상이한 예상가격과 상이한 경쟁사를 가진 상이한 세분시장이 있는가? 둘째, 소비자가 타사제품과 비교하여 자사제품의 품질을 어떻게 지각하고 있는가? 소비자는 자사제품을 저가격(좋은 품질, good), 중저가(보다 나은 품질, better), 혹은 고가격(최고품질, best)으로 보고 있는가? 셋째, 특정 가격수준을 강행할만한 힘을 가진 **시장지배자(market leader)**가 이미 존재하는가? 아니면 아직 해당 제품의 경쟁사가 없는가? 등이다.

제3절 가격설정방법

가격설정과정의 마지막 단계는 마케터가 해당 제품에 대하여 최종적으로 가격을 책정하는 일이다. 이는 곧 앞의 단계인 그들의 목표와 전략을 실행하는 단계라 말할 수 있다. 가격책정의 기법과 관련해서는 실제로 매우 다양한 방법이 존재하는데 보편적으로 가장 많이 언급하는 주요한 몇 가지를 들면 크게 **원가기준가격설정, 수요관계분석에 의한 가격설정, 소비자평가기준 가격설정, 경쟁기준가격설정** 등이 있으며 이들에 대해 구체적으로 살펴보면 다음과 같다.

1. 원가기준가격설정

가장 보편적으로 이용되고 있는 방법 중의 하나가 바로 원가를 기준으로 해서 가격을 결정하는 방법으로 이는 다시 원가가산가격설정법과 목표가격설정법의 두 가지가 있다.

1) 원가가산가격설정법

원가가산법(cost-plus pricing)이라고도 불리는 이는 매입원가(생산자의 경우는 제조원가)에 그 상품을 인도할 때까지 들어간 비용(광고비, 인건비 등)과 자사의 이익을 더하여 판매가격을 설정하는 방법으로 이때 상품을 인도할 때까지 들어간 비용과 자사의 이익을 합쳐서 마진이라고 한다. 이러한 가격설정방법은 주로 도·소매상에 의해 널리 채택되어 왔으며, 일부 제조업자(대개 중소기업)도 이용하고 있다. 도매상이 제조업자로부터 상품을 인도받으면 그 송장의 원가에 운임을 합한 것에다가 일정 마진이나 마크업(mark up)[1]을 가산하여 단순히 판매가격을 결정하는 것이다. 원가가산법은 간단하게 가격을 결정할 수 있고, 생산자는 제조원가에, 도매업자와 소매점은 매입원가에 일정한 마진을 더하기 때문에 기업은 안정된 이익을 확보할 수 있다는 장점이 있으나, 한편으로는 유통과정에서 단계별 참여 기업이 증가하면

1) 매매기준 가격제도하에서는 판매가격이 희망소매가격으로서 결정되고, 매입원가와 희망소매가격과의 차액이 소매점의 이익이 된다. 이에 비해서 생산자의 지시로 가격을 결정하는 것이 아니라 매입원가와 경비, 동종업자의 동향 등을 감안하여 소매점 스스로가 판매가격을 결정하는 것을 마크업(mark up)이라고 한다. 미국에서는 이전부터 이 방법이 확산되었으며, 각 소매점은 적극적으로 비용을 절감하여 다른 상점보다 싼 가격으로 팔면서도 이익을 획득하려고 노력하고 있다. 국내에서도 오픈가격이 도입됨에 따라 마크업의 발상이 서서히 확대되고 있는 추세이다.

몇 개 회사의 마진이 추가되기 때문에 소비자가 원하는 가격에 맞지 않는 가격이 되기 쉽다는 단점이 있다.

2) 목표가격설정법

목표가격설정(target pricing, rate of return pricing)은 주로 제조업자에 의해서 채택되고 있는 원가기준가격설정방법이다. 즉 예상되는 표준판매량에 있어서의 총원가에 대한 특정 목표수익률을 달성시켜 줄 수 있는 선에서 가격을 결정하는 것이다. 유명한 GM사도 이와 매우 유사한 방법을 쓰고 있다고 한다. 즉, 이 기업은 투자에 대하여 장기적 평균수익률 15~20%를 실현할 수 있는 가격을 결정한다고 공언하고 있다. 이 방법은 또한 방대한 투자와 독점의 위치란 견지에서 특히 규제를 많이 받고 있는 공익사업에 있어서도 일반적으로 채택되고 있다.

2. 수요관계분석에 의한 가격설정

이러한 분석에 의한 가격설정은 기본적으로 상품의 매출은 가격에 의해 증감하고, 그에 의하여 상품의 판매원가가 변동하므로 이 수급관계를 분석해서 가장 유리한 조업도 내지 판매량과 그에 대응하는 가격을 결정하려는 것이다. 이를 수행하기 위해서는 우선적으로 가격에 따라 상이해지는 총수입과 판매량에 의하여 상이해지는 총비용을 비교하거나 혹은 한계수입과 그에 대응하는 한계비용을 비교하는 방법이 필요하다. 총수입과 총비용을 비교할 때에는 그 차액이 최대가 되는 판매량에 대응하는 가격이 곧 구하려는 가격이며, 이것은 도표에 의한다면 총수입곡선과 총비용곡선의 차이가 최대가 되는 점, 즉 양 곡선의 경사가 평행하는 점에 있어서 구해진다([그림 10-3] 참조).

한편, **한계수입**(marginal revenue)이란 종래보다도 1단위 더 많이 생산 또는 판매함으로써 얻어질 수 있는 총수입이 종래의 총수입을 초과하는 부분을 말한다. 마찬가지로 **한계비용**(marginal cost)이란 생산량 또는 판매량 1단위를 증가시키는 데 필요한 총비용의 증가분인데 총비용 중 고정비는 일정하므로 그 증가분은 으레 변동비에서 발생한다. 이 양자를 비교할 때 동일한 판매량에 대한 한계수입과 한계비용이 일치하는 점에 있어서의 판매량에 대응하는 가격이 곧 구하려는 가격이다. 이는 [그림 10-3]에 있어서 양 곡선이 교차하는 점이다.

그림 10-3 | 가장 유리한 판매량의 결정

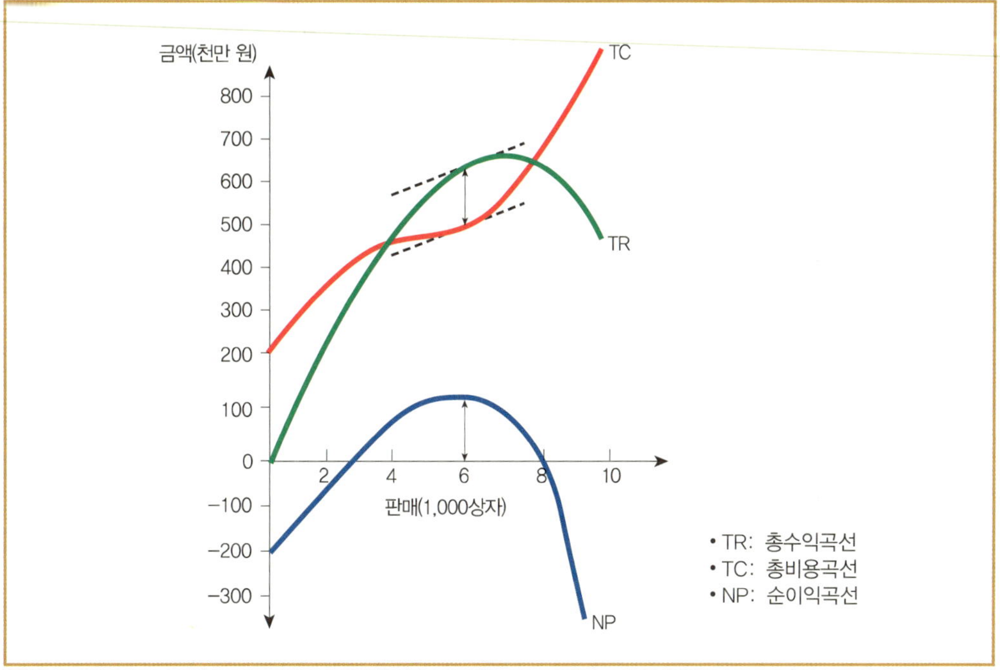

그림 10-4 | 가장 유리한 가격의 결정

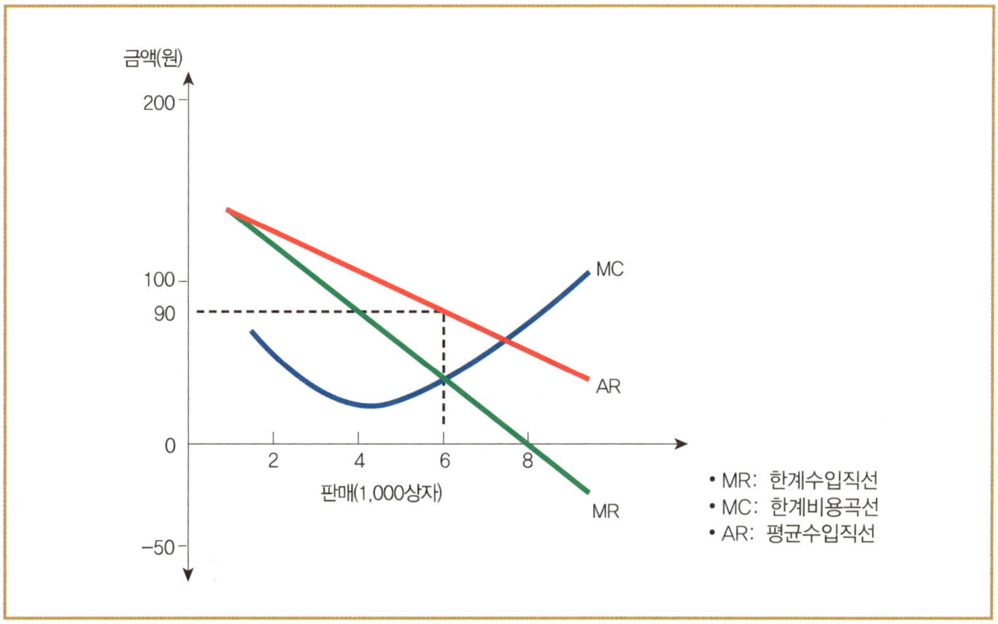

그런데 이러한 수요관계 분석에 의한 가격결정 방식은 실제로 마케팅에 있어서 정확히 그대로 적용하기는 매우 힘들다. 그 가장 큰 이유는 가격과 수요량의 관계를 나타내는 수요곡선, 그리고 한계수입곡선 및 한계비용곡선의 결정이 용이하지 않기 때문이다.

3. 소비자평가기준가격설정

가격을 설정하려고 할 때는 그 상품에 대하여 소비자가 얼마만큼 지불할 의사와 능력이 있는가가 중시되어야 하고, 제품생산 이전, 즉 제품계획 단계에서 이미 이것이 검토되어 그에 부응한 제품개발을 하는 것이 마케팅관리 관점에서 볼 때 오히려 타당한 일이라 할 수 있다. 즉, 원가를 기준으로 한 가격설정은 기업의 관점에서 특정 품질의 제품을 전제로 해두고 기업 측 입장에서 가장 유리한 가격을 구하려는 반면, 수요 또는 소비자 평가에 따른 가격설정은 소비자 욕구에 맞는 품질과 가격을 전제로 하는 데 특징이 있다.

소비자의 상품에 대한 평가는 기업의 과거 경험, 판매점의 의견, 소비자를 대상으로 한 시장조사의 결과, 또는 관련 상품의 가격 등에 의해 추정될 수 있다. 그리고 이 방식에는 심리적 가격이 포함되는데 그 예로서 긍지가격, 관습가격, 단수가격, 가격계층 등을 들 수 있다.

1) 긍지가격설정

긍지가격설정(prestige pricing)은 소비자가 상품의 품질을 판단하는 기준으로 가격을 이용한다는 심리적 요인을 활용하는 방법으로 **명성가격** 또는 **권위상징가격**이라고도 한다. 소비자가

가령 보석 등은 가격이 비싼 것만큼 품질이 좋다고 판단되는 경향이 있으므로 어느 정도의 수준 이하로 가격을 낮춰 버리면 소비자는 품질이 좋지 않을 것이라고 불안해하기 때문에 오히려 팔리지 않게 된다.

가격에 의해서 품질을 평가하는 경향이 특히 강하므로 비교적 고급품질이 선호되는 상품에 매겨진다. 이때 기업은 품질에 대한 명성을 얻고 내상을 궁내시킬 목적으로 비교적 높은 가격을 설정하게 된다. 따라서 이 경우는 말할 것도 없이 품질이 그에 상응할 만큼 실제 고급품이어야 한다.

이렇듯 긍지가격정책은 고급 보석품이나 시계, 모피 등을 살 기회가 적은 소비자가 품질을 판단하기 어려울 때 그것을 구입함으로써 자신의 생활도 고급스러워진다고 느끼는 만족감을 얻을 수 있는 상품에 많이 이용된다. 긍지가격인 경우 수요곡선은 대체로 [그림 10-5]와 같은 형이 된다.

그림 10-5 | 긍지가격과 수요곡선

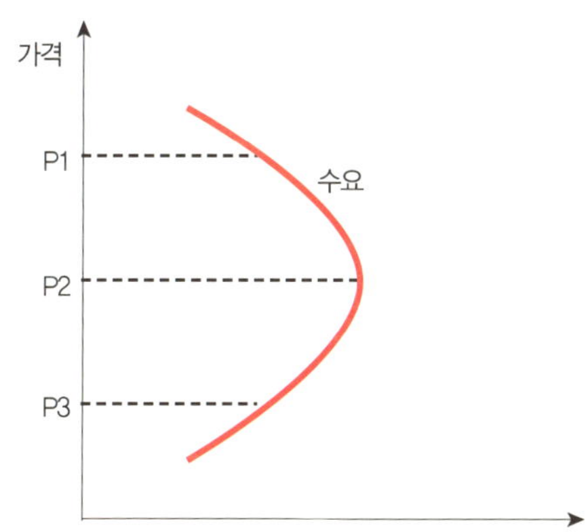

MARKETING FOCUS 10-4

긍지가격의 효과? 로버트 치알디니의 설득의 심리학 중에서

어느 날 나는 애리조나주에서 인디안 보석가게를 운영하고 있는 한 친구로부터 매우 재미있는 전화 한 통을 받았다. 그녀는 최근에 경험한 한 사건으로 매우 흥분해 있었다. 그녀는 내가 심리학자이기 때문에 어쩌면 그 재미있는 일을 좀 더 명확하게 설명해줄지도 모른다는 생각에 전화를 했다고 하면서 오랫동안 재고로 남아있던 터키옥의 판매에 대해서 말했다.

그 당시는 관광의 절정기였기에 상점은 항상 많은 손님으로 북적댔다고 한다. 그러나 터키옥은 품질에 비해 가격이 상당히 낮게 책정되어 있음에도 불구하고 전혀 팔리지 않고 있었다. 궁여지책으로 그녀는 터키옥을 상점의 가장 중심부에 배치하여 손님의 관심을 끌어보려고 했지만 판매는 여전히 부진하였다. 온 종업원이 매달려서 터키옥을 상점의 가장 중심부에 배치하여 손님의 관심을 끌어보려고 했지만 그 또한 실패로 돌아가고 말았다. 마침내 그려는 업무 관계로 출장을 가기 전날 밤 손해를 보더라도 재고품을 모두 정리하기로 결심을 하고 간단하게 흘려 쓴 메모를 지배인에게 남겼다.
"진열되어 있는 터키옥을 모두 반값에 처분하세요." 며칠 후 출장에서 돌아와 보니 지시했던 대로 터키옥의 재고는 모두 정리되어 있었다. 그러나 놀랍게도 지배인은 그녀의 흘려 쓴 글씨를 잘못 읽어서 반값에 판매하라는 지시를 2배의 가격에 팔라는 것으로 잘못 이해하였고, 더욱 놀라운 일은 기존보다 2배나 비싼 가격에도 불구하고 그토록 팔리지 않던 터키옥이 3일 만에 모두 팔려버린 사실이었다.

자료: 이현우 옮김(2004), 설득의 심리학, 21세기북스, p.25.

2) 관습가격설정

캔음료나 껌 등은 오랫동안 모든 생산자가 같은 가격을 지속적으로 유지하기 때문에 소비자가 그 가격을 당연하게 받아들이게 되는 경향이 있는데, 즉 '주스 한 캔에 1천원' 등으로 오랫동안 소비자에게 정착되어 있는 가격설정을 **관습가격설정(customary pricing)**이라고 한다. 관습가격이 형성되어버린 상품은 그보다 가격을 낮게 붙여도 그다지 매출이 신장되지 않는다. 반대로 가격을 높게 붙이면 매출이 심하게 떨어져버린다.

가령, 한 잔에 1,000원의 이미지가 강한 캔주스에 500원의 가격을 붙여도 폭발적으로 팔리지 않고, 아무리 맛있는 주스라도 한 캔에 3,500원의 가격을 붙이면 전혀 팔리지 않게 된다는 것이다. 그러므로 관습가격이 정해진 상품의 경우 원재료비가 올라서 생산비용이 전보다 더 들어간다고 해도 내용물의 양을 줄이는 등의 노력을 통해서 가격을 일정하게 유지하려고 노력해야 한다.

그림 10-6 | 관습가격인 경우의 수요곡선

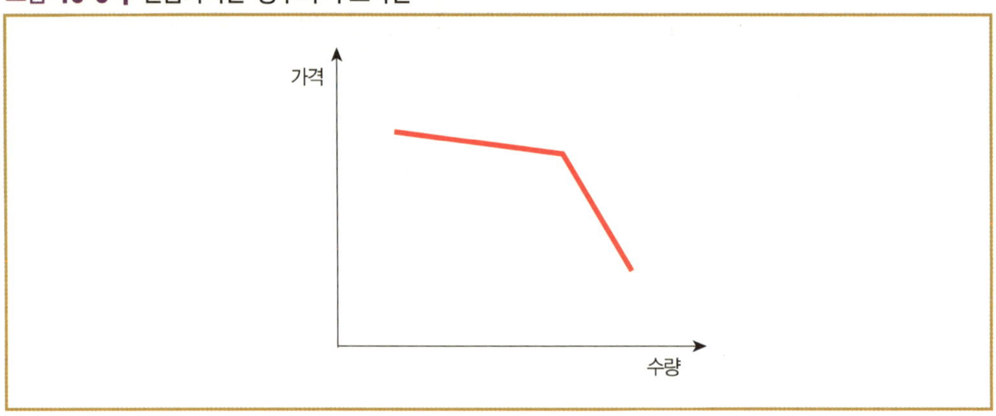

3) 단수가격설정

어떤 신발의 가격을 20,000원으로 정하기보다 19,800이라든가 19,900원 등으로 매기는 것을 **단수가격설정(odd-even pricing)**이라고 한다. 이것은 구매자들로 하여금 10,000원대의 가격으로 느끼게 하려는 하나의 심리적인 가격인 것이다. 즉 구매자는 이 신발가격이 10,000원에 약간의 우수리가 붙은 것으로 지각하게 될 것이라는 가설에 바탕을 두고 있다.

브레너(Brenner) 등에 의하면 짝·홀수 우수리가격은 인간의 기억의 한계성 때문에 유효한 것이라 한다. 즉 가령 가격이 398달러일 때에 3이라는 숫자는 9라는 숫자보다 정보로서의 의미가 더 중요하다고 보고 있으며 이 9는 8보다도 더 큰 의미를 지니고 있다고 지각하게 된다. 그리하여 구매자는 우선 398달러보다는 300달러라는 기억에 따라 행도하게 되고 정확히 398달러라고 기억하는 일은 드물다는 것이다. 또 어떤 심리학자들은 가격의 각 숫자가 상징적이며 시각적인 특성이 있기 때문에 그러한 숫자까지도 고려되어야 한다고 한다. 가령 8이라는 숫자는 대칭의 모양을 하고 있으므로 부드러운 느낌을 주지만 7이라는 숫자는 모가 나 있는 까닭에 고객을 자극시키는데 더 효과적이라는 것이다. 광범한 조사 연구는 아직 없지만 오늘날 일반적으로 짝수보다 홀수가격이 상대적으로 더 낮게 지각될 것이라는 가정하에 더 효과적이라 생각하는 사람들이 많은 관계로 대개가 홀수가격이 매겨지고 있는 현상이다.

한 상점의 주인을 실제로 "가격이 2만 5,000원인 상품을 2만 2,000원으로 할인해 팔았는데 거의 팔리지 않더군. 그런데 2만 9,800원이라고 가격을 바꾸자 갑자기 팔리기 시작했어"라며 상식적이지 않은 이야기를 하기도 한다.

사진출처: https://m.post.naver.com/viewer/postView.nhn?volumeNo=4129280&memberNo=618343

4) 단계가격설정(pricing lining)

상품의 질에 맞춰서 가격을 단계적으로 결정해두는 것을 말하는데, 가령 학생용 시계값이 43,000원에서 46,000원까지로 되어 있다고 한다면 그 사이에서는 수요에 큰 변동이 없다고 보는 경우가 있다. 이와 같이 상품에 따라서는 일정한 가격범위 안에서는 가격이 높아도 매상이 별로 변하지 않는 경우 이 기업은 그 가격범위의 최고수준에서 가격을 결정하고 그에 상응한 제품, 디자인, 포장, 서비스 등을 개발하면 구매자는 상한가에서 하한가보다는 고급품을 구입했다는 만족을 느끼게 될 것이다.

[그림 10-7]을 보면 하나의 가격단계에서는 수요가 비탄력적이고 따라서 수요곡선이 마치 계단과 같은 모양을 하고 있다. 만약 구매자가 어떤 계층의 가격이 마음에 든다면 그는 그 계층의 상품을 찾게 될 것이며 그 속에서 다시 원하는 품질을 선택하게 될 것이므로 브랜드 선택상 구매자에게는 편리하다는 장점이 있다.

그림 10-7 | 가격단계와 수요곡선

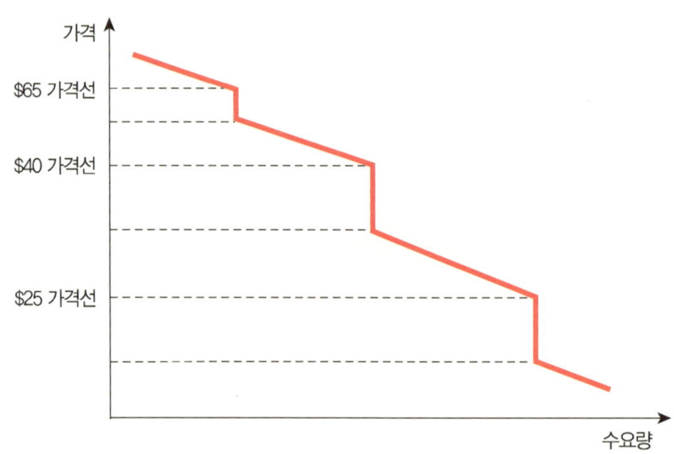

4. 경쟁기준가격설정

경쟁품에 대응하여 의도적으로 관리가격을 설정하는 경우인데, 경쟁품과 자사제품을 품질, 브랜드력, 구매력 등 면에서 비교・검토하여 경쟁회사와 동일수준 또는 그것을 상회, 하회하는 선에서 가격을 매긴다. 일반적으로 제품차별화의 여지가 적은 상품이라면 후발기업은 가석을 약간 낮은 수준으로 책정하므로 선발기업은 상대적으로 높아지게 된다. 또 신제품의 경우라도 대체상품이 있으면 그 상품의 가격을 기준으로 삼을 수도 있다.

가격을 시가 이상으로 보느냐, 시가 이하로 하느냐의 문제는 업계에 있어서 **가격선도제(price leadership)**가 되어 있느냐에 의존하는 바 크다. 선도적 또는 지도적 가격이란 업계를 주도하는 회사에 의해서 설정되는 가격이다. 이들 선도기업은 보통 그 업계에 있어 총생산량의 40~60%를 차지하고 경쟁기업 사이의 가격을 안정화시키는 기능을 갖고 있다. 따라서 그에 상응한 생산력이나 자본을 갖고 있는 것이다.

[그림 10-8]은 기업이 주어진 경쟁상황하에서 어떤 마케팅전략을 취하여야 할지를 알려준다. 만약 충분한 자원과 역량이 있다면 공세적 변화를 추구해야 하며 그렇지 않다면 가급적 경쟁을 피하고 현상을 수용, 유지해나가야 할 필요가 있다.

그림 10-8 | 가격경쟁의 전략 대안

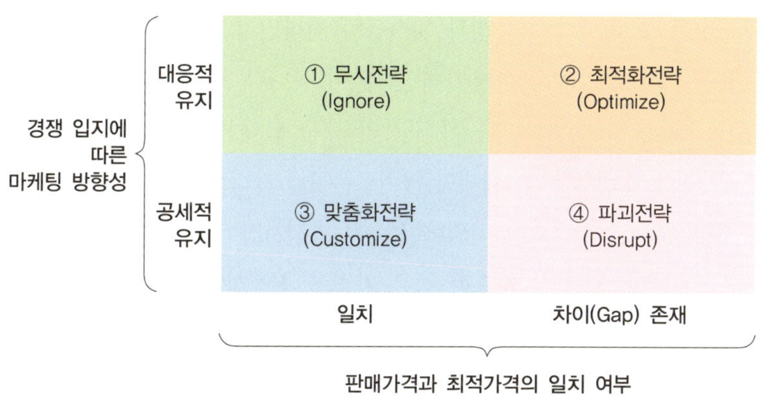

1) 무시전략

무시전략(Ignore)은 경쟁자의 가격공세를 무시하고 현재의 가격수준을 고수하는 방법으로 이 전략은 고객들이 제품에 대한 지불의향이 현재 가격에 부합하고 섣부른 가격조정이 잠재이익의 감소를 초래하거나 불필요한 가격경쟁을 촉발할 가능성이 높을 경우 취할 수 있는 대안이다. 이 같은 전략을 실시하기 위해서는 자사의 제품이 경쟁사보다 우월하여야 한다. 과거 질레트는 빅(Bic)사와의 전쟁에서 저가경쟁을 포기하고 뛰어난 품질과 브랜드가치에 기반한 고가전략을 고수하기로 결정하였고 그 결과 높은 성장과 수익을 누릴 수 있었다.

질레트는 면도날이 무뎌질 때마다 날을 세워 써야 하는 소비자들의 불만에 착안해 면도날과 면도기를 분리시켜 새 날로 갈아 끼울 수 있는 제품을 출시했다. 출시 초기에는 판매촉진을 위해 면도기는 공짜로 주고, 소모품인 면도날에 높은 마진을 붙여 팔았다.

사진출처: 아시아투데이 기사: http://www.asiatoday.co.kr/view.php?key=20140419010011753

2) 최적화전략

최적화전략(optimize)은 현재 제품의 특성과 원가를 유지하면서 자사제품의 가격을 고객의 지불의향에 따라 전면 조정하는 방안이다. 가격인하만이 아니라 고객의 지불의사에 따라 가격을 올릴 수도 있다. 과거 P&G는 고객들이 각각의 제품에 대해 느끼는 가치를 정확하게 반영해 다수의 제품가격을 조정했는데, 세제인 타이드는 8% 가격을 올리고 키친타올인 바운티는 4.5% 내렸다. 이같은 가격최적화는 치열한 성숙기 경쟁시장에서 P&G의 수익을 2%가량 증가시키는 효과를 가져왔다. 여기서 중요한 점은 가격을 최적화할 때 기업이 자사의 가격조정에 따른 경쟁자의 가격반응을 시나리오화하고 그에 따른 순차적 대응방안을 수립해 빈틈없이 대처할 수 있어야 한다는 것이다.

3) 맞춤화전략

맞춤화전략(customize)은 단일가격을 특정한 니즈나 구매형태를 가진 여러 고객층의 지불의도에 맞춰 전략적으로 다변화하는 것이다. 해당 제품가격이 고객의 지불의도를 충분히 충족하면 무시전략을 선택해도 되지만 가격경쟁의 주도권을 확보하고 추가적인 매출과 이익기회를 실현하고자 할 때는 맞춤화전략이 유용할 수 있다. 대표적인 예는 사업초기 이동통신사업자들이 통화시간당 요금제를 탈피해 청소년요금제, 커플요금제, 주말요금제, 가족요금제 등 이용 행태별로 요금제를 설정한 것이다. 이동통신사들은 이러한 전략을 통해 경쟁자 간 직접적 요금비교에 따른 요금인하 압박을 회피할 수 있었고 고객기반도 확대할 수 있었다.

맞춤화전략의 한 유형인 커플요금제
사진출처: http://www.mrtelecom.net

4) 파괴전략

파괴전략(disrupt)은 현재의 사업모델이나 제품의 원가구조를 획기적인 수준으로 혁신해 경쟁자가 도저히 수용 또는 모방할 수 없는 가격을 제시하는 것이다. 이는 수세적인 가격 최적화만으로 시장을 방어하기 어려울 때 취하는 전략으로 전사적 관점에서 많은 자원과 역량을 투입해야 하고 리스크도 상대적으로 크지만 성공할 경우 경쟁자에게 큰 타격을 입힐 수 있다.

단순한 가격인하는 경쟁에서의 승리를 가져다줄 수 있을지 몰라도 기업의 재무자원을 막대하게 소진시킬 위험이 있다. 적정 시장가격이나 브랜드가치를 회복하지 못할 정도로 손상시킬 수 있는 위험성을 고려해야 하는 것이다.

MARKETING FOCUS 10-3

가격파괴의 파장: 통큰치킨 사례

2010년 12월 내내 화제와 논란의 중심에는 늘 롯데마트가 있었다. 지난 9~15일 딱 일주일간 판매한 '통큰치킨' 덕분이다. '통큰치킨' 출시 이후 롯데마트는 여론 향방에 촉각을 곤두세우며 천당과 지옥을 오가는 숨막히는 시간을 보냈다. 출시 당일에는 매장에 길게 늘어선 소비자들의 행렬에 웃음 짓다가도, 곧 '영세상인 생존권 침해' 논란에 휩싸이기도 했다. 올 12월, 최고의 트렌드이자 히트상품인 '7일 천하 – 롯데마트 통큰치킨'이 남긴 것들을 정리했다.

▶ '통큰치킨' 패러디 주목

'통큰치킨'은 등장과 함께 수많은 신조어와 패러디를 남겼다. '얼리어닭터'(치킨 구입을 위해 아침 일찍 롯데마트 앞에 줄서는 사람), '닭세권'(롯데마트에서 도보·자전거·승용차 등으로 5분 이내 권역), '계천절'(롯데마트가 치킨을 최초로 판매한 날) 등이 그 예다.

'닭머리 지도'도 눈에 띄었다. 이는 서울 및 수도권 지역 롯데마트들의 위치를 선으로 연결시킨 것으로, 우연의 일치치고는 묘하게도 닭머리 형상이 나타나 네티즌들의 관심을 끌었다. 이 지도는 온라인상에서 끊임없이 재생산되며, 롯데마트의 위치에 대한 관심으로 전환되기도 했다.

▶ 롯데마트의 마케팅은 성공적 평가

'통큰치킨'을 통한 롯데마트의 실익은 어떻게 될까? 업계 관계자들은 "홍보와 마케팅에 있어서는 롯데마트에게 호재로 작용했다"고 확언하고 있다.

롯데마트의 통큰치킨

비록 '7일 천하'로 막을 내렸지만 온라인상에 '통큰치킨 살리기 카페'가 생기는 등 '통큰치킨'을 지지하는 분위기가 확산되면서 상품판매에는 실패했지만 마케팅은 성공했다는 평가가 이어지고 있다. 게다가 롯데마트는 저가의 기획상품으로 출시한 넷북이 '통큰넷북'이라는 별칭을 얻으며 불티나게 팔려나가자 '통큰마케팅'이 힘을 발휘한 것 같다며 함박웃음을 짓고 있다.

업계 관계자는 "롯데마트는 '통큰치킨'을 통해 홍보효과를 톡톡히 누렸다"며 "'통큰넷북'이 롯데마트에서 명명한 정식 명칭이 아님에도 불구 출시 소식을 접한 일부 누리꾼들이 '통큰치킨'을 연상시키는 '통큰넷북'이라는 별명을 붙이고 화제를 만들어낸 것만으로도 이를 여실히 보여준다"고 설명했다.

이에 롯데마트는 '통큰'·'롯데통큰'·'롯데마트통큰'을 상표 출원하기에 이르렀다. 앞서 롯데마트는 '통큰치킨' 출시 전인 이달 초 '롯데마트 통큰치킨' 상표를 특허청에 출원한 바 있고, '통큰치킨'이 사회적인 이슈가 되자 세 가지를 추가로 출원한 것이다.

회사 측은 "'통큰치킨'이 사회적으로 크게 주목받은 만큼 다른 업체에서 먼저 이 상표를 등록하기 전에 선점하려 출원하게 됐다"며 "'통큰' 브랜드로 추가 상품을 내놓을지 여부를 검토 중"이라고 말했다.

자료: 세계일보, 2010.12.22.

| 생각해볼 문제 |

01 가격결정에 영향을 미치는 요인을 예를 들어 설명해보세요.

02 이동통신사의 가격정책을 관찰해보고 더 발전적인 제언을 해보세요.

03 메이저리그 팀들에게 야구공을 판매한 경우의 예를 살펴보자. 공의 제조원가는 개당 1달러 75센트이다. 2개월간 시험용으로 판매부서에서는 각 팀의 구매자와 가격에 구애받지 않고 야구공을 팔게 했다. 가격의 범위는 넓었다. 어떤 세일즈맨은 개당 8달러까지 받았다. 다른 사람들은 제조원가인 개당 1달러 75센트까지 내려가는 경우도 있었다. 다음의 명세표를 보고 최대의 수익을 예상할 수 있는 적정가격을 설정해보세요.

구매자	판매수량	단가(단위 달러)
필리스	200	3.5
다저스	500	2.75
브레이브스	200	5.0
레즈	100	4.75
자이언츠	50	6.0
레드삭스	100	6.5
양키스	300	5.5
파드레스	700	1.75
화이트삭스	400	5.5
컵스	50	8.0
엔젤스	75	7.25
부루어스	50	6.75
다이어몬드백스	200	6.5
데블 레이스	75	7

04 소비자기준 가격설정법에 대해 설명해보세요.

05 경쟁자기준 가격설정법의 유형과 사례를 설명해보세요.

| 참고문헌 및 더 읽을거리 |

[국내문헌]

김승화·김창현, 디지털 마케팅 시대의 가격전략, LG경제연구원
http://www.lgeri.com/report/view.do?idx=10697

안상훈(2009), "효과적인 가격경쟁을 위한 4가지 열쇠," 동아비즈니스리뷰
http://dbr.donga.com/article/view/1202/article_no/2461

유필화(1991), 가격정책론: 이론과 응용, 박영사.

정순태(1992), 마아케팅관리론, 법문사.
손민중・김홍래 옮김(2011), 모든 것의 가격, 김영사.

[국외문헌]

Harrell, G. D. and G. L. Frazier(1999), *Marketing: Connecting with Customers*, Prentice-Hall.

Lamb, C. W., J. H. Hair and C. McDnniel(2002), *Marketing*, Free-Press Company.

Kotler, P.(2000), *Marketing Management*, The Millennium edition, Prentice-Hall.

Simon, H. and M. Fassnacht(2019), Innovations in Price Management. In Price Management, Springer, Cham., pp.513-556.

Mohammed, I., B. D. Guillet and R. Law(2019), "Modeling dynamic price dispersion of hotel rooms in a spatially agglomerated tourism city for weekend and midweek stays," Tourism Economics, 1354816619826829.

Loginova, O. and A. Mantovani(2019), "Price competition in the presence of a web aggregator," *Journal of Economics*, 126(1), pp.43-73.

Sacco, A. and P. De Giovanni(2019), "Channel coordination with a manufacturer controlling the price and the effect of competition," *Journal of Business Research*, 96, pp. 97-114.

CHAPTER 11 유통관리

"사회적 통념은 무시하라. 모든 사람들이 똑같은 방법으로 일하고 있다면 정반대 방향으로 가야 틈새를 찾아낼 기회가 생긴다. 수많은 사람들이 당신에게 길을 잘못 들었다며 말릴 것에 대비하라. 살아오면서 내가 가장 많이 들었던 말은 '인구 5만 명이 되지 않는 지역에선 할인점이 오래 버티지 못한다'라고 말리는 말이었다."

–샘 월튼, 월마트 창립자–

모바일 쇼핑의 증대

자료: http://it.donga.com/17132/

새로운 유통경로로서 모바일 쇼핑

| 이 장의 학습내용 |

제1절 유통경로의 개념 및 유형

1. 유통경로의 개념

유통경로(distribution channel)란 생산된 제품이나 서비스가 소비 또는 다른 용도로 사용될 수 있도록 이전되는 과정에 관계된 상호의존적인 조직들의 집합을 말한다. 유통 분야의 유명한 연구자인 스턴(Stern)과 엘 엔서리(El-Ansary)는 유통경로를 "**어떤 제품이나 서비스가 사용 또는 소비될 수 있도록 하는 과정과 관련된 일체의 상호의존적인 독립된 조직의 집합**"이라고 정의하였으며, 코틀러(Kotler)는 "**특정 상품이나 서비스가 생산자로부터 소비자에게 이전되는 데 있어 소유권을 갖고 있거나 또는 소유권의 이전을 보존하는 회사나 개인의 집합**"이라고 하고 있다.

유통경로에 대한 의사결정은 마케팅관리자가 직면하는 의사결정 중 가장 중요한 의사결정의 하나이다. 즉 기업이 선택한 경로는 즉시 모든 다른 마케팅 의사결정에 영향을 주게 되는데, 기업의 가격결정은 대중 잡화점을 이용하는가 또는 고급 양품점을 이용하는가 하는 데 영향을 미치며 판매원과 광고에 대한 기업의 결정은 판매상들이 얼마나 많은 훈련과 동기부여방법을 요구하는가 하는 데 영향을 미친다.

또한, 유통경로시스템은 중요한 외적 자원이라고 볼 수 있다. 정상적으로 유통경로를 구축하려면 수년이 소요되며, 또한 쉽게 변화하지 않는다. 또한 유통경로는 제조, 조사, 기술, 현장판매원 및 편의시설과 같은 중요한 내적 재원과 같이 그 중요함이 인식되어야 한다. 유통경로는 특별하게 제공되는 시장에 배급업무를 수행하는 많은 독립적인 기업들과 유의한 협력적 관계를 나타낸다. 또한 유통경로는 집중적인 것으로 된 장기적인 관계로 짜여진 기본적인 틀

그림 11-1 | 유통경로와 유통산업의 범위

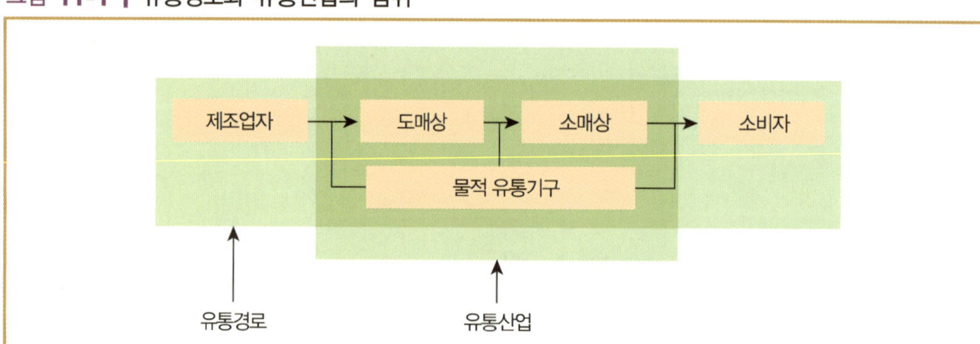

을 구성한 일체의 정책과 관행에 관한 개입을 나타낸다.

대부분의 제조업자들은 최종소비자에게 직접 제품을 판매하지는 않는다. 생산자와 최종소비자 사이에는 여러 가지 기능을 수행하는 일련의 중간상이 존재하는데, 이 중간상들은 유통경로를 구성한다.

도매상 및 소비상과 같은 중간상은 상품을 구매·소유하고 재판매하는데, 그들을 **상인(merchant)**이라고 하며 **브로커(broker)**, 제조업자의 판매대리인 및 **판매대리상(sales agent)**들은 고객을 찾고 생산자를 대신하여 협상을 하지만 그 재화의 소유권은 없는데, 그들을 대리**중간상(agent)**이라고 한다. 다른 중간상으로서 수송회사, 독립적인 창고업자, 은행, 광고대행사들도 유통의 수행을 도와주지만 구매나 판매를 위해 협상하는 기능을 수행하지 않을 뿐만 아니라 소유권도 가지지 않는데 이러한 중간상을 **조성기관(facilitator)**이라고 한다.

2. 유통경로의 유형

오늘날의 소비자들은 상품이나 서비스를 이용하는 방법이 어느 때보다 다양해지고 있으며 이에 따라 판매망 사이의 경쟁 또한 더욱 격렬해지고 있다. 특히, [그림 11-2]에서 볼 수 있는

그림 11-2 | 유통방식 비교

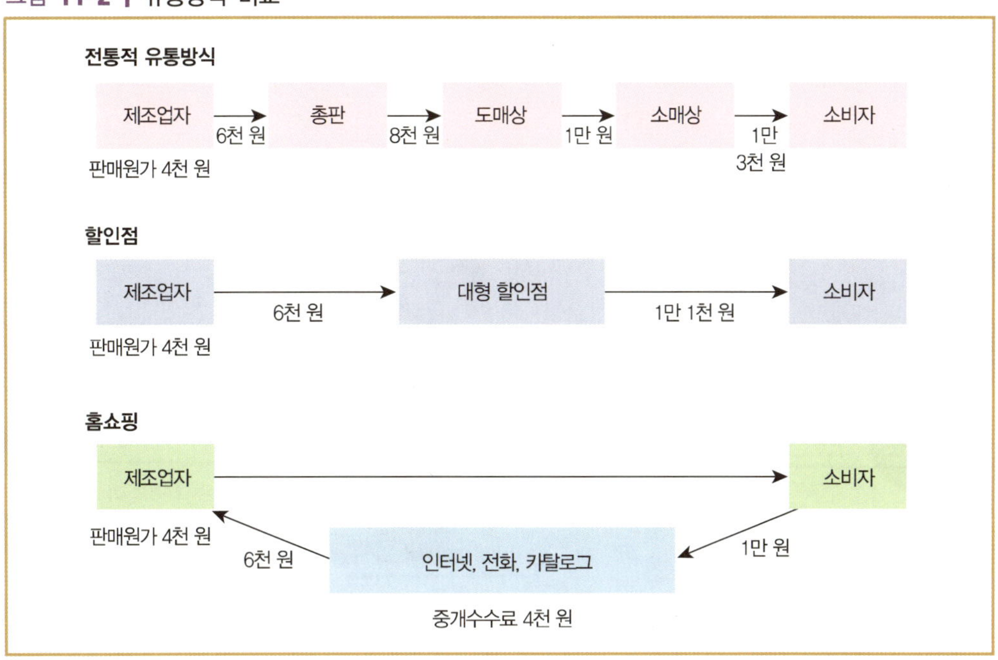

가격적인 효익으로 전자적 유통경로는 물리적 소매상을 크게 위협하고 있다. 한 쇼핑객이 노트북 컴퓨터를 구입하고자 할 때 어떤 판매 유통경로를 이용할 수 있는지 그 범위를 살펴보면 다음과 같다.

1) 소매상점 유통경로(retail store channel)

쇼핑객은 여러 회사의 노트북을 취급하는 전자랜드나 하이마트 그리고 할인점 등과 같은 소매점을 찾아갈 수 있다. 이 유통망에서 쇼핑객은 각 상표를 직접 보고 만져보고 판매원에게 정보와 조언을 들을 수 있다는 장점이 있다. 그러나 쇼핑객이 매장을 방문해야 하기 때문에 시간비용이 들고, 인터넷 등과 같은 유통망보다 상대적으로 비싸다는 단점이 있다.

2) 카탈로그 유통경로(catalog channel)

쇼핑객은 GS샵, CJ오쇼핑 그리고 다른 홈쇼핑 회사들의 카탈로그를 받아 검토할 수 있는데 카탈로그는 다양한 노트북 컴퓨터의 사양을 설명하고 가격을 제시한다. 쇼핑객은 선택한 회사에 수신자 부담전화를 걸어 상품을 주문할 수 있다. 카탈로그 유통망에는 여러 가지 장점이 있는데, 즉 주문이 쉽고, 주말과 밤에도 전화서비스를 이용할 수 있으며, 원하는 소프트웨어를 탑재할 수 있고, 일반적으로 소매상에서 구매하는 것보다 가격이 저렴하다. 가격이 저렴한 이유는 소매시설을 빌리거나 재고를 쌓아둘 필요가 없기 때문이다. 그렇지만 최근에는 인터넷 쇼핑, 모바일 쇼핑의 발달로 점점 그 위치를 잃어가고 있다.

2000년대 초반까지만 해도 TV홈쇼핑 카탈로그(상품안내책자)가 거실 탁자 위에 늘 자리했다. 카탈로그를 뒤적이다 마음에 드는 물건을 발견하면 곧장 전화를 걸어 구매하는 풍경도 익숙했다. 하지만 홈쇼핑 카탈로그는 어느덧 지방 미용실에서나 볼 수 있는 '희귀품'이 됐다. 최근 몇년간 카탈로그 제작부수를 줄여가던 홈쇼핑 업체들은 급기야 제작을 중단하기에 이르렀다.

자료: 헤럴드경제, http://heraldk.com/2018/01/25/

3) 홈쇼핑 TV 유통경로(home shopping TV channel)

쇼핑객은 홈쇼핑 TV를 통해 노트북 컴퓨터를 보고 주문할 수도 있다. 이 유통망은 상품특성의 파악과 주문이 쉽고, 때에 따라서는 저렴한 가격을 제시하기도 한다. 단점은 한 개의 브랜드와 가격만을 보여주고 그 순간에 결정하도록 하기 때문에 비교쇼핑을 할 수 없다는 것이다.

4) 직접 생산자 유통경로(direct manufacturer channel)

쇼핑객은 델컴퓨터와 같은 다이렉트 마케터의 웹페이지를 방문하여 자신이 원하는 소프트웨어를 탑재한 노트북을 구매할 수도 있다. 델컴퓨터는 현재 인터넷을 통해 하루 3백만 달러 이상의 컴퓨터를 판매하는데, 이것은 전화판매는 포함하지 않은 액수이다. 이 직접유통경로는 소매상에서 판매하는 브랜드들보다 가격이 더 쌀 뿐 아니라 고객이 원하는 소프트웨어를 탑재할 수 있다는 장점이 있다. 단점으로는 쇼핑객이 한 번에 한 생산자의 브랜드만 볼 수밖에 없다는 점을 들 수 있다.

5) 전자적 중개상 유통경로(electronic intermediary channel)

쇼핑객은 가능한 모든 상표의 가격과 특성을 비교·제시하며 가장 좋은 가격에 살 수 있는 정보중개상의 웹페이지를 방문할 수 있다. 이러한 전자적 중개상은 광고요금과 구독요금으로 수익을 올리며, 사용건당 요금을 부가할 수도 있다. 전자적 중개상은 생산자 가격을 낮추고 고객에 대한 서비스를 증진시키며 그를 통해 중개상이익을 창출한다. 전자적 유통망이 물리적 환경에 기반을 둔 상점 유통경로를 제치고 비즈니스를 끌어갈 것이라고 주장하는 사람들이 많다. 무점포 유통경로가 두 자릿수로 증가하는 데 반해, 점포 유통경로는 보통 인구증가율인 2% 정도로 증가하고 있다. 전자적 시장들은 구매자들에게 점포기반 구매로는 얻을 수 없는 많은 장점을 제공한다. 최근에는 모바일 쇼핑의 비중이 높아지고 있다. [Marketing Focus 11-1]에서 볼 수 있듯이 2018년 통계청 기준으로 온라인 쇼핑 시장에서 모바일이 차지하는 비중은 약 63%이다. 매월 5조 7천억 원 정도의 거래가 모바일을 통해 이루어지고 있는 것이다. 더이상 PC로 구매하지 않는 사람이 많아지고 있어 이 비중은 점차 늘어날 것으로 보인다.

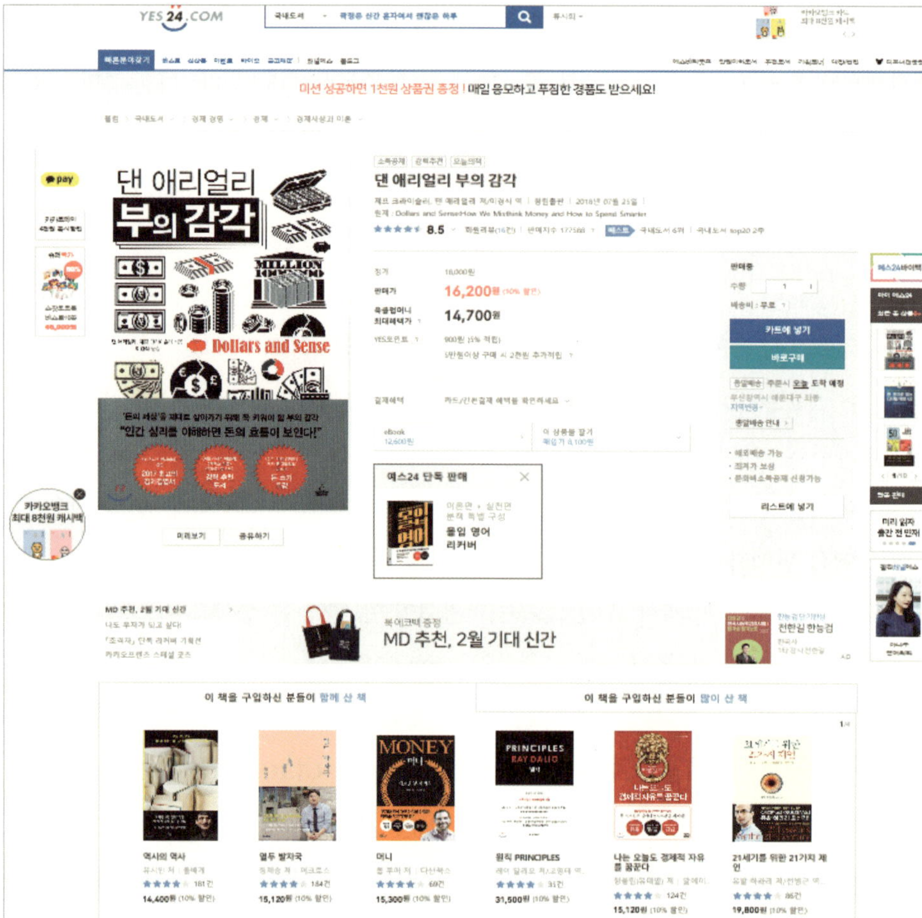

YES 24, 알라딘 등의 제대로 된 매장 하나 갖추지 않은 온라인 서점들의 기존 오프라인 강자들과는 다른 경쟁 유통 방식으로 세를 넓혀갔다. 손쉬운 정보검색, 파격적인 가격인하와 포인트 적립, 일정금액 이상의 구매에 제공되는 무료배송 혜택 등은 오프라인 도서 구매에서는 맛보기 힘든 경험들이었다.

MARKETING FOCUS 11-1

모바일 쇼핑 트렌드

온라인 쇼핑 거래액은 매년 꾸준히 증가하고 있다. 2018년 업계가 추정하는 온라인 쇼핑 거래액은 100조 원이다. 롯데마트 전체의 연매출이 약 10조 원이라는 걸 생각하면 이 규모를 어느 정도는 가늠할 수 있다.

통계청 기준으로 온라인 쇼핑 시장에서 모바일이 차지하는 비중은 약 63%이다. 매월 5조 7천억 원 정도의 거래가 모바일을 통해 이루어지고 있는 것이다. 더이상 PC로 구매하지 않는 사람이 많아지고 있어 이 비중은 점차 늘어날 것으로 보이는데 참고로 오픈서베이 내부 데이터에 따르면 모바일의 비중은 67% 정도 되는 것으로 나타났다.

주로 이용하는 모바일 쇼핑 앱과 그 이유를 물었는데 쿠팡, 11번가, 네이버 쇼핑이 순위를 따로 매기지 않아도 될 정도로 비슷한 비중을 차지하며 1군을 이루고 다음으로 전통의 지마켓을 필두로 위메프, 티몬, 옥션이 자리하며 2군을 형성한다.

주 이용 모바일 쇼핑 앱과 자주 이용하는 이유

coupang	11번가	N	G market	W 특가대표!	티몬	A.
34.5%	33.2%	30.7%	27.1%	26.4%	22.1%	16.4%
빠른 상품 배송	다양한 혜택 저렴한 가격	간편한 결제시스템 다양한 상품 종류 편리한 앱 사용				

상 [Base : 3개월 이내 모바일 쇼핑 앱 이용자, N=822, 1+2+3순위, %] 2018년 8월
하 [Base : 브랜드별 1~3순위 주 이용자, 복수응답, %] 2018년 8월

소비자 쇼핑 태도

20대는 가급적 한 앱에서 구매하려는 경향을 보입니다.

동일 앱 이용 여부
– 사려고 하는 물품이 다양할 때

서로 다른 쇼핑앱에서 가격/배송 등을 비교하여 따로 결제한다	가급적 한 쇼핑앱에서 결제한다
57.7%	42.3%
	▼ 20대

습관적 쇼핑 앱 검색

필요한 물품이 없어도 습관적으로 쇼핑앱을 본다	필요한 물품이 있을 때만 쇼핑 앱에 접속한다
53.8%	46.2%
▼ 여성	

좌, 우 [Base : 3개월 내 모바일 채널 구매자, N=842, 단수응답, %] 2018년 8월

모바일 쇼핑 태도에 대해서도 알아보았는데 '필요할 때마다 물건을 산다'는 사람이 '필요하기 전에 미리 구매한다'보다 많았다(63.2%, 36.8%). 그러나 생필품의 경우는 구매 시 딱 필요한 만큼만 사기보다 넉넉하게 사두는 편이 좀 더 많았다(51.3%, 44%). 특히 여성의 비중이 좀 더 높았는데 여성들은 필요한 물건을 미리 넉넉하게 사두는 편이라는 걸 알 수 있다.

조사결과 1인당 설치한 쇼핑 앱 개수는 평균 5.5개로 나타난다. 그럼 사람들은 물건을 살 때 다양한 쇼핑 앱을 모두 이용할까? 알아보니 가급적 한 쇼핑 앱을 이용하기보다 서로 다른 쇼핑 앱을 비교하고 따로 결제하는 비중이 좀 더 높다(57.7%, 42.3%).

20대는 가급적이면 한 쇼핑 앱에서 모두 결제한다는 응답이 많다. 모바일 쇼핑에 좀 더 친숙한 20대가 여러 쇼핑 앱을 이용하기보다 가급적 한 쇼핑 앱을 이용하려는 경향이 있다는 점은 흥미롭다.

자료: 오픈서베이가 분석한 2018 모바일 쇼핑 트렌드 총정리, Trend Meetupm, https://www.opensurvey.co.kr/blog/article/trendmtp_04/

3. 옴니채널

최근 유통분야에서 가장 많이 거론되는 단어가 **옴니채널(Omni Channel)**이다. 디지털로 변화된 소비자들의 행동에 대응하기 위한 전략의 하나인 옴니채널은 유통분야에서 먼저 거론되기 시작하면서 새로운 유통채널 전략으로 인식하기 시작했다. 스마트 모바일 장치 및 소셜 네트워크와 같은 신기술의 증가 및 사용확대와 매장 내 기술 등이 발전함에 따라 소매업체는 새로운 기회와 도전에 직면하고 있다. 온라인 채널과 물리적 채널의 경계가 모호해짐에 따라 채널 통합에 대한 새로운 접근방식인 옴니채널이 등장하고 채널에 관계없이 특별한 고객 체험을 제공하는 것이 중요해지고 있다. 이처럼 이커머스 시장의 급격한 증가는 온·오프라인 채널을 넘나들며 구매하는 옴니채널 소비패턴 활성화로 이어지고 있다. 소비자에게는 선택의 폭이 넓어진 셈이다. 온라인·오프라인에만 국한 시키지 않고 자유롭게 구매채널을 선택할 수 있는 플랫폼이 다양해진다는 것을 의미한다.

이러한 옴니채널 소비패턴 속에서 최근 주목받고 있는 키워드는 바로 **쇼루밍(showrooming)**이다. 쇼루밍은 오프라인 매장에서 상품을 보고 구매는 온라인에서 하는 쇼핑패턴을 말한다. 소비자들이 쇼루밍을 하는 주된 이유는 온라인상에서 보다 저렴한 가격에 제품을 구매하기 위함이지만 기업은 소비자들이 원하는 것이 단지 '저렴한 가격'만은 아니라는 것에 주목할 필요가 있다. 쇼루밍은 취향에 맞고 품질도 좋은 제품을 합리적인 가격에 구매하려는 일종의 '가치소비' 행위라고 할 수 있다.

매장에서 상품을 살펴본 뒤 실제 구매는 온라인 등 다른 유통경로로 하는 소비행태를 '쇼루밍(showrooming)' 현상이라고 말한다.
사진출처: 마트저널 http://www.martjournal.com/news/에서 가져옴.

그렇다면 쇼루밍을 하는 소비자들이 오프라인 매장에서 얻고자 하는 것은 무엇일까? 매장에서 상품과 서비스를 직접 체험해보고자 하는 의도가 가장 크다. 그 밖에도 물건을 사는 쇼핑 자체가 여전히 삶의 활력이 될 수 있으며, 오프라인 매장의 고객맞춤형 서비스와 매장 직원과의 소통은 소비자 감성을 터치하는 심리적 자극제가 될 수도 있다. 또한 오프라인 구매의 가장 큰 장점 중 한 가지는 바로 소비자가 현장에서 바로 상품을 가져갈 수 있다는 점이다. 이러한 맥락에서 소비자들은 편리하고 가까운 근거리 쇼핑 비중을 늘리고 있다.

성공적으로 옴니채널 전략을 추진하고 있다는 평가를 받고 있는 미국의 메이시스백화점은 가장 먼저 오프라인 매장과 온라인 쇼핑몰에서 상품과 고객들의 정보를 하나로 통합했다. 고객들은 오프라인 매장이나 온라인 쇼핑몰 중 어느 곳을 방문하더라도 동일한 상품구색을 볼 수 있게 됐다.

미국의 대형 유통업체인 월마트는 스마트폰으로 상품을 스캔하고 결제까지 하는 '스캔앤고' 서비스를 제공하고 있다. 스마트폰으로 결제를 마친 고객은 계산대에서 기다릴 필요없이 '셀프 체크아웃 카운터'를 통해 나가면 된다. 베스트바이는 방문한 매장에 재고가 없을 경우 온라인 주문을 유도해 한 시간 내 인근 매장 픽업이나 자택 배송 중 선택하게 만들었다.

옴니채널 서비스가 더욱 진화하고 있다. 최근에는 소셜네트워크서비스(SNS)를 결합한 형태로도 발전했다. 그동안 온라인 쇼핑 증가로 타격을 받았던 오프라인 유통업체들이 옴니채널 구축으로 반격에 나서고 있는 것이다.

의류업체인 C&A는 매장에 들어섰을 때 졸졸 쫓아다니는 점원에게 방해받는 것은 싫지만 많은 사람들의 2차 의견을 듣고 싶어하는 고객들을 위해 '패션라이크(Fashion Like)'라는 서비스로 오프라인 진열대와 페이스북을 접목시켰다. 이는 C&A의 페이스북 페이지에서 방문객들이 '좋아요'를 누른 횟수가 실시간으로 옷걸이에 있는 숫자에 나타나는 방식으로 선택에 도움을 준다.
사진출처: https://www.entrepreneur.com/article/278152

제2절 경로방식의 결정

1. 직접유통 vs 간접유통

상품이 생산자에서부터 소비자에게까지 유통될 때 중간에 하나 이상의 유통기관(중간상)들의 단계를 거치게 될 때 이것을 **간접유통(indirect marketing)**이라 한다. 그리고 생산자와 소비자 사이에 중간상의 개입이 없이 생산자가 직접 소비자에게 상품을 유통시키는 전반적인 관리를 하는 경우 이것을 **직접유통**(direct marketing)이라 한다. 엄밀하게 말하면 생산자와 소비자 사이에 하나의 단계라도 중간상이 존재하면 그것은 간접유통이 되는 것이다.

그런데 간접유통과 직접유통은 상대적인 개념으로 적용될 수도 있는데, 즉 제조업자-중개상-도매상-소매상-소비자라는 5단계의 경로보다는 제조업자-도매상-소매상-소비자라는 4단계의 경로가 더 직접유통이 될 수 있다.

유통기구 내지 유통경로는 초기에 직접유통에서 간접유통으로 변해오다가 그 뒤 다시 근대적 의미의 새로운 직접유통으로 발전하여 왔다고 볼 수 있다. 그리하여 오늘날에는 대규모 소매상이 많이 등장하여 생산자에서 도매상을 거치지 않고 바로 소매상을 거쳐서 소비자에게로 유통되는 경로의 형태를 많이 취하고 있다.

1) 간접유통의 사회적 타당성

간접유통은 분업의 효익에 입각하여 생산자로부터 소비자까지의 상품유통에 많은 중간상이 유통경로에 개재함으로써 사회적으로 사회적 효익이 된다고 생각되어 왔다. 일반적으로 이론적 근거로 제시되고 있는 **총거래수 최소의 원칙**과 **집중저장 또는 불확실성 풀의 원리**에 입각하여 우선 중간상의 사회적 존립타당성을 인정할 수 있다. 유통기관의 비용은 제조공업과는 달리 고정비가 상대적으로 적고 변동비의 비율이 높으므로 유통기관이 대규모화하더라도 평균비용이 그다지 저하하지 않으므로 유통기능의 통합에 의하여 중간상이 배제되는 것이 반드시 유리하다고 할 수는 없는 것이다.

중간상이 배제되는 경우에는 일종의 독점이 발생하여 유통비용의 하나인 특화에 의한 능률화 등의 이점도 없어지게 되어 직접유통이 불리한 것이다. 또한 중간상이 배제됨으로써 종래 특화에 의하여 유통기능을 수행하면서 유통과정에 개재하던 많은 중간상이 실업을 당하게 되어 사회적 불안을 조장시킬 수도 있으므로 간접유통이 유리하다는 것이다.

따라서 간접유통의 이점은 다음과 같은 점에서 찾아볼 수 있다. 첫째, 생산자의 판매량이 적고 시장의 전부 또는 일부가 분산되어 있는 경우에는 중간상을 이용함이 보다 경제적이다. 간접유통은 유통기능의 특화를 초래하여 전체적인 생산성 향상에 기여한다. 둘째, 간접유통에서는 유통과정에서 발생하는 위험을 중간상이 부담하므로 생산자의 위험이 분산된다.

2) 간접유통의 이론적 근거

중간상, 즉 도매상의 사회적 존립근거를 이론적으로 제시한 대표적 학자는 마가레트 홀

(Margaret Hall)을 들 수 있다. 그는 중간상, 특히 도매상의 존재가 사회경제적 관점에서 시인되어야 할 논거를 총거래수 최소의 원리와 집중저장 또는 불확실성 풀의 원리로 제시하였다.

(1) 총거래수 최소의 원리

총거래수 최소의 원리(principle of minimum transactions)는 도매상이 개재하면 생산자가 다수의 소매상과 거래하는 경우에 비하여 총거래수가 감축되고 그에 따라 거래에 요하는 시간과 노력 및 거래비용, 나아가서는 사회비용을 절약시켜 준다는 것이다. 이러한 원리와 거의 같은 내용으로서 볼더스톤(Balderston)의 접촉비용론이 있다. 이것은 [그림 11-3]에서 제시되고 있는데, 전자업체의 전자제품 유통을 예로 들어 그림 (a)는 도매상이 존재하지 않는 경우로 m개의 생산자와 n명의 소비자의 총접촉횟수는 (m×n)회가 된다(그림에서는 4×4로 16회). 그리고 그림 (b)의 경우 하이마트와 같은 대형 전자제품 소매상이 개입되어 총접촉횟수는 (m+n)로 줄어들게 된다(그림에서는 4+4로 8회). 결국, 1회의 접촉비용을 a원이라 한다면 하이마트 같은 소매상이 없는 경우와 있는 경우가 각각 a(m×n)원과 a(m+n)이 된다. 따라서 도매상이 존재함으로써 접촉횟수와 접촉비용이 모두 절감되어 사회적 유통비용이 절감될 수 있다는 것이다.

그림 11-3 | 총거래수 최소의 원리

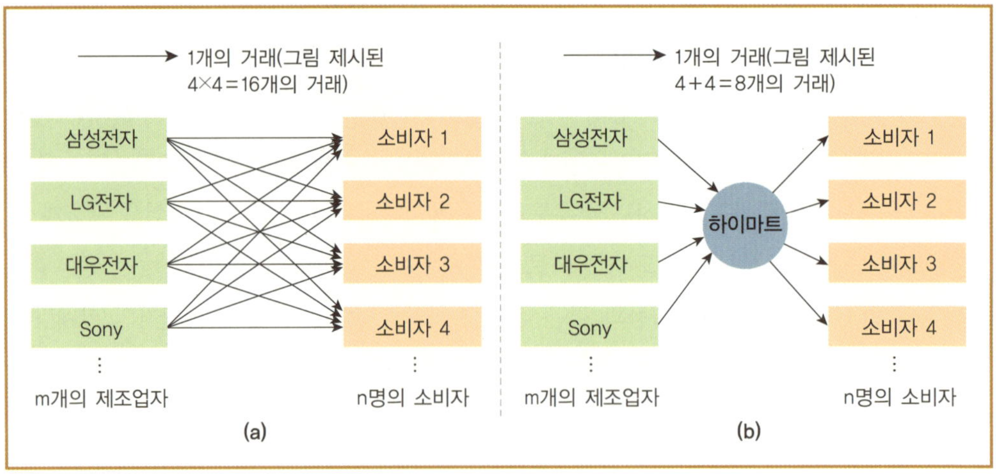

(2) 집중저장 또는 불확실성 풀의 원리

이 원리의 주요 내용은 도매상이 존재함으로써 소매상의 평균재고량을 감축시켜 투하재고

자본을 절감시켜 주며, 사회에서의 재고총량이 보다 적어도 되게 해줌과 아울러 도매상이 재고를 집중저장, 준비함으로써 변화하는 수요에 적절하게 대처할 수 있다는 것이다.

홀(Hall)의 설명에 의하면 만약 연간 특정의 판매액을 올리는 10개의 소매상은 계속적인 사업을 위해 항상 500만 원의 재고를 가지고 있어야 된다고 할 때 사회 전체로 보아 총재고액은 5,000만 원이 된다. 그러나 도매상이 존재하는 경우 소매상은 당용 구매를 할 수 있어서 각각 10만 원의 재고만 가지면 되고, 도매상은 1,000만 원의 재고를 가지고 있어야 한다면 사회 전체의 총재고액은 2,000만 원(10만×100+1,000만)이 되어 3,000만 원의 자본절약이 되므로 중간상(도매상)의 존립이 타당하다는 것이다.

2) 유통경로 결정의 영향요인

직접유통·간접유통과 같은 유통경로의 유형을 결정짓는 데 주된 영향을 미치는 요인으로 다음과 같은 것이 있다.

- 제품특성: 제품의 기술적 복잡성이 높고 서비스요건이 충족되어야 하며 부패성 내지 유행성이 강하거나 표준화되지 않거나 제품단가가 비싸거나 평균 수주규모가 큰 경우에는 직접유통의 정도가 높다.
- 시장특성: 시장의 범위가 좁아 구매자수가 적고 구매자가 집중되어 있고 구매패턴, 즉 구매빈도가 높은 경우에는 직접유통형태를 택한다.
- 기업의 특성: 기업규모와 자본력이 크거나 제품계열이 넓고 또한 신제품을 적극적으로 개발하려는 경우나 경영자의 경험이 풍부한 경우에도 직접유통의 경향이 높다.
- 중간상의 특성: 바람직한 유형의 도·소매상이 없거나 있다고 하더라도 그 이용가능성이 없는 경우에는 직접유통을 하거나 새로운 유통형태를 개발하게 된다.
- 경쟁적 특성: 경쟁업자와 경쟁력 차별화를 위해 직접유통을 하기도 한다. 미국의 Avon사의 직접판매체제(방문판매)는 다른 화장품 회사와의 경쟁적 요인으로 취해진 것이다.

4) 단계수에 따른 유통경로

유통경로상 단계수에 따른 경로의 길이를 기준으로 유통경로를 유형화하면 소비자는 [그림 11-4] 그리고 산업재는 [그림 11-5]와 같이 되며, 그 경로별 특징은 다음과 같다.

- 0단계 경로(zero-level channel, direct marketing channel): 직접유통경로로 제조업자가 직접 소비자에게 판매하는 경우의 경로이다. 여기에는 방문판매, 우편주문, 텔레

마케팅 등이 해당된다. 암웨이(Amway)의 방문판매경로가 대표적이다.

그림 11-4 | 소비재의 유통경로

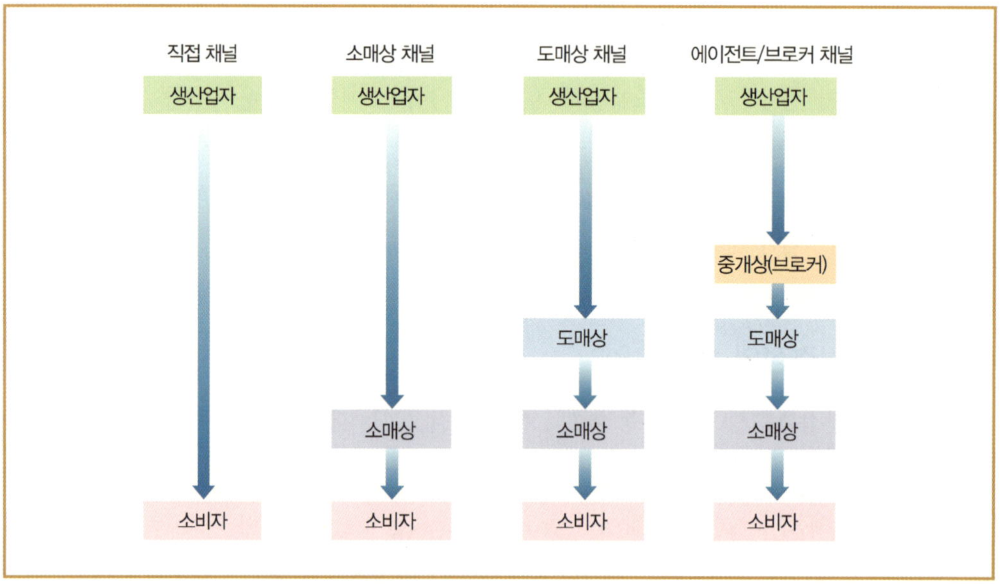

그림 11-5 | 산업재의 유통경로

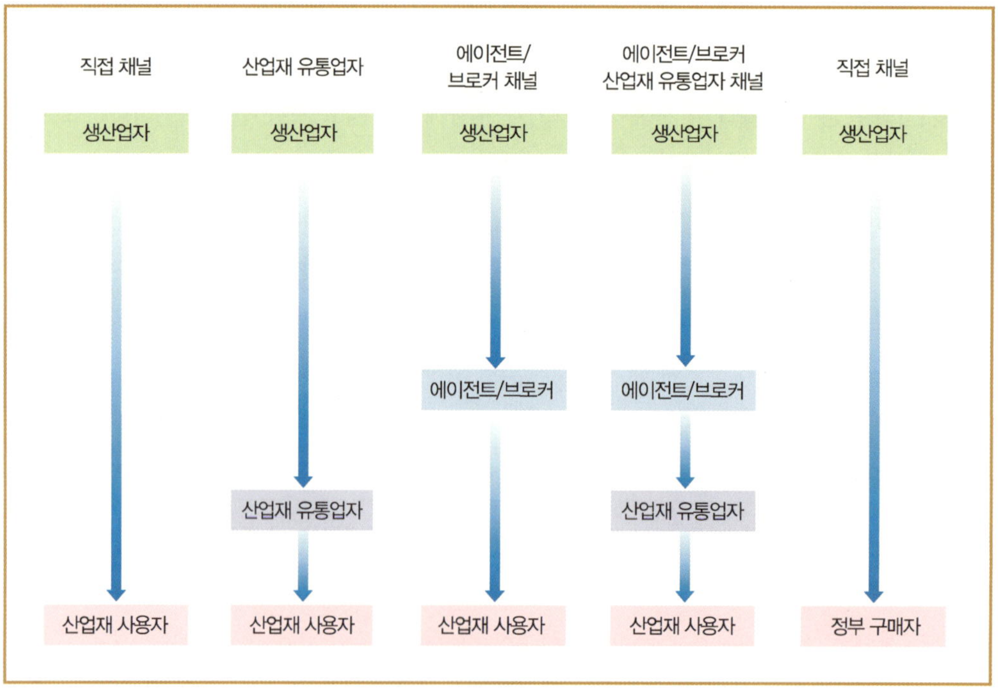

- 1단계 경로(one-level channel): 소매상과 같은 하나의 중간상이 개재하는 유통경로이다. 롯데백화점, 현대백화점 그리고 이마트 같은 거대 소매상은 도매상을 통해 구입하는 것을 원하지 않을 수 있다. 상대적으로 규모가 큰 소매상의 경우 이러한 경로를 통해 소비자에게 제품을 제공할 수 있다.
- 2단계 경로(two-level channel): 두 개의 유통기관이 거래하는 경로로써 소비용품의 경우는 전형적인 경로로 도매상과 소매상이 개입하게 된다. 예를 들어 하이트맥주는 주류도매상을 통해 소매상인 호프집으로 그리고 최종소비자에게 맥주를 이전할 수 있을 것이다.
- 3단계 경로(three-level channel): 세 개의 유통기관이 게재하는 경로로서 도매상과 소매상 사이에 중개상(broker)이 존재하는 경우가 일반적이다. 여기에서 중개상은 제조업자로부터 상품을 구입하여 보통 도매상에게 판매한다.

MARKETING FOCUS 11-2 다단계 판매

다단계 판매방식은 1987년 미국의 암웨이에 의해 우리나라에 처음 소개됐다. 그러나 이 방식은 도입 초기 하부 판매조직의 피해가 기하급수적으로 커지면서 사회문제로 대두됐다. 이 후 우리나라는 방문판매법 등 각종 법제마련 등을 통해 건전한 다단계 판매방식을 양성화하기 위해 많은 노력을 기울여 왔다. 그 결과 우리나라에도 진로, 풀무원, 웅진, 애경 등에서 다단계 유통방식을 도입, 경영을 획기적으로 개선한 사례도 있다. 반면 피라미드라고도 불리는 비합리적 다단계의 소비자 피해는 줄지 않고 있다. "다단계 판매? 그거 피라미드잖아. 그거 다 사기여 사기…" 구로동에서 떡볶이를 팔고 있는 한 아줌마가 한 말이다. 그런데 전문가들은 다단계가 다 부정적인 것만은 아니라고 말한다. 다단계 판매는 복잡한 유통구조와 고액의 광고비를 일신하고 생산자와 소비자를 다이렉트로 연결한다는 점에서 발상의 혁신적 전환이라고 평가받고 있다.
실제로 각 대학 경영학과에서는 네트워크 마케팅을 주요 과목으로 가르치고 있다. 하지만 한탕주의적 목적으로 설립된 다단계 회사와 일부 사행심에 젖어 있는 판매원들의 과도한 사재기 혹은 배팅 등으로 하위 조직원의 피해를 대량 양산하면서 다단계 판매는 사기적 판매형태로 인식되고 있다.

▶ 금융권으로 확산된 피라미드

새해 벽두부터 피라미드 판매방식이 다단계 유통업체를 넘어 보험업계에도 확산되고 있다는 좋지 못한 소식이 들려왔다. 2005년 12월 26일 금융감독원은 2005년 5월 12일부터 6월 8일까지 에셋보험, 우리모두, 21세기우리모두 등 3개 보험대리점에서 피라미드 방식의 보험모집행위를 적발, 보험대리점 등록취소, 500만 원의 과태료 부과, 대표이사 해임권고 등의 조치를 취하는 한편 관련 임직원들에게는 검찰에 통보했다고 밝혔다.

현재 암웨이는 기업 PR광고 및 제품광고를 집행하고 있다(사진은 뉴트리라이프 광고).

또 일부 기획 부동산업체들도 금융 피라미드 형태로 투자자들을 모집하고 그들에게 돌아가는 배당금도 다단계 보상플랜을 적용하는 방식으로 투자금을 가로채고 있다. 실제로 전라북도 전주에서는 한 기획 부동산업체가 이같은 방법으로 투자자 270여 명을 모집하고 100억 원이 넘는 돈을 가로채기도 했다.

▶ 일반 피라미드의 피해사례

한편 일반 다단계 업체에서의 소비자 피해사례도 계속되고 있다. 안티피라미드는 작년 한해 피해상담 사례가 가장 많이 들어온 업체를 선정 발표한 바 있다. 발표 내용에 따르면 (주)멤버쉽뱅크코리아와 (주)브리엔퍼비앤피의 경우 판매원 대부분이 대학생 등 20대 초반을 중심으로 구성돼 있으며 일부는 미성년자도 판매원에 가입해 있는 것으로 나타났다. 이들은 취업이나 아르바이트 개념으로 이곳에 가입한 후 학자금대출 등을 통해 초기 제품 구입비를 마련하는 경우가 대부분이다.
그리고 많은 판매원들이 공제증서 혹은 증권 등 기본 권리에 대해 제대로 알지 못하고 알려주지도 않아 피해자들이 충분히 구제받을 수 있음에도 불구하고 피해자들이 앉아서 당하는 경우가 많다.

▶ 판매자와 소비자 분리 제도화해야

암웨이 이후 다단계 판매방식이 우리나라에 소개된 지 19년이 지난 지금. 풀무원, 애경, 세모 등 기업들이 다단계 유통방식을 채용하는 등 많은 발전을 해오고 있으나 TMC 등 순수 다단계 유통업체들에는 아직까지도 소비자 및 하위 판매원들의 피해가 줄지 않고 있다.
이에 대해 안티피라미드의 오상록 간사는 “방문판매와 달리 피라미드는 순수 소비자가 없으며 판매자가 곧 소비자인 특수한 구조 때문”이라고 말한다. 방문판매의 경우 하위 판매원이 소비자에게 자사제품을 판매하여 수익을 얻는 시스템이라면 피라미드의 경우 하위 판매원이 상위 판매원의 수수료를 부양하는 형태이기 때문에 때때로 강매 등이 이루어질 수밖에 없다는 것.
그러므로 다단계 판매조직이더라도 판매원과 소비자가 분리된 순수 직판이 개념이라면 피라미드의 피해사례가 상당히 줄어들 수 있다는 것이다. LG건강, 진로, 풀무원, 애경 등이 판매원과 소비자가 분리된 형태의 다단계 판매조직을 활용하고 있다.

▶ 다단계와 피라미드의 차이

- 다단계 판매업 등록증 및 등록번호가 없거나 불명확하다.
- 후원수당을 산정할 수 있는 전산기기가 없다.
- 후원수당 산정·지급기준 등에 관한 자료를 공개하지 않는다.
- 다단계판매원 등록증, 다단계판매원 수첩 등을 교부하지 않거나 부실한 것을 교부한다.
- 판매가격이 130만 원(부가가치세 포함)을 넘는 고가상품을 판매한다(법규개정에 따른 문구 임의수정).
- 상품의 반품 및 환불규정이 명확치 않거나 사실상 지켜지지 않는다.
- 비율이 지나치게 높다(판매원 공급가격의 35%를 초과한다).
- 폭력, 강압, 기타 반강제적, 위협적인 수단으로 가입을 유도한다.
- 가입비, 사용상품이라는 명목 또는 판매원 가입조건으로 돈을 받거나 물건을 사게 한다.
- 판매원 가입시 3만 원 이상의 판매보조물품을 구매하도록 유도한다(법규개정에 따른 문구 임의수정).
- 월별로 또는 승진을 위해 개인이 직접 구매 또는 판매해야 하는 할당금액이 있다.
- 사람을 가입시키는 행위만으로 수입이 발생한다.
- 사업장의 주소, 전화번호 등을 고의로 자주 변경한다.
- 상품이 게재되어 있지 않은 금전배당조직으로 다단계 판매와 유사하게 순차적·단계적으로 가입을 유도한다.
- 사업자의 등록·자격유지 또는 유리한 후원수당의 지급기준을 적용받기 위한 조건으로 재화 등을 구매하도록 본인에게 부과하는 부담으로서 물품구매한도 연간 5만 원을 초과한다(법규개정에 따른 문구 임의추가).

자료: 시사신문, 2006.01.04 등에서 정리

2. 유통경로의 유형

기업들은 각 경로단계에서 몇 명의 중간상을 이용할 것인가를 결정해야 한다. 여기에는 세 가지 전략, 즉 **집약적 유통경로**, **선택적 유통경로** 그리고 **전속적 유통경로**를 이용할 수 있다.

1) 집약적 유통경로

집약적 유통경로(intensive distribution channel)란 가능한 많은 점포에서 제품이나 서비스를 공급하는 것이 특징인데 이 전략은 소비자가 장소의 편의성을 많이 요구하는 제품인 청량음료, 담배, 비누, 과자 등과 같은 품목에 있어 그 중요성이 크다고 볼 수 있다.

제조업자들은 그들의 유통범위와 판매량을 증대시키기 위해 전속적 유통경로나 선택적 유통경로로부터 집약적 유통경로로 이동하고 있지만 선매품이나 전문품의 취급점포를 확대하는 것은 해당 유통점포에 대한 통제권을 상실할 수 있으며, 가격의 변동이 커질 수 있다는 점 그리고 무엇보다도 해당 브랜드의 이미지가 떨어질 수도 있다는 점을 생각해야 한다.

2) 선택적 유통경로

신발이나 의류 등의 선매품은 대체로 선택적 유통경로를 활용한다고 볼 수 있다.

선택적 유통경로(selective distribution channel)란 하나 이상의 중간상을 이용하기는 하지만 어떤 특정 제품을 취급하는 중간상들을 모두 이용하는 것은 아니다. 이 선택적 유통경로는 유통업자들을 확보하려고 하는 기존기업과 신설기업 모두가 이용하게 되는데 기업은 많은 중간상들에게 자사의 노력을 낭비할 필요가 없다는 생각을 가지게 된다. 집중적 유통경로에 비해 선택적 유통경로를 이용함으로써 생산업자는 더 많은 통제력을 가지며 또한 적은 비용으로 적절한 시장을 확보할 수 있다.

3) 전속적 유통경로

전속적 유통경로(exclusive distribution channel)는 재판매업자가 제공하는 서비스수준과 서비스제공물에 대해 생산자가 거의 대부분을 통제하고자 하는 경우에 적용된다. 전속적 유통경로를 허용하는 경우 생산자는 보다 혁신적인 판매(예를 들면 인적네트워크를 이용한 판매)와 소비자에 대한 전문적인 제품정보를 제공하길 원한다. 일반적으로 전속적 유통경로는 제조업자와 판매대리인 간의 강한 동반자 관계가 요구되는데 명품, 외국자동차, 고가 전자제품 및 외국가구 등의 유통에서 찾아볼 수 있다.

제3절 유통기구

1. 유통기구의 정의

유통기구(distribution structure, marketing structure, marketing mechanism)는 유통구조, 마케팅구조(기구)라고도 하며, 각종 유통기관이 사회 내에서 상호 연관을 가지고 유통기능을 수행할 때 형성되는 전체적·유기적 조직을 말한다. 다시 말하면 유통기구란 분업관계에 의해 필요한 기능을 수행하고 있는 유통기능담당자(기관)를 구성원으로 하는 사회적 구조체인 것이다. 이 유통기구를 구성하는 각종 유통기관이 일련의 연결을 가지고 마케팅활동을 수행하는 계열을 유통경로 또는 마케팅경로(이하 유통경로라 함)라고 하며, 상품과 서비스가 생산자로부터 소비자까지 **유통경로**(channels of distribution)를 통하여 이동하게 된다.

그러므로 유통경로상에 존재하는 모든 유통기관이 유통기구 또는 유통구조를 구성하며 유통기구는 하나의 사회경제제도로서 각국마다 정치적 혹은 사회적 상태에 따라 그 존재양식과 구조 및 양식이 달라진다.

2. 유통기구의 유형

유통기구는 직계유통기구와 방계유통기구로 크게 분류될 수 있다. 전자는 수요와 공급의 인적 또는 소유권적 조절, 다시 말하면 소유권이전 기능을 주로 수행하는, 즉 교환기능 혹은 상거래기능을 수행하여 소유권을 취득함으로써 재화의 실질적 이전이 이루어지게 하는 기능을 수행하는 유통기관이 계열로 구성된다. 후자, 즉 방계유통기구는 물적 유통기능 및 조성기능을 대행하는 유통기관의 계열로 구성되어 있다. 이 양자의 구분기준을 마케팅기능을 수행하는 과정에 있어서 소유권을 획득하느냐 하지 않느냐에 두고 있다. 이와 같은 직계유통기구와 방계유통기구가 유통구조를 형성하며 이러한 유통구조 내에서 재화가 유통경로를 통하여 생산자로부터 소비자에 이전되는 과정에서 마케팅기능이 수행되는 것이다.

3. 소매상

1) 소매업의 정의 및 기능

소매업(retailing)이란 재화나 서비스를 개인적 혹은 비영리적 목적으로 사용하려는 최종소비자에게 직접 판매하는 것을 포함한 모든 활동이다. **소매상**(retailer)과 **소매점포**(retail store)란 판매활동이 주로 소매로 이루어지는 사업이 행해지는 곳이다.

그것이 제조업자든 도매상이나 소매상이든 이러한 판매활동을 수행하게 되면 어떤 기관이든지 소매업을 행하는 것이다. 즉 소매업이란 재화와 용역이 어떻게 판매되는지(사람, 우편, 전화, 자동판매기에 의해서) 또는 재화와 용역이 어디서 판매되느냐(점포, 거리, 소비자의 가정에서는)는 문제가 되지 않는다.

2) 소매상의 유형

소매상의 형태는 [표 11-1]과 같이 점포 믹스전략, 점포유무 등의 기준에 의해 다양하게 분류되지만 크게 점포소매상과 무점포소매상으로 나누어질 수 있다. 영업방식에 따른 구분은 실상 점포유무에 따른 분류이기도 하며 점포소매상을 다시 소매 믹스전략에 따라 구분하면 구멍가게, 백화점, 할인점, 카테고리킬러 등으로 나뉠 수 있다. 무점포소매상은 자동판매기, 통신판매, TV홈쇼핑 등으로 나뉜다. 앞으로는 이러한 소매상의 유형에 대하여 좀 더 상세히 살펴보게 된다.

표 11-1 | 소매상의 대분류

점포유무에 의한 분류	소매점포 믹스전략에 의한 분류	
점포소매상	• 구멍가게 • 슈퍼마켓 • 할인점 • 카테고리킬러	• 편의점 • 백화점 • 대중양판점
무점포소매상	• 특정적인 무점포소매상 • 방문판매 • TV홈쇼핑	• 자동판매기 • 통신판매(전화, 인터넷, 스마트폰)

(1) 점포소매상

① 구멍가게

우리나라의 가장 전통적인 점포소매상은 **구멍가게**이다. 보통 30평 미만의 점포 면적으로 영업하며 다양한 생활용품을 주로 취급하고 있다. 영업시간이 길고 점포 내외부에서 제품관련 정보의 수집은 물론 사람들 간의 관계를 형성할 수 있는 장소로서도 의미가 크다. 그러나 판매되는 제품은 구색을 갖추기 어렵고 비교적 고가로 판매되고 있다.

주거지역에 위치하기 때문에 소비자들의 방문이 용이하고 단골 거래가 가능하며 외상판매를 허용하는 경향이 있다. 최근에는 고객들이 구매형태가 **원스톱 쇼핑(one-stop-shopping)**으로 바뀌고 있고 자동차 보급률이 높아져 보다 깊은 제품구색을 요구하기 때문에 활로를 찾기가 어려운 실정이다. 구멍가게의 경영을 어렵게 하는 가장 큰 요인은 이제 고객들이 가격에 민감해지고 있기 때문에 새로운 형태의 할인점형의 소매점과 경쟁에서 설 자리를 차지하기가 점점 어려워지고 있다.

② 편의점

편의점은 인구가 밀집된 지역에 소규모의 매장으로 24시간 점포를 개방하여 영업한다는 특징을 갖고 있다. 이러한 편의점이 경쟁력을 갖기 위해서는 입지지역의 고객특성에 맞는 정보를 제공하고 다양한 구색의 제품을 공급해줄 수 있는 물류시스템을 구축하는 것이다.

가장 강력한 경쟁 요인은 위치효용과 시간효용이다. 고객들이 가장 쉽게 방문할 수 있는 장소를 선점하는 것이 성공의 관건이다. 이러한 각 점포의 입지에 따라 지역 고객의 욕구에 맞는 구색을 계속적으로 제공할 수 있는 실질적인 의미에서 24시간 영업이 이루어져야 한다. 계절적인 수요가 발생하는 제품이나 신선도를 요하는 제품의 경우 비수기나 야간에는 공급이

국내 3대 편의점: GS25, CU, 세븐일레븐

부족한 경향이 있는데 이는 편의점으로서 점포의 이미지를 실추시키는 사례이다.

우리나라에서는 1989년 올림픽선수촌에 세븐일레븐(7-Eleven)이 최초로 설립되면서 구멍가게를 대체하는 소매점으로 도심권 내의 새로운 수요창조자로서의 위치를 차지하기 시작하였다. 그러나 한때의 도약도 이제는 발전이 더디게 보인다. 급격한 점포수 확장과 무리한 입점으로 입지 선정에 실패한 경우도 있고, 원가절감 노력이 미흡한 점포들이 고전하고 있기도 하다.

③ 슈퍼마켓

1930년대 미국의 대공황기에 뉴욕에서 소득 감소로 소비가 어려운 계층에게 값싼 제품 공급을 위해 등장한 것이 슈퍼마켓이다. 초기에는 자동차와 냉장고 보급이 이루어졌지만 다양한 계열별로 식품류를 저가에 공급하는 소매점이라는 특징을 지닌다. 전형적으로는 수백 평의 점포 면적을 갖추고 주차장을 마련할 뿐만 아니라 마진을 줄여서 고회전율을 지향하는 점포 전략을 경쟁력의 기반으로 삼는다.

우리나라의 경우는 점포 규모도 적고 전국적인 체인 운영도 활성화되지 못하고 있는 실정이다. 주로 식료품, 세탁용품, 가정용품, 생활용품을 취급하는 소매점으로 다양한 제품을 대량 취급하면서 셀프서비스를 원칙으로 하지만 최근 급격히 증가하고 있는 할인점의 등장으로 슈퍼마켓은 뚜렷한 특징이 드러나지 않는다는 위기를 맞게 되었다.

④ 백화점

대형 소매점의 대명사라고 할 정도로 취급 상품과 점포의 규모, 매출액 등의 측면에 있어서 최근 할인점의 질주가 뚜렷해지기 전까지 단연 두각을 나타내던 점포 형태이다. 세계 어느 나라를 가더라도 그 나라의 대표적인 백화점이 있어서 각국의 관광객들이 쇼핑 장소로 애용

국내 3대백화점: 롯데백화점, 현대백화점, 신세계백화점

하고 있다. 그러므로 나라를 대표하는 소매점은 다름 아닌 백화점이라고 할 수 있다. 소매점에서 발생할 수 있는 여러 가지 문제를 가장 효율적으로 대처해나가고 있는 것도 역시 백화점이다.

다양한 형태의 쇼와 오락 프로그램을 통해 볼거리와 행운을 제공하고 제품의 구색과 수량 확보라는 혜택을 제공하기 위해 대규모의 창고를 갖춘 경우도 흔한 일이다. 일례로, 뉴욕의 메시백화점은 1960년대에 이미 세계 각국의 고객을 맞는 과정에서 제품정보를 원하는 고객의 욕구를 충족시키기 위해 총 42개 국어를 구사하는 1,400여 명의 2개국어 사용자를 종업원으로 고용하기도 하였다.

백화점의 또 다른 특징으로는 개별상품, 가정용품, 가구 등을 포함하는 다양한 품목의 상품 판매로 없는 것이 없는 점포의 이미지를 띤다는 것이다. 내부 경영 측면에서는 부분별로 조직이 구성되어 수직적 구조의 비용구조를 타파하여 효율적인 경영을 지향한다. 판매량이 대량이고 주로 여성고객들에게 판매가 이루어지고 있다. 따라서 우리나라의 대부분의 백화점의 목표고객은 30~40대의 여성고객이다. 주로 도심의 쇼핑가 혹은 외곽의 쇼핑센터에 위치하고 분점을 내는 경우도 흔하다. 대게는 다양한 유형의 무료 서비스를 실시하고 있다. 서비스지향적인 경영이라는 이면에는 고가 제품의 공급이라는 한계가 있다.

MARKETING FOCUS 11-3

백화점의 쇼핑의 비밀

화려하고 값비싼 제품들이 고층 건물의 구석구석을 빼곡히 채우고 있는 백화점. 우리는 백화점을 방문하면서 백화점마다 층별 매장구성과 배치, 분위기가 비슷하다는 것을 느끼게 된다. 백화점은 겉모습의 화려함이나 사고파는 물건의 가격만이 아니라 매장의 진열대 외에도 각종 팸플릿과 안내 표지의 위치, 입구와 출구, 엘리베이터와 에스컬레이터, 창문과 벽, 카운터 등 가장 멀리 있는 주차장에서 쇼핑의 중심이 되는 매장에 이르기까지 모든 것이 상업적 전략에 의해 설계되어 있다. 즉 우리가 의식하지 못하게 소비자의 심리를 이용한 쇼핑의 과학이 담겨있는 것이다.

백화점에서 점심식사를 하기 위해 로비를 들어서는 순간, 우리는 대부분의 식당가가 꼭대기층에 있다는 것을 알게 된다. 그리고 1층에 들어서는 순간 많은 잡화들이 눈길을 끈다. 그럼 왜 식당가는 제일 꼭대기 층에 두는 것일까?

그 이유는 고객들을 위로 올라가게 만들기 위해서이다. 또 이러한 이유로 백화점의 1층에는 화장실이 없다. 사람들은 위로 올라가서 식사를 하고나면 그 다음은 자연히 밑으로 내려오게 되고, 따라서 엘리베이터가 아닌 에스컬레이터로 내려올 경우 자연히 상품 하나라도 더 보고 내려가게 된다.

사진출처: http://hubnews.co.kr

백화점에서는 엘리베이터를 찾지 못해 헤메인적이 많이 있을 것이다.

사진출처: http://hubnews.co.kr

에스컬레이터는 바로 올라갈 수 있도록 설계되어 있지 않고 매장들을 둘러서 걸어가야만 다음 층으로 올라가게 되어있다.

1층에는 값비싼 보석이나 시계, 지갑, 구두, 화장품 등 화려한 물건들이 배치되어 있고 화장품코너에서 풍기는 향수냄새가 소비자의 구매욕구를 마구마구 불러일으킨다. 2층에는 여성의류가, 3층에는 남성의류와 스포츠용품이, 4층에는 아동의류와 가전제품이 전시되어 있다. 에스컬레이터에서 내려오면 세일상품들이 카트 위에 쌓여 있고, 지하 식품코너에는 소프트 아이스크림이 제일 먼저 우리를 반긴다. 창문도 없고, 벽시계도 없지만 거울은 차고 넘치는 곳. 엘리베이터는 좁은데다 구석에 위치해 있어 타기 불편하며, 에스컬레이터는 중앙에 자리잡고 있어 할 수 없이 이용할 수밖에 없는 곳, 그곳이 바로 백화점이다.

백화점의 층별을 다니면서 쇼핑을 하는 동안 매장매장마다의 수많은 거울과 쇼윈도가 있어서 걸어다니며 쇼핑하는 나의 모습을 비추고 거울 앞을 지날 때면 무의식적으로 거울에 비친 자신의 모습을 들여다보기 때문에 느릿느릿 걸어다니며 디스플레이된 물건들을 살펴보게 된다. 때론 거울을 통해 반대편 매장에 디스플레이된 물건에 시선이 끌리기도 한다. 쇼핑을 하면서 시간이 궁금해지면 손목시계를 봐야하지만, 이것도 없으면 가방을 뒤적뒤적거려서 핸드폰을 꺼내든지해야 한다. 그러나 대게는 시간가는줄 모르고 쇼핑을 한다. 즉 백화점 대부분의 매장 내에는 수많은 거울이 있지만 벽걸이 시계가 걸려있는 경우는 없다.

백화점의 층별을 다니면서 쇼핑을 하는 동안 매장매장마다의 수많은 거울과 쇼윈도가 있어서 걸어다니며 쇼핑하는 나의 모습을 비추고 거울앞을 지날때면 무의식적으로 거울에 비친 자신의 모습을 들여다보기 때문에 느릿느릿 걸어다니며 디스플레이된 물건들을 살펴보게 된다.
사진출처: hblee9362.tistory.com

애장의 주력상품들의 디스플레이나 선호층은 고객의 쇼핑습관과 관련이 있다. 사람들은 상황이 허락하는 한 가장 자연스럽고 편안한 방식으로 움직이게 마련이다. 우리나라 영국, 오스트레일리아처럼 좌측통행을 하는 나라의 사람들은 왼쪽에 붙어서 걷는 특성이 있으며 에스컬레이터에서 내려서는 왼쪽 방향으로 도는 경향이 있다. 그래서 에스컬레이터에서 내려오면 왼쪽 옆에 값싼 세일상품을 카트에 늘어놓고 파는 것을 발견할 수 있다. 또 오른손잡이들은 백화점 매장 사이를 돌아다니며 구경할 때 주로 오른쪽을 먼저 쳐다보는 경향이 있으며, 물건을 집을 때도 오른손으로 집는 경우가 많다. 미국의 백화점들은 이러한 사항을 고려하여 손님의 손에 닿게 하고 싶은 물건들은 늘 오른쪽으로 약간 비껴서 진열해놓는다. 우리나라에서도 매장 입구의 오른쪽에는 가장 중요한 상품들, 즉 한 사람도 빠짐없이 모든 손님들에게 보여야 할 매장의 주력 상품들을 주로 배치해놓는다.

백화점에서 여성의류는 2~3층, 남성의류는 대개 3~4층에 자리잡고 있다. 여성의류를 파는 곳이 남성의류를 파는 곳보다 낮은 층에 있는 이유는 무엇일까? 남성들은 주로 사야 할 물건이 있을 때 백화점을 찾는 경우가 많으며, 윈도쇼핑을 그다지 즐기지 않는 편이다. 또 필요한 물건을 구입한 후에는 곧바로 백화점 출구를 나서는 경우가 많다. 그래서 아무리 높은 층에 코너를 마련해 놓아도 위치에 그다지 영향을 받지 않고 물건을 산다. 그러나 여성들은 남성들에 비해 쇼핑 자체를 즐기는 경향이 강하기 때문에 여성용품을 2~3층에 배치해 두면 화장품이나 가방을 사러 잠시 들른 여성고객을 위층으로 유혹할 수 있다.

매장 내 물건을 배치하고 진열하는 데에도 숨겨진 법칙이 있다. 상품이 놓인 진열대의 높이에 따라 같은 종류의 제품이라도 판매율에서 큰 차이가 난다. 손을 뻗으면 집을 수 있는 높이에 제품을 놓으면 고객의 눈보다 높은 위치에 놓여있거나 무릎이나 허리를 구부려야 집어들 수 있는 자리에 있을 때보나 손님이 집어들 확률이 네 배 이상 높으며 팔릴 확률은 두 배 이상 높다고 한다. 그래서 백화점에서는 제품을 선반에 아무렇게나 진열하는 것이 아니라 이윤이 높은 상품을 손이 쉽게 가는 적정 높이에 배치하게 된다.

2~3층에 있는 여성의류 매장에는 간이의자가 하나둘씩 배치돼 있거나 걸터앉게 외어 있는데, 이는 남성이 그다지 쇼핑을 즐기지 않는다는 특성과 관련되어 있다. 한 통계에 따르면 여성고객이 혼자 매장에 들어서는 경우 고객의 평균 쇼핑시간은 5분 정도이지만 여자친구를 동반하는 경우 이 시간은 8분 15초로 늘어나며 남자를 동반하는 경우는 4분 40초로 줄어든다고 한다. 그래서 백화점은 여성들이 옷을

고르고 입어보고 거울 앞에서 자신의 모습을 비춰보고 있는 동안 남성들이 앉아서 쉴 수 있는 공간을 마련해줌으로써 여성의 쇼핑시간이 단축되는 것을 막으려는 것이다.
지하 식품코너에는 어떤 상술이 숨어 있을까? 지하 식품코너에서 가장 많이 팔리는 물건들은 주로 가장자리에 위치해 있다. 카트를 끌고 매장 안으로 들어가면 오른쪽 벽면에는 과일과 야채가 놓여 있고 안쪽 벽면에서는 고기와 생선을 팔며 왼쪽에서는 음료수를 판다. 과자나 그 밖에 필요한 생필품들은 가운데 위치해 있다. 그리고 계산대에는 기다리는 주부들에게 하나라도 더 팔기 위해서 초콜릿이나 껌, 잡지, 건전지 같은 물건을 진열해놓는다.
이뿐만 아니라 백화점 매장에서는 엘리베이터를 찾기가 힘든 것도 이유가 있다. 법적으로는 갖춰놔야 하기 때문에 가능하면 손님들이 엘리베이터를 이용하기 불편하게 해놓는다. 그 대신 에스컬레이터를 타고 한층 한층 오르내리면서 더 많은 상품을 보고 만지고 사게하려는 의도에서다.
백화점의 사례 외에도 우리가 의식하지 못하는 과학은 여러 곳에서 발견할 수 있다. 패스트푸드점의 경우 의자는 깔끔하고 예쁘게 생겼지만 사실은 30분 이상 앉아 있기에 불편하도록 '의도적'으로 디자인한 패스트푸드점의 상술이라 할 수 있다. 뿐만 아니라 대형매장의 경우에는 계산대 쪽이 높고 그 반대편 방향으로 알아차리지 못할 정도로 조금씩 바닥이 낮아지도록 바닥에 약간의 경사를 둠으로써 구매를 유도하기도 한다.

자료: 정재승, 정재승의 과학콘서트, 동아시아, 2001/서울 연합뉴스, 백화점 로열층은 역시 1층, 2003.10.14/정달식, 백화점엔 창문시계 NO, 부산일보, 2005.10.18/http://dpt.lotteshopping.com(롯데백화점 웹사이트)/http://www.ehyundai.com(현대백화점 웹사이트)

⑤ 할인점

할인점은 전국적으로 유통되는 제품들을 철저한 **셀프서비스(self service)**하에서 저가격으로 대량판매하는 점포이다. 할인점은 원래 상품구색에 따른 세 분류가 가능하나 국내에서는 아직 전통적인 분류방식을 적용하기는 힘든 상황이다. 현재 우리나라에서는 미국형 디스카운트 스토어는 거의 없고 슈퍼센터와 하이퍼마켓으로 분류하기도 모호하여 할인점 세 분류를 명확히 적용하기 힘든 상황이다.

할인점의 특징은 한 마디로 **상시저가격전략(Everyday Low Price: EDLP)**을 지키기 때문에 바겐세일이나 점포정리세일과 같은 수준의 저가정책과는 다른 개념의 저가정책을 편다. 이러한 저가정책은 품질이 떨어지는 것을 일정기간 동안 할인판매하는 것이 아니라 정상적인 품질의 제품을 매일 할인판매하게 되는 것으로 셀프서비스로 판매하는 것이 대원칙이다. 일반관리비를 줄여서 저가판매의 근거를 확보하는 셈이다. 할인점이 성장할 수 있었던 것은 값싼 제품을 구매하기 위해 멀리까지 가서 점포를 방문하거나, 오랫동안 줄을 서서 기다리거나 대량 포장품을 구매해야 하는 것 등의 불편을 감수하는 소비계층이 폭넓게 존재한다는 것 때문이다. 이러한 계층의 욕구를 해결하기 위해서는 공동구매를 통한 구매원가 인하, 유통업자 브랜드의 활용, 실내 장식과 관련된 비용 투자 최소화 등이 필수적인 점포 운영의 원칙이다.

국내 3대 할인점: 이마트, 홈플러스, 롯데마트
국내에서 중산층을 대상으로 하여 식품을 위주로 잡화와 의류를 취급하며, 저가격 판매와 원스톱 쇼핑을 모토로, 한국인의 쇼핑정서와 구매관습을 살린 주부 편의형의 종합할인점이 크게 성장하고 있는데 이마트의 경우 한국인의 평균 키와 눈높이에 맞는 천장 높이에 제품을 진열하고, 직접 만져보고 골라 사는 한국인의 취향에 맞도록 야채류를 비포장 상태로 진열하며, 창고형 할인매장에서 탈피하여 고급매장과 서비스를 바탕으로 한 고급 할인점으로 포지셔닝하여 외국할인점을 앞지르고 있다.

⑥ 회원제 창고형 도소매점

회원제 창고형 도소매점은 회원제로 운영되기 때문에 회원으로 가입한 고객은 저가 제품을 구입할 수 있고 회비를 기반으로 하여 운영되기 때문에 단위당 마진폭을 최대한으로 줄일 수 있는 장점이 있는 업태 개념으로, 회비를 내는 회원에게만 판매하는 것을 원칙으로 하지만 경우에 따라서는 비회원에게 판매를 하기도 한다. 점포의 구조는 창고처럼 내부 장식이 거의 없으며 높은 천장과 엉성한 지침대로 만든 선반에 제품을 진열하고 크게는 50%까지도 가격을 할인해 판매하고 있다.

회원제 창고형 도소매점은 보통 제품을 공급받는 팔레트에 적하된 그대로 점포 내에 진열하는 방식으로 작업비용과 시간을 절약하고, 포장 부담을 하지 않으므로 서비스를 줄이는 것이 저가판매를 가능하게 하는 중요한 요인이라고 볼 수 있다. 또 한편으로는 소비자의 대량구매를 요구하면서 현금판매원칙을 지키기 때문에 금융비용을 최소화할 수 있다는 이점을 가지고 있다.

⑦ 대중양판점

대중양판점의 개념은 다른 소매점에 비해 뚜렷한 특징으로 묘사하기가 쉽지 않다. 상품 구색이 적당한 여러 가지 상품 계열을 취급하면서 주로 중산층을 대상으로 광역상권이나 대상권을 목표로 도심의 백화점보다는 부도심이나 주거밀집지역에 입지하는 특징을 갖는다.

미국에서는 단일업태로 다품종 대량판매 목적으로 전국적인 체인을 구성하여 식품을 제외한 중저가의 유통업자 브랜드의 생활용품으로 중소도시에 파고드는 전략을 펼쳤다. 그러나 최근에는 할인점, 전문양판점, 백화점과의 경쟁으로 저가우위를 지키지 못해 업태 개념이 모호해지면서 전문 백화점이나 전문점으로 탈바꿈하는 경우도 생기고 있다.

⑧ 카테고리 킬러

카테고리 킬러(category killer)는 전문양판점으로, 이는 대중양판점에 비해 하나 정도의 제품군에서 모든 제품을 할인점보다도 싼 가격에 공급하는 점포이다. 미국의 스포츠 오소리티(SPORTS AUTHORITY), 스웨덴의 가정·가구용품 전문점 이케아(IKEA), 완구류로 유명한 토이저러스(Toys "R"Us) 등 각 제품군별로 모든 제품을 취급하는 점포들이 생겨났다. 그리하여 가전은 무엇, 문구는 무엇 하는 식으로 카테고리 킬러들이 성장하게 되었다.

이제는 카테고리 킬러들도 체인을 구성하게 되어 대부분 100개 이상의 점포를 갖게 되었는데 구색에 관한 한 그 어떤 점포도 경쟁이 되지 않는다. 체인을 구성하게 되면 규모의 경제를 달성하게 되고 원가절감, 물류비용감소, 대량할인구매 등으로 인기를 누리고 있다.

대부분의 카테고리 킬러는 도시 외곽에 단층으로 입지하여 주변이 복잡하지 않고 주차장도 넓게 확보하고 있으며 점포 내부 공간을 효율적으로 사용하고 장식과 설비를 되도록 줄여서 비용을 감소시켰다. 주 고객층이 따로 있다기보다는 다양한 계층의 고객을 대상으로 셀프서비스로 운영하고 있다. 점포 규모의 대형화가 이루어져야만 구색 갖추기가 가능하고 전국적인 체인화를 통해서도 점포이미지를 일괄구매점, 어디서나 고객과 만날 수 있는 점포라는 이미지를 심어주고 있다.

MARKETING FOCUS 14-4

조립식 가구 메이커, 스웨덴의 이케아(IKEA)

"모든 사람들이 구매할 수 있는 저렴한 가격으로 훌륭한 디자인과 실용성을 갖춘 다양한 가정용 가구를 제공함으로써 많은 사람들에게 매일 매일 더 나은 삶을 꾸리도록 도와준다." 1943년 이케아(IKEA)는 스웨덴 태생의 창업자인 잉그바르 캄프라드(Ingvar Kamparad)와 아귀나르드(Agunnard)의 첫 자인 E.A.가 합쳐져서 탄생하였다.

1950년대만 해도 유럽 가구업체들은 비슷한 시각에서 가구산업을 바라봤다. '유럽풍 가구는 고전적이며 장중하고 내구성이 높은 고급가구여야 한다'고 생각했다. 부유층이 주타깃이다 보니 가구업체들이 매장 위치를 고를 때 화려한 번화가를 선호하게 된다. 매장 규모는 비싼 임대료 부담 때문에 작아질 수박에 없었다. 다른 가구업체보다 번화한 거리에 매장을 설치하기 위한 쟁탈전이 벌어졌으며 영업사원에 대한 친절교육 경쟁도 점입가경으로 치달았다.

중국 북경과 런던에 있는 IKEA 매장전경

그러나 이케아는 고객을 바라보는 시각을 바꿨다. 기존고객인 부유층보다 비(非)고객인 젊은 층과 서민들에게 초점을 맞췄다. 또 여타 가구업체들과는 다른 이케아만의 특별한 것이 바로 훌륭한 디자인과 저렴한 가격이다. 이는 DIY(Do it yourself) 가구의 컨셉 도입으로 가능해진 것으로, 가구조립에 들어가는 인건비를 고객들에게 되돌려주자는 것이다. 이케아는 모던하지만 결코 유행을 따르지 않는다. 기능적이고 감각적이며, 무엇보다도 인간중심적이어서 아이들에게는 더욱 친근하다. 즉 이케아가 추구하는 이케아 가구의 가장 특별한 소구점은 '가구는 살아 있다'라는 것이다. 그래서인지 지난 1958년 첫 가구매장을 낸 이 회사는 기존 가구업체보다 절반도 안 되는 저렴한 가격에 높은 품질, 직접 집안을 꾸미는 재미를 제공해 2004년 기준 전 세계 238개 매장에서 128억 유로(약 16조 원)의 매출을 올리는 거대 그룹으로 성장했으며, 현재 이케아는 유럽과 미국에서 젊은 독신자나 유학생들에게 폭발적인 인기를 얻고 있는 조립식 가구 회사가 되었다.

▶ 비용절감을 통한 가치향상

우선, 이케아는 고급 원목으로 만든 괜찮은 디자인의 가구를 원하지만 주머니 사정이 넉넉지 않은 이들을 사로잡기 위해 비용절감과 가치향상을 동시에 추진했다. 먼저 비용을 낮추기 위해 영업사원을 최소한으로 줄였다. 대신 고객이 직접 가구를 고르는 셀프서비스 방식을 택하고, 가구전시 방식을 모든 제품을 진열하는 형태로 바꿨다. 각 가구들도 실제 사용될 때의 모습으로 배치했다.

또 이케아가 원가를 줄여 고객들에게 혜택을 돌려주는 또 하나의 열쇠는 물류비용. DIY가구의 특성상 조립하지 않은 채 납작한 박스의 형태로 팔기 때문에 물류비가 일반 가구업체에 비해 50% 가까이 싸다. 배달 단계에서도 웬만한 물건은 손님들이 직접 들고 갈 수 있어 인건비를 크게 줄일 수 있다. 매장을 시내 중심이 아닌 외곽에 위치시켜 임대료도 크게 낮췄다.

이케아는 모든 제품을 전시할 수 있도록 대형 매장을 운영했으며 매장위치도 임대료가 싼 도시외곽을 선택했다. 이케아는 원가를 낮추는 동시에 구입 및 배달사용 단계에서 고객가치를 창출했다. 이 회사는 매장 내에 대형창고를 설치해 고객이 원하는 제품을 창고에서 바로 구입할 수 있도록 했다. 또 자가운반 및 배달이 가능하도록 조립되지 않은 평면형태로 포장했다. 매장은 보통 수백 대 이상의 차량이 동시에 주차할 수 있는 매머드급 주차장을 갖춰 자동차를 통한 접근을 용이하게 했다.

▶ 우수한 디자인과 저렴한 가격

이케아가구의 가장 큰 장점이기도 한 저렴한 가격은 바로 고객들이 직접 가구를 조립할 수 있는 DIY가구 형태에 기인하는데, 가구에 조립공정 단계를 줄여 원가절감 효과를 가져오게 한 것이다. 또 Flat-Package방식을 채택하여 가구를 만드는 데 필요한 각 부분을 조립하지 않은 상태로 직사각형의 상자에 포장함으로써 완성품보다 부피가 줄어드는 효과를 얻고 있으며, 이러한 부피절감 및 운송비와 인건비의 절감이 곧 고객에게 더 나은 품질을 저렴한 가격으로 내놓을 수 있는 원동력이 되고 있다. 그리고 이에 더하여 이케아는 최고의 디자이너들을 동원해 간결하면서도 세련된 디자인의 가구를 내놓아 다양한 연령대의 고객들로부터 폭발적인 인기를 끌고자 한다. 이케아의 디자이너들은 특히 '단순함이 미덕이다(Simplicity is a virtue)'라는 디자인 컨셉으로 가격과 디자인, 원가와 수익성의 네 마리 토끼를 함께 잡고 있다. 또한 이제 고객은 자신이 필요로 하는 공간의 다양성에 따라 손수 자신의 가구를 만든다. 이케아 광고의 기발한 아이디어 중의 하나가 바로 여기에 있다.

목욕하면서 접시를 닦는 남자, 화병을 들고 마시는 사람들 … 고객은 자신이 필요로 하는 공간의 다양성에 따라 손수 자신의 가구를 만든다는 IKEA의 발상을 느낄 수 있지 않은가?

▶ 즐거운 체험이 있는 쇼핑

빠뜨릴 수 없는 것이 '즐거운 가족 나들이'라는 가치이다. 이 매장의 카탈리나 볼린 매니저는 '카페와 레스토랑 어린이들을 위한 놀이시설까지 갖추고 있어 주로 가족 단위로 쇼핑과 나들이를 함께 즐기려는 고객들이 많이 찾아온다'며 "가구업체는 많지만 이런 문화까지 제공하는 경쟁자는 없다"고 말했다. 안데르스 달비그(Anders Dalyvig) 이케아그룹 회장이 "우리는 좋은 디자인과 품질을 가능한한 가장 좋은 가격에 제공할 의무가 있다"고 임직원들에게 입버릇처럼 강조하는 것도 이케아의 가치혁신에 대한 의지를 잘 보여준다.

IKEA에는 이렇게 깜찍스럽기까지 한 디자인의 가구가 상당수 디스플레이되어 있다. 과연 IKEA…!

자료: 김기천, 이케아, 조선일보, 2004.04.06/송대섭, 블루오션으로 가자-(6) 이케아의 서민, 젊은 층 공략, 한국경제, 2005.06.26/채경옥, 이케아가 뭐길래, 80곳서 러브콜, 매일경제, 2005.12.28.

(2) 무점포소매상

무점포소매방식(non-store retailing)은 크게 보면 **직접마케팅**(direct marketing), **직접판매**(direct selling), 그리고 **자동판매기**(automatic vendering)로 구분할 수 있다. 직접마케팅은 우편, 전화, 전자 등의 방식으로 이루어지는 판매로 **우편판매**(direct mail: DM), **카탈로그판매**(catalog marketing), CATV**홈쇼핑**(television home shopping), **전자쇼핑**(electronic shopping) 등 다양한 방식으로 확산 일로에 있다.

직접판매는 판매원을 이용한 방문판매방식으로 최근에는 다단계 판매방식이 유행하고 있으며 자동판매기는 자동판매기를 통한 판매방식이다. 다음에서 이 중 몇 가지를 정리하기로 한다.

① 자동판매기

자동판매기는 기계를 이용하여 24시간 판매가 가능한 소매방식이다. 일상생활용품 중의 편의품을 주로 취급하지만 갈수록 취급품목이 확대되고 있다. 커피와 음료, 담배, 인스턴트 식품, 휴지 등과 같은 일회용품이 주로 판매되고 있지만 은행의 현금지급기는 현금을 제공하기도 하고 비디오게임 기계는 오락과 같은 서비스를 제공하고 있다.

적은 인력으로 기계를 관리할 수 있지만 파손될 가능성이 높아서 수리와 보수에 드는 비용이 부담이 되기도 한다. 주로 공장, 사무실, 공공장소, 대학 등과 같은 장소에 설치되지만 이제는 사람의 통행이 잦은 곳이면 어디든 설치되는 경향이 있다.

자동판매기의 천국, 일본
그래서인지 특이한 자동판매기가 많다. 속옷, 성인잡지, 아이스크림, 과일, 끓인 라면, 심지어는 연인을 위한 꽃다발판매까지…!
사진출처: http://www.media.daum.net

② 통신판매(카탈로그, TV홈쇼핑, 인터넷, 모바일)

소비자가 통신수단을 이용하여 제품이나 서비스를 주문하고 판매자는 직접 배달 혹은 우편으로 제품을 전달하는 판매방식이다. 통신 판매업자는 제품 광고를 위해 통신판매 책자를 만들어 발송하는 카탈로그 광고 방식을 택하는 것이 보통이다. 통신판매는 19세기 후반 미국에서 시작되어 현재는 10% 정도의 소매매출비중을 차지하고 있다. 국내에서는 백화점이 카드고객을 대상으로 주문엽서에 의한 통신판매를 하기 시작하였는데 그 후로는 개별 통신판매업자들이 신용카드회사와 연계하는 경우가 많다. 즉 통신판매업체가 신용카드나 백화점카드의 통신사업 벤더로 참여하여 결제날에 받아 보는 카탈로그에 제품을 광고하고 있다.

통신판매의 첫 번째 특징은 가격이 저렴한 제품을 공급한다는 점이다. 할인매장보다 싸게 제품을 공급하고 있으며 이는 카탈로그, 인터넷 등의 방식을 이용함으로써 경비를 절감할 수 있기 때문이다. 특히 **전자상거래(electronic commerce)**는 최근 무서운 속도로 확산되고 있다. 시간과 공간을 초월하여 가상현실 속에서 화면의 제품을 보고 주문하고 신용카드로 결제하는 방식은 기존의 통신판매와는 다른 차원의 제공자와 고객의 관계를 만들어가고 있다. 그러나 이러한 상거래 방식은 동양적인 문화권에 속하는 우리나라의 소비자들의 경우에는 쉽게 수용하기 어려운 면도 있다. 직접 제품을 눈으로 보거나 손으로 만져서 확인하지 않고는 쉽게 신뢰하지 못하는 태도와 함께 시간을 줄여주는 쇼핑의 혜택을 높이 평가하지 못하기 때문이다.

통신판매의 두 번째 특징은 소비자에게 최신의 정보를 제공할 수 있다는 점이다. 소비자 데이터베이스를 갖추고 있기 때문에 제품관련 정보를 24시간 홍보할 수 있고 소비자는 제품에 대한 다양한 평가를 할 수가 있다. 통신판매회사는 독자적인 데이터베이스를 마련해야 하는데 그렇지 못한 경우에는 신용카드회사 등과 연계해야 한다. 그러한 경우 비용이 가중될 뿐만 아니라 신용카드사로 기억될 가능성이 있다.

통신판매의 세 번째 특징은 의사소통과 정보교환의 쌍방향성이 존재한다는 점이다. 존재를 매개로 한 통신판매 외에도 인터넷의 등장은 게시판을 통해 수시로 고객들의 의견을 수렴할 수 있고 전자우편을 통한 제품안내도 이루어지고 있는 현실이다.

③ 방문판매

방문판매는 우리나라에서 조선시대의 방물장수가 효시라고 할 수 있다. 봇짐장수와 등짐장수로 구분되는 보부상은 임방을 구성하여 전국 각지의 장시를 돌며 지역 간의 상거래를 수행하던 조직이다. 조선후기로 들어가면서는 상무사(商務社)를 조직하여 보다 체계적인 운영이 가능해지게 되었다. 보부상조직은 조선 태조 때부터 정부의 관심과 배려로 전국적인 규모를 갖추게 되었는데 화(和)와 쟁(爭)의 문화 속에서 입법권과 사법권을 지닌 조직으로 점차 성장하게 되었다.

방문판매의 대명사, 암웨이

다단계 판매방식은 판매원으로 가입할 때 부담이 없고 장기적으로 소득을 올릴 수 있는 판매활동을 지향하고 있다. 따라서 양질의 제품을 낮은 마진으로 판매함으로써 판매량을 증가시켜서 유지하려는 속성을 띤다. 판매원을 충분히 교육시키고 강매를 지양하고 다른 하위 판매원의 영입을 강요하지도 않으며 일정금액 이상의 제품을 판매하지도 않는다.

제4절 물류관리

1. 물류의 기본개념 및 로지스틱스와의 차이

물류는 일반적으로 '**물적 유통**(physical distribution)'의 약자로서 수송·하역·보관·포장·정보 등의 요소로 물자를 공급자로부터 수요자에게로 이동시키는 것으로 시간적·장소적 가치를 창출하는 것이다. 가장 포괄적이고 현대적 영문표기로서 Logistic라는 용어를 사용하는데 **로지스틱스**는 "전투능력과 무기를 지원하고 창조하려는 것을 목적으로 하는 인적 노력과 자원조달과정"을 의미하는 군사적 용어에서 출발했으나 오늘날에는 물류보다는 더 넓은 의미로 해석되고 있지만 여기서는 물류라는 용어로 통일하여 동일한 개념으로 사용한다.

미국 **로지스틱스관리협의회**(The Council of Logistics Management: CLM)에 의하면 "고객의 요구사항에 합치시킬 목적으로 원초지점에서 소비지점까지 원재료, 재공품, 최종재의 보관 및 관련 정보의 흐름을 효율적이며 비용효과적으로 계획하고, 이행하며, 통제하는 과정"으로 정의하였으며, 유럽 **로지스틱스협의회**(The European Logistics Association: ELA)는 시장의 욕구를 최소한의 비용과 자본을 사용하여 만족시킬 것을 목적으로 생산과 유통을 통하여 개발과 구매에서 최종소비자까지의 재화의 흐름을 조직, 계획, 통제, 실행하는 것으로 정의하였다.

그림 11-6 | 로지스틱스의 범위

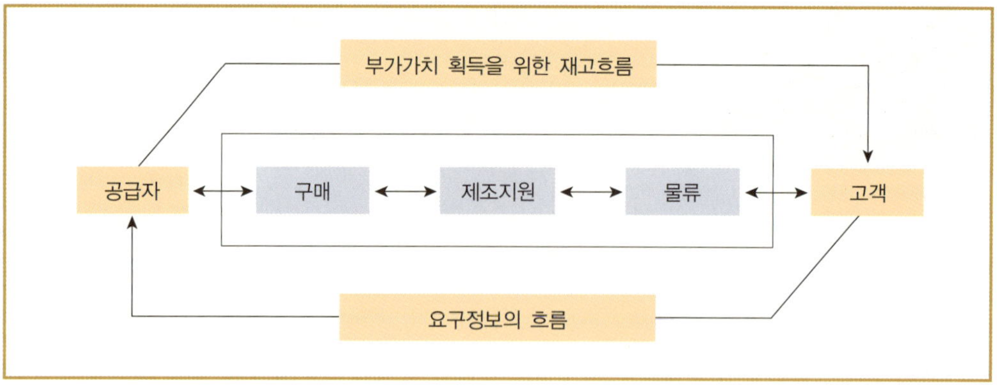

2. 물류의 전략적 의의 및 최근 추세

물류에서의 특수한 능력이 지속적 경쟁우위의 강력한 전략적 원천이라는 점을 많은 학자들이 지적하고 있지만 기업실무에서의 물류는 여전히 전통적 기업활동과는 구분되는 원가센터로 간주되고 있으며, 그 결과 물류의 전략적 역할은 상당히 과소평가되고 있다.

일찍이 마이클 포터는 기업의 경쟁우위 원천을 원가적 요인과 차별적 요인으로 구분하면서 물류분야에 대한 관심을 촉구하였다. 그에 의하면 개별기업에 대한 물류의 역할은 차별적 마케팅 도구 및 원가센터로 집약할 수 있다. 특히, 전자상거래의 확산으로 인한 물류서비스의 질적 향상요구가 다품종, 소량, 다빈도, 적기수용으로 대두되고 있으며 인터넷서비스를 통한 물류서비스들이 등장하고 있다.

또한, 최근 들어 물류는 **공급사슬관리(supply chain management)**라고 하는 광범위한 개념으로 확대되고 있다. 공급사슬관리는 [그림 11-7]에서 볼 수 있듯이 적합한 투입요소(원재료,

그림 11-7 | 공급사슬관리과정

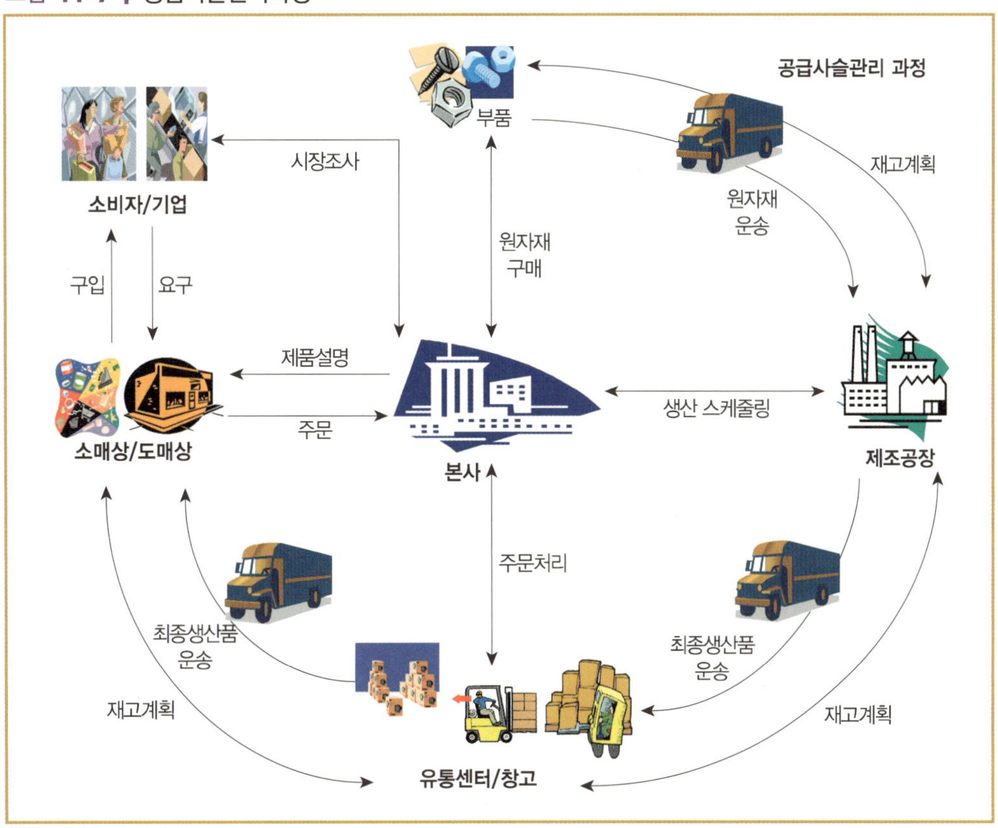

구성부품, 자본재)를 획득하고, 이 투입요소를 효율적으로 최종제품으로 변환시키며, 또한 최종제품을 최종목적지까지 전달·분배하도록 함으로써 물류보다는 미리 시작한다고 볼 수 있다.

더 광범위한 관점은 기업의 공급업자들 스스로가 원재료를 확보하는 모든 방법을 동원하여 그들의 투입요소를 어떻게 획득하느냐를 연구하는 것이 요구된다. 그러므로 공급사슬시각을 통해서 기업은 최우수 공급업자와 분배업자를 확인·규명할 수 있으며, 또한 공급업자들은 공급사슬과정에서 그들의 생산성을 개선시킬 수 있게 되어 원가를 절감할 수 있게 된다.

| 생각해볼 문제 |

01 엔터테인먼트 몰의 유형구분 및 발전전망에 대해 논해보세요(삼성경제연구소에서 엔터테인먼트 몰로 키워드 검색하면 정보를 얻을 수 있음).

02 영세 백화점이 없어진 이유를 설명하고 이러한 백화점이 존재한다면 신세계, 롯데, 현대백화점 틈새에서 살아남기 위한 전략을 제시해보세요.

03 물류의 정의 및 기본요소에 대해 설명해보세요.

04 최근 유통경로로서 그 중요성을 더해가고 있는 전자적 유통경로의 특징 및 발전을 위한 마케팅상의 조건을 설명해보세요.

05 중간상 존립근거의 타당성을 설명하는 이론을 이야기해보세요.

06 월마트, 까르푸 등의 선진할인점이 국내에서 성공하지 못하는 이유를 설명해보세요.

07 김 부장은 회사의 구조조정 바람으로 퇴직을 맞게 되었다. 그동안 모아놓은 돈을 가지고 점포를 하나 열 생각이며 금전적 부담이 큰 관계로 유명 브랜드 프랜차이즈는 엄두도 못 내고 있다. 김 부장은 본인이 직접 프랜차이즈를 개발, 큰 돈을 벌고 싶은 욕심도 있다. 본인이 김 부장이라면 상호, 업종, 입지, 제품구색, 가격, 촉진, 마진과 회전율, 고객관리방안 등에 관한 최적의 의사결정은 무엇인지 한번 제시해보세요.

08 다단계와 피라미드를 비교하고 국내 다단계 유통방식의 문제점 및 발전방안에 대해 토론해보세요.

| 참고문헌 및 더 읽을거리 |

[국내문헌]

강경란(2014), "옴니채널(OMNI-CHANNEL) 소비패턴이 대세, 지금 기업에게 필요한 것은?," http://www.nielsen.com

김동균・바아이티컨설팅 지음(2016), 마케팅의 미래 고객 인게이지먼트, 김앤김, pp.303-311에서 참고함.

김병일(2004), 글로벌 물류관리, 학현사.

김쾌남(1994), 로지스틱스 vs 물류, 사계절.

김효근 옮김(1994), 21세기 물류혁명, 21세기북스.

김상일(2004), 대한민국 소비 트렌드, 원앤원북스.

오세조・박진용・권순기 옮김(2002), 소매경영, 한올출판사.

이재훈(2000), 전자상거래가 기존산업에 미치는 영향과 디지털 스위치 전략, *Korea Marketing Association,* 06(http:www.kmarketing.co.kr/mag).

이종호・신종국(2004), 유통관리론, 법문사.

한경닷컴, 2015.01.16(http://www.hankyung.com/news)

[국외문헌]

Anderson, J. C. and J. A. Narus(1990), "A Model of Distributor Firm and Manufacturer Firm Working Partnerships," *Journal of Marketing,* 54, January, pp.42–58.

Dwyer, R. F., P. H. Schurr and S. Oh(1987), "Developing Buyer–Seller Relationships," *Journal of Marketing*, Vol.51, April, pp.11–27.

Dunne, P. and R. F. Lusch(1998), *Retailing*, The Dayden Press.

Joseph, A., L. John, W. Barton, J. Chris, L. Richard. S. Alan and W. Stacy(1997), "Interactive Home Shopping: Consumer, Retailer, and Manufacturer Incentives to Participate in Electronic Marketplaces," *Journal of Marketing*, Vol.61, July, pp.38–53.

Factor, R.(1997), "Logistics Trends," http://www.mhbizlink.com/cgi–bin.

Files, D. V.(1996), "Make Your Dealers Your Partner," *Harvard Business Review*, March–April.

Kumar, N.(1996), "The Power of Trust in Manufacturer Retailer Relationships," *Harvard Business Review,* November–December, pp.92–106.

Ganesan, S.(1994), "Determinant of Long–Term Orientation in Buyer–Seller Relationship," *Journal of Marketing,* 58, April, pp.1–19.

Lewison, D. M.(1997), *Retailing*, The six edition, Prentice–Hall.

Narus, J. and J. C. Anderson(1986), "Turn Your Industrial Distributors into Partners," *Harvard Business Review*, 64, March–April, pp.66–71.

Piotrowicz, W. and R. Cuthbertson(2014), "Introduction to the Special Issue Information Technology in Retail: Toward Omnichannel Retailing," *International Journal of Electronic Commerce,* 18(4), pp.5–16.

Porter, M. E.(1980), Competitive Strategy: Techniques for Analyzing Industries and Competitors, New York: Free Pres.

Rao, K. and R. R. Young(1994), "Global Supply Chain Influencing Outsourcing of Logistics Functions," *International Journal of Physical Distribution and Logistics Management*, Vol.24, No.6. pp.11–19.

Stern, L. W., A. I. El–Ansary(1996), *Marketing Channel*, Prentice–Hall International, Inc.

Stern, L. W., A. I. El–Ansary, J. R. Brown(1989), *Management In Marketing Channel*, Prentice–Hall International, Inc.

Verhoef, P. C., P. K. Kannan and J. J. Inman(2015). "From Multi–Channel Retailing to Omni–Channel Retailing: Introduction to the Special Issue on Multi–Channel Retailing," *Journal of retailing,* 91(2), pp.174–181.

CHAPTER 12

촉진관리

"광고는 예술이 아니다.
광고는 더 많은 사람에게, 더 자주, 더 많은 제품을 팔아서 보다 많은 돈을 벌기 위한 수단이다.
성공적인 광고란 과학적으로 계획된 과정의 결과물이며, 모든 광고비는 회사에 이익으로 되돌아와야 한다."

-서지오 지먼(Sergio Zyman)-

"우리 업계에서는 '10-3-1'이라는 비율이 있다.
영업사원이 열 번 전화를 걸면 그 중 설명할 기회를 얻을 수 있는 것은 세 번 뿐이고
운이 좋을 경우 한 차례 판매에 성공한다.
따라서 우리에게 필요한 인력은 이런 식의 거절에 위축되지 않는 사람들이다."

-노스웨스턴 생명보험사의 데니스 탬신(Dennis Tamcsin)-

뉴욕에서 옥외에 나타난 일본 독도 영유권 주장에 대한 비난광고
(광고천재 이제석 중에서)

이 장의 학습내용

제1절 촉진의 정의 및 통합적 마케팅 커뮤니케이션
제2절 광고관리
제3절 PR관리
제4절 판매촉진관리
제5절 인적판매관리

제1절 촉진의 정의 및 통합적 마케팅 커뮤니케이션

1. 촉진=마케팅 커뮤니케이션

촉진(promotion)이란 **"제품이나 서비스를 판매하거나 아이디어를 촉진하기 위해 정보와 설득의 경로를 구축하는 판매자의 노력의 통합"**이라고 할 수 있다. 촉진의 원래 의미는 '**앞으로 전진하다**(to move forward)'는 뜻이지만, 지금까지 마케팅에서는 '**사람들로 하여금 해당 기업의 제품을 수용하도록 자극 또는 설득**'하는 **커뮤니케이션**(communication)과 동일한 의미로 사용되어 왔다. 이러한 이유 때문에 최근 들어 촉진 대신 마케팅 커뮤니케이션이라는 용어를 사용하기도 하기에서 본서에서는 촉진과 마케팅 커뮤니케이션이란 용어를 같은 의미로 혼용해서 쓰고 있다.

일반적으로 기업의 마케팅 커뮤니케이션 목표를 달성하기 위해 사용되는 기본적 도구는 종종 **촉진 믹스**(promotional mix)라고 지칭하고 있으며 [그림 12-1]과 같은 것들이 있다.

그림 12-1 | 마케팅 목표달성을 위한 촉진 믹스의 구성

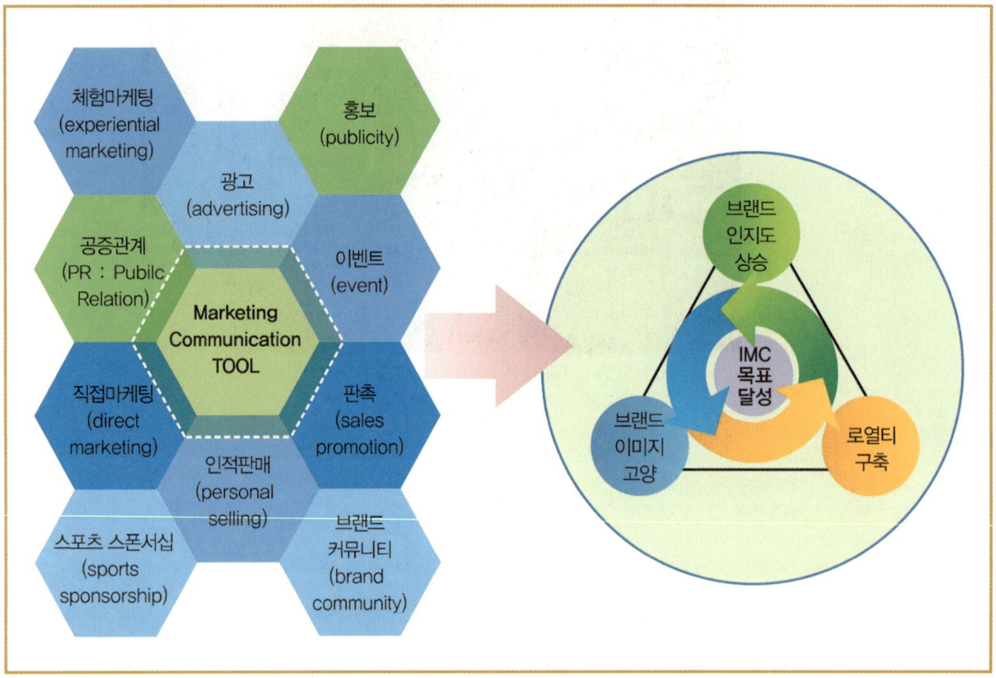

2. IMC의 등장배경

IMC는 시장의 환경변화에 따라 발전한 개념으로 대량화, 획일화, 표준화 등을 특징으로 하는 대중마케팅 시대의 종언을 알리는 탈대중화 시대의 마케팅 접근방법이다. 제2차 세계대전 이후 미국시장에서는 소비자들의 수요가 기하급수적으로 증가하면서 기업들은 특별한 노력 없이 상품을 소비자들에게 비교적 용이하게 판매하였다. 1960년대에는 소위 4P를 중심으로 하는 **대량마케팅(mass marketing)** 이론이 탄생하였고, 1979년 이후의 포지셔닝 이론은 탈 대중화 마케팅의 초기이론으로 제품의 차별화를 강조하였으나 소비자의 관점을 충분히 반영하지는 못하였다.

1990년대 중반 이후 미국 시장은 브랜드 간의 경쟁이 더욱 심화되고 기업들의 마케팅활동은 세계화되며 유통업자들이 제조업자들로부터 시장지배력을 획득하는 등의 시장환경 변화가 일어났다. 이와 함께 더욱 현명해진 소비자들에게 대량마케팅과 대량커뮤니케이션의 효용은 더 이상 위력적이지 못함에 따라 이에 따른 상황적 대안으로 IMC가 등장했다.

이에 대한 한 보기로 1997년 방송된 〈첫사랑〉의 경우 최고시청률이 65.8%였는데 다채널 다매체가 확산된 이후 제작된 2018년의 미스터 션샤인은 18.6% 밖에 되지 않는다. 이는 드라마 순수 인기도의 차이라기 보다는 채널이 매우 다양화되고 인터넷으로 소비자의 매체이용이 이동함으로써 발생한 결과라고 할 수 있다. tvN이나 JTBC 등에서 방송된 드라마는 10%의 시청률만 넘어도 매우 성공한 드라마로 평가되는 것이 상당부분은 앞에서 언급된 채널 다양화와 인터넷(모바일) 이용확산에서 기인한 것이라고 볼 수 있다.

첫사랑(1996), 시청률 65.8%

미스터션샤인(2018), 시청률 18.6%

최근 들어 실무에서 통합적 마케팅 커뮤니케이션을 지향하는 경향이 분명히 나타나고 있다. 사실 이러한 경향은 1990년대에 이룩된 마케팅 발전 중에서 가장 중요한 부분의 하나이다. 과거에는 흔히 커뮤니케이션 요소들이 분리된 활동으로 취급되어 왔지만 오늘날의 마케팅 철학은 통합이 성공의 절대적 요체임을 분명히 하고 있다.

> "새로운 환경에서 성공한 마케터는 마케팅 믹스를 매우 잘 조정하여 여러 매체, 여러 프로그램 이벤트 등을 통해 지속적으로 브랜드가 하나의 일관된 목소리를 지향하는 사람을 말한다."

> "통합적 마케팅 커뮤니케이션을 지향하는 기본적인 이유는 마케팅 커뮤니케이션이 1990년대 이후에도 기업이 가질 수 있는 오직 하나의 지속적인 경쟁우위가 될 것이기 때문이다."

여러 커뮤니케이션 요소를 통합하는 것은 매우 기본적인 것처럼 여겨지게 때문에 모두들 의아해할지도 모른다. 이것이 그처럼 중요한 이유는 무엇인가? 실제 대다수 기업들은 전통적으로 광고, 판매촉진, POP물 및 기타 커뮤니케이션 수단들을 사실상 독립된 별개의 수단으로 취급해 왔다. 그동안 통합이라는 변화로 자기이기주의와 염려 때문에 통합에 저항이 존재해왔다. 더욱이 광고대행사들은 광고를 넘어서 그들의 기능을 확대하는 것에 대한 거부감 때문에 변화에 저항해 왔다. 그러나 최근 들어 많은 광고대행사가 기존회사와 합병하거나 판촉, 이벤트 및 데이터베이스 마케팅과 같은 성장분야에 전문화된 새로운 부서를 창설하는 등 그 역할을 확대하고 있다.

3. IMC의 정의와 특징

IMC의 정의는 다양하며 아직 단일하고 명확한 개념으로 정립되어 있지 못하며 매우 모호해보이기도 한다. 이러한 IMC 개념의 불명확성은 비판의 대상이 되기도 하는데, 실무계와 학계에서 동시에 제기되고 있는 IMC에 대한 부정적 의견 중의 하나는 그것이 전혀 새로운 것이 아니라는 것이다. 좀 더 쉬운 정의를 내린 정해동·박기철은 "**IMC란 마케팅 목표시장과 커뮤니케이션 목표시장을 일치시켜 마케팅 커뮤니케이션을 실시하는 것**"으로 통합적 마케팅 커뮤니케이션을 정의했고 IMC는 특성상 고객의 데이터베이스를 바탕으로 **유지**(maintain)나 **획득**(aquisition) 등의 **수집**(agregation)과정을 통하여 마케팅 목표를 선정하고 그들을 대상으로 커뮤니케이션을 전개하기에 마케팅 목표시장과 커뮤니케이션 목표시장이 일치할 수 있다고 했다. 좀 더 IMC를 구체적인 미국광고대행사협회(American Association of Advertising Agencies)는 IMC 정의를 살펴보면 다음과 같다.

> "IMC는 광고, DM, 판매촉진, PR 등 다양한 커뮤니케이션 수단들의 전략적인 역할을 비교·검토하고, 분명한 메시지를 갈라진 틈이 없이 결합함으로써 명확성, 일관성 및 극대의 커뮤니케이션 효과를 달성하기 위한 커뮤니케이션 계획과정이다."

1) IMC는 다양한 커뮤니케이션 수단을 모두 고려한다

소비자는 일상생활에서 다양한 정보원천을 통해 상표와 접촉(contacts)한다. 예를 들어, 친구나 이웃과의 대화를 통해서나 신문, 잡지, TV 혹은 패키지를 통해서 브랜드와 접촉할 수 있으며, 점포 내 상품진열이나 입간판을 통해서도 브랜드와 접촉할 수 있는 것이다. 그러므로 기업은 TV, 라디오, 신문, 잡지 등을 통한 광고뿐만 아니라 포스터, 기사, 인터넷을 통한 홈페이지, 판매시점의 판촉물 등의 다양한 커뮤니케이션 도구들이 소비자와의 의사소통을 위해 효과적으로 사용될 수 있음을 인식해야 한다. 따라서 IMC를 도입하는 기업은 표적 소비자에게 전달될 수 있는 모든 종류의 접촉방법들을 종합적으로 고려하여 효과적이고 효율적인 마케팅 커뮤니케이션 계획을 설계한다.

2) IMC는 다양한 커뮤니케이션 수단을 통합하는 것이다

기업은 메시지의 명료성과 일관성을 극대화하기 위한 광고, 인적판매, PR, 판매촉진, 스포츠 스폰서십, 구매시점의 판촉물, 이벤트 행사, 퍼블리시티 등의 다양한 커뮤니케이션 활동을 통합적으로 운영해야 한다. 과거에는 소비자와 커뮤니케이션을 하기 위해 광고에만 주로 의존해 왔다. 그러나 IMC의 개념이 도입되면서 기업은 다양한 커뮤니케이션 방법들을 이용하고 있다. 문제는 여러 커뮤니케이션 방법들을 어떻게 통합적으로 조정·통제하여 가장 설득적인 메시지를 창출하느냐에 있다. 이는 마치 야구에서 9명의 선수들의 역할을 조정 통제하여 경기에서 승리하는 것과 같다.

3) IMC는 전반적인 기획을 토대로 각 커뮤니케이션 수단의 전략적인 역할을 할당한다

IMC를 도입하는 마케터는 표적 청중들의 반응에 영향을 미칠 수 있는 모든 커뮤니케이션 수단들을 염두에 두고 전체적인 계획을 수립할 필요가 있다. 즉 IMC가 성공을 거두기 위해서는 큰 그림을 그리는 사고가 필요하다. IMC는 그림의 부분 부분을 모아서 하나의 그림을 만드는 것이 아니라, 전체 그림에 대한 구도를 먼저 잡은 다음 각 부분을 어떻게 그려야 할 것인가를 고려한다.

커뮤니케이션 프로그램에 대한 전체적 구도를 그리기 위해 마케터는 각 커뮤니케이션 수단들이 마케팅 커뮤니케이션의 목표를 달성하기 위해 수행해야 할 전략적 역할을 고려해야 한다. 마케팅의 궁극적인 목표인 소비자의 구매행동을 이끌어내기 위해서는 여러 단계의 반응과정을 필요로 한다. 즉 소비자는 인지도 형성, 호의적인 태도형성, 궁극적인 구매의도 형성 등과 같은 여러 가지 인지반응을 거친 후 최종적인 구매에 도달하게 된다. 그러므로 마케터는 각 커뮤니케이션 수단의 장·단점을 비교·검토하여 각 단계의 소비자 반응을 이끌어내는데 가장 효과적인 커뮤니케이션 수단들을 결합함으로써 최대의 커뮤니케이션 효과를 거둘 수 있도록 노력해야 한다.

이렇듯, 통합적 마케팅 커뮤니케이션은 메시지의 일관성을 조장하고 판매에 더 큰 영향을 미칠 수 있다. 기업의 브랜드이미지 구축은 실제 수많은 기업활동을 통해 이루어지므로 기업의 브랜드이미지 및 메시지를 통하기 위해서는 어느 한 사람의 손에 모든 책임을 부여할 필요가 있다. IMC는 최적의 메시지로, 적시에 그리고 적소에서 최적의 고객들에게 도달할 수 있도록 기업의 능력을 향상시킬 수 있다.

MARKETING FOCUS 12-1 미디어 환경 변화에 따른 소비자 매체 이용

미디어의 확산과 기술의 발전으로 광고 매체 환경은 진화하고 있다. 이렇듯 미디어가 다변화되고 있는 시대에 광고효과를 극대화하기 위해 기업들은 어떤 전략이 필요할까?

글로벌 정보분석기업 닐슨이 최근 발간한 'Global Trust in Advertising Report'에 따르면, 전 세계 소비자들은 '지인의 추천' 유형의 광고(83%)를 가장 신뢰했으며, 뒤를 이어 '브랜드 웹사이트(70%)', '온라인에 게시된 소비자의 의견(66%)', '신문기사(66%)', 'TV광고(63%)'와 같은 유형의 광고를 신뢰하고 있는 것으로 나타났다. '온라인 동영상광고(48%)'나 'SNS광고(46%)' 등 뉴미디어 광고를 신뢰한다는 소비자의 비율도 절반에 가깝게 나타나 광고시장 미디어가 세분화되고 있음을 보여주었다.

한국 소비자들이 가장 신뢰하는 광고 유형 역시 '지인의 추천' 유형의 광고(78%)인 것으로 나타났으며, 그 외에 '온라인에 게시된 소비자의견(61%)', 'TV광고(52%)', '브랜드 웹사이트(52%)', '신문기사(49%)'와 같은 유형의 광고를 신뢰하는 것으로 드러났다.

그림 12-2 | 소비자가 신뢰하는 매체

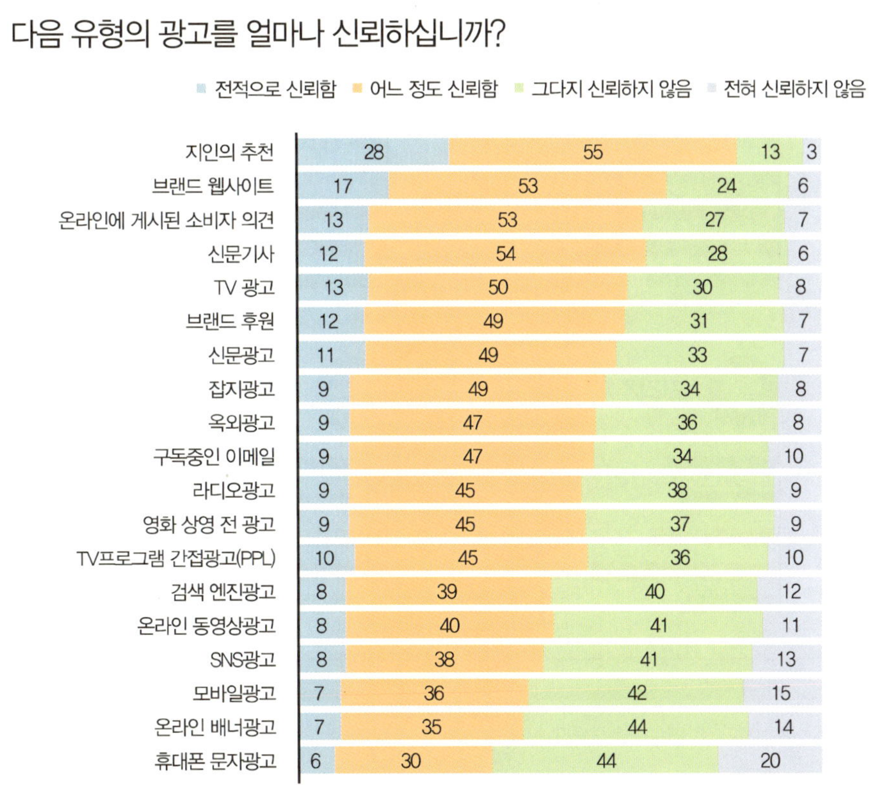

어떤 유형의 광고 메시지가 가장 인상적이었는지 조사해본 결과 전 세계 소비자들은 '실생활과 연관된 메시지(44%)'를 첫 번째로 꼽았으며, 뒤를 이어 이어 '건강을 주제로 한 메시지(38%)', '가족 관련 메시지(36%)' 등을 꼽았다. 실제로 닐슨 뉴로에서 진행한 컨슈머 뉴로사이언스 광고 테스트에서도 소비자들은 익숙한 상황이나 테마에 더욱 잘 반응하고, 더욱 잘 기억하는 경향이 있는 것으로 나타난 바 있다.

한국 소비자들 역시 전 세계 소비자들과 마찬가지로 '실생활과 연관된 메시지(34%)'가 가장 기억에 남는다고 응답했으나, 뒤를 이어 '유머러스한 메시지(33%)', '감성적인 메시지(29%)', '가치지향적 메시지(25%)', '건강을 주제로 한 메시지(22%)' 등이 가장 기억에 남는다고 응답해 전 세계 소비자들은 '가족'이나 '건강'에 대한 관심이 더 높은 것으로 나타난 반면, 한국 소비자들은 유머와 감성, 가치 소구에 반응하는 차이를 보였다.

그림 12-3 | 소비자가 선호하는 광고유형

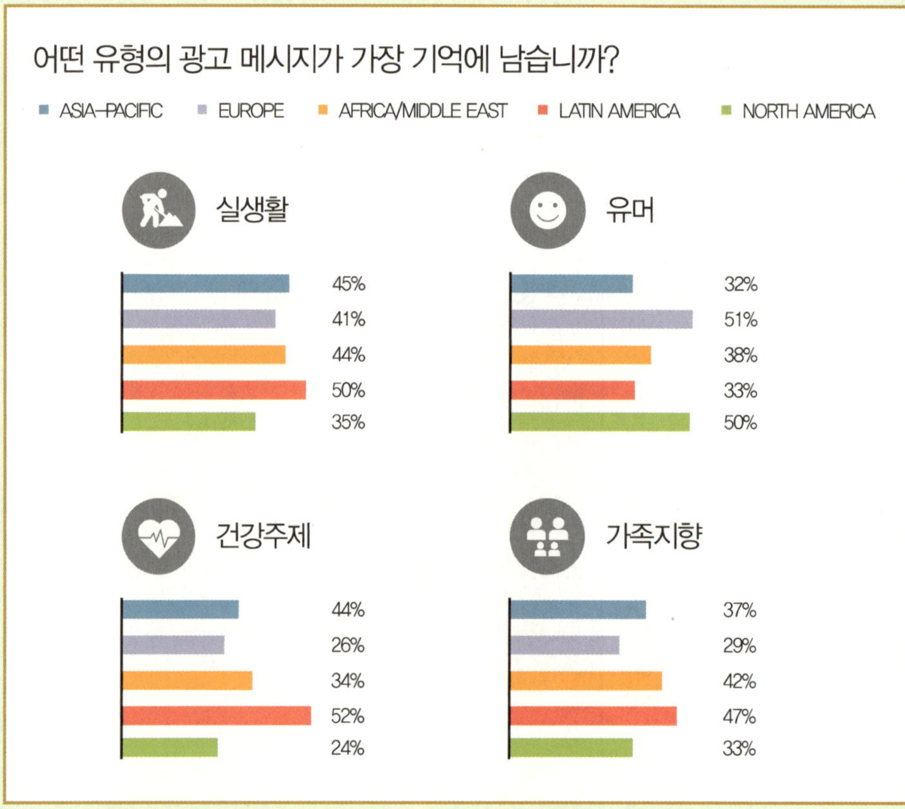

자료: 닐슨 리포트. http://www.nielsen.com/kr/ko/insights/2014/2015-trust-in-ad-report.html

제2절 광고관리

1. 광고의 정의 및 분류

1) 광고의 정의

광고는 마케팅 면과 커뮤니케이션 면이 맞물려 함께 작용하는 것이라고 볼 수 있기에 양자를 통합하여 정의하는 것이 과제가 된다고 생각될 수 있다. 본서에서는 보비와 아렌스(Bovée and Arens)는 마케팅 측면과 커뮤니케이션 측면의 관점을 종합하여 다음과 같이 정의하였다.

> "광고는 다양한 매체를 통하여 제품이나 서비스 또는 아이디어에 관하여 확인된 광고주가 행하는 통상적으로 유료이며, 대개는 사실상 설득적인 정보의 비대인적인 커뮤니케이션이다."

이 정의에서의 중요한 구성요소는 다음과 같다.

- 정보의 비대인적 커뮤니케이션(nonpersonal communication of information): 이것은 광고를 정보를 전달하는 커뮤니케이션 기능으로 보고 있는 것으로 인적인 전달이 아닌 주로 매체에 의해 정보를 전달하게 된다는 것이다.
- 통상적으로 유료(usually paid for): 이 말은 대다수의 광고는 광고주가 돈을 지불하고 만들고 전달하지만 어떠한 경우는 무비용으로 하는 경우도 있다는 측면을 포함한 것이다.
- 다양한 매체를 통하여(through various media): 이것은 커뮤니케이션 측면의 정의가 매스 커뮤니케이션에 한정되어 있는 데 대한 보완으로 지적될 수 있다. 광고가 반드시 매스 커뮤니케이션 매체만을 이용하는 것은 아니기 때문이다.

그리고 좀 더 확장하여 던과 바반(Dunn and Barban)은 마케팅과 커뮤니케이션 컨셉들을 종합하여 광고를 다음과 같이 정의하고 있다.

> "광고는 어떤 방법으로 광고메시지에서 확인된 기업이나 비영리조직 또는 개인이 다

양한 미디어를 통하여 표적청중에게 정보를 제공하거나 설득하고자 하는 유료의 비대인적 커뮤니케이션이다."

이 정의는 마케팅 측면과 커뮤니케이션 측면을 종합적으로 표현한 동시에 기업 이외의 비영리조직 및 개인으로 그 적용범위를 크게 확장시킨 것이라고 볼 수 있다. 사회마케팅의 등장 이후로 광고도 그 활동의 주체가 대학, 교회, 정부기관, 정당 등의 조직체나 개인으로 확대되기에 이른 것이다. 따라서 오늘날의 광고의 정의는 마케팅 면과 커뮤니케이션 컨셉을 종합하고 있고, 그 적용범위도 사회적으로 확대되고 있다.

광고가 촉진 믹스에서 중요한 부분이 되는 이유는 다음과 같다.

- **거대한 청중에게 커뮤니케이션하는 데 있어 비용 면에서 아주 효율적인 방법이다.** 광고는 브랜드이미지나 기업이나 브랜드에 대한 상징적 소구를 창출하는 데 사용될 수 있다. 이것은 특히 기능적 속성에서 차별화시키기 어려운 상품이나 서비스를 판매하는 기업에 있어 매우 중요한 요소임을 말해준다.
- **광고의 또 다른 이점은 다른 마케팅 믹스 요소들이 차별화를 달성하기 어**

공익적 메시지를 담은 광고
마을 전체가 1년 동안 마실 수 있는 물이 이곳에 있습니다.

특히 TV광고는 다수의 표적시장에게 쉽게 접근할 수 있다(사진은 코카콜라광고)

려울 때 소비자의 감정적 반응을 심어줄 수 있다는 점이다. 예를 들어 인기 있는 광고 캠페인은 소비자의 관심을 끌고 판매를 증가시키는 것을 돕는다. 이러한 인기 있는 캠페인은 또한 성공적인 통합적 마케팅 커뮤니케이션 프로그램에서 중요한 역할을 담당할 수 있다.

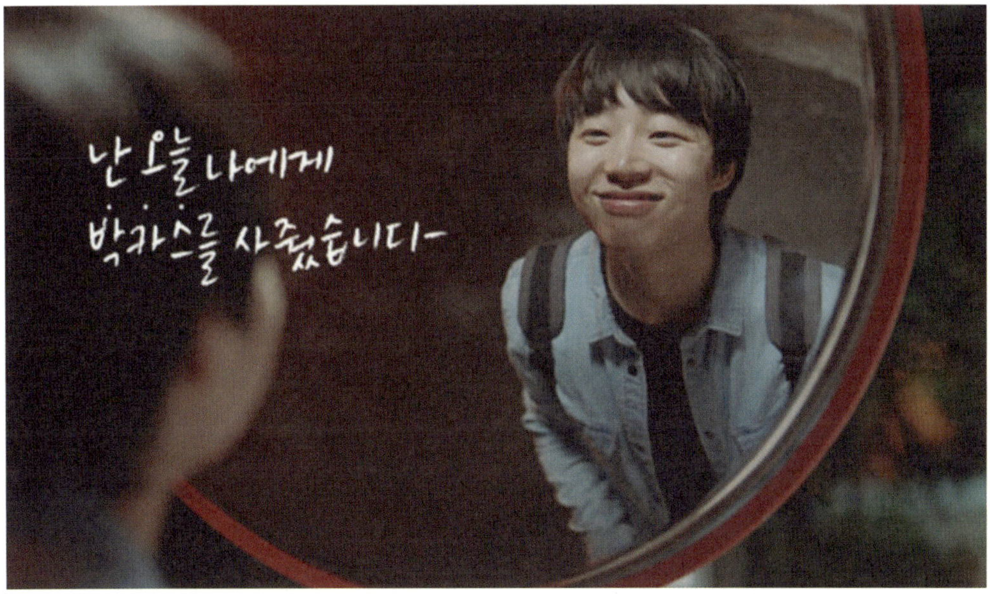

감성적 메시지로 차별화를 꾀하는 박카스광고

광고의 성격과 목적은 산업이나 상황에 따라 다르고 아울러 조직의 광고노력의 목표 또한 다양하며 마케팅 프로그램에 있어서 광고의 역할과 기능 또한 그러하다. 어떤 광고주는 소비자의 즉각적인 반응이나 행동을 추구할 수 있고, 또 다른 이는 장기간에 걸쳐 상품이나 서비스에 대한 인지나 긍정적인 이미지를 개발하려 할 수 있다.

2. 광고의 기능

광고는 기업은 물론 경제 및 사회에 중요한 기능을 수행한다. 광고는 또 **커뮤니케이션 기능, 교육적 기능, 경제적 기능, 사회적 기능**을 수행한다. 모든 형태의 광고는 특정 집단의 사람들에게 어떤 메시지를 전달하는 것이다. 커뮤니케이션 기능의 일종으로서 광고는 설득 기능을 하기도 하는데 광고의 설득적 기능으로는 다음과 같은 것들이 제시되고 있다.

- 충성스러운 고객의 유지

- 고객의 이탈방지
- 새로운 고객의 획득

교육 기능이란 사람들이 광고로부터 배우게 되는 것을 말한다. 사람들은 우선 광고에서 필요한 상품에 대해서 배우고 상품이 어떻게 그들의 생활을 더 낫게 할 수 있는지를 배운다. 양질의 상품을 보다 값싸게, 보다 쉽게 구매하는 방법을 배우고, 판매인이나 광고로부터 속지 않는 방법 또는 속은 다음 어떻게 보상받을지 등에 관한 이른바 소비자교육을 광고로부터 받게 된다.

광고의 경제적 기능은 광고에 의하여 생기게 된 유효수요에 따라 소비성향이 높아짐으로써 경제성장에 기여하고, 유통효율을 향상시키고 유통기능의 개혁을 도모한다. 사전판매의 수단으로서 광고의 유용성은 마케팅비용을 낮추게 한다.

사회적 기능으로는 광고가 **생활수준**(standard of living)을 개선하는 가장 강력한 힘으로 작용하며, 생활의 평준화를 도모하고, 대중문화를 형성시키는 기능을 한다. 그리고 매스미디어를 지원해서 그것의 건전한 성장을 보장함으로써 언론의 자유를 진작시킨다. 하지만 때로는 소음공해와 정보공해를 일으키기도 한다.

2) 광고의 분류

광고의 종류는 다음 [표 12-1]에서 보듯이 여러 가지 기준에 의하여 다양하게 분류되고 있

표 12-1 | 광고의 기본적인 분류

분류기준	대분류	세분류
광고기능	• 단기 • 장기	• 단기직접행동광고 • 장기직접행동광고, 간접행동광고
광고주체	• 제품 • 조직(기업이나 단체)	• 상품광고, 서비스광고 • 기업광고, 이슈광고, 정치(정당)광고
표적청중	• 일반소비자 • 조직이나 산업	• 소비재광고 • 산업재광고, 중간상광고
지역범위	• 국제광고 • 국내광고	• 다국적광고, 현지적응광고 • 전국광고, 지역광고, 소매광고
사용매체	• 방송매체 • 인쇄매체 • 장소매체 • 뉴미디어	• TV광고, 라디오광고 • 신문광고, 잡지광고 • 옥외광고, 교통광고, 기타 • 케이블TV, 온라인광고, CD-Rom, 기타

다. 이러한 분류기준이 종합적으로 체계화되어 포괄적인 분류체계가 마련되어 그것에 의하여 광고활동 또는 현상을 체계적·종합적으로 이해하는 데 도움이 된다.

3. 광고계획과정

1) 광고계획

광고계획(advertising plan)이란 광고목표를 설정하고 이를 달성하기 위하여 수행하게 될 광고활동을 구체적으로 결정하고 이를 수행하는 데 필요한 인원, 자재, 시설 및 자금 등과 관련된 사항을 작성한 **광고활동에 대한 실행계획**(advertising programs)을 말한다.

광고계획은 광고목표를 명확히 하고 이를 달성하는 수단을 시간, 장소 및 활동에 따라 상세히 나타내고 있는 활동실행계획이며, 그것을 목표달성에 필요한 과정에 소요되는 자원, 시간, 시설 및 자금 등의 내용에 따라 구체적으로 표현한 것이다. 이러한 광고계획은 광고활동에 관한 상세한 청사진과 같은 것이다. 따라서 계획이 건전하게 수행되었는가의 여부에 따라 광고효과가 좌우된다. 이와 같이 본다면 광고계획은 바로 광고관리의 합리화를 위한 전제임을 알 수 있는 것이다.

광고계획의 내용에 대해서는 광의와 협의의 두 가지 해석이 있다. 협의로서의 광고계획은 광고목표의 설정, 광고지역의 결정, 광고시기의 결정, 표적청중의 결정만을 말한다. 이에 반해 광의의 광고계획은 이것들에 광고 크리에이티브, 광고 매체 그리고 광고효과의 측정까지를 포함한 광고활동의 전 영역이 포함된다. 본장에서는 광고계획을 광의의 입장에서 다루고자 한다.

이러한 광고계획을 자금과 관련하여 계수적으로 나타낸 것이 **광고예산**(advertising budget)이며, 이것을 실시기간과 관련하여 광고활동의 실행계획을 세우는 것이 **광고일정계획** 또는 **광고스케줄**(advertising schedule)이다.

광고는 마케팅목표를 달성하기 위한 하나의 수단이며 광고계획은 마케팅계획에 포함된다. 따라서 마케팅계획에서 분리된 형태로 광고계획이 세워지고 있기도 하지만 그러한 계획은 그다지 의미가 없다. 광고계획수립과 마케팅계획수립은 불가피하게 상호 관련되어 있으므로 광고의사결정은 크리에이티브 또는 매체전략보다 더 광범한 구조에서 검토되어야 한다.

2) 광고계획 수립단계의 개관

[그림 12-4]에 나타나 있는 바와 같이 광고계획수립의 세 가지 축은 ① **목표와 예산결정**, ② **광고크리에이티브계획**, ③ **광고매체계획** 등으로 구성되어 있는데, 이들 세 가지가 동시에 서로 조정되면서 이루어지는 것이 이상적이다. 그리고 물론 여기서는 생략되었지만 시장분석과 표적청중의 결정이나 전략의 결정 및 광고활동의 통제시스템의 설정 등도 당연히 광고계획의 일부로 포함시키는 것이 옳다.

그리고 유의할 점은 이러한 광고계획은 기본적으로 해당 브랜드가 직면하고 있는 상황분석과 다른 마케팅 요소(예: 인적판매, PR, 가격정책)의 상황에서도 광고계획을 고려하는 전반적 마케팅 프로그램을 기본 축으로 한다는 것이다.

그림 12-4 | 광고계획의 위치

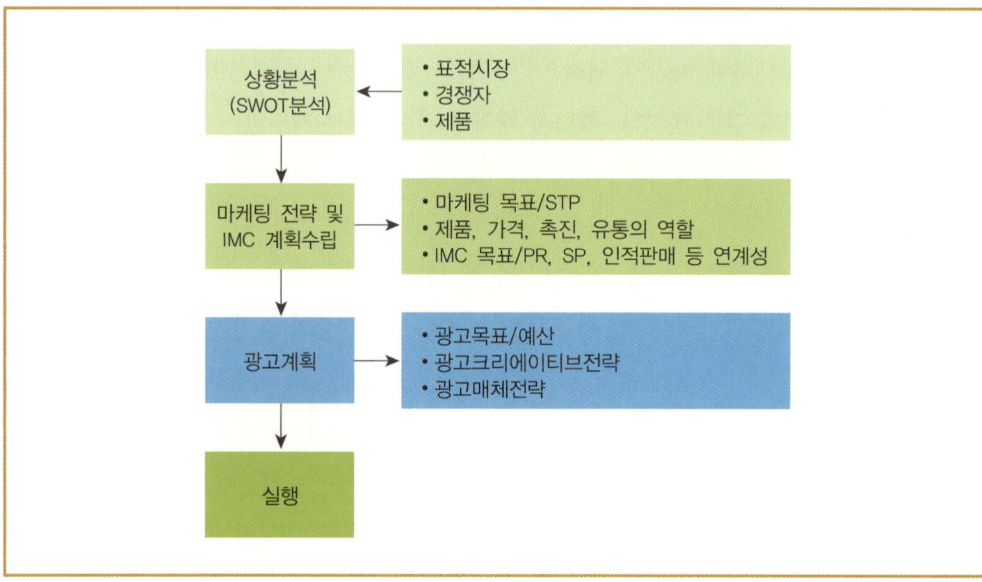

여기서 광고목표와 예산의 결정은 광고크리에이티브 전략결정과 매체결정의 프레임워크가 됨은 물론 광고세부계획을 지휘·통제·평가하기 위한 수단을 제공한다. 그리고 크리에이티브 계획의 결과 그 목표를 달성하는 데 관련된 일종의 카피계획이 탄생하게 되는데 여기에는 광고캠페인 소재의 개발과 최종광고문을 구성하고 있는 구체적인 카피와 아트워크가 포함될 것이며 그리고 매체계획에서는 사용매체와 그들 매체 내에서의 기구가 각각 결정된다.

이러한 광고계획은 물론 내적으로는 마케팅계획, 그리고 외적으로는 다시 사회적·경제적

·법률적·경쟁적 환경요소와 광고대행사를 포함하는 각종의 조성기관에 의해 영향을 받게 된다. 그 외에 가장 중요하고 직접적인 영향요소의 하나는 소비자들인데 그들이야말로 바로 광고의 표적이기 때문에 회사는 소비자조사를 통해 그들의 태도나 동기에 관한 정보를 수집하고 또 그들의 반응을 피드백할 수 있는 커뮤니케이션 채널을 확립해 놓을 필요가 있다.

광고계획의 수립단계에 관하여 학자들에 따라 여러 가지 견해가 있지만 좀더 구체적으로 분류해보면 다음과 같은 7개의 단계를 거친다. 즉, **① 광고기회의 평가(분석), ② 광고목표의 결정, ③ 광고예산 및 통제시스템의 결정, ④ 광고전략의 개발(광고크리에이티브 및 광고매체전략과 전술), ⑤ 광고와 다른 마케팅요소와의 조정, ⑥ 광고결과의 평가와 피드백**이다. 그러나 이 7개의 영역이 언제나 여기에 표시된 것처럼 순서가 일정하게 정해져 있는 것은 아니며, 현실적으로 이 7개의 기본계획요건의 몇 개를 동시에 고려해야 한다. 그러나 어떠한 경우에도 시장상황의 분석(광고기회의 분석)과 광고목표는 먼저 결정되지 않으면 안 된다.

MARKETING FOCUS 12-2

데이비드 오길비의 광고불변의 법칙 및 크리에이티브 감상

- 나는 자신이 광고해야 할 제품에 대해 개인적인 관심을 보이지 않는 카피라이터에게 절대 그 제품을 맡기지 않는다. 내가 제품에 흥미를 느끼지 못한 상태에서 카피를 쓴 광고는 모두 실패했다.
- 성공한 광고는 효력이 떨어질 때까지 반복하라.
- 가장 효과적인 헤드라인은 독자들에게 제품이 주는 편익을 약속하는 것이다.
  잡지를 쭉 뒤지면서 제품의 편익에 대해 약속하고 있는 헤드라인이 얼마나 되는지 세어보라.
- 평균적으로, 뉴스를 담고 있는 광고의 상기율이 뉴스가 없는 광고에 비해 22%나 높다.
- 10단어 정도의 긴 헤드라인이 짧은 헤드라인에 비해 제품판매에 더 도움이 된다.
- 평균적으로 헤드라인을 읽는 사람들이 바디카피를 읽는 사람들보다 5배는 많다. 따라서 헤드라인이 제품을 제대로 팔지 못하면 광고비의 90%를 낭비하는 셈이다.
- 경기장에 모여 있는 사람들에게 연설하는 것처럼 독자들에게 말하지 말라. 사람들이 여러분의 카피를 읽을 때 그들은 혼자다. 여러분은 광고주를 대신해서 독자들에게 편지를 쓰고 있다고 가정하라. 인간 대 인간으로 사람들은 저마다 다르다는 생각으로 말이다.
- 나는 모든 카피는 대행사의 서명을 받아야 한다고 믿는다. 내 경험으로 대행사가 서명을 하면 더 나은 광고가 나온다.
- 뒷받침해 줄 조사결과는 없지만 나는 긴 카피광고가 사람들에게 '뭔가 중요한 것이 있다'는 인상을 준다고 믿는다.
- 여러분이 신문이나 잡지 편집인이라고 가정하고 광고를 만든다면 더 좋은 결과를 기대할 수 있을 것이다.

- 조사를 통해 나는 미국인들이 영국에서 보고 싶어 하는 것이 웨스트민스터사원, 런던탑, 버킹엄궁의 수문장 교대식, 옥스퍼드 등과 같은 것들이라는 사실을 알아냈다. 그래서 나는 광고에 이런 것들을 담았는데 영국 언론들은 영국을 과거 속에 사는 나라로 그렸다고 나를 혹독하게 비난했다. 왜 내가 영국을 진보적인 산업사회로 그리고 싶지 않았을까? 왜 내가 영국이 막 만들어낸 원자력발전소를 보여주고 싶지 않았을까? 우리가 실시한 조사결과를 보면 미국 여행객들이 그런 것들을 별로 보고 싶어 하지 않았기 때문이다. 그게 이유다.
- 소비자에게 어떠한 편익도 약속하지 않는 광고는 매출에 아무런 도움이 되지 않는다. 그러나 대다수의 캠페인은 소비자에게 아무런 약속도 하지 않는다. 이것이 이 책에서 가장 중요한 문장이다.
- 내 경험에 비추어보면, 광고제작 과정에서 리서치가 할 수 있는 가장 큰 기여는 여러 가지 약속들 중 한 가지를 선택하는 것이다.
- 대부분의 마케팅담당자는 시장에서 고전하고 있는 브랜드를 어떻게 소생시킬 것인가 하는 문제를 걱정하느라 너무 많은 시간을 허비한다. 반면 성공하고 있는 브랜드를 더 성공시킬 방법은 없는가 하는 문제에 대해서는 거의 고민하지 않는다. 패배를 인정한 후 거기서 손을 떼고 앞으로 나아가는 것이 용감한 사람의 특징이다. 이 글을 읽고 이제부터는 다음과 같은 광고크리에이티브를 보고 평가해보자.

성형외과의 컵광고

콘텍트랜즈광고

삼푸광고

콘돔광고이다. 높은 곳에서 떨어지는 사람을 안전하게 받칠 수 있을만큼의 제품의 견고함을 설명하고 있다. 또 옆에 등장하는 소방관은 그 안전성을 상징정으로 증명하는 인물이다.

3M의 보안유리광고

자료: 최경남 옮김(2004), 데이비드 오길비의 광고불변의 법칙, 거름.

제3절 PR관리

1. PR의 정의

1) PR의 전통적 정의

공중(public)이란 목적을 성취할 수 있는 기업의 능력에 대해 실제적 또는 잠재적으로 이해관계가 있거나 영향을 주는 집단이다. 그리고 PR(public relation: 공중관계)이란 기업의 이미지나 기업의 개별제품을 촉진하고 보호하기 위해 계획된 다양한 프로그램이라고 전통적으로 정의되어 왔다. 다양한 서적에서 PR에 대한 정의를 하고 있지만 가장 포괄적인 정의는 Public Relation News에 의해 제공된 것이다.

> "PR은 공중태도를 평가하고, 조직의 정책과 진행이 공중의 이익과 부합되고, 공중의 이해와 수용을 획득하기 위한 활동 프로그램을 수행하는 관리기능이다."

공중은 기업이 목표를 성취하는 데 있어 기업의 성취능력을 조장할 수도 제약할 수도 있지만 실제로 지금까지 PR은 마케팅의 서자, 즉 중요한 촉진계획의 뒷부분으로 취급되어 왔던 것이 사실이다. 그러나 최근 많은 기업들은 중요한 공중들과의 성공적인 관계를 관리하기 위한 구체적인 방법으로 PR을 적극적으로 활용하고 있다. PR 부서는 해당 기업에 대한 공중들의 태도를 조사하고, 또한 호의(goodwill)를 획득하고 높이기 위해 정보를 제공하고 커뮤니케이션을 행한다.

PR은 상품이나 서비스의 생산자나 판매자에 대한 공중의 호의 획득을 목표로 하지만 상품의 판매를 우회적으로 촉진(marketing PR)하기 때문에 광고와 유사한 점도 있다. 그러나 광고는 직접적으로 판매를 설득하는 측면이 강하며 PR은 기본적으로 이미지 제고를 목적으로 하면서도 간접적으로 판매에 기여한다는 차이가 있다.

2) 마케팅 PR과 기업 PR

우리가 이제까지 알고 있었던 기업의 PR활동 중에서 마케팅의 기능과 직접적으로 관련이 없는 활동들에 대해서는 어떻게 보아야 할 것인가? 마케팅활동과 직접적으로 관련이 있는

PR활동과 직접적으로 관련이 없는 PR활동을 구분할 필요가 있는데, 즉 기업의 PR활동을 **기업 PR(Corporate PR: CPR)**과 **마케팅 PR(Marketing PR: MPR)**로서 그 역할을 구분하는 것이다. 일반적으로는 PR과 대비하여 좀 더 세분화되고 특화된 의미로 마케팅 PR이라는 말을 쓰고 있는데 일반적 개념으로 볼 때 기업이 공중들과의 관계를 개선하거나 호의를 형성하기 위해 하는 활동들을 이름 하여 CPR로 구분하고 MPR은 그것을 핵분열하듯 갈라져 나와 마케팅을 지원하고 협조하는 PR활동으로 구분하는 것이다.

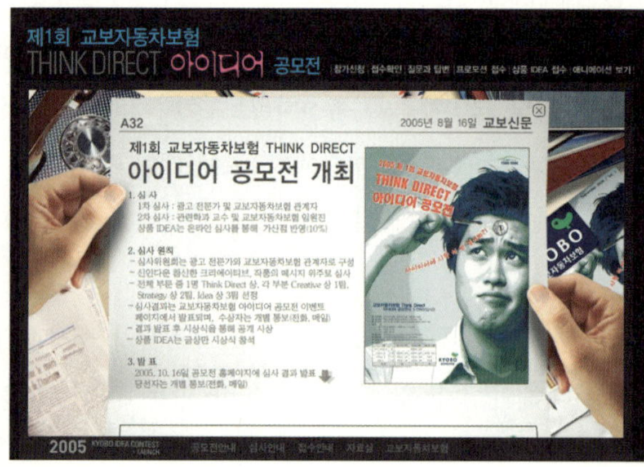

CPR로서 광고를 이용하는 것(좌)과 아이디어 공모전과 같은 이벤트를 이용하는 것(우)가 있다.

토마스(Thomas)는 MPR을 "**마케팅목표를 달성하기 위하여 PR의 전략과 전술을 이용하는 것으로 목적은 인지도를 높이며, 구매를 자극하고, 커뮤니케이션을 촉진하며, 소비자와 기업과 브랜드 간에 관계를 만들어가는 것**"이라고 정의했는데 MPR은 일반적인 마케팅 상황에서 소비자에게 영향을 주기 위해 이용되는데 앞으로 사진들의 예에서 볼 수 있듯이 4P요소 중 특히 촉진을 지원하여 판매에 도움이 되도록 하는 것이며 CPR은 메가 마케팅 상황에서 시장에 진입하기 위해 소비자가 아닌 여러 공중들에게 영향을 끼치려는 PR활동이라고 볼 수 있다(사진의 사례를 보고 이해해보세요).

MPR 사례
태국의 방콕에서 엄청난 크기의 축구공이 건물 아래 주차돼 있던 BMW 승용차로 떨어져 차가 박살났다. 거리를 지나가던 사람들은 놀랐고 자동차 주인이 밖으로 나와 소리를 지르기까지 했다. 그러나 이상한 것은 축구공에 나이키 상표가 너무나 절묘하게 잘 보인다는 점. 이 사고는 방콕에서 스포츠 의류를 판촉하기 위한 NIKE사의 공개 퍼포먼스였던 것으로 밝혀졌다. 구경꾼들도 잠시 후에 이 사건의 진상을 알고 난 후 재미있었다는 반응을 보였다.

노스페이스는 모험가들의 거침없지만 안전한 도전을 위해 스폰서십을 체결했다. 우수한 제품을 지원하는 것은 물론 원정비용도 함께 지원해 모험가들의 도전과 열정을 응원하고 있다. 1999년부터 현재까지 이어지고 있으며 지원한 산악인 및 단체의 수는 100명을 넘어섰다(국내 기준).
http://100.daum.net/encyclopedia/view/149XXXXXXXb42

책의 MPR로서 저명인사의 서평 받아내기
하비 맥케이는 54살에 『상어와 함께 수영하되 잡아먹히지 않고 살아남는 법 Swim with the Sharks without being eaten alive』이라는 책을 썼는데 정작 그는 글을 쓰는 시간보다 유명인을 찾아다니며 추천을 받는 데 많은 시간을 할애했다. 이 책은 미국에서만 2년 만에 230만부가 팔렸으며 역사상 팔린 경영서적 10위에 들었다.

MARKETING FOCUS 12-3

기업 PR 도구로서 스포츠마케팅, 시장개척의 새로운 도구!

스포츠는 인간이 가장 잘 몰입할 수 있는 행동이다. 스포츠에 몰입된 소비자들에게 접근하는 것은 마치 빗장 풀린 대문에 들어가는 것과 같다.' 그래서인지 적은 투자로 엄청난 효과를 창출하는 '**스포츠마케팅**'에 기업들이 과감한 도전을 하고 있다. 기업 간 마케팅 경쟁이 치열해지면서 스포츠마케팅이 시장개척의 새로운 도구로 떠오른 것이다.

일례로, 2005년 전반기에 삼성전자는 영국 축구의 명문 클럽 '첼시(Chelsea)FC'와 후원계약을 체결해 국내 스포츠마케팅에 대한 관심을 증폭시켰다. 올림픽, 아시안게임 공식후원사이기도 한 삼성전자는 이번 후원이 전 경기에 브랜드 노출이 가능한 독점적 스폰서십이라는 점에서 더욱 그 가치와 효과에 거는 기대가 크다. 삼성전자는 나가노올림픽 참여 당시 약 32억 달러였던 삼성의 브랜드가치가 시드니, 솔트레이크, 아테네올림픽 등을 거치면서 지난해 125억달러(세계 21위)로 4배에 달한 스포츠마케팅 효과를 경험하기도 했다.

삼성전자는 첼시를 후원하는 스포츠마케팅에 의해 2005년 6월 1일부터 5년 동안 첼시 유니폼에 '삼성 모바일' 이란 로고를 표시하여 유럽시장에서 톡톡한 마케팅효과를 보았다.

이뿐만 아니다. 박세리가 1998년 US여자오픈 때 신발을 벗고 연못에 들어가 환상적인 샷으로 우승을 일궈냈던 장면을 기억하는가. 이 장면은 틈만 나면 TV에 방영돼 외환위기를 겪던 우리에게 감동과 용기를 줬다. 이 장면이 지구촌 전파를 타면서 거둔 광고효과가 1억 5,000만 달러에 달했다고 한다. 삼성이 당시 박세리와 처음 맺은 계약금이 8억 원, 연봉 1억 원에 비하면 굉장한 성과가 아닐 수 없다.

에미레이트항공(Emirates Airline)은 2013년부터 항공사 브랜드가치 평가순위에서 1위를 지키고 있는데 2008년까지만 해도 순위권에서 찾아볼 수 없었던 항공사였다. 에미레이트항공이 브랜드가치를 높일 수 있었던 솔루션은 바로 스폰서십이었는데. 축구, 야구, 경마, 골프, 테니스, 럭비, F1 등 다양한 분야의 수많은 스포츠팀과 스폰서십을 체결했다. 연간 전체 매출의 1.2%를 스폰서십으로 지출하고 있다고 한다.

스페인 명문구단 레알 마드리드를 후원해 온 아랍에미레이트항공

광고는 기업이 판매하는 상품과 서비스의 속성을 어필하고 그에 반해 스폰서십은 '브랜드 빌딩'에 집중하는데 브랜드인지도와 선호도를 높이고 브랜드가 상징하는 바와 그 가치를 어필하는 것에 신경을 쓴다.

맨유는 공격적으로 스폰서십을 운영한 결과 현재 64개의 공식 스폰서를 가지고 있는데. 그 중 쉐보레는 2014년, 천문학적인 금액을 제공하는 것으로 맨유와 스폰서십을 체결해 화제가 되었다. 쉐보레는 연간 약 800억 원 정도를 맨유에게 제공하는데 더욱 놀라운 것은 GM은 영국에서 쉐보레를 판매하지 않을 예정이라는 것이다. 그렇다면 쉐보레는 왜 맨유와 이렇게 어마어마한 금액의 스폰서십을 체결했을까? GM은 영국에서 쉐보레를 판매하지 않을 예정이지만 맨유와 스폰서십을 체결하여 맨유와의 스폰서십을 통해 그들의 주력시장인 중국이나 미국에서 인지도를 높일 수 있다고 판단하였다.

자료: 신기동, 엠피오, 유럽 스포츠마케팅 나선다, 디지털데일리, 2005.12.22/스포츠마케팅 대박 – FC 서울 박주영, Chief executive/손수근, 박주영 신드롬 접목 브랜드가치 쑥쑥, 헤럴드경제, 2005.12.27/제일기획 블로그, http://blog.cheil.com/3371

2. 퍼블리시티

퍼블리시티(publicity)는 뉴스제공, 홍보, 공표, 전달, 공지 등 여러 가지로 사용되고 있으나 정확한 표현이 되지 하는 것 같아 본서에서는 퍼블리시티라는 용어를 사용한다. 일본에서는 홍보란 말로 사용되고 있고, 미국에서는 광고와 대비하여 **프리 퍼블리시티(free publicity)**로 흔히 사용되고 있는데, 광고에 의하지 않고 보도되는 공중발표로 보고 있다. 퍼블리시티는 스폰서에 의하여 공표되지만 그에 의해서 요금이 지불되지 않는 제품, 서비스 및 아이디어에 관한 뉴스나 정보를 말한다. 퍼블리시티는 메시지 전달에서 사용되는 지면이나 시간에 대해 요금이 지불되지 않는다는 의미에서 무료(free)인 것이다.

퍼블리시티는 회사의 제품이나 서비스에 관한 정보를 매체사에 제공하여 그 정보가 매체측의 입장에서 보아 뉴스가치가 인정될 때 뉴스로서 게재 또는 방송되는 것을 말한다. 그런데 퍼블리시티와 전적으로 동일한 내용이 회사의 사보에 게재되어 배포되었다면 이것은 광고가 된다. 왜냐하면 그 매체는 해당 기업이 그 게재를 위하여 비용을 투입하였기 때문이다.

그리고 퍼블리시티와 광고의 근본적인 차이점을 보면 다음과 같다.

첫째, 실시목적에서 광고는 본질적으로 판매촉진인데, 퍼블리시티는 원래 공중에게 신발명품이나 관심 있는 정보를 교육적으로 알리는 목적으로 이용하였는데 판매촉진은 어디까지나 간접적이다.

둘째, 광고는 비용을 부담하는데 반해, 퍼블리시티는 지불하지 않는다.

셋째, 광고내용은 광고주가 임의로 통제할 수 있으나, 퍼블리시티는 뉴스나 정보제공자의 의사와 관계가 없다.

넷째, 광고는 광고주를 확인할 수 있지만, 퍼블리시티는 반드시 그렇지 않다.

다섯째, 매체 측의 업무 면에서 광고는 그 접촉대상이 광고부인 데 비하여 퍼블리시티는

표 12-2 | 퍼블리시티와 광고의 차이점

구분	퍼블리시티	광고
비용	무료(적다)	유료(많다)
통제주체	매체사	광고주
게재확실성	불확실	확실
게재면	기사면/보도프로그램	광고면/광고시간대
신뢰도	높다	낮다

편집국에서 담당하고 있다.

제4절 판매촉진관리

1. 판매촉진의 정의 및 역할

제13장에서 논의되었듯이 이제 광고만으로 판매량을 높이기는 많이 힘들어졌다. 제품의 종류가 많이 늘어났고 경쟁브랜드도 많아졌기 때문에 광고만으로 명확하게 자사브랜드를 알리기가 힘들어진 것이다. 매장에서 좋은 자리를 차지하려는 경쟁이 치열해질수록 소비자가 제품 간의 차별성을 인식하는 것은 힘들어지고 있으며 그 상품이 그 상품인 것처럼 보이기도 하고 브랜드 간에 혼동이 생기기도 한다.

물론 뛰어난 광고 크리에이티브로 그런 것들을 극복할 수 있다고 할 수는 있지만 뛰어난 크리에이티브를 만들기도 쉽지 않고 뛰어난 크리에이티브조차도 좋은 광고 태도를 브랜드 태도로 이어지게 만들기 어려운 경우가 허다하다. 또 다른 광고의 부정적 측면은 충분한 노출을 얻기 위해서 들어가는 광고매체 비용이 점차 늘고 있다는 것으로 이는 소비자가 브랜드를 인지하고 구매에 이르기까지 적정한 노출을 얻는 데 소요되는 비용이 점차 증가하고 있다는 것이다. 마케터의 관점은 언제나 효율과 실적을 향한다고 볼 때 같은 비용으로 더 효과적인 방법을 찾는 것은 당연하다고 볼 수 있다.

그런 문제를 해결할 수 있는 마케팅 수단으로는 판매촉진이 적합하다고 볼 수 있는데 판매촉진은 줄여서 **판촉, 세일즈 프로모션, SP** 등으로 쓰이며 일반적인 판촉의 정의는 다음과 같다.

> "판매촉진(sales promotion)이란 소비자에게 또는 중간상에게 어떤 특정 제품이나 서비스를 소개 또는 다량으로 판매하기 위해서 대개 단기적 이용을 목적으로 설계된 다양한 자극적 도구들이다."

2. 판매촉진의 성장

10년 전, 광고 대 판매촉진 비율은 약 60:40이었으나, 오늘날 대개의 소비재 기업에 있어서 그 양상은 반대가 되어 판매촉진이 두 가지 도구를 합친 총예산의 65~75% 정도를 차지한다. 판매촉진비는 과거 20년 동안 매년 예산지출액의 증가율만큼 증가되어 왔으며, 그 빠른 증가율은 계속될 것으로 예상된다.

특히 소비자 시장에 있어서 판매촉진의 급격한 증가는 여러 가지 요인에서 기인한다. 첫째는 내적 요인으로서, 최고경영자들이 촉진을 효과적인 판매수단으로 인정하고 있다는 것이다. 대다수의 제품관리자들이 판매촉진의 사용권한을 부여받고 있으며, 동시에 제품관리자들은 매출액을 증가시켜야 한다는 압력을 받고 있다는 것이다.

둘째, 기업 외적 요인으로서는 경쟁브랜드의 수가 증가하고, 경쟁자들이 자주 촉진을 이용하며, 많은 경쟁브랜드들이 거의 유사하며, 소비자들이 더욱 가격지향적이며, 중간상인들이 제조업자에게 더 많은 특별할인가격을 요구하며, 원가의 상승, 매체 난립 및 법적인 제약으로 인해 광고의 효율성은 점차 하락되고 있다는 것이다. 그리고 판매촉진 매체(쿠폰, 경연회 등)가 급격히 증가됨으로써 광고 혼동(confusion) 상황과 유사하게 판매촉진 혼동의 상황이 조성되고 있다.

3. 판매촉진의 목표

판매촉진 도구는 특별한 목표에 따라 매우 다양하다. 판매업자는 새로운 시용자를 유인하기 위해서, 충성적 고객에게 보답하기 위해서, 그리고 우연한 사용자가 재구매하도록 하기 위해서 자극유형의 촉진을 사용한다. 새로운 사용자는 세 가지 유형으로, 즉 ① 동일범주의 다른 브랜드를 사용하는 자, ② 다른 범주의 다른 브랜드를 사용하는 자, ③ 빈번히 브랜드를 변경하는 자로 분류된다. 다른 브랜드의 사용자와 다른 범주의 사용자들은 항시 주시를 하지 않고, 또한 촉진에 대해 반응하지 않기 때문에 판매촉진은 자주 **브랜드전환자**를 유인한다. 판매촉진이 브랜드 변경자들을 충성적 브랜드 사용자로 전향시킬 수 있는 가능성은 거의 없다. 그래서 브랜드의 유사성이 높은 시장에서 사용되는 판매촉진은 단기적으로는 판매반응을 높게 하지만 지속적인 시장점유율을 획득하게 하지는 못한다. 그러나 브랜드의 유사성이 거의 없는 시장의 경우 판매촉진은 보다 지속적으로 시장점유율을 변화시킬 수도 있다.

오늘날 마케팅관리자는 우선 중간상 촉진에 지출해야 할 것을 예상한 후, 그 다음 소비자 촉진에 돌아갈 것을 정한 후에야 남은 것을 광고예산으로 할당한다. 그러나 광고를 판매촉진의 뒷전으로 미루어 놓는다는 것은 위험하다. 광고는 전형적으로 브랜드충성심을 부양하기 위해 수행되는 것인 반면에, 판매촉진은 브랜드충성심을 약화시키는 것을 목표로 하고 있다. 잘 알려진 브랜드선도자를 총판매시간의 30% 이상 판매촉진하는 것은 위험하다. 브라운(Brown)은 2,500명의 즉석커피 사용자를 조사하여 다음과 같은 결론을 내렸다.

- 판매촉진은 광고보다도 판매에 즉각적이며 측정가능한 반응을 유발한다.
- 판매촉진은 성숙한 시장에 적합하나 장기적이고 반복적인 구매를 조성하지는 못한다. 그 이유는 판매촉진이 특별할인판매가 있을 때마다 브랜드를 변경하는 할인가격지향적 소비자만을 유인할 수 있기 때문이다.
- 충성적 브랜드구매자들은 단지 경쟁적 촉진이 심하다고 해서 그들의 구매패턴을 변경하지는 않는다.
- 광고는 브랜드충성심을 증대시키는 데 영향을 미칠 수 있다.

대부분의 소비포장재 기업들은 그들이 원하는 것 이상으로 많은 판매촉진을 사용해야만 한다고 느끼고 있다. 켈로그(Kellogg), 크래프트(Kraft), 그리고 몇몇 기타 시장선도기업들은 그들 기업이 점차 끌어들이는 전략을 강조할 것이며, 따라서 광고예산을 증가할 것임을 발표하였다. 그들 기업들은 브랜드충성도가 점차 약화되고, 소비자의 가격민감성을 야기시키며, 브랜드-품질이미지를 흐릿하게 하고, 또한 단기적인 마케팅 계획에 집중하게 된 원인이 판매촉진을 지나치게 많이 사용하였기 때문이라고 자책한다.

그러나 파리스(Farris)와 퀠치(Quelch)는 이 점에 반론을 제기하고 있는데 그들은 판매촉진이 소비자뿐만 아니라 제조업자에게 중요한 몇 가지 이점을 제공한다고 역설한다. 첫째, 판매촉진은 제조업자로 하여금 공급과 수요를 단시간에 조절하게 할 수 있다. 둘째, 판매촉진은 제조업자로 하여금 항시 할인판매를 할 수 있도록 하므로 '최고가격이 어느 정도인가'를 시험할 수 있도록 한다. 셋째, 판매촉진은 소비자로 하여금 현재의 제품으로부터 결코 벗어나지 않으면서도 신제품을 시용할 수 있도록 유발할 수 있다. 넷째, 판매촉진을 이용함으로써 당소매점은 일일저가격 점포, 촉진가격 점포, 소비자들에게 기회를 주는 점포 등 여러 가지 다양한 소매점 유형으로 변모할 수 있다. 다섯째, 판매촉진을 이용하여 소비자들에게 가격에 대한 인식을 촉진시킬 수 있다. 여섯째, 제조업자들은 판매촉진을 이용하여 그들이 정상적으로 정가로 판매하는 것보다 더 많이 판매할 수 있다. 일곱째, 제조업자들은 판매촉진을 이용함으로써 상이한 고객세분시장에 적합한 프로그램을 적용할 수가 있다. 마지막으로 소비자들은 특별가격을 이용하였을 경우 아주 현명한 구매자가 되었다는 만족감을 느낄 수가 있다.

4. 소비자 판매촉진의 유형

광고가 구매하는 이유를 제시하는 반면에 판매촉진은 구매하도록 제시하는 것이다. 판매촉진은 크게 **소비자 촉진**(견본, 쿠폰, 현금 환불조건, 소액할인, 프리미엄, 경품, 무료시용, 단골손님용 경품, 보증, 경연회, 끼워팔기 촉진, 구매시점 전시 및 시연), 중간상 촉진(가격인하, 무료제품, 광고 및 전시공제), **기업 및 판매원 촉진**(전시회 및 회합, 판매원을 위한 경연회, 특별광고) 등으로 나누어지며 이러한 판매촉진도구는 제조업자, 중간상, 소매상, 거래조합 및 비영리조직 등을 포함한 모든 기관에서 이용된다. 본서에서는 주로 소비자 촉진을 구체적으로 살펴보기로 한다.

그림 12-5 | 판매촉진의 유형

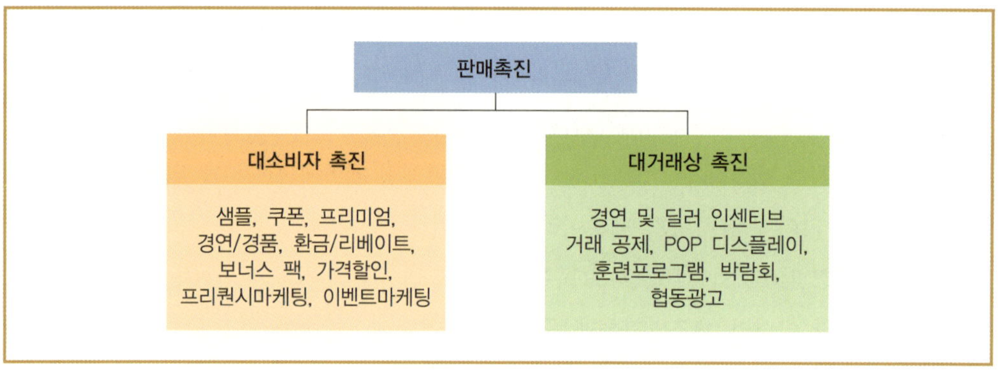

1) 가격 판매촉진

가격 판매촉진 수단들은 가격을 인하시키는 효과를 갖기 때문에 매출액에 미치는 효과가 매우 빠르고 눈에 띄게 나타난다. 그러므로 단기적으로 매출을 높이는 데 매우 효과적이다. 또 잠재구매자들의 가격민감도가 높아질수록 가격수단들의 효과는 더욱 높아진다. 또, 경쟁상품들 간의 차별화가 잘 이루어지지 않아서 구매자들이 경쟁상품들이 별 차이가 없다고 느낀다면 구매결정을 할 때 가격의 중요성이 높아진다. 가격 판촉수단은 다음과 같다.

(1) 쿠폰(coupon)

쿠폰이란 여러 가지 방법으로 특별한 가격할인권을 표적시장에 도달시켜 판매촉진 효과를 활성화시키는 방법을 말하는 것으로 이는 곧 브랜드에 대한 구매촉진책으로 연결된다. 쿠폰의 이용은 상품의 판매하향추세를 역전시키고, 감소추세에 있는 시장점유율을 증가시키며 판매가 정체되어 있는 브랜드의 구매유발을 촉진시킬 수 있다. 특히 원자재의 가격상승 및 유통비상승에 의해 이윤이 하락하고 있을 경우에 도입된다.

(2) 보너스 팩(bonus pack)

이는 같은 가격에 내용물만 증가시켜 고객으로 하여금 특매품의 기분을 느끼게 하는 수법이다. 예를 들어, 라면 500원짜리 5개를 묶어 2,000원에 판매하거나 300ml 샴푸에 50ml를 더 넣어 300ml의 가격으로 판매하는 것도 이에 해당한다고 볼 수 있다. 보너스 팩은 한 번 구입하였으나 특별한 이유 없이 그 상품이 정착하지 않았던 고객에 대한 재구매의 유도 및 그 상품에 매력을 느끼고 있는 고객에게 만족감을 주는 판매촉진이다. 만약 그 상품이 고객에게 지지를 얻고 있다면 고객별로 기호에 맞는 프리미엄을 배포하는 수법보다도 그 상품 자체를 충실히 하는 것이 고객에게 매력을 줄 수 있고 적중률 또한 높다.

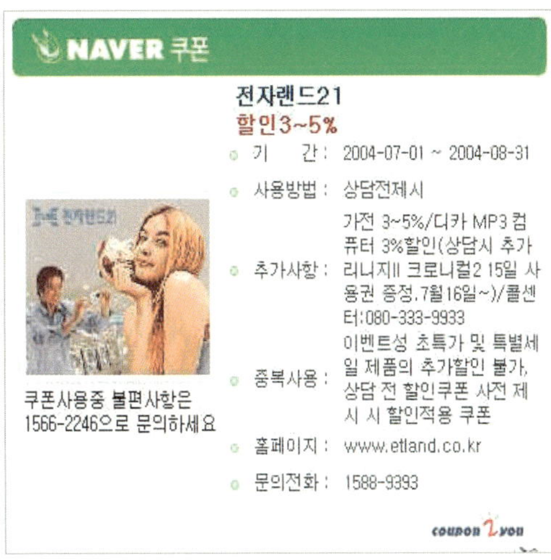

쿠폰(좌)과 보너스 팩(우)

(3) 시용형 팩

시용구매의 형성을 위하여 통상적인 크기보다 작게 만들어 할인된 가격으로 소량의 특별

시용형 팩

패키지를 제작하여 상품을 처음 구매하는 고객에게 리스크를 줄여주기 위해 사용된다. 소비자가 손쉽게 구입할 수 있는 형태를 띠고 있으며 이 시용 사이즈 상품을 구입한 고객은 재구매의 가능성도 높다. 시용형 팩은 경비의 일부를 소비자가 부담하는 **유료샘플링**이라 할 수 있으며, 새로운 고객층의 획득을 목적으로 실시한다. 새로운 고객획득을 위해서는 점두에서의 강한 인상을 주어야 하며 특별진열이나 그 외 판매촉진수단을 잘 조합하여 대처해나가야 한다. 또한 많은 수량의 시용구매를 유도하기 위해서는 대중매체를 이용한 광고의 지원도 중요하다.

(4) 환금제도(refund)

상품구입에 대한 증거물을 송부하면 상품 구입금액의 일부가 반환되는 제도이다. 환금제도의 전개방법을 살펴보면 다음과 같다.

- **단품 환금제도**: 통상 단품구입을 대상으로 환금하며 원칙적으로는 시용구매를 목표로 전개된다.
- **복수품 환금제도**: 2개 이상의 상품을 묶은 특별패키지의 구입시 전개되는 환급제도이다.

환금제도는 구입시 동반되는 위험(상품을 처음 구입하는 고객이 경험할 실패에 대한 위험부담)의 일부를 제조업자 측이 부담하고 있기 때문에 고객의 보상심리를 자극하여 시용구매를 유발시키는 데 효과적이다. 또한 제조업자와 고객이 현금이라고 하는 직접적인 매개를 통해 원활한 커뮤니케이션 활동이 성립되기도 한다. 그러나 상품구입 증명을 송부하는 번거로움과 현금이 고객에게 반환되어지기까지의 시간차 등에 의해 환금제도를 꺼려하는 고객이 발생하기도 한다. 제조업자는 이러한 고객층까지 감안하여 소비자가 참가할 수 있는 전략을 강구해야 한다.

(5) 가격할인(off label)

한정된 수량의 상품에만 제조업자 측에서 특별한 할인처리를 하는 것이다. 가격할인을 강조하려 고객에게 인식시킨 후에 상품의 구입과 연결시키는 방법이다. 특히 가격변동에 대한 수요탄력성이 큰 생활용품 등 내구소비재의 경우 빠른 효과를 내며 가격할인 상품은 순조로운 매상고가 기대되므로 유통업자에게도 비교적 쉽게 수용되는 특성을 가지고 있다. 그러나 지나친 가격할인은 고객으로 하여금 '브랜드에 대한 신뢰도'를 상실시킬 우려도 있으므로 유의해야 한다.

가격할인 정책은 전체적인 시장점유율에 커다란 기능을 발휘하지는 못하나 단기적으로 상품을 2개 내지 3개로 묶어서 특별 팩으로 가격을 할인하는 방식은 높은 효과를 기대할 수 있다. 대량구입에 따른 가정 내의 상품 축적 유발은 과다한 금액을 투하하여 오히려 자사상품 수요의 방해요소로서 작용할 우려가 있으므로 제조업자 측의 면밀한 조사와 정책이 요구된다.

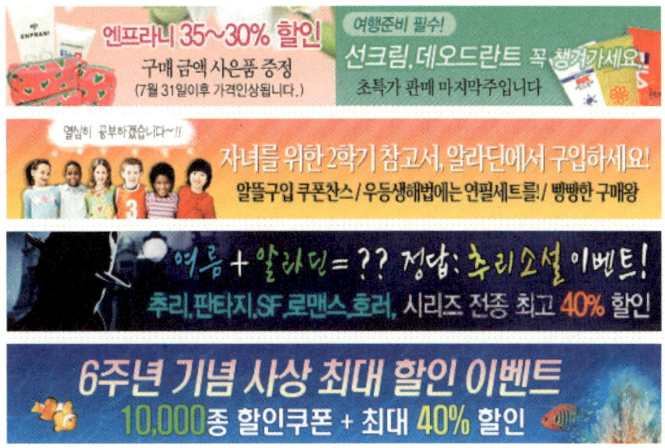

가격할인을 광고하는 인터넷 서점

(6) 보상판매(trade-ins)

이는 해당 회사 또는 경쟁회사 제품 사용자들에게 그 상품을 반납하고 우리 제품을 구입하는 조건으로 일정기간 동안 일정한 액수를 할인해주는 것을 가리킨다. 보상판매는 주로 PC, 이동통신 단말기 등과 같은 내구재에서 많이 이용되고 있다. 보상판매의 대상은 우리 회사 상품사용자로 한정하는 폐쇄형과 경쟁회사 상품 사용자들까지 확대하는 개방형이 있는데, 폐쇄형은 기존고객들의 반복구매를 통하여 시장점유율 방어효과가, 개방형은 경쟁자고객들의 브랜드전환을 통하여 시장점유율 증대효과가 크다.

2) 비가격 촉진수단

(1) 샘플(sample)

잠재고객층에 상품 샘플을 배포하고 실제로 그 상품을 사용하게 하여 구매의욕을 자극하는 수법이다. 판매대상 상품과 동일하거나 또는 작은 크기의 상품을 고객에게 직접 소비하게 하

여 실제로 상품의 특징이나 이점을 이해시키는 수법이다. 이러한 수법은 브랜드에 있어서 새로운 고객을 획득하는 데 가장 효과적인 수단 중의 하나이다. 그러나 많은 비용이 소요되므로 자사고객이 될 표적시장에게 정확히 도달시켜야만 비용효율적이 될 수 있다.

샘플링(sampling)을 실시하는 주된 원인에 대해 설명하기 위해서는 먼저 **지각된 위험(perceived risk)**에 대해 거론할 필요가 있다. 지각된 위험이란 고객이 새로운 상품을 구입하려고 하는 경우 사전 정보가 없기에 또 실제 경험해보지 못했기 때문에 자신의 선택에 불안감을 느끼는 심리적인 상태를 말하는 것으로 조사에 따르면 고객이 새로운 상품을 구입할 경우 실패해도 큰 피해가 없을 정도의 소액·소량 상품을 원한다고 한다. 이러한 고객심리를 파악하여 지각된 위험을 낮추기 위한 방법 중의 하나로 샘플링이 활용되고 있다.

(2) 모니터링(monitering)

상품단가가 높은 전문품이나 비내구소비재 등은 고객에게 직접 소비하게 하여 납득시키는 것이 바람직하다. 그러나 상품특성상 샘플링 수법을 쓸 수도 없으며, 가격할인 등으로 첫 회 소비를 유발시켰다고 할지라도 단기간에 재구매로 연결시키기는 매우 어렵다. 이러한 문제점을 해결하기 위한 수법으로 모니터링이 사용되며 이것은 단순한 상품의 시용이 아닌 감상문이나 앙케이트 답변 등 제출조건을 선정하게 하여 상품을 시용하게 하는 수법이다.

모니터링은 고객에게 자사상품을 자세히 음미시키는 기회를 제공한다는 측면과 메이커 입장에서도 생생한 유효정보를 수집할 수 있다는 두 가지 의미를 내포하고 있다. 상품의 시용 후 감상이나 앙케이트 제출에 의해 고객의 요구사항을 파악할 수 있으며, 잠재고객 리스트 파악에도 유효한 수법이 될 수 있다.

(3) 실연(demonstration) 및 무료시용(free trial)

실연이란 상품을 실제로 고객에게 전시하여 실증실연을 통한 상품의 우위성을 납득시키는 방법이다. 생활용품의 경우에는 단순한 상품전시뿐만 아니라 시용을 통해 제품사용의 효익을 확실히 인식시켜줄 필요가 있다. 실연은 사람을 통하여 자세하고 즐겁게 상품을 소개하는 '**이벤트형 전개**'가 필요하다. 전체 매상 면에서 보면 그다지 큰 영향을 끼치지 않는 경우도 있지만, 상품에 대한 소개 및 이해 등의 효과는 매우 크다고 할 수 있다. 그러나 사람을 고용한다는 측면에서 실연의 실시에 따른 고객 일인당 비용은 상대적으로 높다고 할 수 있다.

샘플이 주로 비내구재에서 이용되는 반면, 가전제품, 고급 승용차, 사무기기 등과 같은 내구재 신제품을 일정기간 무료로 사용해볼 수 있도록 하는 것을 무료시용이라고 한다. 무료시용은 시용을 촉진하는 것 이외에 무료로 시용한 사람들을 대상으로 고객 데이터베이스를 구축할 수 있다는 장점을 갖고 있다.

실연(좌)과 무료시용(우)

(4) 사은품(premium or gift)

이는 일정기간 동안 어떤 상품을 구입한 사람들에게 다른 상품을 무료 또는 낮은 가격으로 제공하는 것을 가리킨다. 사은품은 상품과 함께 그 자리에서 배포되기도 하고, 환금처럼 구매자가 회사에 구매하였다는 증거를 우송하면 우편으로 배달되기도 한다.

사은품

(5) 현상경품(prize), 게임(game), 콘테스트(contest)

현상경품이란 일정한 기간 동안에 어떤 상품을 구입한 사람들 중에서 일부를 추출하여 현금이나 물건을 주는 것을 가리킨다. 요즈음은 **스크래치 카드(scratch-off card)**를 이용하여 즉석에서 당첨 여부를 알 수 있도록 하는 방식이 많이 이용되고 있다. 반면 상품을 구입하든 구입하지 않든 누구나 응모할 수 있는 현상경품은 **공개현상경품(sweepstake)**이라고 부른다. 현상경품과 비슷한 것으로 게임(game)과 콘테스트가 있다. 게임은 현상경품과 마찬가지로 어떠한 상품을 구입한 사람들만 참여할 수 있는데, 예컨대, 상품을 구입할 때마다 숫자나 알파벳이 적힌 카드를 주고, 이것이 어떤 패턴을 이루게 되면 상을 주는 것이다. 현상경품과 게임은 순전히 운에 의하여 결정되는 반면에, 콘테스트는 상품구입에 대한 조건 없이 퀴즈 등으로 현상·응모하게 하는 수법으로서 고객과의 커뮤니케이션을 목적으로 한다. 퀴즈나 앙케이트 등을 통해 고가의 상품이 제공되므로 상품의 매력에 이끌려 소비자들은 응모하게 된다. 자사 브랜드명이나 상품특성 등을 퀴즈나 콘테스트를 통해 반복 인지시킴으로써 커뮤니케이션 및 브랜드 인지 상승에도 커다란 효과를 낼 수 있다.

3) 제도형 판매촉진

(1) 스탬프(stamp)제도

일정 구입금액에 상당하는 스탬프를 모아서 규정된 종이에 부착하여 제시하거나 송부하면 준비된 경품을 받을 수 있는 제도이다. 스탬프는 판매촉진전략의 전통적인 수법 중의 하나로 기본적인 기능은 현재의 고객을 정착시키는 데 있다. 그러나 스탬프 보관 및 송부에 따른 번거러움을 극복할 수 있는 탄력적인 시책을 검토하여 시행해야 한다.

(2) 상용고객우대제도(patronage awards)

이는 상품구입자를 대상으로 여러 가지 특전을 얻을 수 있는 회원조직에 가입시켜 상품을 구매한 양이나 액수에 비례하여 현금, 제품 또는 서비스 등으로 보상해줌으로써 고객의 지속적 방문을 촉진하는 제도이다. 주로 항공사, 백화점, 정유회사 등에서 **마일리지(mileage) 카드**를 발행하여 **우량고객**을 고정화시킬 목적으로 전개하고 있다.

오늘날과 같은 치열한 시장세분화 시대에 신속히 우량고객을 확보하여 자사의 고객으로 고정시키는 전략은 매우 중요한 요소로 작용한다. 또 고정화뿐만 아니라 고객 일인당 구입금액을 높이기 위해서 회원제도를 통하여 수집한 데이터를 기반으로 직접 마케팅 등을 도입하여 구매가 예상되는 잠재고객을 확보하는 전략의 일환으로도 활용된다. 회원관리부서의 설치와 서비스에 대한 고정비용의 문제가 있기는 하나 고객과의 커뮤니케이션 유지라는 관점에서 본다면 간단히 변경하거나 폐지해서는 안 된다. 한정상품에 대한 회원제도실시는 고객으로 하여금 진부한 인상을 주므로 끊임없는 상품개발과 투자로 전략적 조직화를 꾀할 필요가 있다.

대부분의 카드회사는 **포인트마케팅**(point marketing)을 활용하고 있다.

(3) 서비스제도

이는 여러 가지 서비스에 의한 특전을 제공하여 구매활동을 유도하는 방법이다. 구매에 동반되는 특전이 유형뿐만 아닌 무형의 점검이나 무료배달이라는 서비스의 형식을 취하기도 한다. 제공된 서비스는 단순히 '덤'이라는 의미보다는 상품의 일부분으로 취급되어져야 하며 지속적이고 장기적인 전개가 필요하다. 성숙시장에서의 상품력 보강책으로 널리 이용되며 생활용품분야보다도 전문품이나 비내구재분야에 더 많이 쓰이고 있다. 보다 나은 서비스제도의 실시를 위해서는 먼저 구매와 사용에 수반되는 고객행동분석을 통해 고객의 상품에 대한 불만 등을 체크하여 현재 서비스에 대한 개선책과 새로운 서비스 실시 방안도 강구해야 한다.

제5절 인적판매관리

1. 인적판매의 개념

인적판매(personal selling)란 "**판매원이 표적고객과 직접 대면하여 대화를 통해 자사의 제품이나 서비스를 구매하도록 설득하는 커뮤니케이션 활동을 의미**"한다. 즉, 인적판매란 **판매원**(salesperson)을 매개로 하는 촉진수단으로 대부분의 인적판매는 소비자의 복잡한 문제해결에 도움을 줄 수 있는 훈련된 판매원을 필요로 하고 있다.

인적판매를 촉진수단으로 사용할 때는 광고 사용시와 정반대의 효과가 있다. 인적판매는 촉진의 속도가 매우 느리고 고객 1인당 촉진비용이 고가이기 때문에 일반대중을 소구대상으로 하는 제품에는 적합하지 않다. 그러나 고객에게 필요한 정보를 정확히 제공할 수 있고 융통성 있는 대응이 가능하므로 산업재 촉진이나 중간상 촉진에서는 매우 중요한 역할을 담당할 수 있으며, 특히 소비재 중에서 보험이나 정수기, 자동차 등의 제품범주에서 매우 중요한 수단이 될 수 있다.

인적판매는 특히 혁신적인 신제품 도입에 효과적인 촉진수단이다. 역사적으로 많은 주요한 신제품들은 창의적인 판매원들의 영향력 덕분에 시장에 성공적으로 도입되었다. 혁신적인 신제품인 경우에 일반소비자들은 익숙하고 오래된 제품을 신제품으로 변경하기를 주저하게 된다. 따라서 이 경우에는 구매변경에 따른 이점을 알리고 시범을 보여야 하는 판매원이 필요하게 된다. 오늘날 대부분의 소비자들에 의해 쉽게 구매되고 있는 TV, 전자레인지, 진공청소기, 콘택트렌즈, VTR 등의 제품이 창의적인 판매원들의 노력으로 시장에 성공적으로 도입되었다.

신제품 도입시 이외에도 인적판매는 다음과 같은 경우에 중요한 역할을 수행할 수 있다. 첫째, 대규모 물량을 구매하는 고객은 특별한 관심과 처리를 요구하기 때문에 인적판매가 필요하다. 둘째, 지역적으로 집중된 소비자들은 대중매체를 통한 광고보다 판매원에 의하여 소구하는 것이 효율적이다. 셋째, 복잡하고 고가인 제품 또는 서비스는 자세한 소비자 정보, 시범, 판매 후 확인전화가 요구된다. 이와 더불어 신제품 도입시 중간상의 승인을 받기 위해서, 그리고 조직 구매활동의 경우에도 높은 수준의 인적판매가 필요하다고 볼 수 있다.

표 12-3 | 광고와 인적판매의 상대적 중요성 비교

광고의 상대적 중요성	영향요인들	인적판매의 상대적 중요성
높다	고객의 수가 많아짐에 따라	낮다
낮다	고객의 정보욕구가 클 때	높다
낮다	구매량 및 구매액이 클 때	높다
낮다	구매 후 서비스가 필요할 때	높다
낮다	제품이 복잡할 때	높다
낮다	푸시(push)전략이 사용될 때	높다
높다	풀(pull)전략이 사용될 때	낮다
낮다	가격에 대한 협상이 가능할 때	높다
높다	가격의 변화폭이 작을 때	낮다

2. 마케팅 커뮤니케이션 믹스에서 인적판매의 역할

1) 통합적 마케팅 커뮤니케이션과 인적판매

마케팅 커뮤니케이션의 모든 요소는 조직목표를 달성할 수 있도록 통합돼야 한다는 통합적 마케팅 커뮤니케이션 관점에서 볼 때 인적판매는 여타 요소와 밀접한 관련을 맺고 있다. 요컨대 중간상과 최종소비자를 상대로 한 광고는 판매원의 유통망 확보노력 없이는 무의미하다. 마찬가지로 새로운 POP광고물을 개발했더라도 판매원이 소매업자로부터 이를 사용하겠다는 협력을 얻어내지 못한다면 별로 가치가 없다.

2) 인적판매의 독특한 역할

마케팅 커뮤니케이션의 여러 요소는 각기 나름대로의 특징, 목적 및 이점을 지니고 있다. 브랜드자산을 높이는 데 결정적인 역할을 하는 인적판매의 주요 목적은 고객에게 제품사용방법을 설명하고 애프터서비스를 제공하는 것이기도 하지만 인적판매의 대면접촉이란 특징 때문에 타 마케팅 커뮤니케이션 요소에 비해 다음과 같은 여러 이점을 누린다.

- 대면접촉 상황에서는 고객이 판매원의 메시지를 거부하기 어렵기 때문에 고객의 주의를 집중시키는 데 매우 유리하다.
- 대면접촉 상황에서는 고객마다 다른 관심과 욕구에 메시지를 맞출 수 있다.
- 인적판매는 쌍방향 커뮤니케이션이기 때문에 즉각적인 피드백을 받을 수 있어 현명한 판매원이라면 금방 자신의 판매활동이 유효한지를 알 수 있다.
- 인적판매는 타 촉진방법에 비해 보다 복잡하고 기술적인 정보를 전달할 수 있다.
- 인적판매는 제품의 기능이나 성능을 직접 보여줄 수 있는 능력이 있다.
- 고객과의 빈번한 접촉을 통해 장기적인 관계로 발전할 수 있는 계기를 마련할 수 있다.

하지만 불리한 점도 있다. 인적판매의 주요 단점은 일반적으로 판매원이 한번에 한 고객을 상대로 하기 때문에 다른 형태의 촉진에 비해 비용이 많이 든다는 것이다. 이렇게 볼 때 얻고자 하는 결과를 달성한다는 점, 즉 유효성 면에서 볼 때 인적판매는 다른 촉진수단에 비해 우수하다. 반면 효율성은 낮아 촉진자원을 할당할 때 유효성과 효율성 양자를 잘 고려하여 균형이 잡히도록 해야 한다.

3. 최신 판매철학

최신 판매철학(modern selling philosophy)에 앞서 이미 다양한 판매철학이 있는데, 그들을 총칭하여 **구식**(antiquated) **판매철학**이라고 명명하여 양자를 비교하기로 한다. 한 마디로 구식 판매철학은 판매자지향적이다. 구식 관점에서는 판매가 판매자의 이해관계 위주로 이루어진다. 요컨대, 고압적 판매전술, 고객사의 '업(業)'에 대한 이해부족, 판매 후 서비스란 고객만족에 대한 관심의 부족 등이 그 증거이다. 현장에서 사용하지 않는 판매철학이기 때문에 구식이 아니라 사용하는 기업이 있더라도 이러한 철학으로 성과를 거두기 어렵기 때문에 구식이라고 한다. 오늘날은 여러 가지 요인(치열한 경쟁, 작은 이익마진, 보다 현명해진 구매자, 공급업자로부터의 보다 믿을만한 서비스의 기대)으로 판매에 대해 요구하는 수준이 점차 높아지기 때문에 이러한 실무관행은 시대에 뒤쳐진 것이다.

번성하는 회사에서 보면 예외 없이 최신 판매철학이 판매자지향의 구식접근법을 대신하고 있다. 대부분의 성공한 기업에는 최신 판매철학의 요체인 파트너지향적인 마인드가 존재하는데 이들 기업은 자신의 성공이 고객의 성공에 달렸다는 것을 깨닫고 있기 때문이다. 최신의 파트너지향적인 마인드는 고객만족을 최우선시하면서 다음과 같은 원칙으로 판매업무를 수행하고 있다.

첫째, 판매과정은 신뢰와 상호협의에 근거하여 이루어진다. 판매는 어떤 사람이 타인에게 무엇을 행하는 것이 아니라 양 당사자가 상호편익이 되도록 합의하는 것으로 보아야 한다. 사실 최신 판매철학과 구식 판매철학의 차이는 단순한 의미차이를 넘어서서 판매를 하는 것이 아니라 구매를 용이하게 한다는 것에 있다.

둘째, 앞의 원칙의 당연한 추론으로서 고객지향적인 분위기를 들 수 있다. 최신의 판매철학에서는 고객의 복지, 이해관계 및 욕구를 파트너십 관계에 있는 고객의 그것과 같은 수준으로 취급할 필요가 있다. 고압적 전술을 피하고 고객만족에다 초점을 두어야 하며 판매원이 고객을 알고 고객이 이해하는 말로 얘기하도록 훈련을 시켜야 한다. 이러한 사고는 다음과 같은 말로 요약된다. **"제품중심적이어라. 그러면 조금 팔 것이고; 고객중심적이어라. 그러면 많이 팔 것이다."**

셋째, 판매원은 고객이 월급을 주는 것처럼 행동해야 한다. 판매원이 받게 되는 최고의 찬사는 고객이 판매관리자에게 "당신 회사의 판매원은 나를 위해서 일하는지 당신을 위해서 일하는지 모르겠소"라고 말하는 것이다. 판매원이 고객에게 더 다가갈수록 고객의 문제를 해결하기가 더 쉬워진다. 하지만 성공한 판매원은 자신에게 월급을 주고 있는 고용주에 대한 책임을 잊지 않는다. 즉, 고객문제를 해결하고 관계를 구축하는 것이 어디까지나 고용주의 장기적인 목적을 극대화시키는 수단임을 잊지 않고 있다.

넷째, 수문을 받는 것은 시작일 따름이고 애프터서비스가 정말 중요하다. 아무리 사소한 고객의 문제라도 중요하지 않은 것이 없다. 최신 판매철학에서는 만족스러운 장기적 관계를 확고히 하기 위해 고객을 즐겁게 하는 모든 조치를 취할 것을 요구한다. 글로벌 포커스에서는 일본의 판매원이 어떻게 성공했는지를 서구의 판매원과 비교하여 설명하고 있다.

다섯째, 판매원에서도 의료에서와 마찬가지로 진단 전에 처방하는 것은 잘못이다. 즉, 한번의 진단이 모든 환자에 마찬가지로 적합하지 않듯이 하나의 해결책이 모든 고객에 적합할 수 없다는 것이다. 판매원은 고객의 문제를 분석해야 하며 각 문제에 적합한 해결책을 강구해야 한다. 모든 것에 통하는 하나의 해결책의 시대는 지나갔다. 더구나 대부분의 사람들이 자신의 의사결정을 스스로 하길 바라며 적어도 그러한 의사결정에 참여하려 하기 때문에 판매원은 고객을 해결책을 모색하는 데 필요한 파트너로 생각해야 한다.

여섯째, 판매원의 프로정신과 진솔성이 중요하다. 고객은 판매원에게서 높은 수준의 행동을 요구하지 비전문적인, 비신뢰적인, 부정직한 행동은 싫어한다.

MARKETING FOCUS 12-4

영업사원의 자질

홍콩의 한 신발 제조업자가 남태평양 외딴 섬에서 과연 신발을 팔 수 있을 지 궁금했다. 그래서 주문을 받으러 다니는 사람을 이 섬에 보냈다. 그는 그곳 상황을 대강 살펴본 뒤 이런 전문을 보냈다. “이곳 사람들은 신발을 신지 않는다. 그래서 신발시장이란 것도 없다.” 이 제조업자는 이런 보고가 미덥지 않았는지 영업사원 한 명을 그 섬에 다시 보냈는데 그 영업사원은 “이곳 사람들은 신발을 신지 않는다. 엄청난 시장이 있는 셈이다”라는 전문을 보냈다. 이 제조업자는 영업사원이 맨발로 다니는 사람들의 모습만 보고 흥분한 것이 아닌가 하는 생각이 들어 이번에는 전문 마케터를 보냈다. 우선 그는 추장과 주민 여러 사람을 만나본 뒤 다음과 같은 전문을 보냈다.

“이곳 사람들은 신발을 신지 않는다. 그 때문에 이 사람들은 발에 상처를 입고 멍이 자주 든다. 그래서 추장을 만나 주민에게 신발을 신기면 그런 상처를 피할 수 있다는 점을 충분히 설명했다. 그가 굉장한 관심을 보이고 있다. 추장은 주민 중 70%가 한 켤레당 10달러에 신발을 살 것이라고 추산한다. 그러면 우리는 첫 해에 5,000켤레를 팔 수 있을 것 같다. 신발을 이 섬으로 싣고 오고 또 유통망을 만드는 데 한 켤레당 6달러의 비용이 들어가는데 결국 첫해에 2만 달러의 수익을 얻는 셈이며 이는 투자액을 감안한다면 투자수익률이 20%가 되어 우리 회사의 평균수익률 15%를 웃돌게 된다. 이것은 이 시장에서 장래에 거둘 수 있는 높은 수익을 포함시키지 않은 것이다. 이곳 진출을 권유하고 싶다.

자료: 홍수원(2003), 필립 코틀러의 마케팅 A to Z. p.273에서 인용

| 생각해볼 문제 |

01 본서에 제시되었던 많은 브랜드 중 하나를 선정하여 통합적 마케팅 커뮤니케이션 계획을 수립해보세요.

02 MPR의 의의 및 효과성에 대해 생각해보세요.

03 삼성의 첼시후원 사례를 보고 이러한 스포츠 스폰서십이 가져다줄 비용 대비 효과에 대해 평가해보세요.

04 광고매체 계획과정에서 대해서 설명해보세요.

05 광고크리에이티브 전략수립과정에 대해 설명해보세요.

| 참고문헌 및 더 읽을거리 |

[국내문헌]

경호빈 지음(2016), 모바일 동영상 마케팅, 프레너미, pp.20-28.

김성하(1995), "마케팅 환경변화와 IMC," 다이아몬드 애드, pp.68-74.

김찬웅·황상윤(2007), 1평당 26조 원의 가치, 검색마케팅 이야기, 길벗.

김철호 역(2002), 욕망, 광고, 소비의 문화사, 청년사.

김충기(1994), "광고혁명: IMC시대가 왔다", 한국광고, pp.72-81

동경광고마케팅연구회(1999), 세일즈 프로모션의 이론과 전략, 한국광고연구원.

송현석(1994), "마케팅 툴의 통합 활용으로 최대의 시너지 효과 창출," 광고정보, pp.108-115.

신강균(2002), 성공하는 광고의 숨은심리, Comon.

신강균(2002), 앞서가는 광고인의 비밀문서, Comon.

박기철(2002), 광고보다 빠른 세일즈 프로모션, 커뮤니케이션북스.

심리마케팅연구회(2001), 고객을 유혹하고 판매를 촉진하는 비하인드 마케팅, 거송미디어.

양유석 옮김(1998), 보이지 않는 것을 팔아라, 문예당.

정해동·박기철(2001), 광고 마케팅 거품빼기 IMC, 한헌.

정해동·박기철(2000), MPR 광고보다 강한 PR, 커뮤니케이션북스.

최경남 역(2004), 오길비의 광고불변의 법칙, 거름.

한상만·최주리 편역(1999), 미학적 마케팅, 한언/번 슈미트, 알렉스 시몬스 지음, *Marketing Aesthetics - The Strategy of Brands*.

[국외문헌]

Agrawal, J. and W. A. Kamakura(1995), "The Economic Worth of Celebrity Endorsers: An Event Study Analysis," *Journal of Marketing,* 59, July, pp.56-62.

Belch, G. E. and M. A. Belch(1995), Introduction to Advertising and Promotion-An Integrated Marketing Communication Perspective, IRWIN, Third edition.

Bovée, C. L. and W. F. Arens(1992), *Contemporary Advertising*, 5th ed. Illinois: Richard D. Irwin.

Chua, A. Y. K. and S. Banerjee(2015), "Marketing via Social Networking Sites: A Study of Brand−Post Popularity for Brands in Singapore," *Proceedings of the International Multi−Conference of Engineers and Computer Scientists*, Vol. 1, IMECS 2015, March 18−20, Hong Kong.

Gorn, G. J. and C. B. Weinberg(1984), "The Impact of Comparative Advertising on perception and Attitude: Some Positive Findings," *Journal of Consumer Research,* 11, september, pp.719−727.

Mandell, M. I.(1984), *Advertising*, 4th ed., Prentice−Hall, Inc., Englewood Cliffs, New Jergy.

Roman, K.(1988), "How to Manage Ideas," *Viewpoint(the Ogilvy & Mather journal of Opinion and Commentary)*, January/February, pp.3−5.

Shimp, T. A. and D. C. Dyer(1978), "The Effects of Comparative Advertising Mediated by Market Position of Sponsoring Brand," *Journal of Advertising*, 3, pp.13−19.

Soley, L. and G. Kurzbard(1986), "Sex in Advertising: A Comparision of 1964 and 1984 Magazine Advertisements," *Journal of Advertising,* 3, pp.46−54.

Wells, W., J. Burnett and S. Moriarty(1995), *Advertising : Principles and Practice,* Prentice−Hall, Inc.

Schultz, D. E., W. A. Robinson and L. A. Petrison(1994), *Sales Promotion Essentials*, Second edition, NTC.

Shimp, T. A.(1997), *Advertising, Promotion, and Supplemental Aspects of Integrated Marketing Communications*, DRYDEN.

Syed−Ahmad, S. F. and J. Murphy(2010), "Social Networking as a Marketing Tool: The Case of a Small Australian Company," *Journal of Hospitality Marketing & Management,* 19, pp.700−716.

Vries, L. de., S. Gensler, and P. S. Leeflang(2012), "Popularity of Brand Posts on Brand Fan Pages: An Investigation of the Effects of Social Media marketing," *Journal of Interactive Marketing*, 26(2), May, pp.83−91.

| 찾아보기 |

| 저자약력 |

김문태

저자는 다양한 인문학을 공부하는 등 다양한 분야의 책 읽기를 생활화하고 있으며 새로운 시각에서 마케팅을 조명하려고 노력하고 있다. Psychology & Marketing, Journal of Product and Brand Management, 경영학연구, 마케팅관리연구, 마케팅과학연구 등 다양한 국내외 학술지에 마케팅, 소비자 관련 논문을 게재했으며 인터넷마케팅(2018, 도서출판 청람), 소비자행동의 이해(2015, 도서출판 청람) 등의 서적을 출판하였다. 또한 실무분야에서 백화점, 면세점, 슈퍼마켓 등의 유통업체 및 의류, 신발 등 다양한 제품의 마케팅 전략수립경험을 가지고 있다. 전공관련 봉사경력으로 부산일보「기업 속 경영이야기」칼럼니스트, 한국여성경제인협회 등 다양한 기관에서 특강강사, 발명진흥협회 심사위원, 한국소비자연맹 부산·경남지부 이사 등의 역할을 수행하고 있다. 부산대학교에서 경영학 박사학위를 받고 현재 부산가톨릭대학교 유통경영학과 교수로 재직하고 있다.

마케팅 액츄얼리(제2판)

2013년 9월 15일 1판 1쇄 발행
2023년 3월 25일 2판 2쇄 발행

저 자 | 김문태
발행인 | 이수영
발행처 | 도서출판 청람
서울시 마포구 독막로 288(대흥동, 세양상가 109호)
전 화 | 02)3272-2601~2
팩 스 | 02)3272-2603
이메일 | crbooks@daum.net
홈페이지 | http://www.crbooks.co.kr
등 록 | 2000년 8월 26일 제6-0509호

ISBN 978-89-5972-701-8 93320 [정가 29,000원]